우에다 신의 제2차 세계대전
총기 도감

우에다 신 지음

오광웅 옮김

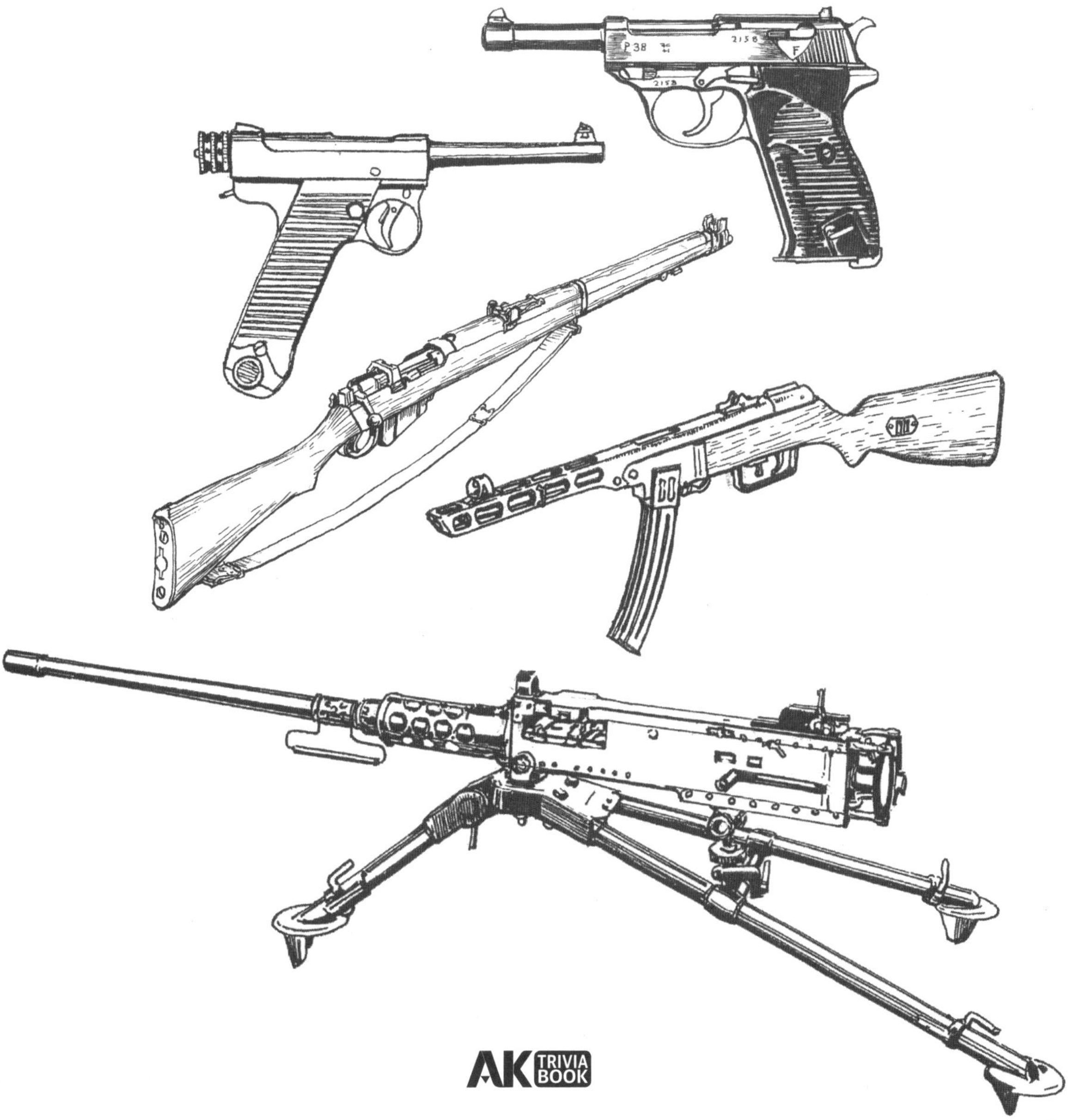

AK TRIVIA BOOK

CONTENTS

미군

제2차 세계대전 당시,
다른 국가보다도 앞서 반자동 소총을
전면적으로 배치할 수 있었던 미군.
이를 가능하게 했던 것은
대량 생산을 실현할 수 있었던 공업력뿐 아니라
건국 이래로 줄곧 총기를 개발하고 생산해온
총기 제작사가 있었기 때문이었다.

권총

20세기 초, 군용 권총은 리볼버에서 자동권총으로 바뀌고 있었는데, 미군도 당시의 흐름에 발맞춰 신형 자동권총인 M1911을 채용했다. 제2차 세계대전 중에는 그 개량형인 M1911A1을 제식화하면서 M1911A1을 보조하기 위한 몇 종류의 리볼버 권총을 사용하기도 했다.

M1911 및 M1911A1

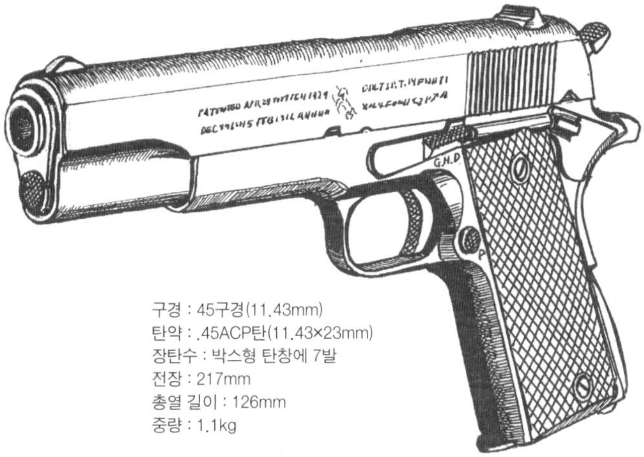

구경 : 45구경(11.43mm)
탄약 : .45ACP탄(11.43×23mm)
장탄수 : 박스형 탄창에 7발
전장 : 217mm
총열 길이 : 126mm
중량 : 1.1kg

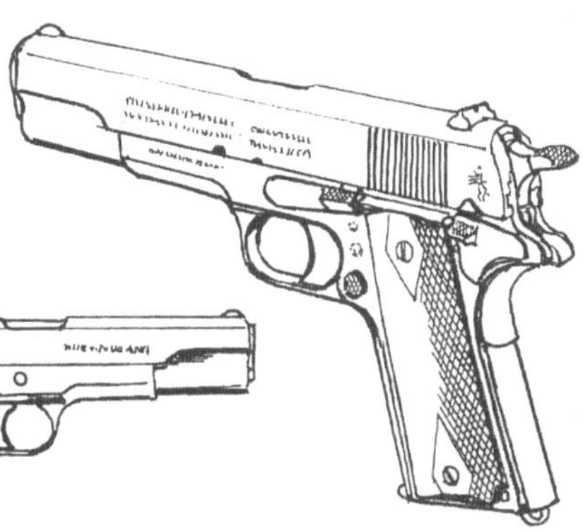

《M1911》

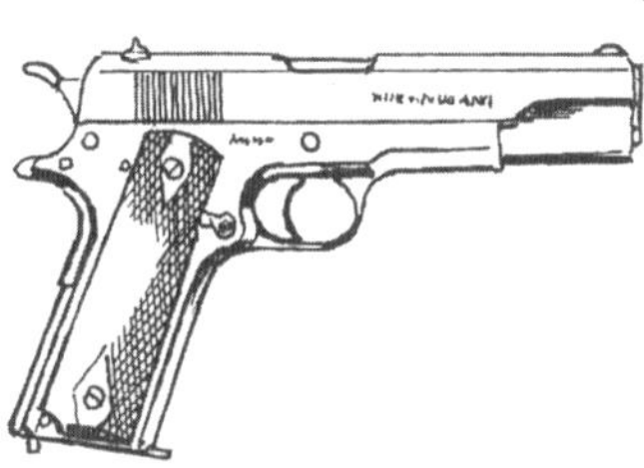

1906년 1월, 미 육군의 제식 자동권총의 채용을 위한 경합을 실시하면서, 미국의 콜트를 포함한 국내외 7개 제작사가 여기에 참가했다. 그리고 마침내 1911년 3월에 콜트의 제품이 채용되면서, "Automatic Pistol, Caliber .45, M1911"이라는 제식 명칭을 부여받았다.

[M1911→M1911A1 개량점 1]
가늠쇠 부분의 폭이 넓어짐과 동시에 가늠자의 조준용 홈도 폭을 넓혀 보다 조준하기 편해졌다.

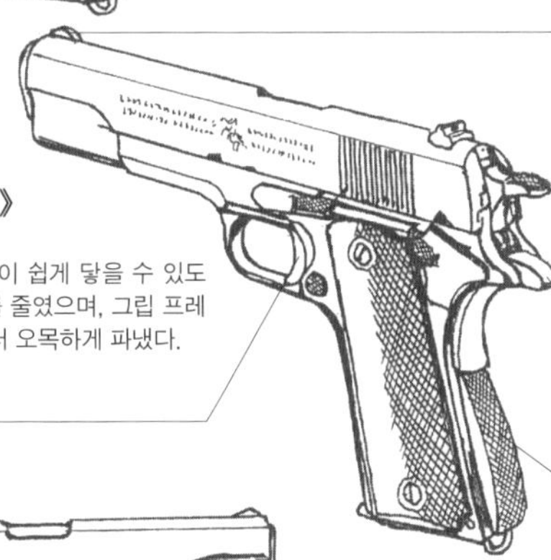

《 M1911A1 》

[개량점 5]
방아쇠에 손가락이 쉽게 닿을 수 있도록 방아쇠 길이를 줄였으며, 그립 프레임의 일부도 좀 더 오목하게 파냈다.

[개량점 2]
격철을 당기기 편하도록 격철에 미끄럼 방지용 홈을 파고 길이도 연장됐다.

[개량점 3]
그립 세이프티 겸 비버 테일이 연장됐다.

[개량점 4]
해머 하우징이 아치형으로 변경됐다.

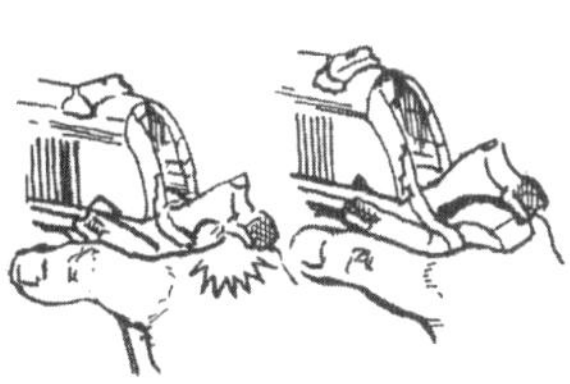

사격 시에 엄지와 검지 사이의 부상을 막기 위해 비버 테일이 연장됐다.

[개량점 6]
손잡이 전체에 미끄럼 방지용 무늬가 새겨졌다.

M1911의 개량형인 M1911A1은 1926년 5월 17일에 채용됐다. 2차 대전 중에는 군의 발주에 대응하기 위해 콜트 이외의 총기 제작사에서도 생산됐다.

M1917 리볼버

제1차 세계대전 당시, 수량이 부족했던 M1911을 보조하기 위해 비교적 제작이 수월한 리볼버 권총이 급거 채용됐는데, 그것이 바로 M1917이다. 이 권총은 S&W과 콜트에서 생산됐으며, 2차 대전 중에는 후방 기지의 경비용으로 사용됐다.

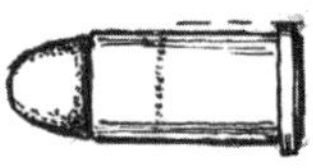

[림드탄]
일반적으로 리볼버 권총에 사용되는 탄약은 바닥면이 테두리처럼 돌출된 형식이다.

《S&S D.A. M1917》

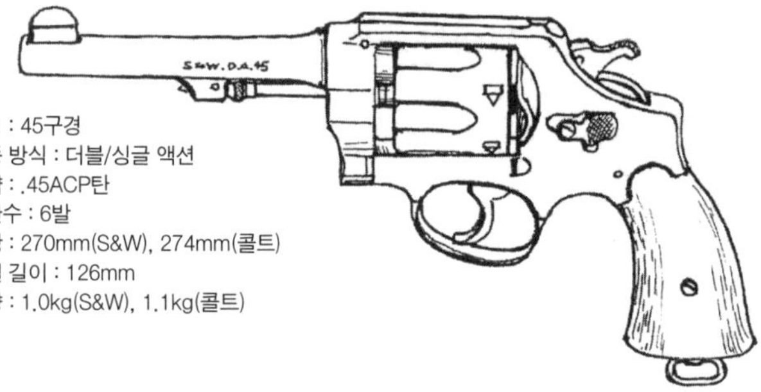

구경 : 45구경
작동 방식 : 더블/싱글 액션
탄약 : .45ACP탄
장탄수 : 6발
전장 : 270mm(S&W), 274mm(콜트)
총열 길이 : 126mm
중량 : 1.0kg(S&W), 1.1kg(콜트)

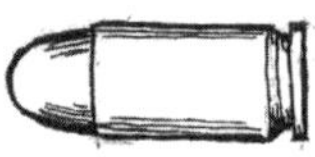

[림리스탄]
자동권총에 사용되는 탄약으로 림 부분의 크기가 약협의 직경과 거의 같다.

[하프문 클립]
M1917 리볼버 권총은 M1911A1과 마찬가지로 .45ACP탄을 사용하기에 림리스탄이라도 리볼버 실린더에 사용할 수 있도록 '하프문 클립'이 고안되었다. 클립 하나에 3발이 결합되며, 클립에 물린 채로 실린더에 장전한다.

《M1917용 M2 홀스터》

《콜트 D.A. M1917》

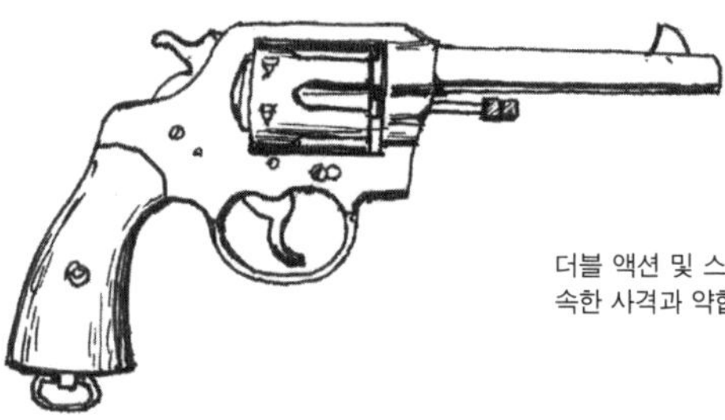

더블 액션 및 스윙 아웃 실린더 방식을 채용했기에 신속한 사격과 약협 배출을 실시할 수 있었다.

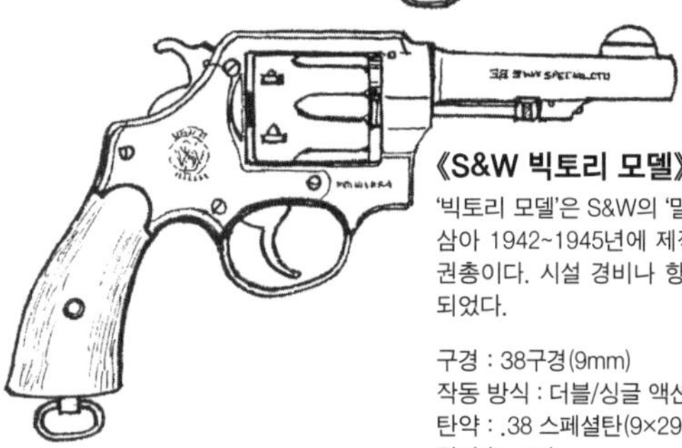

《S&W 빅토리 모델》

'빅토리 모델'은 S&W의 '밀리터리 폴리스' 모델을 기본으로 삼아 1942~1945년에 제작된 전시 양산형 38구경 리볼버 권총이다. 시설 경비나 항공기 승무원의 호신용으로 배치되었다.

구경 : 38구경(9mm)
작동 방식 : 더블/싱글 액션
탄약 : .38 스페셜탄(9×29.5mmR)
장탄수 : 6발
전장 : 252mm
총열 길이 : 102mm
중량 : 950g

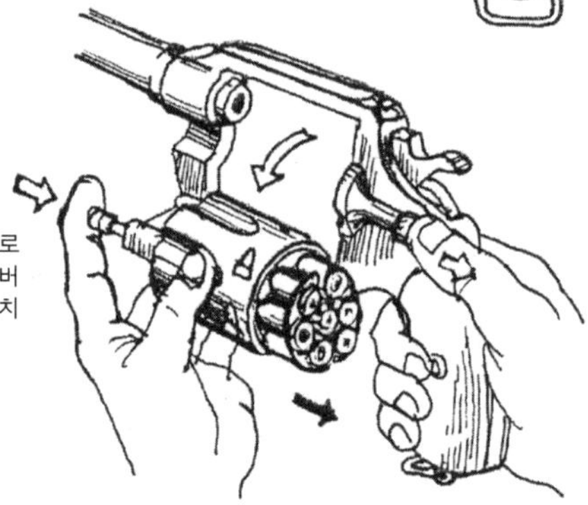

신호 권총

지상이나 해상은 물론 항공기 외부에서 사용한 권총으로, 통상의 신호나 구난 신호용으로 조명탄 및 신호탄을 쏘아 올리는 용도로 쓰였다.

《AN-M8》

육 · 해군 항공대에서 사용된 구난용 신호 권총. 중절식에 더블 액션 방식이다.

구경 : 37mm
전장 : 213mm
중량 : 952g

《M2》

육 · 해군 항공대에서 구난용으로 사용. 싱글 액션 방식이다.

구경 : 37mm
전장 : 137mm
중량 : 1.4kg

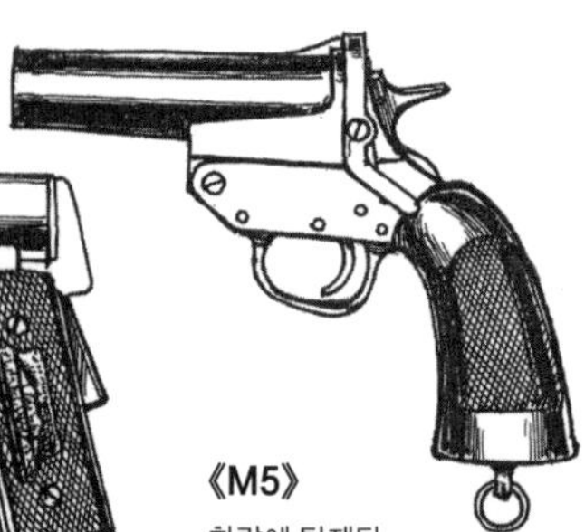

《M5》

차량에 탑재된 싱글 액션 모델.

구경 : 10게이지(19mm)
전장 : 190mm
중량 : 739g

소총

2차 대전 초기, 미군의 주력 소총은 볼트 액션 방식인 M1903A1이었지만, M1 개런드의 양산 준비가 갖춰지고 대량 생산이 이뤄지면서 1943년경에는 반자동 소총인 M1 개런드가 미군의 주력으로 자리잡을 수 있었다.

《M1》

M1 소총은 1936년에 개발된 반자동 소총이다. 제식 명칭은 'U.S. Rifle Cal.30, M1'이지만, 개발자의 이름에서 따와 M1 개런드라고도 불렸다. 1938년부터 배치가 시작됐지만, 주력 소총으로 실전에서 사용되기 시작한 것은 1942년 10월 이후부터였다.

M1 소총(M1 개런드)

[M1 소총용 장전 클립]
M1 소총 전용 클립으로, .30-06 소총탄 8발을 클립에 결합하여 소총에 장전했다.

탄약의 장전은 8발의 총탄이 결합된 장전 클립을 탄창에 삽입하는 방식으로 이뤄졌는데, 이 클립이 없으면 장탄이 불가하다는 문제가 있었다.

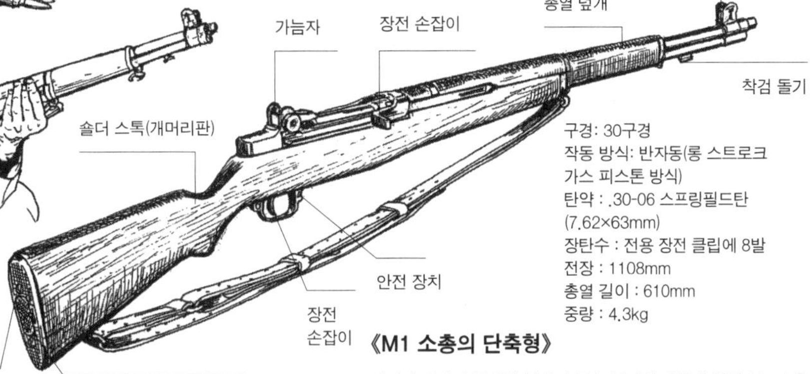

구경: 30구경
작동 방식: 반자동(롱 스트로크 가스 피스톤 방식)
탄약 : .30-06 스프링필드탄 (7.62×63mm)
장탄수 : 전용 장전 클립에 8발
전장 : 1108mm
총열 길이 : 610mm
중량 : 4.3kg

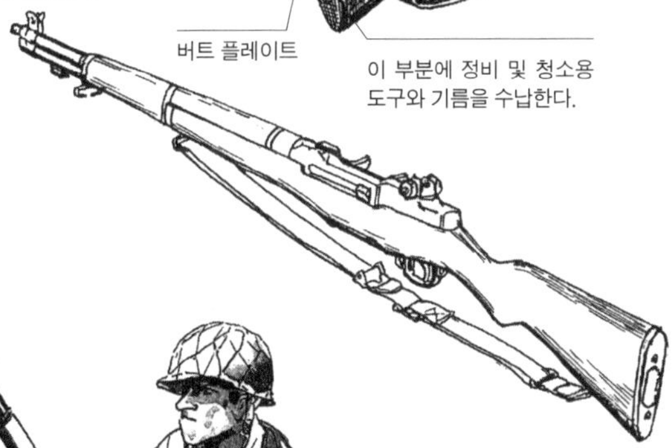

《M1 소총의 단축형》

태평양 전선에 투입된 부대나 공수 부대의 요구에 맞춰 M1 소총의 길이를 짧게 줄인 파생형이 개발되었다. 하지만 종전 등의 이유로 인해 모두 제식 채용에는 이르지 못했다.

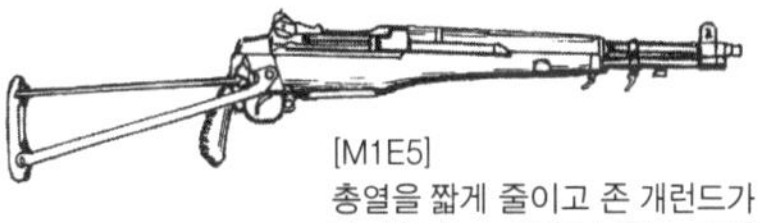

[M1E5]
총열을 짧게 줄이고 존 개런드가 설계한 금속제 접이식 개머리판을 부착한 시제품.

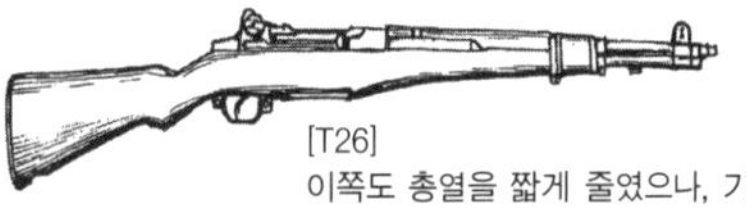

[T26]
이쪽도 총열을 짧게 줄였으나, 기본형과 마찬가지로 고정식 개머리판을 사용하는 시제품.

전장 : 955mm
총열 길이 : 457mm
중량 : 3.4kg

총류탄을 발사할 때는 큰 반동이 발생한다. 때문에 개머리판을 견착하는 대신 지면에 세워서 발사했다.

《총류탄 발사기》

소총 분대에서 공격 지원 또는 대전차 전투용으로 사용됐다.

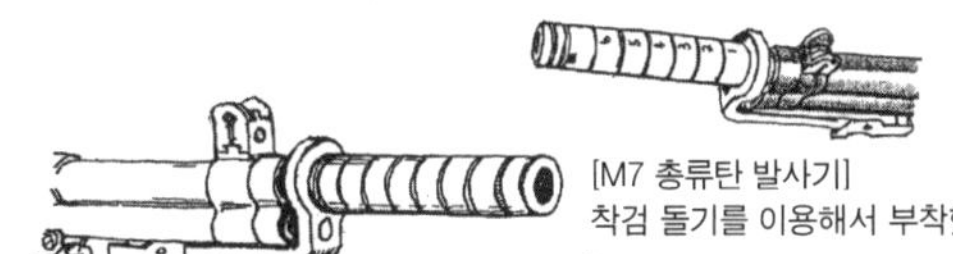

[M7 총류탄 발사기]
착검 돌기를 이용해서 부착했다.

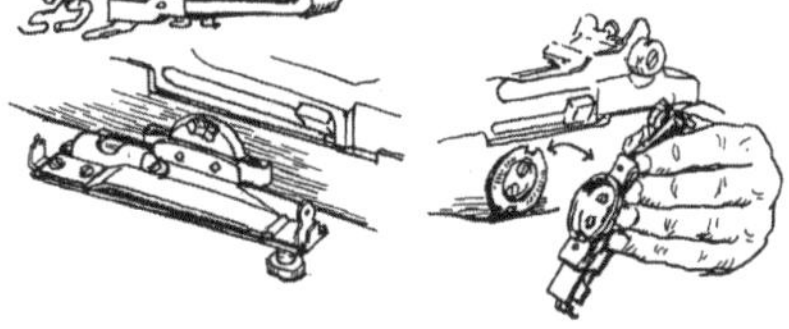

[M15 총류탄 발사기용 조준기]
총류탄 발사기용 조준기. 마운트 플레이트를 총상 좌측면에 나사로 고정해서 부착했다.

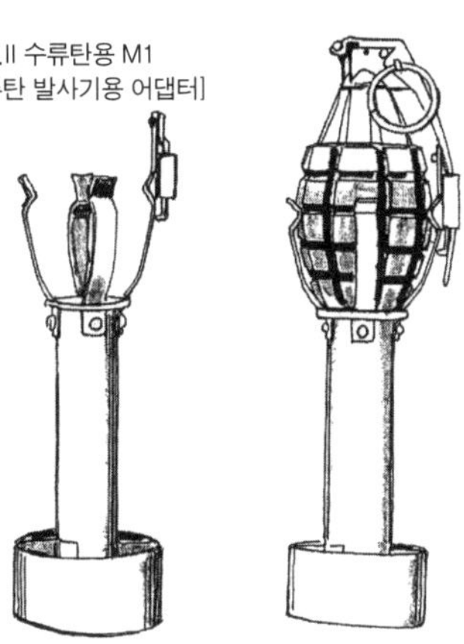

[Mk.II 수류탄용 M1 총류탄 발사기용 어댑터]

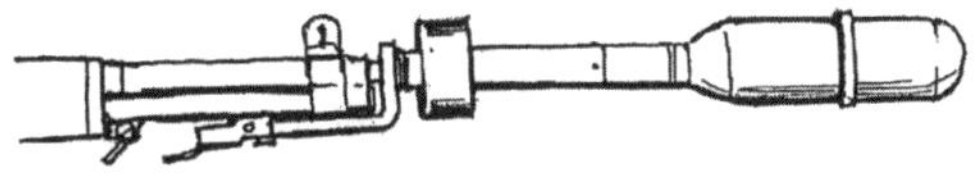

[M9A1 대전차탄]

[M3 고압 공포탄 Cal.30]
총류탄을 발사할 때는 공포탄을 사용했다.

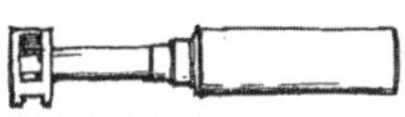

[M19A1 신호탄]

[M11 신호탄]

볼트액션식 소총

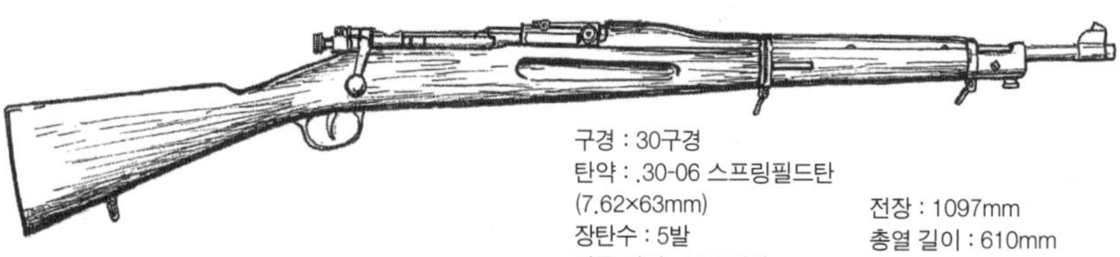

구경 : 30구경
탄약 : .30-06 스프링필드탄 (7.62×63mm)
장탄수 : 5발
작동 방식 : 볼트액션
전장 : 1097mm
총열 길이 : 610mm
중량 : 3.65kg

《M1903A1》

1차 대전 당시 활약한 볼트액션식 소총 M1903의 개량형. 1942년 이후, 미군의 주력 소총의 자리를 반자동 소총인 M1 개런드 소총이 차지하게 됐지만, 전시 대량 동원으로 인해 M1 소총의 수량이 부족하여 일부 부대에서는 계속해서 M1903A1이 사용됐다.

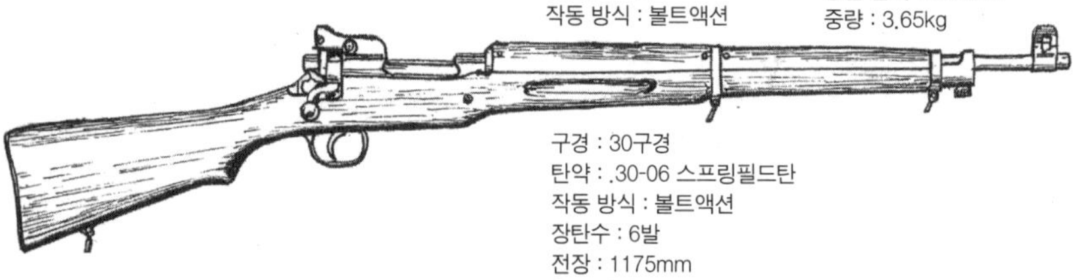

구경 : 30구경
탄약 : .30-06 스프링필드탄
작동 방식 : 볼트액션
장탄수 : 6발
전장 : 1175mm
총열 길이 : 660mm
중량 : 4.17kg

《M1917 엔필드》

영국군의 P14 소총을 미국에서 .30-06탄 사양으로 개조한 소총. 2차 대전 중에는 수량이 부족한 M1 소총의 보조용으로 비전투 부대 등에 배치됐다.

저격 소총

2차 대전 당시 미군에서는 M1903과 M1을 원형으로 하는 저격 소총을 배치했다. 조준경은 종전 시까지 육군과 해병대에서 다수의 모델이 사용됐다.

해병대의 저격수는 태평양의 정글전에서 활약했다.

《M1903 소총-스나이퍼 모델》

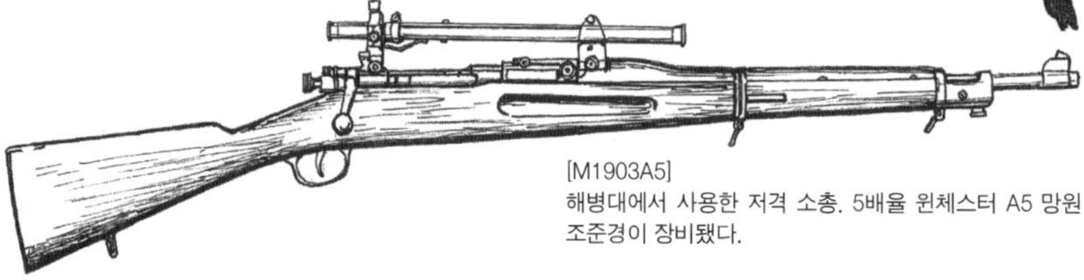

[M1903A5]
해병대에서 사용한 저격 소총. 5배율 윈체스터 A5 망원 조준경이 장비됐다.

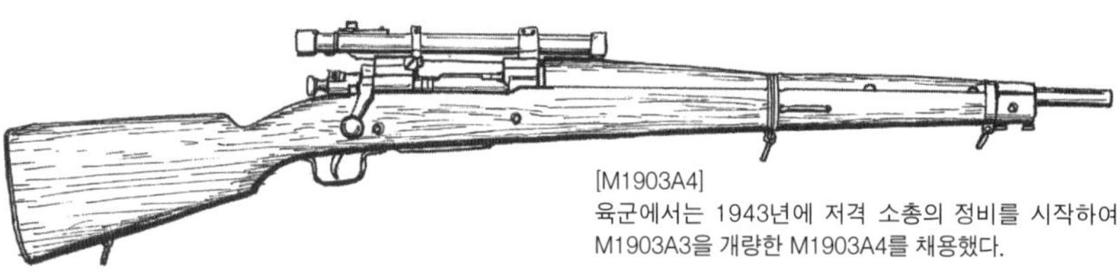

[M1903A4]
육군에서는 1943년에 저격 소총의 정비를 시작하여, M1903A3을 개량한 M1903A4를 채용했다.

《M1917소총-스나이퍼 모델》

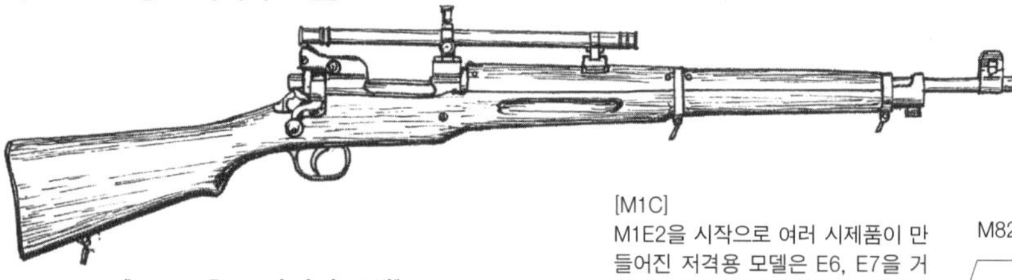

1차 대전 당시 제작된 M1917 소총의 저격용 모델. 2차 대전 중에도 소량이 사용됐다.

《M1 소총-스나이퍼 모델》

[M1C]
M1E2을 시작으로 여러 시제품이 만들어진 저격용 모델은 E6, E7을 거쳐 1944년 6월에 M1C라는 이름으로 제식 채용됐다.

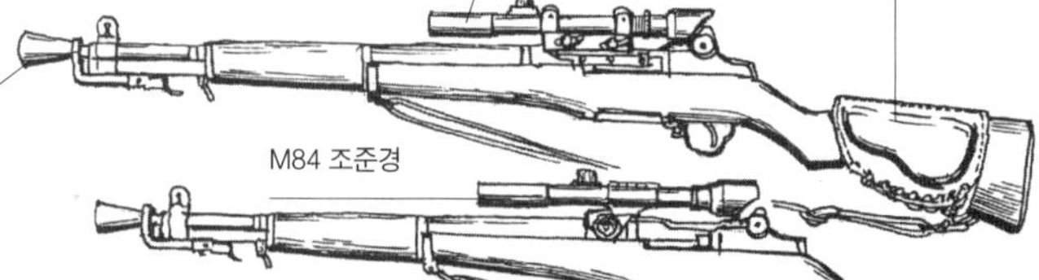

M82 조준경

칙 패드(뺨 받침)

M2 플래시 하이더(소염기)

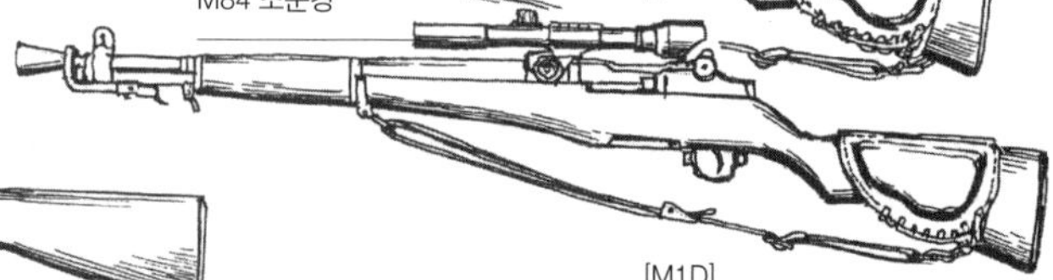

M84 조준경

[M1D]
M1E8이라는 명칭의 시제품으로 개발, 1944년 10월에 제식 채용됐다.

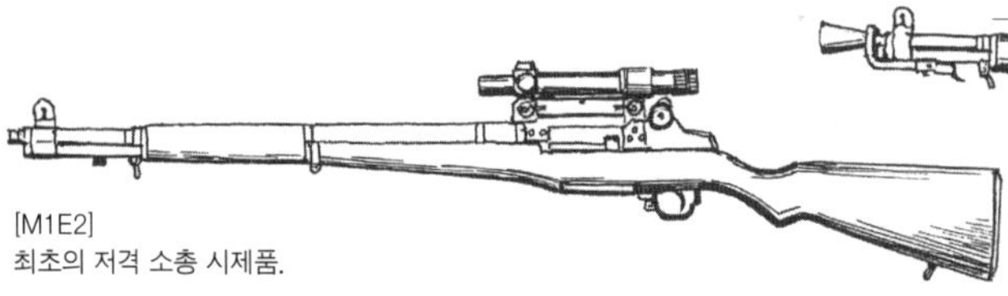

[M1E2]
최초의 저격 소총 시제품.

M1/M2/T3 카빈

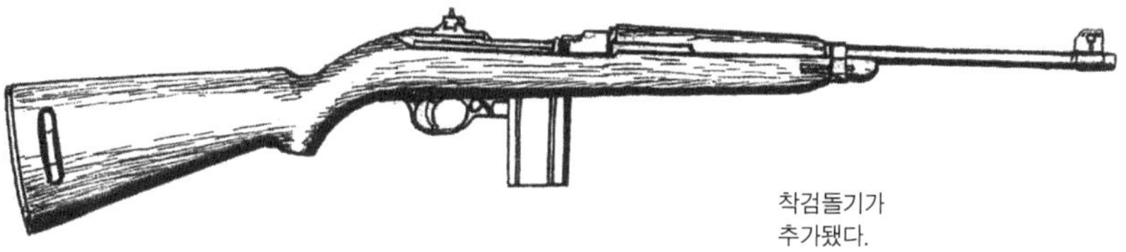

가늠자가 조정 가능한 모델로 변경.

착검돌기가 추가됐다.

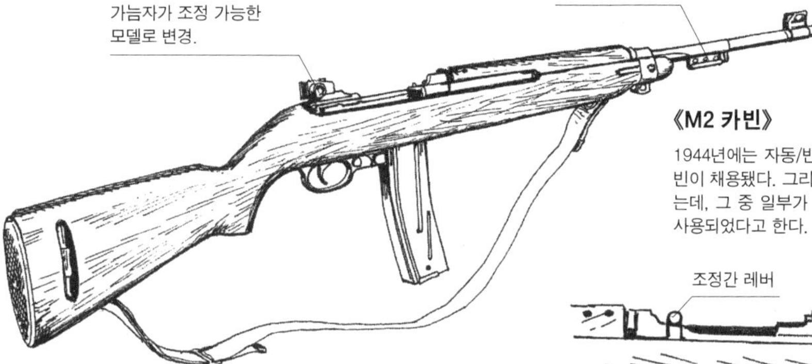

《M1 카빈》

M1 카빈은 권총과 소총의 중간 역할을 맡을 총으로 개발됐다. 초기에는 기지나 점령 지역의 경비 부대, 포병 등의 전투 지원 부대용으로 개발되었으나, 2차 대전 중에는 크기가 작고 가볍다는 점 때문에 일선 전투 부대에서도 널리 사용됐다.

구경 : 30구경
탄약 : .30 카빈탄(7.62×33mm)
장탄수 : 박스형 탄창에 15발
작동 방식 : 반자동(쇼트 스트로크 가스 피스톤 방식)
전장 : 604mm
총열 길이 : 458mm
중량 : 2.49kg

《M2 카빈》

1944년에는 자동/반자동 전환 기능이 추가된 개량형인 M2 카빈이 채용됐다. 그리고 30발 들이 바나나형 탄창도 함께 채용됐는데, 그 중 일부가 종전 즈음의 유럽 전선과 태평양 전선에서 사용되었다고 한다.

조정간 레버

M2 카빈은 리시버 좌측 윗면에 자동/반자동을 선택할 수 있는 조정간이 추가되었다.

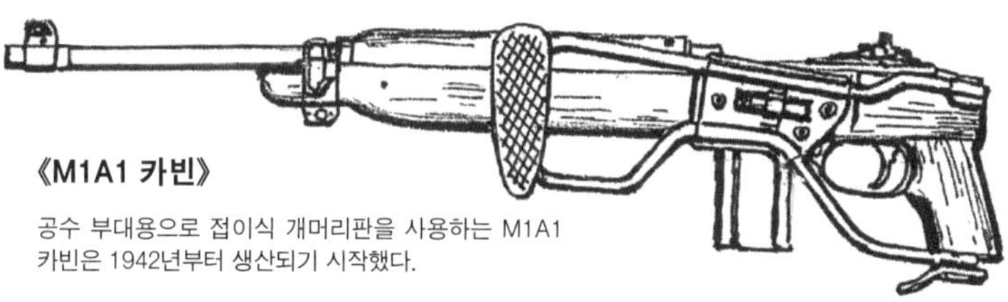

《M1A1 카빈》

공수 부대용으로 접이식 개머리판을 사용하는 M1A1 카빈은 1942년부터 생산되기 시작했다.

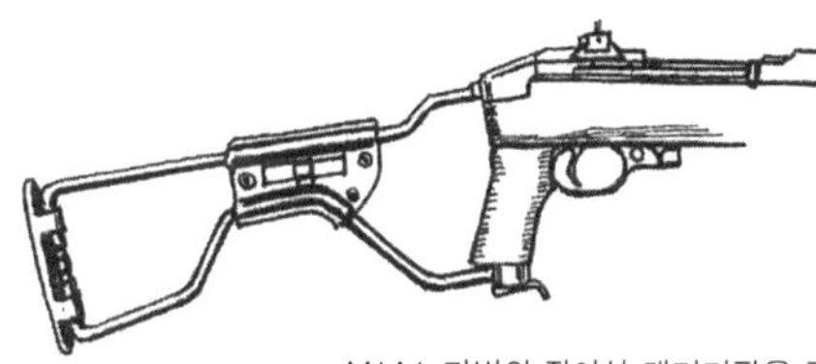

M1A1 카빈의 접이식 개머리판을 펼친 상태. 개머리판 중앙의 칙 피스 뒷면에는 기름통을 수납할 수 있도록 만들어졌다.

《T3 카빈》

적외선 암시 조준경인 T-120과 적외선 라이트가 탑재된 모델. 1944년에 생산이 시작되어, 이듬해의 오키나와 전투 당시에는 150정이 배치되어 있었다.

존슨 M1941 소총

1939년에 멜빈 존슨(Melvin Maynard Johnson Jr)이 개발한 반자동 소총. 당시에는 이미 M1 소총의 채용이 결정되어 있었던 데다, M1 소총과 비교해서 구조적 문제가 있어 제식으로는 채용되지 못했다. 태평양 전쟁이 시작되자, 네덜란드군용으로 생산된 이 소총을 해병대에서 구입하여 공수 부대 등에 배치했다.

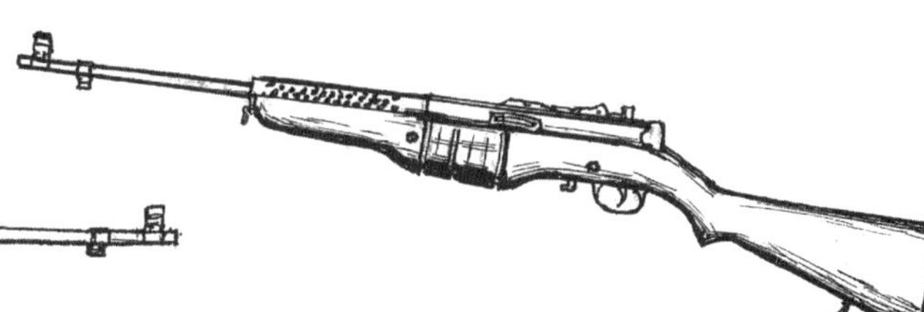

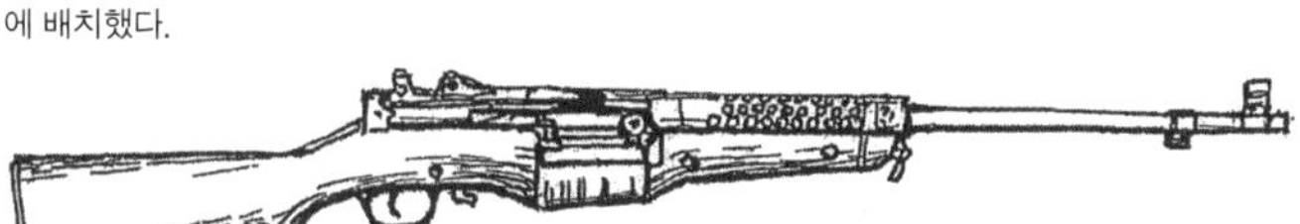

구경 : 30구경
탄약 : 7.62×63mm(.30-06 스프링필드탄)
장탄수 : 로터리식 탄창에 10발
작동 방식 : 반자동(쇼트 리코일 방식)
전장 : 1165mm
총열 길이 : 560mm
중량 : 4.31kg

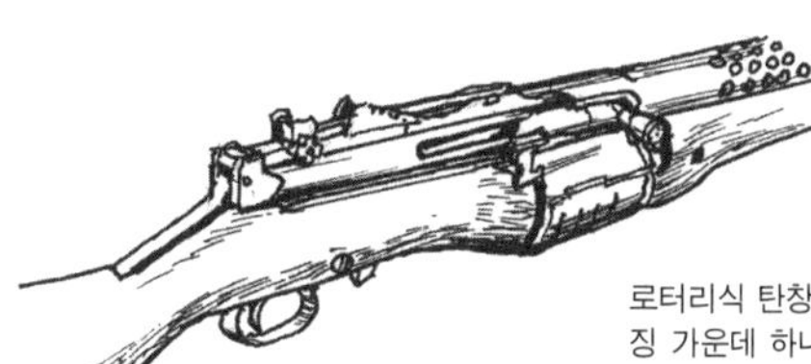

로터리식 탄창은 존슨 M1941 소총의 특징 가운데 하나로, 장탄은 우측면에서 장전 클립을 사용해 이뤄진다.

기관단총

원래 미 육군에서는 기관단총을 보조 화기로 규정했다. 때문에 당초에는 MP(군사 경찰)나 차량 승무원, 정찰 부대 등에 한정적으로 배치되었으나, 2차 대전 중에는 시가지나 정글에서 벌어지는 근접전에 적합하다는 점 때문에, 보병 부대의 장교나 부사관, 공수 부대의 장병 등이 널리 사용했다.

M1928/M1928A1

《M1928》

톰슨 기관단총은 1919년에 개발되었으며, 처음에는 M1928이라는 이름으로 해병대에 한정적으로 채용됐다. 이후, 해군과 해병대에 제식 채용되어 M1928이라는 명칭을 부여받았다.

구경 : 45구경
탄약 : .45ACP탄
장탄수 : 박스형 탄창에 20발, 30발, 50발 들이 드럼 탄창 사용
작동 방식 : 자동/반자동 (오픈 볼트, 블로우백 방식)
전장 : 857mm
총열 길이 : 267mm
중량 : 4.87kg
발사 속도 : 600~725발/분

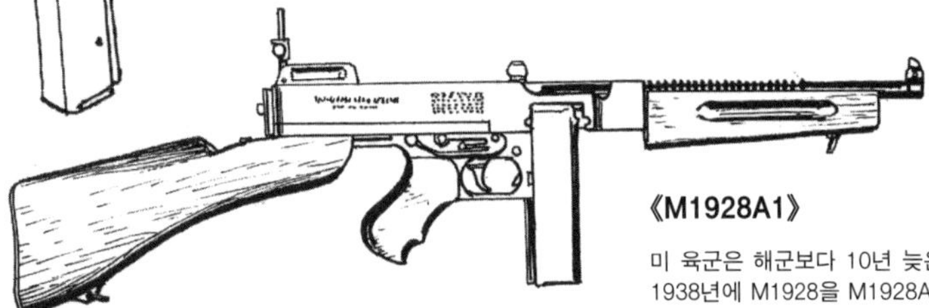

《M1928A1》

미 육군은 해군보다 10년 늦은 1938년에 M1928을 M1928A1이라는 명칭으로 채용했다.

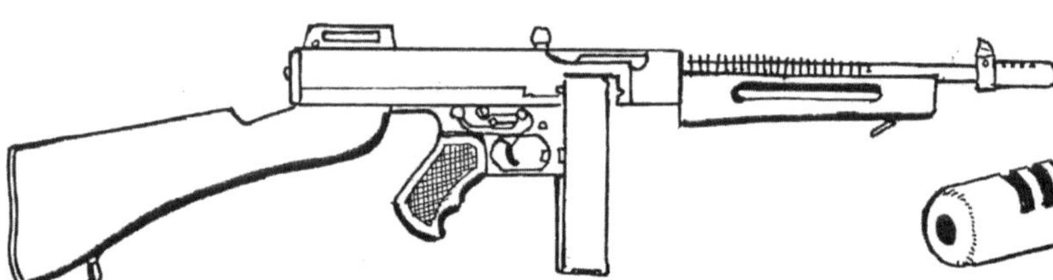

《경량형 M1928A1》

경량화와 생산성 향상을 위해 제작된 시제품으로 리시버는 알루미늄 합금, 개머리판과 권총손잡이는 합성수지로 제작되었다. 하지만 리시버의 강도 부족 문제가 해결되지 못해, 실제로는 채용되지 못했다.

총구 들림을 제어할 수 있도록 컴펜세이터가 표준 장비 되었다.

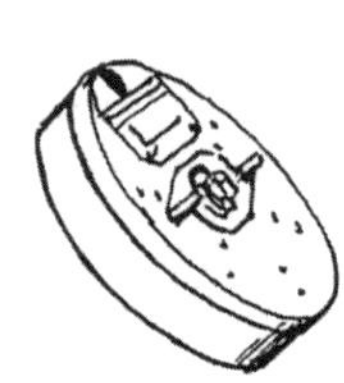

[M1928/M1928A1용 50연발 드럼 탄창]
.45ACP탄을 50발 장전할 수 있다. 미군 외에 영국군에서도 사용된 바 있다.

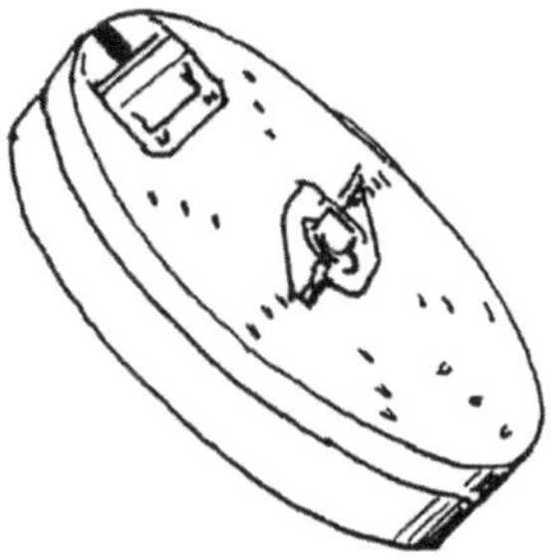

[100연발 탄창]
군용으로는 채용되지 못했다. 드럼 탄창은 무겁고 거추장스러운 데다 탄이 앞뒤로 흔들리면서 소리를 내는 등의 단점이 있었기 때문이다. 박스형 탄창이 주류가 된 것은 이러한 이유에서이다.

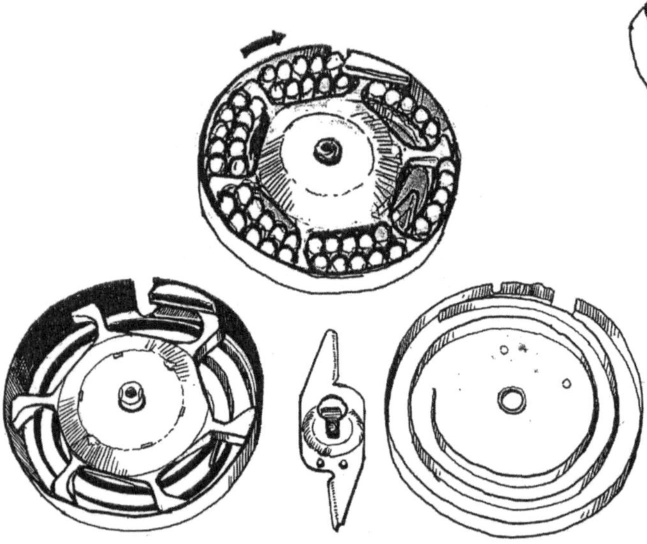

드럼 탄창(그림은 50발 들이)은 태엽의 힘으로 장전된 탄을 급탄하는 방식으로 작동된다.

육군에서는 기계화된 기병부대의 정찰대에 기관단총을 보급했다.

M1/M1A1

《M1》

1942년에 전시 생산형으로 새로이 설계된 모델. 작동 방식을 기존의 블리시 록(Blish lock)에서 단순 블로우백 방식으로 변경하고 노리쇠도 재설계되었다. 또한 총열의 방열핀과 컴펜세이터를 폐지하고 드럼 탄창을 사용하지 않도록 하는 등의 개량을 통해 생산성이 향상되었다.

구경 : 45구경
작동 방식 : 자동/반자동 (오픈 볼트, 블로우백 방식)
탄약 : .45ACP탄
장탄수 : 박스형 탄창에 20발, 30발
전장 : 813mm
총열 길이 : 267mm
중량 : 4.74kg
발사 속도 700발/분

《M1A1》

M1의 생산성을 보다 향상시키기 위해, 노리쇠의 설계를 변경하여 공이치기가 고정식으로 바뀌는 개량이 이루어졌다.

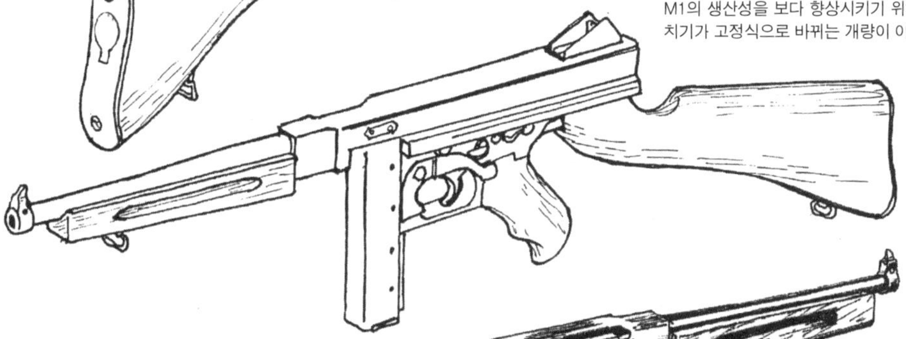

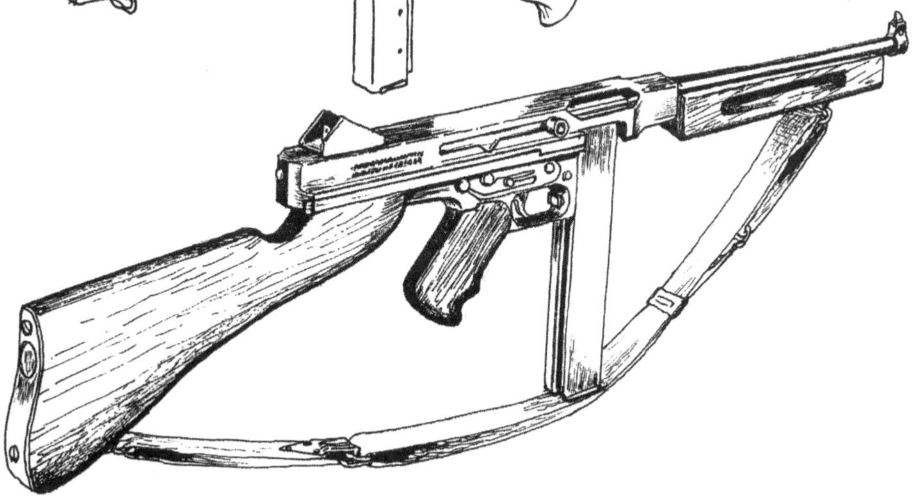

《가늠자의 변화》

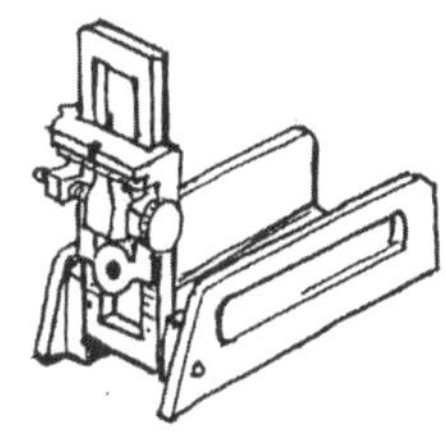

M1928 및 M1928A1에 사용된 가동식 가늠자

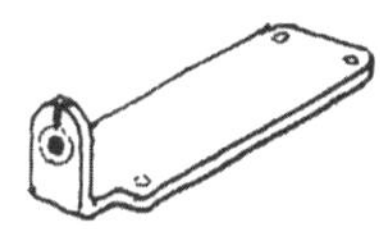

M1에 사용된 고정식 가늠자

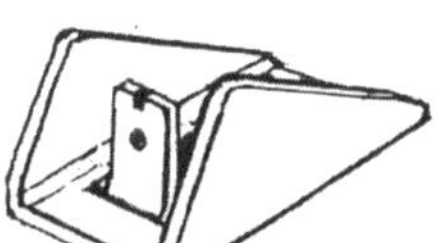

M1A1에 와서는 파손 방지를 위한 가드가 추가되었다.

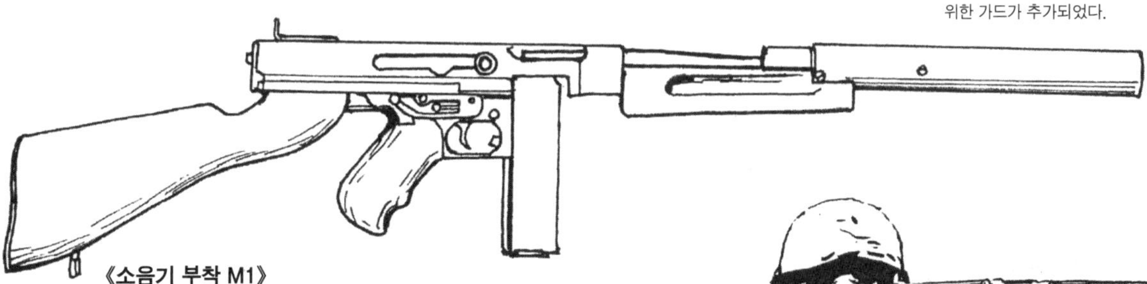

《소음기 부착 M1》

영국군 코만도 부대 등에서 특수 작전용으로 사용했다.

2차 대전 초기, M1928을 사용했던 미 해병대에도 대전 후반에는 M1 또는 M1A1이 보급되었다.

M3/M3A1 그리스건

《M3》

톰슨 기관단총의 후계 모델로 1943년 1월에 제식 채용되었다. 철저히 생산성을 중시하여 개발되었기에 제작에는 프레스 가공과 전기 용접이 많이 사용되었다. 특유의 실루엣이 윤활유 주입기와 흡사하다는 이유에서 '그리스건(grease gun)'이라 불리게 되었다.

《M3A1》

M3의 생산성을 한층 더 향상시키는 방향으로 개량된 파생형으로, 1944년 12월에 채용되었다. 노리쇠에 붙어있던 장전 손잡이가 폐지되고, 개머리판은 총열의 분해 조립용 렌치와 탄창에 탄약을 장전할 때 사용되는 장전기(loader)를 겸할 수 있도록 만들어졌다.

구경 : 45구경 탄약 : .45ACP탄 장탄수 : 박스형 탄창에 30발 작동 방식 : 완전 자동(오픈 볼트, 블로우백 방식) 전장 : 745mm, 540mm(개머리판 수납 시) 총열 길이: 203mm 중량 : 3.7kg 발사 속도 : 400~450발/분

M3A1은 장전 손잡이가 폐지되면서 노리쇠에 손가락을 넣어 직접 노리쇠를 후퇴시키는 방식이 사용되었다. 총구에 부착되는 M9 소염기는 옵션으로 만들어졌다.

그 외의 기관단총

구경 : 45구경 탄약 : .45ACP탄 장탄수 : 박스형 탄창에 12발, 20발 작동 방식 : 자동/반자동(클로즈드 볼트, 지연 블로우백) 전장 : 959mm(M50), 794mm(M55) 총열 길이 : 279mm 중량 : 3.1kg(M50), 2.8kg(M55)

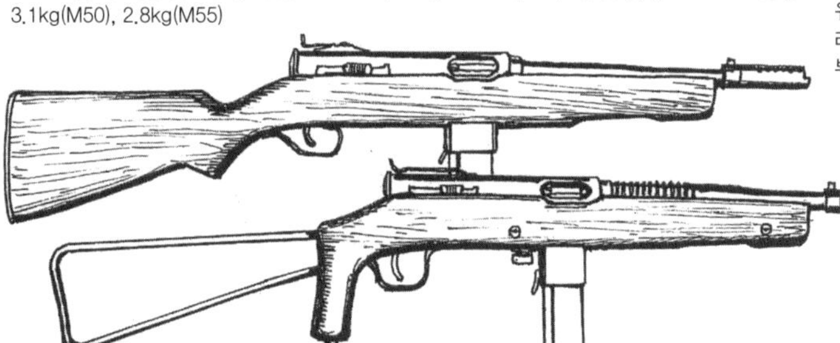

《레이징 M50》

유진 레이징(Eugene Gustavus Reising)이 설계/개발하고 해링턴 & 리처드슨에서 생산과 판매를 맡았던 기관단총. 톰슨 기관단총의 수량 부족을 메우는 용도로 해병대에 채용되었다.

《레이징 M55》

소염기를 폐지하고, 금속 와이어제 개머리판과 권총 손잡이를 사용하도록 설계를 변경, 전장을 짧게 줄인 단축형. 주로 공수 부대나 기갑차량 승무원용으로 사용되었다.

《UD(유나이티드 디펜스) M42》

대전 당시 미군의 정보기관이었던 OSS(전략 사무국, Office of Strategic Services) 요원이나 적 점령지에서 활동하는 현지 저항 세력용으로 만들어진 기관단총. 20발 들이 탄창 1개짜리 외에 탄창 2개를 상하 반전시켜 용접한 탄창도 사용되었다.

구경 : 9mm 탄약 : 9mm×19(9mm 파라벨룸탄) 장탄수 : 박스형 탄창에 20발 작동 방식 : 자동/반자동(블로우백) 전장 : 820mm 총열 길이 : 279mm 중량 : 4.1kg 발사속도: 700발/분

《M2 기관단총》

톰슨 기관단총의 후계 모델로 개발되어 1942년 4월에 채용된 기관단총. 하지만 같은 해 12월에 M3 기관단총이 채용되면서 400정 생산된 것에 그치고 말았다.

구경 : 45구경 탄약 : .45ACP탄 장탄수 : 박스형 탄창에 20발, 30발 작동 방식 : 완전 자동(블로우백) 전장 : 813mm 총열 길이 : 305mm 중량 : 4.19kg 발사 속도 570발/분

기관총

미군의 경우, .30구경과 .50구경 기관총을 분대나 소대 지원화기로 사용했다. 또한 이들 기관총은 차량 등에도 탑재되었다.

브라우닝 자동소총 M1918(BAR)

1차 대전 말기였던 1918년에 채용된 분대 지원용 자동소총. 'Browning Automatic Rifle'의 머리글자에서 따온 'BAR'('바' 또는 '비에이알'이라 발음했다)라고 불렸다. '소총'이라고는 하지만, 실제로는 그 용도 때문에 경기관총으로 분류되는 경우가 많다. 2차 대전 중에는 M1918의 개량형인 A2가 사용되었다.

구경 : .30구경 탄약 : .30-06 스프링필드탄 장탄수 : 박스형 탄창에 20발(탈착식 탄창) 작동 방식 : 자동/반자동(가스 피스톤 방식, 지연 블로우백) 전장 : 1214mm 총열 길이 : 610mm 중량: 9.07kg 발사 속도 : 300~650발/분

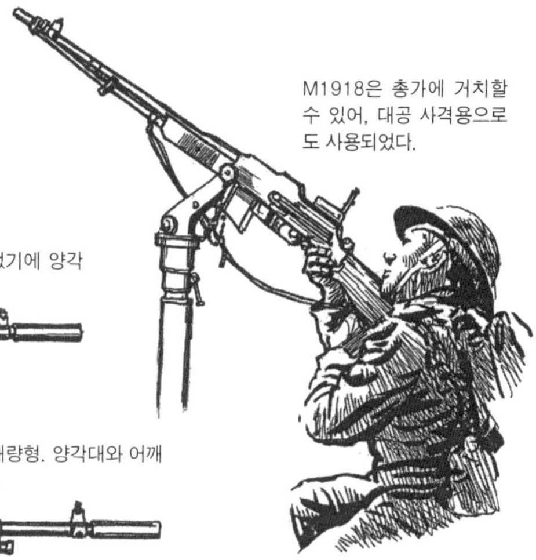

M1918은 총가에 거치할 수 있어, 대공 사격용으로도 사용되었다.

《M1918》

최초 모델은 '소총'으로 채용되었기에 양각대가 부속되지 않았다.

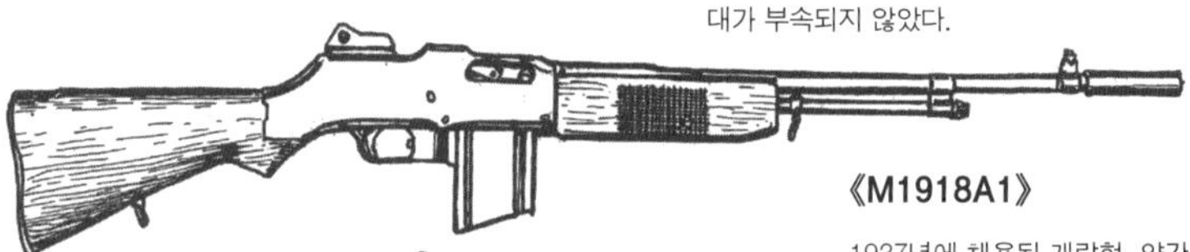

《M1918A1》

1937년에 채용된 개량형. 양각대와 어깨받이가 추가되었다.

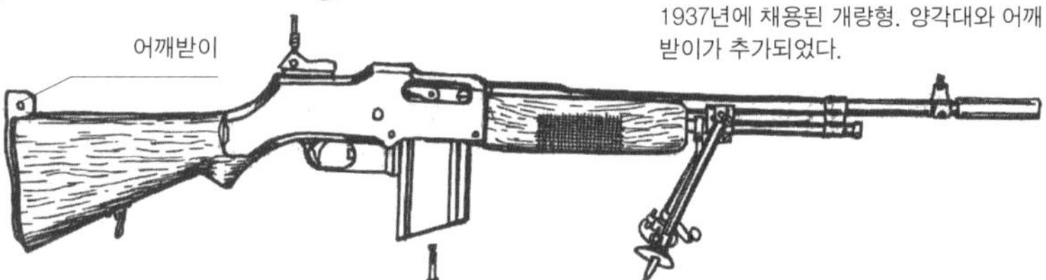

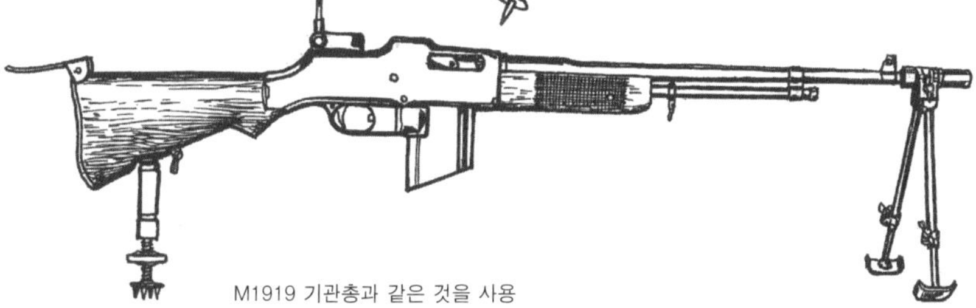

《M1918A2》

A1을 한층 개량하여 성능을 향상시킨 모델. 반자동 기능을 폐지한 대신, 자동 사격 시의 발사 속도를 2단계(350발/분, 500발/분)로 전환할 수 있도록 바뀌었다.

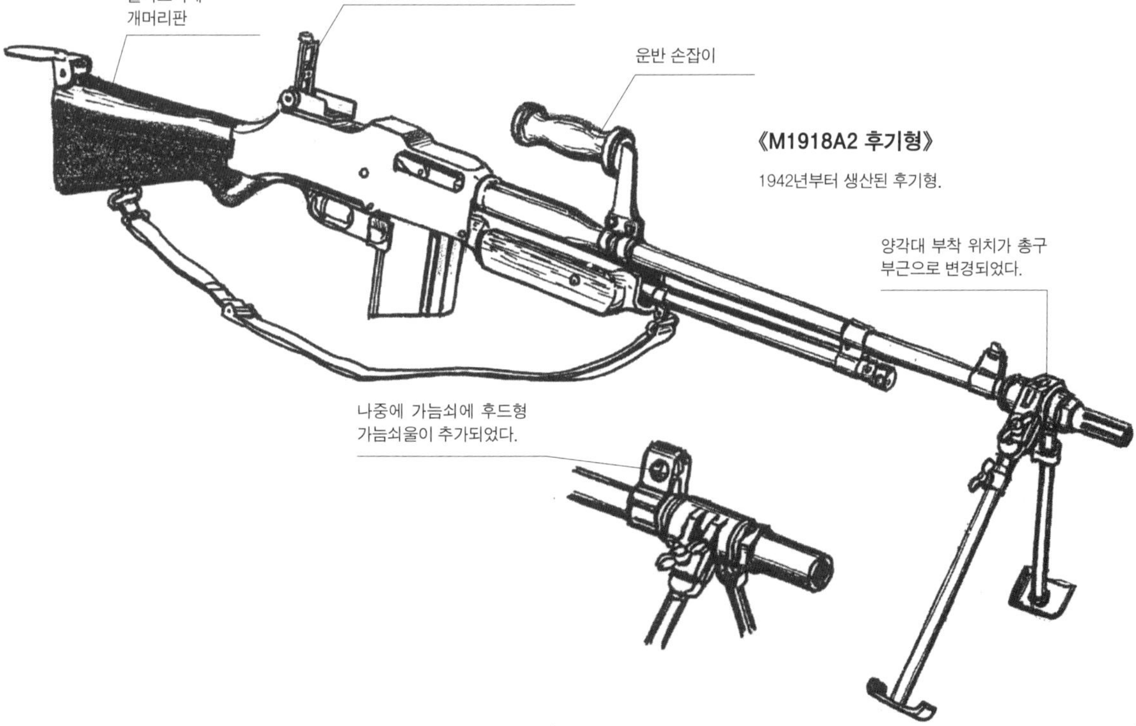

《M1918A2 후기형》

1942년부터 생산된 후기형.

《M1918용 부수 기재》

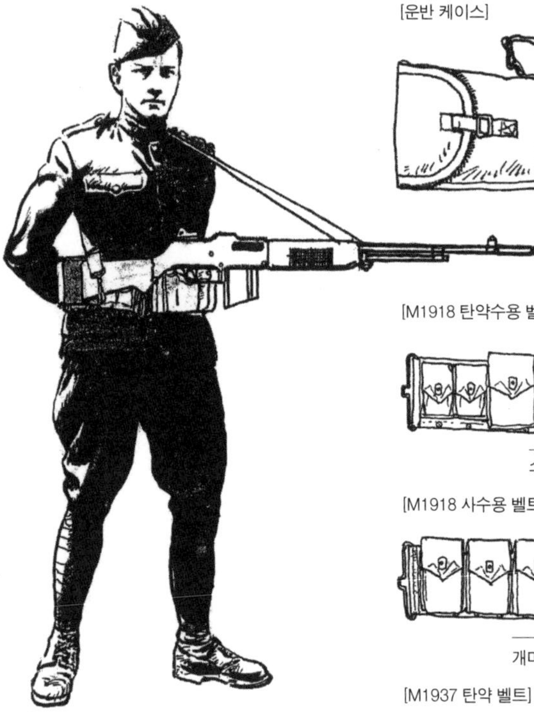

중량이 7kg 이상 나가는 M1918은 슬링을 어깨에 걸치고 탄약 벨트에 부속된 컵에 개머리판을 끼우는 식으로 휴대했다.

[운반 케이스]

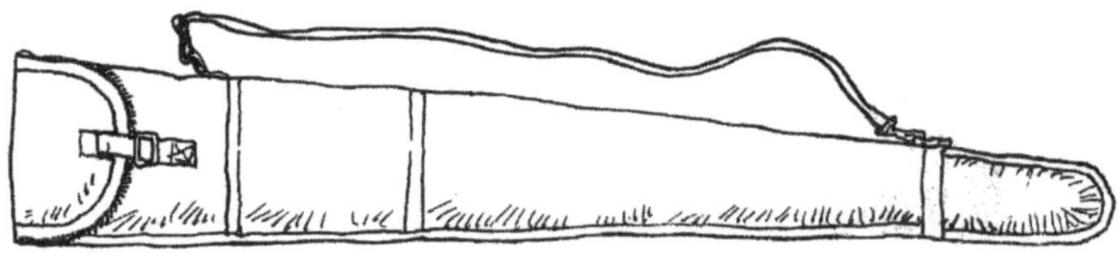

[M1918 탄약수용 벨트]

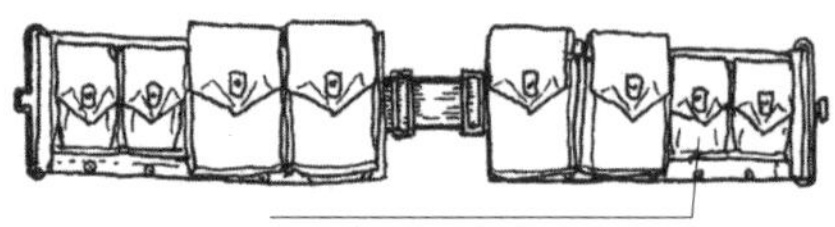

소총용 탄약 파우치

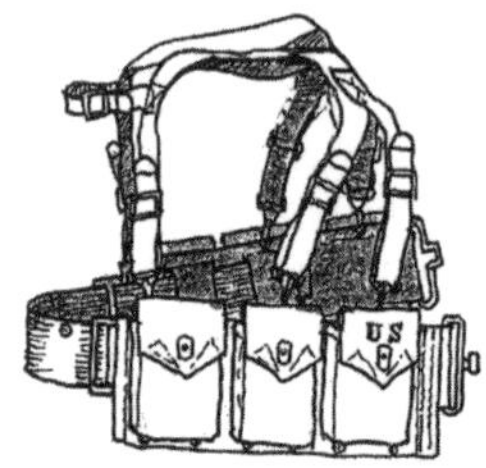

파우치 하나에 2개의 탄창이 수납되기에 서스펜더를 사용해서 벨트가 흘러내리지 않도록 했다.

[M1918 사수용 벨트]

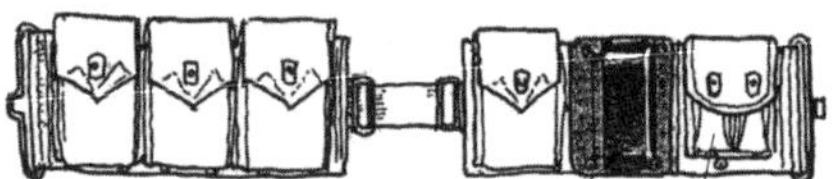

개머리판 고정용 컵

M1911 거버먼트용 탄창 파우치

파우치 하나에 예비 탄창 2개가 들어간다.

[M1937 탄약 벨트]

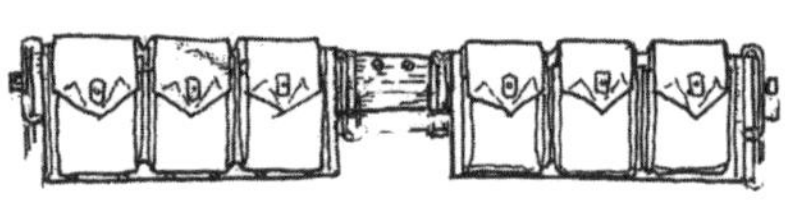

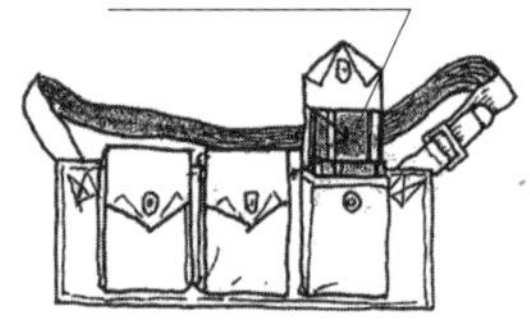

[M1918 밴돌리어]

존슨 M1941 경기관총

M1941 소총과 마찬가지로 멜빈 존슨이 개발한 기관총. 급탄은 소총 모델과 달리, 25연발 탄창을 통해 이루어진다. 소총과 마찬가지로 제식 채용되지는 못했으나, 육군의 제1특수임무부대(FSSF)와 해병대의 공수 부대에 한정적으로 채용되었다.

구경 : .30구경 탄약 : .30-06 스프링필드탄 장탄수 : 박스형 탄창에 25발 작동 방식 : 자동/반자동(회전 노리쇠, 쇼트 리코일 방식) 전장 : 1066mm 총열 길이 : 559mm 중량 : 6.49kg 발사 속도 : 600발/분

공구 없이도 분해와 조립이 수월하도록 설계되었다.

사격 자세를 낮게 잡을 수 있도록 탄창이 총의 좌측면에 삽입되게 만들어졌다.

M1918 BAR보다 가볍고 장탄수가 많다는 특징이 있어, 미 육군에서는 제1특수임무부대에서 사용되었다.

브라우닝 M1917 기관총

1900년, 존 브라우닝이 개발하기 시작한 기관총을 모체로 개량을 가해, 1917년에 미군에 채용된 수랭식 기관총. 1930년에는 개량형인 M1917A1이 등장했으며, 2차 대전 중에는 육군과 해병대의 기관총 분대에서 사용되었다.

대형 워터 재킷이 달린 M1917은 특유의 박력있는 모습 때문에 2차 대전 중에 그려진 만화에도 자주 등장했다.

《M1917A1》

구경 : .30구경 탄약 : .30-06 스프링필드탄 장탄수 : 벨트 급탄 250발 작동 방식 : 완전 자동(쇼트 리코일 방식) 전장 : 965mm 총열 길이: 610mm 중량 : 14.8kg(총 본체), 32.2kg(총가) 발사 속도 : 600발/분

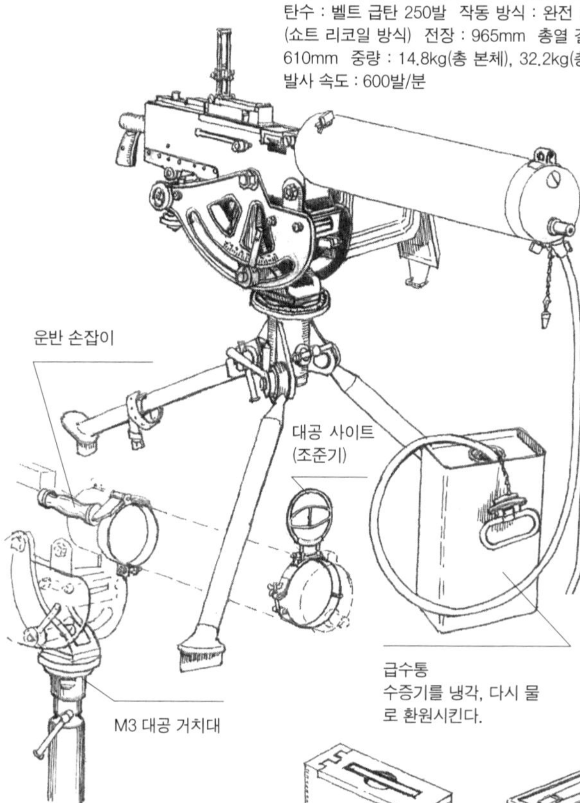

《M3 대공 거치대》

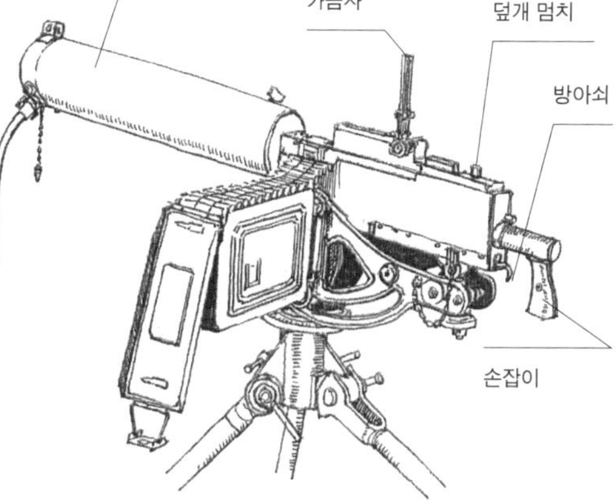

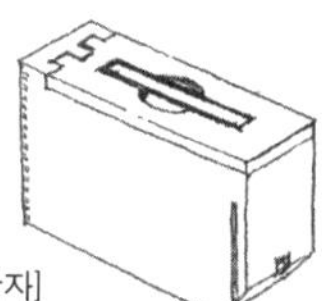

[목제 탄약상자]
초기에 채용된 형식

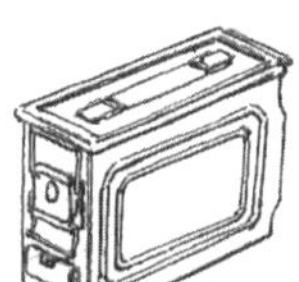

[M1A1 탄약상자]
탄약상자에는 250발 급탄 벨트 하나가 들어간다.

수랭식이기 때문에 장시간 연속 사격이 가능하며, 내구성도 높아 우수한 기관총이었다. 그래서 2차 대전 이후, 한국 전쟁까지도 계속 사용되었다.

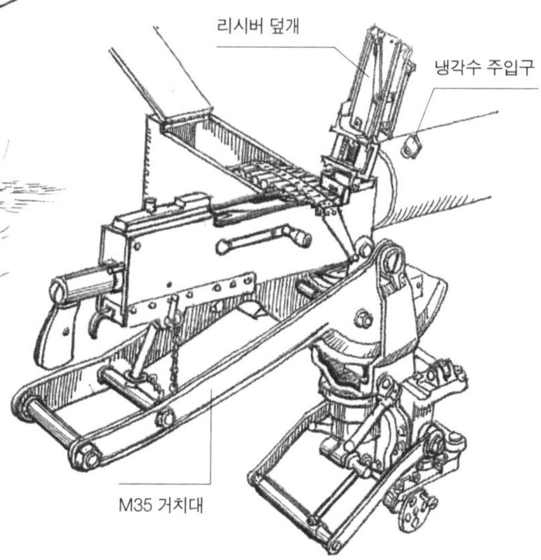

《M35 거치대》

M35 거치대에 탑재된 M1917A1. 이 거치대는 장갑차나 트럭 등의 차량에 장비되었다.

《핸드 카트(차륜형 총가)》

삼각 장치대까지 합치면 무게가 47kg에 달했던 M1917의 운반 및 이동용으로 핸드 카트도 사용되었다.

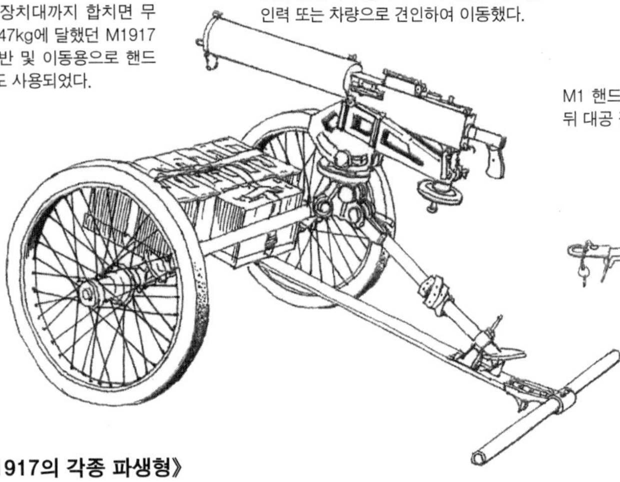

[M1 핸드 카트]
M1917A1의 탄통까지 실은 모습. 카트는 인력 또는 차량으로 견인하여 이동했다.

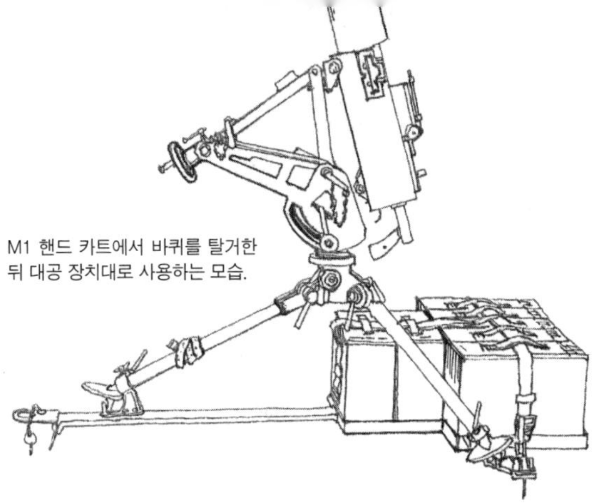

M1 핸드 카트에서 바퀴를 탈거한 뒤 대공 장치대로 사용하는 모습.

《M1917의 각종 파생형》

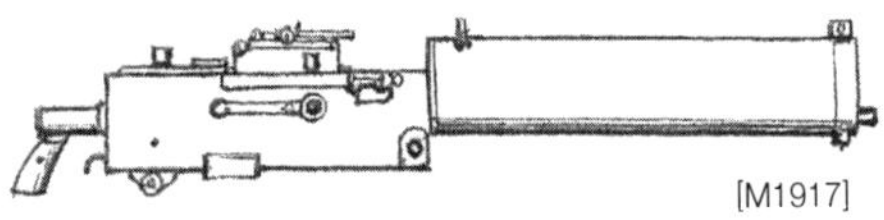

[M1917]

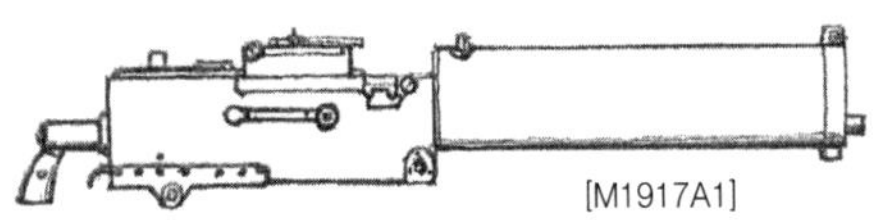

[M1917A1]
리시버와 배럴 재킷이 강화되었다.

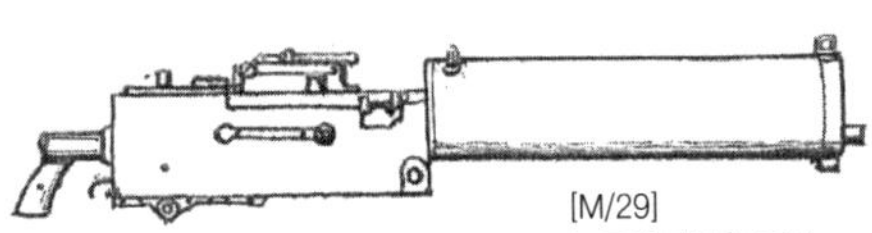

[M/29]
노르웨이군용 모델

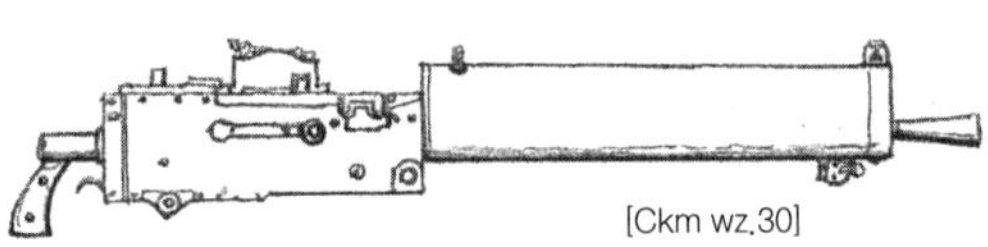

[Ckm wz.30]
벨기에의 FN에서 생산된 폴란드군용 모델.

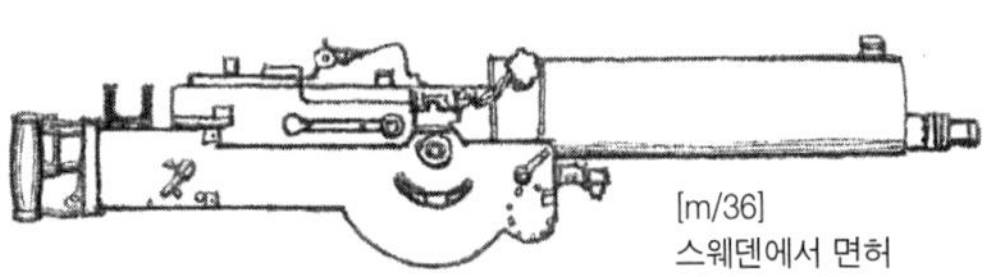

[m/36]
스웨덴에서 면허 생산된 모델

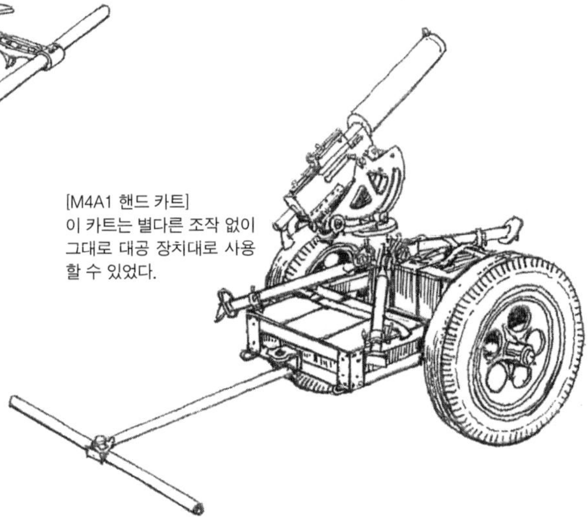

[M4A1 핸드 카트]
이 카트는 별다른 조작 없이 그대로 대공 장치대로 사용할 수 있었다.

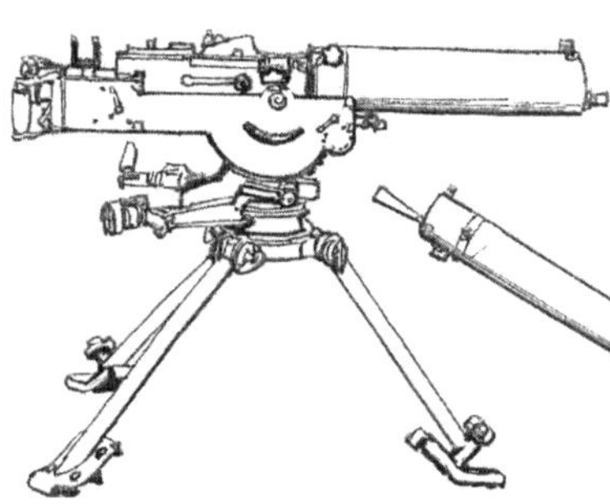

스웨덴군의 m/36은 칼 구스타프 조병창에서 생산되었다. 좌우로 나뉘어진 손잡이가 특징.

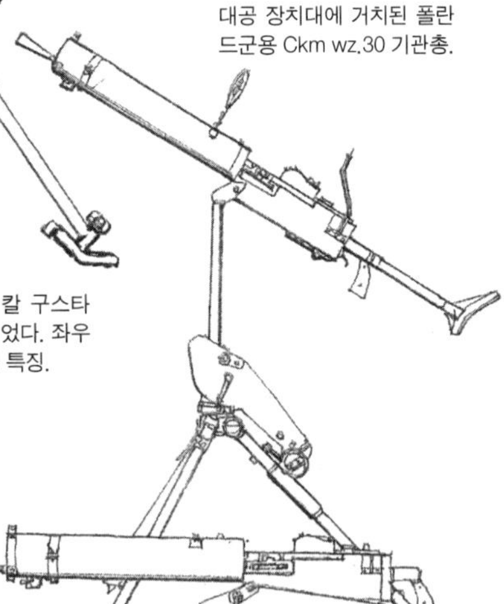

대공 장치대에 거치된 폴란드군용 Ckm wz.30 기관총.

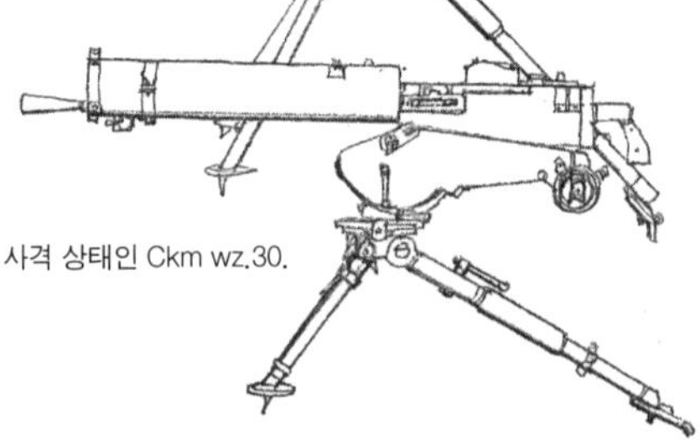

통상 사격 상태인 Ckm wz.30.

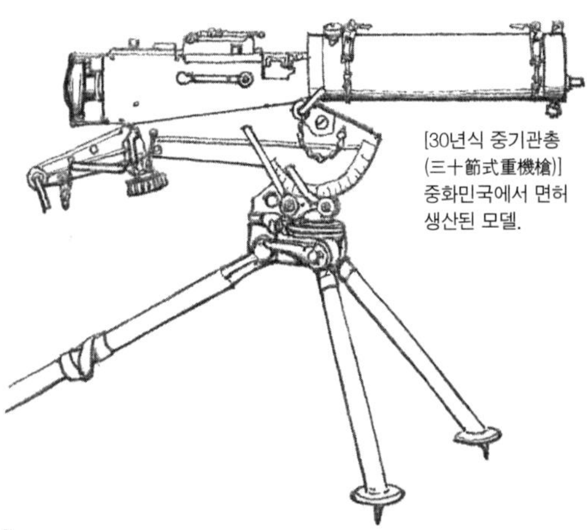

[30년식 중기관총(三十節式重機槍)]
중화민국에서 면허 생산된 모델.

브라우닝 M1919 기관총

M1919 기관총은 M1917의 후계 모델로, 경량화를 위해 공랭식으로 설계되었다. 파생형으로는 중기관총 및 차량 탑재용인 A4, 경기관총으로 운용된 A6 등이 있으며, 이외에도 항공기 탑재형도 만들어졌다.

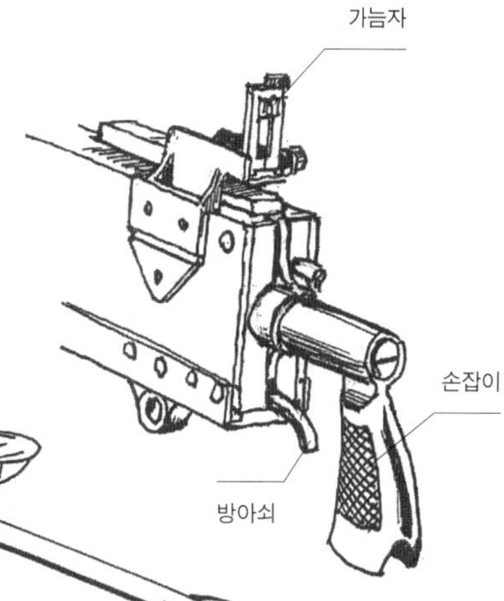

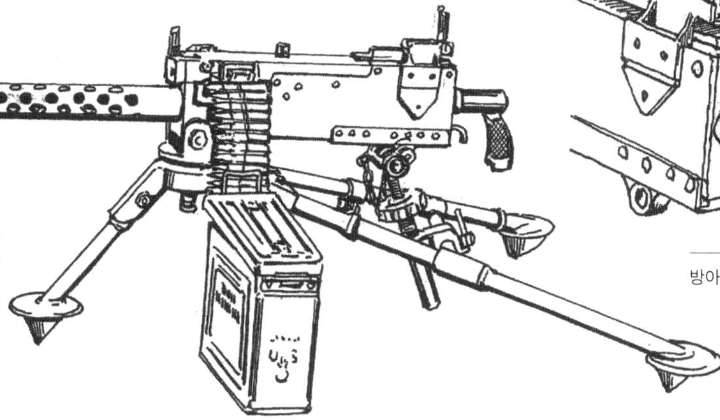

《M1919A4》

구경 : .30구경 탄약 : .30-06 스프링필드탄 장탄수 : 캔버스 또는 금속제 벨트 급탄 250발 작동 방식 : 완전 자동(쇼트 리코일 방식) 전장 : 1929mm(A4), 1346(A6) 총열 길이 : 609mm 중량 : 14kg(A4), 14.7kg(A6) 발사 속도 : 400~550발/분

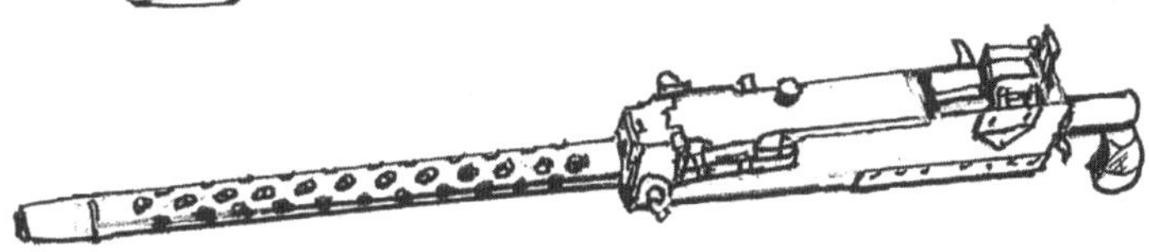

《M1919A2》

2차 대전기 이전에 사용된 기병대용 모델. 총열을 짧게 줄이는 등 경량화가 이루어졌다. 총가도 전용 삼각 장치대가 장비되었다.

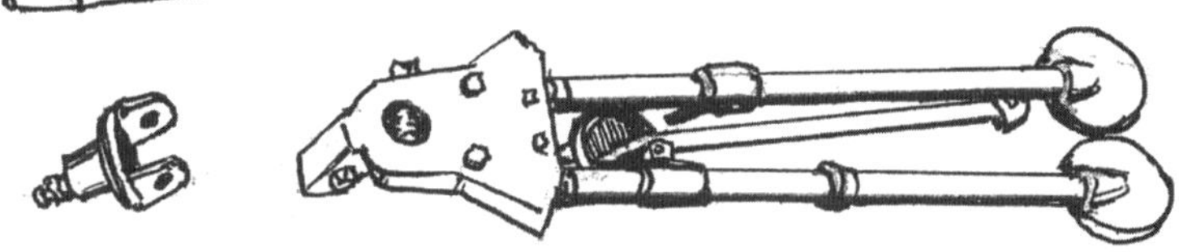

M1919A1와 M2 삼각 장치대를 분해한 모습. 이동 시에는 총기 본체를 분리하고, 삼각 장치대를 접어서 운반했다.

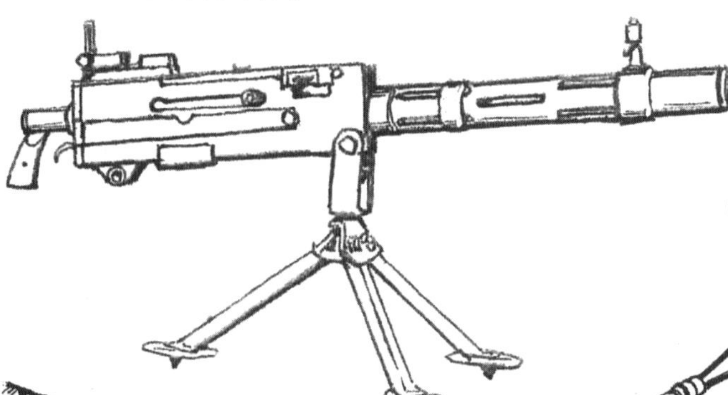

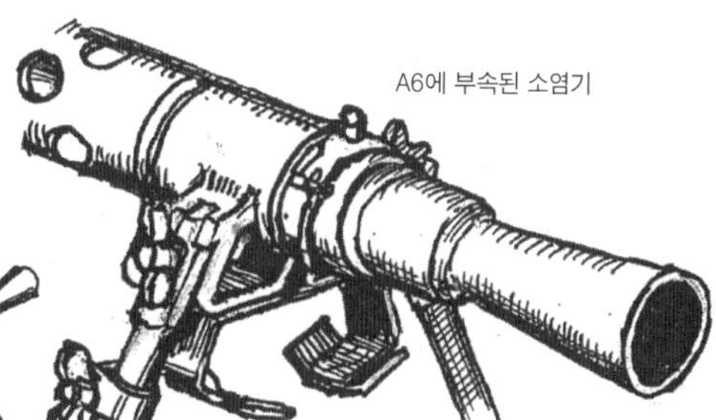

A6에 부속된 소염기

M1919A4의 총구

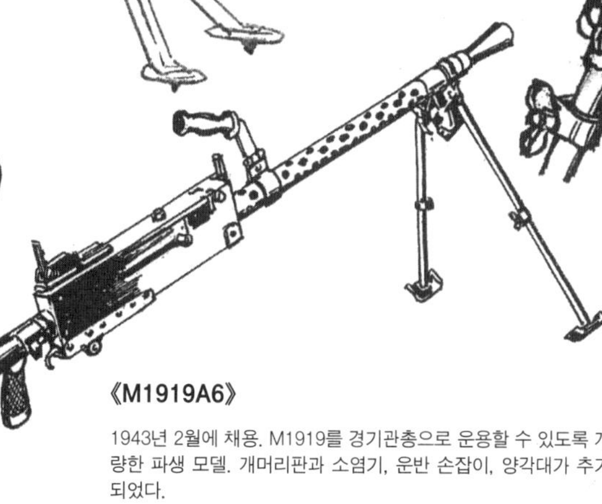

《M1919A6》

1943년 2월에 채용. M1919를 경기관총으로 운용할 수 있도록 개량한 파생 모델. 개머리판과 소염기, 운반 손잡이, 양각대가 추가되었다.

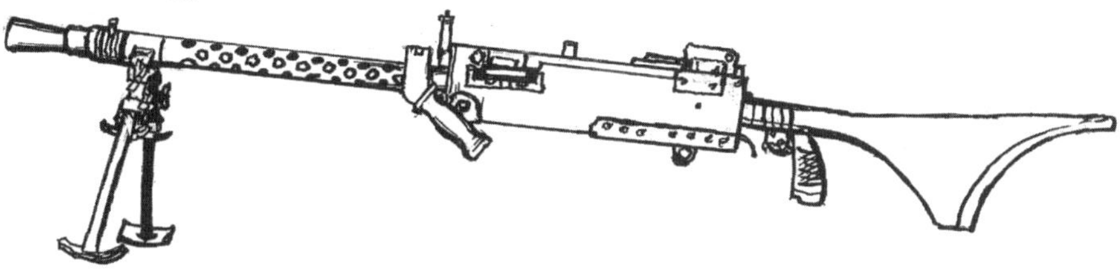

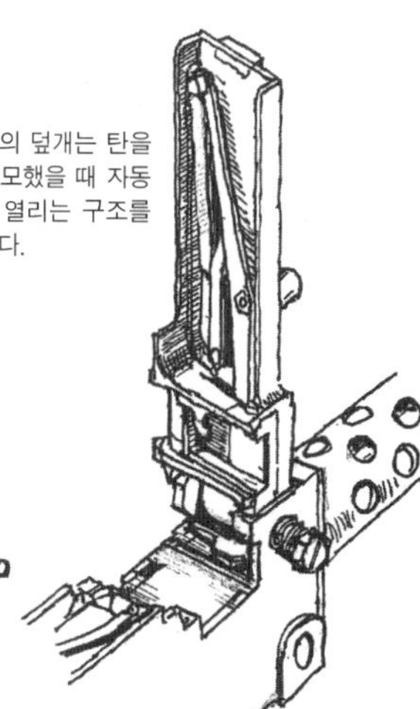

M1919의 덮개는 탄을 전부 소모했을 때 자동적으로 열리는 구조를 하고 있다.

브라우닝 M2 중기관총

구경 : .50구경
탄약 : .50 BMG탄(12.7mm×99)
장탄수 : 벨트 급탄 110발
작동 방식 : 자동/반자동(쇼트 리코일 방식)
전장 : 1645mm
총열 길이 : 1143mm
중량 : 38.1kg(총 본체), 58kg(삼각 장치대 포함)
발사 속도 : 458~635발/분

M2는 M1921과 그 개량형인 M1921A1, M1 중기관총을 거쳐, 1933년에 제식 채용되었다. 원래는 대 경장갑 차량이나 대공 사격용으로 만들어졌으나, 특유의 성능 때문에 지상용뿐만 아니라 항공기 탑재용 모델도 만들어졌다.

통상 사격 시에는 M3 삼각 장치대를 사용했다. 완성도가 높은 설계 덕분에 2차 대전기는 물론 현재도 마이너 체인지를 거듭하며 미군의 주력 중기관총으로 계속 사용되고 있다.

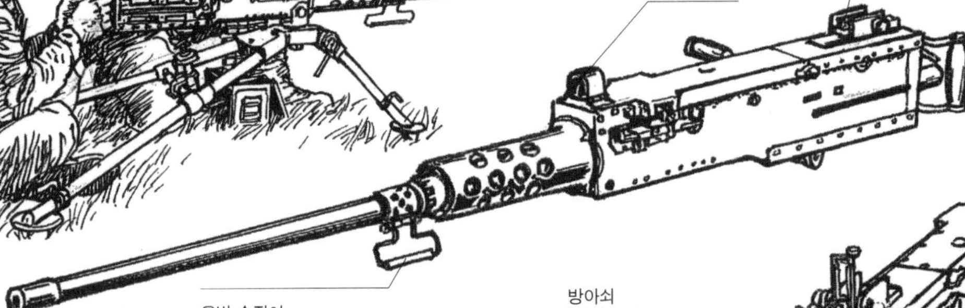

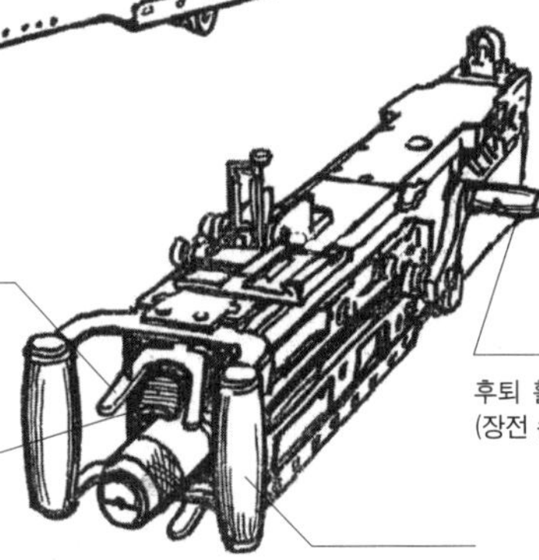

《M2 중기관총의 운반법》

[분해 운반]
M2는 3명이 한 조가 되어 운반했기에 이에 따른 다수의 별칭이 존재했다.

[2인 운반]

[3인 운반]

총열이 뜨거워졌을 때는 운반 손잡이를 사용했다.

《사격 자세》

[엎드려 쏴]
왼손은 총구의 상하좌우 방향을 조정하는 전륜기 뭉치를 조작, 탄착점을 수정한다.

[앉아 쏴]

산탄총

미군의 경우, 산탄총을 사용해온 역사가 상당히 길어 19세기 말에는 군용 총기로 육군에 채용되었는데, 1차 대전 중에는 산탄총이 참호에서의 근접 전투에 유효하다고 인정받기도 했다. 때문에 2차 대전 중에도 계속 사용되어, 기지 경비용으로 쓰인 것 외에 육군 항공대에서는 산탄총 특유의 사격술인 트랩 사격을 응용하여 기관총 사수의 훈련에도 활용되었다고 한다.

1차 대전 당시, 참호전에서의 활약으로 '트렌치건'이라고도 불렸는데, 그 위력 때문에 독일 측에서는 '비인도적'이라 비난하기도 했다.

윈체스터 M1897/M1912

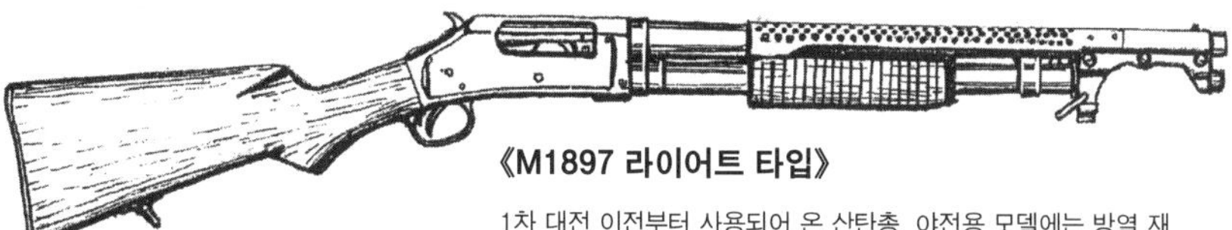

《M1897 라이어트 타입》

1차 대전 이전부터 사용되어 온 산탄총. 야전용 모델에는 방열 재킷과 대검 착검 장치 등이 부착되었다.

구경 : 18.53mm 탄약 : 12게이지 장탄수 : 관형 탄창에 4+1발 작동 방식 : 펌프 액션 전장 : 1000mm 총열 길이 : 510mm 중량 : 3.6kg

《M1917 대검용 착검 장치》

착검 장치는 라이어트 타입에 부착되었다.

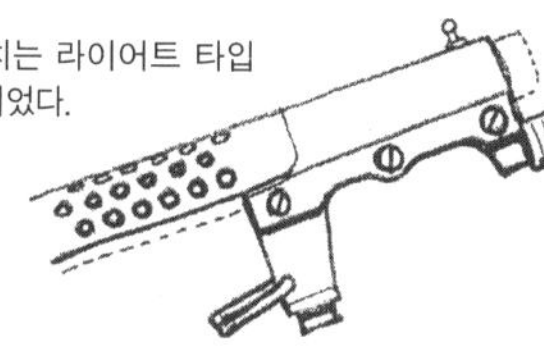

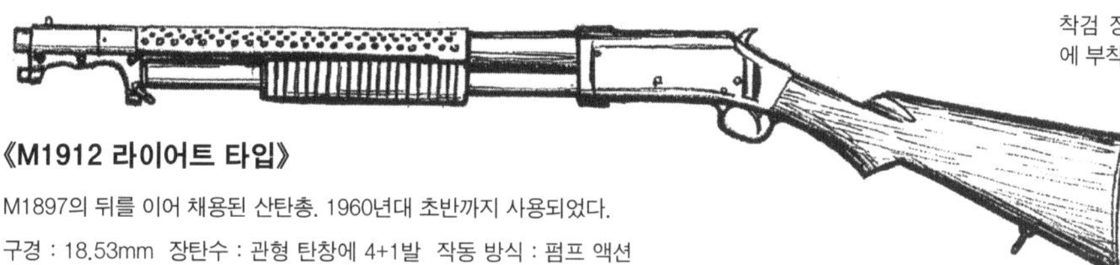

《M1912 라이어트 타입》

M1897의 뒤를 이어 채용된 산탄총. 1960년대 초반까지 사용되었다.

구경 : 18.53mm 장탄수 : 관형 탄창에 4+1발 작동 방식 : 펌프 액션 전장 : 1015mm 총열 길이 : 508mm 중량 : 3.2kg

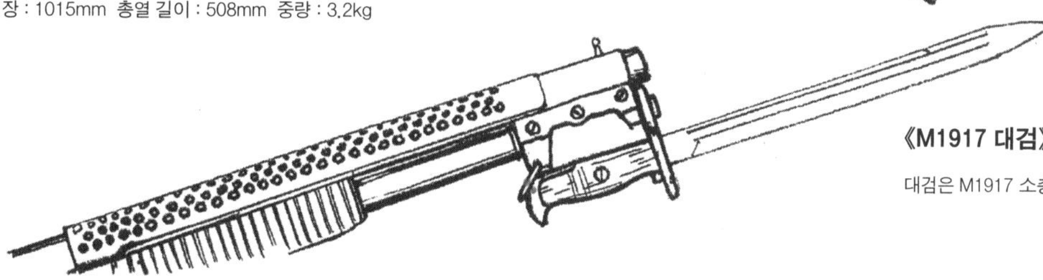

《M1917 대검》

대검은 M1917 소총의 것을 공용했다.

《산탄총의 슬라이드 액션》

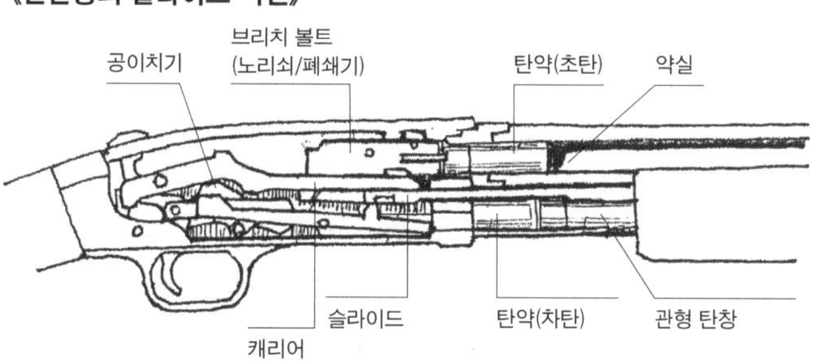

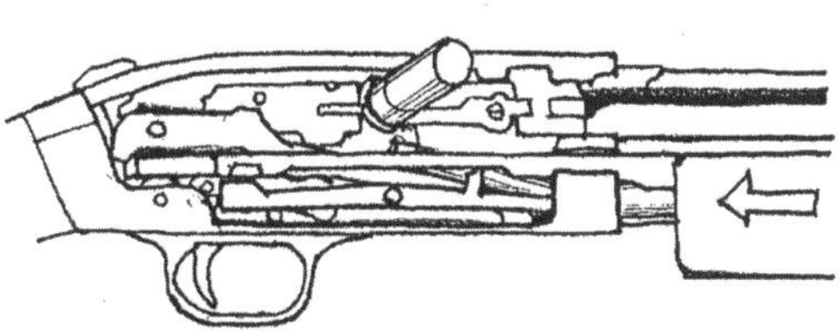

사격 후, 포어 엔드를 후퇴시키면 약협이 배출되며, 다시 전진시키면 차탄이 약실에 장전된다.

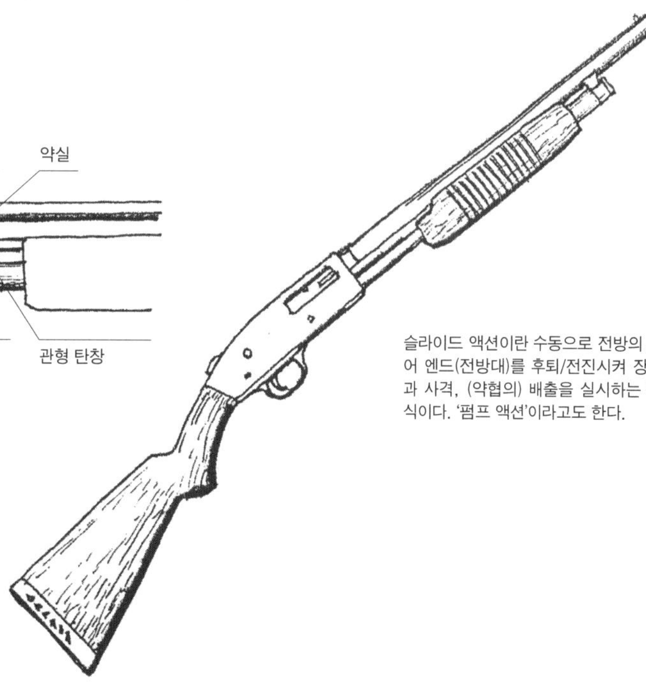

슬라이드 액션이란 수동으로 전방의 포어 엔드(전방대)를 후퇴/전진시켜 장전과 사격, (약협의) 배출을 실시하는 방식이다. '펌프 액션'이라고도 한다.

미군이 사용한 기타 산탄총

미군에서 사용한 각 산탄총은 경비용 또는 야전에서 사용된 라이어트 모델 외에 트랩 사격 및 스키드 사격모델도 훈련용으로 활용되었다.

2차 대전 중에는 태평양 전선에서 활동한 해병대가 정글 전투용으로 산탄총을 효과적으로 사용했다.

《이사카 M1937 트랩 타입》

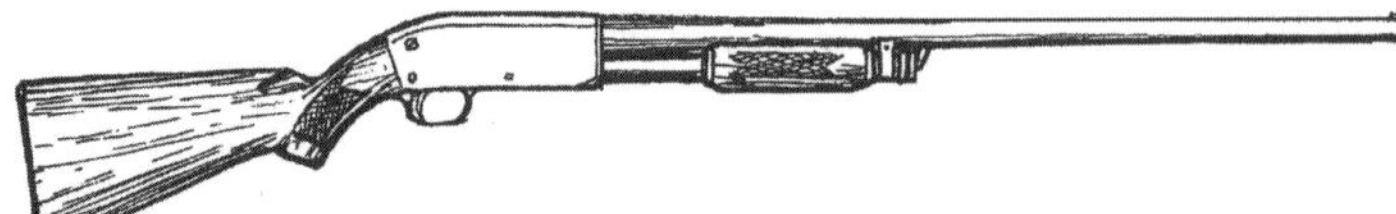

《레밍턴 M1910 라이어트 타입》

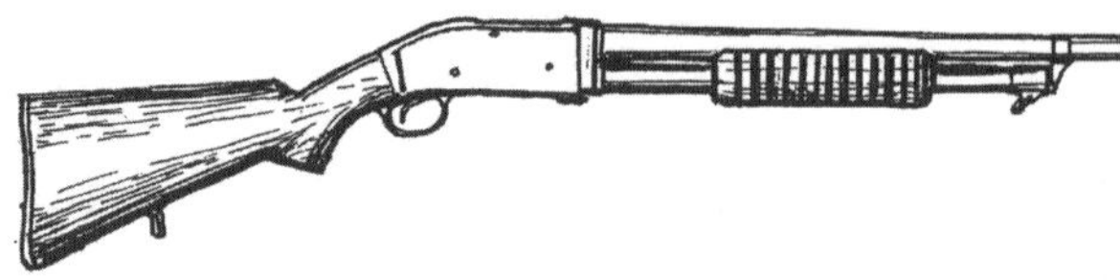

《레밍턴 M1931 라이어트 타입》

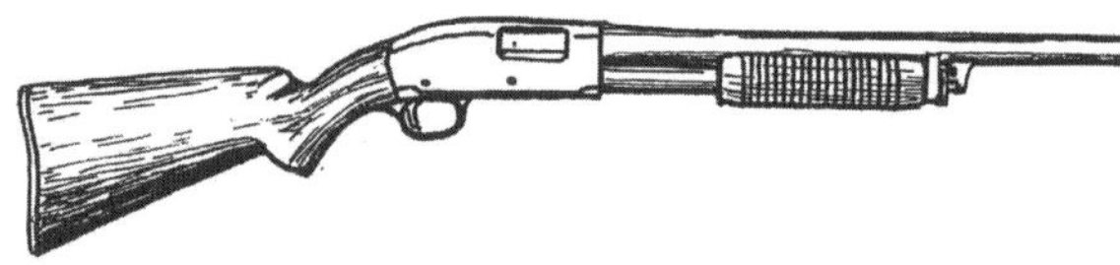

《레밍턴 M11 스포츠맨 트랩 타입》

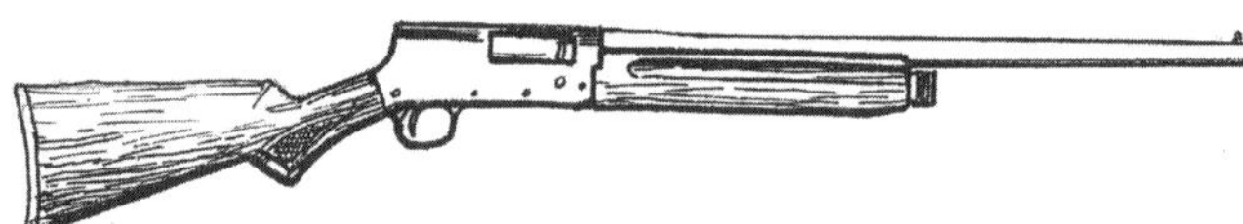

《새비지 M720 라이어트 타입》

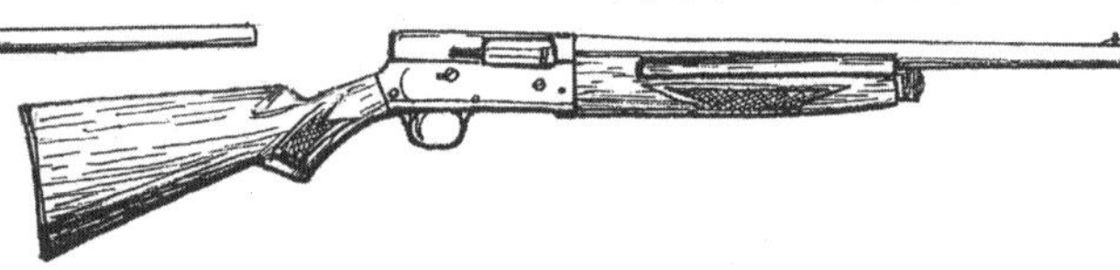

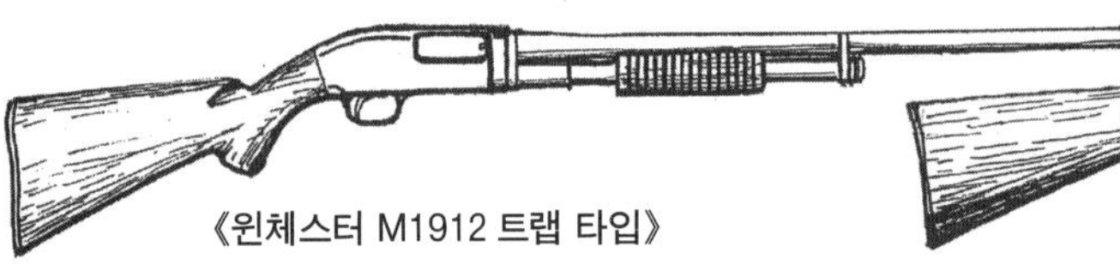

《윈체스터 M1912 트랩 타입》

《새비지 M620soZ2 트랩 타입》

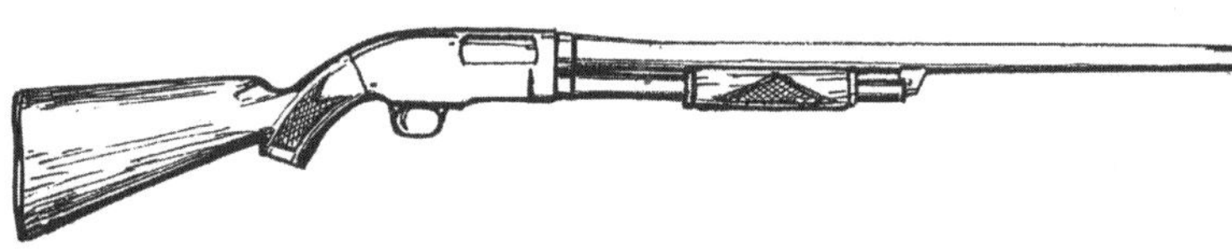

《산탄총의 게이지(실물 크기)》

산탄총의 구경은 게이지(Gauge)라고 하는데, 가장 보편적으로 쓰이는 것은 12게이지이다.

10번 게이지 12번 게이지 20번 게이지 40번 게이지

《산탄 장탄(샷 셸)의 종류》

[00(더블 오) 벅샷]
직경 8.4mm/9발

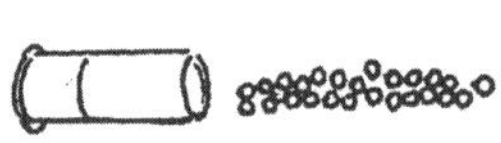

[벅샷]
직경 6.2mm/27발
주로 사슴 사냥 등에 사용된다.

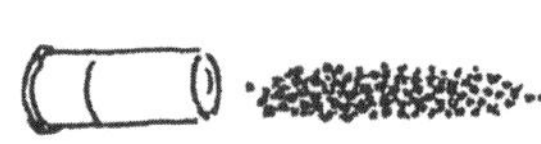

[버드샷]
직경 2.8~3.8/110~260발
새 사냥에 주로 사용된다. 50미터 이상 거리에서는 대인 전투에 부적합하다.

[슬러그]
12게이지 슬러그탄은 435g에 달하며 위력은 44 매그넘의 3배 이상이다. 비살상 고무 슬러그탄도 있다.

대전차 로켓 발사기(바주카)

대전차 로켓 발사기는 총류탄보다 훨씬 위력이 강한 휴대식 대전차 화기로 개발되었다. 1942년 11월에 북아프리카 전선의 '횃불 작전(Operation Torch)' 당시 처음 실전 투입되었는데, 그 이후로 대전차 로켓 발사기는 개량에 개량을 거듭하며 종전 시까지 사용되었다. 로켓 발사기는 당시 미국의 인기 코미디언이 사용했던 소품(자작 악기)인 '바주카(Bazooka)'와 흡사한 모습이었기에, '바주카'라는 애칭으로 불렸다.

M1/M1A1 로켓 발사기

《M1 후기형》

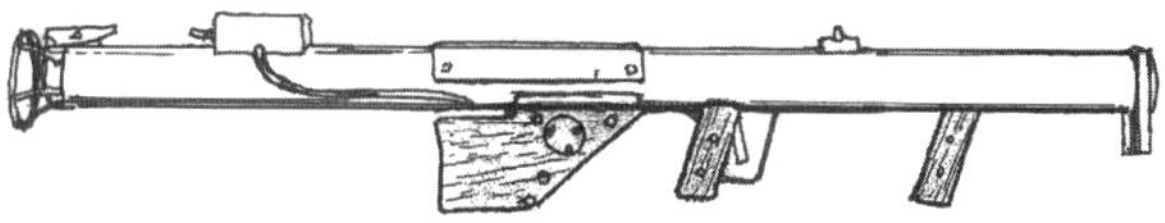

M1은 1942년 6월에 제식화된 로켓 발사기. 건전지를 이용한 전기식 발화 장치로 로켓탄을 발사했다. 크게 초기형과 후기형으로 분류할 수 있는데, 개량이 이루어진 후기형은 조준기의 형상이 변경되었다.

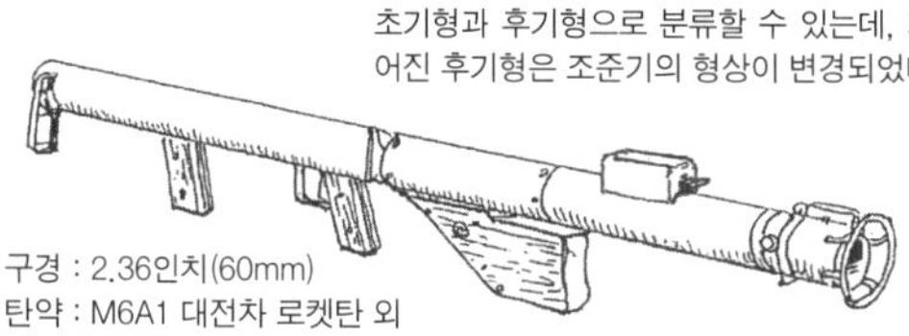

구경 : 2.36인치(60mm)
탄약 : M6A1 대전차 로켓탄 외
장탄수 : 1발
작동 방식 : 건전지식 전기 발화
전장 : 1370mm
중량 : 5.9kg
유효 사거리 : 137m
장갑 관통력 : 착탄각 60도 기준 약 70mm

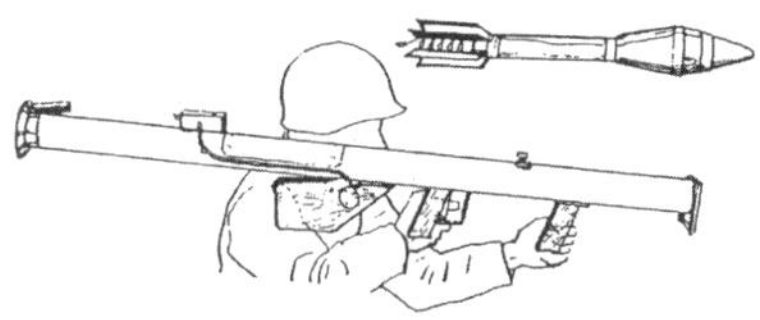

[M6 대전차 로켓]
M1 로켓 발사기와 함께 채용된 로켓탄. M6A1, M6A2, M6A3 등의 개량형이 M1A1, M9 로켓 발사기에도 사용되었다.

M1 초기형을 조작하는 미군 병사.

《M1A1》

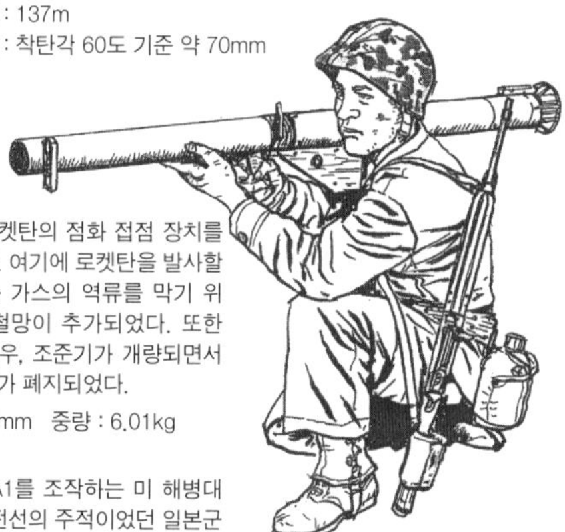

발사기와 로켓탄의 점화 접점 장치를 개량한 모델. 여기에 로켓탄을 발사할 때 발생하는 가스의 역류를 막기 위해 포구에 철망이 추가되었다. 또한 후기형의 경우, 조준기가 개량되면서 전방 손잡이가 폐지되었다.

전장 : 1380mm 중량 : 6.01kg

그림은 M1A1를 조작하는 미 해병대원. 태평양 전선의 주적이었던 일본군은 상대적으로 전차 운용이 적어, 로켓 발사기를 진지 공격용으로도 많이 활용했다.

M9 로켓 발사기

일반 휴대 시에는 발사기 중앙을 분리할 수 있게 하는 등, 새로운 설계가 적용된 모델. 1943년 6월에 채용되었으며, 이듬해 4월에는 점화 방식을 전자 유도식으로 개량한 M9A1이 제식 채용되었다.

구경 : 60mm, 탄약 : M6A1/M6A3 대전차 로켓탄 외 장탄수 : 1발 작동 방식 : 건전지식 전기 점화(M9), 전자 유도식 전기 점화(M9A1) 전장 : 1550mm, 800.1mm(일반 휴대 시) 중량 : 6.5kg(M9), 7.2kg(M9A1) 유효 사거리 : 137m 장갑 관통력 : 착탄각 60도 기준 약 70~100mm 두께

공수부대원이 강하 시에 휴대하기 편리하도록 발사기를 전후로 분리할 수 있게 만들어졌다.

화염방사기

미군은 1940년 7월에 휴대형 화염 방사기 개발을 시작하여, E1, E1R1 등의 시제품을 제작했다. 그리고 이들 시제품을 거쳐 1941년 8월에 M1 화염 방사기를 제식 채용하기에 이르렀다.

《M1 화염방사기》

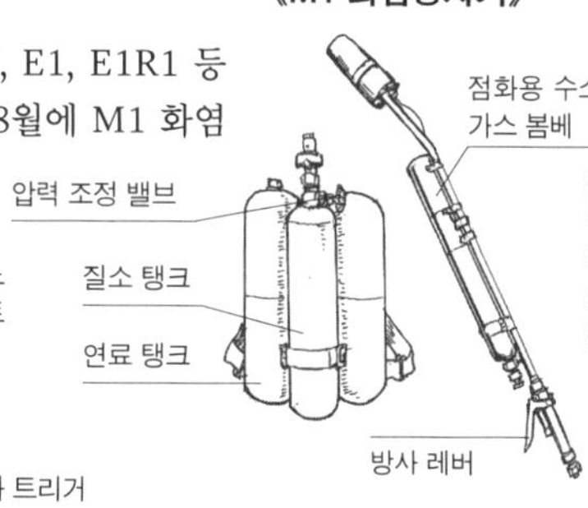

노즐에 부착된 봄베의 수소를 방출하여 건전지로 점화했다. 1943년 6월에는 개량형인 M1A1이 채용되었다.

중량 : 32kg(M1), 31kg(M1A1) 연료 용량 : 18.9ℓ 연료 : 가솔린과 네이팜 혼합물 유효 방사 거리 : 20m 최대 방사 거리 : 43m 방사 시간 : 10초

《M2 화염방사기》

M2는 1944년 4월에 채용되었다. 탱크의 용량과 노즐 설계가 변경되면서, 노즐 앞부분에 점화용 카트리지를 장전하는 식으로 착화 방식이 개량되었다.

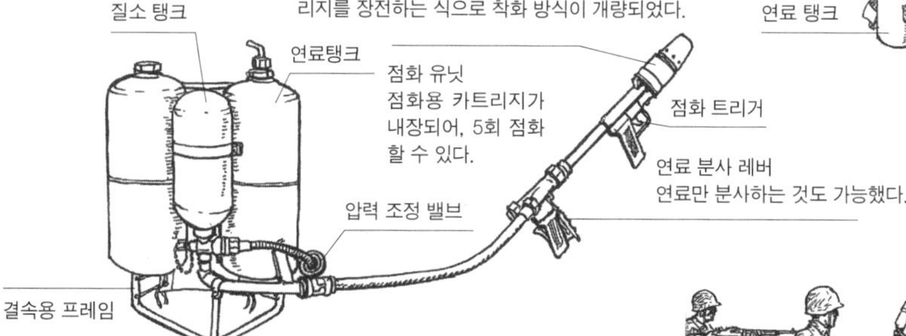

중량: 30kg 연료 용량: 15ℓ 연료: 네이팜과 가솔린 혼합물
유효방사거리 : 20m 최대방사거리: 40m 방사 시간: 6~9초

화염방사기는 태평양 전선에서 일본군의 토치카나 진지 공격용으로 많이 사용되었다. 각 모델 모두 연료 방사에는 질소 가스를 사용했다.

화염방사기 사수는 M1911A1 권총만을 휴대했기에 2명의 호위병과 함께 행동했다.

수류탄

미군에서는 널리 알려진 Mk.Ⅱ 파편 수류탄 외에 폭풍 효과를 중시한 공격 수류탄, 조명탄, 최루탄, 연막탄 등의 다종다양한 수류탄을 사용했다.

Mk. II 수류탄

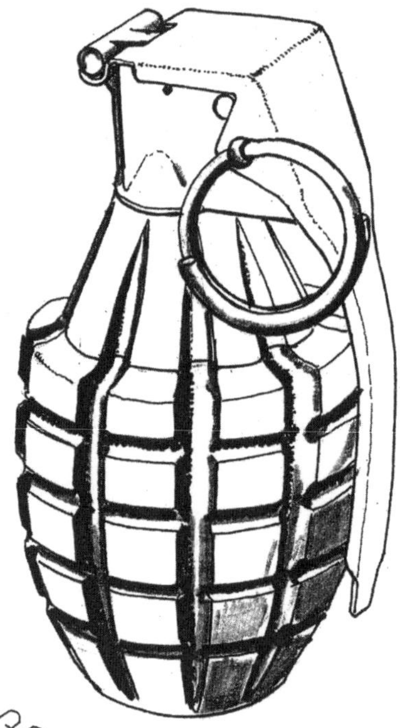

1차 대전 이후, 프랑스군의 F1 수류탄을 참고하여 만든 미군의 제식 수류탄. 탄체 표면의 형상 때문에 일명 '파인애플'이라는 애칭으로도 불렸다. 1920년대부터 1960년대까지 생산되었으며, 시대에 따라 본체 표면의 패턴이나 홈의 폭 등의 차이점이 있었다.

전고 : 114mm
직경 : 58mm
중량 : 595g
작약 : TNT 56g, EC무연화약(초기형)

수류탄 탄체의 색상은 1920년대에는 검정 또는 회색, 1930년대부터 1942년까지는 황색, 1942년 이후부터는 올리브 드랩으로 변경되었다. 이 외에 훈련탄에는 붉은색(1920~1930년대), 파란색(1940년대 이후)을 칭해 구분했다.

《Mk. II 수류탄의 구조》

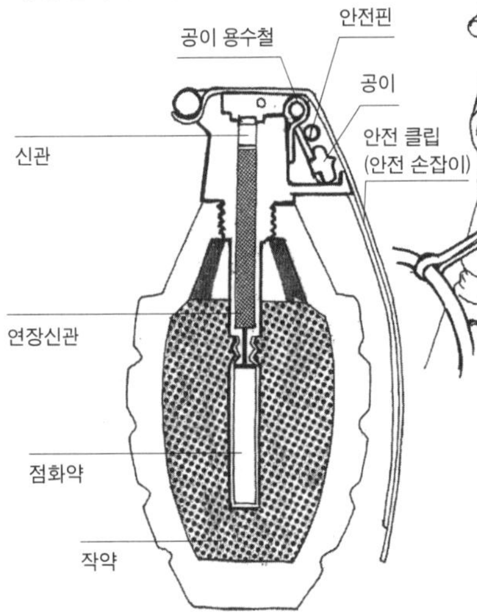

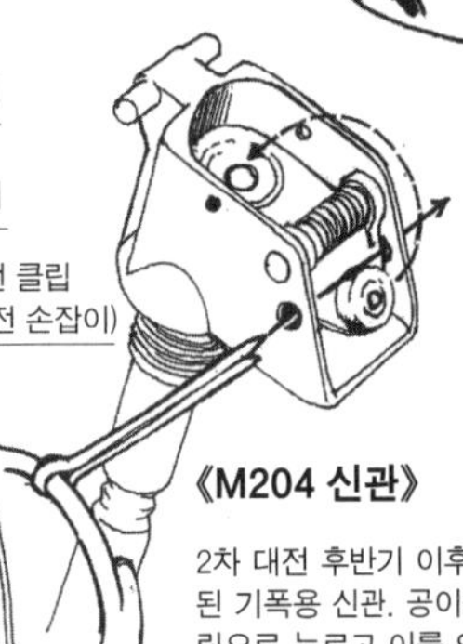

《M204 신관》

2차 대전 후반기 이후부터 생산된 기폭용 신관. 공이를 안전 클립으로 누르고 이를 안전핀으로 고정하는 방식이다. 지연 시간은 4~5초, 거듭된 개량이 이뤄지면서 Mk. II에 사용된 신관 또한 M204 외에 여러 종류가 존재한다.

《수류탄의 휴대》

미군의 경우, 재킷 주머니 등에 넣고 다녔으나, 그 외에도 안전 클립을 이용해서 서스펜더나 벨트 등에 결속하기도 했다.

상의 셔츠 주머니에 결속한 모습

오버코트의 커다란 단추 구멍을 이용한 결속법

끈을 사용해서 서스펜더에 결속한 모습

《수류탄 파우치》

수류탄 파우치를 결속한 과달 카날의 해병대원

수류탄 11발을 휴대할 수 있는 파우치. 1차 대전기의 보병 장구였지만 해병대에서 일부 사용되기도 했다.

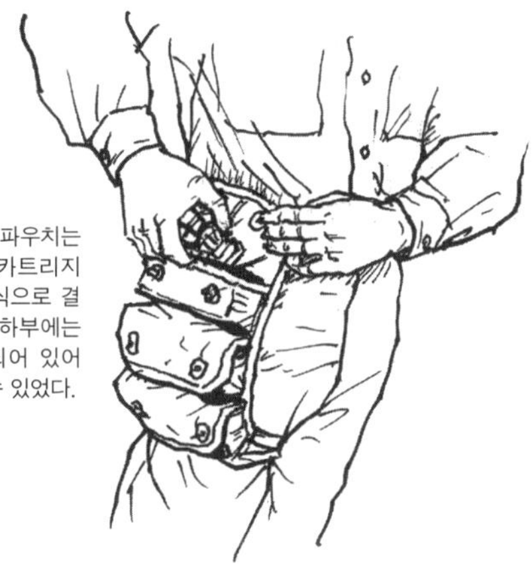

2단 또는 3단식 파우치는 피스톨 벨트나 카트리지 벨트에 거는 방식으로 결속했다. 파우치 하부에는 스트랩이 부속되어 있어 다리에 고정할 수 있었다.

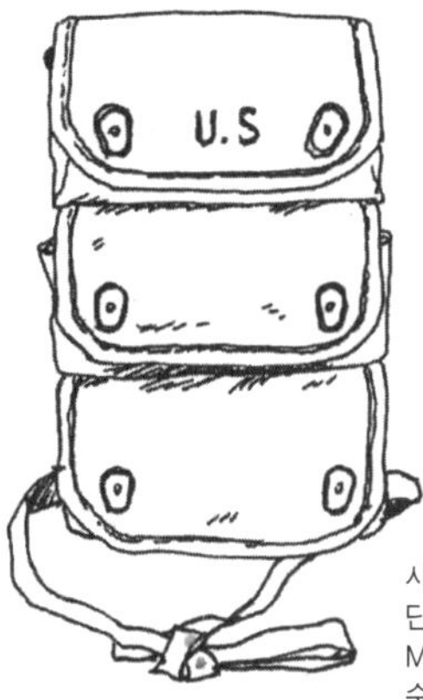

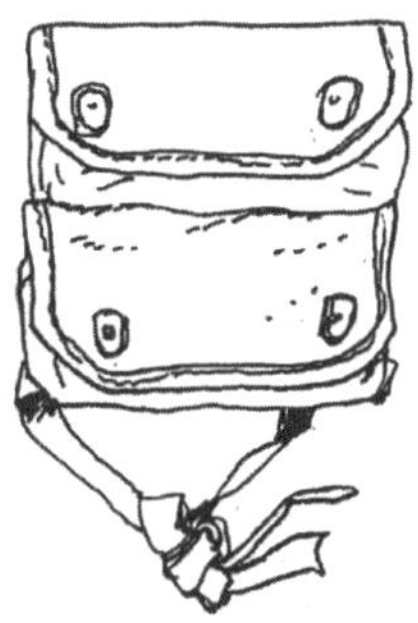

사용한 예가 드물기는 하지만, 2단 또는 3단식 파우치도 사용되었다. 파우치 하나에 Mk. II 수류탄은 2개, 연막탄이라면 1개를 수납할 수 있었다.

그 외의 각종 수류탄

《Mk.IA1 훈련용 수류탄》

주조 방식을 통해 한덩어리로 만들어진 훈련용 모의 수류탄

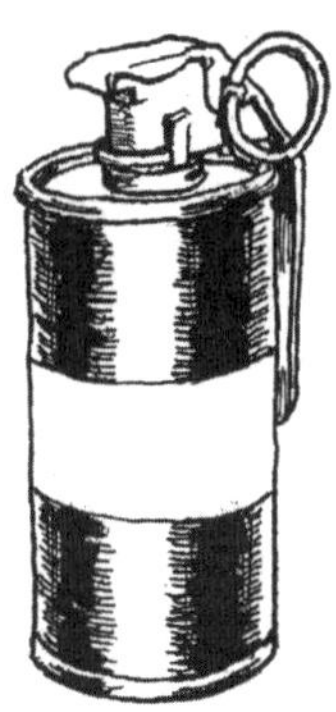

《Mk. III A1 수류탄》

폭풍 효과로 적을 살상하는 공격용 수류탄

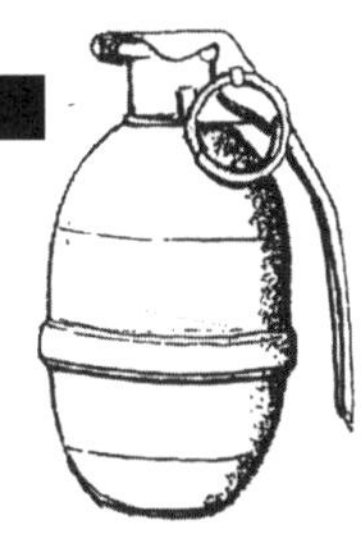

《Mk.I 조명 수류탄》

점화되면 탄체가 상하로 분리되면서 하부 탄체가 연소 발광한다. 1944년에 채용되었다.

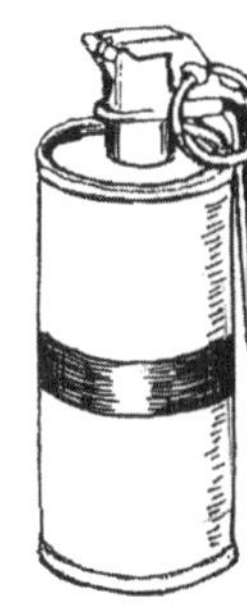

《M6 최루탄》

DM과 CS, 2종의 최루제가 충전된 수류탄.

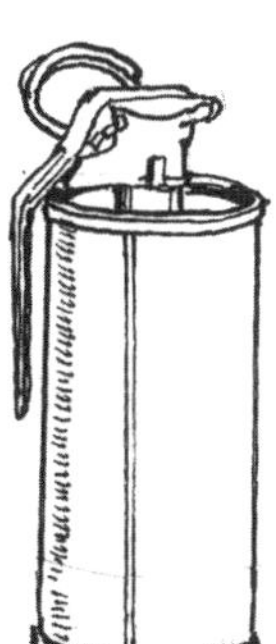

《M18 연막탄》

신호 또는 연막 치장을 위해 사용하는 수류탄. 백색, 적색, 황색, 녹색, 자색 등의 5종이 사용되었다.

《M15 백린탄》

백린을 점화시키는 수류탄으로 소이탄 또는 연막탄으로 사용했다.

《T13 수류탄》

OSS(전략 사무국)의 요구에 따라 개발된 수류탄. 정규군이 아닌 공작원이나 현지 저항 세력과 같은 일반인도 쉽게 던질 수 있도록 야구공 크기로 만들어졌다.

대검

M1 대검

M1 소총용으로 생산된 대검. 1차 대전 이후, 보병 전술의 변화에 더하여 이동 시의 기계화가 이뤄지면서 도신이 긴 대검의 필요성이 낮아졌는데, M1 대검은 이러한 이유에서 이전까지의 대검보다 짧게 개량되어 1943년부터 생산되기 시작했다.

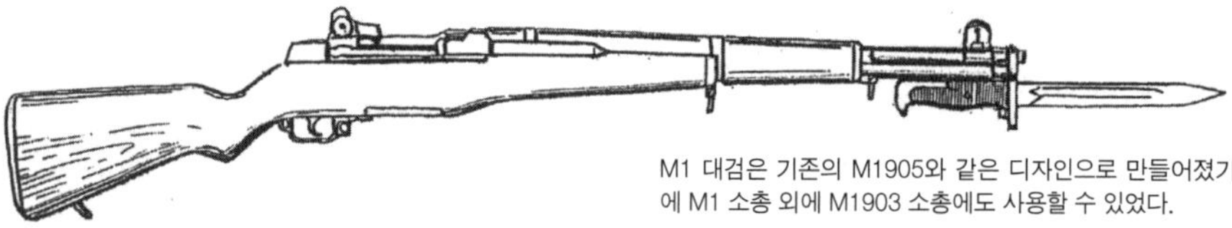

M1 대검은 기존의 M1905와 같은 디자인으로 만들어졌기에 M1 소총 외에 M1903 소총에도 사용할 수 있었다.

전장 : 360mm
도신 길이 : 250mm

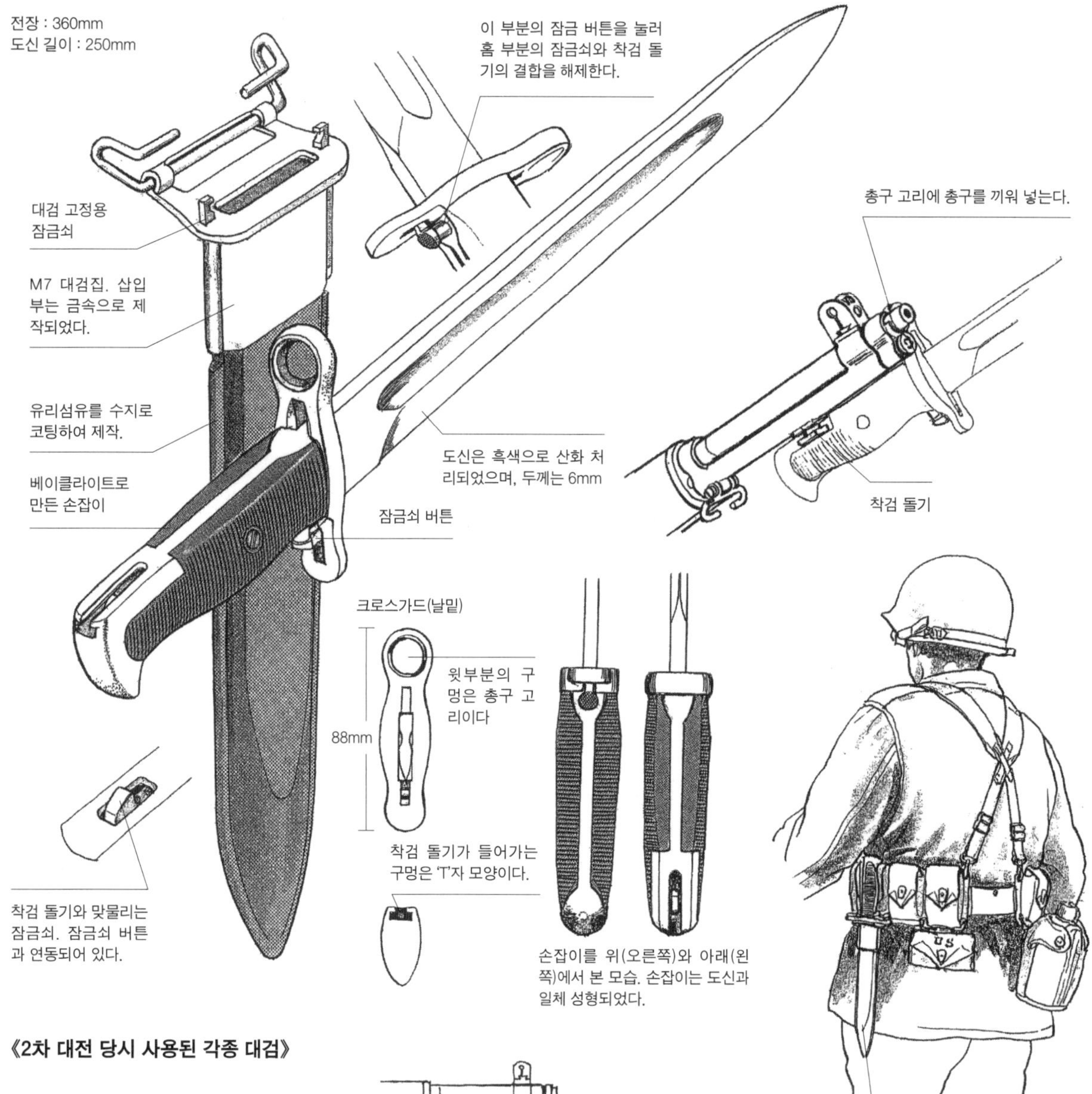

[대검의 결속 위치]
몸의 왼쪽, 카트리지 벨트의 경우, 앞에서 3개째 주머니 부분으로 정해져 있었다.

《2차 대전 당시 사용된 각종 대검》

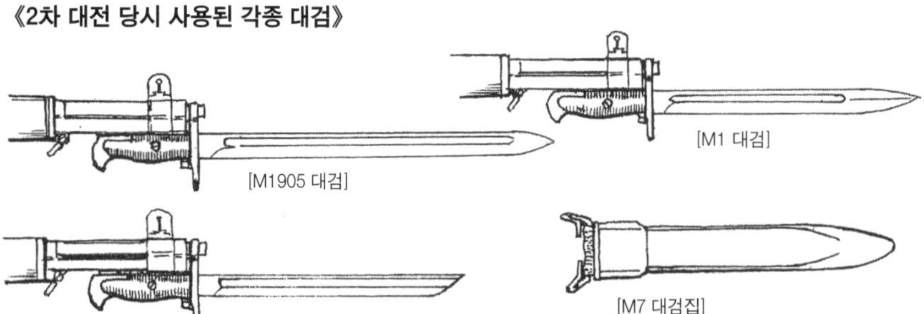

M4 대검

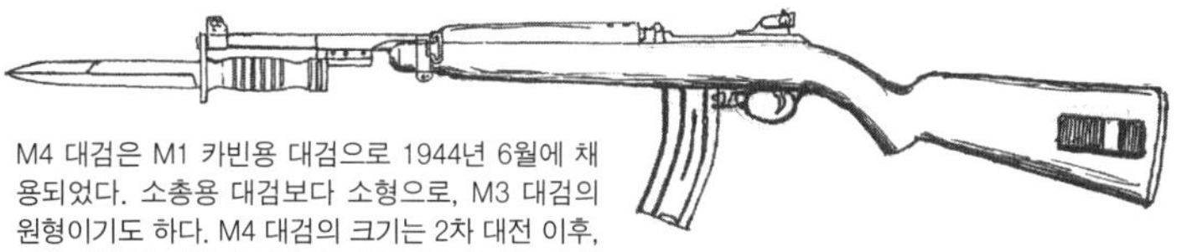

M4 대검은 M1 카빈용 대검으로 1944년 6월에 채용되었다. 소총용 대검보다 소형으로, M3 대검의 원형이기도 하다. M4 대검의 크기는 2차 대전 이후, 미군 대검의 기준이 되었다. 2차 대전 중에는 착검 돌기가 달린 M1 카빈의 배치 수량이 한정적이었기에 M4 대검이 사용된 사례도 적은 편이다.

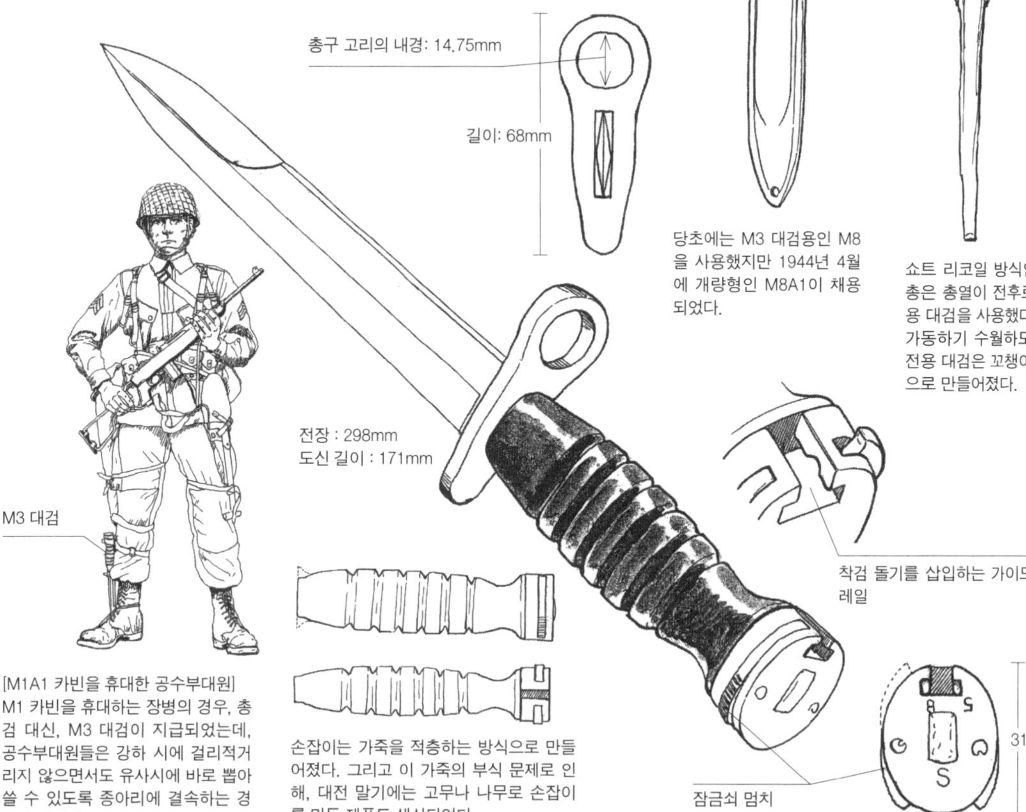

[M1A1 카빈을 휴대한 공수부대원]
M1 카빈을 휴대하는 장병의 경우, 총검 대신, M3 대검이 지급되었는데, 공수부대원들은 강하 시에 걸리적거리지 않으면서도 유사시에 바로 뽑아 쓸 수 있도록 종아리에 결속하는 경우가 많았다.

손잡이는 가죽을 적층하는 방식으로 만들어졌다. 그리고 이 가죽의 부식 문제로 인해, 대전 말기에는 고무나 나무로 손잡이를 만든 제품도 생산되었다.

《M8 대검집》

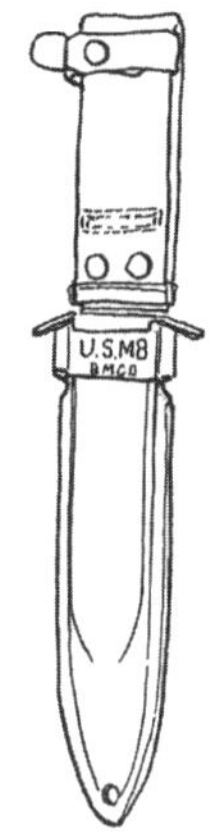

당초에는 M3 대검용인 M8을 사용했지만 1944년 4월에 개량형인 M8A1이 채용되었다.

《존슨 M1941 소총용 대검》

전장 : 302mm
도신 길이 : 204mm

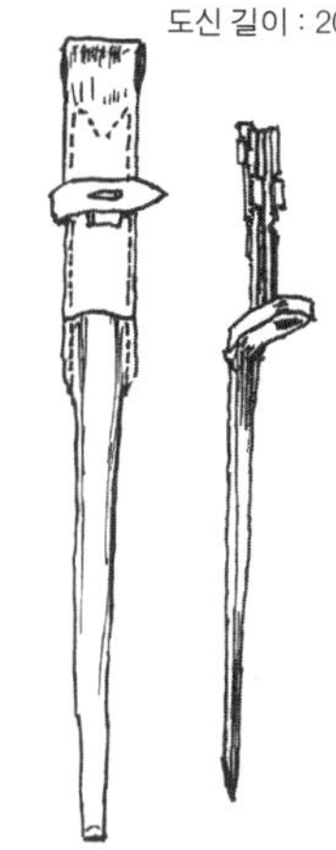

쇼트 리코일 방식인 존슨 1941 소총은 총열이 전후로 움직였기에 전용 대검을 사용했다. 그래서 총열이 가동하기 수월하도록 경량화된 이 전용 대검은 꼬챙이(스파이크) 형상으로 만들어졌다.

전투용 대검

대검 이외에도 전투용 대검이나 항공기 승무원용 서바이벌 나이프가 사용되었다.

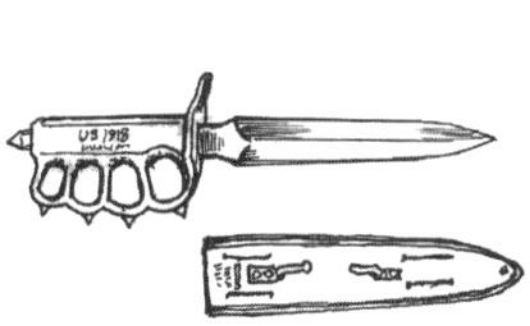

《M1918 Mk.I 트렌치 나이프》

1차 대전 중에 백병전용으로 채용된 나이프. 도신은 양날 나이프인 대거 형상을 하고 있으며, 너클을 겸하는 손잡이는 황동으로 제작되었다. 대검집은 철판 프레스 가공.

전장 : 298mm 도신 길이 : 171mm

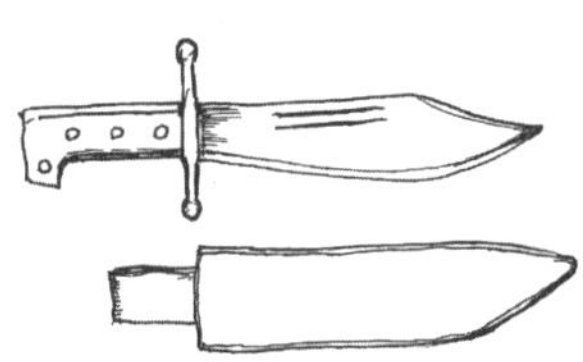

《콜린스 #18 마체트》

원래는 항공기 승무원의 서바이벌용 벌목도. 'V-44 보위 나이프' 또는 '경호(Gung-ho) 나이프'라고도 불렸으며, 해병대 등에서 전투용으로 사용했다.

전장 : 435.5mm 도신 길이 : 238mm

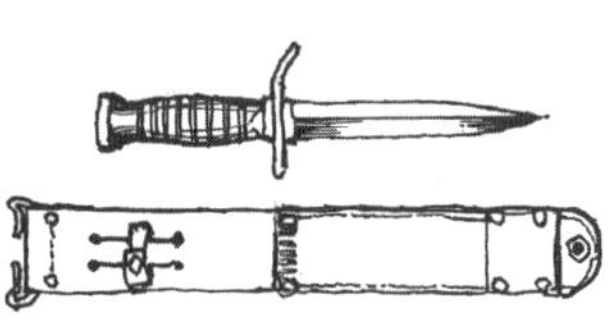

《M3 대검》

1943년 3월에 채용된 전투용 대검. 공수부대나 M1 카빈을 휴대하는 장병들이 휴대했다. 대검집으로는 가죽으로 만든 M6 대검집과 M8 대검집이 사용되었다.

전장 : 286mm 도신 길이 : 171mm

《V-42 대검》

육군의 제1특수임무부대와 해병대의 특수부대인 레이더스 대원들이 사용한 단검. 양날 단검인 대거 타입으로, 베는 것뿐 아니라 찌르기에 특화된 형상의 대검이다.

전장 : 317mm 도신 길이 : 170.7mm

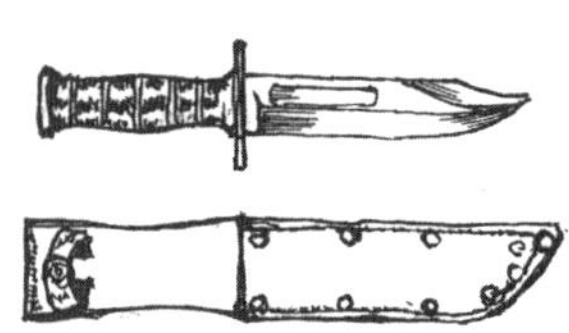

《1219C2 컴뱃 나이프》

해병대가 1942년 11월에 채용한 전투용 대검. 제조사의 상표명에서 따온 'Ka-Bar(케이바) 나이프'라고도 불렸다.

전장 : 301.6mm 도신 길이 : 180mm

탄통

M1 탄통

전고 : 약 180mm
가로폭 : 약 260mm
세로폭 : 약 95mm

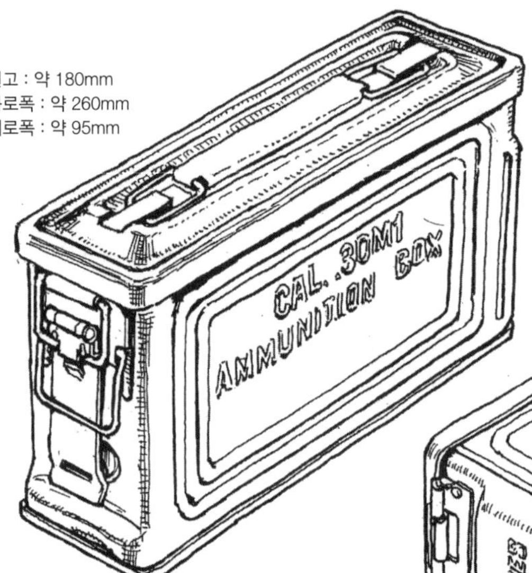

M1917A1, M1919A4, A6 기관총에 사용된 .30-06탄용 금속제 탄통.

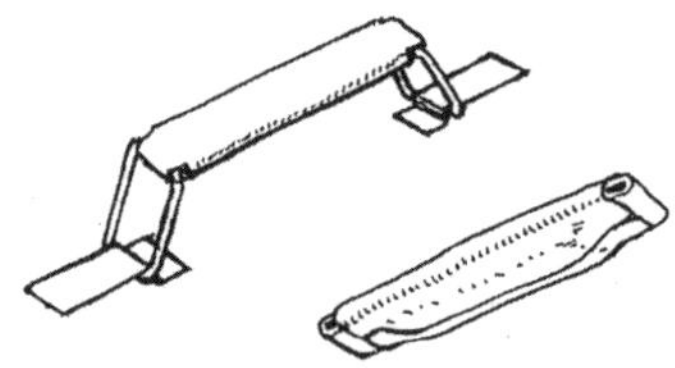

뚜껑에 달린 운반 손잡이는 가동식. 손에 쥐기 편하도록 손잡이 안쪽이 살짝 부품 형상을 하고 있다.

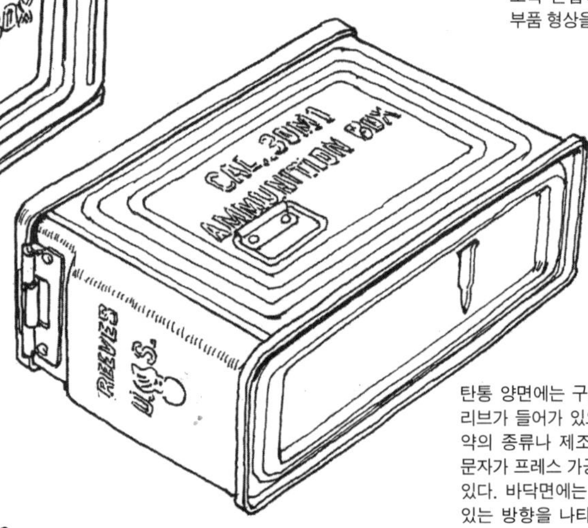

탄통 양면에는 구조 보강을 위한 리브가 들어가 있으며, 수납된 탄약의 종류나 제조사를 나타내는 문자가 프레스 가공으로 각인되어 있다. 바닥면에는 탄약이 향하고 있는 방향을 나타내는 실루엣이 각인되어 있다.

탄통 측면의 개폐 손잡이에 뚜껑에 있는 와이어를 걸어 잠글 수 있도록 되어 있다.

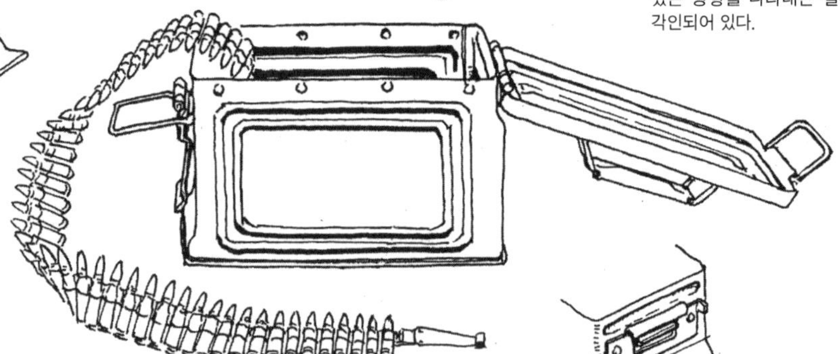

탄통에는 250연발 급탄 벨트가 수납되어 있다.

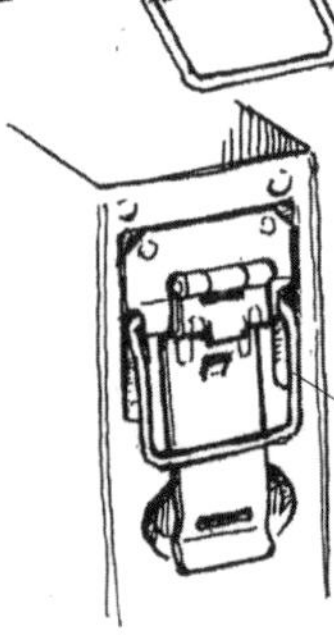

개폐 손잡이에는 와이어로 만든 손잡이가 부속되어 있다.

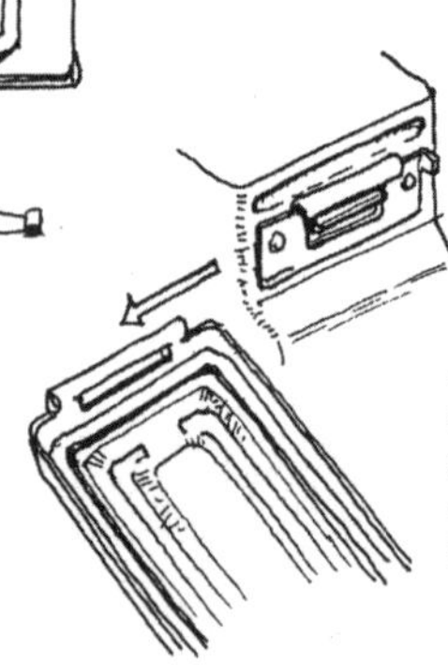

뚜껑은 옆으로 슬라이드하여 제거할 수 있다. 뚜껑의 테두리 안쪽에는 방수용으로 고무 개스킷이 붙어있다.

M1A1 탄통

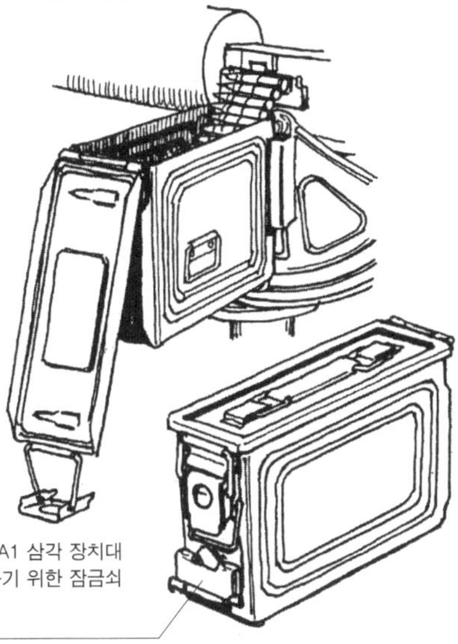

M1A1에는 M1917A1 삼각 장치대의 마운트에 고정하기 위한 잠금쇠가 추가되었다.

마운트 고정용 잠금쇠

목제 탄통

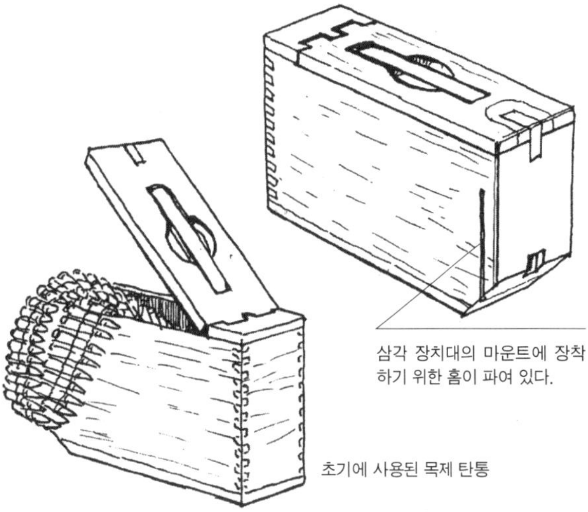

삼각 장치대의 마운트에 장착하기 위한 홈이 파여 있다.

초기에 사용된 목제 탄통

M2 탄통

.50구경 탄약용으로 만들어진 탄통. 링크로 결속된 .50구경 탄약 100발을 수납할 수 있다. 100발 수납 시의 중량은 13.6kg에 달한다.

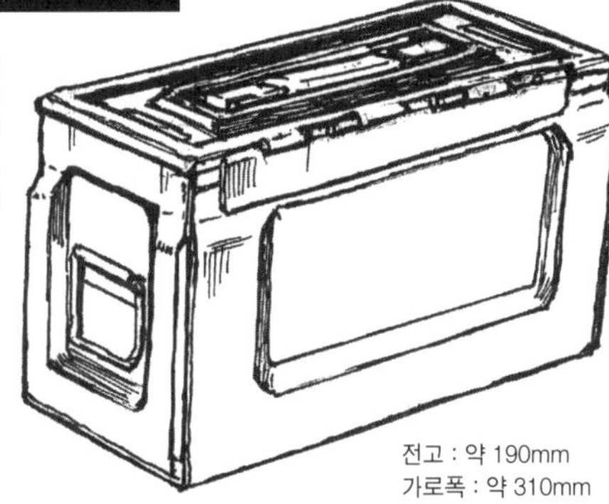

전고 : 약 190mm
가로폭 : 약 310mm
세로폭 : 약 150mm

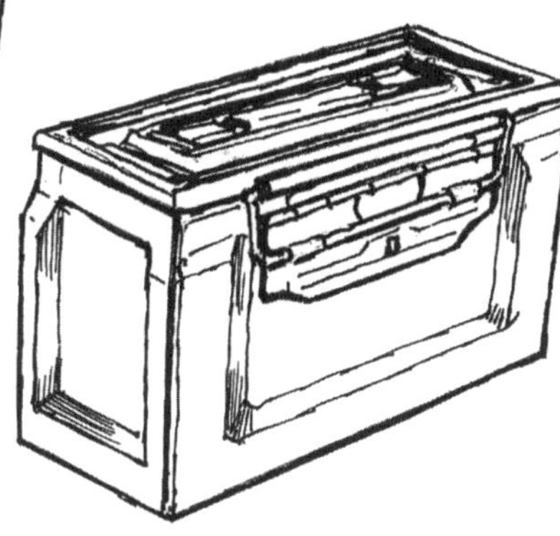

뚜껑 경첩 반대편에는 개폐용 레버가 달려 있다.

탄통 뚜껑은 앞 방향으로 열리며, 뚜껑에는 탄의 방향을 나타내는 실루엣이 프레스 가공으로 각인 되어 있다.

《.30-06탄용 급탄 벨트》

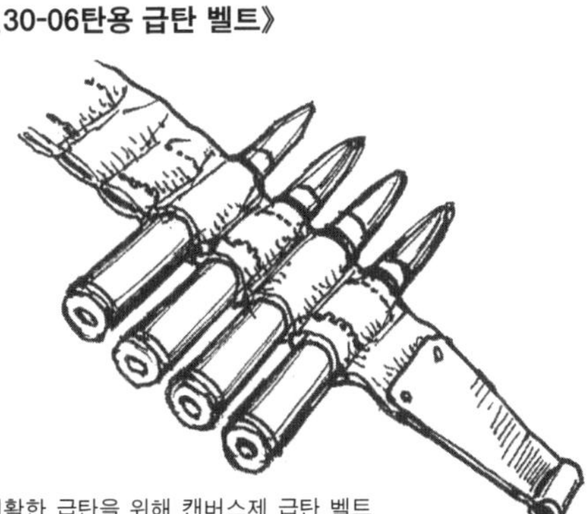

원활한 급탄을 위해 캔버스제 급탄 벨트 끝부분에는 금속제 탄띠 선두부(Starter Tag)가 달려 있다.

《소총용 장탄 클립》

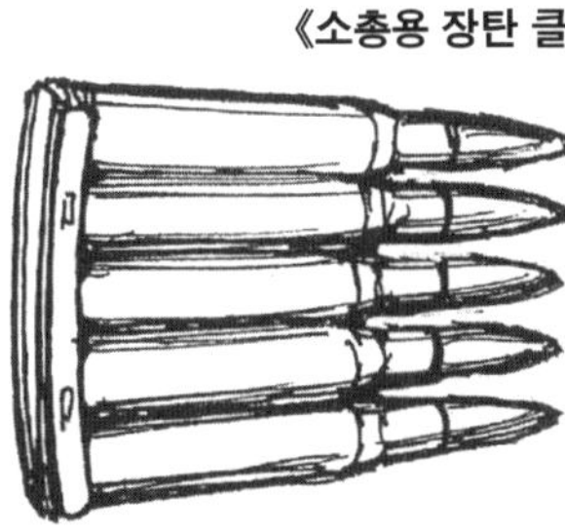

M1903 소통용 5발 클립.

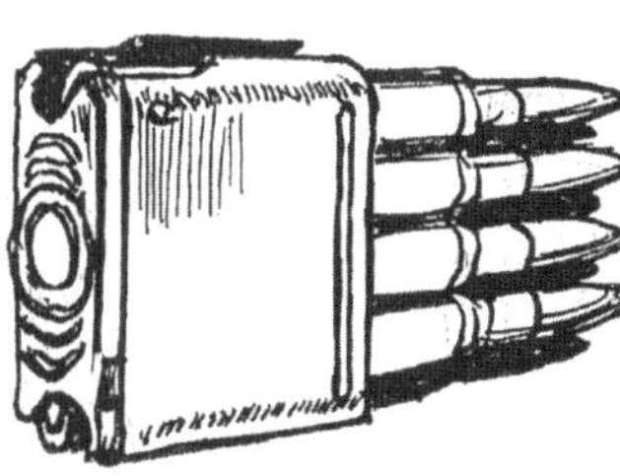

M1 소총용 8발 클립

미군의 소화기 취급

M1911A1의 조작법

2차 대전 당시, 미군의 주력 권총이던 M1911A1의 구조와 사격 절차, 분해 및 조립에 대하여 해설한다.

탄약을 발사할 때마다 각 부품이 이하의 순서로 작동하는 기능 사이클을 '총기 작동 주기(Cycle of Operation)'라고 한다.
①급탄(feeding) ②송탄, 장전(Chambering) ③폐쇄, 고정(locking) ④격발(firing) ⑤개방(unlocking) ⑥추출(extracting) ⑦배출(ejecting) ⑧재장전/코킹(cocking)

《총기 작동 주기(Cycle of Operation)》

①

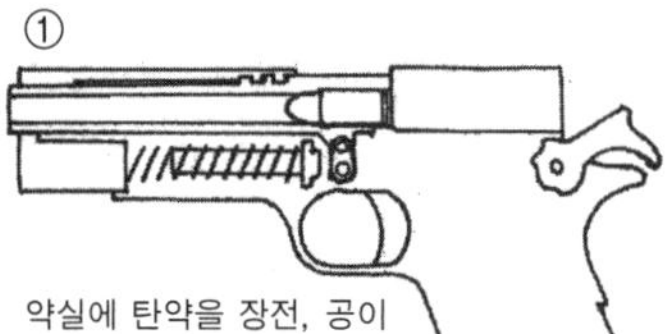

약실에 탄약을 장전, 공이치기가 후퇴 고정되어 격발 준비가 끝났다.

②

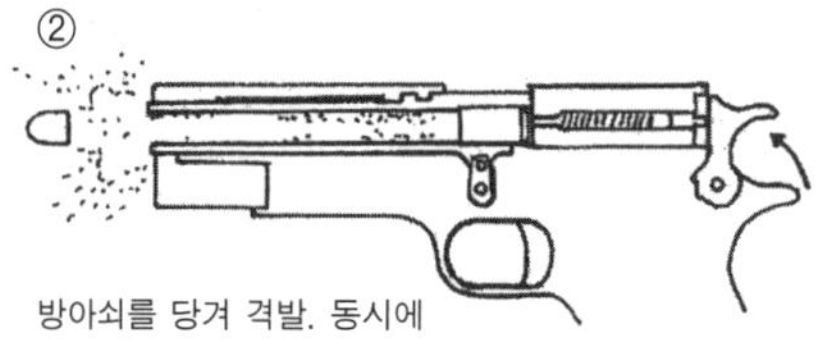

방아쇠를 당겨 격발. 동시에 반동으로 총열이 슬라이드와 함께 후퇴하며 쇼트 리코일이 일어난다.

③

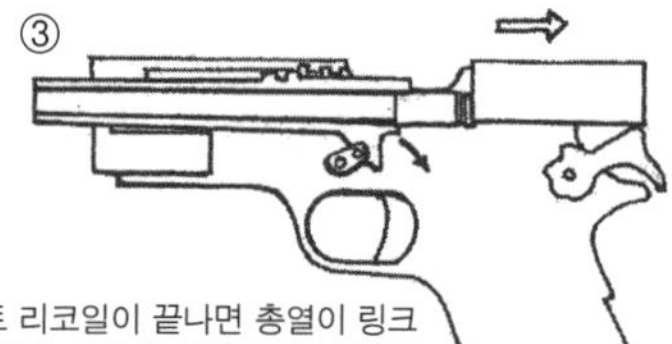

쇼트 리코일이 끝나면 총열이 링크에 의해 결합이 풀려 아래로 떨어지며 슬라이드는 그대로 후퇴하며 공이치기를 다시 후퇴시킨다. 이와 동시에 추출기(Extractor)가 빈 약협(탄피)를 약실에서 추출해낸다.

④

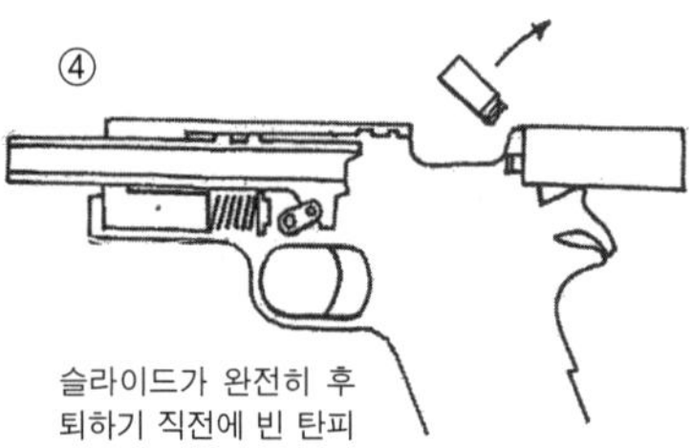

슬라이드가 완전히 후퇴하기 직전에 빈 탄피가 추출기에 의해 위쪽으로 배출된다

⑤

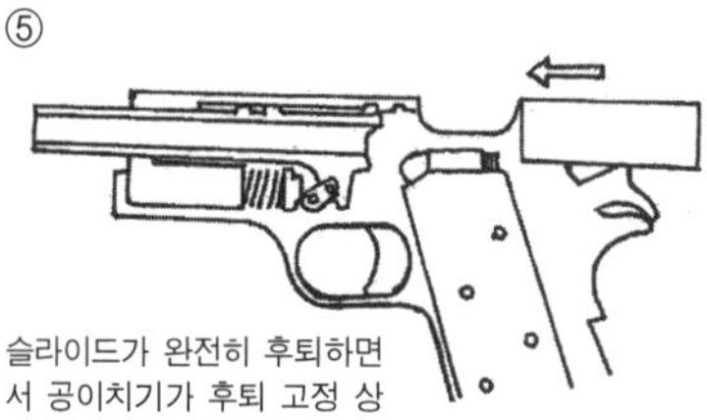

슬라이드가 완전히 후퇴하면서 공이치기가 후퇴 고정 상태에 들어가며, 슬라이드는 복좌 용수철의 힘으로 전진하면서 차탄을 장전시킨다.

《기본 조작》

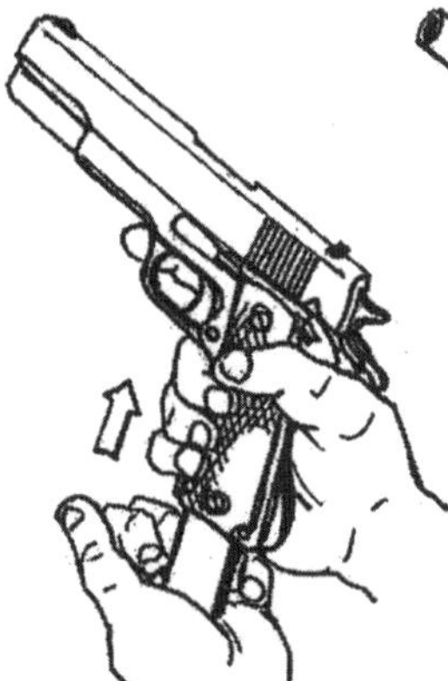

① 탄창을 총에 결합한다.

② 슬라이드를 당겨 초탄을 약실에 장전한다

③ 탄약을 전부 소모하면, 슬라이드 멈치에 의해 슬라이드가 후퇴 고정되어 탄창이 완전히 비었음을 알려준다.

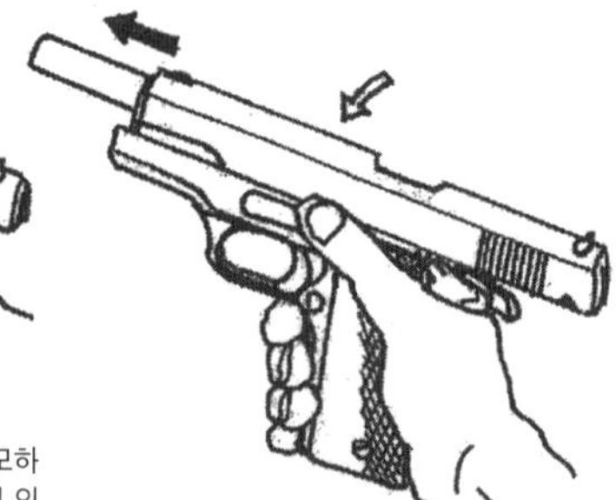

새 탄창을 결합하고 슬라이드 멈치를 아래로 밀면 슬라이드가 전진하며 약실을 폐쇄한다.

《장전》

《안전장치》

M1911A1에는 3가지 안전장치가 있다.

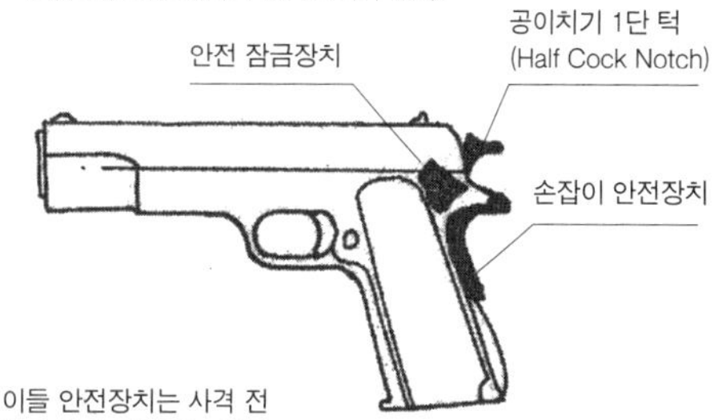

이들 안전장치는 사격 전 끊임없이 점검하는 것을 명심해두자.

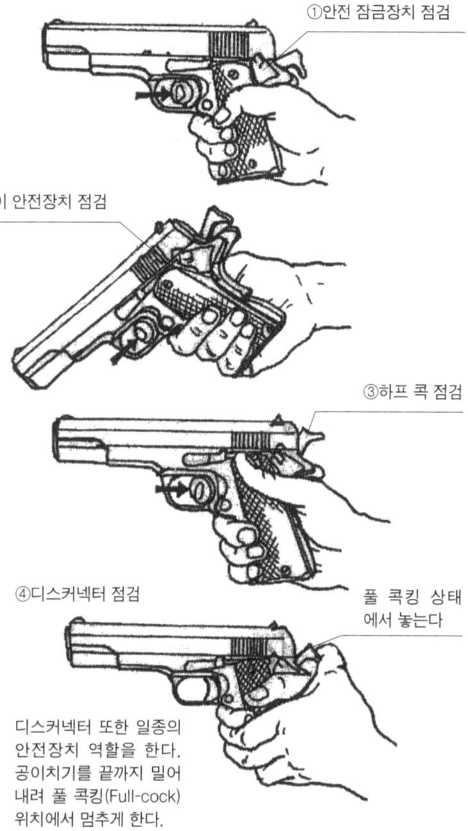

《지발(Hangfire)이 발생한 경우》

보통은 수 초 이내에 격발되는 경우가 많으므로, 불발이라고 섣불리 판단하지 말 것. 10초 이상 경과하면 불발로 판단하고, 슬라이드를 당겨 탄피를 배출한다. 이때, 총구는 표적 방향에서 벗어나지 않도록 주의할 것!

《탄약 제거》

①탄창 멈치를 눌러 탄창을 제거한다.

②제거 후, 약실에 잔탄이 없는지 점검한다.

③이때, 실수로라도 총을 수평으로 겨누고 방아쇠를 당겨서는 안 된다.

《미군의 사격 훈련》 (미 육군 교범 『FM23-35 Pistol&Revolver』에서)

미군의 사격 훈련은 아래의 3단계로 구분되어 있다.
[기본 훈련] : 총기의 조작과 사격 자세.
[속사 훈련] : 공포탄을 사용해서 이뤄진다.
[실사격 과정] : 사격장에서 실탄을 사용하는 사격 훈련.

《총기 점검》

들어 총(Raise Pistol)

약실 폐쇄(Close Chamber)

약실 개방(Open Chamber)

총기 검사(Inspect Pistol)

탄창을 제거하고, 들어 총 자세를 취한 상태에서 점검을 받는다.

《총기 파지법》

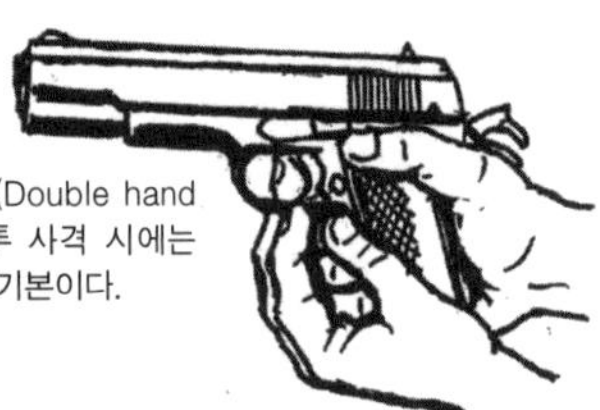
양수 파지(Double hand grip). 전투 사격 시에는 이 방식이 기본이다.

당시 미군의 기본 파지법은 단수 파지(One hand grip)였다.

《올바른 파지법》

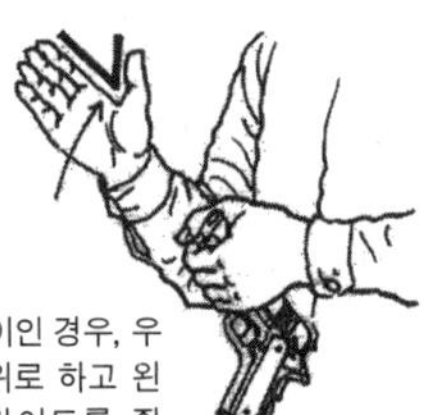
①오른손잡이인 경우, 우선 총구를 위로 하고 왼손으로 슬라이드를 쥔다. 오른손 엄지와 검지로 'V'자를 만든다.

②오른손 엄지와 검지로 만든 'V'자 안에 권총의 세이프티 그립(안전자)을 올리고 움켜쥔다. 조준선이 팔과 평행하게 한다.

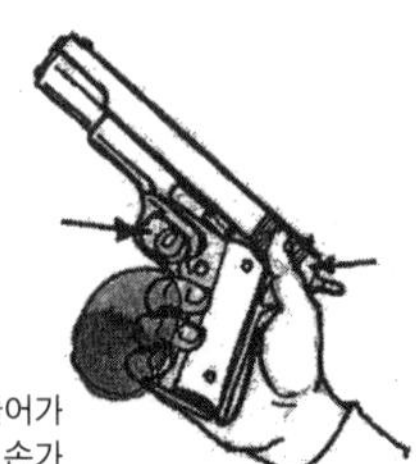
③세 손가락에 균등하게 힘이 들어가도록 해서 손잡이를 쥐고, 엄지 손가락은 힘을 주지 않은 채 안전 레버에 올려놓는다. 검지 손가락은 첫 마디가 방아쇠에 올라가도록 한다.

《사격 자세》

프론 포지션(Prone Po-sition, 엎드려 쏴 자세)

닐링 포지션(Kneeling Position, 무릎 쏴 자세)

크라우치 스탠딩 포지션(Cr-ouch Standing Position, 웅크려 쏴 자세)

레디 포지션(Ready-Position, 준비 자세)

크라우칭 포지션(Crouch Standing Position, 낮은 서서 쏴 자세)
양 발을 벌리고 가볍게 무릎을 굽힌 상태에서 몸을 약간 앞으로 기울인 자세.

《분해 절차》

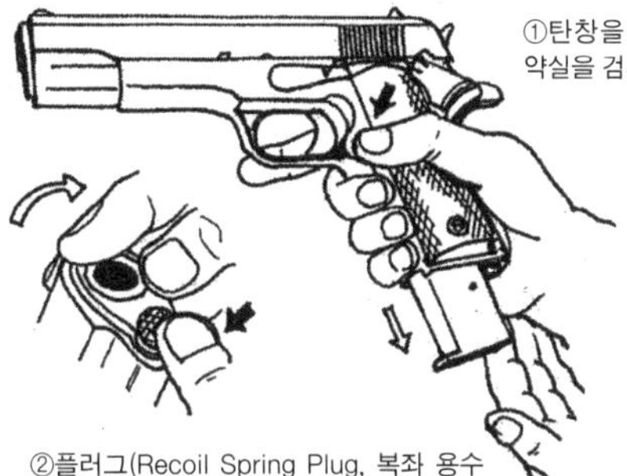

①탄창을 제거한 뒤 약실을 검사한다.

②플러그(Recoil Spring Plug, 복좌 용수철집)을 누르며 배럴 부싱(Barrel Bushing, 복좌 용수철 받침)을 시계방향으로 돌린다.

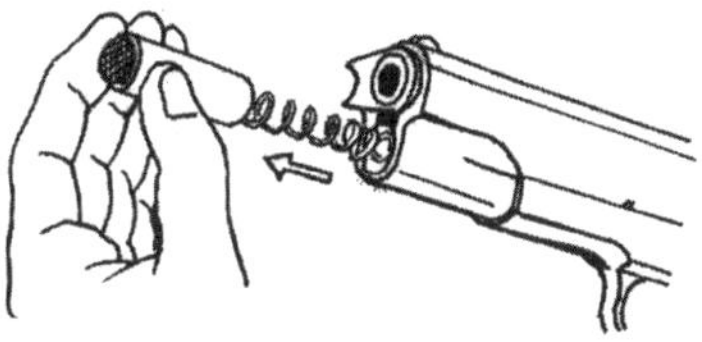

③플러그와 복좌 용수철을 제거한다.

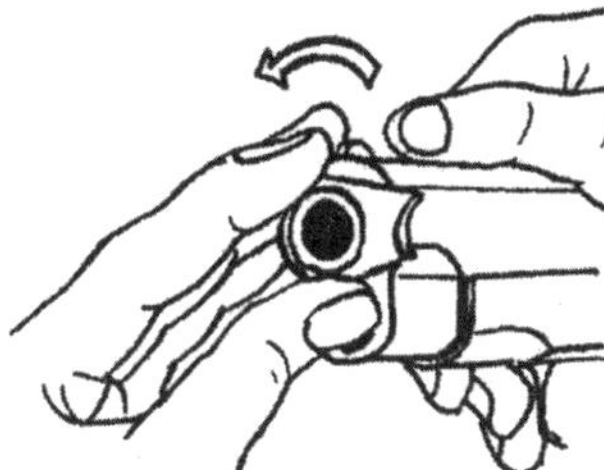

④배럴부싱을 반시계방향으로 돌려 슬라이드에서 제거한다.

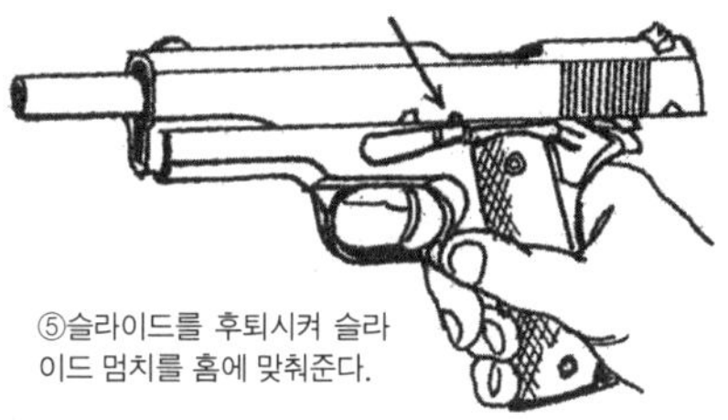

⑤슬라이드를 후퇴시켜 슬라이드 멈치를 홈에 맞춰준다.

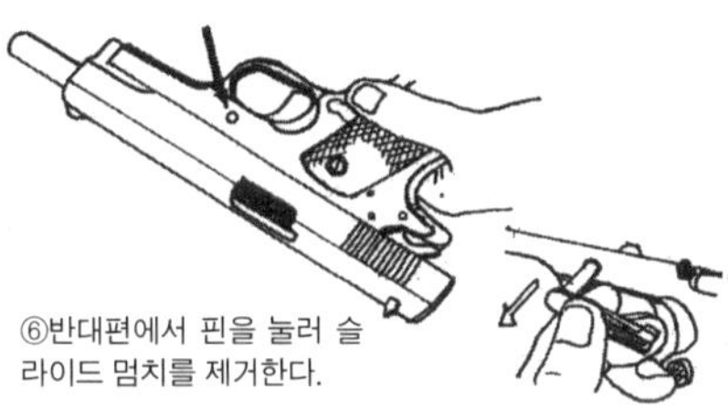

⑥반대편에서 핀을 눌러 슬라이드 멈치를 제거한다.

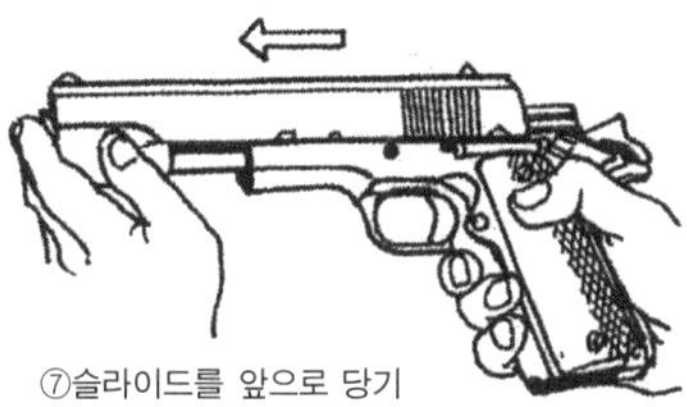

⑦슬라이드를 앞으로 당기면 슬라이드와 리시버(프레임)을 분해할 수 있다.

⑧배럴 링크(총열 연결쇠)를 전방으로 눕히고 앞쪽으로 당겨, 총열을 슬라이드에서 제거한다.

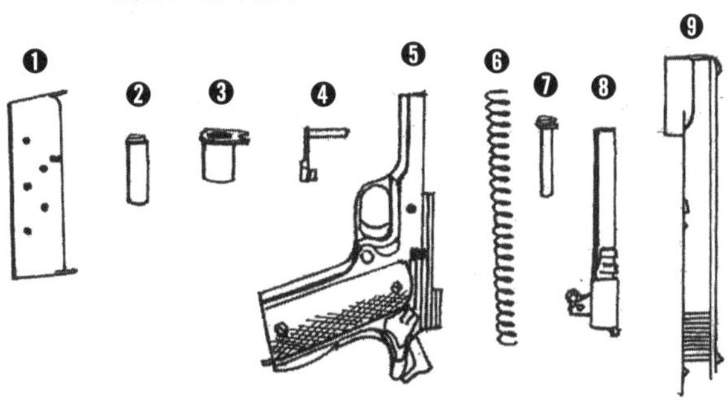

❶탄창(탄알집)
❷복좌 용수철집
❸복좌 용수철 받침
❹슬라이드 멈치(노리쇠 멈치)
❺리시버(프레임, 총몸 뭉치)
❻복좌 용수철
❼복좌 용수철집 멈치
❽총열
❾슬라이드(노리쇠 멈치)

《탄약의 기초 지식》

[탄약의 구성]

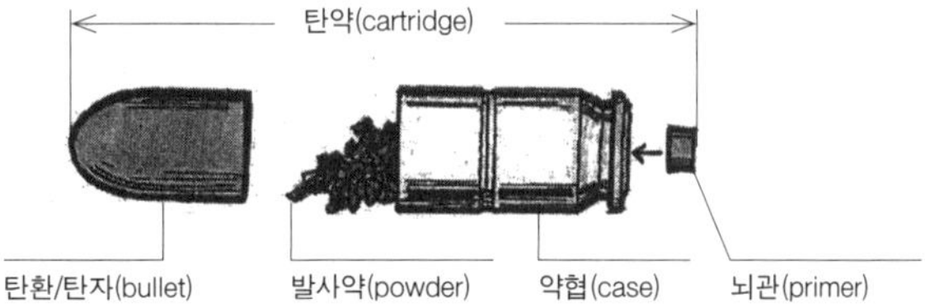

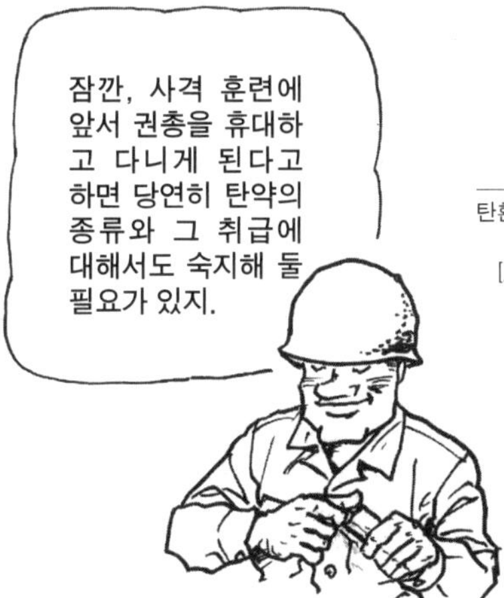

[.45구경 탄약의 종류]

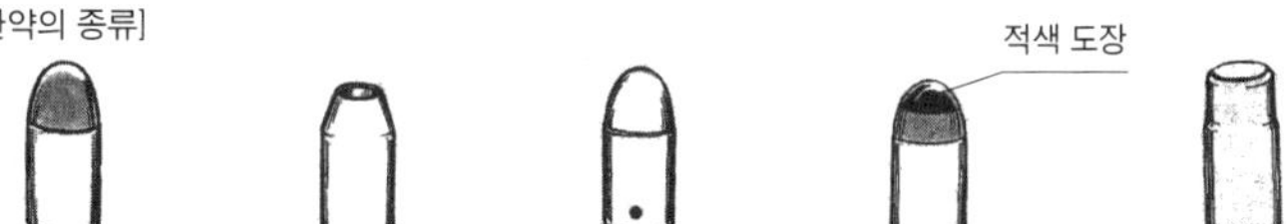

M1911 볼(ball)
납으로 된 탄자에 금속(구리) 재킷을 입힌 표준탄(FMJ).

M9 블랭크
훈련 등에 사용되는 공포탄

M1931 더미
장전 훈련 등에 사용되는 모의탄. 실탄과 구분하기 위해 약협에 구멍이 뚫려있다.

M26 트레이서(예광탄)
탄약을 발사하면 탄두 내부에 충전된 연소 물질로 인해 빛을 내며 비행한다. 탄착점의 수정 등에 사용한다.

M15 샷
항공기 승무원이 불시착했을 때, 서바이벌용으로 사용하는 산탄.

M1 소총의 조작 절차

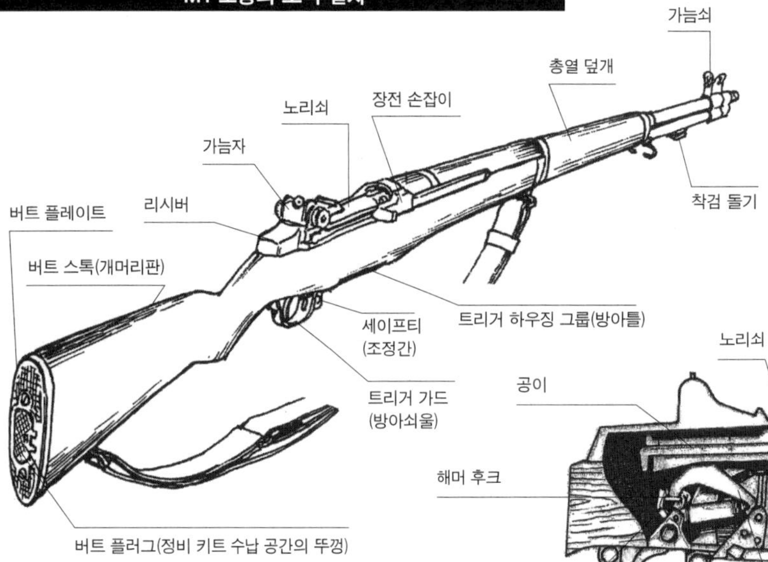

《M1 소총의 구조》

M1 소총의 작동 시스템은 간단하게 설명하자면, 발사 가스를 이용한 롱 스트로크 피스톤 방식에 회전 노리쇠 기구를 결합한 것으로, 이를 통해 반자동 사격을 실시한다.

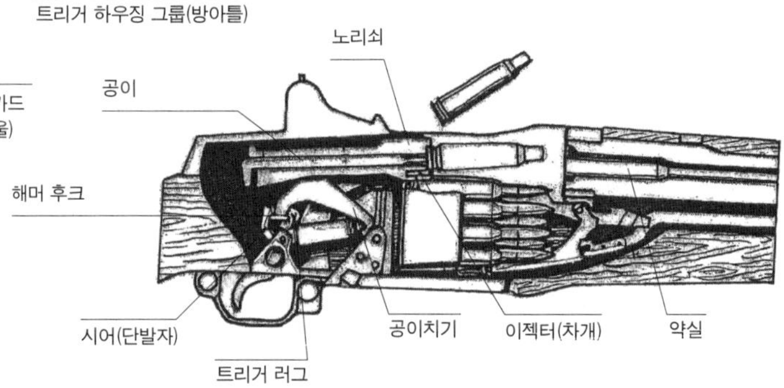

《탄약의 장전 순서》

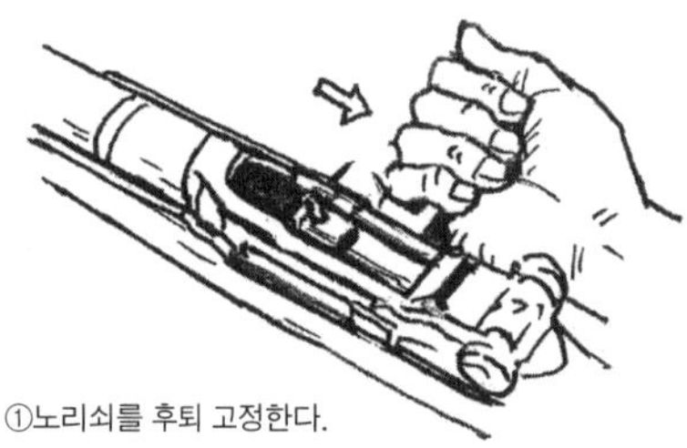

①노리쇠를 후퇴 고정한다.

②약실을 점검한 뒤, 조정간을 안전에 두고 클립을 장전한다

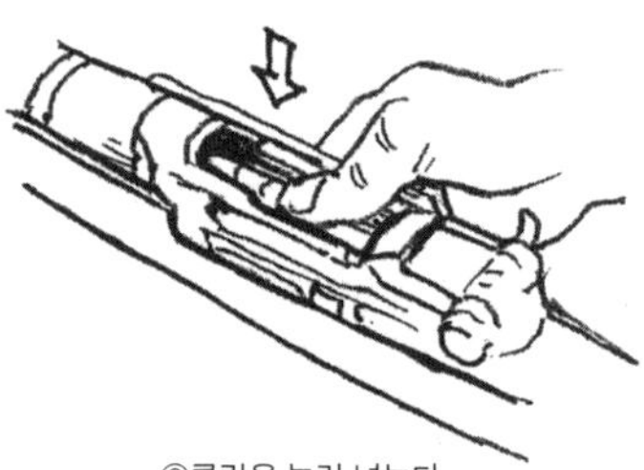

③클립을 눌러 넣는다.

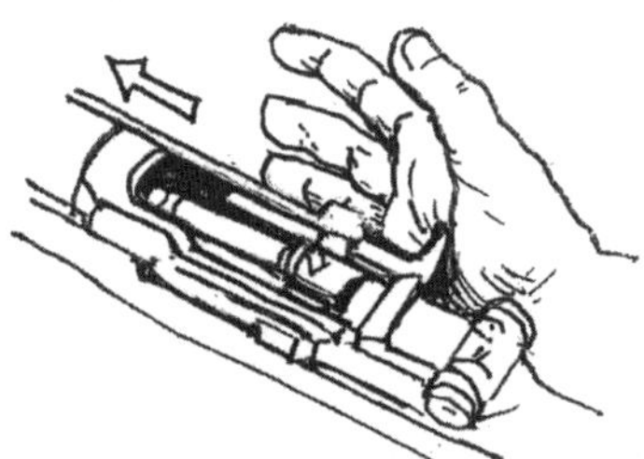

④노리쇠가 자동으로 전진하지 않는 경우, 장전 손잡이를 손바닥으로 눌러 전진시켜 초탄을 약실에 장전한다.

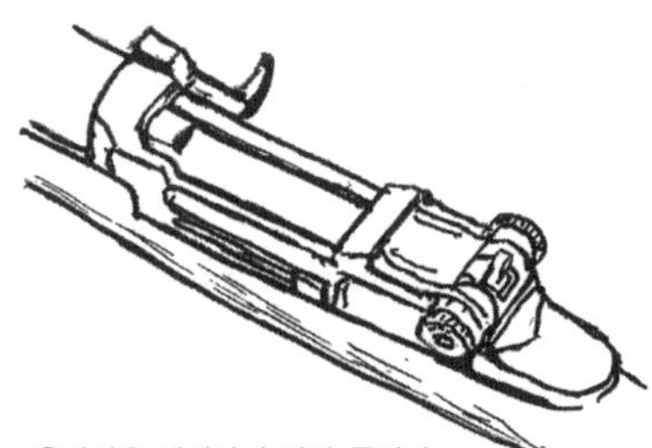

⑤약실을 폐쇄하면 격발 준비가 끝난다.

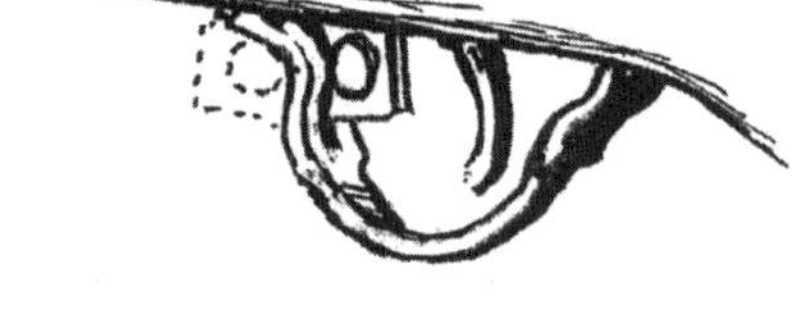

⑥조정간을 전방으로 눌러 안전장치를 해제한다.

⑦탄약을 전부 소모하면 빈 약협과 함께 클립도 배출된다.

《사격 자세》

소총의 사격 자세는 서서 쏴, 무릎 앉아 쏴, 엎드려 쏴를 기본으로 하며, 실제 전장에서는 이를 응용하여 상황에 맞는 자세로 사격을 실시하게 된다.

[스탠딩 포지션(서서 쏴)]
선 자세로 쏘는 기본 자세.

[닐링 포지션(무릎 앉아 쏴)]
세운 왼쪽 무릎에 왼쪽 팔꿈치를 올려 낮은 자세로 안정된 사격을 실시할 수 있다.

[프론 포지션(엎드려 쏴)]
적 앞에서의 안전성이 높고, 가장 안정된 사격을 실시할 수 있는 자세.

[스쿼팅 포지션(쪼그려 쏴)]
닐링 포지션과 시팅 포지션의 중간 자세. 사격 후, 다음 행동에 들어가야 할 경우에 적합하다.

[시팅 포지션(앉아 쏴)]
닐링 포지션보다 훨씬 안정된 사격을 실시할 경우에 취하는 자세.

《조준 절차》

조준의 기본은 아래의 순서에 따라 이루어진다. 피프 사이트(공형 가늠자)를 들여다 보면서 구멍의 중심점에 가늠쇠의 맨 윗부분을 맞춘다. 다음으로 표적의 중심 아랫부분을 가늠쇠의 꼭대기에 맞추거나 살짝 띄운 상태로 위치시키면 조준이 맞춰진 상태가 되는 것이다.

가늠쇠가 가늠자 구멍의 중앙에 오도록 한 상태를 조준선 정렬(Sight Alignment)이라 한다.

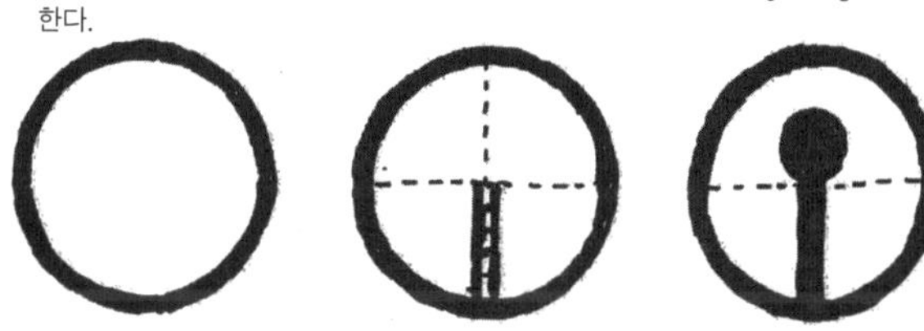

가늠자의 구멍(peep) / 가늠쇠 끝부분을 가늠자 구멍 중심에 위치시킨다 / 표적을 조준한다

[표적까지의 조준선]

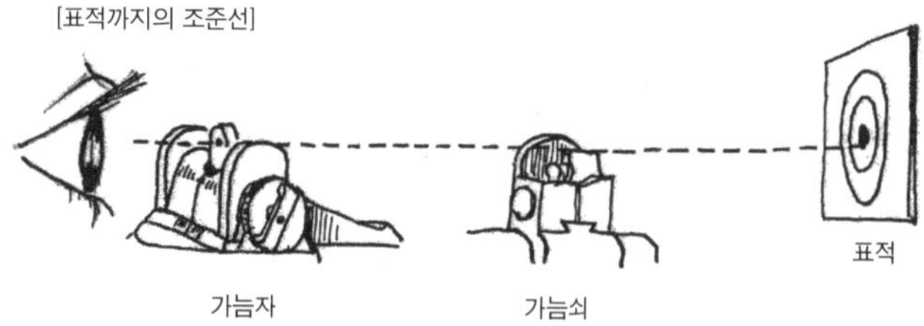

《M1 소총용 .30-06탄》

M1 소총에는 M1917, M1919 기관총과 마찬가지로 7.62mm 구경인 .30-06탄이 사용되었다. 용도에 맞춰 다수의 탄종이 만들어졌는데, M1 소총에는 일반적으로 M1 또는 M2 보통탄이 사용되었다.

M2 철갑탄의 탄두 색은 검정
M14 소이철갑탄의 탄두는 은색.

M1 보통탄의 탄두는 적색
M25탄의 탄두는 오렌지색,
M1 소이탄의 탄두는 청색.

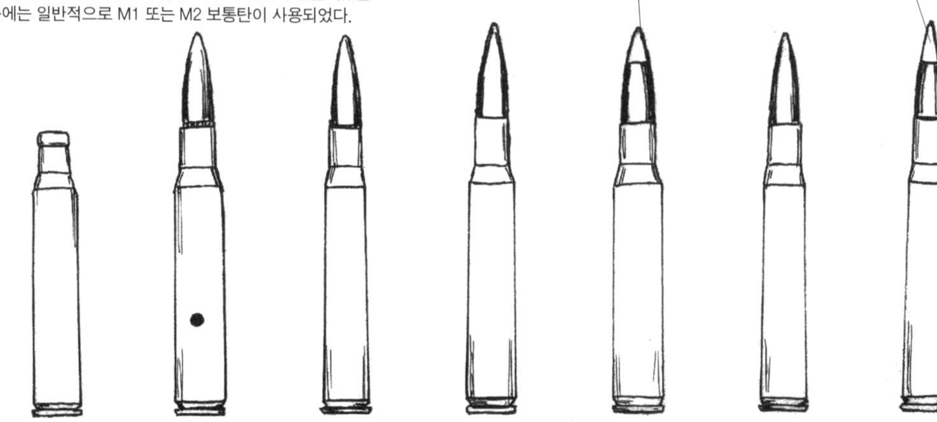

M1905 공포탄 / M2 모의탄 / M1 고압시험탄 / M1 보통탄 / 철갑탄 / M2 보통탄 / 예광탄

M3/M3A1 기관단총의 조작 절차

《M3/M3A1의 차이점》

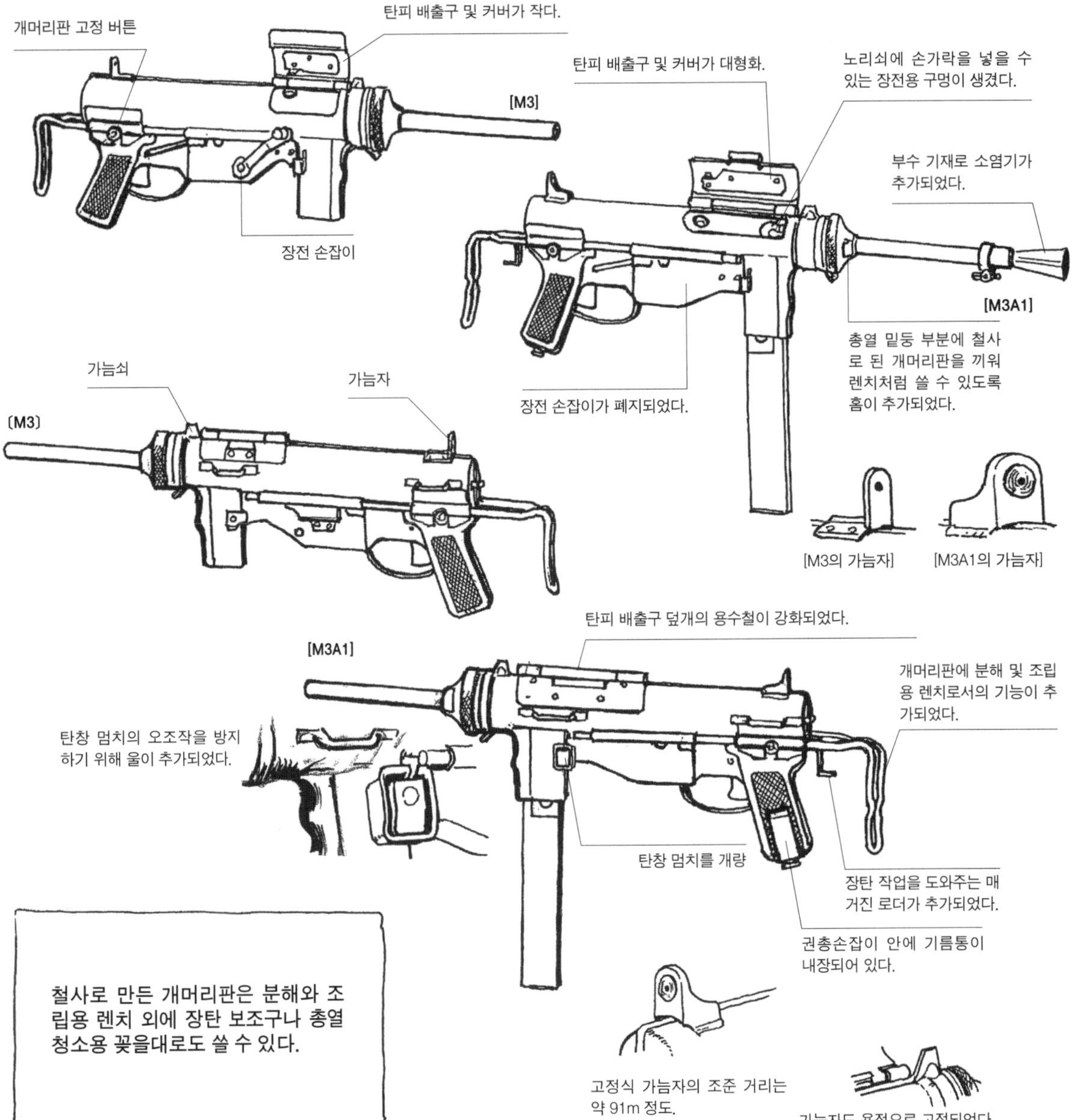

《조작 방법》

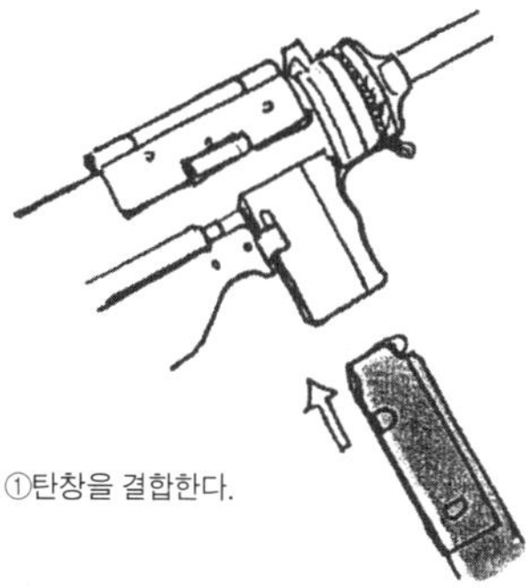

①탄창을 결합한다.

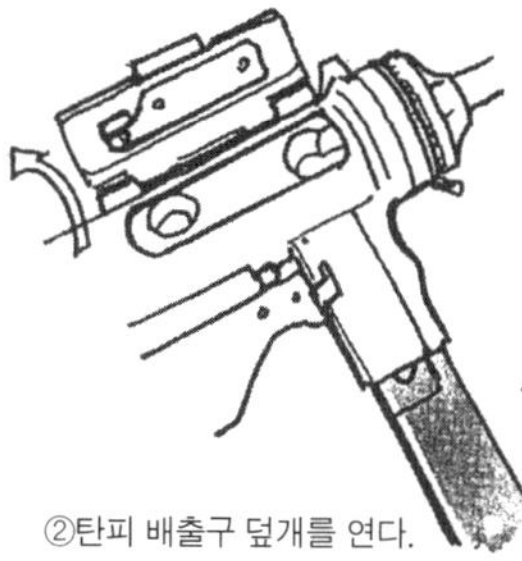

②탄피 배출구 덮개를 연다.

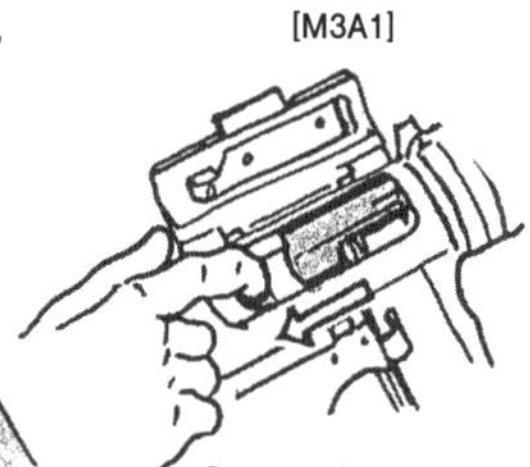

③M3A1의 경우, 노리쇠의 구멍에 손가락을 넣고 노리쇠를 후퇴시켜 장전한다.

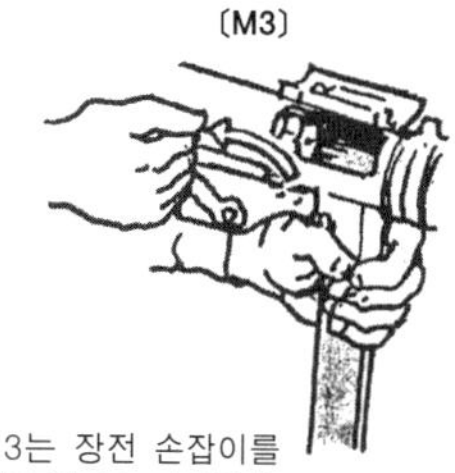

M3는 장전 손잡이를 뒤로 당겨 노리쇠를 후퇴 고정시킨다.

④노리쇠를 후퇴 · 고정시키면 발사 준비가 끝난다.(오픈 볼트 방식)

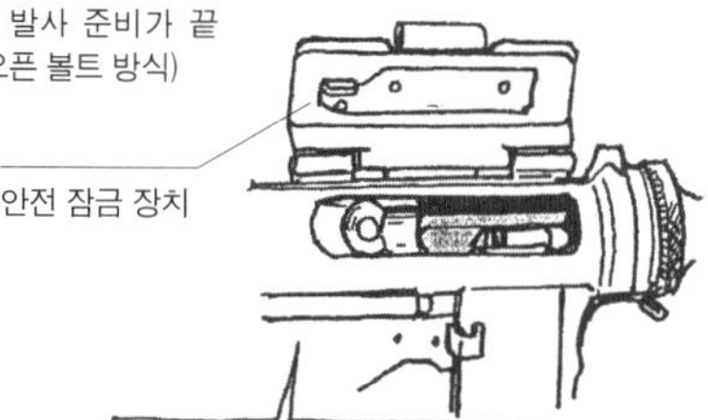

탄피 배출구 덮개는 안전장치를 겸하고 있어, 덮개를 닫으면 노리쇠가 움직이지 않도록 되어 있다.

⑤목표에 조준을 맞추고 방아쇠를 당긴다.

노리쇠가 크고 무겁기에, 사격 시에는 총몸 뒷부분으로 덜컹하며 반동이 전해져 온다.

⑥탄약을 전부 소모하면 노리쇠 멈치가 걸린다.

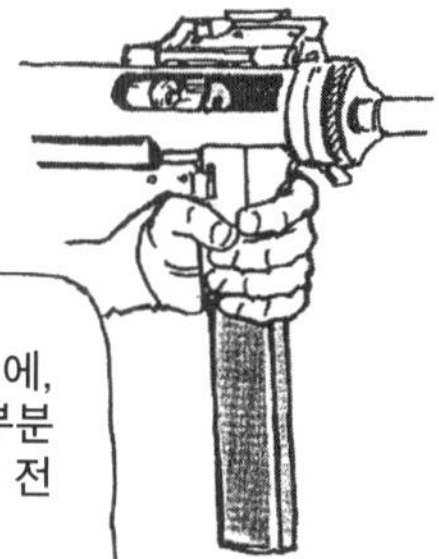

《사격 자세》

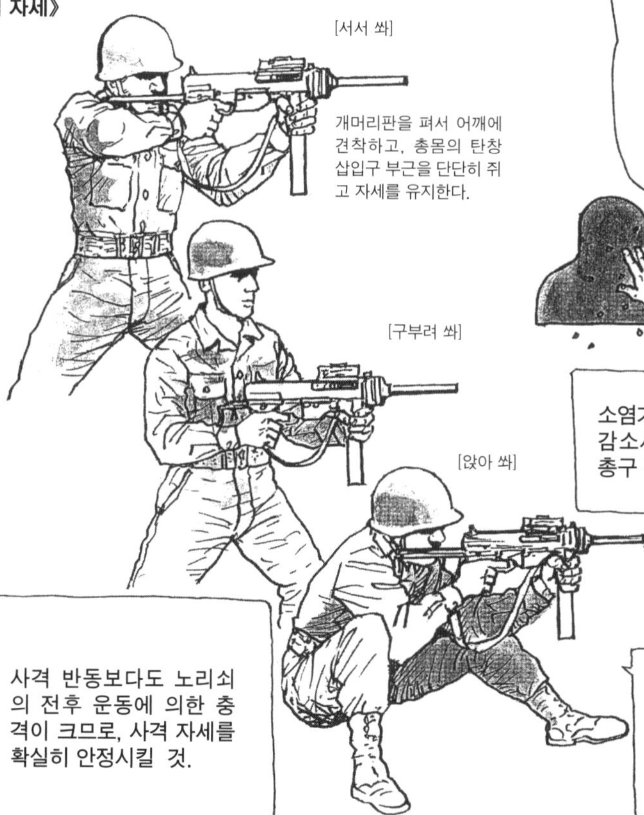

개머리판을 펴서 어깨에 견착하고, 총몸의 탄창 삽입구 부근을 단단히 쥐고 자세를 유지한다.

탄약 30발이 장전된 M3A1의 중량은 약 4.7Kg이지. 그래서 사격 시의 반동은 낮은 편이고 보기보다는 연사 시의 집탄율도 좋은 편이야.

소염기는 사격 시의 총구 화염을 감소시키고, 사수 쪽으로 튀는 총구 폭풍을 막는 효과가 있지.

사격 반동보다도 노리쇠의 전후 운동에 의한 충격이 크므로, 사격 자세를 확실히 안정시킬 것.

이 자세에선 꽤 안정된 상태로 사격할 수 있어.

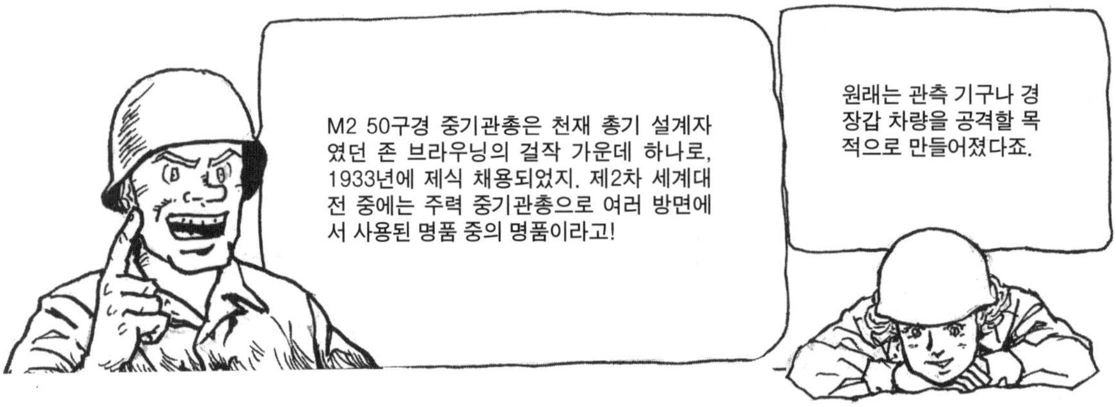

《M2 중기관총의 각 부위 해설》

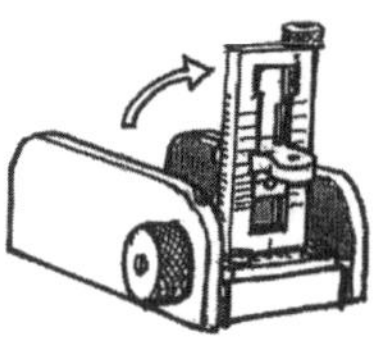

[가늠자 뭉치]
사거리 눈금을 세우면 약 183~2,377m(200~2,600야드)까지 조준 거리 조정이 가능하다. 눈금을 접었을 경우에는 약 91m(100야드)를 기준으로 삼는다.

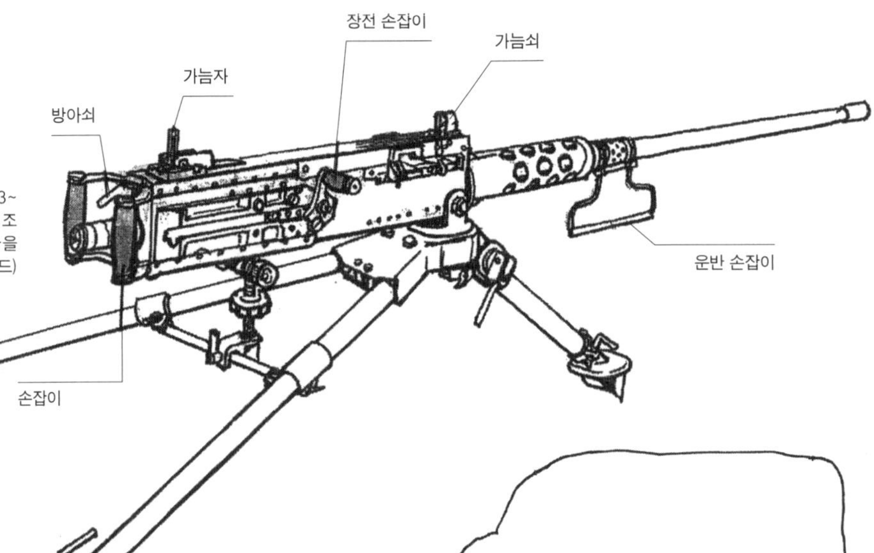

《지상 및 함재 대공용 수랭식 M2 중기관총》

연속 사격에 대응하기 위해, 총열을 물로 냉각하는 워터 재킷이 장착되었다.

《항공기 탑재용 AN-M3 기관총》

육·해군의 전투기나 폭격기 등에 고정식 또는 선회 총좌용 기관총으로 탑재되었다.

《조작 절차》

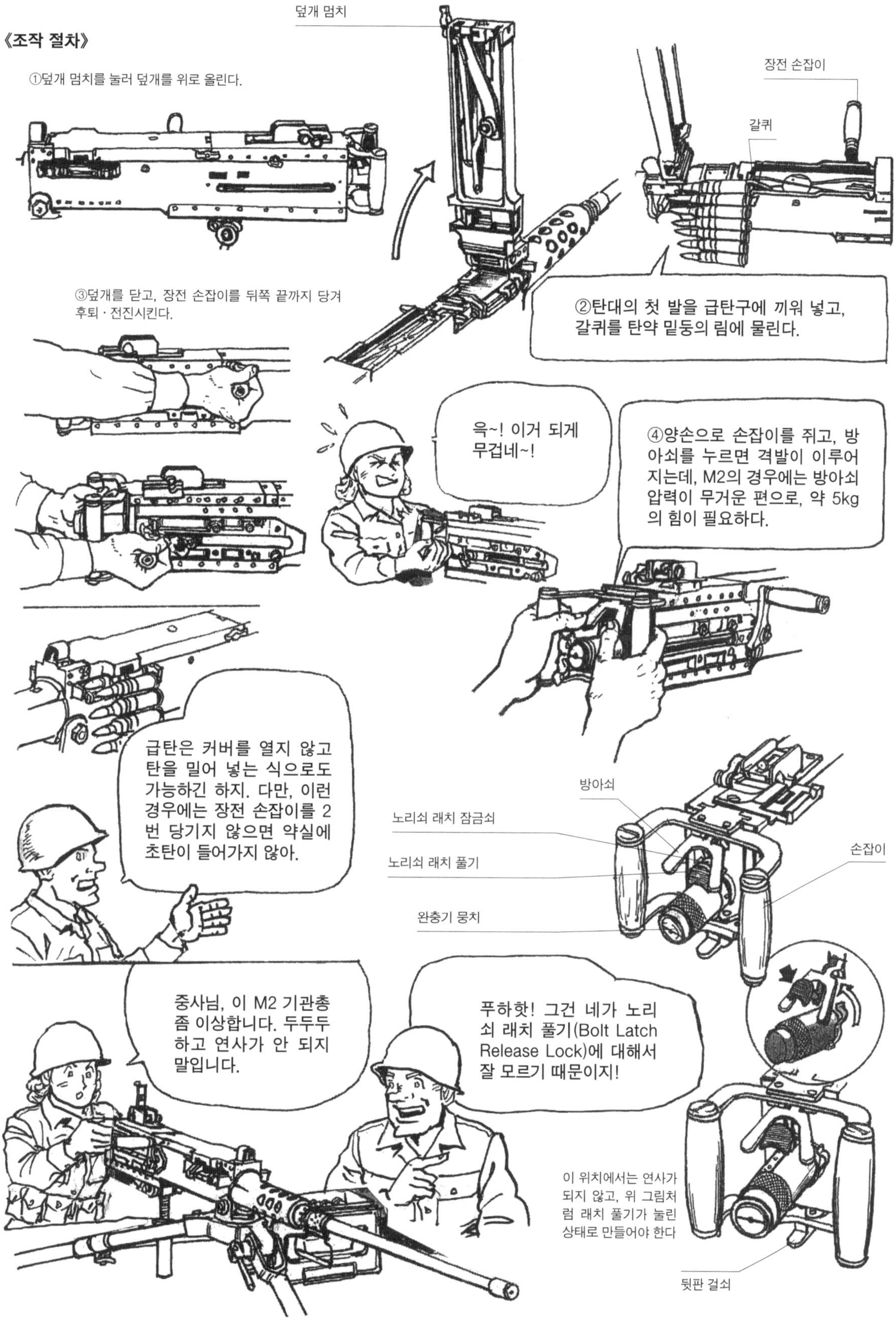
①덮개 멈치를 눌러 덮개를 위로 올린다.
덮개 멈치
장전 손잡이
갈퀴
②탄대의 첫 발을 급탄구에 끼워 넣고, 갈퀴를 탄약 밑둥의 림에 물린다.
③덮개를 닫고, 장전 손잡이를 뒤쪽 끝까지 당겨 후퇴 · 전진시킨다.
윽~! 이거 되게 무겁네~!
④양손으로 손잡이를 쥐고, 방아쇠를 누르면 격발이 이루어지는데, M2의 경우에는 방아쇠 압력이 무거운 편으로, 약 5kg의 힘이 필요하다.
급탄은 커버를 열지 않고 탄을 밀어 넣는 식으로도 가능하긴 하지. 다만, 이런 경우에는 장전 손잡이를 2번 당기지 않으면 약실에 초탄이 들어가지 않아.
방아쇠
노리쇠 래치 잠금쇠
노리쇠 래치 풀기
손잡이
완충기 뭉치
중사님, 이 M2 기관총 좀 이상합니다. 두두두 하고 연사가 안 되지 말입니다.
푸하핫! 그건 네가 노리쇠 래치 풀기(Bolt Latch Release Lock)에 대해서 잘 모르기 때문이지!
이 위치에서는 연사가 되지 않고, 위 그림처럼 래치 풀기가 눌린 상태로 만들어야 한다
뒷판 걸쇠

수류탄 조작법

《수류탄 파지법》

[Mk.II 수류탄의 각 부위 명칭]

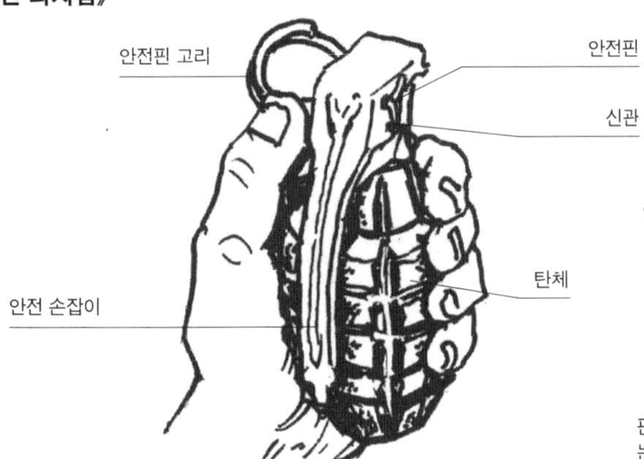

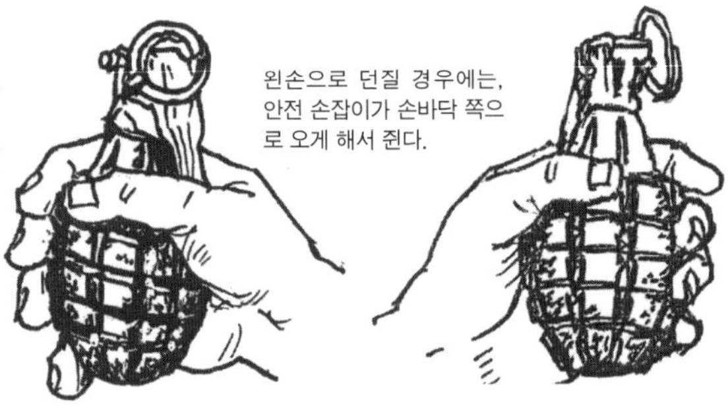

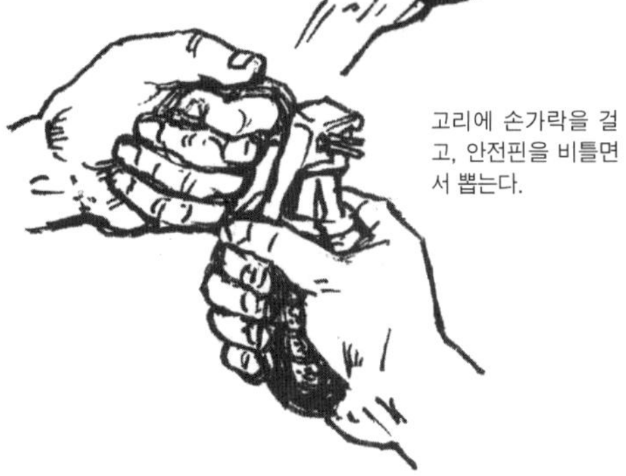

《투척 방법》

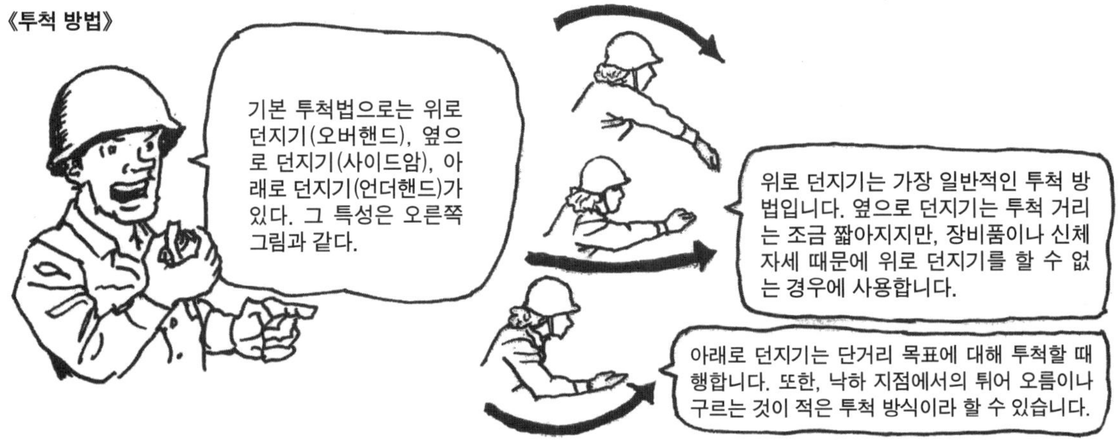

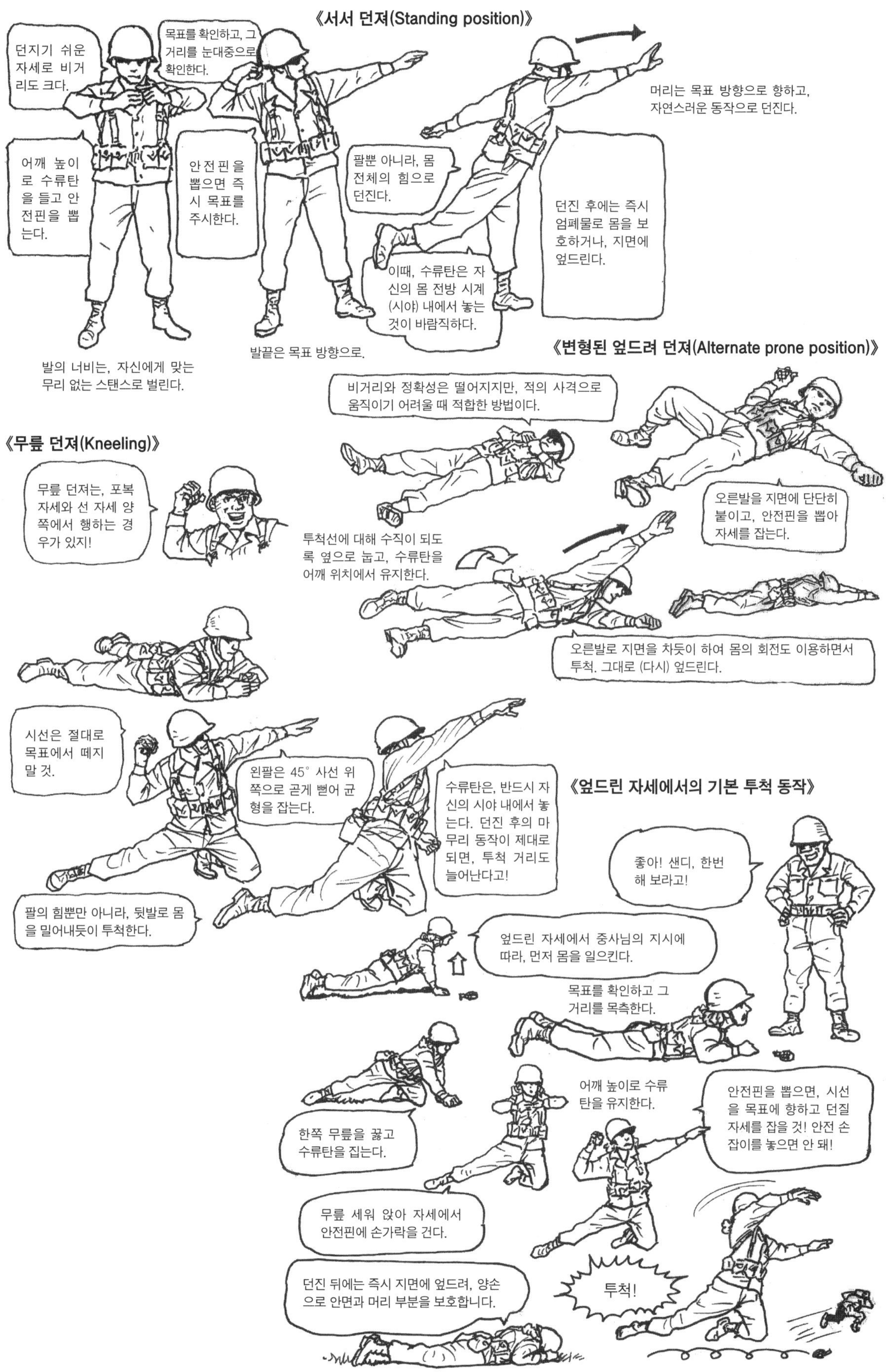
《서서 던져(Standing position)》
던지기 쉬운 자세로 비거리도 크다.
목표를 확인하고, 그 거리를 눈대중으로 확인한다.
머리는 목표 방향으로 향하고, 자연스러운 동작으로 던진다.
어깨 높이로 수류탄을 들고 안전핀을 뽑는다.
안전핀을 뽑으면 즉시 목표를 주시한다.
팔뿐 아니라, 몸 전체의 힘으로 던진다.
던진 후에는 즉시 엄폐물로 몸을 보호하거나, 지면에 엎드린다.
이때, 수류탄은 자신의 몸 전방 시계(시야) 내에서 놓는 것이 바람직하다.
발끝은 목표 방향으로.
발의 너비는, 자신에게 맞는 무리 없는 스탠스로 벌린다.
《변형된 엎드려 던져(Alternate prone position)》
비거리와 정확성은 떨어지지만, 적의 사격으로 움직이기 어려울 때 적합한 방법이다.
오른발을 지면에 단단히 붙이고, 안전핀을 뽑아 자세를 잡는다.
투척선에 대해 수직이 되도록 옆으로 눕고, 수류탄을 어깨 위치에서 유지한다.
오른발로 지면을 차듯이 하여 몸의 회전도 이용하면서 투척. 그대로 (다시) 엎드린다.
《무릎 던져(Kneeling)》
무릎 던져는, 포복 자세와 선 자세 양쪽에서 행하는 경우가 있지!
시선은 절대로 목표에서 떼지 말 것.
왼팔은 45° 사선 위쪽으로 곧게 뻗어 균형을 잡는다.
수류탄은, 반드시 자신의 시야 내에서 놓는다. 던진 후의 마무리 동작이 제대로 되면, 투척 거리도 늘어난다고!
팔의 힘뿐만 아니라, 뒷발로 몸을 밀어내듯이 투척한다.
《엎드린 자세에서의 기본 투척 동작》
좋아! 샌디, 한번 해 보라고!
엎드린 자세에서 중사님의 지시에 따라, 먼저 몸을 일으킨다.
목표를 확인하고 그 거리를 목측한다.
한쪽 무릎을 꿇고 수류탄을 집는다.
어깨 높이로 수류탄을 유지한다.
안전핀을 뽑으면, 시선을 목표에 향하고 던질 자세를 잡을 것! 안전 손잡이를 놓으면 안 돼!
무릎 세워 앉아 자세에서 안전핀에 손가락을 건다.
던진 뒤에는 즉시 지면에 엎드려, 양손으로 안면과 머리 부분을 보호합니다.
투척!

미군 보병 부대의 편성

소총 분대 1944년

제2차 대전 당시, 미 육군 보병 부대의 소총 분대는, 1개 분대 12명으로 구성되어 있었다. 분대장의 지휘 아래 부분대장 1명, 소총수 8명, 분대 지원 화기 사수 1명, 저격수 1명이었는데, 다만 저격수가 반드시 포함되는 것은 아니었으며, 소총수 9명(이 경우, 1명이 M7 총류탄 발사기를 휴대)으로 구성된 경우가 대부분이었다. 장비하는 소화기는, 분대 지원 화기 사수가 M1918A1(BAR), 소총병은 M1 소총(개런드), 저격수가 M1903A4 저격 소총을 사용했다. 분대장은 M1 카빈 또는 기관단총에 M1911A1 권총을 장비하기도 했다.

[저격수] 1명

[부분대장] 상병(Corporal)

[소총수 합계 8명]

[분대장] 중사

[분대 지원 화기 사수] 1명

기관총 분대 1944년

기관총 분대는 분대장, 기관총 사수, 부사수, 탄약수(2명인 경우도 있음) 합계 4명(혹은 5명)의 분대원으로 구성된다. 기관총 분대는 소총 중대와 중화기 중대의 두 곳으로 나뉘어 편성되었는데, 소총 중대 소속 기관총 분대에는 M1919A4 중기관총 또는 M1919A6 경기관총, 중화기 중대에 소속된 기관총 분대에는 M1917A2 중기관총이 배치되었다. 분대원이 휴대하는 소화기는 분대장이 M1 카빈 및 M1911A1, 사수와 부사수는 M1911A1, 탄약수는 M1 라이플 또는 M1 카빈이었다.

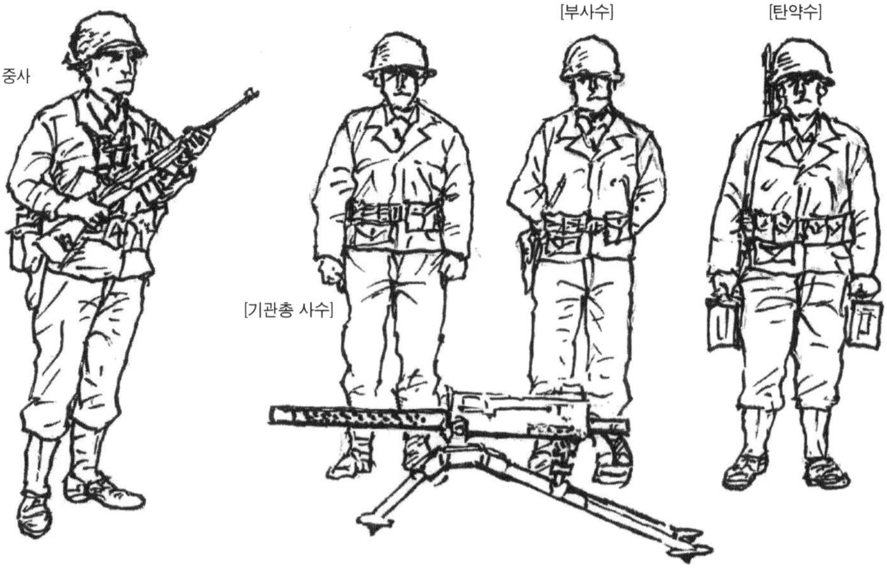

기계화 보병 분대 1944년

기계화 보병 분대는, 기갑 연대 예하 보병 대대에 소속된 분대이다. 분대원은 부사관인 분대장 이하, 부분대장 1명, 소총수 9명, 조종수 1명까지 12명이며, 여기에 대원들의 이동에 사용하는 M3 반궤도 장갑차 1대로 1개 분대를 이루고 있었다. 무장은 일반 보병 분대와 같지만, M3 장갑차에는 M2 중기관총 1정과 M1919A4 중기관총 2정이 탑재되어 있었다.

《차량 내부의 승무원 배치》

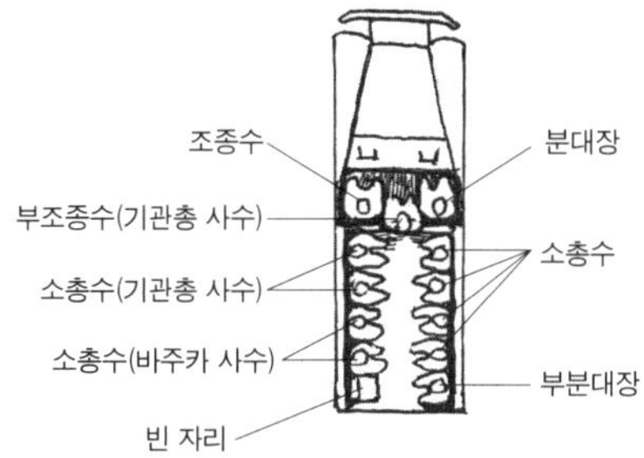

《M3 반궤도 장갑차》

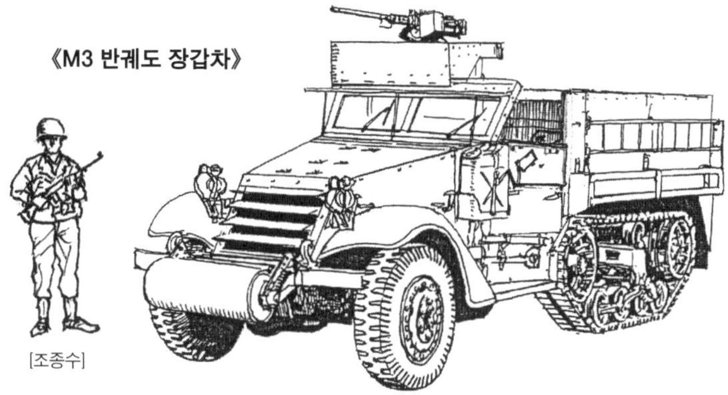

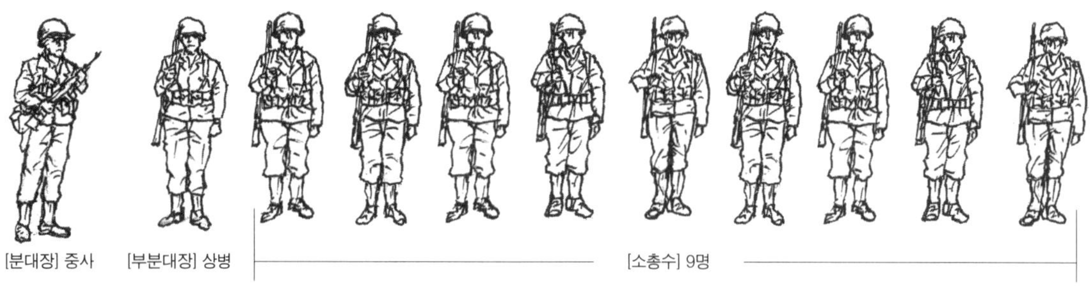

해병대의 소총 분대 1945년

해병대의 소총 분대는 13명으로 편성되며, 분대장(중사)의 지휘 아래 3개의 사격조(Fire team)로 나뉘어, 상황에 따라 행동했다. 1개 사격조는 리더(상병), 분대 지원 화기 사수, 소총수 2명의 총 4명으로 편성되어 있다. 사용하는 화기는 분대장이 M1 카빈(총류탄 발사기 휴대), 팀 리더와 소총수는 M1 소총(그중 1명은 총류탄 발사기를 휴대), 분대 지원 화기 사수는 M1918A2(BAR)를 장비했다.

보병 부대의 편성 1944~1945년

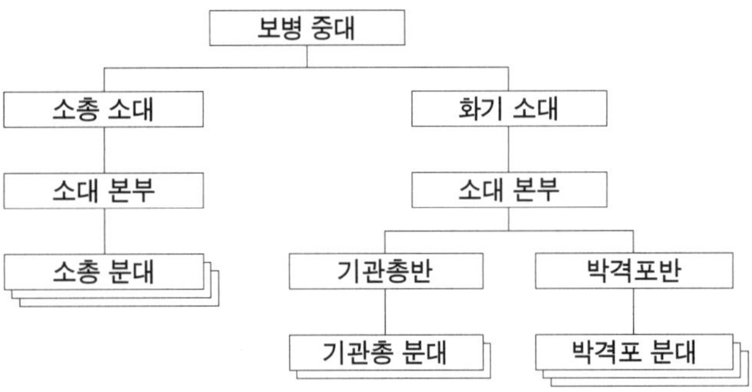

소총 소대 본부

각 분대를 지휘하는 소대 본부는, 지휘관인 소대장, 소대장을 보좌하는 부소대장(선임 부사관), 탄약이나 식량 보급 관리 등을 수행하는 부사관 및 전령 2명으로 구성되었다.

[소대장] [부소대장] [보급관] [전령] [전령]

《소총 분대원의 무장》

[분대장] 기관단총 또는 M1 카빈

[부분대장] M1 소총

[분대 지원 화기 사수] M1918A2

소총 분대의 편성

소총 분대는 A(에이블), B(베이커), C(찰리)의 3개 팀으로 나뉘어 임무에 따라 행동했다.

《분대의 병렬 이동 대형》

병렬 종대는 모든 방향에서의 적 공격에 대응할 수 있는 대형이다. 이외에도 전장 상황이나 지형에 따라, 종렬이나 횡대 등의 대형을 취하곤 했다. 이동은, 척후병이 전방의 적정(적의 정보)이나 지형 등의 정보를 수집하고, 그 정보에 기초해 분대장이 부대를 전진시켰다.

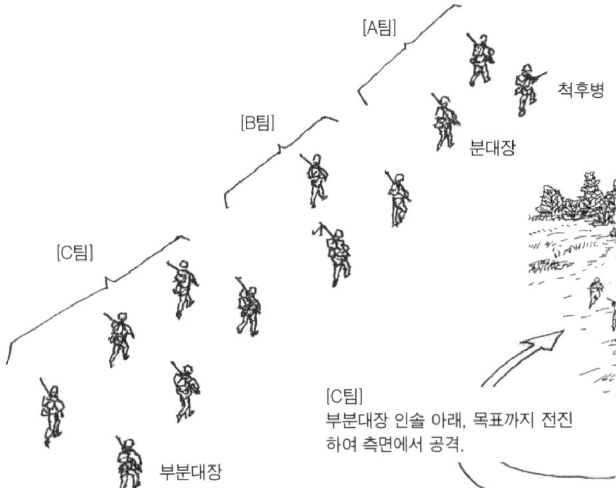

《사격과 기동》

분대 전투는 사격과 기동이 기본이다. 2차 대전 당시의 미군에서는 B팀이 분대 지원 화기 M1918의 사격으로 적을 제압하는 동안에, C팀이 적의 측면으로 우회하여 공격하는 방식을 주로 사용했다.

[C팀]
부분대장 인솔 아래, 목표까지 전진하여 측면에서 공격.

[B팀]
분대장의 지휘를 받아 C팀의 공격을 지원.

《보전협동》

보전협동이란, 보병과 전차가 협력하여 싸우는 전술이다.

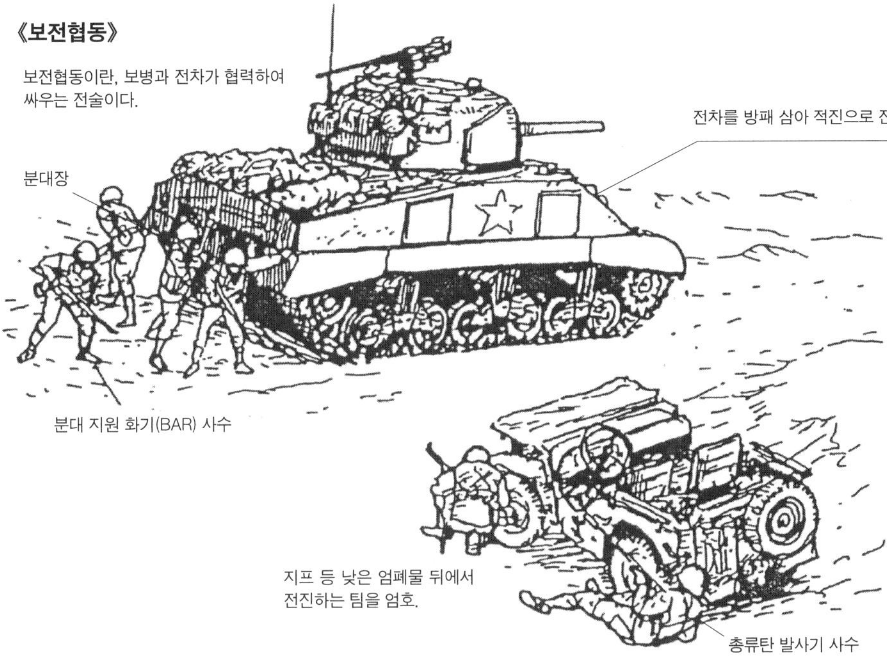

《시가전에서의 배치》

《보전협동 시 소총 분대의 배치 》

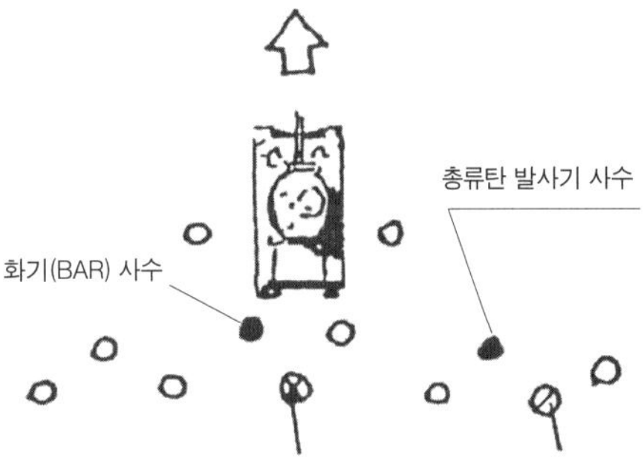

《소총수의 장비》

[일반 소총수]
M1 소총을 휴대.

[M7 총류탄 발사기 사수]
총류탄 발사기 사수는, 분대장이 지시한 목표에 대해 유탄을 발사한다. 대전차 유탄은 기갑차량 외에 건물의 벽이나 모래주머니와 같은 장애물 파괴에도 사용되었다.

영국군

미국이 2차 대전에 참전하기 전까지
연합국 측의 주력을 담당했던 것이 바로 영국군이다.
영국군의 소화기는 1차 대전 당시의 모델부터 2차 대전 중에 채용된 신형까지
매우 다채로운 모습을 보였다.
대전 당시, 영국제 소화기는 영국군뿐만 아니라
영연방 소속 각국 군에서도 사용되었다.

권총

2차 대전 당시, 영국군의 권총은 리볼버가 주류였다. 또한, 기존 모델에 더해 미국제 등도 포함한 여러 종류의 권총을 제식 혹은 준제식화하여 사용하고 있다.

엔필드 No.2 Mk.I / I*

1932년에 채용된 중절식 리볼버 권총. 군의 요구에 맞춰 .38구경 탄약을 사용하도록 만들어졌다. 제2차 대전 중에는 영국제 .380 리볼버 Mk.IIz 탄 외에, 미국에서 공여된 .38S&W 탄도 사용되었다.

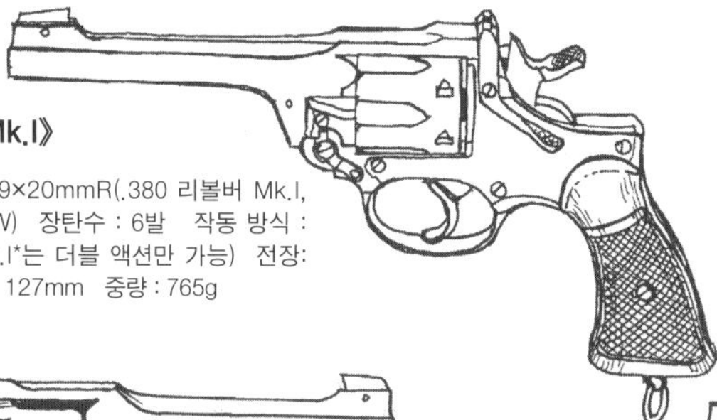

《엔필드 No.2 Mk.I》

구경 : .38 탄약 : 9×20mmR(.380 리볼버 Mk.I, Mk.IIz 또는 .38S&W) 장탄수 : 6발 작동 방식 : 싱글&더블 액션(Mk.I*는 더블 액션만 가능) 전장: 260mm 총열 길이 : 127mm 중량 : 765g

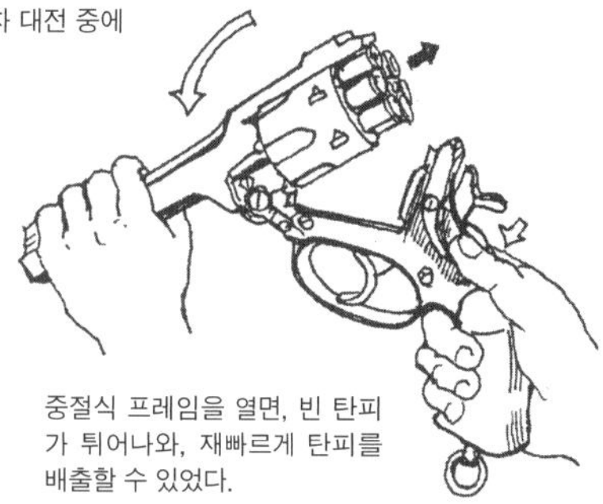

중절식 프레임을 열면, 빈 탄피가 튀어나와, 재빠르게 탄피를 배출할 수 있었다.

《엔필드 No.2 Mk.I*》

Mk.I*는 전차 승무원의 호신용으로 채용된 파생형이다. 좁은 차내에서 다루기 쉽도록, 걸리적거리기 쉬운 공이치기의 돌출부를 없애고, 더블 액션만 가능하도록 만든 모델.

《웨블리 Mk.VI》

Mk.I(1887년 채용)부터 이어진 웨블리 & 스콧 리볼버 시리즈의 최종 개량 모델. 1915년에 채용되었지만, 2차 대전 중에도 준제식 권총으로 계속 사용되었다.

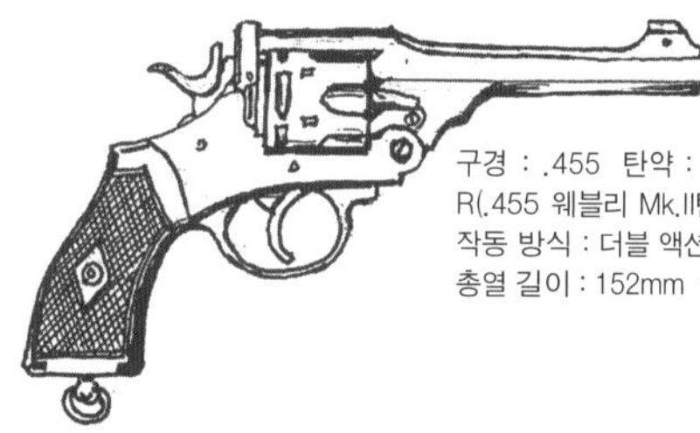

구경 : .455 탄약 : 11.55×19.3mmR(.455 웨블리 Mk.II탄) 장탄수 : 6발 작동 방식 : 더블 액션 전장 : 286mm 총열 길이 : 152mm 중량 : 1.1kg

《S&W .38/200(빅토리 모델)》

구경 : .38 탄약 : 9×20mmR(.380 리볼버 Mk.IIz) 장탄수 : 6발 작동 방식 : 더블 액션 전장 : 261mm 총열 길이 : 127mm 중량 : 900g

2차 대전 중에 영국군용으로 생산된 .38-200탄 사양. 미국 측에서 대여한 장비였다.

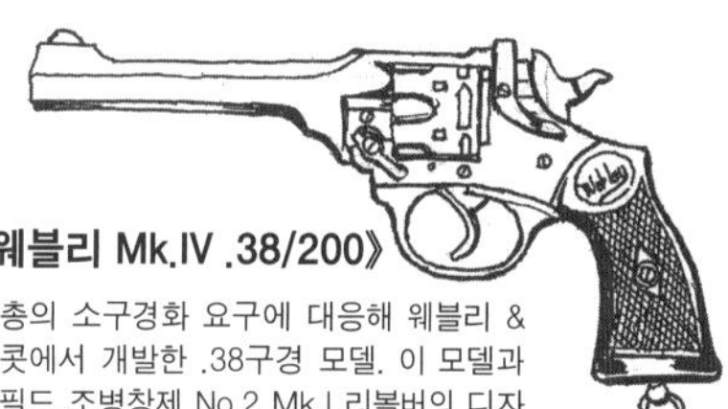

《웨블리 Mk.IV .38/200》

권총의 소구경화 요구에 대응해 웨블리 & 스콧에서 개발한 .38구경 모델. 이 모델과 엔필드 조병창제 No.2 Mk.I 리볼버의 디자인이 유사하다는 점 때문에, 표절 문제로 영국 정부에 법정 소송을 걸어 웨블리 & 스콧 측이 승소하기도 했다.

구경 : .38 탄약 : 9×20mmR(.380 Revolver Mk.IIz) 장탄수 : 6발 작동 방식 : 더블 액션 전장 : 266mm 총열 길이 : 106mm 중량 : 1.1kg

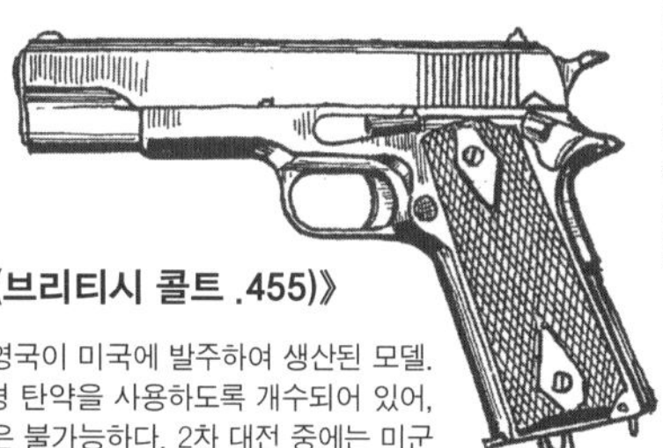

《M1911 .455(브리티시 콜트 .455)》

제1차 대전 중에, 영국이 미국에 발주하여 생산된 모델. 영국군의 .455 구경 탄약을 사용하도록 개수되어 있어, .45ACP탄의 사용은 불가능하다. 2차 대전 중에는 미군과 같은 사양인 M1911A1도 지급되었다.

구경 : .455
탄약 : 11.55×19.3mmR (.455 웨블리 오토)
작동 방식 : 반자동
장탄수 : 상자형 탄창에 7발
전장 : 217mm
총열 길이 : 128mm
중량 : 1.1kg

《브라우닝 하이파워 M1935》

영국군에서는 캐나다의 잉글리스(Inglis)사에서 면허 생산한 모델을 사용했다.

《웨블리 No.1 Mk.III 신호 권총 (트렌치 플레어 시그널 피스톨)》

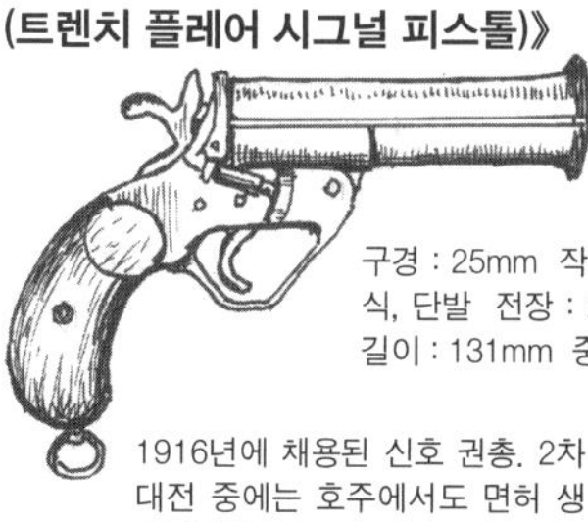

구경 : 25mm 작동 방식 : 중절식, 단발 전장 : 240mm 총열 길이 : 131mm 중량 : 불명

1916년에 채용된 신호 권총. 2차 대전 중에는 호주에서도 면허 생산되었다.

《No.2 Mk.V 신호 권총》

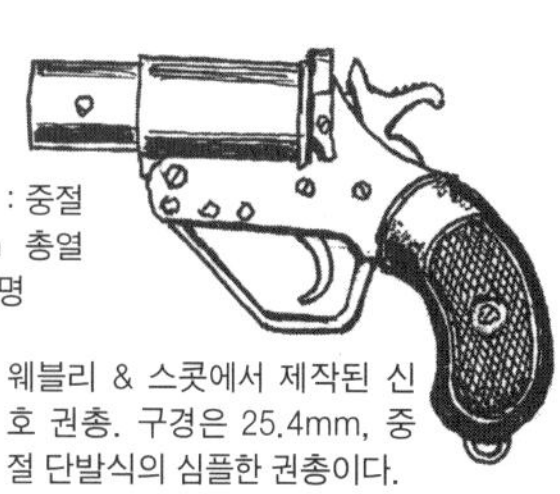

웨블리 & 스콧에서 제작된 신호 권총. 구경은 25.4mm, 중절 단발식의 심플한 권총이다.

소총

영국군의 소총은 1896년에 채용된 매거진 리-엔필드에서 시작되어, 이를 계속해서 개량한 모델이 사용되었다. 그 특징은 마우저 타입과는 다른 노리쇠 작동 방식이다. 노리쇠의 후퇴량과 회전각을 작게 한 덕분에, 탄피 배출 및 장전을 재빠르게 할 수 있을 뿐만 아니라, 시선을 떼지 않고 조준을 유지한 채로 연속 사격도 할 수 있었다.

SMLE(쇼트 매거진 리-엔필드) No.1 Mk.I / Mk.III

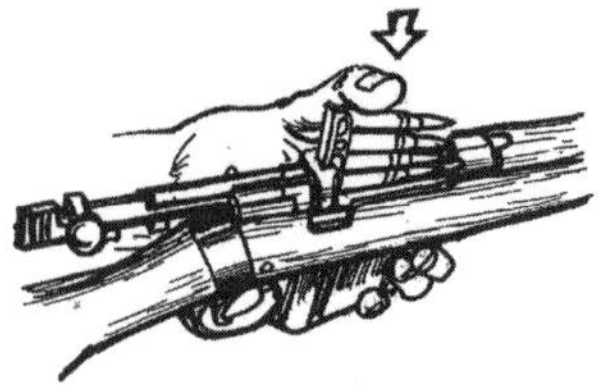

리-엔필드 라이플에는 착탈 가능한 상자형 탄창이 채용되어 있었다. 하지만 탈락 방지를 위해 탄창을 제거하기 어렵게 만들었기에, 실전에서의 탄약의 장전은 5발 들이 삽탄자를 사용하는 방식으로 실시되었다.

《SMLE No.1 Mk.I》

1895년에 최초의 모델 MLE 라이플 채용 이후, 수 종류의 개량형을 거쳐, 1902년에 제식으로 채용되었다.

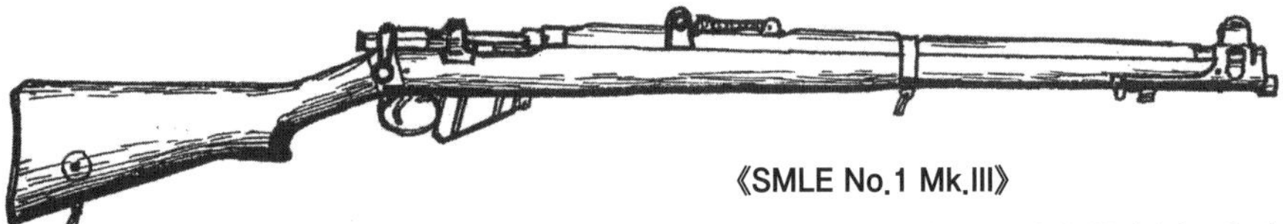

《SMLE No.1 Mk.III》

Mk.I을 개량한 모델로 1907년에 채용되었다. 1차 대전뿐 아니라, 2차 대전 중에도 대량으로 사용되었으며, 영국 본국에서의 생산은 1943년까지 계속되었다.

구경 : 7.7mm 탄약 : 7.7×56mmR(.303 브리티시 탄) 작동 방식 : 볼트 액션 장탄수 : 상자형 탄창에 10발 전장 : 1,132mm 총열 길이 : 640mm 중량 : 3.96kg

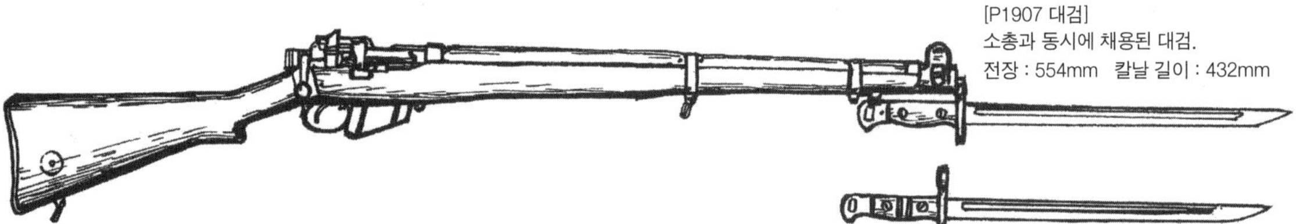

[P1907 대검]
소총과 동시에 채용된 대검.
전장 : 554mm 칼날 길이 : 432mm

[M1917 대검]
제1차 대전 때 미군용으로 생산된 P1907은, M1917이라는 명칭으로 수출되었다.

《SMLE No.1 Mk.I / No.III의 세부 모습》

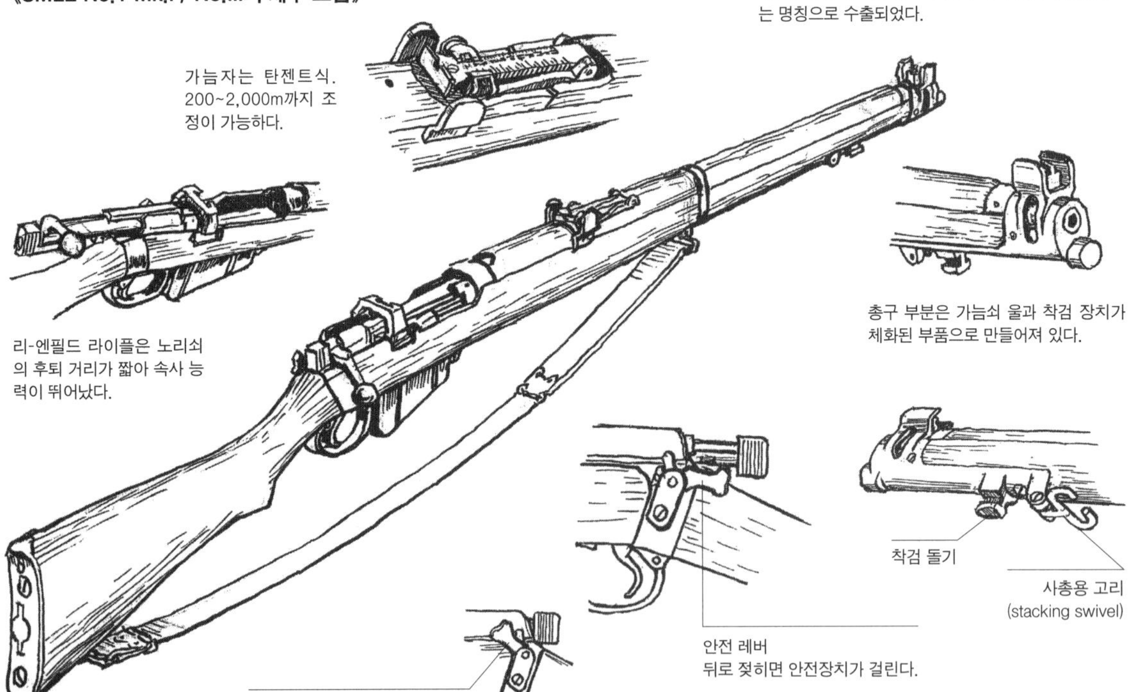

가늠자는 탄젠트식. 200~2,000m까지 조정이 가능하다.

리-엔필드 라이플은 노리쇠의 후퇴 거리가 짧아 속사 능력이 뛰어났다.

총구 부분은 가늠쇠 울과 착검 장치가 일체화된 부품으로 만들어져 있다.

착검 돌기

사총용 고리 (stacking swivel)

안전 레버
뒤로 젖히면 안전장치가 걸린다.

앞쪽으로 밀어서 안전장치를 해제한다.

기타 주요 소총

《P14 소총》

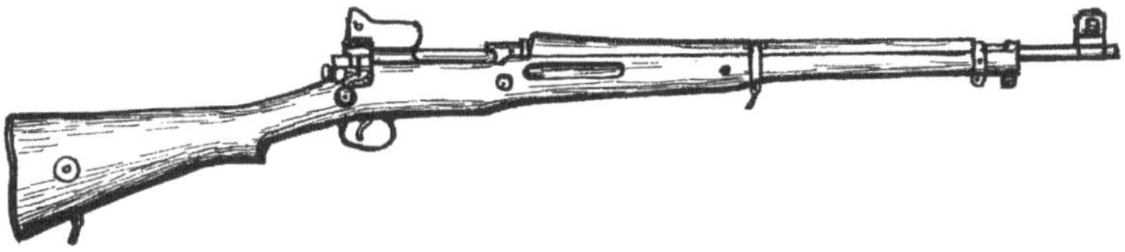

1914년에 채용된 소총으로, 마우저 타입을 개량한 볼트 액션 구조를 사용한다. 1차 대전이 시작되자 영국 국내뿐만 아니라 미국에서도 생산되었지만, 영국군에서는 한정적으로 사용되는 데 그쳤다.

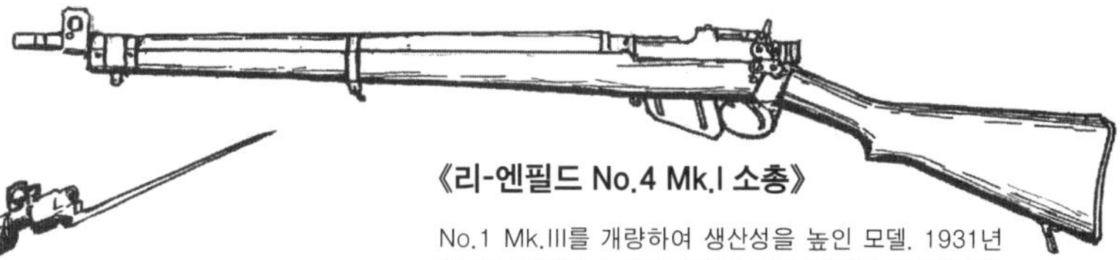

《리-엔필드 No.4 Mk.I 소총》

No.1 Mk.III를 개량하여 생산성을 높인 모델. 1931년에 채용되었으나, 대량 생산은 1941년부터 시작되었고, 1942년 북아프리카 전선에서부터 실전 투입되었다.

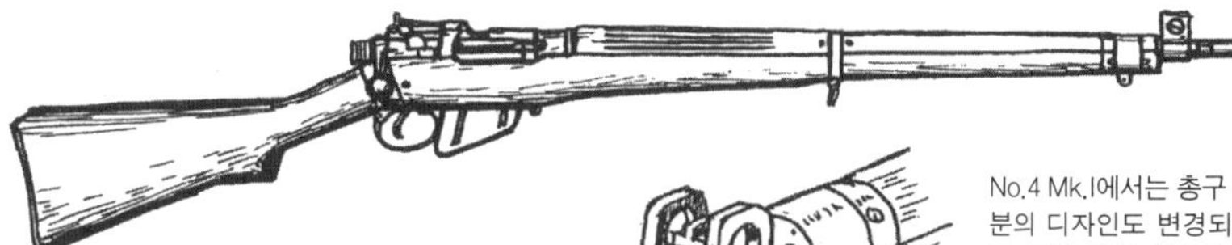

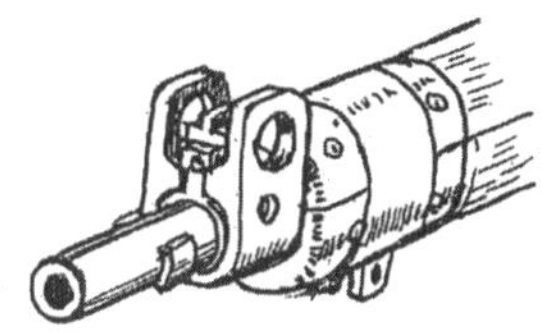

No.4 Mk.I에서는 총구 부분의 디자인도 변경되었다. 또한, 총구 끝단은 착검 장치를 겸하고 있다.

구경 : 7.7mm
탄약 : 7.7×56mmR(.303 브리티시 탄)
장탄수 : 상자형 탄창에 10발
작동 방식 : 볼트 액션
전장 : 1,129mm
총열 길이 : 640mm
중량 : 3.99kg

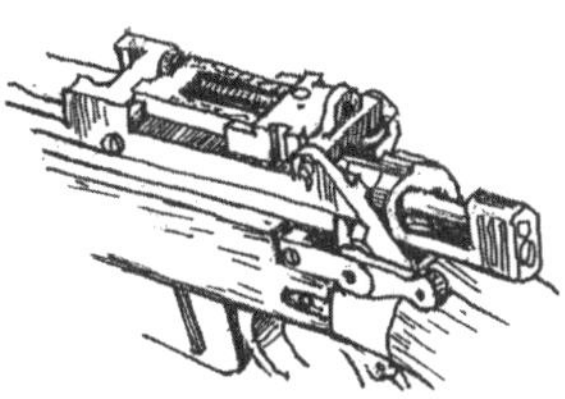

No.4 Mk.I의 안전 레버

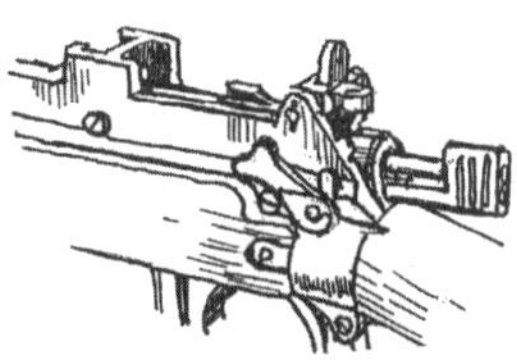

미국이나 캐나다에서 생산된 No.4 Mk.I*의 안전 레버

《No.5 Mk.I(정글 카빈)》

No.4 Mk.I을 개량하여, 1944년에 공수부대용으로 채용된 모델. 전체 길이와 총열을 줄이고, 개머리판 형상도 변경되었다. 총구 부분에는 총구 화염을 억제하는 플래시 하이더(소염기)가 설치되었고, 경량화 등으로 커진 사격 반동을 억제하기 위해, 개머리판 뒷부분에 고무 패드가 추가되었다.

구경 : .303 구경
탄약 : 7.7×56mm R(.303 브리티시 탄)
장탄수 : 상자형 탄창에 10발
작동 방식 : 볼트 액션
전장 : 1,003mm
총열 길이 : 475mm
중량 : 3.2kg

P14 소총의 저격용 모델인 No.3 Mk.I (T) A*를 겨누고 있는 영국군 저격수.

저격 소총

《SMLE No.1 Mk.III(T)》

No.1 Mk.III의 저격용 모델. 'T'는 텔레스코픽 사이트(Telescopic Sight: 망원 조준경)의 약자.

《No.3 Mk.I(T)A*》

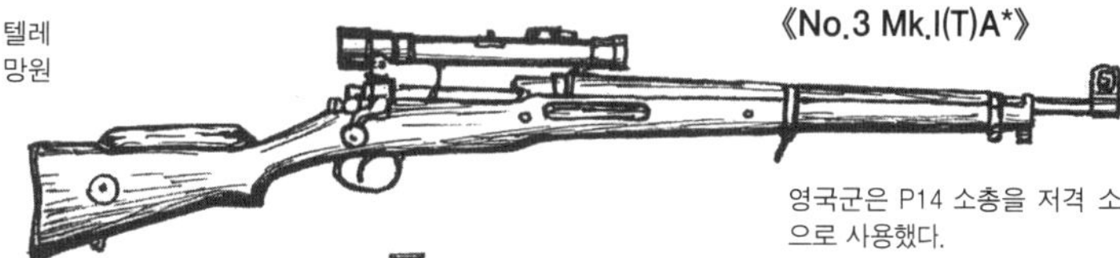

영국군은 P14 소총을 저격 소총으로 사용했다.

《No.4 Mk.I(T)》

No.4 Mk.III의 저격용 모델. 개머리판에 칙 피스(뺨받이)가 부속되어 있고, No.32 3배율 조준경이 부착되었다.

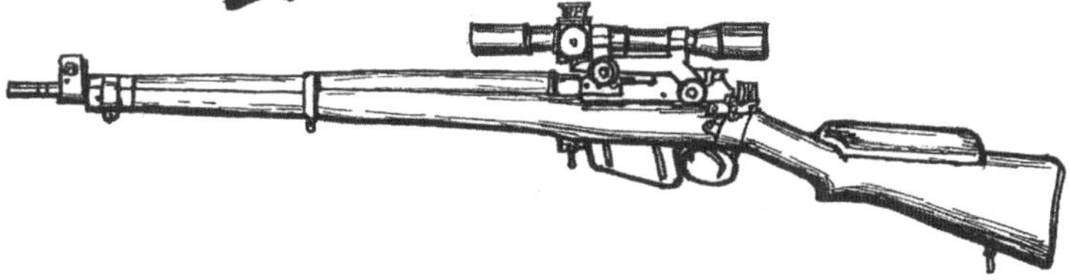

기관단총

영국군은 1940년 6월, 프랑스 전투에서 패하고 덩케르크를 통해 철수하던 과정에서 대량의 소화기를 상실했다. 이에 독일군의 영국 침공에 대비하여, 단순한 구조와 간이 가공으로 생산할 수 있는 9mm 구경의 기관단총을 개발했는데, 흔히 '스텐 건(Sten Gun)'이라고도 불리는 이 기관단총은 대량 생산되어 영국군 및 영연방군의 주력 기관단총으로 사용되었다.

초기 양산형 스텐 Mk.I

현지 개조를 통해 수직 손잡이를 부착한 스텐 Mk.II를 든 병사. 스텐 건은 각 전선에서 사용되었다.

《스텐 Mk.I》

스텐의 최초 양산 모델

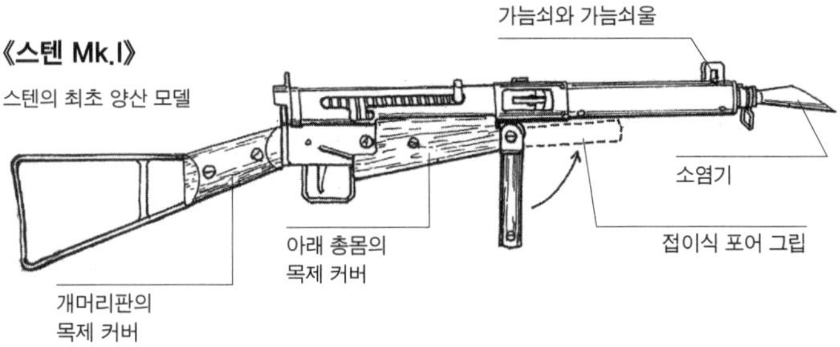

《스텐 Mk.I*》

Mk.I의 개량형. 소염기와, 포어 그립, 목제 커버를 폐지하여 생산성을 높였다.

주력 모델인 스텐 Mk.II

《스텐 Mk.II》

가늠쇠와 개머리판의 단순화, 총열 덮개의 단축 등을 통해 단가를 절감한 모델. 스텐 시리즈 중에서 가장 많이 생산되었으며, 1942년부터 1944년까지 약 200만 정이 만들어졌다.

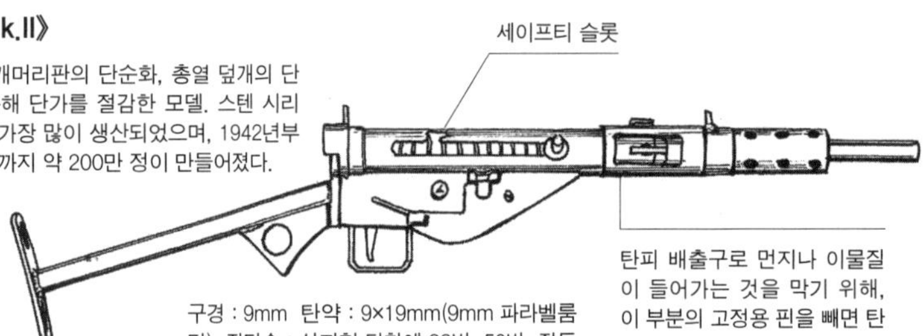

구경 : 9mm 탄약 : 9×19mm(9mm 파라벨룸탄) 장탄수 : 상자형 탄창에 32발, 50발 작동방식 : 블로우백/오픈 볼트 전장 : 760mm 총열 길이 : 196mm 중량 : 3.18kg 발사속도 : 약 500발/분

탄피 배출구로 먼지나 이물질이 들어가는 것을 막기 위해, 이 부분의 고정용 핀을 빼면 탄창 삽입구 부분이 아래쪽으로 90도 회전할 수 있도록 만들어졌다.

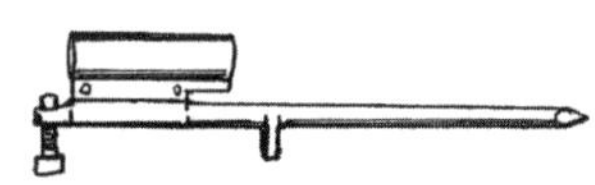

[B273 대검 시제품]
Mk.II용으로 만들어진 스파이크(송곳) 형태의 대검 시제품
전장 : 305mm 칼날 길이 : 178mm

《스텐 Mk.II 목재 스톡 모델 I》

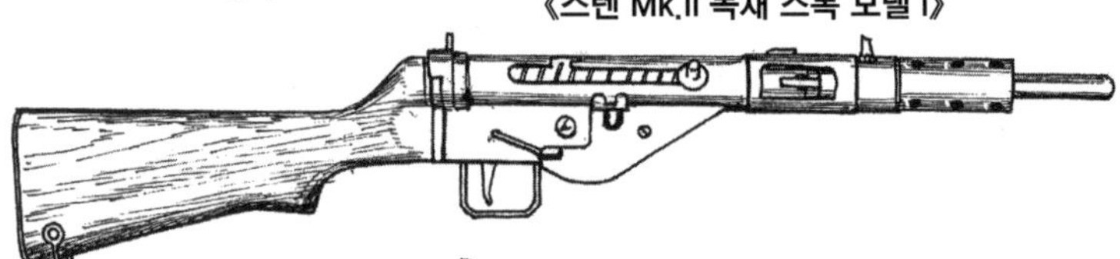

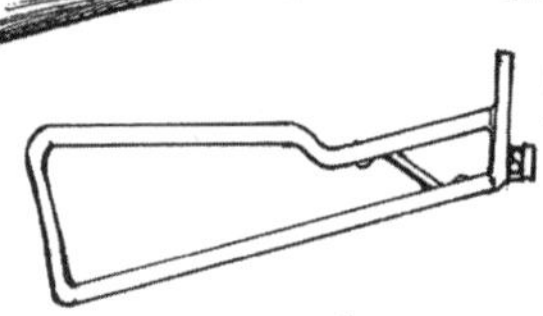

[스켈톤 스톡]
금속제 개머리판의 베리에이션.

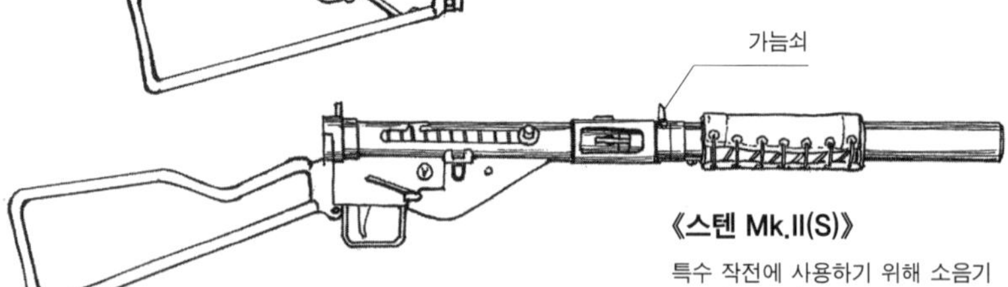

《스텐 Mk.II(S)》

특수 작전에 사용하기 위해 소음기를 장착한 모델.

《스텐용 장전 보조구》

[고리형 레버 타입]

①탄창에 끼워 넣고 레버를 손가락으로 누른 뒤, 탄약을 1발 밀어 넣는다.

②레버를 밀어 올리면, 탄두가 발톱(Claw)에 의해 밀려 들어간다.

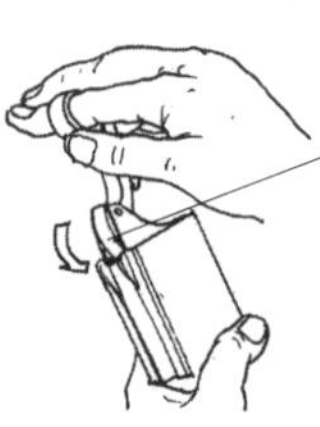

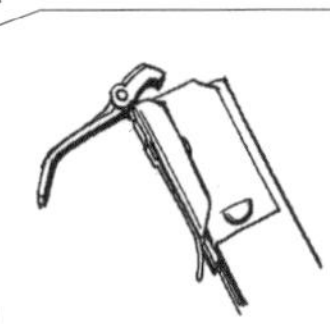

[레버의 고리가 생략된 간이형]

스텐 기관단총의 기타 베리에이션

《스텐 Mk.III》

부품 수를 줄이고, 총몸과 총열 덮개를 일체화시켰으며 용접 가공으로 고정하는 등 더욱 생산 공정을 간략화시킨 모델.

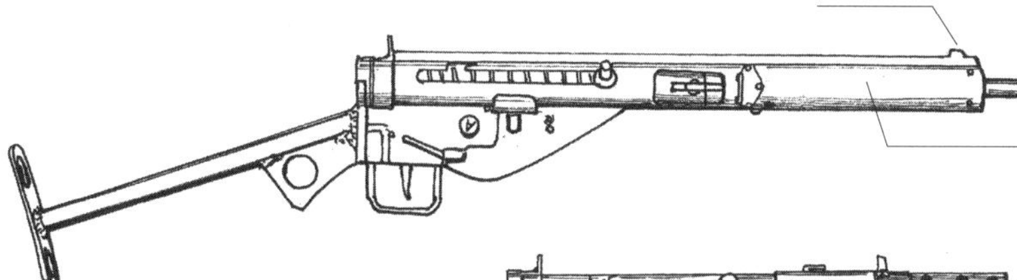

가늠자

총몸과 총열 덮개는 일체 성형되어 있다.

《스텐 Mk.IV 모델A》

공수부대용으로 Mk.II를 개량한 시제품.

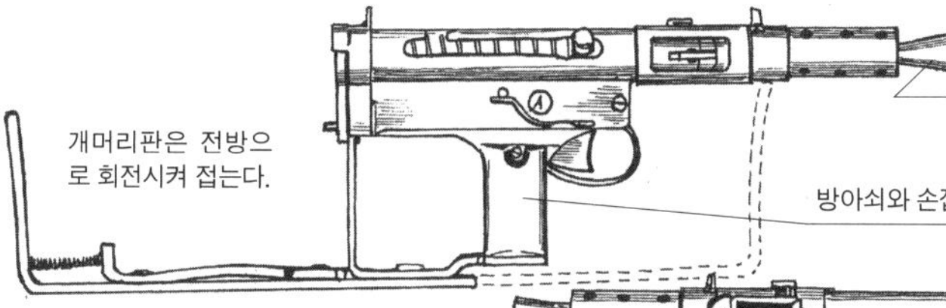

총열을 짧게 줄이고, 소염기를 장착.

개머리판은 전방으로 회전시켜 접는다.

방아쇠와 손잡이 위치는 총몸 중앙으로 변경되었다.

전장 : 699mm, 445mm(개머리판을 접었을 때)
총열 길이 : 98mm

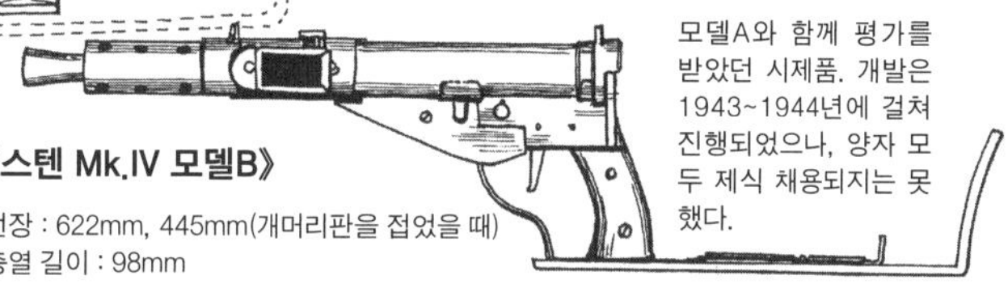

《스텐 Mk.IV 모델B》

모델A와 함께 평가를 받았던 시제품. 개발은 1943~1944년에 걸쳐 진행되었으나, 양자 모두 제식 채용되지는 못했다.

전장 : 622mm, 445mm(개머리판을 접었을 때)
총열 길이 : 98mm

가늠쇠 울이 부착된 가늠쇠는, 총열에 직접 장착되었다.

착검 돌기

목제 개머리판과 권총 손잡이

목제 전방 손잡이

[No.4 Mk.2 대검]
스텐 Mk.V는 엔필드 소총용 대검(스파이크식)을 장착할 수 있도록 만들어졌다.

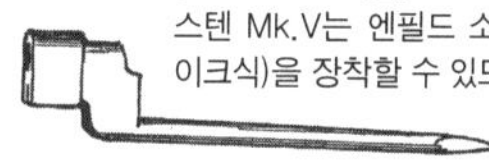

《스텐 Mk.V》

1943년에 채용된 최종 모델. 스톡이 목재로 바뀌고, 목재 포어 그립(앞 손잡이)과 착검 장치가 장착되었다.

구경 : 9mm 탄약 : 9×19mm(9mm 파라벨룸탄) 장탄수 : 상자형 탄창에 32발 작동 방식 : 블로우백/오픈 볼트 전장 : 762mm 총열 길이 : 198mm 중량 : 3.85kg 발사속도 : 약 500발/분

《스텐 Mk.VI》

특수부대용으로 스텐 Mk.V에 소음기를 부착한 모델.

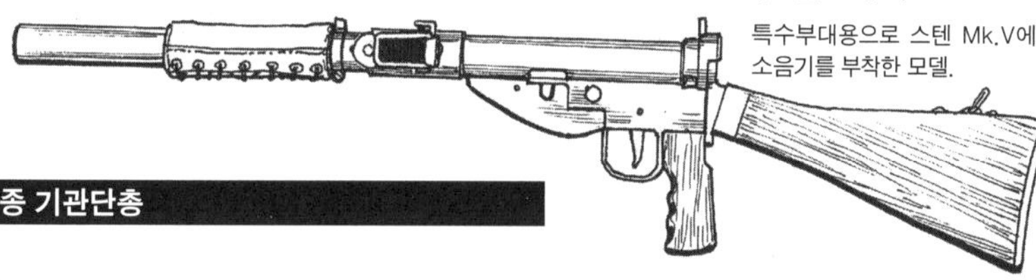

그 외의 각종 기관단총

《란체스터 Mk.I*》

1941년에 영국 해군이 채용한 Mk.I의 개량형. 가늠자는 고정식으로 단순화되었고, 연발 기능만 남게 되었다.

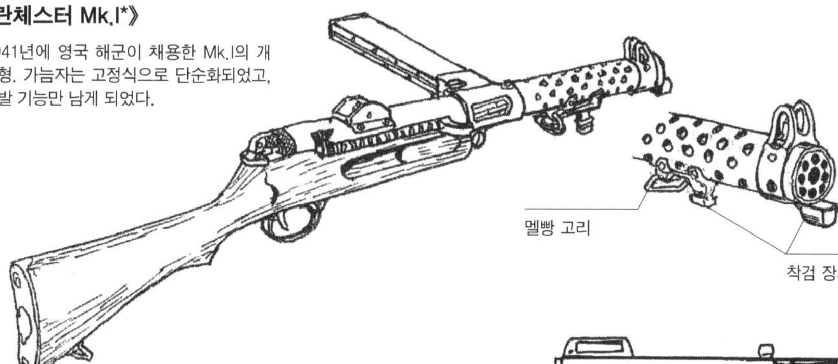

멜빵 고리

착검 장치

구경 : 9mm 탄약 : 9×19mm(9mm 파라벨룸탄) 장탄수 : 상자형 탄창에 32발, 50발 작동 방식 : 스트레이트 블로우백/오픈 볼트 전장 : 851mm 총열 길이 : 203mm 중량 : 4.34kg 발사속도 : 약 600발/분

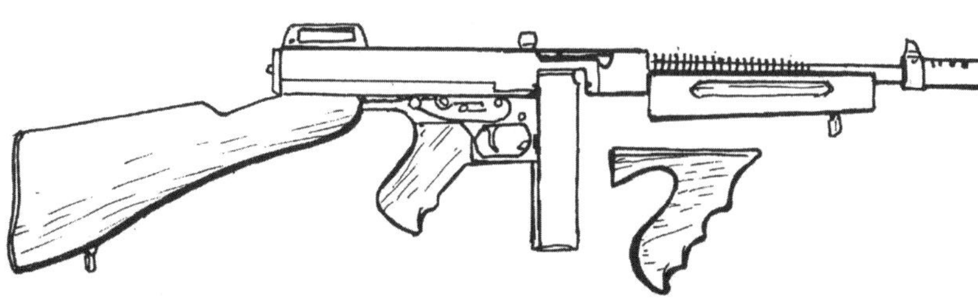

《톰슨 M1928A1》

M1928A1은 주로 코만도 부대 등 기습이나 특수작전을 수행하는 부대에 배치되었는데, 미군에서 사용된 모델과 달리, 권총 손잡이 모양의 전방 수직 손잡이도 사용되었다.

기관총

브렌 경기관총(브렌 건)

1922년, 영국군은 신형 경기관총 채용을 위한 시험 평가를 실시했다. 이 평가에는 루이스, 마드센, 호치키스, 브라우닝, 브르노 등 영국을 비롯한 여러 국가의 총기 제조사가 참가했는데, 최종적으로 체코슬로바키아의 브르노사에서 개발한 ZB vz.26 기관총을 7.7mm 탄 사양으로 변경한 ZBG30이 선정되었다. 그리고 이 모델을 바탕으로 여러 차례의 개수를 거쳐 완성된 브렌 건이 1938년에 영국군의 경기관총으로 제식 채용되었다.

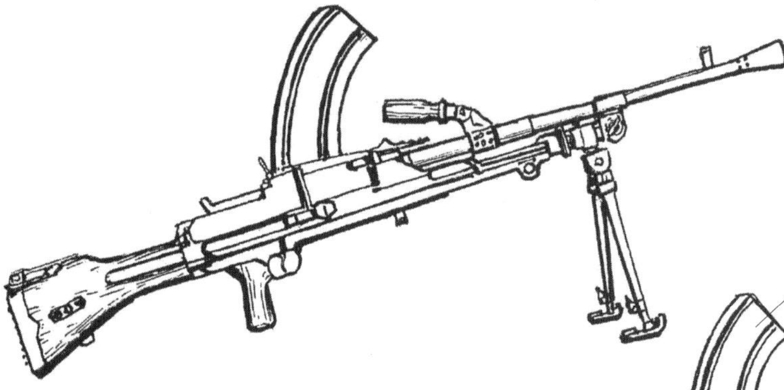

《ZBG34》

ZBG30이 선정된 뒤에도 기관총의 시험 제작은 계속되어, 개량형인 ZBG32를 거쳐, ZBG34가 1938년에 제식으로 채용되었다.

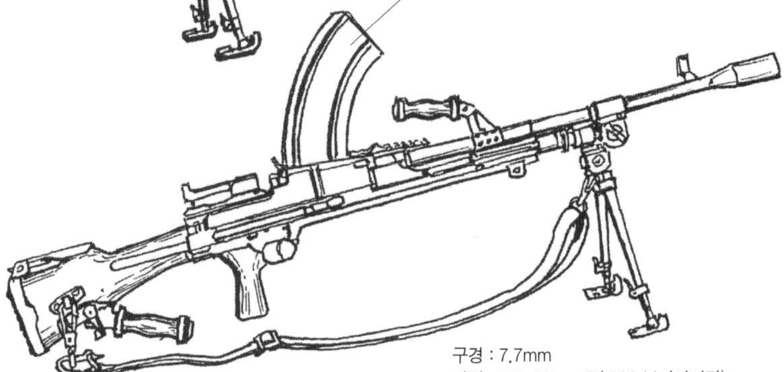

《브렌 Mk.I》

1938년에 채용된 ZBG34는 추가적인 세부 개량을 거쳐, Mk.I이라는 모델 번호를 부여받았다. 또한 브르노(Brno)와 엔필드(Enfield)의 머리글자를 합쳐 '브렌(Bren)' 경기관총이라 불리게 되었다.

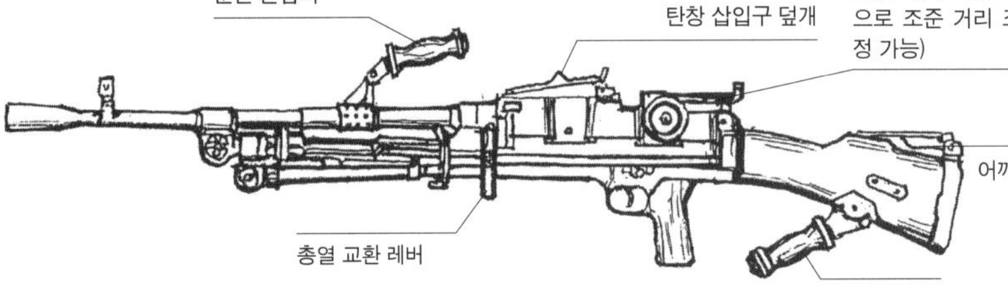

구경 : 7.7mm
탄약 : 7.7×56mm R(.303 브리티시탄)
장탄수 : 바나나형 탄창에 30발, 드럼 탄창에 100발(대공 사격용)
작동 방식 : 롱 스트로크 가스 피스톤 방식/틸팅 볼트
전장 : 1,150mm(Mk.I), 1,158mm(Mk.II), 1,082mm(Mk.III)
총열 길이 : 635mm(Mk.I/Mk.II), 565mm(Mk.III)
중량 : 10.15kg(Mk.I/Mk.II), 8.68kg(Mk.III)
발사 속도 : 500~520발/분

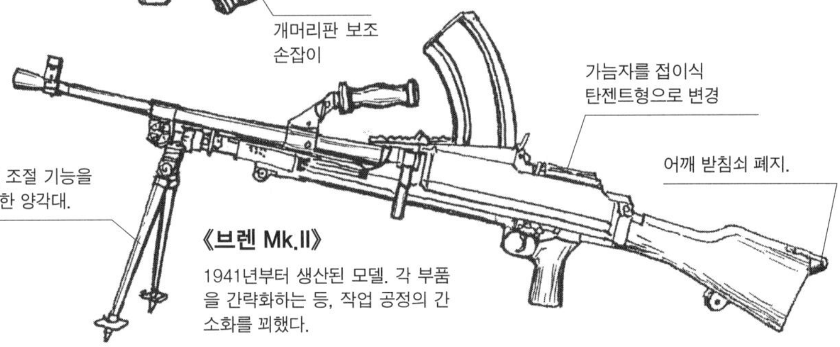

《브렌 Mk.II》

1941년부터 생산된 모델. 각 부품을 간략화하는 등, 작업 공정의 간소화를 꾀했다.

탄창 급탄 방식을 사용하는 브렌 경기관총은, 벨트 급탄식 기관총보다 서서 쏴 자세나 이동 사격이 수월했다.

《브렌 Mk.III》

Mk.I의 총열을 단축한 경량형.

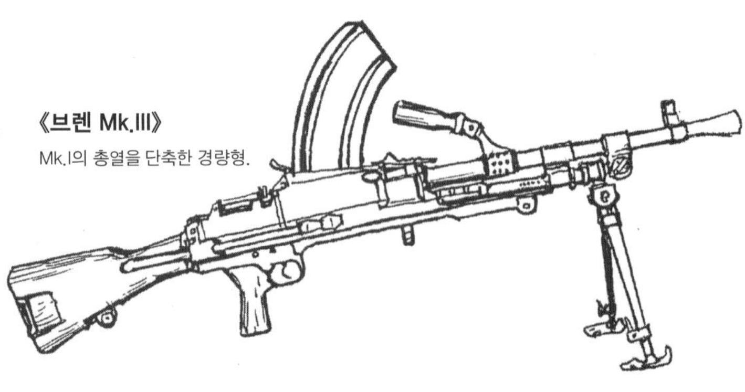

《브렌 Mk.I과 Mk.II의 세부적인 차이 》

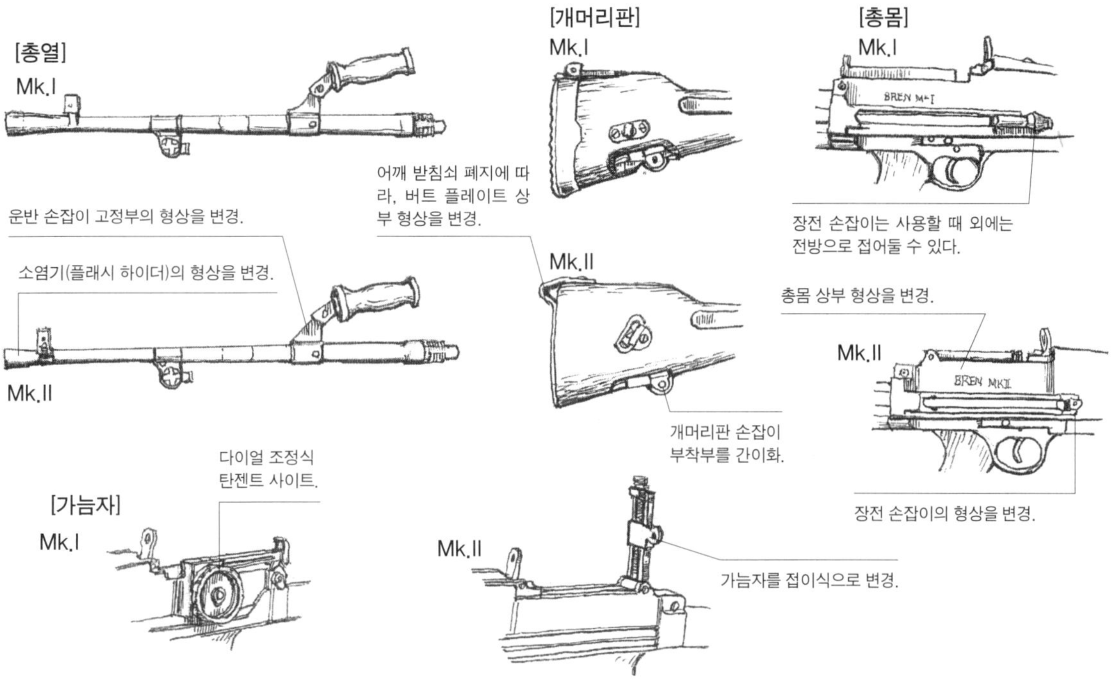

《브렌 경기관총용 부수 기재》

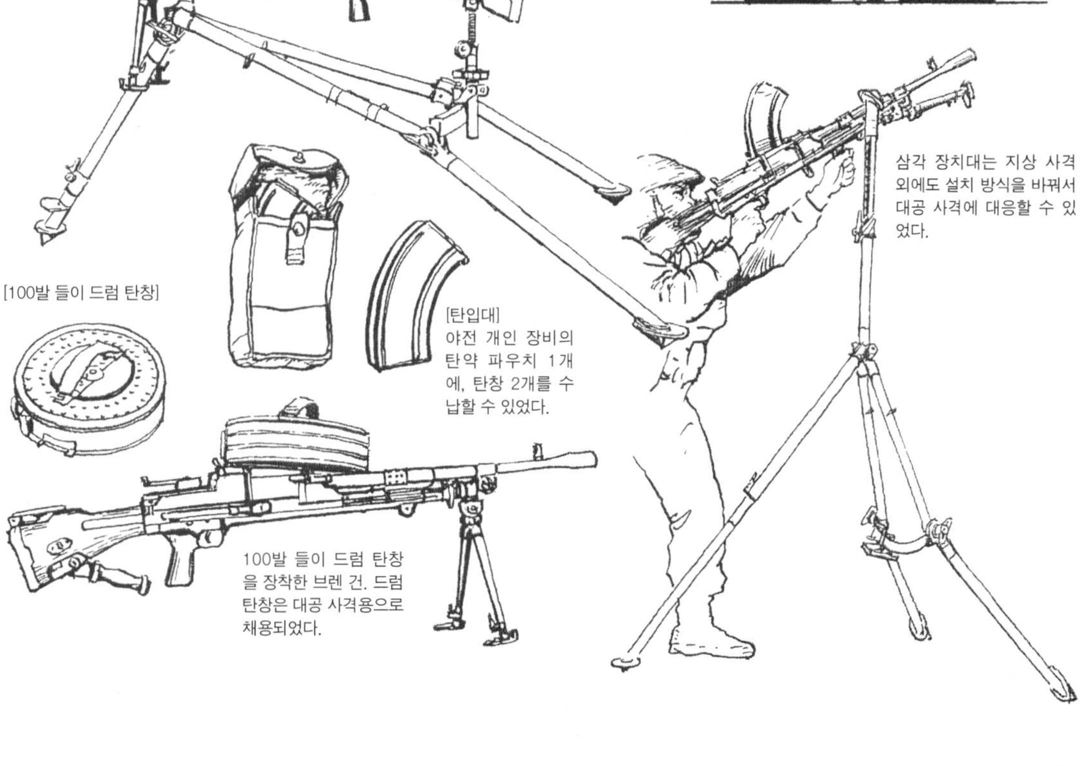

루이스 경기관총(루이스 건)

루이스 경기관총의 원형은 1911년 미국에서 개발·설계되었는데, 미군에서의 채용이 보류되었던 것과 달리, 영국군에서는 1913년에 루이스 Mk.I으로 채용되었다. 루이스 경기관총은 1차 대전 당시, 연합군이 장비한 경기관총 중에서 전장에서의 실용성이 가장 높은 총기 중 하나였기에 2차 대전 무렵에는 이미 구식화되었음에도 영국군에서는 보조 화기로 사용했다.

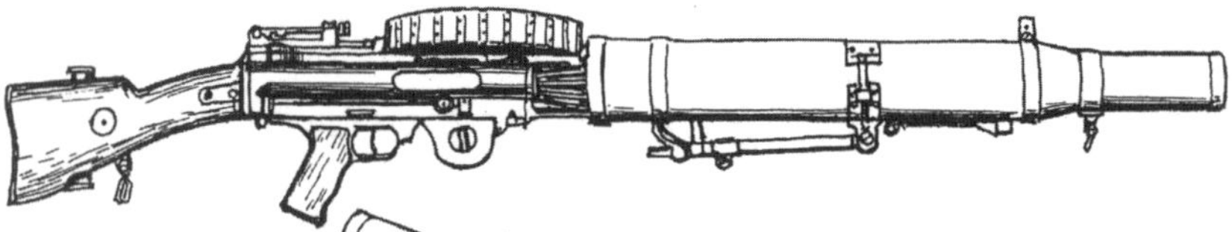

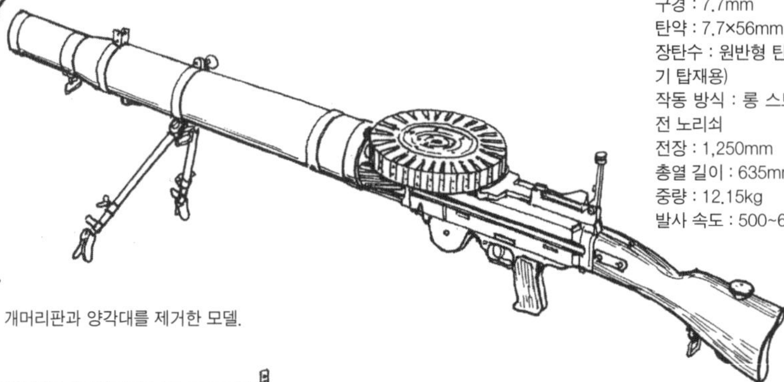

《루이스 Mk.I》

총열 부분은, 총열과 가스 실린더를 냉각하기 위해 알루미늄제 냉각 핀이 내장된 냉각 튜브로 되어 있다. 얼핏 보기에 두께가 상당하기에 수냉식 기관총으로 오인되기도 한다.

구경 : 7.7mm
탄약 : 7.7×56mm R(.303 브리티시탄)
장탄수 : 원반형 탄창에 47발, 97발(항공기 탑재용)
작동 방식 : 롱 스트로크 가스 피스톤/회전 노리쇠
전장 : 1,250mm
총열 길이 : 635mm
중량 : 12.15kg
발사 속도 : 500~600발/분

《루이스 Mk.I 차재용 모델》

Mk.I을 장갑 차량에 탑재하기 위해, 개머리판과 양각대를 제거한 모델.

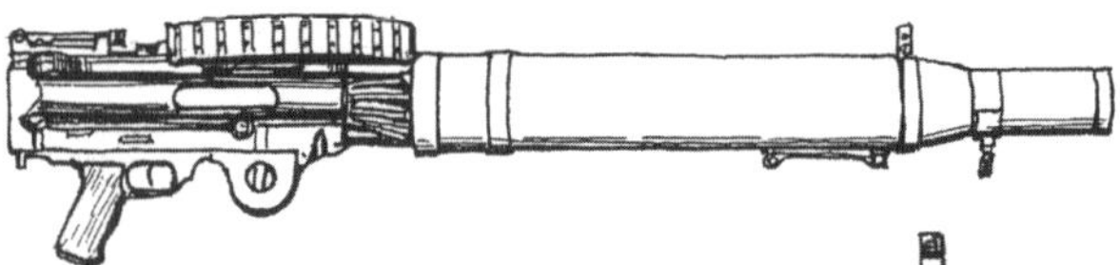

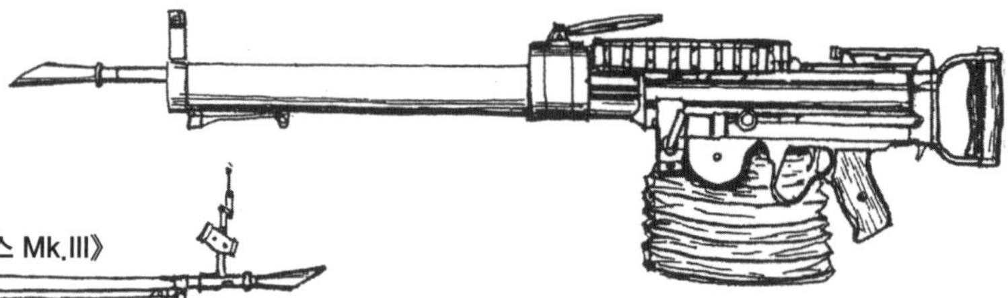

《루이스 Mk.II 항공기 탑재 모델》

항공기 탑재용으로 경량화하기 위해, 총열의 냉각 튜브를 제거하고, 개머리판 대신 손잡이를 부착했다. 또한 장갑을 착용한 상태에서 손가락을 넣기 쉽도록 방아쇠 울도 크게 만들었다.

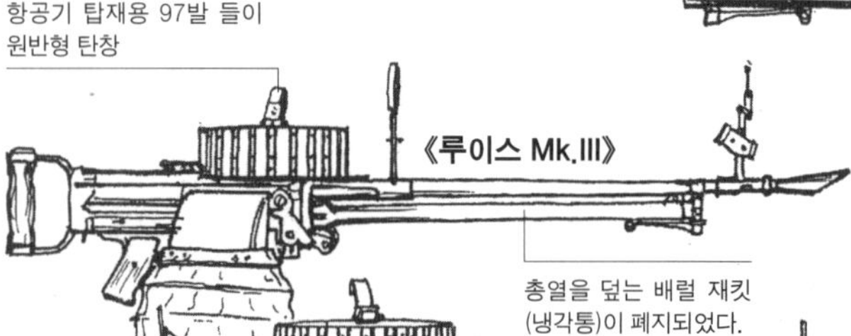

《루이스 Mk.III》

《M1918》

미군에서 사용한 항공기 탑재용 모델.

루이스 경기관총은, 복좌기나 폭격기의 선회 총좌에도 탑재되었다. 그림은 2연장 총좌.

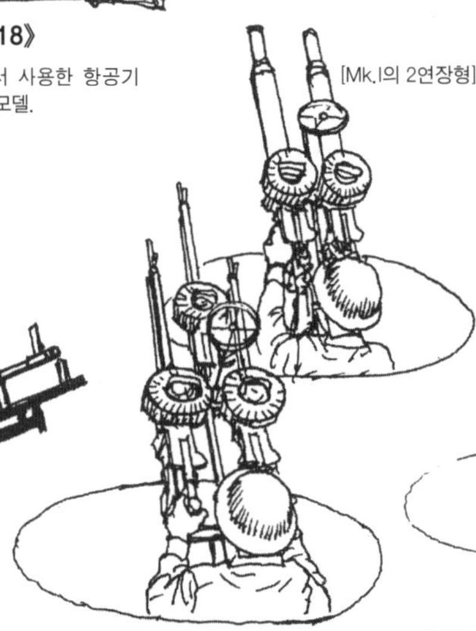

[Mk.I의 2연장형]

브렌 건의 채용에 따라, 루이스 경기관총은 예비 치장 물자로 전환되었으나, 개전 이후로 독일군의 공습이 시작되면서 각 공군 기지나 수송선 등에 배치되어, 저공 표적용 대공 기관총으로 사용되었다.

[Mk.III의 3연장형]
공군에서는 항공기 탑재용 기관총을 사용했다.

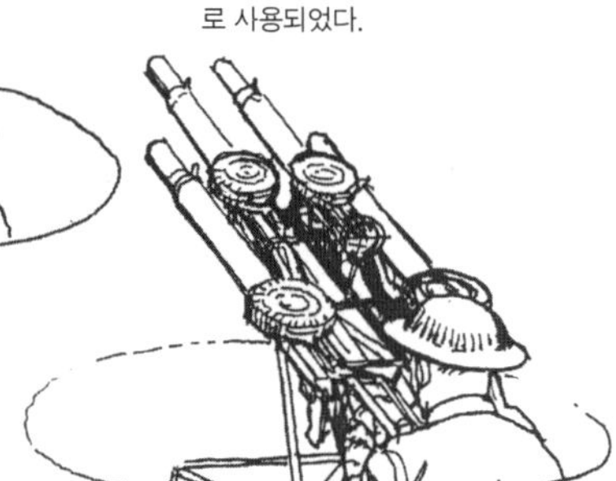

[Mk.I의 4연장형]

《루이스 건의 대공 사격 베리에이션》

《루이스 Mk.I 개조 홈 가드용 모델》

영국군이 본토 방위를 위해 조직한 LDV(Local Defence Volunteers), 통칭 '홈가드'에는 루이스 경기관총이 지급되어, 지상용과 대공용으로 사용되었다. 이것은 Mk.I의 냉각핀을 제거한 대신, 목제 총열 덮개를 추가한 개조 모델이다.

《루이스 Mk.II 개조 홈 가드 모델》

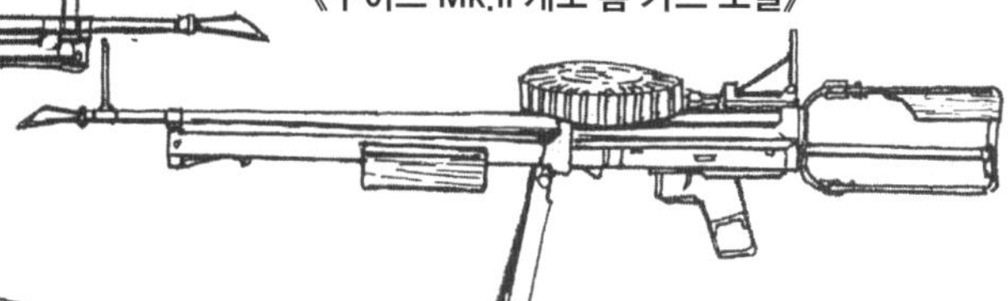

항공기 탑재용인 Mk.II를 개조한 모델. 간이형 개머리판과 총열 덮개가 부속되어 있다.

《M1916》

초기에는 채용을 보류했던 미군이었지만, 1차 대전이 시작되면서 실용성이 높은 루이스 경기관총을 채용했다. 미군용 모델은, 7.62mm 구경의 .30-06탄을 사용하도록 개수되었다.

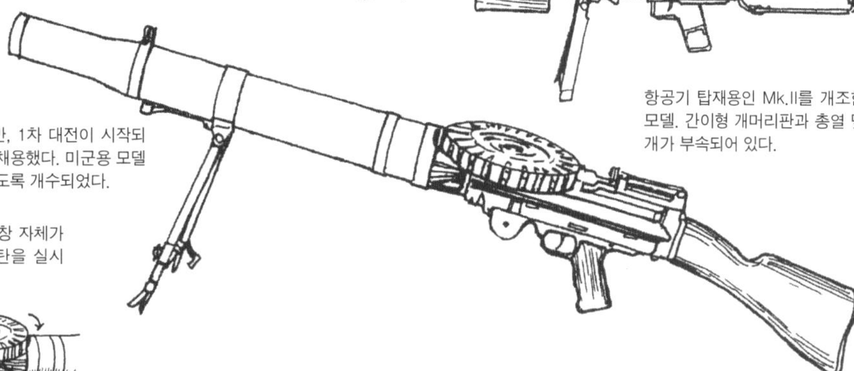

사격 시에는 탄창 자체가 우회전하며 급탄을 실시하는 구조.

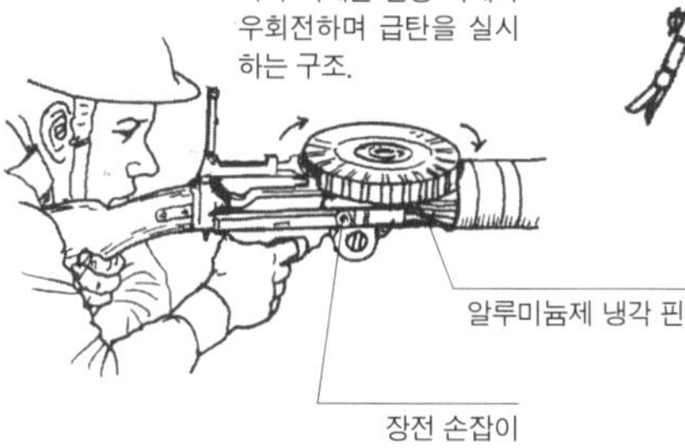

《원반형 탄창》

[47발 들이 원반형 탄창]
탄약은 탄두를 중심부로 향하게 하여 나선형으로 장전된다. 장전 보조구를 사용할 경우는, 클립을 이용해서 장전했다

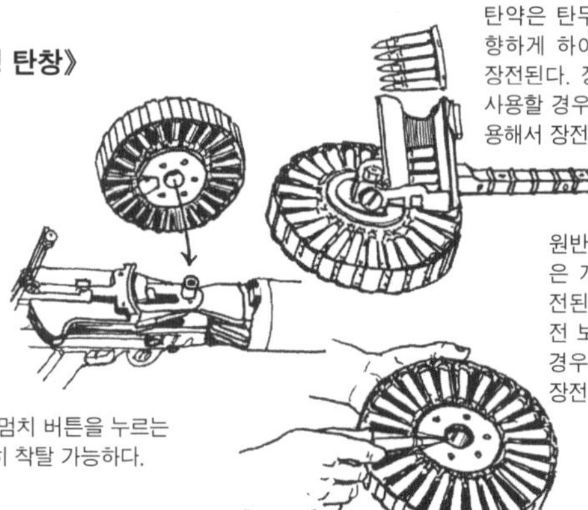

원반형 탄창의 아랫면은 개방되어 있어, 장전된 탄이 보인다. 장전 보조구를 쓰지 않을 경우에는 손으로 1발씩 장전했다.

탄창은 중앙의 멈치 버튼을 누르는 것만으로 간단히 착탈 가능하다.

육군에서는, 비커스 G.O. Mk.I 경기관총을 특수부대(SAS 등)나 정찰 부대에 배치했다.

《비커스 G.O. Mk.I 경기관총(비커스 K)》

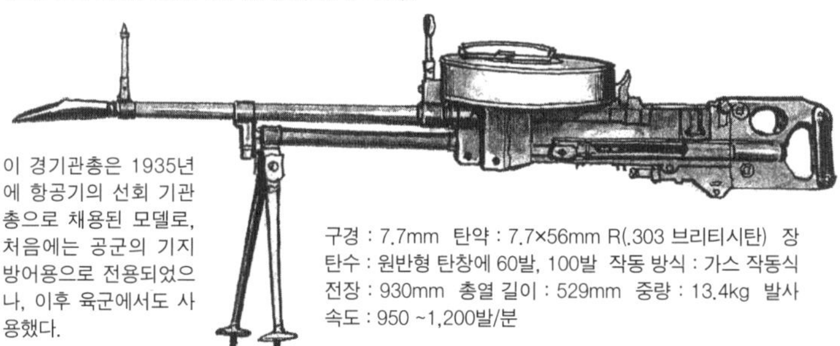

이 경기관총은 1935년에 항공기의 선회 기관총으로 채용된 모델로, 처음에는 공군의 기지 방어용으로 전용되었으나, 이후 육군에서도 사용했다.

구경 : 7.7mm 탄약 : 7.7×56mm R(.303 브리티시탄) 장탄수 : 원반형 탄창에 60발, 100발 작동 방식 : 가스 작동식 전장 : 930mm 총열 길이 : 529mm 중량 : 13.4kg 발사 속도 : 950 ~1,200발/분

비커스 중기관총

비커스 중기관총은 1912년에 채용된 이래, 높은 신뢰성으로 인해 1차 대전은 물론 2차 대전 기간 중에도 영국군의 주력 중기관총으로 활약한 수랭식 기관총이다.

《비커스 Mk.I》

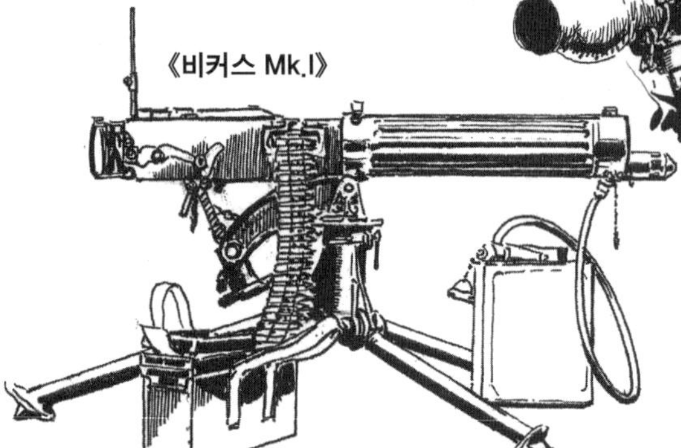

최초로 채용된 모델로, 워터 재킷(냉각수통) 부분에는 구조 강도를 보강하기 위해 프레스 가공으로 요철이 새겨져 있다. 4.3리터의 냉각수가 필요했지만, 장시간 사격이 가능한 데다 총 본체의 고장도 적은 고성능 기관총이었다.

《비커스 Mk.IV》

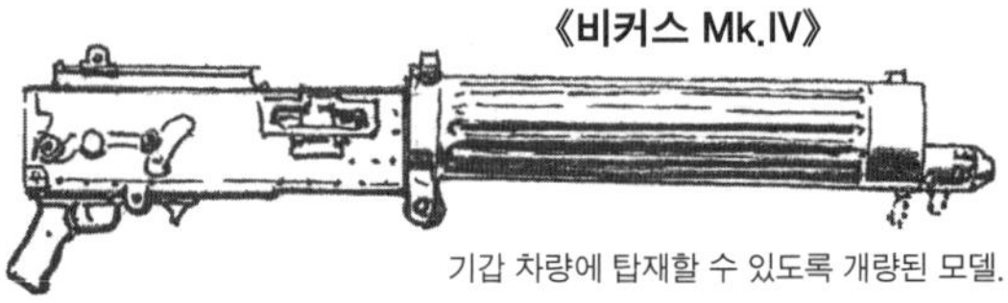

기갑 차량에 탑재할 수 있도록 개량된 모델.

《비커스 Mk.VII》

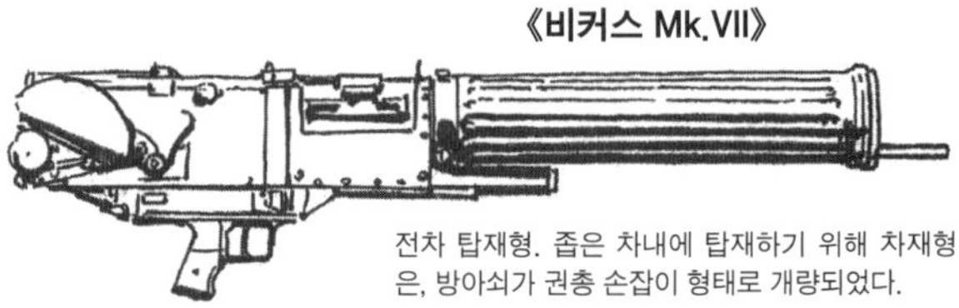

전차 탑재형. 좁은 차내에 탑재하기 위해 차재형은, 방아쇠가 권총 손잡이 형태로 개량되었다.

《비커스 Mk.I 후기형》

워터 재킷의 요철(주름)이 생략되었고, 주퇴 보조기(Muzzle booster)가 대형화되었다. 또한, 총 본체의 조준기(가늠자/가늠쇠) 외에, 광학 조준경도 채용되었다.

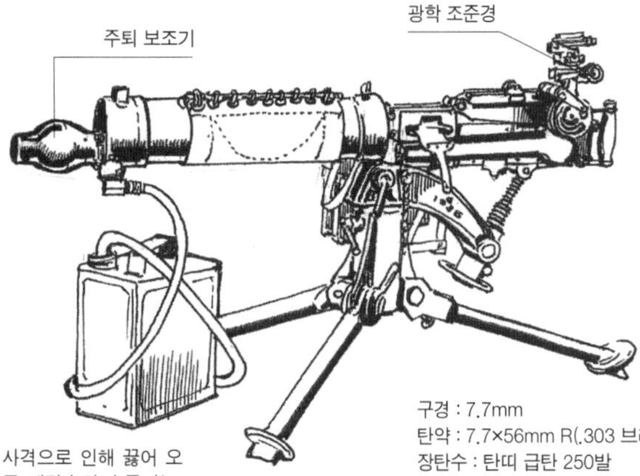

사격으로 인해 끓어 오른 냉각수의 수증기는, 호스를 타고 응축 캔으로 들어가, 다시 물로 환원된다.

구경 : 7.7mm
탄약 : 7.7×56mm R(.303 브리티시탄)
장탄수 : 탄띠 급탄 250발
작동 방식 : 단주퇴 반동식
전장 : 1,100mm
총열 길이 : 720mm
중량 : 33kg(총기 본체), 50kg(냉각수 포함)
발사 속도 : 450~600발/분

《비커스 Mk.VII 개수 지상 모델》

차재형에 간이 양각대를 부착하여 지상용으로 개조한 모델.

《비커스 Mk.II》

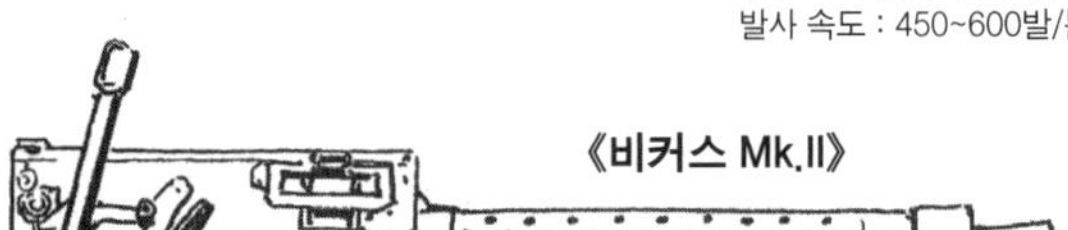

항공기의 고정 기관총용으로서 공랭식으로 개량된 모델.

《.50 비커스 Mk.III》

비커스 중기관총은 7.7mm 모델 이외에 12.7mm 구경 모델도 만들어졌다. Mk.III는 함정에 설치된 4연장 대공 기관총.

《H51 탄통》

탄통은 이중 구조로 되어 있었는데, 외부는 나무로 제작되어 운반 손잡이와 천 재질의 멜빵(스트랩)이 부착된 구조였고, 내부 상자는 탄약의 보존을 위해 밀봉 캔 형태로 되어 있었다. 사용 시에는 캔의 손잡이를 당겨서 개방했다. 탄약은 250발 포제 탄띠에 결합된 상태로 담겨 있다.

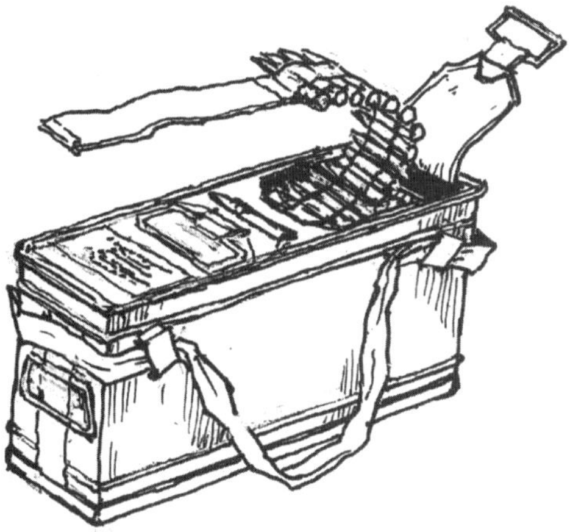

《여러 모습의 탄띠》

Mk.IV 탄띠

황동제 탭이 부착된 초기형

비커스 중기관총은 대공 사격에도 이용되었고, 이를 위해 고리 모양의 대공 조준기도 준비되어 있었다.

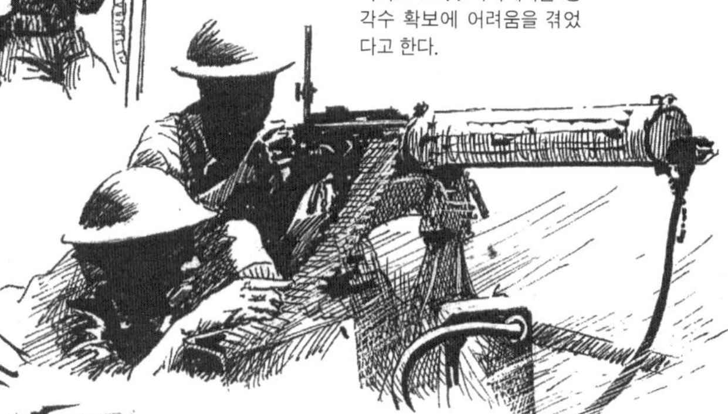

북아프리카 전선에서 사용된 비커스 Mk.I. 사막에서는 냉각수 확보에 어려움을 겪었다고 한다.

중기관총의 운용팀은 6명에서 8명으로 편성되었다. 대원의 역할은 사수와 부사수(장전수)가 각 1명, 나머지 대원은 탄약이나 수리 부속(예비 부품)을 휴대했다.

비커스 중기관총의 총열 수명은 최대 1만 발이었다. 여러 자루의 총열을 교대로 교환하고, 냉각수도 보충할 수 있다면, 장시간 사용이 가능했다.

수류탄

영국군의 수류탄은 밀즈(Mills)가 가장 유명하지만, 그 외에도 전시 채용된 간이형이나, 공수부대 및 코만도 부대용으로 개발된 특수한 모델까지 다양한 종류가 사용되었다.

밀즈 수류탄

1915년에 채용된 충격 격발식 수류탄. No.5 Mk.I은 공이(Striker), 안전핀, 안전 손잡이를 갖춘 최초의 수류탄이었다. 초기의 지연 신관은 7초였으나, 나중에 4초로 단축되었다. 최초 모델인 No.5 Mk.I이 등장한 이래, 여러 차례에 걸쳐 개량이 이뤄졌으며, 전후까지 사용된 모델을 포함하여 9종류가 만들어졌다.

안전 손잡이는 걸림을 방지하기 위해, 탄체에 밀착된 디자인으로 만들어졌다.

중량 : 765g
전장 : 95.2mm
직경 : 61mm
작약 : 바라톨(Baratol) 71g

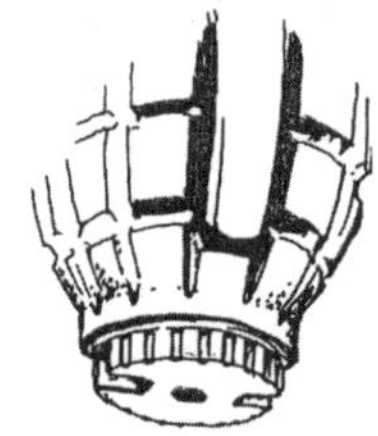

밀즈 수류탄의 바닥면.

영국군의 경우, 수류탄을 탄입대 한쪽에 2개씩 수납하여 휴대하도록 규정되어 있었다. 때문에 그림과 같이 벨트 등에 결속하고 있는 모습은 보기 드물다.

《총류탄으로 사용할 경우의 모습》

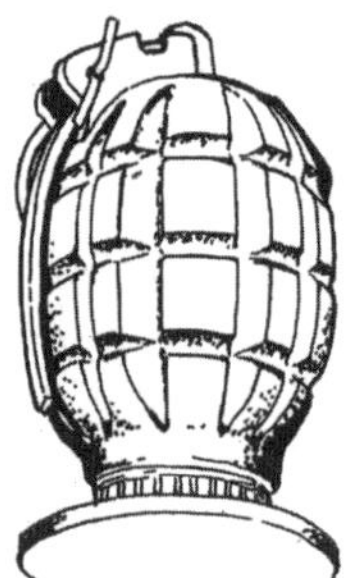

밀즈 수류탄을 총류탄으로 사용할 때는, 바닥면에 원반형 어댑터를 부착했다.

《밀즈 수류탄의 내부 구조》

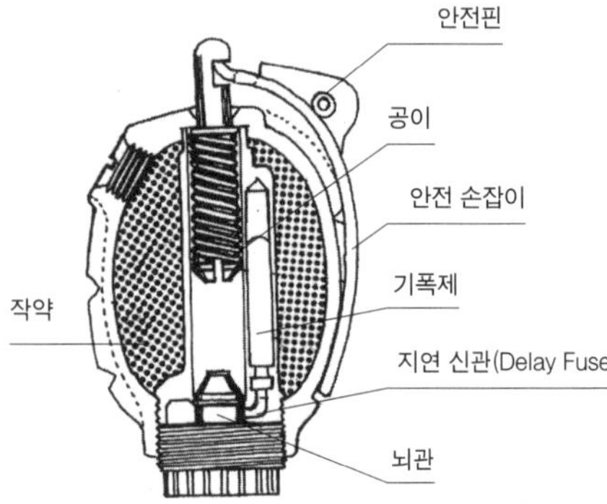

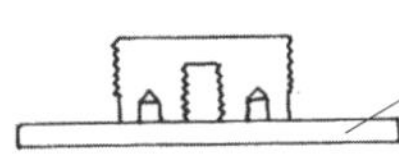

수류탄 바닥면에 부착하는 어댑터

《No.1 Mk.I 총류탄 발사기》

총류탄의 사격 자세. 발사 시의 반동을 받아내기 위해, 개머리판은 지면에 고정했다. 사거리는 최대 200m. 목표까지의 거리에 맞춰 총의 각도를 바꿨다.

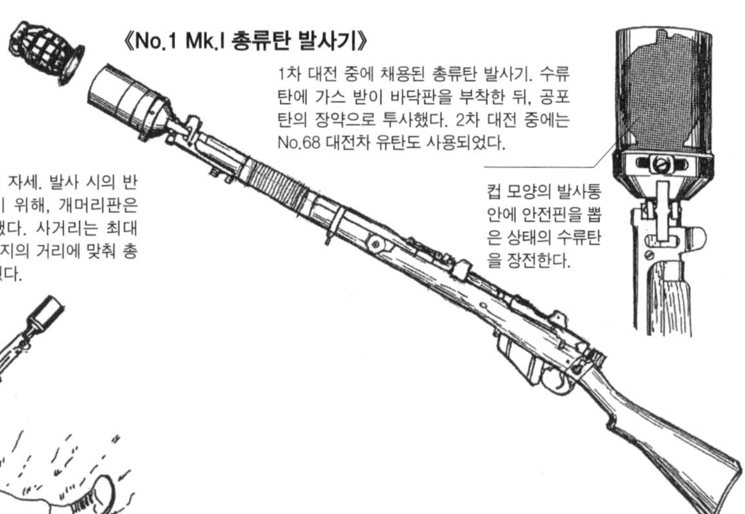

1차 대전 중에 채용된 총류탄 발사기. 수류탄에 가스 받이 바닥판을 부착한 뒤, 공포탄의 장약으로 투사했다. 2차 대전 중에는 No.68 대전차 유탄도 사용되었다.

컵 모양의 발사통 안에 안전핀을 뽑은 상태의 수류탄을 장전한다.

그 밖의 수류탄

《No.69 수류탄》

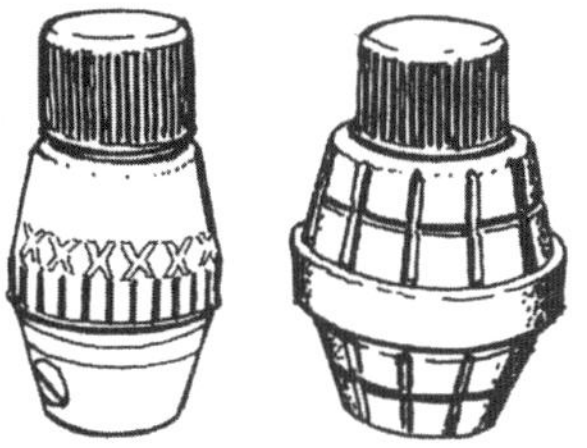

중량 : 383g
전장 : 114mm
직경 : 60mm
작약 : 고성능 폭약 92g

탄체가 베이클라이트로 만들어진 공격형 수류탄. 신관은 수류탄이 어느 방향에서 충격을 받아도 작동하는 상시 신관이 사용되고 있다. 살상력을 높이기 위해 오른쪽 그림과 같은 금속제 파편 어댑터도 준비되었다.

《No.68 대전차 유탄》

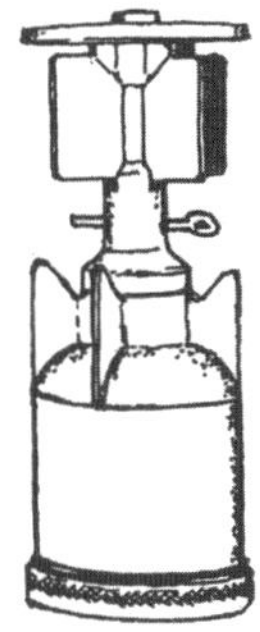

중량 : 894g
전장 : 165mm
직경 : 60mm
작약 : TNT, 리다이트(Lyddite), 펜토라이트(Pentolite) 등 156g

1940년에 개발·채용된 성형작약탄. No.1 Mk.I 발사기를 통해 투사되며, 최대 52mm 두께의 장갑판을 파괴할 수 있었다.

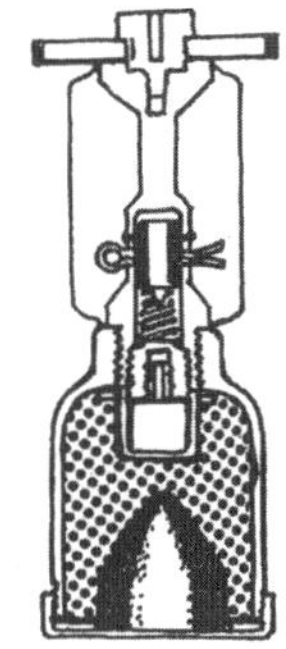

[No.68 대전차 유탄의 내부 구조]

《No.74 대전차 수류탄》

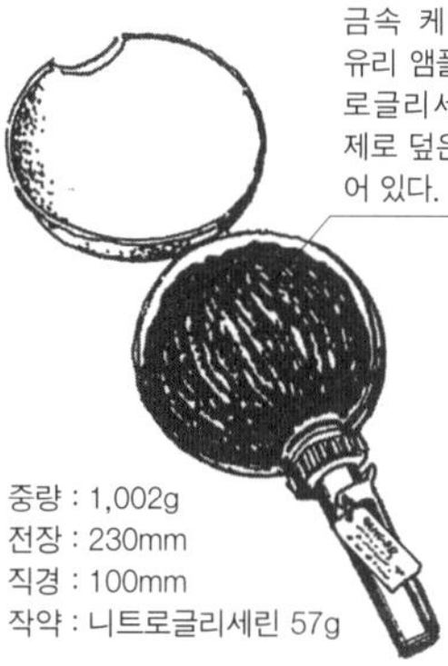

금속 케이스 안에, 유리 앰플에 든 니트로글리세린을 접착제로 덮은 탄체가 들어 있다.

중량 : 1,002g
전장 : 230mm
직경 : 100mm
작약 : 니트로글리세린 57g

군 및 홈 가드용으로 1940년에 채용되었다. 탄체는 점착성이 있어, 목표에 흡착하여 파괴하기 때문에 'Sticky Bomb'이라고도 불렸다.

《No.76 특별 소이 수류탄》

유리병으로 된 간이형 소이 수류탄. 병이 깨지면 약품의 화학 작용으로 자연 발화하도록 만들어진 화염병이다. 1940년부터 제조되었다.

중량 : 538g
전장 : 154mm
직경 : 63.5mm

《No.80 연막 수류탄》

백린을 사용하는 연막 수류탄.

중량 : 553g 전장 : 140mm
직경 : 61mm 작약 : 백린 57g

《No.82 수류탄》

영국 육군의 R. S 개먼(Gammon) 대위가 1943년에 개발한 대전차/대차량용 수류탄. 신관은 No.69와 동형이다. 신관의 하단은 천으로 된 주머니 형태로 되어 있어, 여기에 플라스틱 폭약을 채워 넣었다. 주로 공수부대나 특수부대가 장비하여 사용했다.

그 밖의 각종 화기

《Mk.II 2인치 박격포》

1918년에 채용된 보병 소대 지원용 박격포. 차량 탑재형이나 공수부대용 등의 시제품을 포함, 여러 종의 모델이 만들어졌다. 제2차 대전 중에는 주로 Mk.II가 사용되었다.

구경 : 50mm
중량 : 4.8kg
전장 : 530mm
사각 : 45~90도

통상적으로는 사수와 부사수 2인조로 운용했으며, 포탄은 포구로부터 장전한 뒤, 격발 레버를 조작해 발사했다. 유효 사거리는 약 450m. 사용 탄종은 고폭탄, 조명탄, 연막탄이 있었다.

《PIAT》

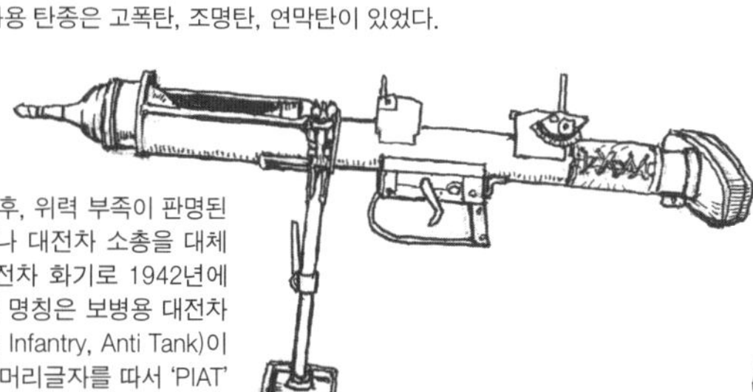

2차 대전 개전 이후, 위력 부족이 판명된 대전차 총류탄이나 대전차 소총을 대체할 보병 휴대 대전차 화기로 1942년에 개발되었다. 제식 명칭은 보병용 대전차 투사기(Projector, Infantry, Anti Tank)이며, 그 각 단어의 머리글자를 따서 'PIAT'라 불렸다.

PIAT의 탄체에는 추진제가 없다고 오해하는 사람들이 많으나, 실제로는 투사기(발사기) 내부의 공이를 겸하는 코킹 로드(Cocking rod)가 탄체를 밀어냄과 동시에, 탄체의 장약이 발화하여 쏘아 보내는 구조인 스피곳(Spigot) 방식으로 박격포와 비슷하다.

구경 : 83mm
전장 : 990mm
중량 : 15kg
유효 사거리 : 105m

PIAT는 사수와 부사수 2인조로 운용되었다.

대검

영국군의 역대 대검은 시대와 총의 종류에 따라 일반적인 소드형과 스파이크형이 쓰여왔으나, 19세기 말에 들어서면서부터는 나이프로도 사용할 수 있는 소드형이 주류가 되어 있었다. 2차 대전 당시에는 P1907 대검이 대량으로 배치되어 있었으나, 신형 소총 채용에 맞춰 스파이크형도 부활하여, 새롭게 개발된 No.4 스파이크 대검이 채용되었다.

P1907 대검

전장 : 554mm
날 길이 : 432mm

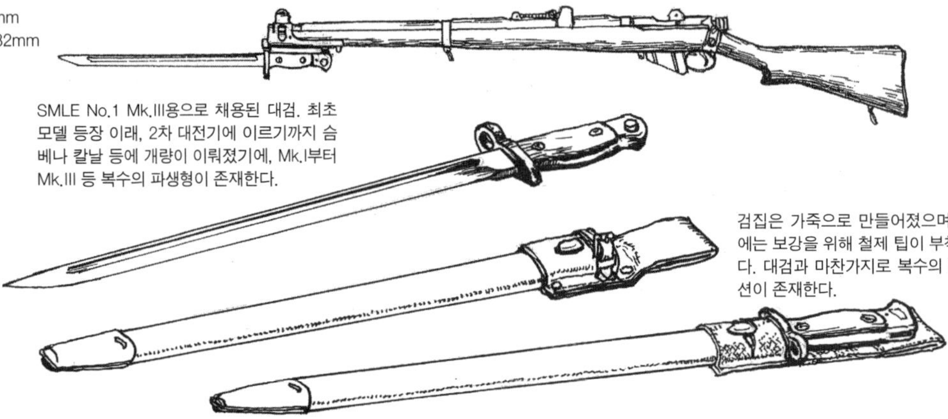

SMLE No.1 Mk.III용으로 채용된 대검. 최초 모델 등장 이래, 2차 대전기에 이르기까지 슴베나 칼날 등에 개량이 이뤄졌기에, Mk.I부터 Mk.III 등 복수의 파생형이 존재한다.

검집은 가죽으로 만들어졌으며, 끝부분에는 보강을 위해 철제 팁이 부착되어 있다. 대검과 마찬가지로 복수의 베리에이션이 존재한다.

No.4 스파이크 대검

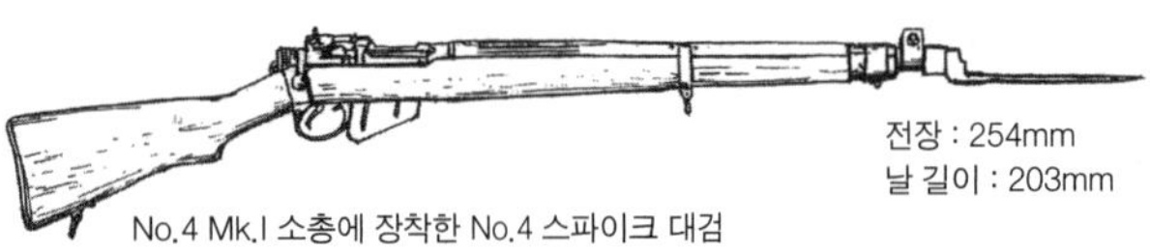

No.4 Mk.I 소총에 장착한 No.4 스파이크 대검

전장 : 254mm
날 길이 : 203mm

No.4 Mk.I 소총용으로 새롭게 개발된 대검. 이제까지의 소드형 대신, 생산이 용이한 스파이크형으로 만들어졌다. 칼날 소켓 부분을 개량한 Mk.I, Mk.II, Mk.II*, Mk.III 등의 베리에이션이 존재한다. 그림은 Mk.II 모델.

벨트에 결합할 때에는 캔버스제 대검 꽂이를 사용했다.

《No.5 Mk.I 대검》

전장 : 302mm
날 길이 : 203mm

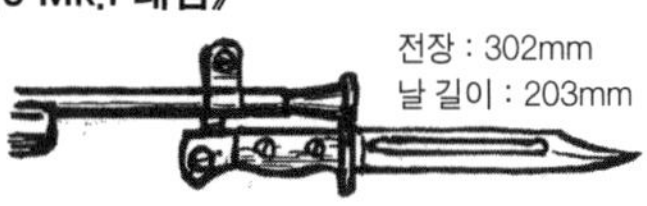

No.5 Mk.I 정글 카빈용으로 새롭게 만들어진 대검. 소총의 크기에 맞춰, 기존 대검보다 짧게 만들어졌다.

스텐 Mk.V 기관단총에는 스파이크 대검용 착검 장치가 장비되었다.

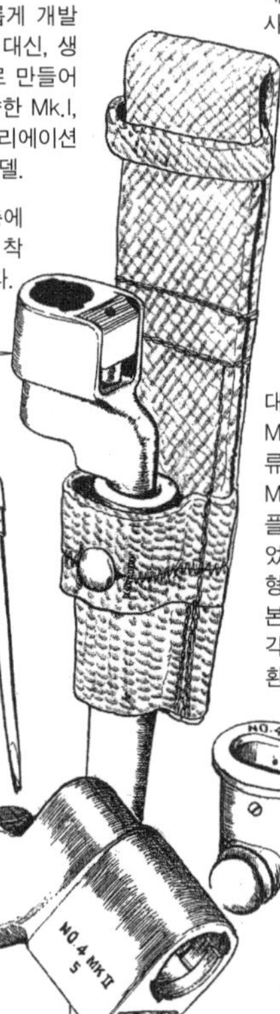

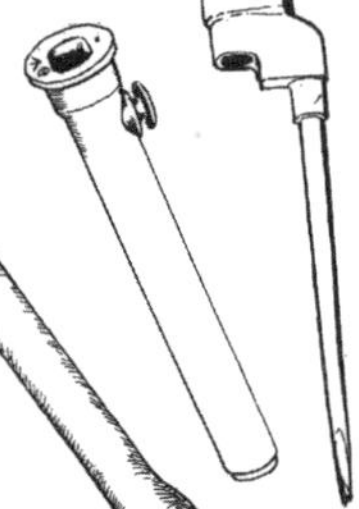

대검집은 Mk.I, Mk.II, Mk.III의 3종류. 재질은 Mk.I과 Mk.II가 철, Mk.III는 플라스틱이 사용되었다. 그림은 Mk.I용. 형상과 사이즈는 기본적으로 같았기에 각 모델 사이에는 호환성이 있었다.

《No.7 Mk.I 대검》

전장 : 312mm
날 길이 : 203mm

No.4 Mk.I 소총 및 스텐 Mk.V용 대검. 1945년 1월에 채용되었다. 손잡이 뒷부분을 180도 회전시켜 착검했다.

Mk.I은 단면이 십자 모양인 칼날이었으나, Mk.II부터는 그림과 같이 막대 모양의 칼날이 되었다. 찌르는 것만을 목적으로 하고 있어 날은 서 있지 않다.

스파이크 대검은 '엔트렌칭 툴(Entrenching Tool)'이라 불렸던 야전삽이나 곡괭이의 자루에도 장착할 수 있었는데, 그림에 표시된 부분에 소총 등과 같은 착검 장치가 장착되어 있었다.

[자루에 장착한 모습]

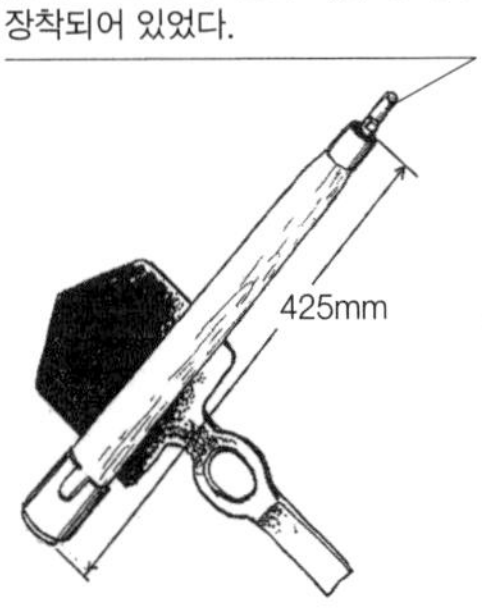

[P1937 장비의 대검 결속 위치]

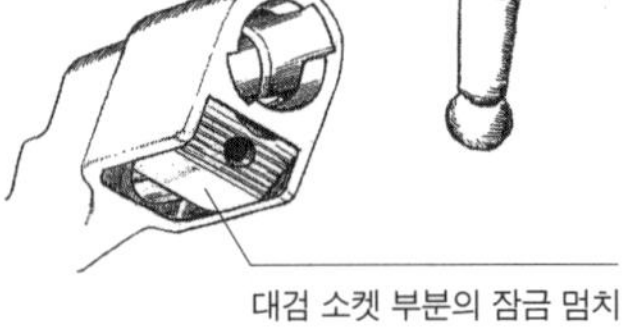

대검 소켓 부분의 잠금 멈치

총구 고리 직경은 15.5mm

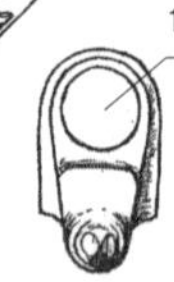

영국군 보병 부대의 편성

보병 분대 1943년

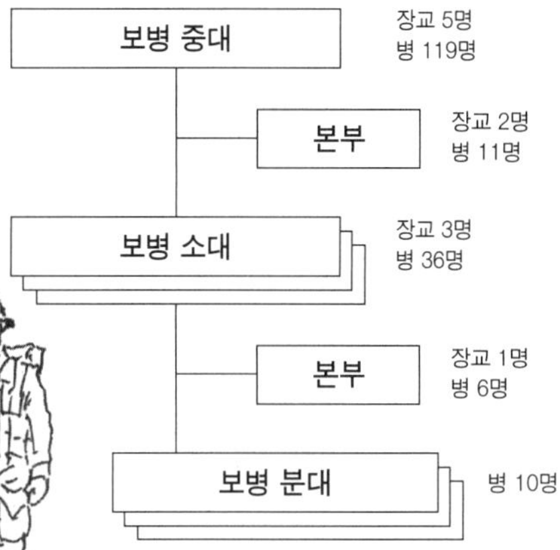

영국군의 보병 분대는 분대장 1명과 부분대장 1명, 7명의 소총수, 브렌 기관총 사수 1명, 탄약수 1명까지 11명 구성으로 1개 분대가 편성되었다. 각 분대는 소총과 기관총의 2개 섹션으로 나뉘어 분대장의 지휘 아래 전투 임무를 수행했다.

《소총 그룹》

[분대장] 하사

[소총수] 7명

《브렌 기관총 그룹》

[부분대장] 병장

[기관총 사수]

[탄약수]

《보병 분대의 장비 화기》

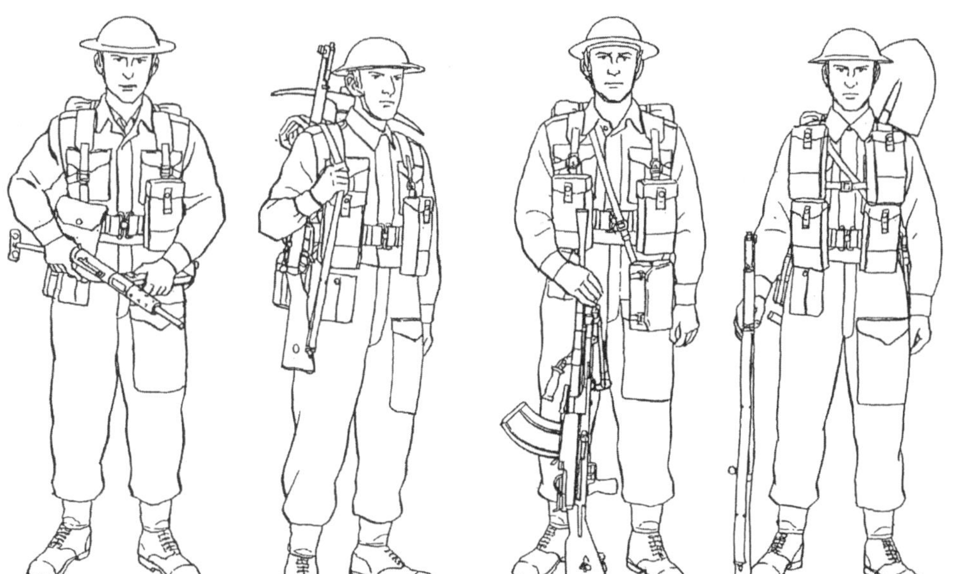

[분대장]
스텐 기관단총 및 권총

[소총수]
SMLE No.1 Mk.III 또는 No.4 Mk.I 소총

[기관총 사수]
브렌 경기관총

[탄약수]
SMLE No.1 Mk.III 또는 No.4 Mk.I 소총

영연방군

영연방 국가들은 영국군 제식 체계에 준거한
소화기 체계를 갖추고 있었는데,
이들 화기는 영국 등으로부터의 수입 및 자국에서의
면허 생산을 통해 확보할 수 있었다.
또한, 영연방 국가들은 2차 대전 기간 중,
덩케르크 철수와 독일군의 공습 등으로 인해
심각한 화기 부족에 시달리던 영국의 요청에 따라,
영국군용 소화기를 생산하기도 했다.

캐나다군

캐나다에서는 19세기 말에 창업한 로스 라이플 사(Ross Rifle Co.)에서 군용 소총이 생산되고 있었다. 1차 대전기부터는 영국제 소총의 면허 생산을 시작했고, 2차 대전 중에는 각종 소화기를 생산하여 연합군에 공급했다.

《브라우닝 하이파워 No.1 Mk.I*》

하이파워는, 독일에 점령당한 벨기에를 탈출, 캐나다로 망명한 FN사의 기술자들이 캐나다의 존 잉글리스 사(John Inglis Co.)에 모여 생산을 재개한 자동권총이다.

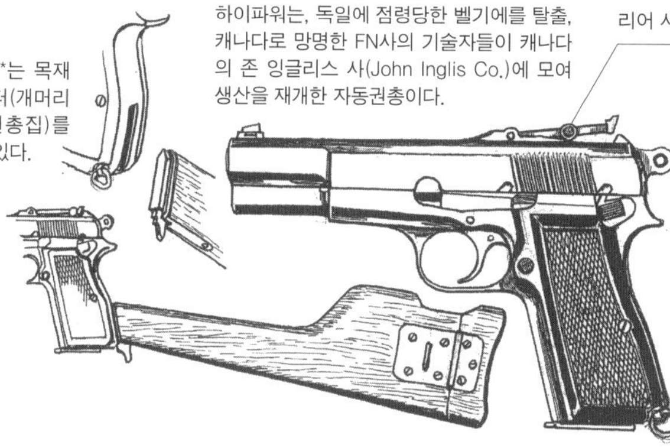

No.1 Mk.I*는 목재 스톡 홀스터(개머리판 겸용 권총집)를 장착할 수 있다.

리어 사이트(가늠자)는 탄젠트식.

《브라우닝 하이파워 No.2 Mk.I》

가늠자는 고정식으로 변경.

《No.36M Mk.I 수류탄》

당연한 일이겠지만, 소총이나 권총 등에 비해 구조가 단순하고 생산성이 높은 스텐 건도 면허 생산이 이루어졌다. 캐나다에서 생산된 것은 Mk.II와 Mk.III 2개 모델.

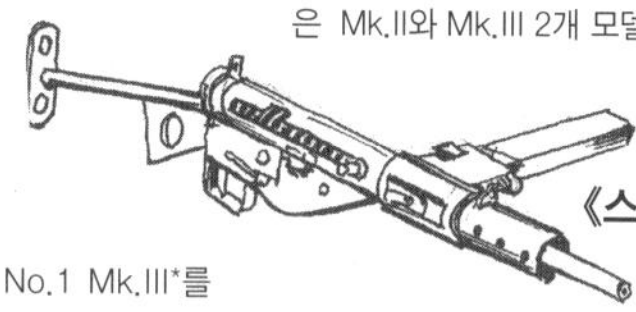

《스텐 Mk.II》

《SMLE No.1 Mk.III*》

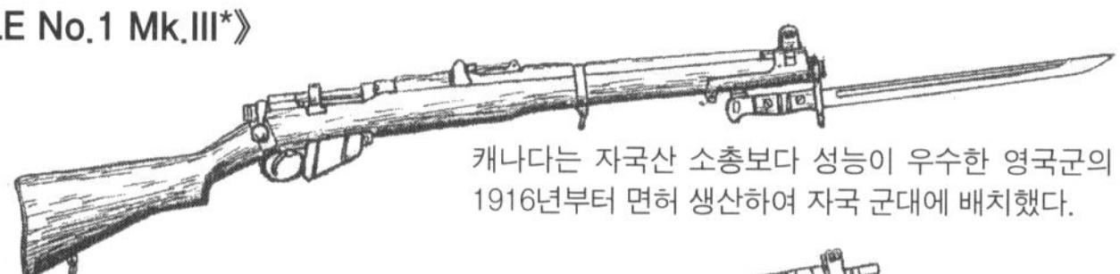

캐나다는 자국산 소총보다 성능이 우수한 영국군의 No.1 Mk.III*를 1916년부터 면허 생산하여 자국 군대에 배치했다.

《SMLE No.4 Mk.I》

No.4 Mk.I 소총은, 1941년에 영국 정부의 의뢰로 캐나다 국내에서 생산되기 시작했다.

《브렌 Mk.I/Mk.II》

캐나다에서는 이들 기관총의 국내 생산이 이뤄지지 않은 채, 영국으로부터의 수입으로 군의 수요를 충당하고 있었다.

《비커스 Mk.I》

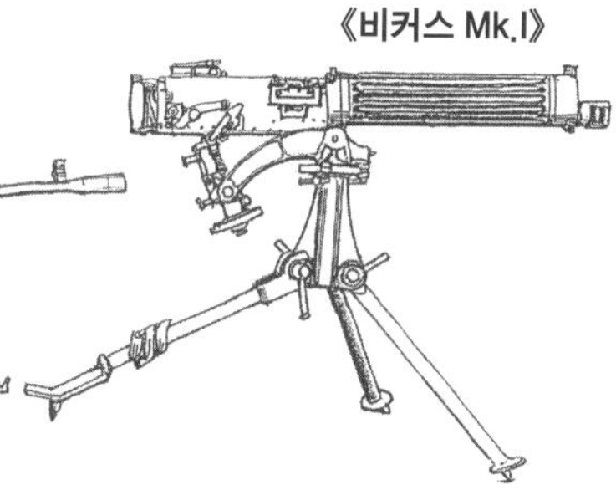

뉴질랜드군

뉴질랜드에서는 스텐 건의 면허 생산을 행하고 있었다. 그 외의 소화기로는 영국과 호주에서 생산된 것을 주로 사용했다.

《SMLE No.1 Mk.III》

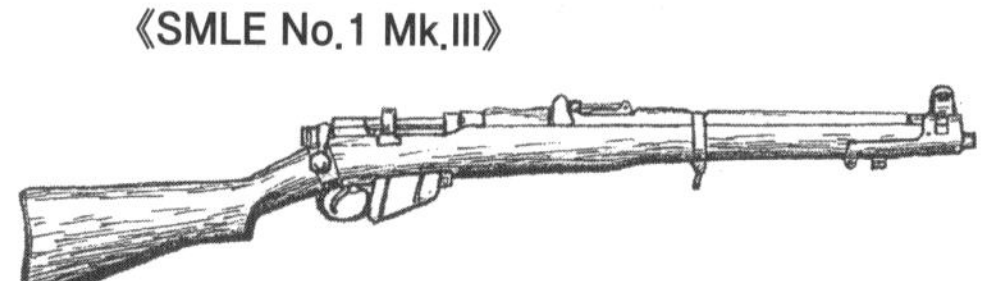

《엔필드 No.2 Mk.I》

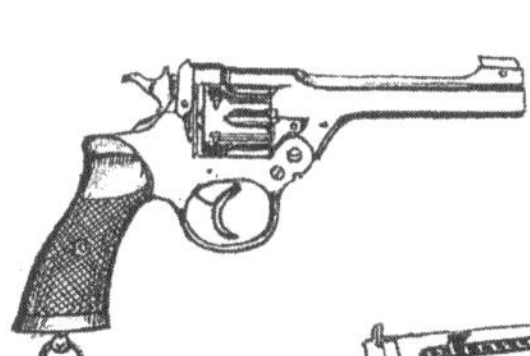

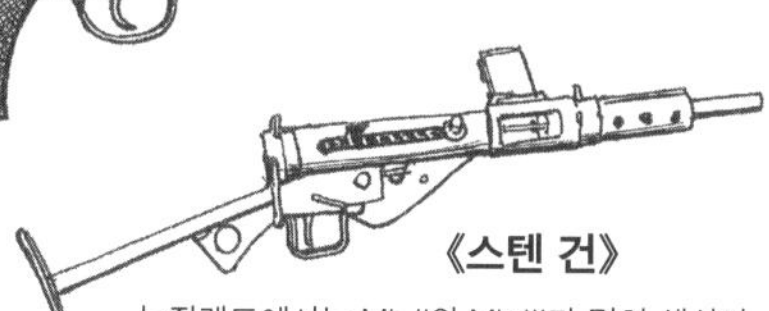

《스텐 건》

뉴질랜드에서는 Mk.II와 Mk.III가 면허 생산되고 있었다.

브렌 경기관총을 겨누고 있는 캐나다 병사. 소화기뿐만 아니라 군복이나 야전 장비 등도 영국군 장비 체계에 준거하고 있었다.

《No.36M Mk.I 수류탄》

《비커스 Mk.I》

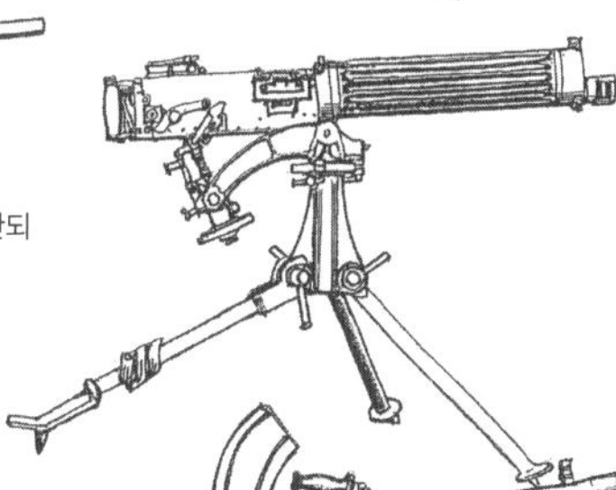

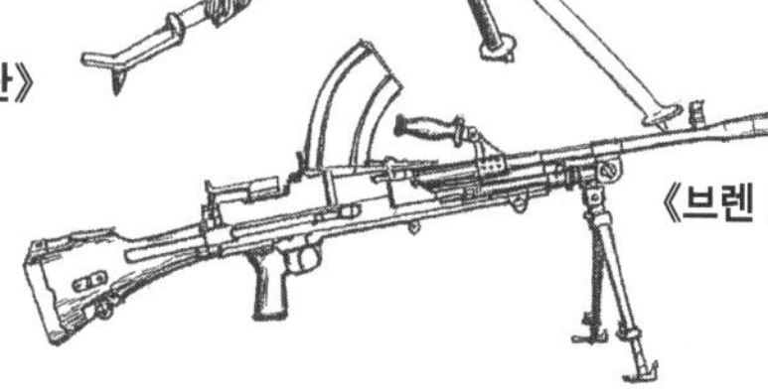

《브렌 Mk.I》

호주군

2차 대전 당시, 호주에서는 소총과 기관총을 면허 생산하는 한편으로 국산 기관단총을 개발하고 있었다. 태평양 전쟁이 시작되자, 호주에서 생산된 소화기는 자국군뿐 아니라 같은 영연방 소속인 영국군이나 뉴질랜드군에게도 공급되었다.

《엔필드 No.2 Mk.I》

영국제를 사용.

《브라우닝 하이파워 M1935》

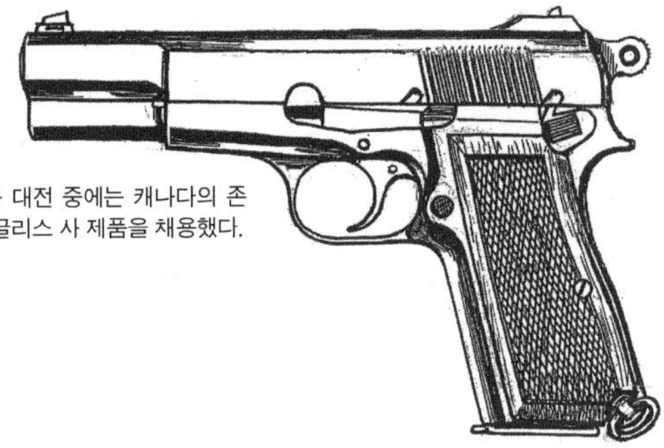

2차 대전 중에는 캐나다의 존 잉글리스 사 제품을 채용했다.

《No.36M Mk.I 수류탄》

《SMLE No.1 Mk.III*》

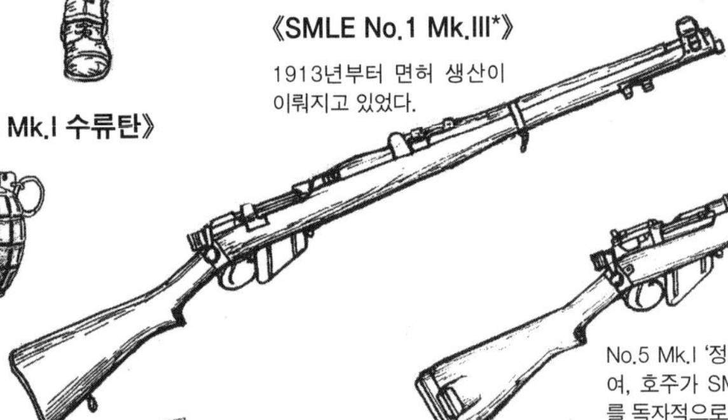

1913년부터 면허 생산이 이뤄지고 있었다.

《No.6 Mk.I 정글 카빈》

No.5 Mk.I '정글 카빈'을 참고하여, 호주가 SMLE No.1 Mk.III*를 독자적으로 개량한 모델.

[No.6 대검 8인치 블레이드]

전장 : 320mm 날 길이 : 198mm

1944년에 No.5 Mk.I 카빈용으로 만들어진 시제품. 이 외에도 칼날 길이가 12인치(300.4mm)인 모델도 만들어졌다.

《오웬 Mk.I》

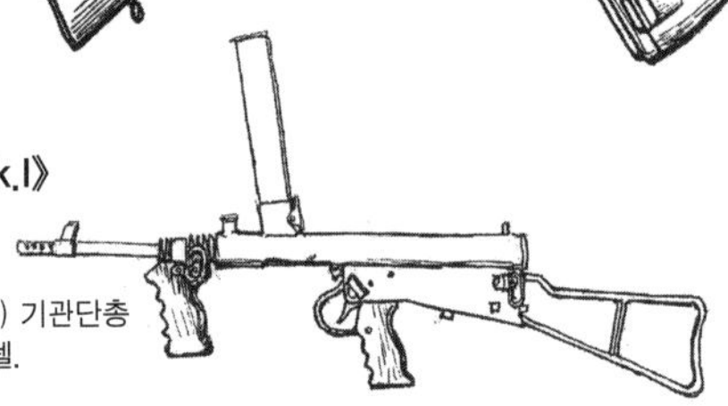

오웬(Owen) 기관단총의 최초 모델.

구경 : 9mm 탄약 : 9×19mm(9mm 파라벨룸탄) 장탄수 : 박스형 탄창에 33발 작동 방식 : 블로우백/오픈 볼트 전장 : 810mm 총열 길이 : 250mm 중량 : 4.25kg 발사 속도 : 700~800발/분

《오스텐 Mk.I》

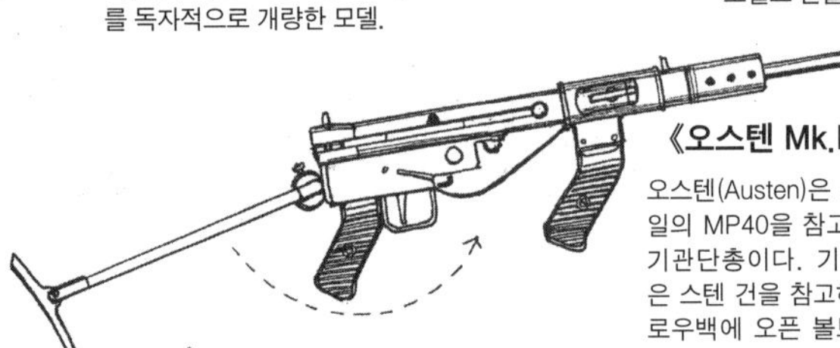

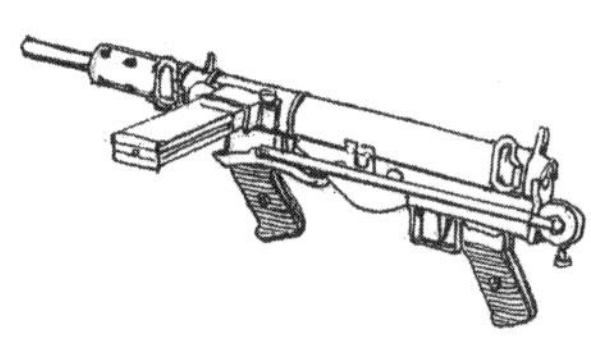

오스텐(Austen)은 스텐 건과 독일의 MP40을 참고하여 개발된 기관단총이다. 기관부와 총몸은 스텐 건을 참고하여, 단순 블로우백에 오픈 볼트 격발 방식을 취했으며, 접이식 개머리판은 MP40의 구조를 참고했다. Mk.I, Mk.II, Mk.I/42, Mk.I/43, Mk.II/43 등의 파생형이 만들어졌는데, 오스텐이란 오스트레일리아의 '오(Au)'와 스텐 건의 '스텐(Sten)'을 합친 조어다.

《오웬 Mk.I/43》

《오스텐 Mk.II》

Mk.I의 개량형. 생산성 향상을 위해 알루미늄 합금제 부품을 다용하고, 프레스 가공과 전기 용접을 통해 제작되었다.

구경 : 9mm 탄약 : 9×19mm(9mm 파라벨룸탄) 장탄수 : 박스형 탄창에 28발 작동 방식 : 블로우백/오픈 볼트 전장 : 854mm, 552mm(개머리판 접었을 때) 총열 길이 : 198mm 중량 : 3.85kg 발사 속도 : 500발/분

《오웬 Mk.II/43》

Mk.II는 개머리판 재질이 나무로 바뀌었고, 발사 속도가 분당 600발로 낮춰졌다.

구경 : 9mm
탄약 : 9×19mm(9mm 파라벨룸탄)
장탄수 : 박스형 탄창에 32발
작동 방식 : 블로우백/오픈 볼트
전장 : 810mm(Mk.I/43), 940mm(Mk.II/43)
총열 길이 : 250mm
중량 : 4.25kg(Mk.I/42), 3.47kg((Mk.II/43))
발사 속도 : 700~800발/분(Mk.I/42), 600발/분(Mk.II/43)

호주군이 사용한 Mk.I 중기관총은 1925년부터 국내의 조병창에서 생산되었는데, 2차 대전 중에는 12,000정이 만들어졌고 그 중에 일부는 영국군이나 뉴질랜드군에도 공급되었다.

《비커스 Mk.I》

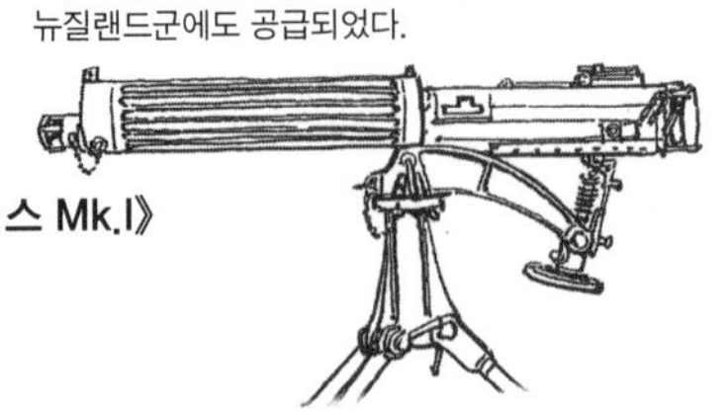

《브렌 Mk.I》

브렌 경기관총도 제2차 대전 중에 호주 국내에서 면허 생산이 이루어졌다.

남아프리카군

남아프리카 연방군도 영국제 소화기를 자국군의 제식 화기로 사용했다.

《엔필드 No.2 Mk.I》

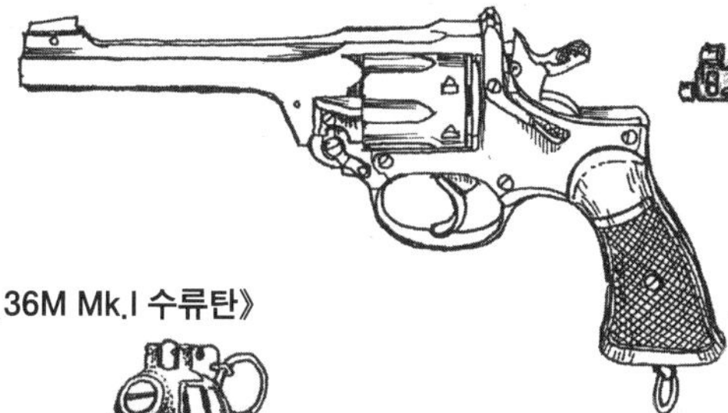

《SMLE No.1 Mk.III》

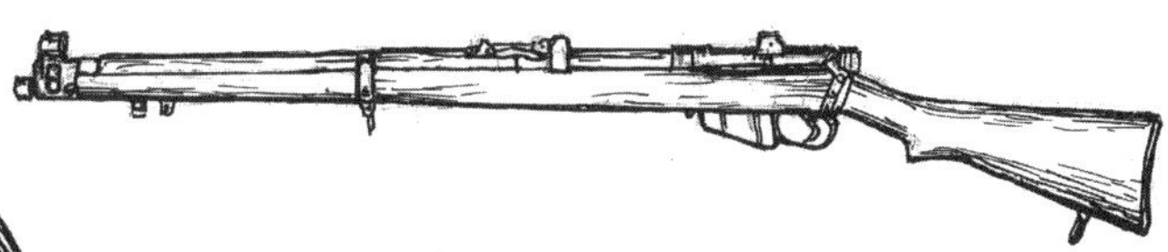

《No.36M Mk.I 수류탄》

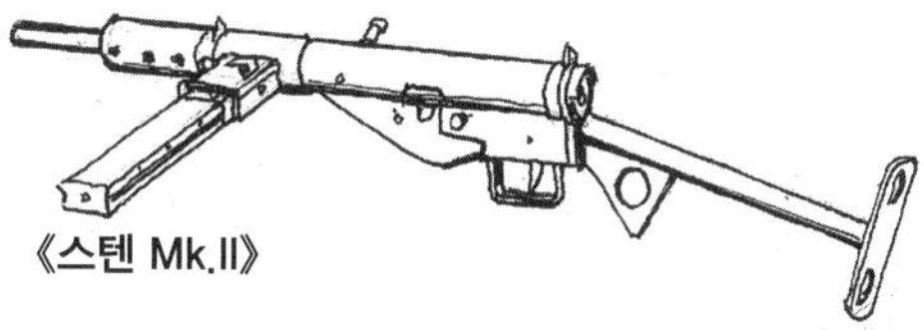

《스텐 Mk.II》

《비커스 Mk.I》

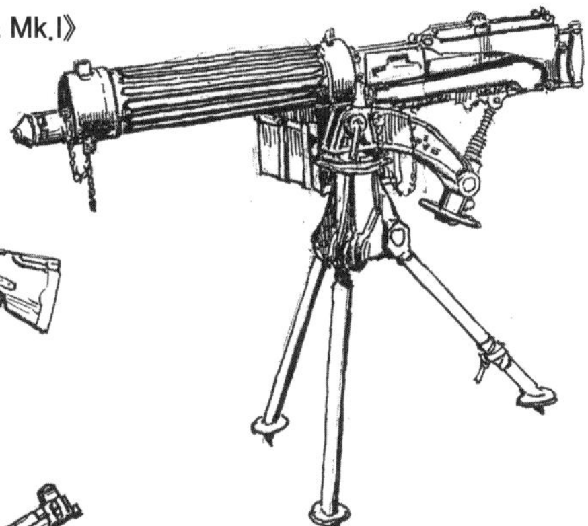

《브렌 Mk.I》

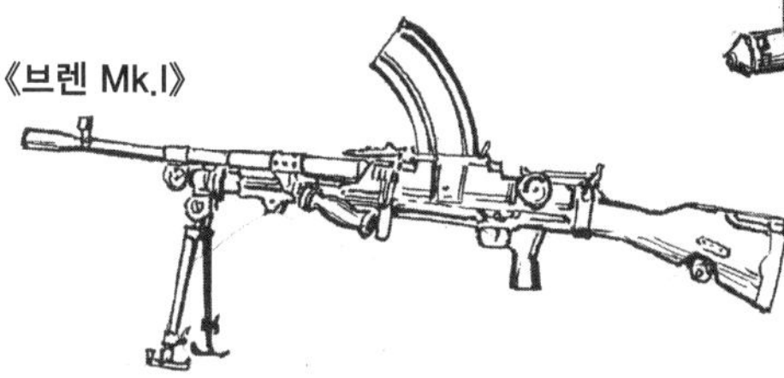

인도군

영국의 통치를 받기 시작한 이래, 사용하는 소화기류는 영국군 제식 체계에 준하는 모델을 사용해 왔다. 이에 따라 인도 국내의 조병창에서는 소총 등을 생산했으며, 2차 대전 중에는 자국군뿐만 아니라 영연방 소속 식민지군에서 사용할 무기도 생산했다.

《SMLE No.1 Mk.III*》

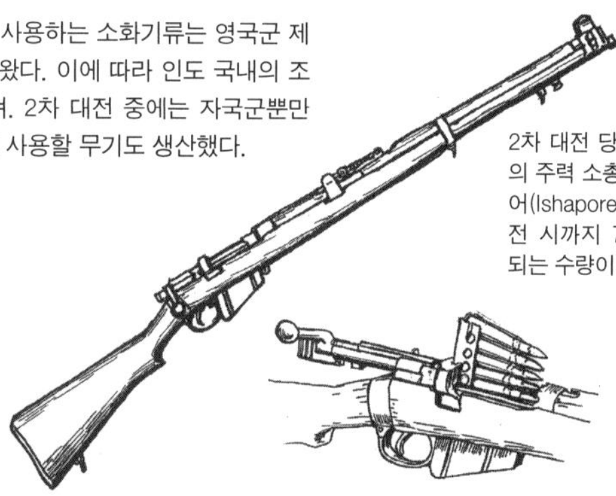

2차 대전 당시, 인도 제국군의 주력 소총. 인도의 이샤포어(Ishapore) 조병창에서 종전 시까지 70만 정 가까이 되는 수량이 생산되었다.

장탄수가 10발이나 되었기에 재장전 시에는 5발 묶음 삽탄자 2개를 사용했다.

《엔필드 No.2 Mk.I》

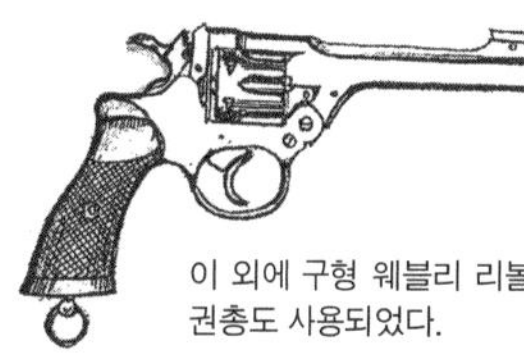

이 외에 구형 웨블리 리볼버 권총도 사용되었다.

《스텐 Mk.II》

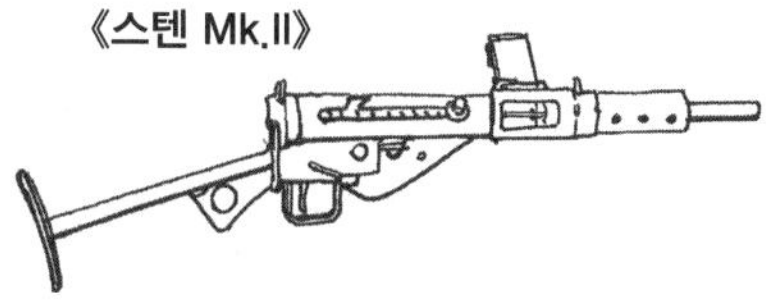

《No.36M Mk.I 수류탄》

《비커스 Mk.I》

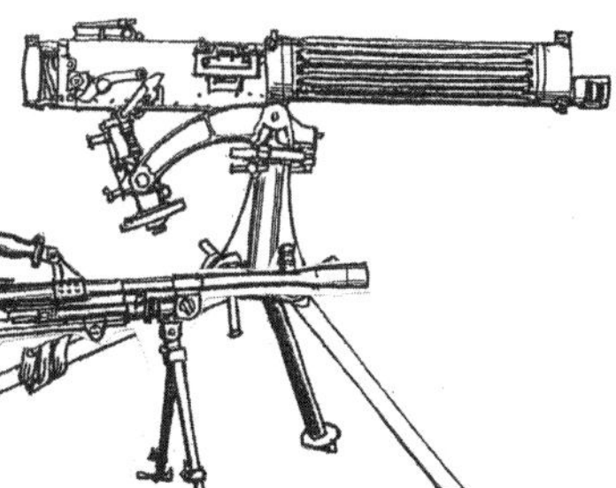

《브렌 Mk.I 》

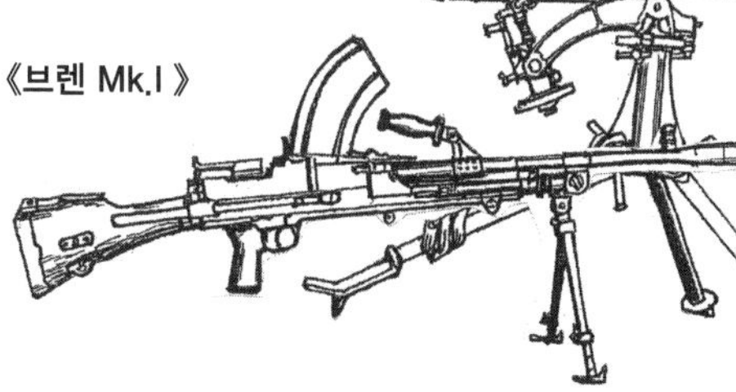

《쿠크리(구르카 나이프)》

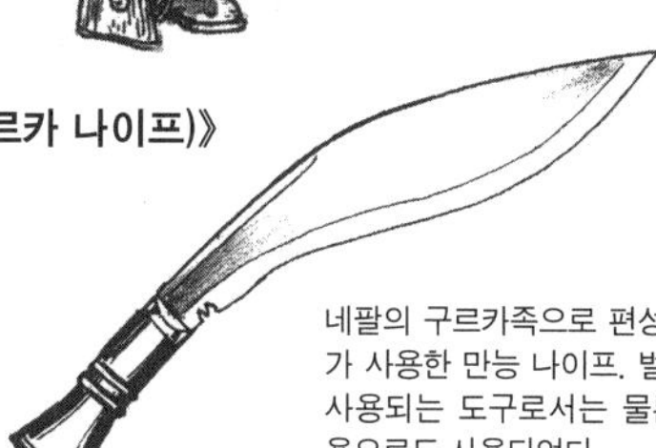

네팔의 구르카족으로 편성된 부대가 사용한 만능 나이프. 벌목 등에 사용되는 도구로서는 물론, 전투용으로도 사용되었다.

소련군

러시아 혁명으로 탄생한 소련은 중공업화를 추진했고,
이에 따라 무기의 독자 개발과 국산화가 시작되었다.
2차 대전 이전까지 차례차례 자국산 무기의 제식화가 이루어졌는데,
2차 대전 중에는 이를 바탕으로 생산성이 높고
견고한 소화기가 다수 탄생했다.

권총

2차 대전기의 소련군은 자국산 모델 외에 각국에서 수입한 것에 더해, 적국에서 노획한 것까지 신형과 구형을 가리지 않고 다종다양한 권총을 사용했다. 그중에서 제식 군용 권총의 대표를 꼽는다면 나강 리볼버와 토카레프를 들 수 있다.

나강 M1895

구경 : 7.62mm
탄약 : 7.62×38mm 나강탄
장탄수 : 7발
작동 방식 : 리볼버/더블 액션
전장 : 240mm
총열 길이 : 115mm
중량 : 750g

제정 러시아 시대이던 1895년, 러시아군에 채용된 더블 액션 리볼버. 처음에는 벨기에에서 직접 수입했으나, 이후 자국에서 면허 생산이 이루어졌다. 소련 성립 이후, 2차 대전 중에도 계속 생산되었다.

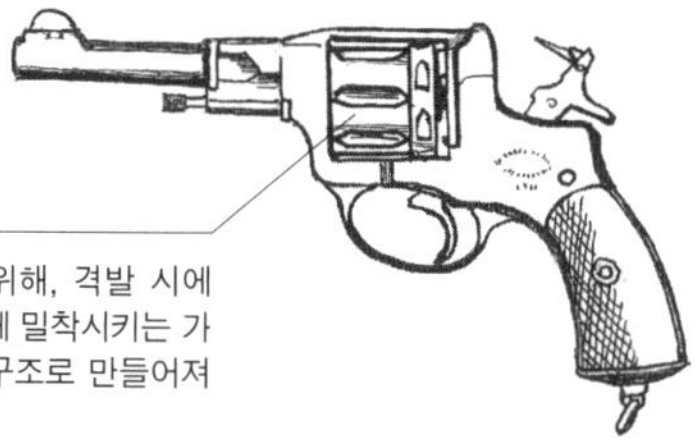

초속을 향상시키기 위해, 격발 시에 실린더를 전진, 총열에 밀착시키는 가스 폐쇄(Gas Seal) 구조로 만들어져 있다.

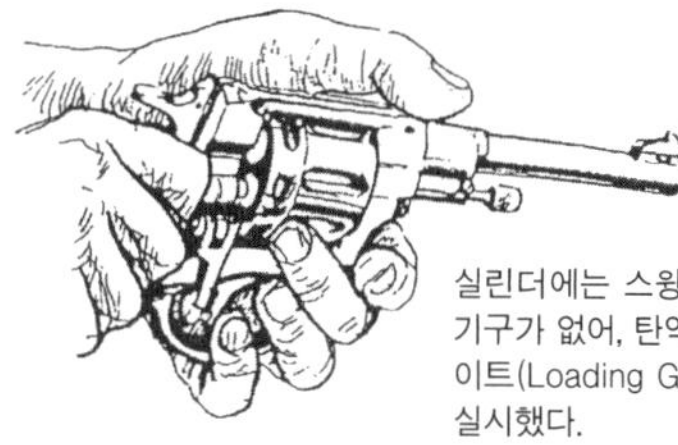

실린더에는 스윙 아웃(Swing-out) 기구가 없어, 탄약의 장전은 로딩 게이트(Loading Gate)를 통해 1발씩 실시했다.

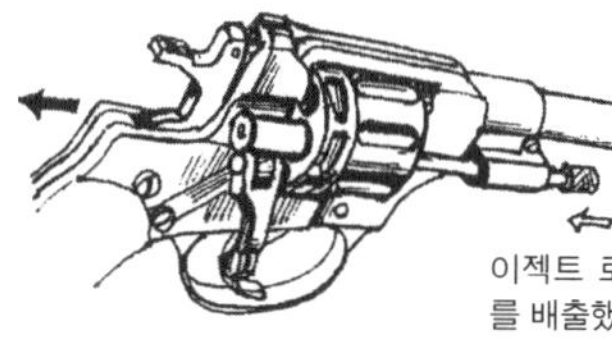

이젝트 로드를 사용하여 탄피를 배출했다.

토카레프 TT-1930

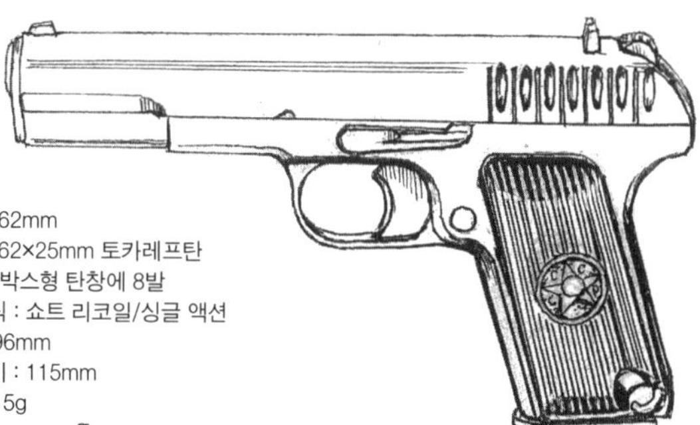

소련 시대에 들어와, 나강 리볼버를 대체할 신형 군용 자동권총의 국산화가 계획되었다. 이 계획에 기초하여 1929년에 시험 평가가 이루어졌는데, F.V. 토카레프가 설계한 모델이 1930년에 채용되어, TT-1930이라는 명칭으로 제식화되었다.

구경 : 7.62mm
탄약 : 7.62×25mm 토카레프탄
장탄수 : 박스형 탄창에 8발
작동 방식 : 쇼트 리코일/싱글 액션
전장 : 196mm
총열 길이 : 115mm
중량 : 815g

탄창이 비면, 슬라이드 멈치가 자동으로 걸린다.

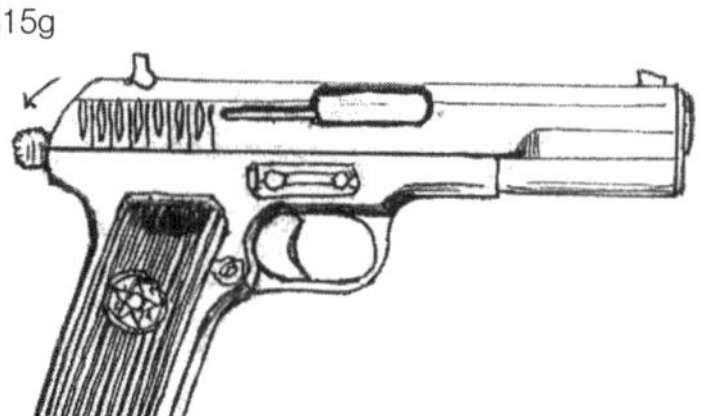

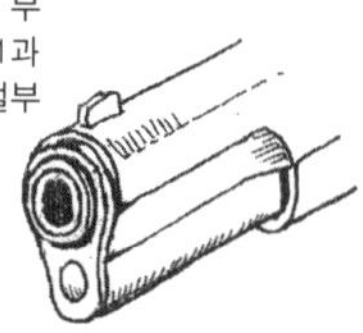

TT-1930의 총구 부근. 콜트 M1911A1과 닮은 디자인의 배럴부싱을 사용한다.

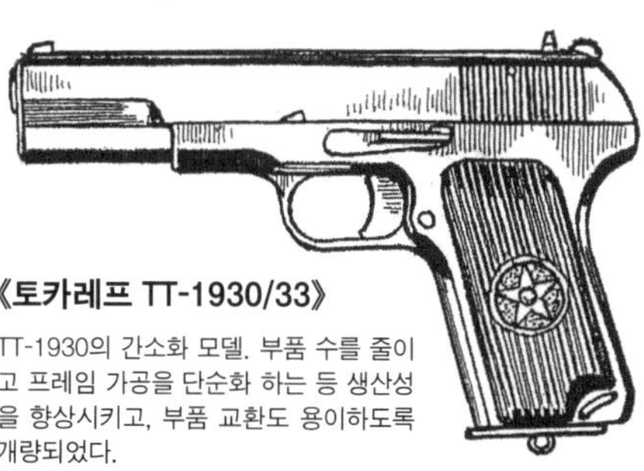

《토카레프 TT-1930/33》

TT-1930의 간소화 모델. 부품 수를 줄이고 프레임 가공을 단순화 하는 등 생산성을 향상시키고, 부품 교환도 용이하도록 개량되었다.

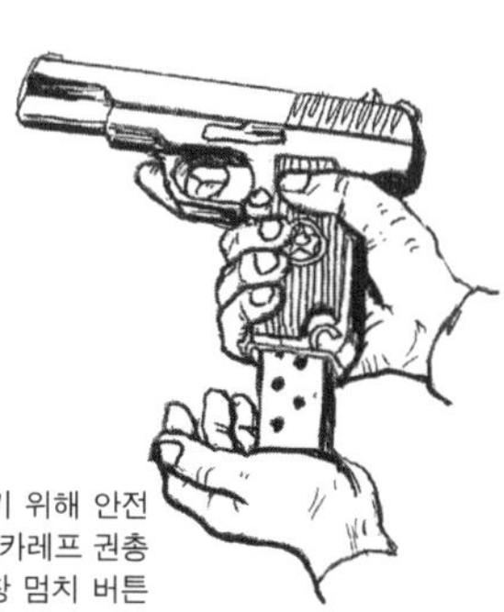

토카레프는 구조를 단순화하기 위해 안전장치도 생략되었다. 때문에 토카레프 권총은 슬라이드 멈치 레버와 탄창 멈치 버튼만 노출된 극히 단순한 외형을 하고 있다.

신호 권총

《SPSH-44》

1944년에 채용된 단발 · 중절식 신호 권총.

구경 : 26.5mm
전장 : 220mm
총열 길이 : 150mm
중량 : 900g

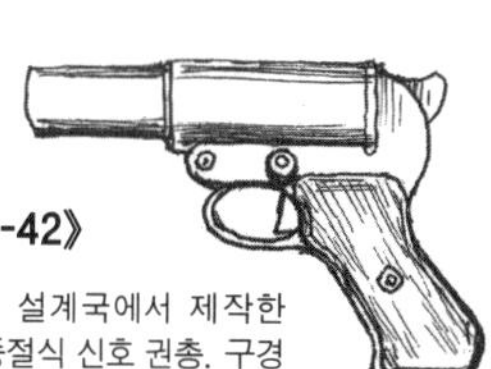

《OSH-42》

슈파긴 설계국에서 제작한 단발·중절식 신호 권총. 구경은 26.5mm.

소총

소련군의 주력 소총은 제정 러시아 시대에 제식 채용된 모신 나강으로, 개량을 거치면서 종전까지 사용되었다. 한편, 1910년대부터 자동소총의 연구 및 개발도 시작되었는데, 러시아 혁명 등의 영향으로 개발이 일시 중단되었지만, 1930년대에 재개되어 독소전 개전 전까지 개발을 마쳐 2차 대전 중에 사용될 수 있었다.

모신 나강 소총

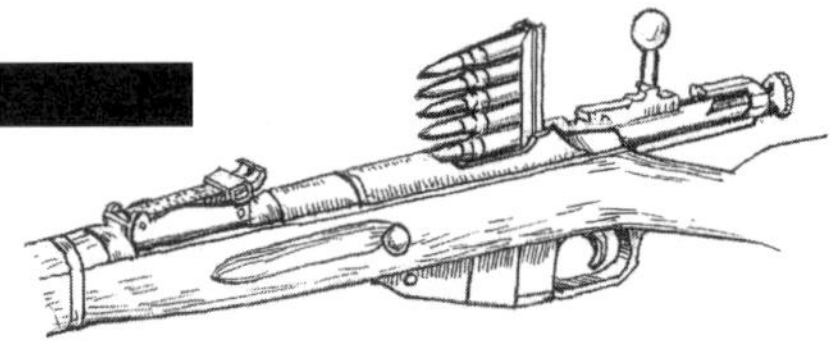

5발 들이 삽탄자를 이용하여 탄약을 장전한다.

《모신 나강 M1891》

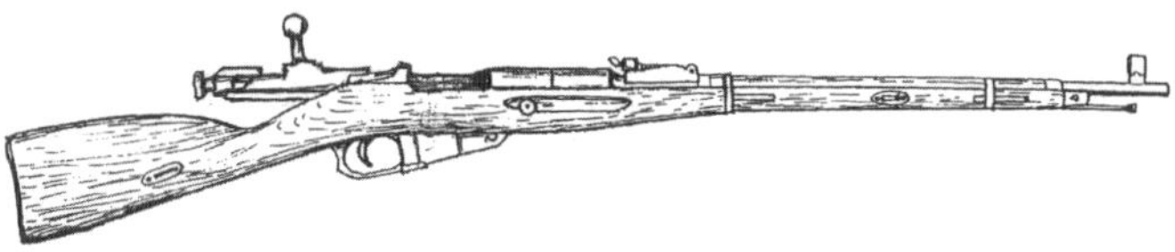

구경 : 7.62mm 탄약 : 7.62×54mm R(7.62mm 러시안) 장탄수 : 5발 작동 방식 : 볼트 액션 전장 : 1,303mm 총열 길이 : 803mm 중량 : 4.37kg

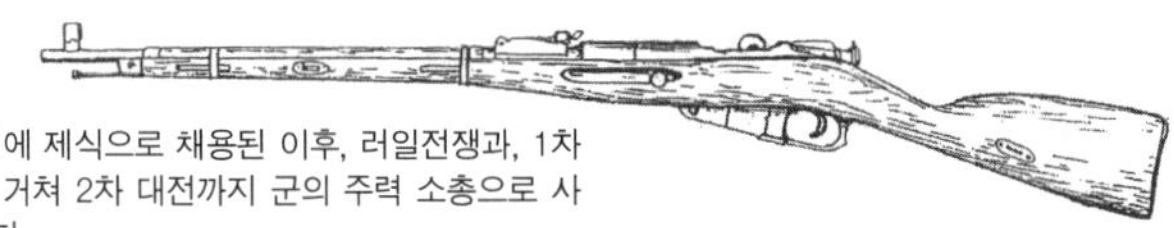

1891년에 제식으로 채용된 이후, 러일전쟁과, 1차 대전을 거쳐 2차 대전까지 군의 주력 소총으로 사용되었다.

《모신 나강 M1891/30 카빈》

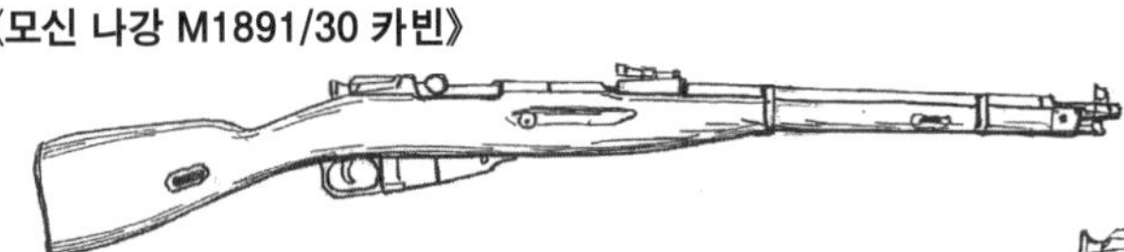

M1891의 길이를 줄인 기병용 모델. 노리쇠 강화 외에 가늠자/가늠쇠의 개량, 멜빵 고리 위치의 변경 등의 개수가 이루어졌다.

전장 : 1,016mm
총열 길이 : 510mm
중량 : 3.4kg

《모신 나강 M1938 카빈》

M1891/30의 카빈 모델.

전장 : 1016mm
총열 길이 : 508mm
중량 : 3.45kg

《모신 나강 M1944 카빈》

전장 : 1016mm
총열 길이 : 518mm
중량 : 4.04kg

M1938 카빈의 우측면에, 접이식 스파이크형 대검을 추가한 모델.

각종 반자동 소총

《시모노프 SVS-1936(M1936)》

구경 : 7.62mm 탄약 : 7.62×54mm R 장탄수 : 박스형 탄창에 15발 작동 방식 : 가스 작동식/틸팅 볼트 전장 : 1,234mm 총열 길이 : 614mm 중량 : 4.05kg

세르게이 시모노프가 개발, 1936년에 채용된 반자동 소총. 시제품 단계에서는 반자동/연발 사격 기능이 탑재되었으나, 연발 사격 시 반동이 커서 명중률이 낮아지는 등의 이유로, 실제 양산 모델은 반자동 기능만 있는 것으로 되었다.

《토카레프 SVT-1938 (M1938)》

구경 : 7.62mm 탄약 : 7.62×54mm R 장탄수 : 박스형 탄창에 10발 작동 방식 : 쇼트 스트로크 가스 피스톤 방식/틸팅 볼트 전장 : 1,220mm 총열 길이 : 635mm 중량 : 4.17kg

시모노프 자동소총과 비슷한 시기에 토카레프가 개발한 가스압 작동 방식의 반자동 소총. 1938년에 채용되어, 1939~1940년에 벌어진 핀란드와의 겨울전쟁에 처음으로 실전 투입되었다. 1940년 4월에 생산이 종료되기까지 15만 정이 생산되었다.

《토카레프 SVT-1940(M1940)》

구경 : 7.62mm 탄약 : 7.62×54mm R 장탄수 : 박스형 탄창에 10발 작동 방식 : 쇼트 스트로크 가스 피스톤 방식/틸팅 볼트 전장 : 1,225mm 총열 길이 : 625mm 중량 : 3.9kg

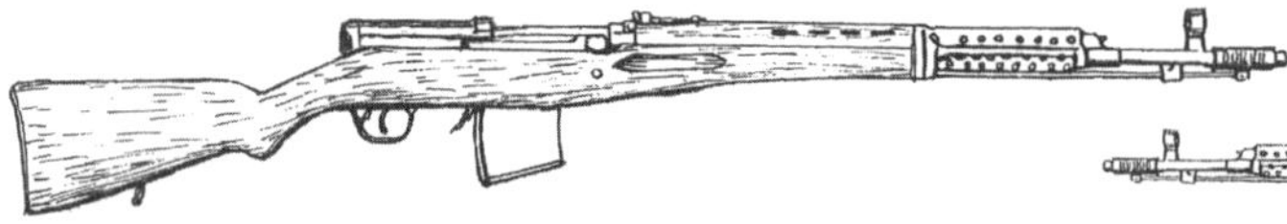

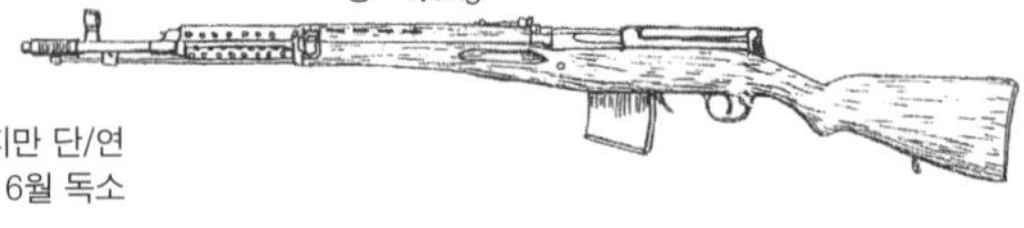

SVT-1938의 개량형. 탄창 멈치 등이 개수되었다. SVT-1940은 단발 사격만이 가능했지만 단/연발 전환이 가능한 AVT-1940(외관은 완전히 동일)도 만들어졌다. SVT-1940은 1941년 6월 독소전 개전까지 일정 수가 보병 부대에 배치되어 있었다.

저격 소총

2차 대전 당시, 소련군에서는 많은 수의 저격수가 활약했는데, 그중에서도 스탈린그라드 전투(1942년)에서 200명 이상을 사살, 소련 영웅 칭호를 수여받은 바실리 자이체프가 특히 유명하다.

《모신 나강 M1891/30 저격 소총》

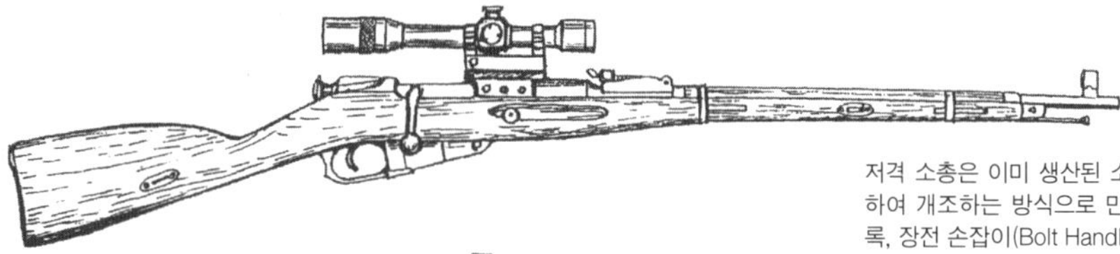

[PE 스코프 탑재]
4배율 망원 조준경. 스코프 마운트는 총몸 윗면에 부착되었다.

저격 소총은 이미 생산된 소총들 중에서 명중 정밀도가 높은 것을 선별하여 개조하는 방식으로 만들어졌는데, 망원 조준경을 부착할 수 있도록, 장전 손잡이(Bolt Handle)는 아래쪽으로 구부러져 있다.
중량 : 5.17kg

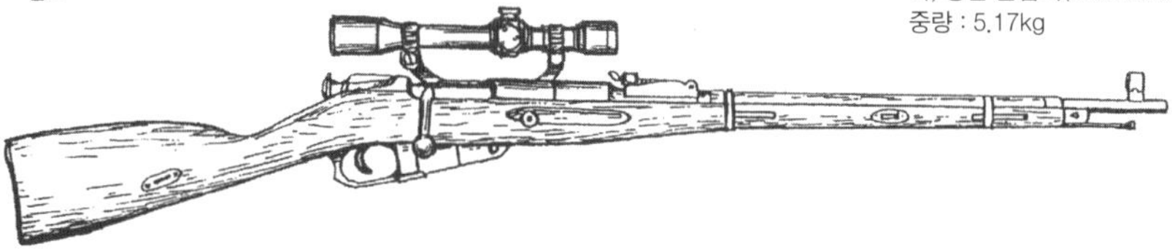

[PEM 스코프 탑재]
PE 스코프에서 배율 조정 기능을 생략한 모델. 마운트 부착 위치가 총몸 윗면에서 좌측면으로 옮겨졌다.

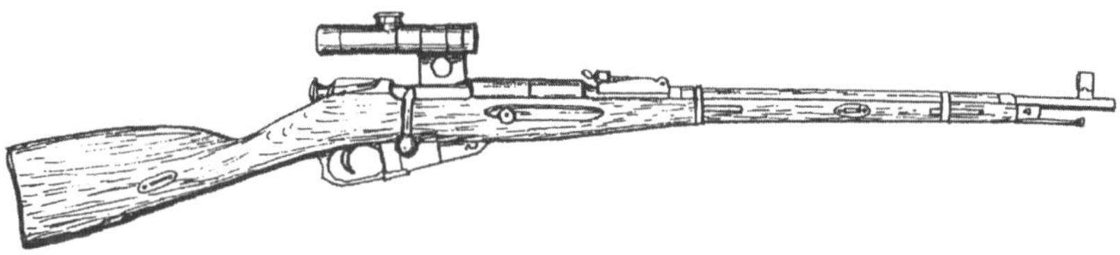

[PU 스코프 탑재]
SVT-1940의 저격 소총 모델이 실패작으로 판명됨에 따라, SVT-1940용으로 준비했던 PU 스코프를 대신 탑재하는 식으로 생산되었다.

《토카레프 SVT-1940 저격 모델》

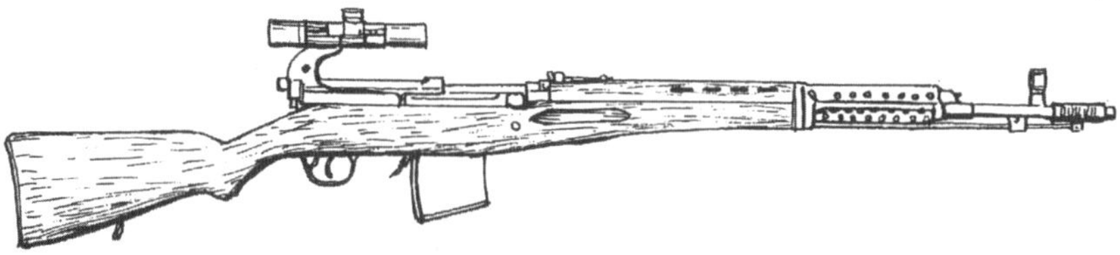

M1891/30을 대신하여 생산·배치되었으나 부품 부족, 급탄 불량이나 집탄성(명중률) 등의 문제로 인해, 1942년에 생산이 중단되었다.

망원 조준경

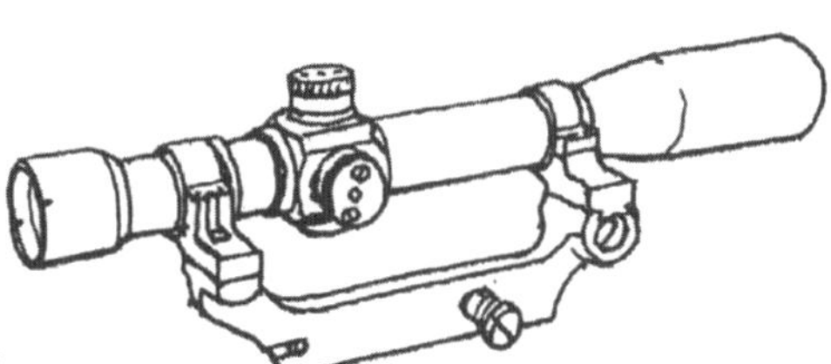

《PEM 스코프》

PE 스코프의 개량형. 1937년부터 1942년까지 생산되었다.

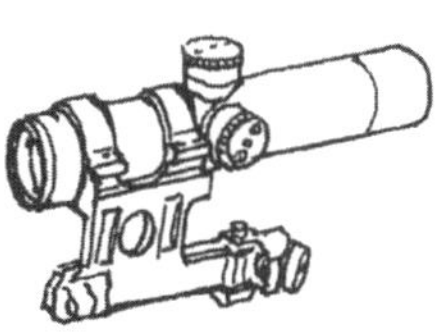

《PU 스코프》

원래는 SVT-1940용으로 채용되었으나, M1891/30에서도 사용되었다.

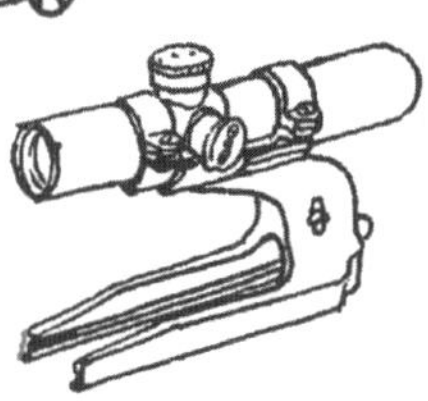

《SVT-1940용 PU 스코프》

SVT-1940 전용 마운트를 사용하여, 총몸 후부에 장착. 부착 시 도구는 불필요하다.

소련군에서는 남성뿐만 아니라 여성도 저격수가 되어 최전선에서 싸웠다. 그 중에서 최고라 할 수 있는 인물이 류드밀라 파블리첸코(1916~1974)였는데, 그녀는 1941년 8월부터 1942년 6월까지 309명을 사살하는 전과를 올렸다.

기관단총

보병용 소화기의 자동화를 추구한 소련군은 기관단총의 개발에도 적극적이었는데, 1935년부터 제2차 대전 종전 무렵까지 무려 6종의 기관단총을 개발하여 채용했다.

초기의 기관단총

《PPD-1934》

토카레프 TT-1930 권총과 같은 탄약을 사용하는 기관단총. 데그차레프가 개발했으며 소련군 최초의 제식 기관단총이 되었다.

구경 : 7.62mm 탄약 : 7.62×25mm 토카레프탄 장탄수 : 박스형 탄창에 25발, 드럼 탄창에 71발 전장 : 788mm 총열 길이 : 279mm 중량 : 3.74kg 발사속도 : 800~900발/분

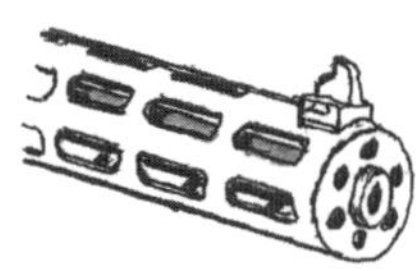

PPD-1934의 총구와 총열 덮개. 총열 덮개의 방열용 구멍은 가늘게 뚫려 있다.

《PPD-1934/38》

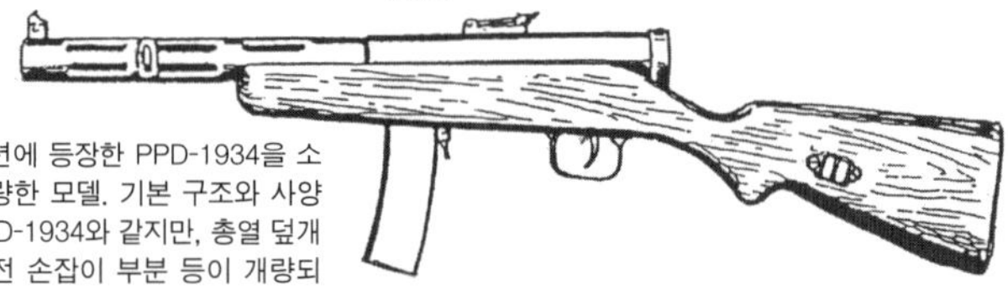

구경 : 7.62mm 탄약 : 7.62×25mm 토카레프탄 장탄수 : 박스형 탄창에 25발, 드럼 탄창에 71발 전장 : 788mm 총열 길이 : 279mm 중량 : 3.74kg 발사속도 : 800~900발/분

1938년에 등장한 PPD-1934을 소폭 개량한 모델. 기본 구조와 사양은 PPD-1934와 같지만, 총열 덮개나 장전 손잡이 부분 등이 개량되었다.

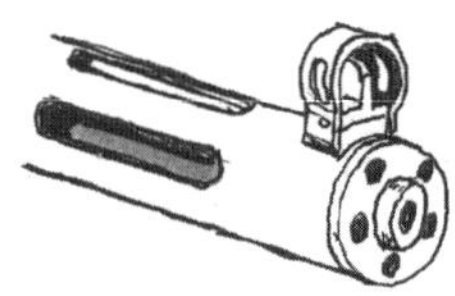

PPD-1934/38 기관단총은 총열 덮개의 방열용 구멍이 앞뒤로 길게 늘어나면서 가공이 간소화되었다. 가늠쇠에는 가늠쇠울이 추가되었다.

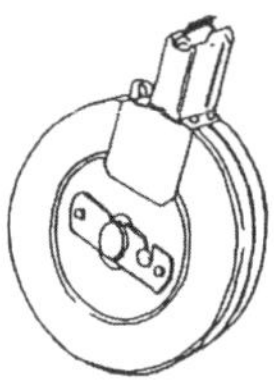

[PPD-1934, 1934/38용 드럼 탄창]
겨울전쟁 당시, 핀란드가 사용하던 수오미 기관단총의 드럼 탄창을 참고하여 만들어졌다. PPD-1934/38의 탄창 입구 부분은 박스 탄창 사양에 맞춰 설계되어 있었기 때문에, 드럼 탄창 사용 시 급탄 불량이 다발했다.

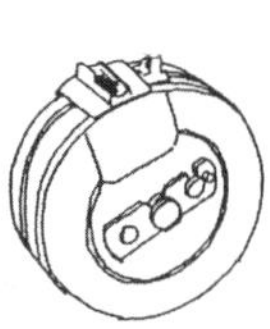

[PPD-1940용 드럼 탄창]
탄창 입구 부분이 낮아져, 급탄 불량이 감소했다.

《PPD-1940》

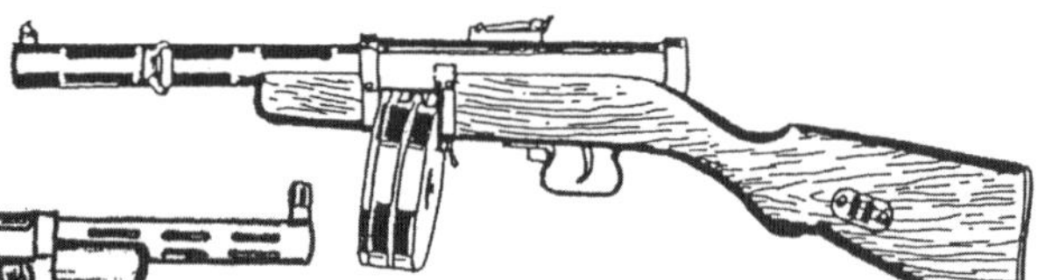

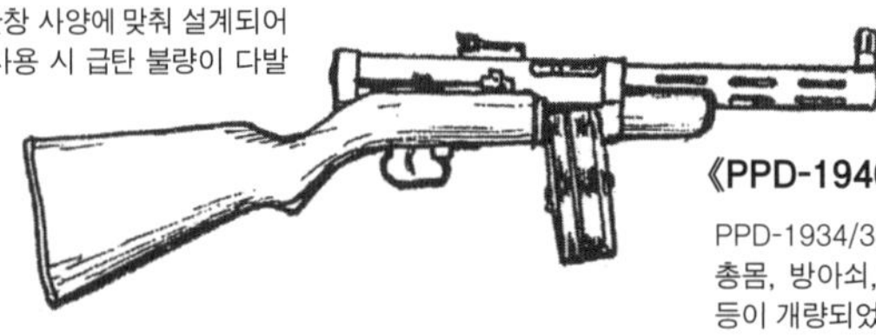

PPD-1934/38과 기본 구조는 같지만, 총몸, 방아쇠, 격발 기구, 탄창 삽입구 등이 개량되었다.

구경 : 7.62mm
탄약 : 7.62×25mm 토카레프탄
장탄수 : 드럼 탄창에 71발
작동 방식 : 블로우백/오픈 볼트
전장 : 780mm
총열 길이 : 270mm
중량 : 3.2kg
발사속도 : 900~1000발/분

주력 기관단총 PPSh-41/PPS-43

《PPSh-41 초기형》

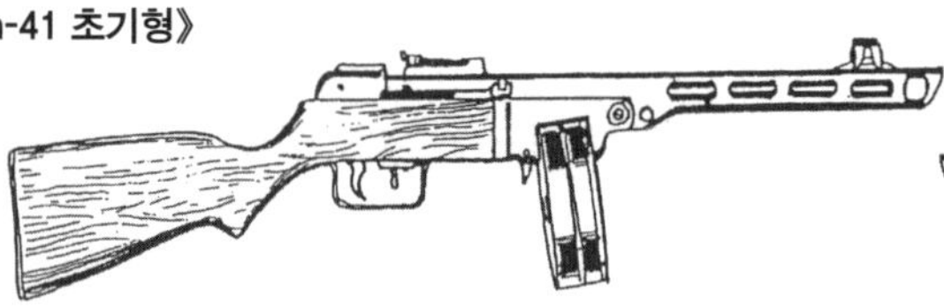

PPSh-41은 게오르기 슈파긴이 1940년에 설계한 기관단총으로, 1941년에 제식 채용되었는데, 프레스 가공과 전기 용접을 다용하여, 분해와 조립이 용이한 구조를 하고 있다.

구경 : 7.62mm 탄약 : 7.62×25mm 토카레프탄 장탄수 : 박스형 탄창에 35발, 드럼 탄창에 71발
전장 : 840mm 총열 길이 : 270mm 중량 : 3.63kg 발사속도 : 700발/분

PPSh-41의 총구와 총열 덮개. 비스듬하게 깎여 있는 총열 덮개의 끝부분은, 총구제동기 역할을 하도록 만들어졌다.

《PPSh-41 후기형》

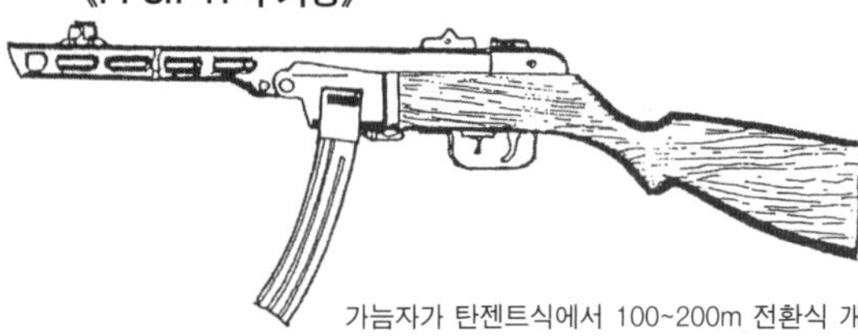

가늠자가 탄젠트식에서 100~200m 전환식 개방형 가늠자로 변경되고, 탄창 멈치가 대형화되는 등의 개량이 이루어졌다.

35발 들이 박스형 탄창도 병용되었다.

《MP717(r)》

MP40용 탄창

동부전선에서 PPSh-41을 대량으로 노획한 독일군이 자군의 9mm 구경 탄약을 사용하도록 개조한 모델. 탄창은 MP40의 것을 사용했다.

소련군이 구사한 탱크 데산트(Tank Desant) 전술에서는, 전차에 탑승한 인원들이 모두 기관단총을 장비하는 경우도 있었다.

[드럼 탄창 파우치]
최초 모델은 PPD-1934의 드럼 탄창 채용 시에 만들어졌다. 시기나 생산 장소에 따라 사용하고 있는 원단이나 벨트 루프(고리) 등의 디자인에 차이가 있다.

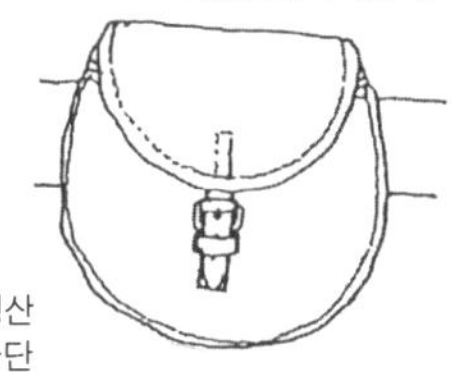

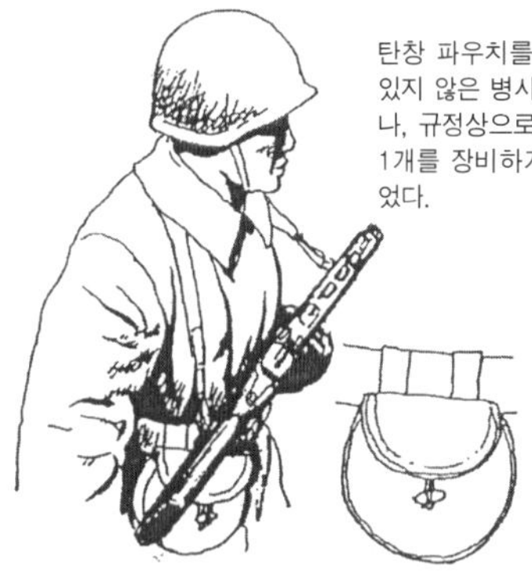

탄창 파우치를 착용하고 있지 않은 병사도 많았으나, 규정상으로는 파우치 1개를 장비하게 되어 있었다.

독소전 초기에 대량의 무기를 상실한 소련군은, 소총보다 생산이 용이한 데다 조작법도 단순해 다루기 쉬웠기 때문에, 기관단총을 대량으로 생산하여 부대에 배치했다.

드럼 탄창 파우치는 PPD-1934, PPSh-41 공용이었다.

당시의 사진이나 기록 영상을 보면, 왼손으로 탄창을 잡고 사격하는 스타일이 많이 보이지만, 탄창 뒤쪽의 총상 부분을 잡는 것이 기본 자세였다.

《PPS-42》

구경 : 7.62mm
탄약 : 7.62×25mm 토카레프탄
장탄수 : 박스형 탄창에 35발
전장 : 896mm, 640mm(개머리판 접었을 때)
총열 길이 : 241mm
중량 : 2.63kg
발사속도 : 700발/분

1942년, 독일군에 포위된 레닌그라드에서 급조되었는데, 열악한 조건 아래였기에 총몸이나 총열 덮개, 개머리판은 생산성이 높은 프레스 가공 방식으로 제작되었다. 총열은 낡은 소총이나 기관총의 예비 총열을 가공했다고 전해진다.

《PPS-43》

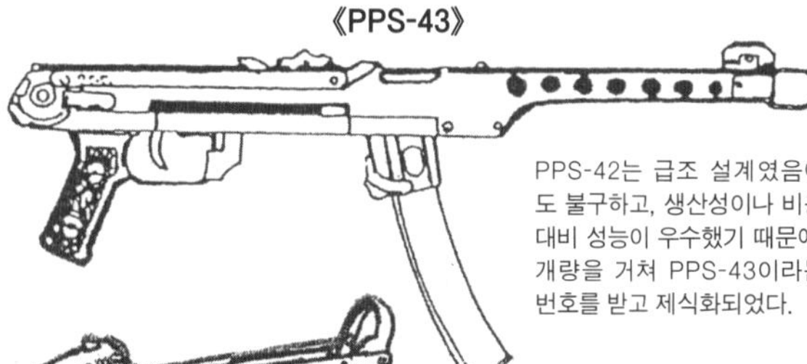

PPS-42는 급조 설계였음에도 불구하고, 생산성이나 비용 대비 성능이 우수했기 때문에, 개량을 거쳐 PPS-43이라는 번호를 받고 제식화되었다.

구경 : 7.62mm
탄약 : 7.62×25mm 토카레프탄
장탄수 : 박스형 탄창에 35발
전장 : 830mm, 615mm(개머리판 접었을 때)
총열 길이 : 241mm
중량 : 3.0kg
발사속도 : 650발/분

프레스 가공으로 만들어진 PPS-43의 총구제동기.

기관총

건국 직후, 소련군은 제정 러시아 시대부터 물려받은 구식 병기의 근대화를 꾀하기 위해, 1920년대 후반부터 국산화를 향한 개발을 시작했다. 그 계획에 따라 신형 경·중기관총이 개발·생산되어 2차 대전 중에 사용되었다.

《7.62mm 탄통》

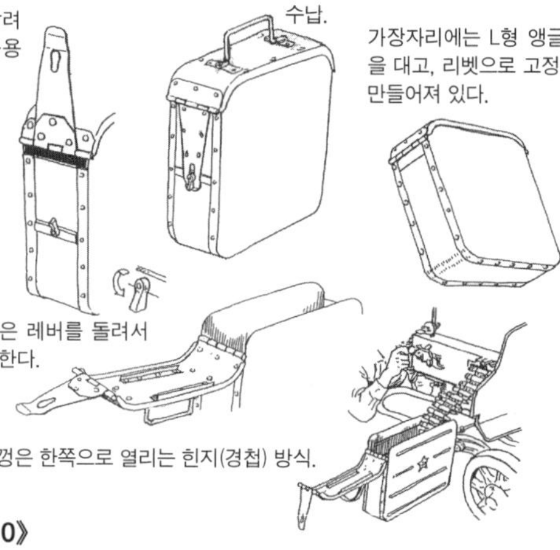

뚜껑 끝에는 탭이 달려 있어, 개폐 시에 사용했다.

초기 타입으로, 금속제 운반 손잡이가 부속됨. 250발 탄띠(급탄 벨트) 1개를 수납.

가장자리에는 L형 앵글(쇠)을 대고, 리벳으로 고정하여 만들어져 있다.

뚜껑은 레버를 돌려서 고정한다.

뚜껑은 한쪽으로 열리는 힌지(경첩) 방식.

맥심 중기관총

러일전쟁 중에 러시아군이 사용한 것으로 유명한 맥심 기관총은, 하이럼 맥심이 개발하여 1884년에 발표한 수랭식 중기관총이다. 러시아군은 이 기관총에 흥미를 보여, M1893을 수입,제식으로 삼았다. 이후, 면허 생산된 M1905를 거쳐, 1910년에는 개량형인 M1910을 채용했는데, 맥심 중기관총은 거듭된 개량을 거쳐 2차 대전 중에도 현용으로 사용되었다.

《M1893》

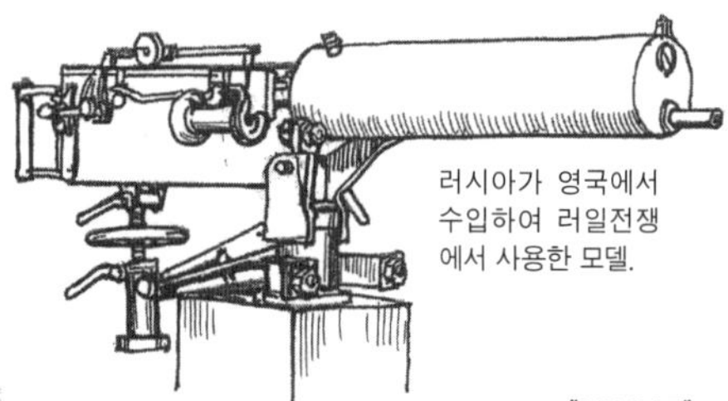

러시아가 영국에서 수입하여 러일전쟁에서 사용한 모델.

《M1905》

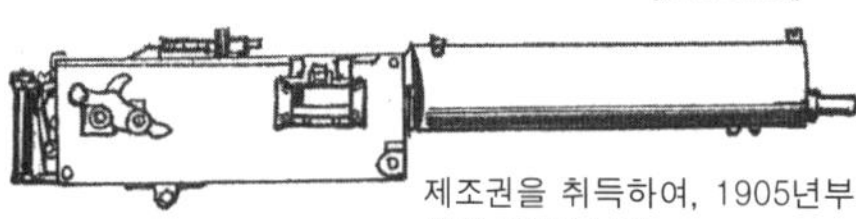

제조권을 취득하여, 1905년부터 면허 생산된 모델.

《워터 재킷(냉각 수통)의 변화》

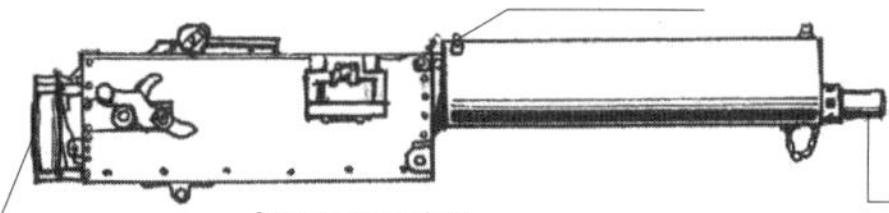

냉각수 주입구

주퇴보조기

손잡이가 두꺼워졌다.

[M1910 초기형]
워터 재킷의 재질이 M1905의 청동제에서 강철제로 변경되었고, 총구에는 주퇴보조기가 장착되었다.

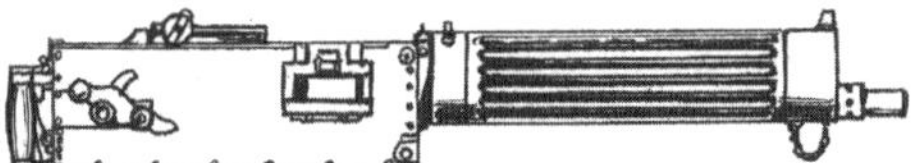

[M1910 후기형]
워터 재킷의 철판을 얇게 한 대신 구조 보강을 위한 리브(주름)가 프레스 가공을 통해 새겨져 있다.

가늠자가 개량되었다.

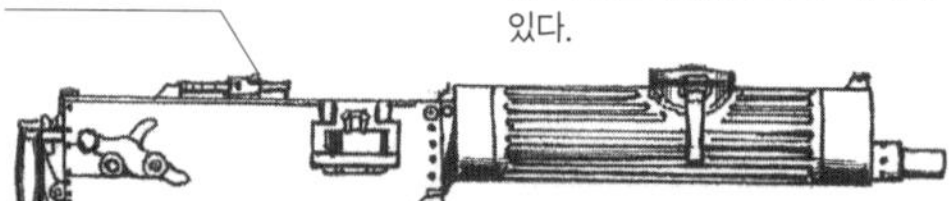

[M1910 최종 개량형]
후기형을 소폭 개량한 모델. 워터 재킷 상부에 대형 냉각수 주입구가 설치되었다.

《M1910》

1910년부터 생산되기 시작한 경량화 모델. 총기 본체 중량이 기존의 31.5kg에서 20kg으로 대폭 줄었다. 워터 재킷은 강철제로 변경되었으며, 여기에 주퇴 보조기가 추가되었다.

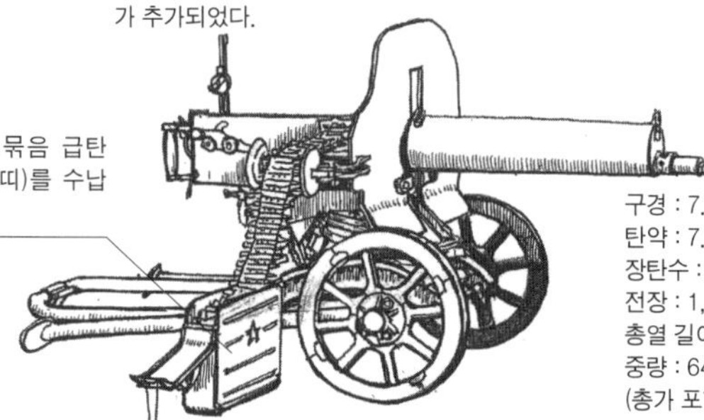

[탄통]
250발 묶음 급탄 벨트(탄띠)를 수납한다.

구경 : 7.62mm
탄약 : 7.62×54mm R
장탄수 : 탄띠 급탄 250발
전장 : 1,100mm
총열 길이 : 720mm
중량 : 64.3kg
(총가 포함 무게)
발사속도 : 550발/분

광학 조준경
생산 수가 적어, 장비하지 않은 경우가 많다.

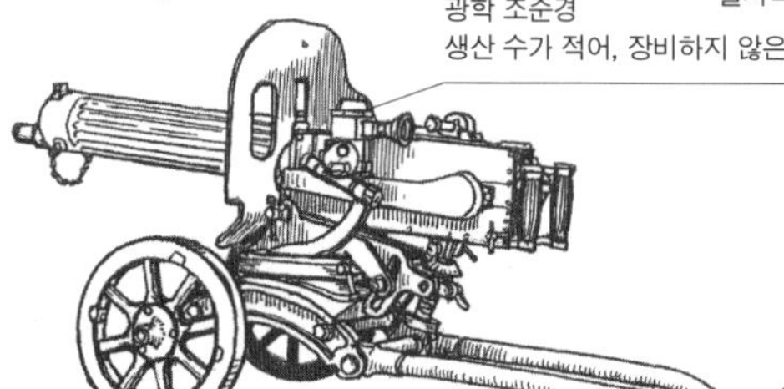

고정용 스파이크

가늠쇠
가늠자와 함께 좌측으로 치우쳐 배치되어 있다.

가늠자
조준 거리는 100~2200m.

장전 손잡이사격 중에는 앞뒤로 움직인다.

안전장치

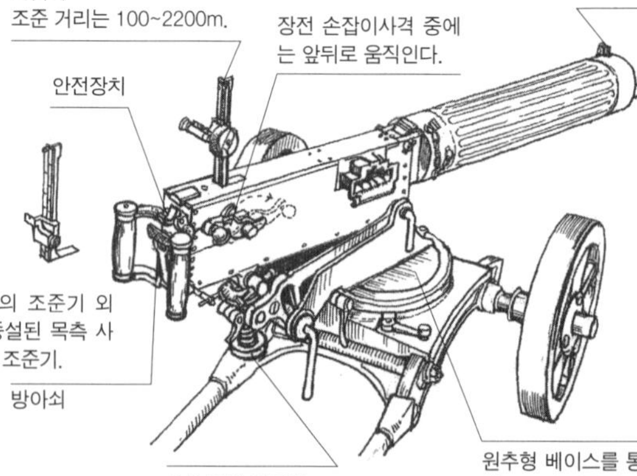

통상의 조준기 외에 증설된 목측 사격용 조준기.

방아쇠

상하 조정 다이얼

원추형 베이스를 통해 좌우 방향으로의 가동이 원활하게 이루어졌다.

《소콜로프 총가 (Sokolov Mount)》

M1910과 동시에 채용된 기관총 거치용 총가.

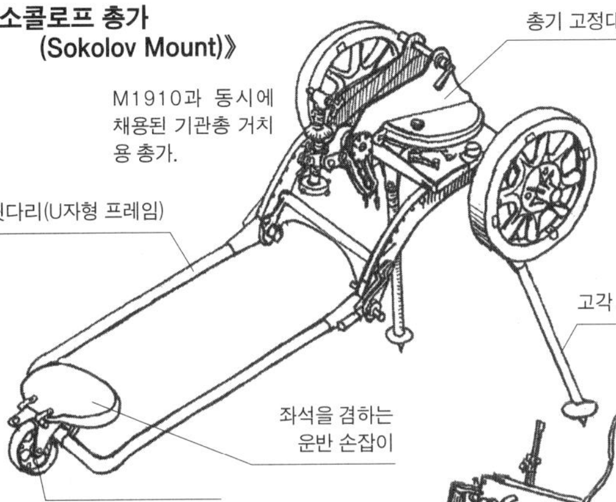

《콜레스니코프 총가(Kolesnikov tripod)》

소콜로프 총가와 동시에 채용되었으나, 이 총가에 탑재된 사례는 적다.

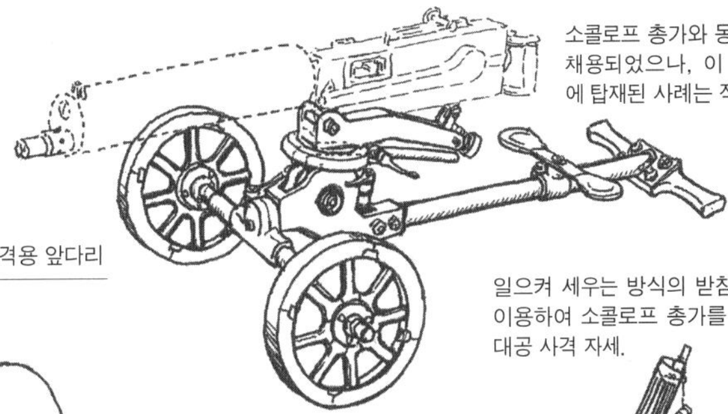

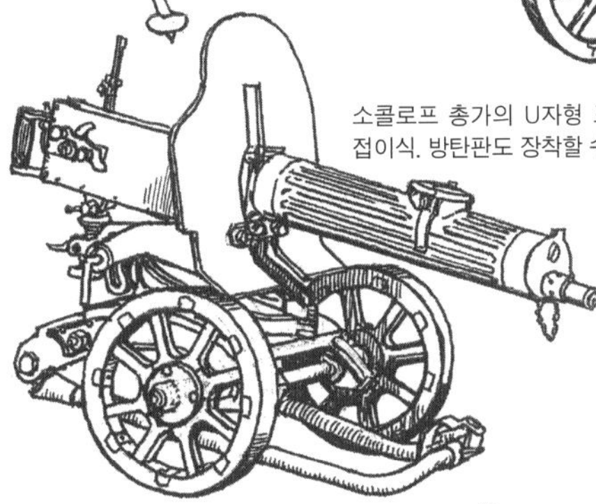

소콜로프 총가의 U자형 프레임은 접이식. 방탄판도 장착할 수 있다.

일으켜 세우는 방식의 받침대를 이용하여 소콜로프 총가를 얹은 대공 사격 자세.

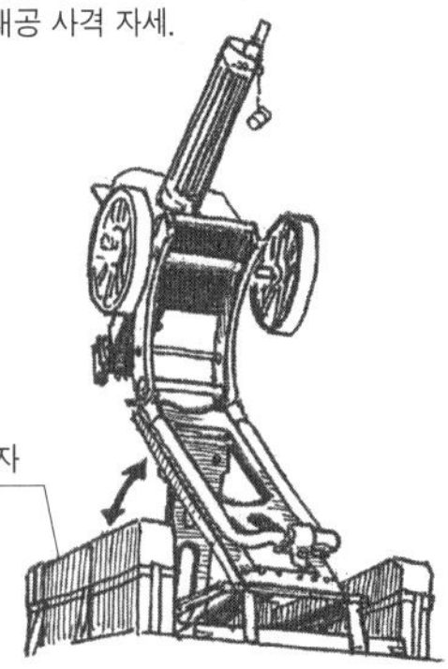

대공 사격 자세

《M31 총가》

소콜로프 총가를 개량한 모델로 대공 사격도 가능해졌다. 하지만 총가의 중량이 40kg에 육박했기에, 야전에서는 많이 쓰이지 않았다.

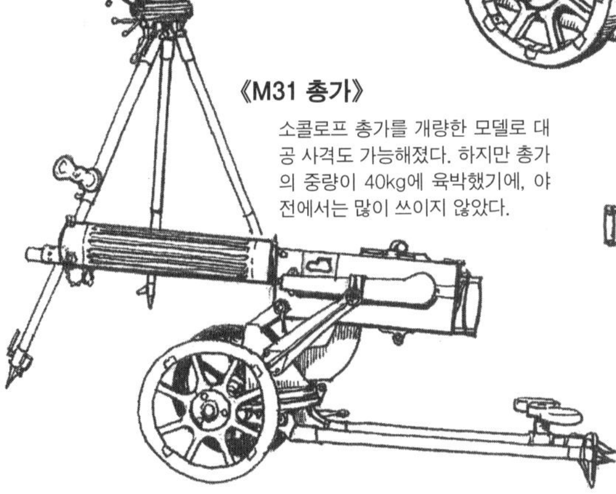

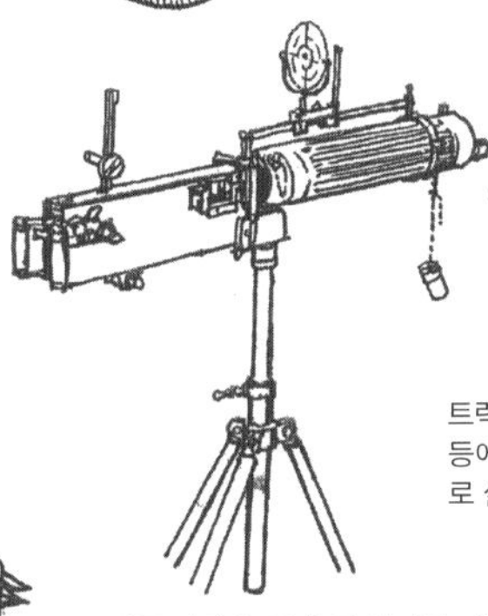

대공 사격을 위해 링 형태의 대공 사격용 가늠자도 준비되어 있었다.

《2연장 총가》

트럭이나 장갑 열차 등에 대공 사격용으로 설치되었다.

《전장에서의 운반법》

작은 보조 바퀴가 달린 초기형을 끌고 가는 모습. 노상이나 단단한 지면에서는 로프를 사용하여 견인했다.

초원 등에서는 프레임을 직접 잡고 견인했다.

요철이 있는 지형에서는 앞뒤로 나뉘어 들어 올려서 이동했다.

진창이나 습지, 모래땅에서는 어깨에 메고 운반했다.

혼자 짊어지고 가는 것도 가능했다.

눈 위에서는 썰매에 싣고 이동했다.

《DP-1928 경기관총(데그차레프 경기관총)》

1927년에 소련의 총기 설계자인 바실리 데그차레프가 개발을 시작하여, 이듬해인 1928년에 제식화된 경기관총. 가스압 작동 방식을 사용하며, 단순한 구조로 설계되어 있어 생산성도 우수했고 유지보수도 용이했다.

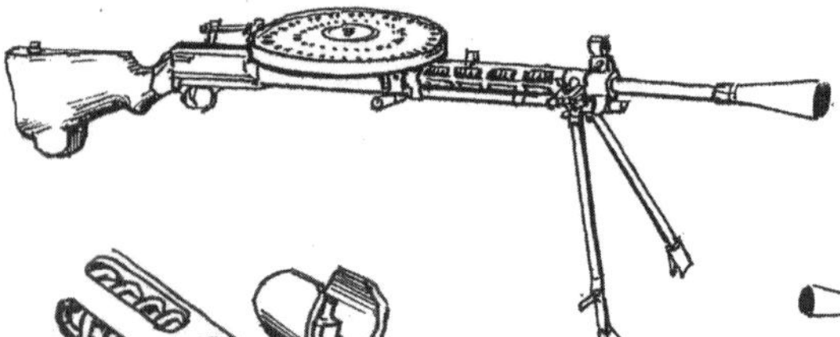

DP-1928에 사용되는 7.62×54mm R탄은 탄피의 테이퍼가 크고 림이 붙어 있어, 박스형 탄창에서는 급탄 불량을 일으키기 쉬웠기 때문에, 원반형 탄창을 사용하도록 만들어졌다.

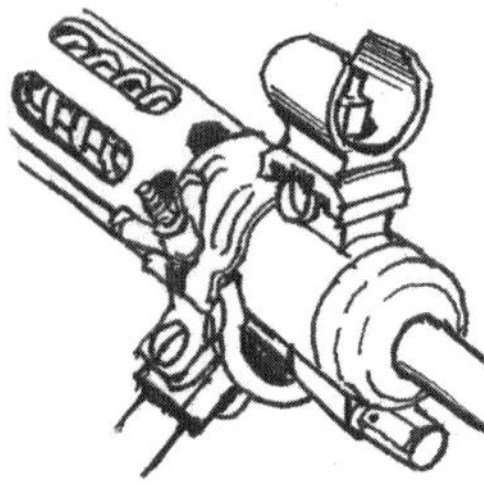

DP-1928의 가늠쇠. 가늠쇠에는 보호용으로 'U'자 모양의 가늠쇠울이 부속되었다.

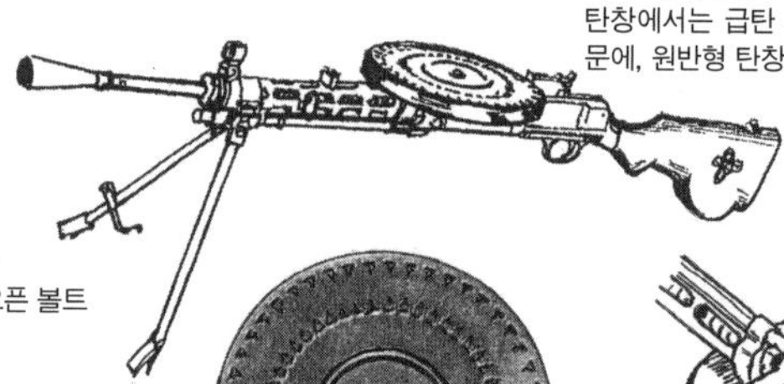

구경 : 7.62mm
탄약 : 7.62×54mm R
장탄수 : 원반형 탄창에 47발
작동 방식 : 가스압 작동식/오픈 볼트
전장 : 1,270mm
총열 길이 : 605mm
중량 : 9.12kg
발사속도 : 500~600발/분

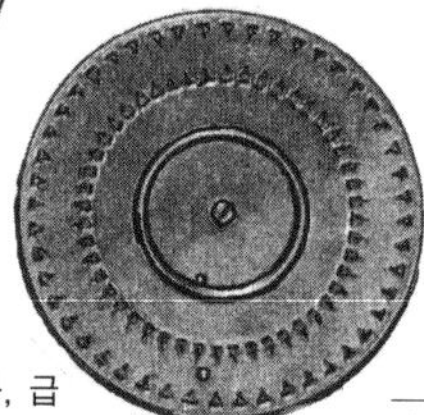

[DP-1928용 원반형 탄창]
원래 장탄수는 49발이었으나, 급탄 불량이 다발했기 때문에, 나중에 47발 들이로 개수되었다.

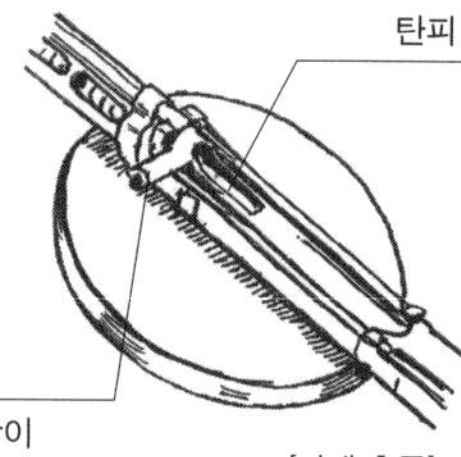

[아래 총몸]

《DT-29 전차 기관총》

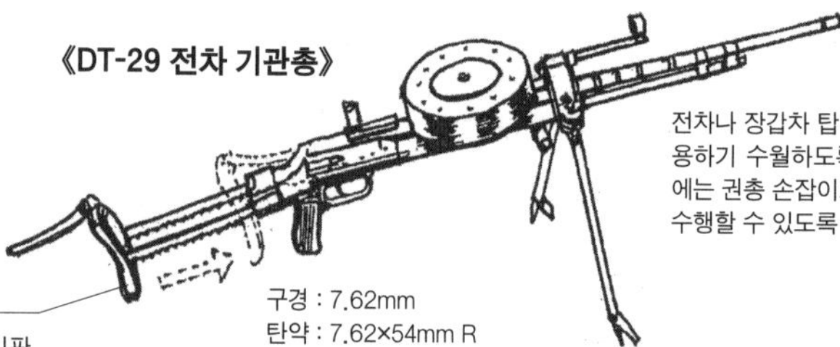

전차나 장갑차 탑재용으로 DP-1928을 개량한 모델. 좁은 차내에서 사용하기 수월하도록 개머리판이 신축식으로 변경되었고, 방아쇠 부분에는 권총 손잡이가 추가되었다. 또한, 차량에서 분리하여 하차 전투도 수행할 수 있도록 탈착식 가늠쇠와 양각대까지 준비되어 있었다.

신축식 개머리판. 차량 내부에서는 수납한 상태로 사용했다.

구경 : 7.62mm
탄약 : 7.62×54mm R
장탄수 : 원반형 드럼 탄창에 60발
작동 방식 : 가스 작동식/오픈 볼트
전장 : 1,180mm, 1,010mm(개머리판 수납 시)
총열 길이 : 697mm
중량 : 12.5kg
발사속도 : 600발/분

DT-29 전차 기관총은 일부 보병 부대에도 배치되었다. DT 기관총의 탄창은 DP-1928의 것보다 지름은 줄어들었지만, 장탄수는 60발로 훨씬 늘어났다.

예비 탄창 휴대 편의를 위해 DP-1928과 DPM 경기관총 전용 금속제 케이스도 만들어졌다.

《DPM 경기관총》

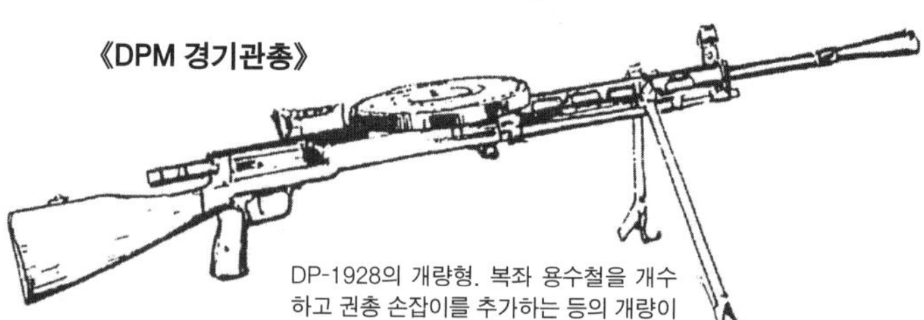

DP-1928의 개량형. 복좌 용수철을 개수하고 권총 손잡이를 추가하는 등의 개량이 이루어졌으며, 1943년부터 생산되었다.

공랭식 중기관총

1943년에 고류노프가 개발한 공랭식 중기관총. 맥심 M1910 중기관총의 후속 모델로서 제식화되었다. 바퀴가 달린 M1943 총가에 탑재하여 사용했다. 제2차 대전 후에도 개량이 이루어졌으며, 현재도 계속 사용되고 있다.

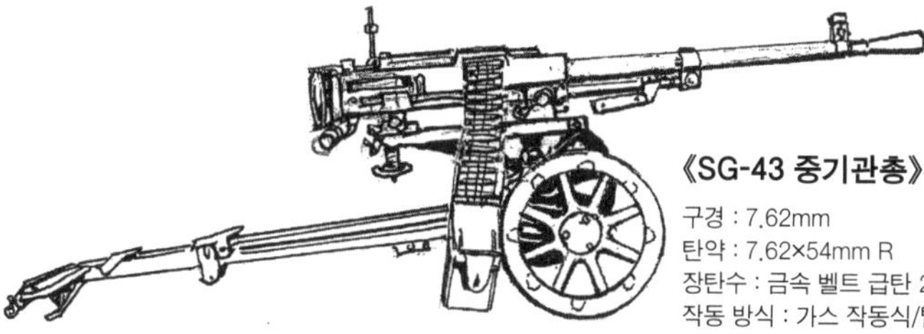

《SG-43 중기관총》

구경 : 7.62mm
탄약 : 7.62×54mm R
장탄수 : 금속 벨트 급탄 250발 묶음
작동 방식 : 가스 작동식/틸팅 브리치 블록
전장 : 1,150mm
총열 길이 : 720mm
중량 : 13.8kg(기관총 본체),
40.7kg(차륜형 총가 포함)
발사속도 : 500~700발/분

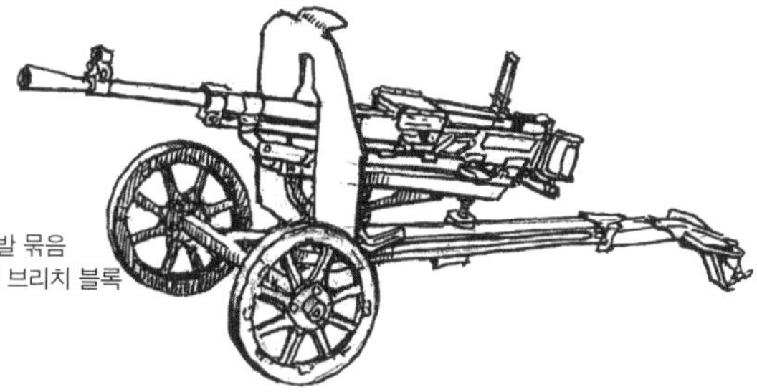

《DShK38 중기관총》

1930년에 개발된 DK 중기관총을 개량한 모델로, 1938년에 채용되었다. 재설계 작업에는 데그차레프와 슈파긴도 관여한 바 있다. 차륜형 총가에 탑재하여 보병 부대에서 운용된 것 외에, 전차 등에도 대공용으로 탑재되었다.

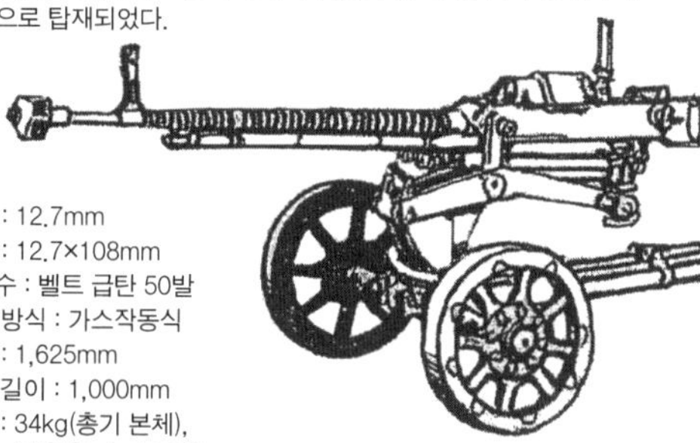

구경 : 12.7mm
탄약 : 12.7×108mm
장탄수 : 벨트 급탄 50발
작동 방식 : 가스작동식
전장 : 1,625mm
총열 길이 : 1,000mm
중량 : 34kg(총기 본체),
157kg(차륜형 총가 포함)
발사속도 : 550~600발/분

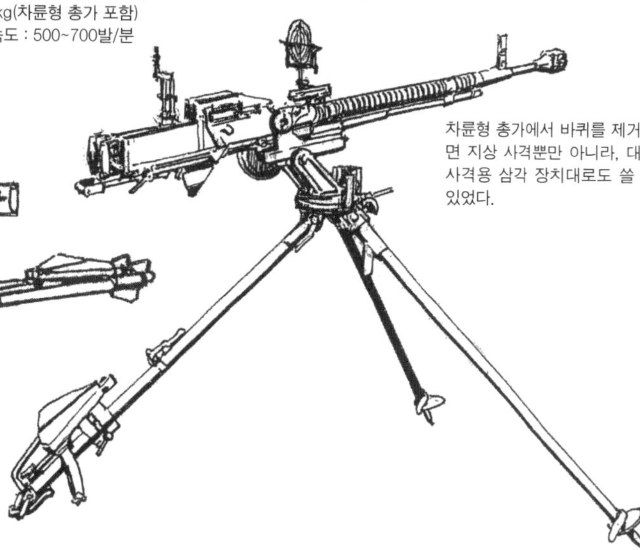

차륜형 총가에서 바퀴를 제거하면 지상 사격뿐만 아니라, 대공 사격용 삼각 장치대로도 쓸 수 있었다.

화염방사기

《ROKS-2》

1935년에 소련군에 채용된 화염방사기. 적에게 화염방사기라는 것을 들키지 않도록 탱크에는 커버를 씌우고, 노즐 부분은 모신 나강 소총의 개머리판을 전용하여 소총과 비슷하게 보이도록 만들어져 있다. 7.62×25mm 토카레프탄을 개조한 공포탄으로 점화했다.

중량 : 약 15kg(연료 무게 제외)
연료 : 약 9L
유효 사거리 : 25m
최대 사거리 : 45m

중량 : 약 14.7kg (연료 무게 제외)
연료 : 약 9L
유효 사거리 : 30m
최대 사거리 : 45m

《ROKS-3》

ROKS-2의 제조 공정을 간소화한 모델. 노즐 부분이 짧아지고, 연료 탱크 커버도 폐지되었다.

수류탄

《RG-33 수류탄》

대인용 막대형 수류탄. RG-1914/30의 대체품으로 1933년부터 생산이 시작되었다. 공격과 방어에 모두 사용할 수 있도록 탄두 부분에는 탈착식 슬리브가 부속된다.

중량 : 500g, 750g
(파편 슬리브 장착 시)
전장 : 190mm
직경 : 45mm, 54mm
(파편 덮개 장착 시)
작약 : TNT 85g

《F1 수류탄》

프랑스군의 F1 수류탄을 원형으로 삼아 1941년부터 소련 내에서 제조한 파편형 수류탄. 유효 살상 범위는 반경 20~30m.

중량 : 600g
전장 : 117mm
직경 : 55mm
작약 : TNT 60g

《RPG43 대전차 수류탄》

중량 : 1.2kg
직경 : 95mm
전장 : 300mm
작약 : TNT 610g

1943년에 채용된 대전차 수류탄으로, 독일군의 중전차 등 기갑 차량을 파괴할 수 있도록, 성형 작약 탄두를 사용하며, 최대 75mm 두께의 장갑판을 파괴할 수 있었다.

《RG-42 수류탄》

중량 : 420g
전장 : 130mm
직경 : 55mm
작약 : TNT 200g

RG-33의 후속 모델로서 1942년에 제식화된 공격형 수류탄. 신관은 F1과 같은 UZGRM 신관을 사용했다.

《RG-1914/30(M1914/30) 수류탄》

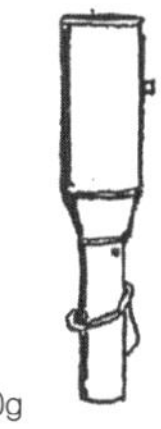

중량 : 590g
전장 : 235mm
직경 : 45mm
작약 : TNT 320g

1차 대전 중 사용된 공격형 수류탄 RG-14의 개량형. 작약이 피크린산에서 TNT로 변경되었으며 방어용으로 쓸 수 있도록 파편 슬리브도 준비되었다.

대검

소련군의 주력 소총인 모신 나강용으로는 M1891 및 M1891/30 대검이 채용되었다. 각각 다수의 개량형이 존재하지만, 어느 것이든 대검 기부를 총구에 끼워 넣는 소켓식 스파이크형 대검이었다.

M1891/30 대검

모신 나강 M1891/30 소총용으로 제정된 대검. M1891의 개량형으로 1930~1933년 사이에 생산되었다.

전장 : 505mm
칼날 길이 : 432mm

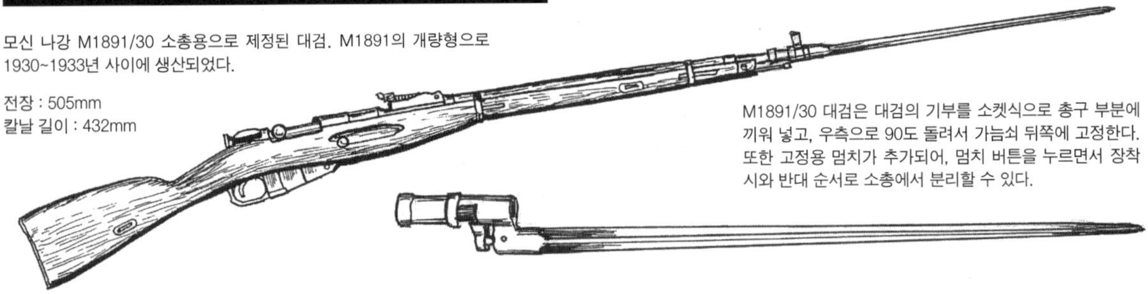

M1891/30 대검은 대검의 기부를 소켓식으로 총구 부분에 끼워 넣고, 우측으로 90도 돌려서 가늠쇠 뒤쪽에 고정한다. 또한 고정용 멈치가 추가되어, 멈치 버튼을 누르면서 장착 시와 반대 순서로 소총에서 분리할 수 있다.

M1944 대검

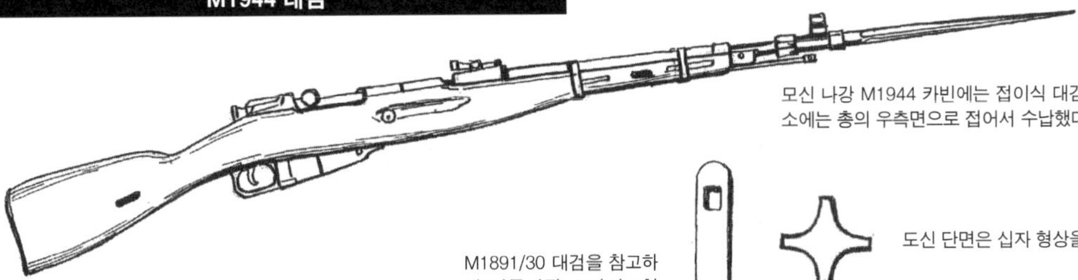

모신 나강 M1944 카빈에는 접이식 대검이 채용되었다. 평소에는 총의 우측면으로 접어서 수납했다.

도신 단면은 십자 형상을 하고 있다

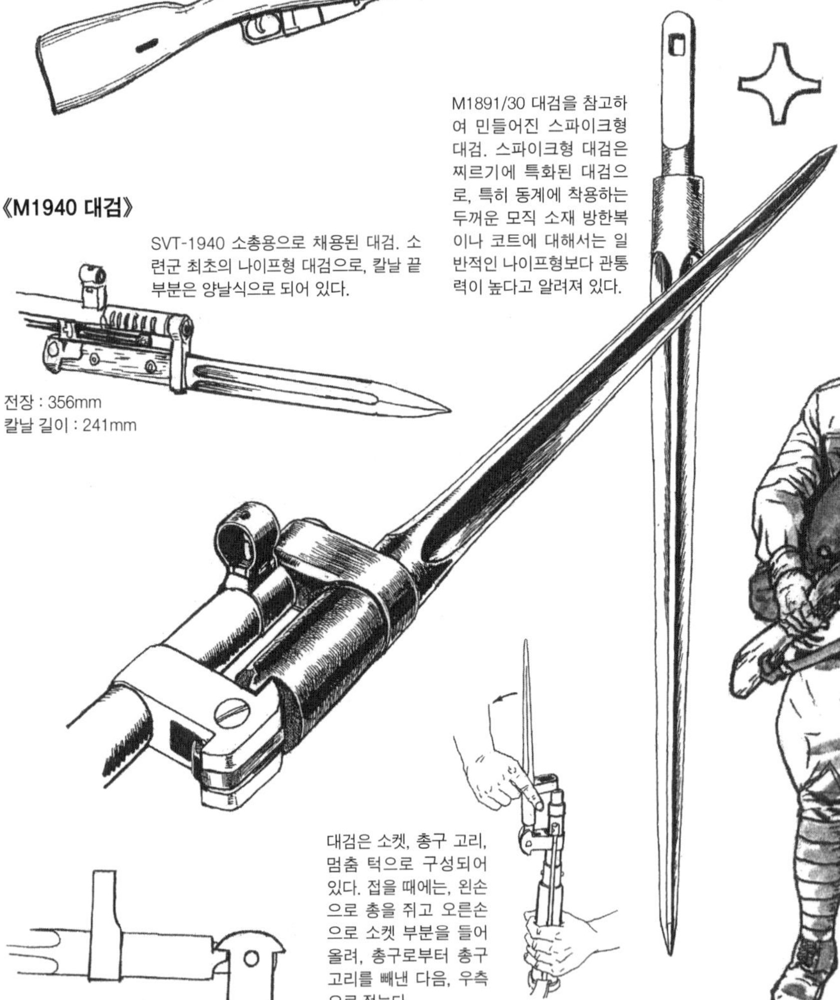

M1891/30 대검을 참고하여 만들어진 스파이크형 대검. 스파이크형 대검은 찌르기에 특화된 대검으로, 특히 동계에 착용하는 두꺼운 모직 소재 방한복이나 코트에 대해서는 일반적인 나이프형보다 관통력이 높다고 알려져 있다.

《M1940 대검》

SVT-1940 소총용으로 채용된 대검. 소련군 최초의 나이프형 대검으로, 칼날 끝 부분은 양날식으로 되어 있다.

전장 : 356mm
칼날 길이 : 241mm

대검은 소켓, 총구 고리, 멈춤 턱으로 구성되어 있다. 접을 때에는, 왼손으로 총을 쥐고 오른손으로 소켓 부분을 들어 올려, 총구로부터 총구 고리를 빼낸 다음, 우측으로 접는다.

대검 기부 끝에 갈퀴가 있어, 이것을 멈춤 턱 부분에 걸어 고정했다.

스파이크형 대검이 장착된 모신 나강 M1938 카빈을 휴대한 소련군 병사.

소련군 보병 부대의 편성

독소전쟁이 시작된 1941년 6월 당시, 소련군의 소총 분대(보병 분대)는 타국과 마찬가지로 소총 팀과 분대를 지원하는 경기관총 팀으로 나뉘어, 분대장, 경기관총 사수, 부사수(탄약수), 소총수 8명 등 합계 11명을 기본으로 편성되어 있었다. 개전 초기에 독일군의 공격으로 큰 피해를 입은 소련군은 1942년~1944년에 걸쳐 부대의 재편성 및 신설을 실시했는데, 이에 따라 1942년 말에 탱크 데산트 전술을 구사하는 기관단총 중대가 편성되었다. 이후 소련군의 소총 분대는 보충병 부족 문제에 임무 내용이나 전투 시기, 지역 등에 따라 1개 분대가 7명~11명으로 편성되는 모습을 보였다.

소련군의 저격 분대

《차량화 기관단총 대대(1944년 8월 기준)》

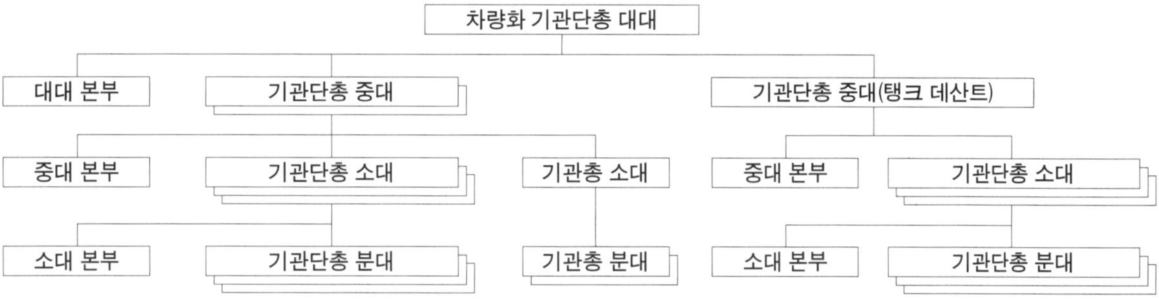

* 기관단총 중대 이외의 대대 소속 부대는 생략.

저격 분대의 구성

그림은 10인 분대 편성을 보여준다. 사용 화기는 분대장이 PPSh-41 기관단총, 기관총 사수는 DP-1928 경기관총, 소총수는 모신 나강 M1891/30 등의 소총을 장비했다.

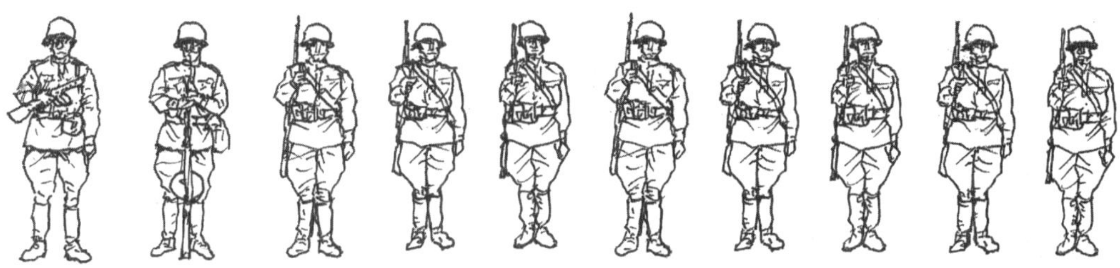

[분대장] PPSh-41 / [경기관총 사수] DP-1928 경기관총 / [부사수] 모신나강 M1891/30 등의 소총 / [소총수] 모신 나강 M1891/30 등의 소총 / [부분대장] 모신 나강 M1891/30 등의 소총

《탱크 데산트(전차 탑승 부대)》

소련군 특유의 전차를 사용한 강습 공격, 일명 '탱크 데산트'는, 적의 전선을 돌파하고, 전차에 탑승한 수반 보병이 적의 거점 등을 파괴하는 전술이다. 이 수반 보병은 1941년 12월, 기관단총 중대로 편성되었다. 전차 1대에 1개 분대(PPSh-41 기관단총을 장비한 기관단총 분대)가 탑승, 하차 전투에 대응했다.

기관단총 분대

기관단총 분대는 7~10명의 분대원으로 구성되었다. 이 분대는 화기 구성이 변칙적이었는데, 전원이 기관단총을 장비하거나, 때에 따라 일부 대원이 소총을 장비하는 경우도 있었다. 1943년 이후부터는 소총 대신 기관단총을 장비한 저격 분대도 편성되었다.

[분대장] PPSh-41 및 권총 / [경기관총 사수] DP-1928 경기관총 / [부사수] PPSh-41 / [기관단총 사수] PPSh-41 / [부분대장] PPSh-41

프랑스군

2차 대전이 시작된 1939년 당시,
프랑스군이 장비하고 있던 소화기 대부분은
1차 대전 이후의 개량형이었다.
1930년대에 들어 신형 화기를 제식 채용하여 배치가 시작되었으나,
신구 교체가 완료되기 전에 독일군의 침공을 받고 말았다.

권총

프랑스의 군용 권총은 1차 대전 이후, 리볼버에서 자동권총이 주력의 지위를 차지했다. 프랑스 국내 제조사에서 여러 종의 모델이 개발 및 생산되고 있었으나, 군용으로 적합한 모델이 채용된 것은 1930년대 후반에 들어서서였다.

군용 리볼버

《Mle 1892》

1892년에 채용되어, 2차 대전기까지 사용된 더블 액션 리볼버. 후속이 될 자동권총의 부족으로 인해 2차 대전 중에도 계속 사용되었다.

구경 : 8mm
탄약 : 8×27mm R(8mm 프렌치탄)
장탄수 : 6발
작동 방식 : 리볼버
전장 : 235mm
총열 길이 : 118mm
중량 : 850g

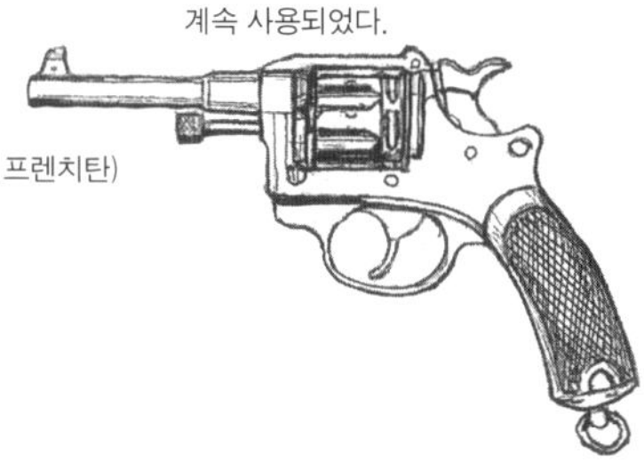

B의 나사를 풀면, 총몸 좌측 판이 방아쇠 울 앞쪽을 축으로 하여 전방으로 회전해 열린다. 이 구조 덕분에 내부 정비 등을 비교적 간단히 할 수 있게 되어 있었다.

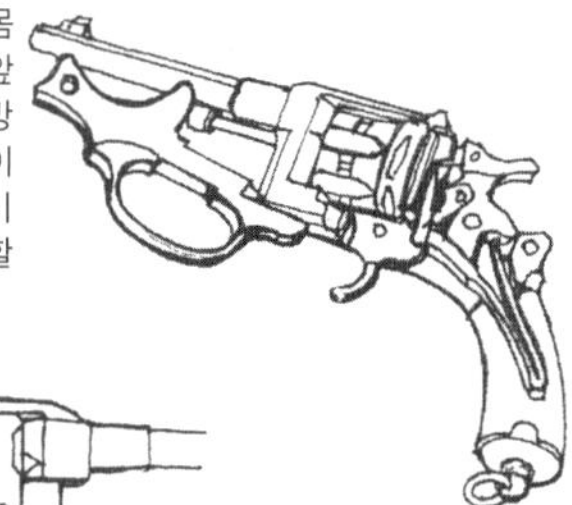

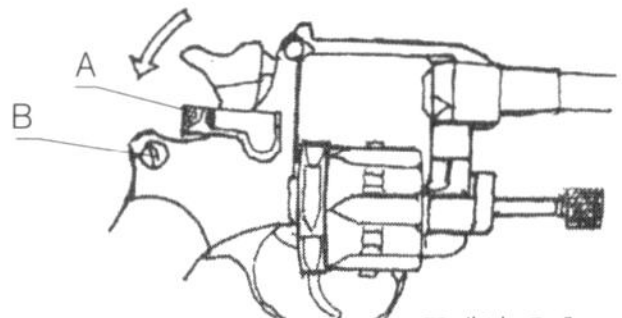

프레임 우측, A의 레버를 후방으로 당기면 실린더가 우측으로 스윙 아웃하여 탄약의 장전 및 탄피 배출을 실시할 수 있도록 되어 있다.

군용 자동권총

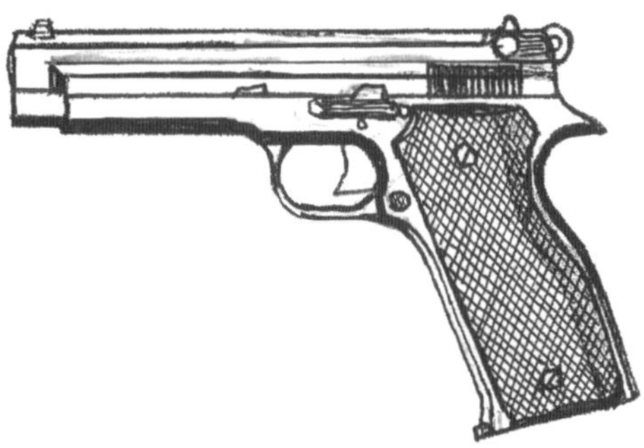

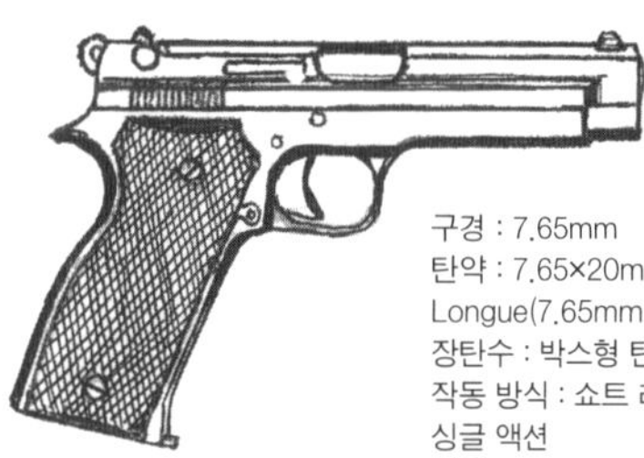

구경 : 7.65mm
탄약 : 7.65×20mm Longue(7.65mm 롱 탄)
장탄수 : 박스형 탄창에 7발
작동 방식 : 쇼트 리코일/싱글 액션
전장 : 196mm
총열 길이 : 112.5mm
중량 : 760g

《Mle 1935A》

프랑스의 SACM(Société Alsacienne de Constructions Mécaniques, 알자스 기계 공업사)에서 1935년에 개발한 자동권총. 프랑스군에는 1937년에 채용되었으나, 프랑스가 독일에 점령당하면서 1942~1944년까지 독일군에 납품되었다.

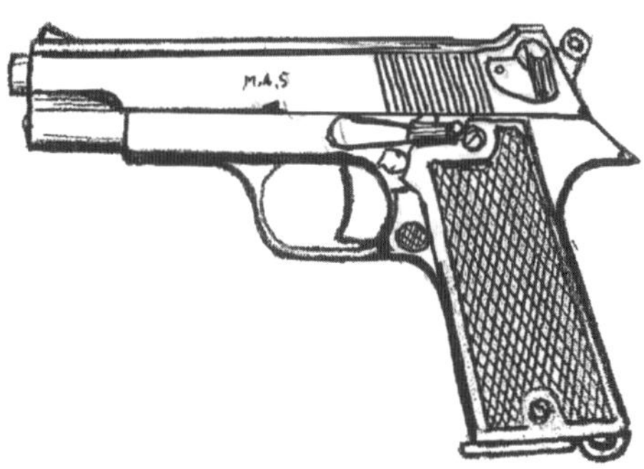

구경 : 7.65mm
탄약 : 7.65×20mm Longue
장탄수 : 박스형 탄창에 7발
작동 방식 : 쇼트 리코일/싱글 액션
전장 : 183mm
총열 길이 : 107mm
중량 : 815g

《Mle 1935S》

MAS(Manufacture d'armes de Saint-Étienne, 생테티엔 조병창)에서 개발된 자동권총. 원래는 군용 권총 선정 과정에서 Mle 1935A에 밀려 탈락했으나, Mle 1935A의 생산이 군의 발주를 따라가지 못했기에, 1938년에 Mle 1935S라는 이름으로 제식 채용되었다.

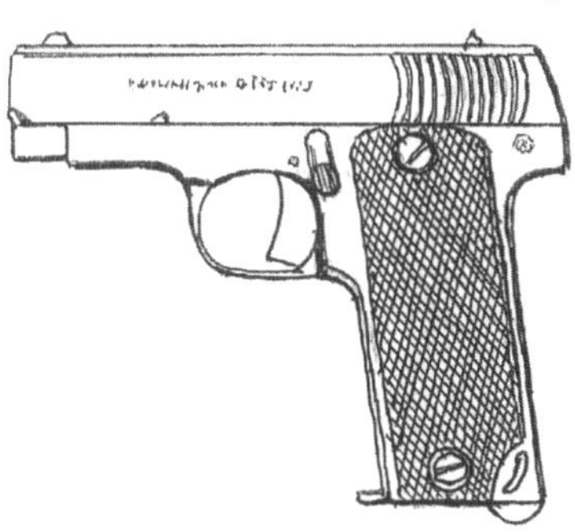

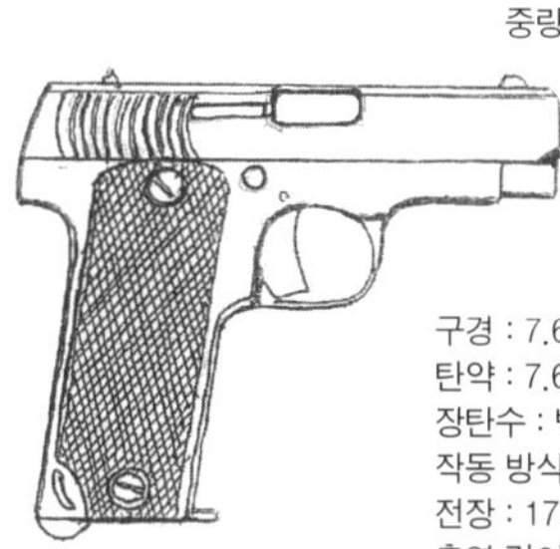

구경 : 7.65mm
탄약 : 7.65×17mm(.32ACP 탄)
장탄수 : 박스형 탄창에 9발
작동 방식 : 블로우백/싱글 액션
전장 : 170mm
총열 길이 : 80mm
중량 : 850g

《루비 1914》

스페인의 가빌론도(Gabilondo) 사가 1914년에 개발한 싱글 액션 오토매틱 피스톨. 1차 대전 기간 중, 자국산 군용 권총의 조달이 제때 이뤄지지 않자, 프랑스 군 측의 발주로 스페인에서 생산되었다.

소총

프랑스군은 Mle 1886 및 Mle 1890 소총을 채용한 이래, 다수의 개량형을 1차 대전부터 2차 대전에 걸쳐 사용해 왔다. 신형 소총의 개발도 이루어져, 2차 대전 개전 이전에 채용되었으나, 배치가 완료되기 전에 독일에 항복하고 말았다.

1차 대전형 소총

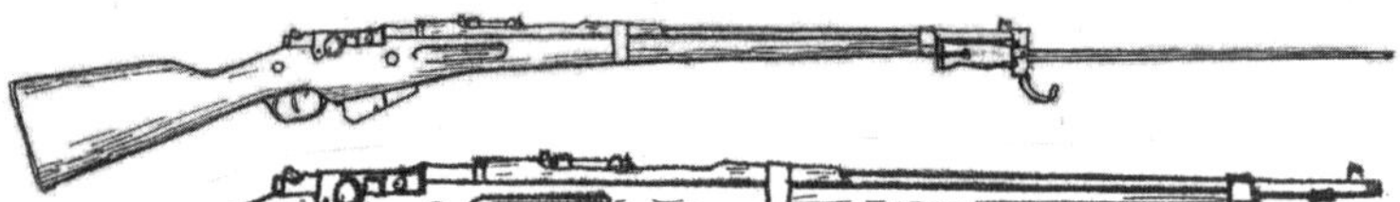

《Mle 1916》

Mle 1907/15 소총을 개량하여, 1차 대전 중에 채용된 소총. 이전까지의 소총은 장탄수가 3발이었으나, Mle 1916에서는 5발로 늘어났다. 후계가 될 신형 소총의 배치가 늦어짐에 따라 2차 대전 중에도 사용되었다.

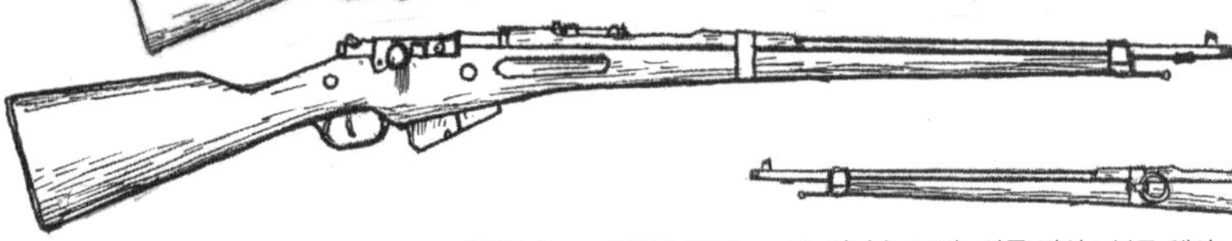

구경 : 8mm 탄약 : 8×50mm R 장탄수 : 5발 작동 방식 : 볼트 액션 전장 : 1,320mm 총열 길이 : 786mm 중량 : 4.2kg

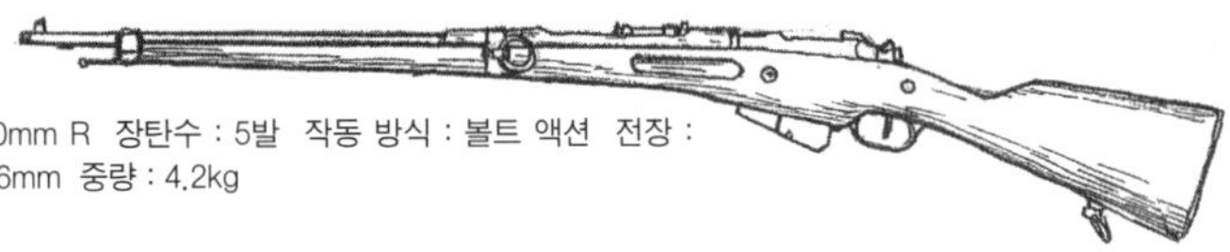

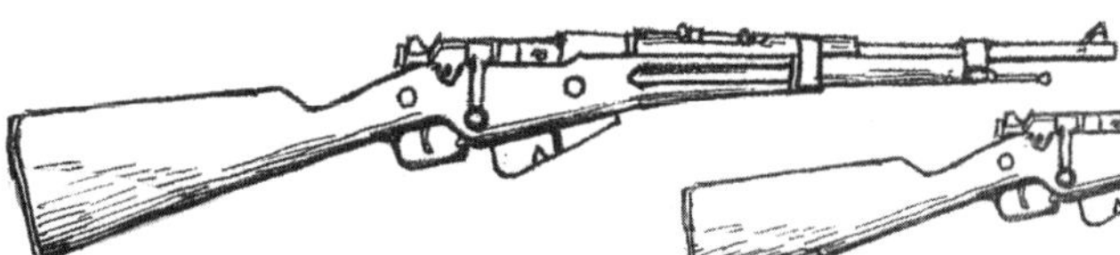

《Mle 1916 카빈》

전장 및 총열 길이를 짧게 줄인 기병용 모델. 독일에 항복한 후, 노획된 소총과 카빈은 프랑스를 점령한 독일군에서 사용되었다.

구경 : 8mm 탄약 : 8×50mm R(8mm 르벨 탄) 장탄수 : 5발 작동 방식 : 볼트 액션 전장 : 940mm 총열 길이 : 440mm 중량 : 3.25kg

[Mle 1892 대검]
Mle 1892 소총 및 Mle 1892/27 카빈에 사용된 대검. 고무 그립이 부속되었다.

전장 : 514mm
칼날 길이 : 400mm

신형 소총

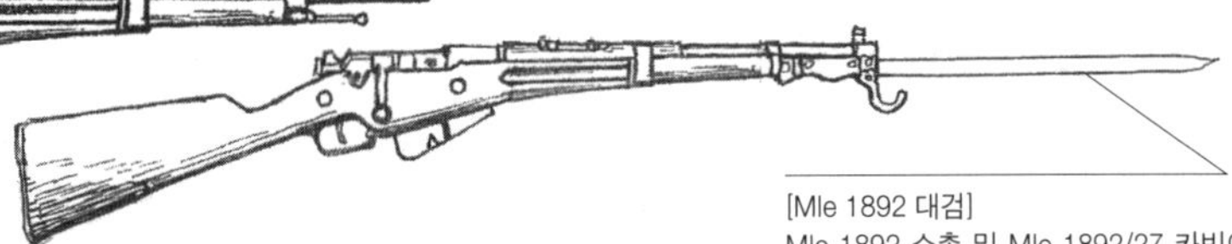

《Mle 1936(MAS 36)》

1920년대에 들어서면서, 프랑스군은 M1890 시리즈와는 다른 신형 소총의 개발을 개시했다. 종래의 8mm 대신 7.5mm로 구경을 변경했고, 1932년에 시제품인 Mle 1932가 등장했는데, 이 시제품을 더욱 개량하여 완성한 것이 바로 Mle 1936이었다.

구경 : 7.5mm 탄약 : 7.5×54mm 장탄수 : 5발 작동 방식 : 볼트 액션 전장 : 1,020mm 총열 길이 : 575mm 중량 : 3.75kg

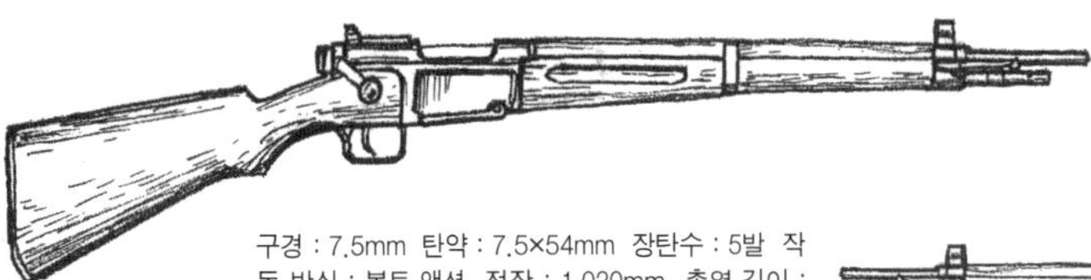

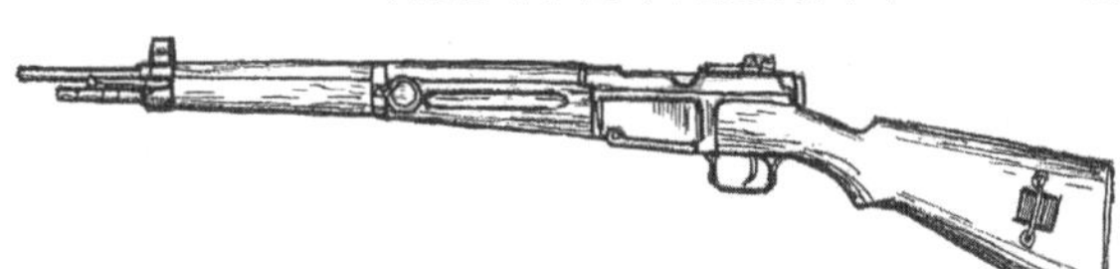

전장 : 432mm
칼날 길이 : 330mm

[Mle 1936 대검]
Mle 1936의 대검은 스파이크형으로, 평소에는 총열 아래쪽의 총상 내부에 수납되었다.

기관단총

2차 대전 개전 이전까지 프랑스군에 제식 채용된 기관단총은, 1938년에 채용된 Mle 1938뿐이었다.

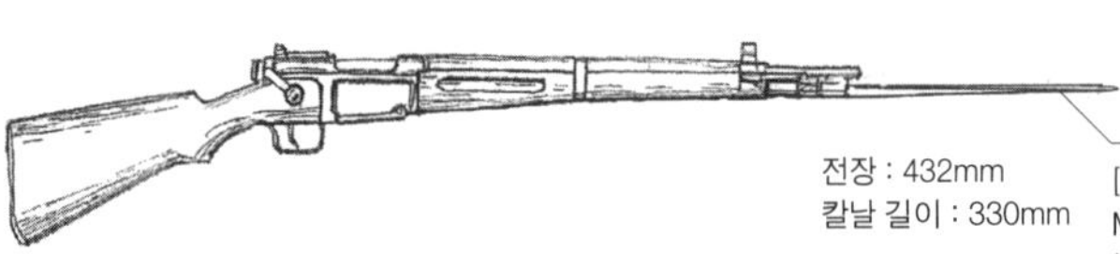

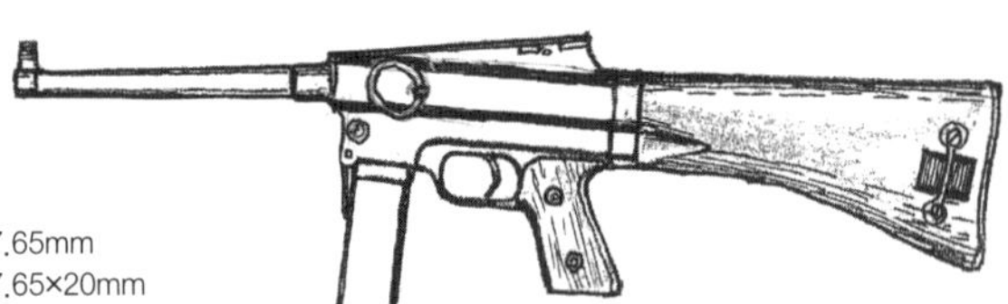

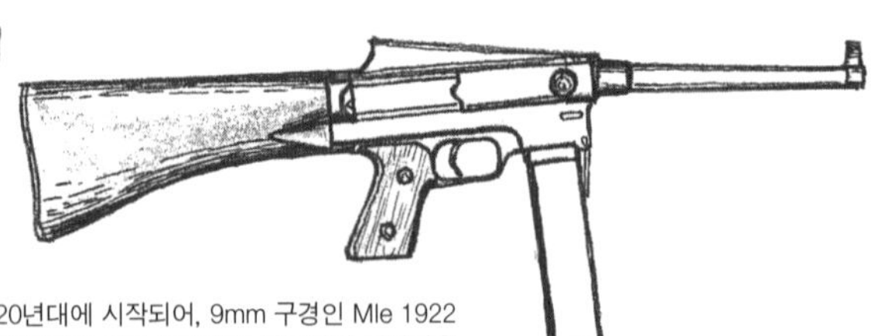

구경 : 7.65mm
탄약 : 7.65×20mm
(7.65mm Longue 탄)
장탄수 : 박스형 탄창에 32발
작동 방식 : 블로우백/오픈 볼트
전장 : 630mm
총열 길이 : 225mm
중량 : 2.86kg

《Mle 1938(MAS 38)》

프랑스군에서의 기관단총 개발은 1920년대에 시작되어, 9mm 구경인 Mle 1922와 Mle 1924가 시험 제작되었으나, 2차 대전 개전 이전까지 제식화된 기관단총은 1938년에 채용된 Mle 1938뿐이었다. Mle 1938은 1939년부터 생산되기 시작했지만, 이듬해에 프랑스가 독일에 항복했기 때문에 배치 수량은 많지 않았다.

기관총

프랑스군은 호치키스(Hotchkiss) 사나 샤텔레로 조병창(Châtellerault Arsenal)에서 개발된 기관총을 채용해 왔다. 이들 기관총은 프랑스군뿐만 아니라 해외로도 수출되었다.

경기관총

《샤텔로 Mle 1924 경기관총》

1차 대전 당시, 악평이 높았던 쇼샤(Chauchat) Mle 1915 경기관총의 후속으로 1924년에 채용되었다. 롱 스트로크 피스톤 방식에 오픈 볼트 기구로 작동하며 2개의 방아쇠를 사용하여 각각 연발(전방)과 단발(후방) 사격으로 조작할 수 있도록 만들어졌다. 1929년에는 사용 탄약을 7.5×54mm로 변경한 Mle 1924/29가 채용되었다.

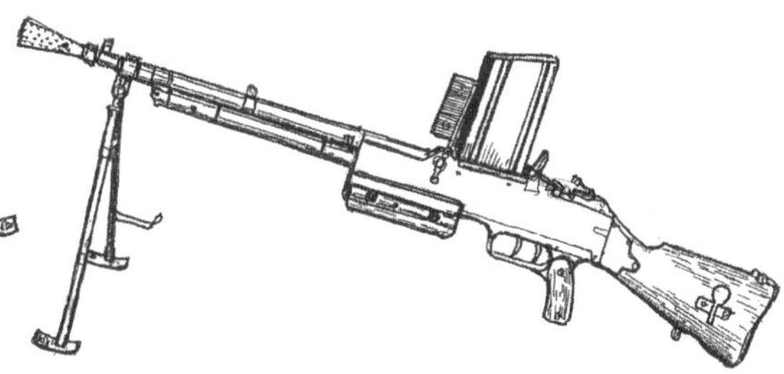

구경 : 7.5mm
탄약 : 7.5×58mm(7.5mm 프렌치 탄)
장탄수 : 박스형 탄창에 25발
작동 방식 : 롱 스트로크 가스 피스톤
전장 : 1,080mm
총열 길이 : 500mm
중량 : 9.2kg
발사속도 : 450발/분

중기관총

《호치키스 Mle 1914 중기관총》

러일전쟁에서 일본군도 사용했던 것으로 잘 알려진 Mle 1900의 개량 모델. 당시의 중기관총은 수랭식이 주류였으나, 호치키스 사에서는 사막과 같이 물의 보급이 어려운 지역에서도 사용할 수 있도록 공랭식으로 설계했다. 또한 부품 수를 줄이고, 정비를 용이하게 하기 위해, 기관부에는 나사나 핀을 사용하지 않았다는 특징도 있다. 신뢰성이 높아, 프랑스군에서는 2차 대전까지도 주력 중기관총으로 사용되었다.

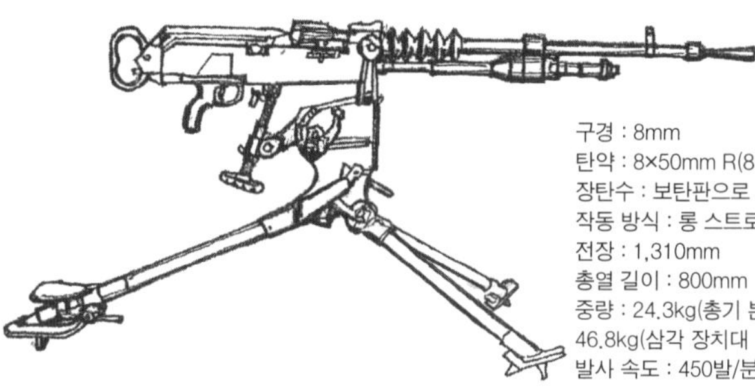

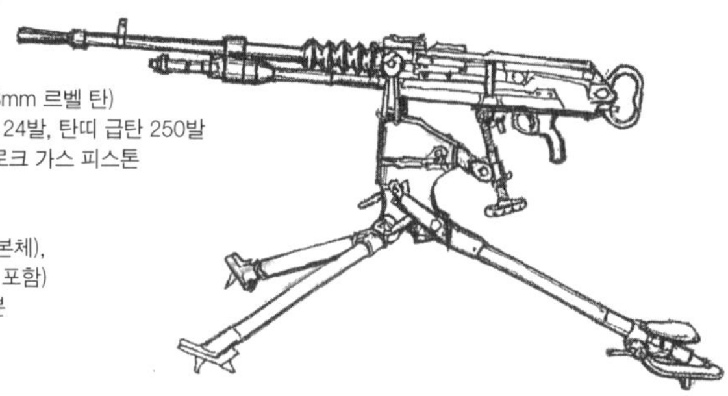

구경 : 8mm
탄약 : 8×50mm R(8mm 르벨 탄)
장탄수 : 보탄판으로 24발, 탄띠 급탄 250발
작동 방식 : 롱 스트로크 가스 피스톤
전장 : 1,310mm
총열 길이 : 800mm
중량 : 24.3kg(총기 본체),
46.8kg(삼각 장치대 포함)
발사 속도 : 450발/분

《생테티엔 Mle 1907 중기관총》

1차 대전 중에 실전 투입되었으나, 전장에서의 신뢰성이 낮아, 1917년 7월 이후 호치키스 Mle 1914와 순차적으로 교체되어 일선에서 퇴출되고 있었다. 1차 대전 중에 수출이 시작되어 1920년대까지 루마니아나 그리스 등에 판매되었다.

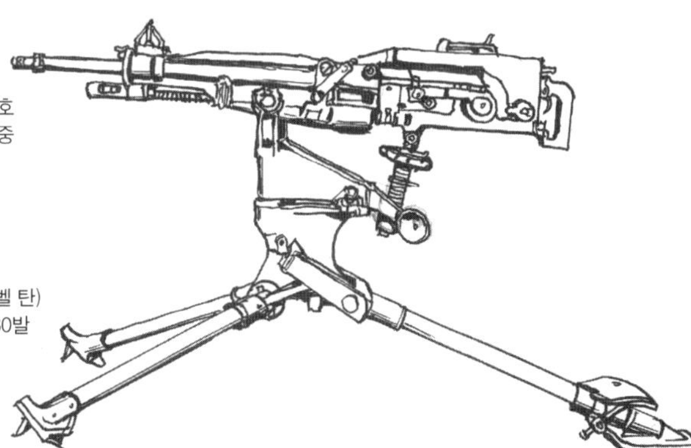

구경: 8mm
탄약: 8×50mm R(8mm 르벨 탄)
장탄수: 보탄판으로 20발, 30발
작동 방식: 가스 작동식
전장: 1,180mm
총열 길이: 710mm
중량: 25.7kg
발사 속도: 500발/분

수류탄

수류탄은 1차 대전 중에 사용되기 시작하여 단기간에 큰 발전을 이룬 무기 중 하나로, 1차 대전 기간 중에 프랑스군도 다양한 모델을 채용하여 전장에 투입했다. 그중에서 F1 등 일부 수류탄은 개량을 거듭하며 전후에도 계속 사용되었다.

OF1 수류탄을 투척하는 프랑스 병사. 안전 손잡이를 이용하여 허리 벨트에 수류탄을 휴대하고 있다.

《F1 수류탄》

1915년에 채용된 초기형의 점화 방식은 도화선식이었으나, 1916년에 밀즈 수류탄을 참고하여 뇌관식인 M1916 신관을 사용했다. 미군의 Mk.II(파인애플 수류탄)는 이 수류탄을 원형으로 삼아 개발된 것이었다.

전장 : 120mm
직경 : 55mm
중량 : 600g
작약 : TNT 60g

《OF1 수류탄》

얇은 금속으로 탄체를 만든 공격형 수류탄. 1914년에 채용된 이래, 꾸준히 개량되어 2차 대전기간 중에도 사용되었다.

전장 : 123mm
직경 : 60mm
중량 : 250g
작약 : NTMX

《Mle 1937 수류탄》

OF1의 후속 모델로, 1937년에 채용된 공격형 수류탄.

전장 : 100mm
직경 : 55mm
중량 : 600g
작약 : TNT 60g

기타 화기

《P4 화염방사기》

제1차 대전부터 사용된 모델. 압축 공기를 사용하여 연료를 분사했다.

중량 : 19kg
연료 탑재량 : 10리터

《Mle 35 60mm 박격포》

1935년에 채용된 박격포. 중대 단위로 운용되었으며, 1개 포반은 5명으로 편성되어 있었다. 미군은 이 박격포를 면허 생산하여, M2 60mm 박격포로 사용했다. 또한, 프랑스를 점령한 독일군은 이 박격포에 6cm 박격포(Granatwerfer, 보병용 박격포) 225(f)라는 제식 명칭을 붙여 사용하기도 했다.

구경 : 60mm
포신 길이 : 724mm
중량 : 19.7kg
사거리 : 100~1,700m

대검

프랑스군의 소총은 신형과 구형이 혼용되고 있었기 때문에 대검도 여러 종류가 사용되었다. 그중에서 Mle 1886 대검은 십자형 단면을 가진 스파이크형 대검으로, 2차 대전 이전까지 여러 차례의 개량이 이루어졌다. 이들 대검은 Mle 1886 시리즈나 Mle 1907 시리즈 소총에 사용되었다.

《Mle 1892 대검》

전장 : 514mm 칼날 길이 : 400mm

《Mle 1892 대검 1939년 개량형》

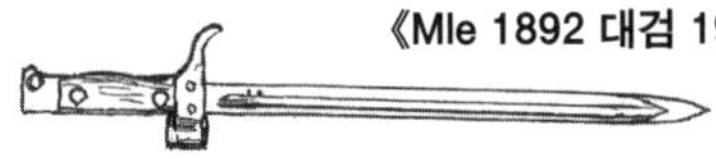

강철 고리 부분이 짧아지고, 손잡이 재질이 목재로 변경되었다.

《Mle 1886/35 대검》

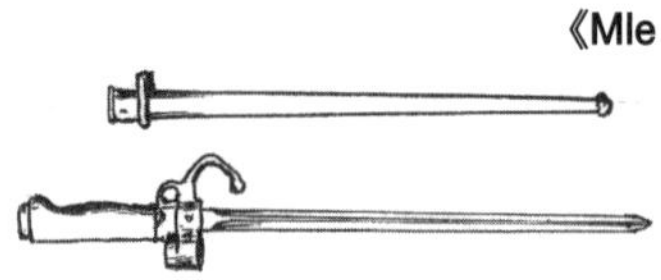

Mle 1886 대검을 1935년에 개량한 모델.

전장 : 447mm 칼날 길이 : 330mm

《Mle 1886/93/16 대검》

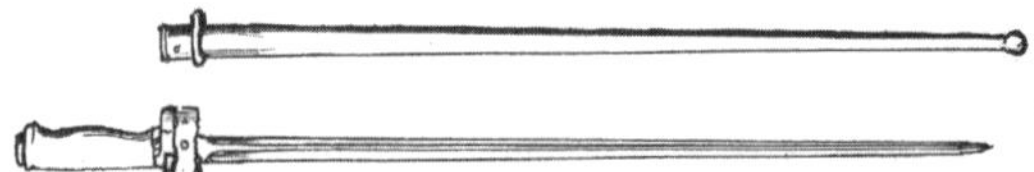

1916년에 개량된 모델.

전장 : 638mm 칼날 길이 : 520mm

《Mle 1936 대검》

Mle 1936 대검은 스파이크형 대검으로, 평상시에는 총열 아래쪽의 총상 내부에 수납되었다.

전장 : 432mm 칼날 길이 : 330mm

프랑스군 보병 부대의 편성

1차 대전 당시, 프랑스 육군 보병의 최소 부대 단위는 15명으로 구성되는 반소대(Demi-Section)였다. 이 반소대는 경기관총 사수, 총류탄 사수, 소총수로 구성되어 있었는데, 다른 나라들도 프랑스군의 편성을 참고하여, 경기관총을 배치한 분대를 편성해 나갔다. 1차 대전 이후, 프랑스군은 기관총 등 화기의 발달과 그에 따른 전술의 진화에 맞춰 2차 대전 발발까지 근대화된 분대를 편성하고 있었다.

소총 분대의 구성(1940년 5월)

독일의 프랑스 침공 당시 프랑스 육군의 소총 분대. 임무에 맞는 3종류의 소총을 장비하고 있다.

경기관총 반

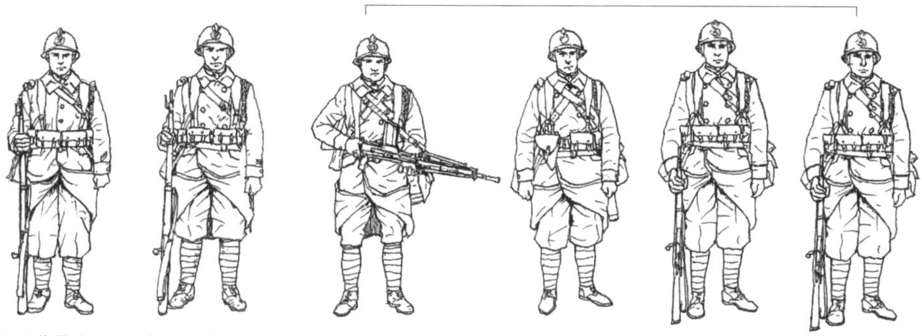

[분대장] 중사
소총을 휴대.

[부분대장] 하사
소총을 휴대.

[경기관총 사수]
Mle 1924/29
경기관총을 휴대.

[부사수]
권총을 휴대.

[탄약수]
Mle 1916 카빈을
휴대.

[탄약수]
Mle 1916 카빈을
휴대.

소총 반

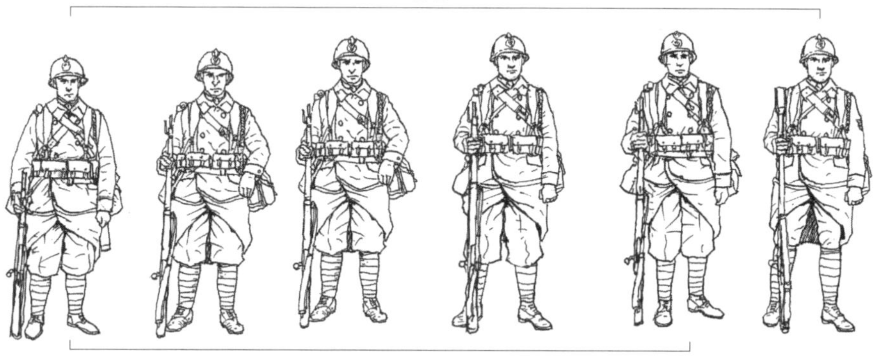

[소총수]
Mle 1916 소총을 휴대.

[소총수(총류탄 사수)]
Mle 1893 소총용 VB
총류탄 발사기를 휴대.

중기관총 분대의 구성

중기관총 분대는 호치키스 Mle 1914 중기관총 1정을 장비, 7명으로 구성되었다. 사수와 탄약수 외에 기관총 정비병까지 배속되어 있었다. 분대원은 전원 Mle 1916 카빈을 장비했다.

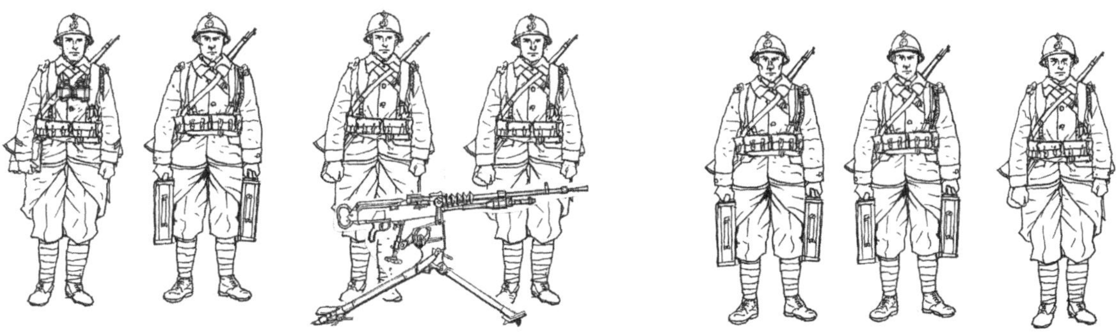

[분대장] 중사

[부분대장] 하사
150발들이
탄약상자 2개를 운반.

[기관총 사수]
이동 시에는
기관총을 운반.

[부사수]
삼각 장치대를 운반.

[탄약수]
2명 각각 150발들이
탄약상자 2개를 운반.

[정비병]
예비 부품과
총열을 휴대.

그 외의 연합군

영국, 프랑스, 소련을 제외한 유럽 각국의 군대가 사용하던
소화기 대부분은 이미 구식화된 모델이거나 타국에서 수입한 것이었다.
이들 국가 중에는 2차 대전 개전 이전까지
소화기의 국산화를 시작한 곳도 있었지만,
신형 소화기의 생산과 배치가 완료되기 전에 추축군에
맞서 싸워야 하는 운명에 처하고 말았다.

폴란드군

폴란드는 1920년대부터 국내 조병창에서 면허 생산 모델을 포함한 각종 소화기를 생산하고 있었다. 2차 대전이 개전되자 폴란드군은 이러한 자국산 병기로 독일군에 맞섰다.

《VIS wz35(라돔 M35)》

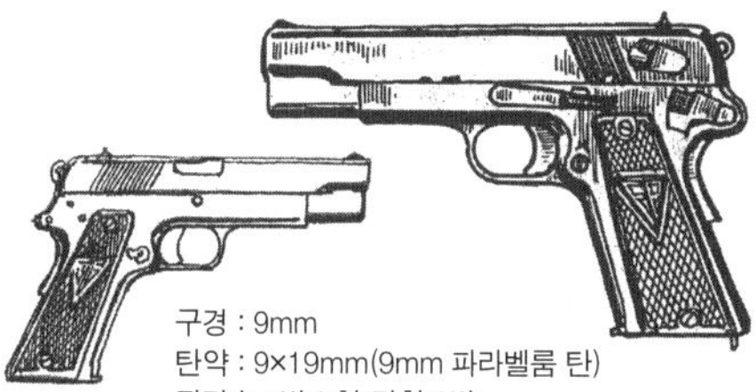

폴란드에서 개발·생산된 쇼트 리코일, 싱글 액션 방식의 자동권총. 1937년부터 양산이 시작되어, 폴란드군에 배치되었다.

구경 : 9mm
탄약 : 9×19mm(9mm 파라벨룸 탄)
장탄수 : 박스형 탄창 8발
작동 방식 : 브라우닝 쇼트 리코일/싱글 액션
전장 : 211mm
총열 길이 : 115mm
중량 : 1.05kg

《Kb wz98a(M1898 카빈)》

독일의 Gew98을 바탕으로 국영 조병창에서 개발·생산한 소총. 1936년부터 배치되었다.

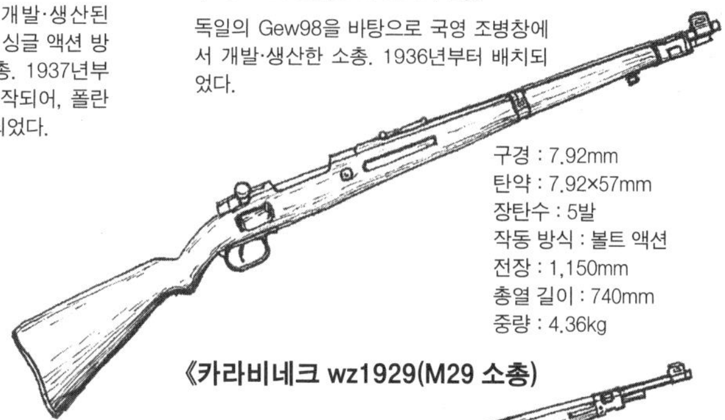

구경 : 7.92mm
탄약 : 7.92×57mm
장탄수 : 5발
작동 방식 : 볼트 액션
전장 : 1,150mm
총열 길이 : 740mm
중량 : 4.36kg

《FN wz1928 경기관총》

구경 : 7.92mm 탄약 : 7.92×57mm 장탄수 : 박스형 탄창에 20발 전장 : 1110mm 총열 길이 : 611mm 중량 : 5.9kg 발사 속도 : 300~650발/분

벨기에에서 FN M1924를 수입하여 제식으로 채용한 이후, wz1928 경기관총으로 면허 생산이 이루어졌다.

《카라비네크 wz1929(M29 소총)》

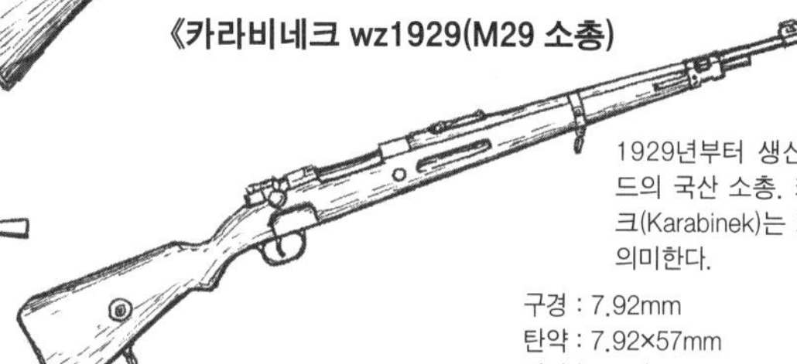

1929년부터 생산된 폴란드의 국산 소총. 카라비네크(Karabinek)는 기병총을 의미한다.

구경 : 7.92mm
탄약 : 7.92×57mm
장탄수 : 5발
작동 방식 : 볼트 액션
전장 : 1,100mm
총열 길이 : 600mm
중량 : 4.0kg

《wz33 수류탄》

wz24 수류탄을 개량하여, 1933년에 채용된 파편형 방어 수류탄.

중량 : 670g
작약 : TNT 60g

《wz35 대전차 소총》

1935년에 채용된 대전차 소총. 7.92×107mm DS 탄은 거리 100m에서 수직 장갑판 30mm를 관통하는 위력을 지니고 있었다.

구경 : 7.92mm
탄약 : 7.92×107mm DS
장탄수 : 박스형 탄창에 4발
작동 방식 : 볼트 액션
전장 : 1,760mm
총열 길이 : 1200mm
중량 : 9kg
발사속도 : 8~10발/분

《Ckm wz30 중기관총》

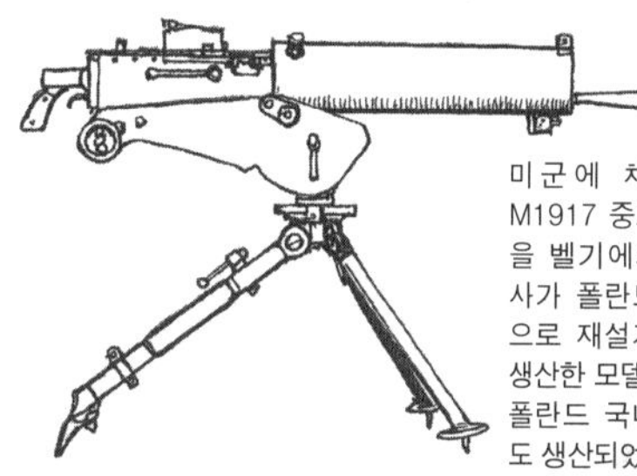

미군에 채용된 M1917 중기관총을 벨기에의 FN사가 폴란드군용으로 재설계하여 생산한 모델. 이후 폴란드 국내에서도 생산되었다.

구경: 7.92mm 탄약: 7.92×57mm 장탄수: 벨트 급탄 330발 작동 방식 : 쇼트 리코일 전장 : 1,200mm 총열 길이 : 720mm 중량 : 13.6kg(총기 본체), 65kg(총가, 냉각수 포함) 발사 속도 : 600발/분

유고슬라비아군

유고슬라비아는 1920년대에 들어, 소화기 사용 탄약을 통일하기 위해 해외로부터 7.92mm 구경의 소총이나 경기관총을 수입했다. 수입 병기의 일부는 자국에서 생산하기도 했다.

《FN M1922》

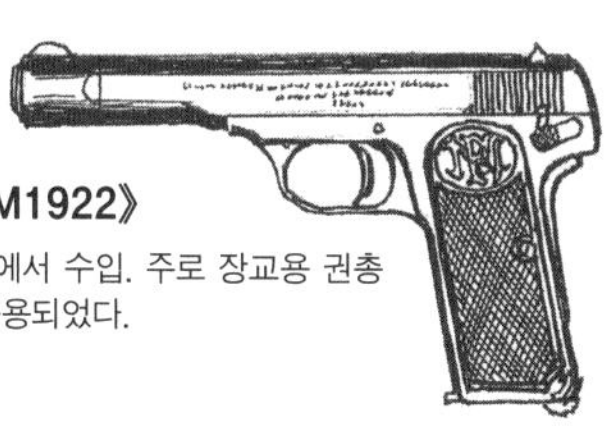

벨기에에서 수입. 주로 장교용 권총으로 사용되었다.

《M35 수류탄》

전장 : 105mm
직경 : 60mm
중량 : 600g

파편형 방어 수류탄.

《M24》

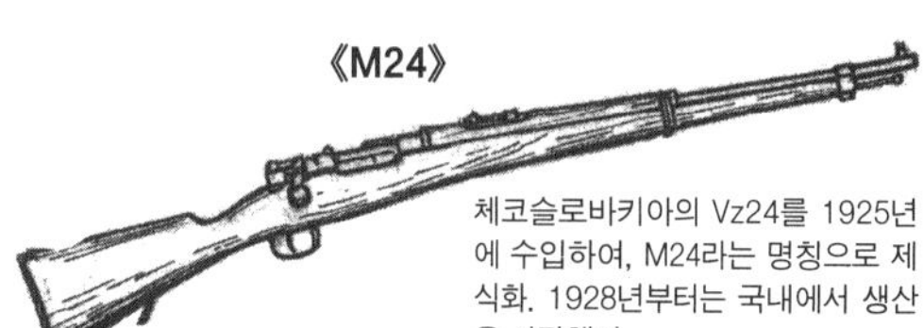

체코슬로바키아의 Vz24를 1925년에 수입하여, M24라는 명칭으로 제식화. 1928년부터는 국내에서 생산을 시작했다.

《슈바르츠로제 M.07/12 중기관총》

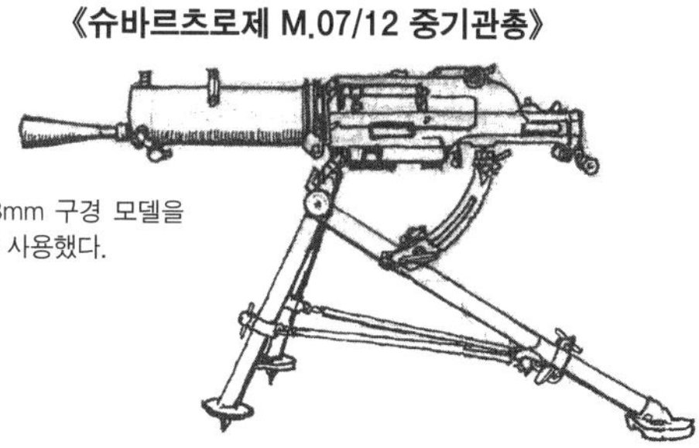

오스트리아에서 8mm 구경 모델을 수입, 1918년부터 사용했다.

《ZB30J 경기관총》

ZB30 경기관총의 유고슬라비아군 사양. ZB30과의 차이점은 소염기와 총열의 방열 핀의 형상에 있다. 수입 후에는 국내 생산도 이루어졌다.

벨기에군

벨기에는 예로부터 화약이나 총기 산업이 발달했던 국가로, 19세기 말에는 국영 기업인 FN(Fabrique Nationale)사가 창설되었다. FN을 포함한 벨기에의 여러 총기 제조사에서 생산된 소화기는 자국군에 채용되었을 뿐 아니라, 세계 각국으로 수출되기도 했다.

《FN 브라우닝 M1900》

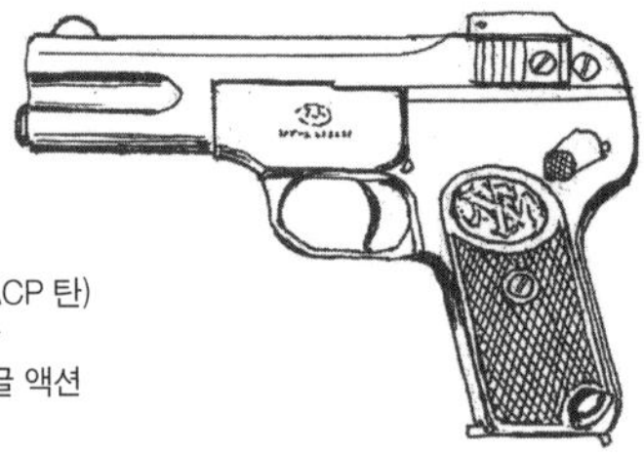

존 브라우닝이 설계한 최초의 시판 모델. 각국에서 장교용으로 사용되었다.

구경 : 7.65mm
탄약 : 7.65×17mm(.32ACP 탄)
장탄수 : 박스형 탄창 6발
작동 방식 : 블로우백/싱글 액션
전장 : 164mm
총열 길이 : 102mm
중량 : 630g

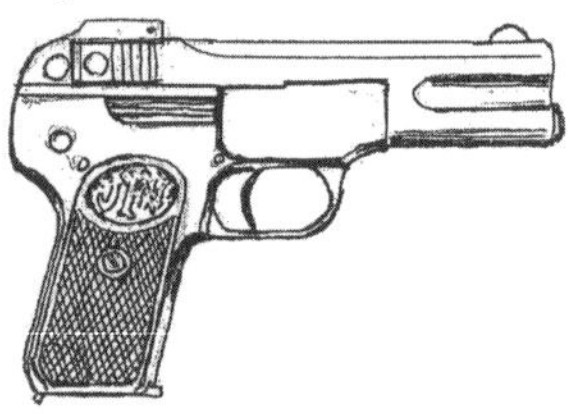

《FN 브라우닝 M1903》

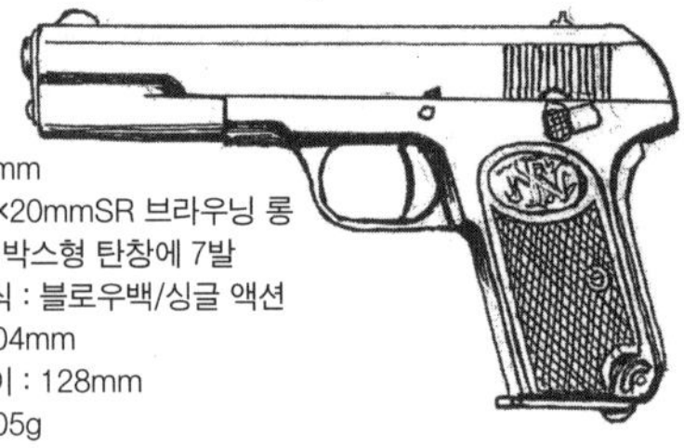

구경 : 9mm
탄약 : 9×20mmSR 브라우닝 롱
장탄수 : 박스형 탄창에 7발
작동 방식 : 블로우백/싱글 액션
전장 : 204mm
총열 길이 : 128mm
중량 : 905g

발표 당시, 유럽 각국에 군용 권총으로 수출되었다.

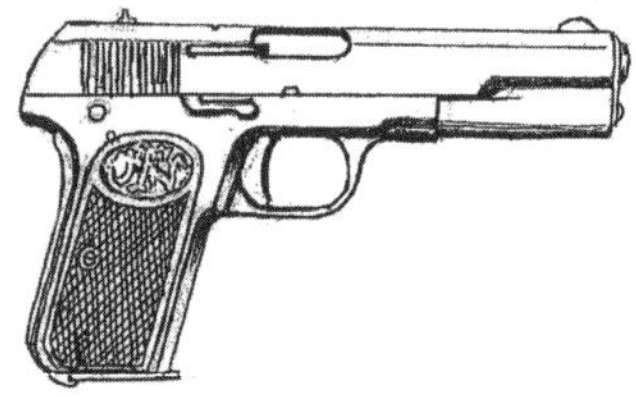

《FN 브라우닝 M1922》

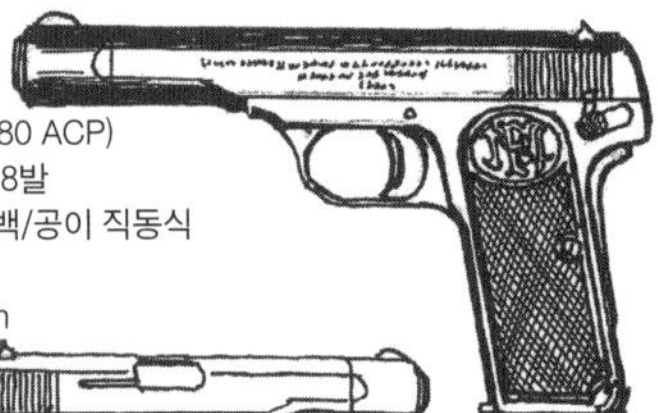

구경 : 9mm
탄약 : 9×17mm(.380 ACP)
장탄수 : 박스 탄창 8발
작동 방식 : 블로우백/공이 직동식
전장 : 114mm
총열 길이 : 133mm
중량 : 730g

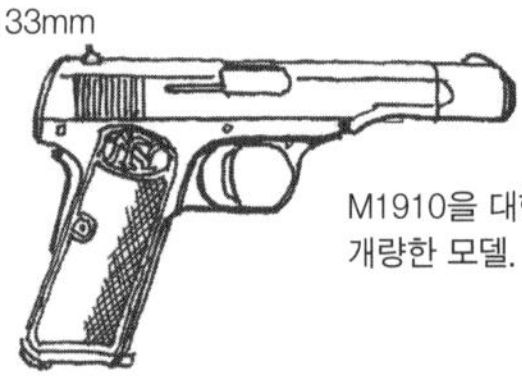

M1910을 대형화하여 군용으로 개량한 모델.

《베르크만-바야르 M1910》

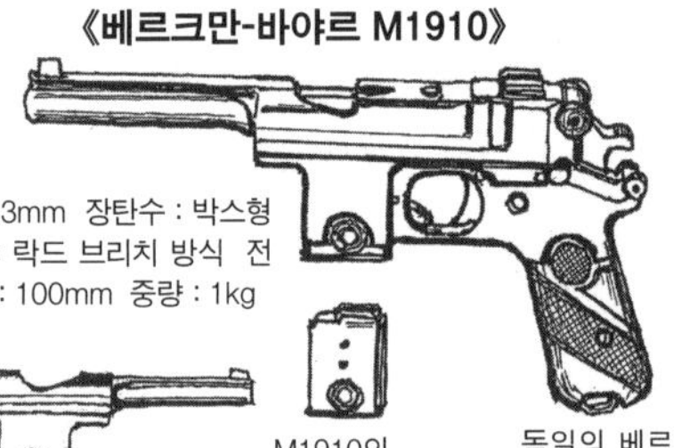

구경 : 9mm 탄약 : 9×23mm 장탄수 : 박스형 탄창에 6발 작동 방식 : 락드 브리치 방식 전장 : 250mm 총열 길이 : 100mm 중량 : 1kg

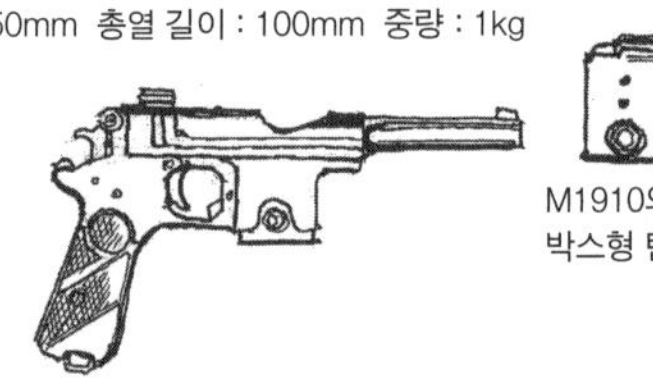

M1910의 박스형 탄창

독일의 베르크만(Bergmann)사에서 개발한 모델을 벨기에의 AEP사가 위탁 생산한 권총.

《FN 브라우닝 하이파워 M1935》

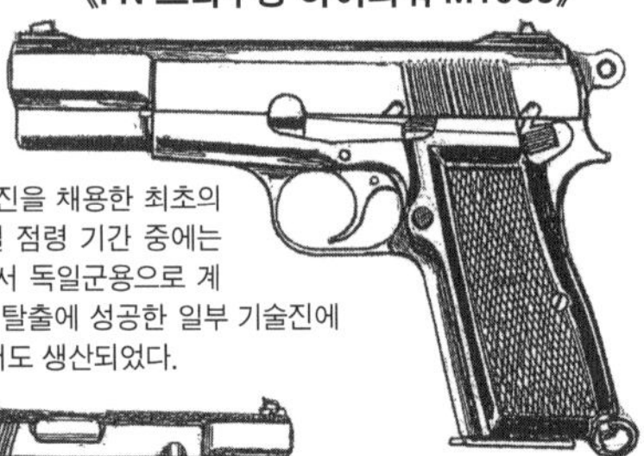

더블 칼럼 매거진을 채용한 최초의 실용 권총. 독일 점령 기간 중에는 FN사의 공장에서 독일군용으로 계속 생산되었다. 탈출에 성공한 일부 기술진에 의해 캐나다에서도 생산되었다.

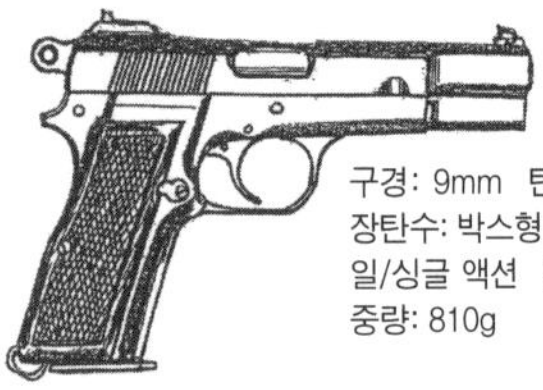

구경: 9mm 탄약: 9×19mm(9mm 파라벨룸 탄) 장탄수: 박스형 탄창에 13발 작동 방식: 쇼트 리코일/싱글 액션 전장: 200mm 총열 길이: 118mm 중량: 810g

《FN 브라우닝 오토매틱 라이플(BAR) M1930D》

M1930의 개량형. 기관부와 조준기가 개량되고, 총열 교환이 용이해졌으며, 운반 손잡이도 추가되었다.

구경 : 7.65mm, 7.92mm
탄약 : 7.65×53mm, 7.92×57mm
장탄수 : 박스형 탄창에 20발
작동 방식 : 롱 스트로크 가스 피스톤 방식
전장 : 1,154mm
총열 길이 : 500mm
중량 : 9.5kg
발사속도 : 500발/분

《FN 마우저 M1935》

독일 마우저에서 제조권을 구입하여, 면허 생산한 모델.

구경 : 7.65mm
탄약 : 7.65×53mm
장탄수 : 5발
작동 방식 : 볼트 액션
전장 : 1,107mm
총열 길이 : 597mm
중량 : 4.16kg

《벨기에제 수류탄》

[방어형 수류탄]
전장 : 110mm
직경 : 95mm
중량 : 495g

[공격형 수류탄]
전장 : 120mm
직경 : 40mm
중량 : 260g

《Mi34》

독일의 MP28을 벨기에에서 면허 생산한 모델. 벨기에군에는 1934년에 채용되었다.

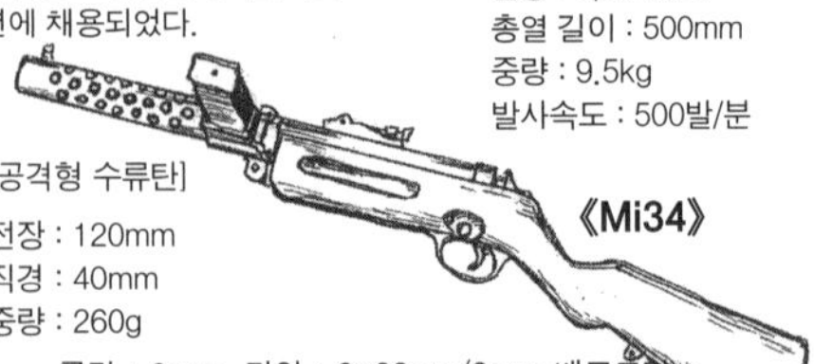

구경 : 9mm 탄약 : 9×23mm(9mm 베르크만-바야르 탄) 장탄수 : 박스 탄창 20발, 32발 작동 방식 : 스트레이트 블로우백/오픈 볼트 전장 : 821mm 총열 길이 : 200mm 중량 : 4kg 발사속도 : 500발/분

네덜란드군

네덜란드군은 권총 일부와 소총을 자국에서 생산했으나, 기관총은 수입에 의존했다. 또한, 본국군과는 별도로 식민지군용으로 채용된 모델도 있다.

《KMNIL M1891》

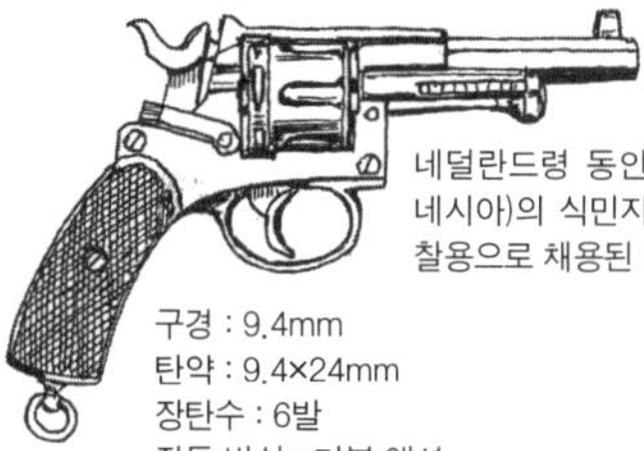

네덜란드령 동인도(인도네시아)의 식민지군과 경찰용으로 채용된 리볼버.

구경 : 9.4mm
탄약 : 9.4×24mm
장탄수 : 6발
작동 방식 : 더블 액션
전장 : 222mm
총열 길이 : 113mm
중량 : 825g

《루거 M1920(비커스-루거)》

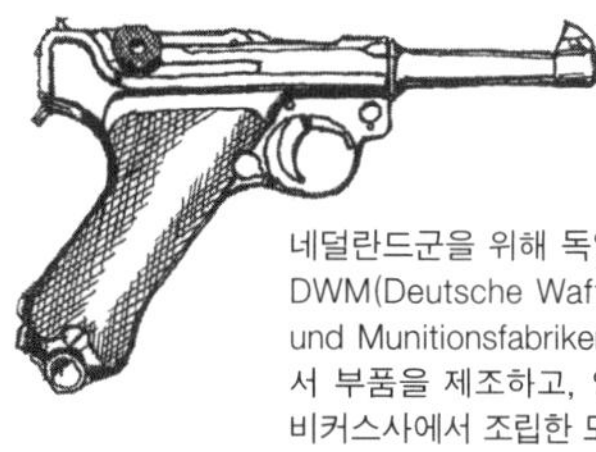

네덜란드군을 위해 독일의 DWM(Deutsche Waffen- und Munitionsfabriken)에서 부품을 제조하고, 영국 비커스사에서 조립한 모델. 주로 식민지군이 사용했다.

《M1908 중기관총》

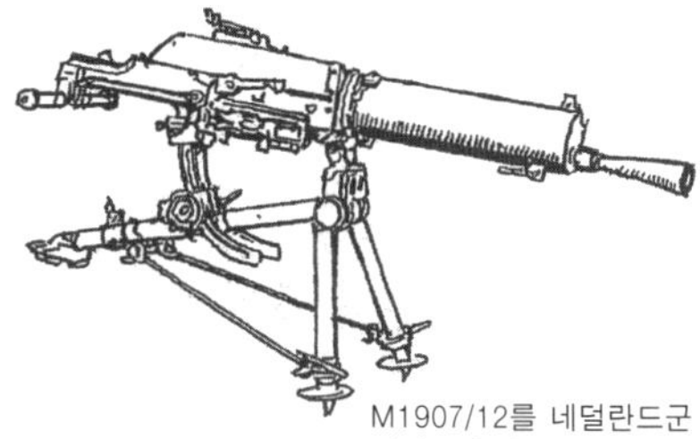

M1907/12를 네덜란드군 제식 소총과 동일한 6.5×53mmR탄 사양으로 개조한 모델.

《M1895(더치 만리허)》

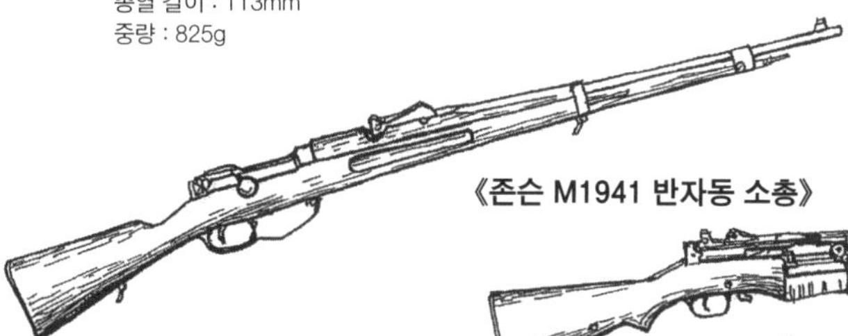

오스트리아의 만리허 소총을 원형으로 삼아, 네덜란드의 헴브루크(Hembrug) 조병창에서 생산된 소총.

구경 : 6.5mm
탄약 : 6.5×54mm R(6.5mm 만리허탄)
장탄수 : 5발
전장 : 1,295mm
총열 길이 : 790mm
중량 : 4.22kg

《존슨 M1941 반자동 소총》

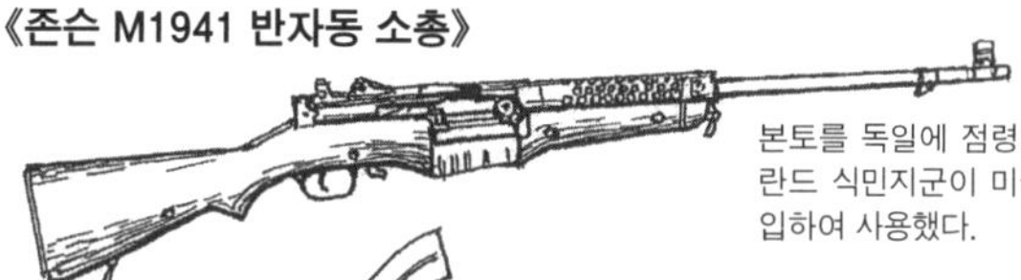

본토를 독일에 점령당한 네덜란드 식민지군이 미국에서 수입하여 사용했다.

《No.1 수류탄》

방어형 수류탄.

전장 : 115mm
직경 : 60mm
중량 : 600g

《마드센 경기관총》

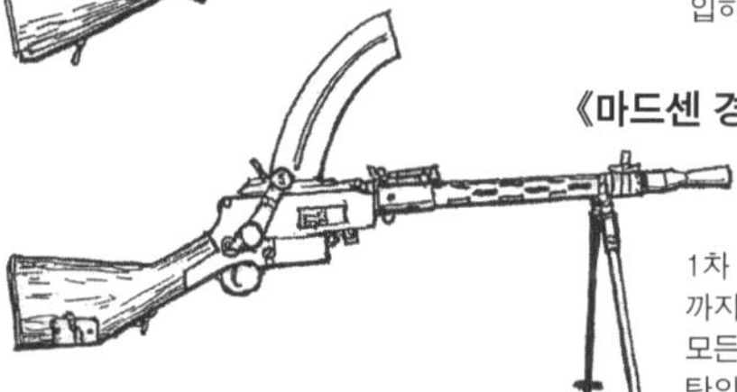

1차 대전 이후, 1919년부터 1939년까지 7종류를 덴마크에서 수입했다. 모든 모델이 네덜란드군의 제식 소총탄인 6.5×53mm R탄 사양으로 제작되었다.

덴마크군

덴마크군은 해외의 소화기를 면허 생산했으나, 기관총은 덴마크 국산 모델을 사용하고 있다. 이 마드센 기관총은 여러 종류의 모델이 만들어져, 해외에도 수출되었다.

《베르그만-바야르 M1910/21》

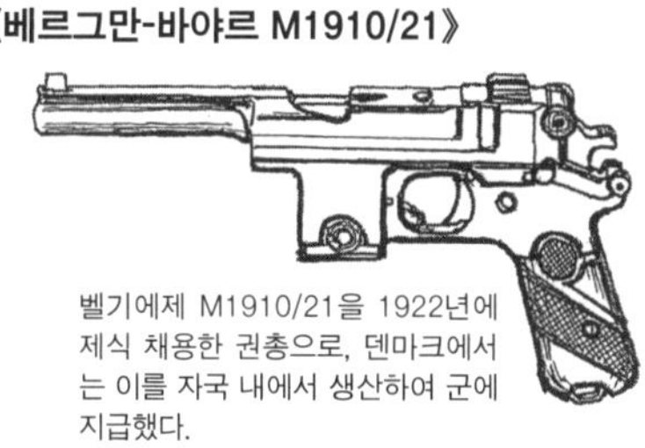

벨기에제 M1910/21을 1922년에 제식 채용한 권총으로, 덴마크에서는 이를 자국 내에서 생산하여 군에 지급했다.

《M1923 수류탄》

공격형 수류탄.

전장 : 129mm
직경 : 65mm

《마드센 M1929 경기관총》

마드센 기관총의 최초 실용 모델인 M1902는 1902년에 탄생했다. M1929는 그 발전 개량형으로 1929년에 제식으로 채용되었다.

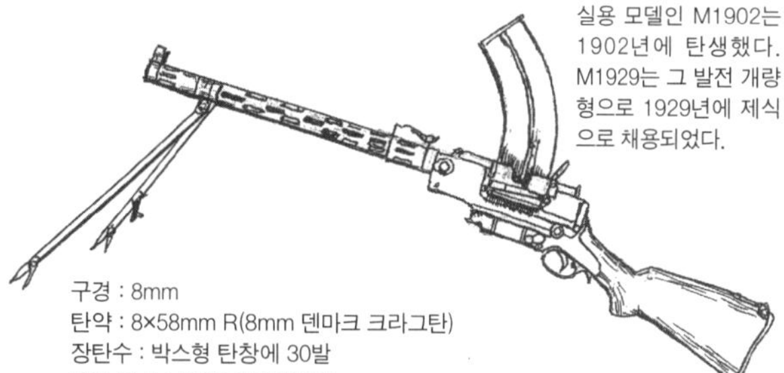

구경 : 8mm
탄약 : 8×58mm R(8mm 덴마크 크라그탄)
장탄수 : 박스형 탄창에 30발
작동 방식 : 혼합 리코일 방식
전장 : 1,100mm
총열 길이 : 575mm
발사 속도 : 125~150발/분

《Mp M/41》

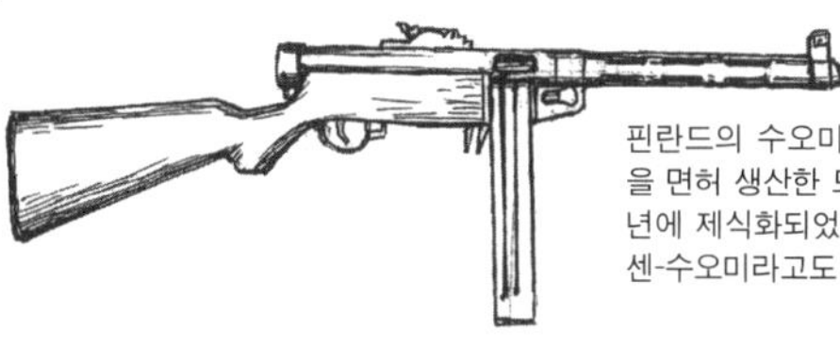

핀란드의 수오미 기관단총을 면허 생산한 모델. 1941년에 제식화되었으며, 마드센-수오미라고도 불렸다.

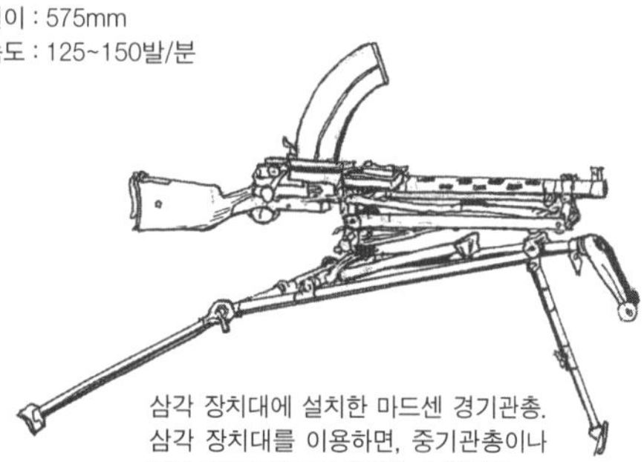

삼각 장치대에 설치한 마드센 경기관총. 삼각 장치대를 이용하면, 중기관총이나 대공 기관총으로도 사용할 수 있었다.

《크라그-요르겐센 M1889》

노르웨이에서 수입하여 1889년에 채용되었다. 2차 대전까지 카빈 모델 등 여러 모델을 사용했다.

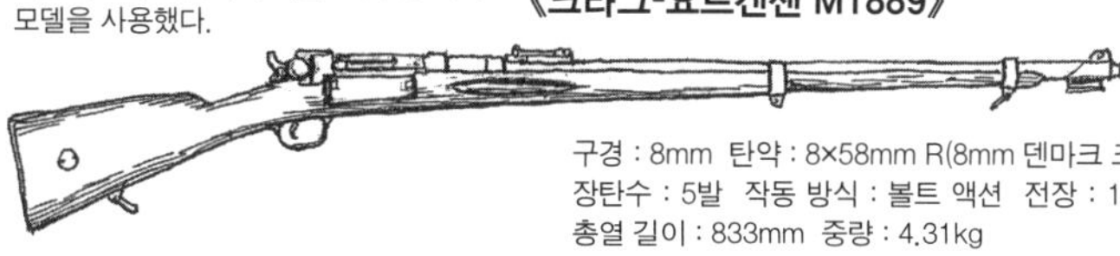

구경 : 8mm 탄약 : 8×58mm R(8mm 덴마크 크라그탄)
장탄수 : 5발 작동 방식 : 볼트 액션 전장 : 1,328mm
총열 길이 : 833mm 중량 : 4.31kg

노르웨이군

노르웨이군은 유럽이나 미국에서 수입한 소화기로 무장했다. 하지만 단순히 수입하여 사용하는 것에 그치지는 않았으며, 수입한 소화기를 다시 자국 내에서 면허 생산을 실시했다.

《나강 M1893》

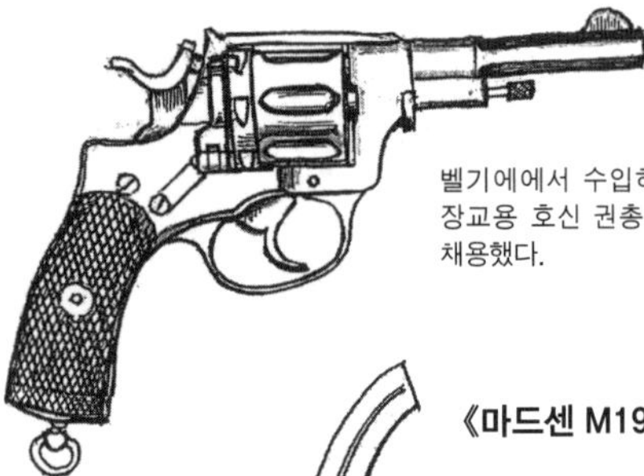

벨기에에서 수입하여, 장교용 호신 권총으로 채용했다.

《M1912 카빈》

노르웨이군은 1차 대전 이전에 이미 크라그-요르겐센(Krag-Jørgensen) 소총을 채용하여 사용했다. 이 소총에는 여러 종류의 모델이 있었으며 노르웨이에서는 국산화했는데, M1912 카빈도 그중 하나로, 2차 대전기까지 사용되었다.

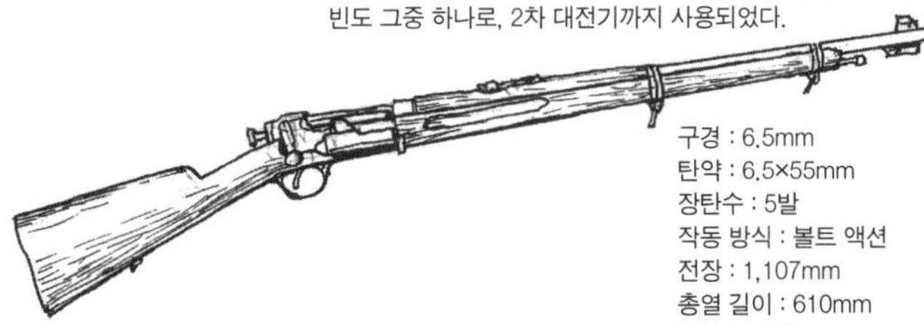

구경 : 6.5mm
탄약 : 6.5×55mm
장탄수 : 5발
작동 방식 : 볼트 액션
전장 : 1,107mm
총열 길이 : 610mm
중량 : 3.99kg

《마드센 M1914 경기관총》

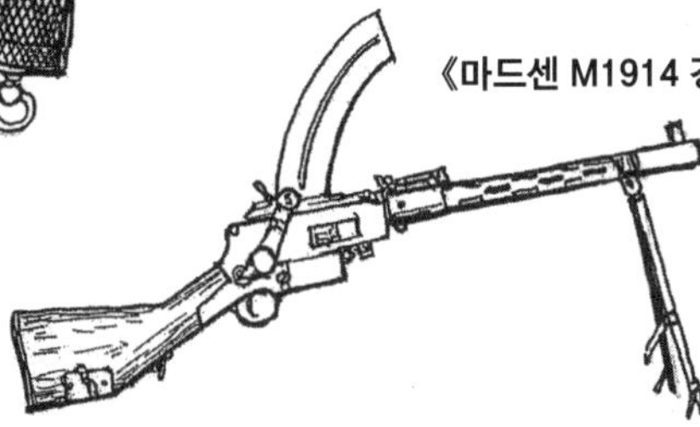

덴마크에서 수입한 경기관총. 노르웨이군은 구경 6.5mm 모델을 사용했다.

《M1929 중기관총》

미국제 M1917 중기관총을 구경 7.92mm로 개수한 노르웨이군 사양 모델. 1929년에 채용되었으며, 초기에는 직수입했으나 이후 자국 내에서 생산했다.

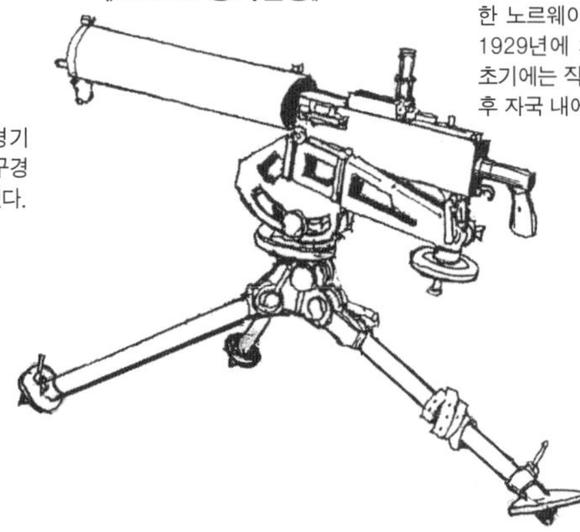

《M24수류탄》

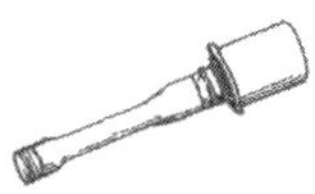

그리스군

그리스 또한 소화기 수입국으로, 각종 모델을 해외에서 수입하여 채용했다. 1930년대 후반에 소화기의 국산화를 꾀했으나, 2차 대전의 발발과 독일의 침공으로 인해 계획이 중지되고 말았다.

《베르그만-바야르 M1903》

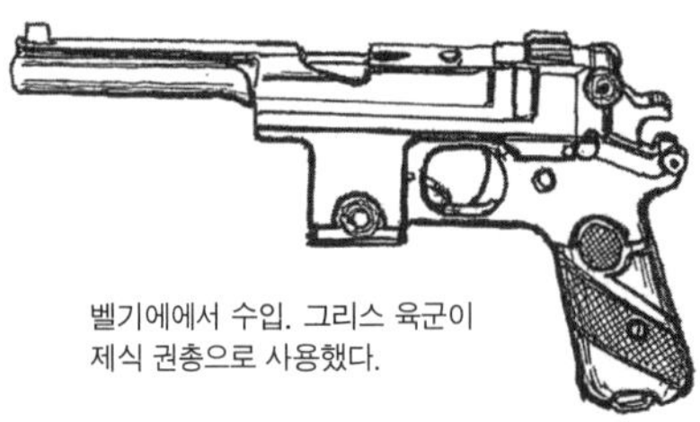

벨기에에서 수입. 그리스 육군이 제식 권총으로 사용했다.

《FN 브라우닝 하이파워 M1935》

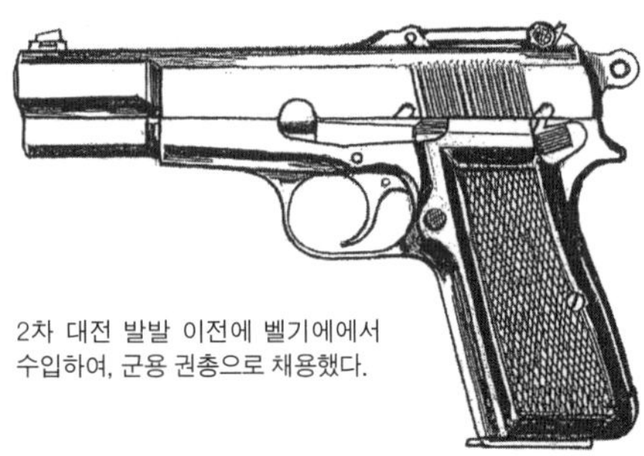

2차 대전 발발 이전에 벨기에에서 수입하여, 군용 권총으로 채용했다.

《M1903》

구경 : 6.5mm
탄약 : 6.5×54mm 만리허 탄
장탄수 : 5발
전장 : 1,245mm
총열 길이 : 725mm
중량 : 3.78kg

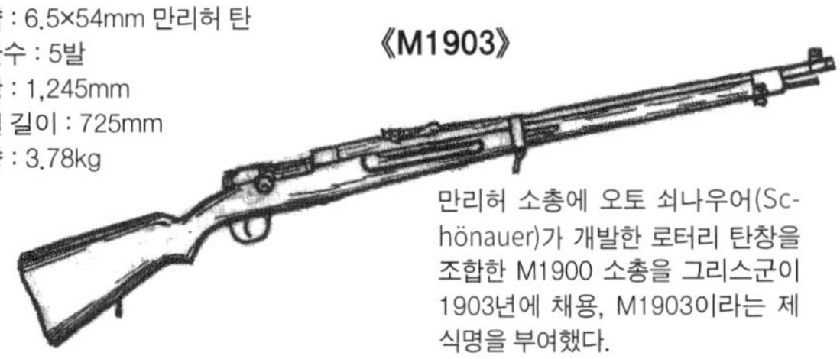

만리허 소총에 오토 쇠나우어(Schönauer)가 개발한 로터리 탄창을 조합한 M1900 소총을 그리스군이 1903년에 채용, M1903이라는 제식명을 부여했다.

《마우저 M1918 대전차 소총》

독일에서 수입하여 사용했다.

구경 : 13mm
총열 길이 : 980mm
탄약 : 13×92mm TuF 탄
장탄수 : 1발
작동 방식 : 볼트 액션
전장 : 1,680mm
중량 : 18.5kg

《생테티엔 M1907 중기관총》

1차 대전 이후, 프랑스에서 수입하여 제식화했다.

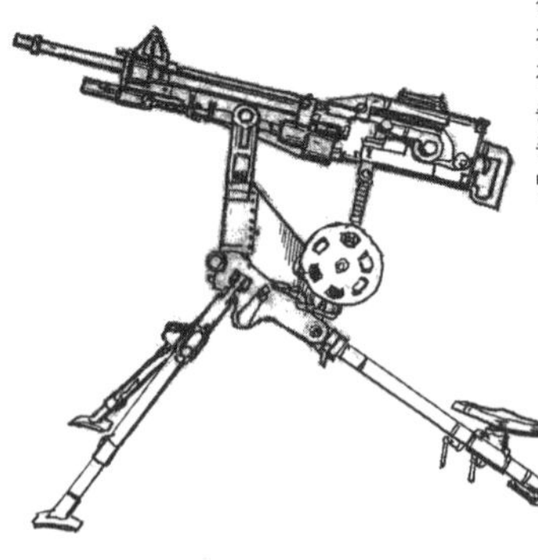

구경 : 8mm
탄약 : 8×50mm R
장탄수 : 보탄판에 24발, 32발
작동 방식 : 가스 작동식
전장 : 1,180mm
총열 길이 : 710mm
중량 : 25.73kg
발사 속도 : 500발/분

중국군

19세기 청나라 말기부터 2차 대전에 이르기까지, 중국은 서양의 무기 생산국들에 있어 거대한 시장이었다. 그래서 다종다양한 신·구형 소화기들이 중국으로 수출되었는데, 중국은 단순히 수입에 그치지 않고 1930년대까지 각종 권총, 소총 및 기관총 등의 자국 내 생산을 개시하여, 수입 화기와 함께 운용하였다.

《마우저 C96》

1916년~1936년에 걸쳐 독일로부터 수입되었다.

국민혁명군은 마우저 C96을 비롯하여, 연발 사격이 가능한 다양한 마우저 계열 모델을 수입하여 기관단총의 대용으로 운용했다.

《마우저 라이헨포이어 M713》

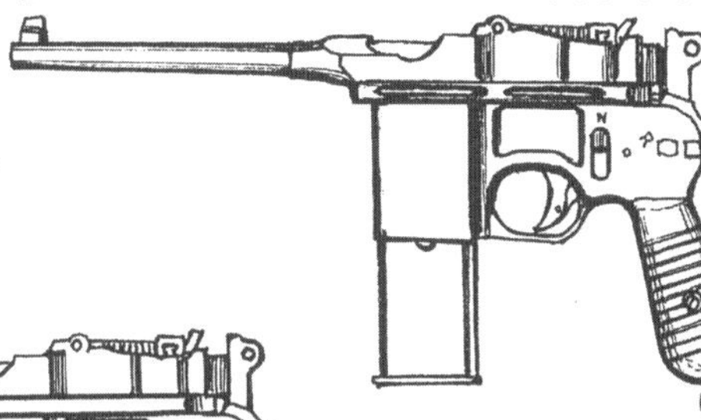

연발 자동 사격에 대응하기 위해 10발 및 20발 들이 착탈식 박스형 탄창을 사용하는 모델. 라이헨포이어(Reihenfeuer)는 기관권총이라는 의미이다.

《마우저 슈넬포이어 M712》

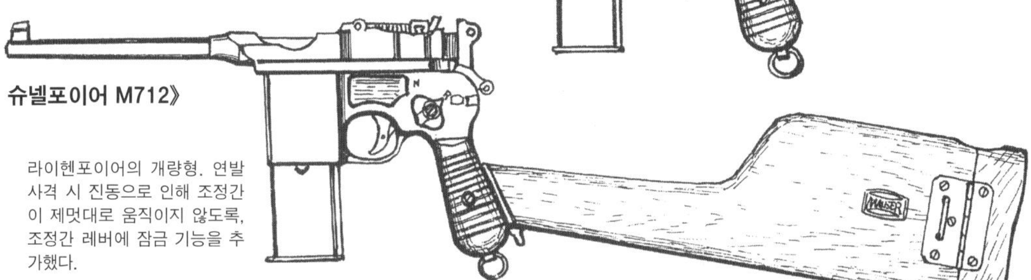

라이헨포이어의 개량형. 연발 사격 시 진동으로 인해 조정간이 제멋대로 움직이지 않도록, 조정간 레버에 잠금 기능을 추가했다.

《아스트라 M900》

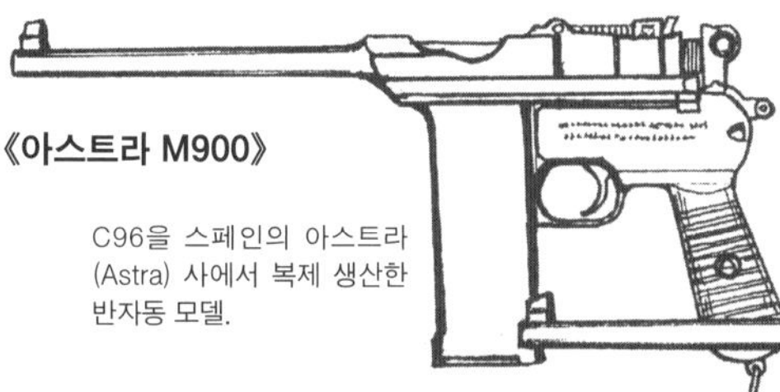

C96을 스페인의 아스트라(Astra) 사에서 복제 생산한 반자동 모델.

《아스트라 M903》

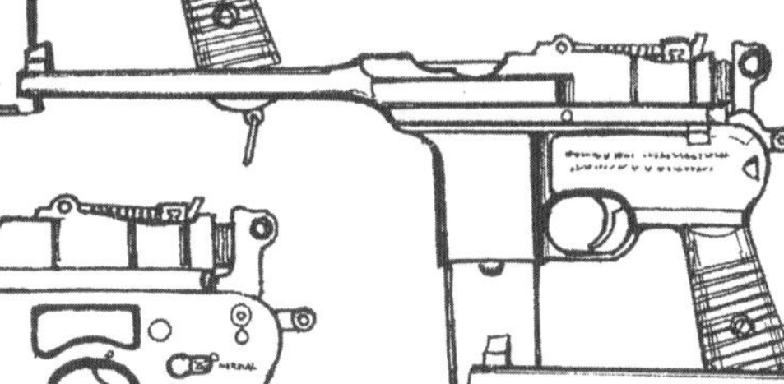

착탈식 탄창이 적용되었으며, 단발 및 연발 전환 기능을 탑재한 구경 9mm 모델.

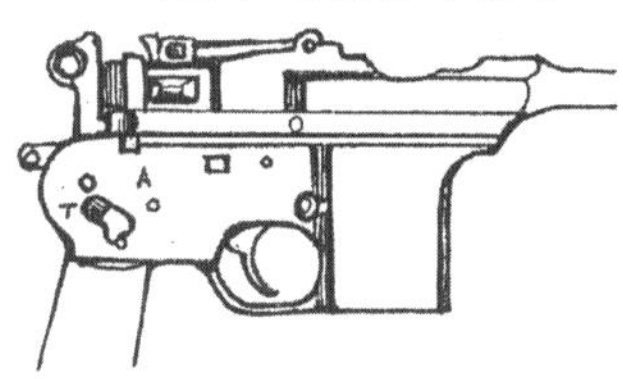

조정간은 우측면에 위치한다. 'A'가 단발, 'T'는 연발을 의미한다.

《로얄》

스페인의 베이스테기 에르마노스(Beistegui Hermanos) 사에서 생산한 단발/연발 전환 모델.

《수페르 아술(Super Azul) MM34》

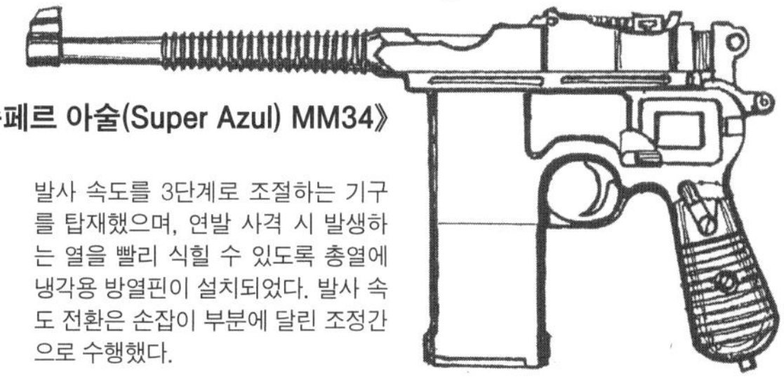

발사 속도를 3단계로 조절하는 기구를 탑재했으며, 연발 사격 시 발생하는 열을 빨리 식힐 수 있도록 총열에 냉각용 방열핀이 설치되었다. 발사 속도 전환은 손잡이 부분에 달린 조정간으로 수행했다.

《수페르 아술 MM31》

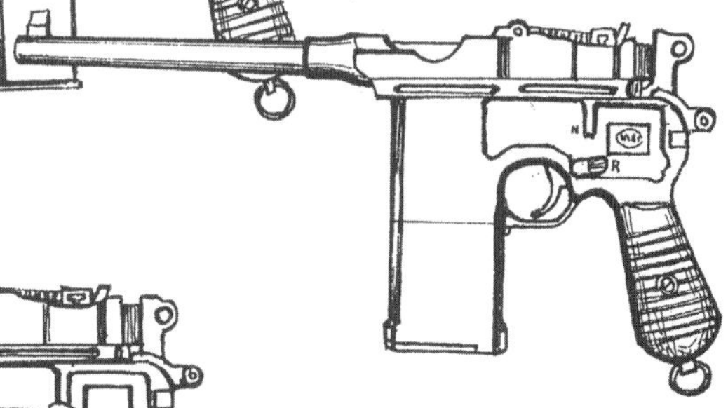

총몸 하부의 탄창 삽입부를 연장하여, 장탄수를 20발로 늘린 단발/연발 전환 모델.

《FN M1900》

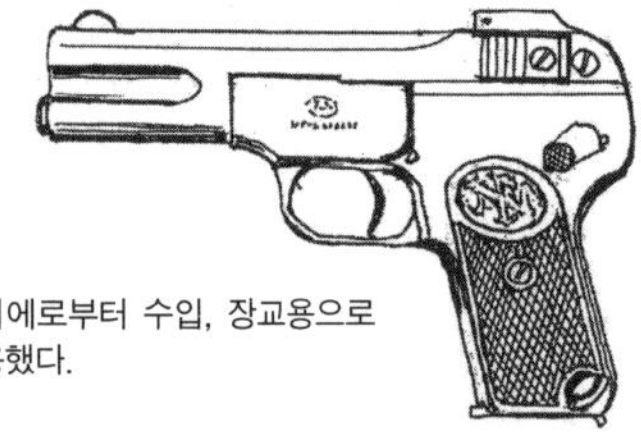

벨기에로부터 수입, 장교용으로 사용했다.

《FN 브라우닝 하이파워 M1935》

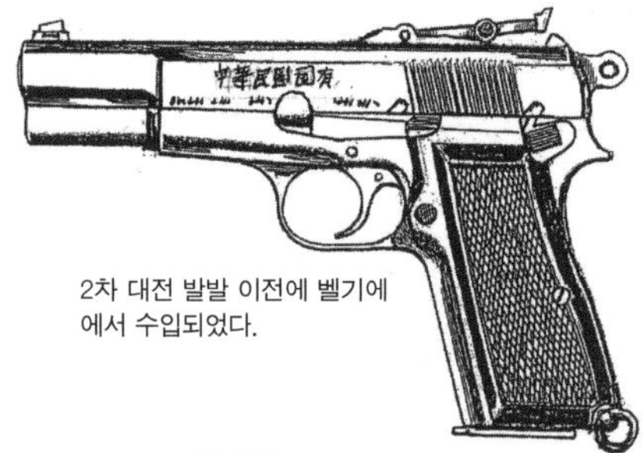

2차 대전 발발 이전에 벨기에에서 수입되었다.

목제 개머리판겸 홀스터는 중국군용으로 만들어졌다.

《하이파워 No.1 Mk.I*》

홀스터 겸용 개머리판과 세트로 구성된 권총으로, 2차 대전 중에 캐나다의 존 잉글리스(John Inglis) 사로부터 수입했다. 중국 수출용 모델이기 때문에 슬라이드 좌측면에 '중화민국국우(中華民國國友)'라는 문자가 각인되어 있다.

《한양 88식 소총 (88식 보창)》

청나라 말기, 중국 국내에서 독일의 Gew88을 면허 생산한 모델. 생산은 국민당 정권 시기에도 이어졌으며 1944년까지 생산되었다.

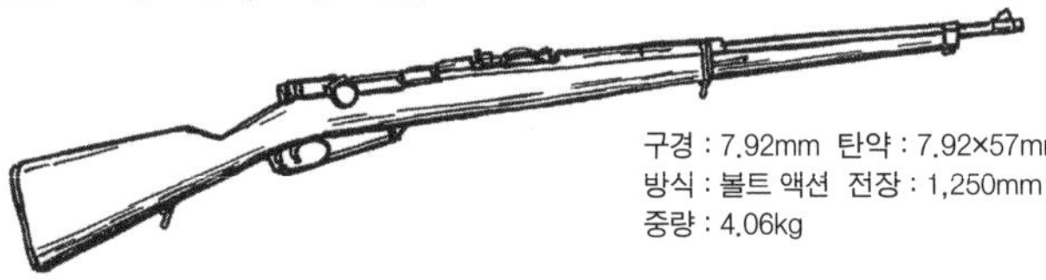

구경 : 7.92mm 탄약 : 7.92×57mm 장탄수 : 5발 작동 방식 : 볼트 액션 전장 : 1,250mm 총열 길이 : 740mm 중량 : 4.06kg

《중정식 소총(중정식 보창)》

구경 : 7.92mm 탄약 : 7.92x57mm 장탄수 : 5발 작동 방식 : 볼트 액션 전장 : 1,110mm 총열 길이 : 600mm 중량 3.9kg

마우저 Gew98을 원형으로 삼아 복제 생산한 소총. 이 외에도 마우저 스탠다드 모델을 복제한 것을 '중정식 보창 1식', Kar98k를 복제한 것을 '중정식 보창 2식'으로 제식 채용했다.

《ZB30 경기관총(ZB30 경기창)》

체코슬로바키아제 ZB30 경기관총. 완제품 수입 외에 복제 생산도 이루어졌으며, 중일전쟁부터 태평양 전쟁까지의 기간 동안 중국 각지의 전선에서 사용되었다.

《톰슨 M1928》

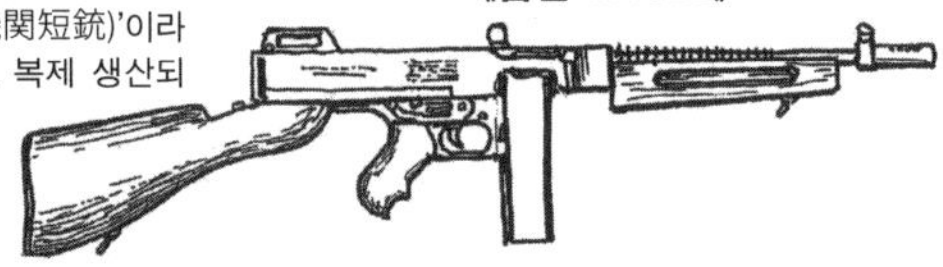

미국으로부터 수입한 것외에, 중국 내에서 '충봉기관단총(衝鋒機関短銃)'이라는 명칭으로 복제 생산되기도 했다.

《24식 중기관총(24식 중기창)》

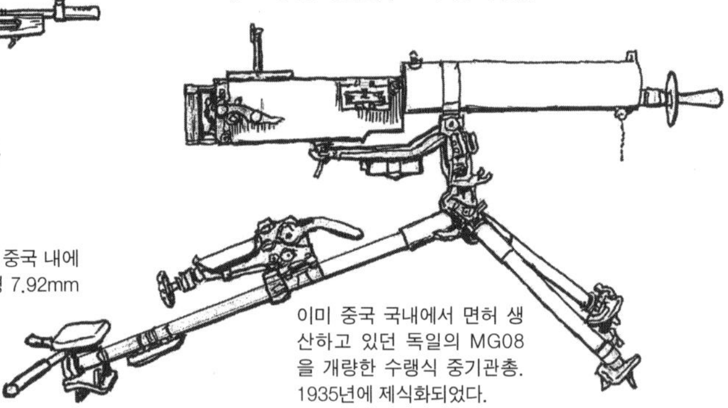

이미 중국 국내에서 면허 생산하고 있던 독일의 MG08을 개량한 수랭식 중기관총. 1935년에 제식화되었다.

《브라우닝 M1917 중기관총(30절식 중기창)》

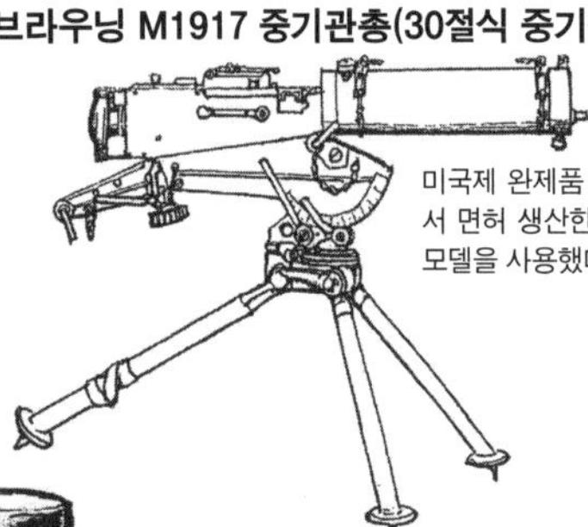

미국제 완제품 외에 중국 내에서 면허 생산한 구경 7.92mm 모델을 사용했다.

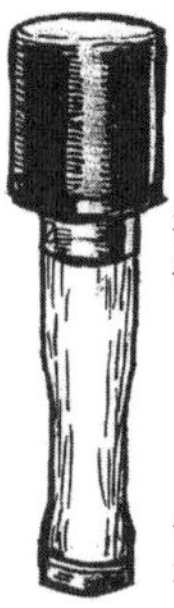

《진조 목병 수류탄》

전장 : 240mm
중량 : 450g

국민혁명군에서 널리 쓰인 공격형 수류탄. 생산 시기나 제조사의 차이 등으로 수십 종류의 베리에이션이 존재했다. '진조(晋造)'는 산시성(山西省) 군벌 공병창에서 제조했음을 의미하며, '목병(木柄)'은 나무 자루라는 의미이다.

《중정식 대검》

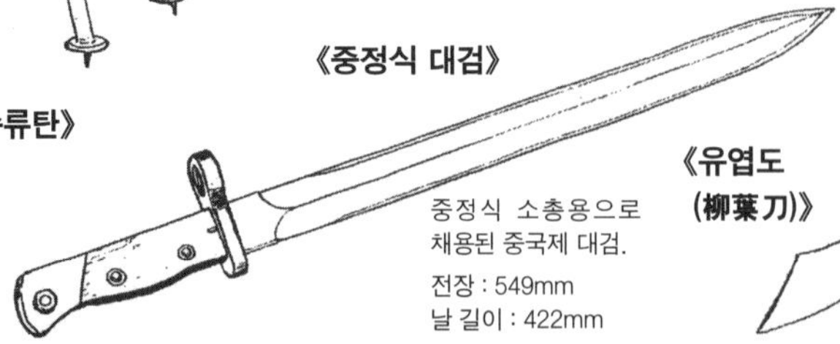

중정식 소총용으로 채용된 중국제 대검.

전장 : 549mm
날 길이 : 422mm

《유엽도(柳葉刀)》

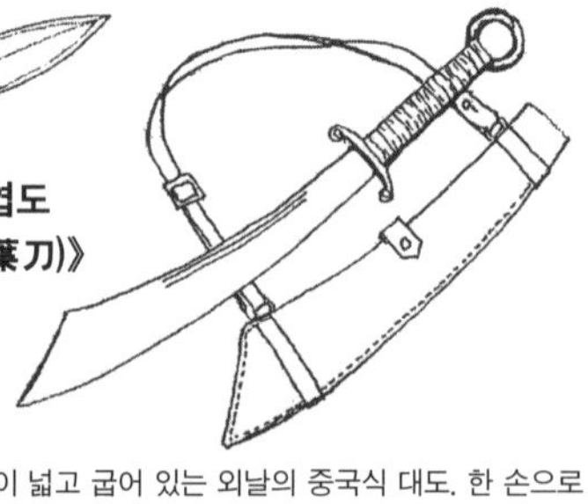

폭이 넓고 굽어 있는 외날의 중국식 대도. 한 손으로 다루는 무기로 중국군 병력의 일부가 백병전용으로 장비했다. 흔히 이런 형상의 도를 '청룡도'라고 부르는데, 이는 잘못된 것으로, 실제 청룡도는 자루가 긴 대형 언월도를 지칭하는 말이다.

독일군

제1차 세계대전에서 패전한 독일은 베르사유 조약에 따라
군의 병력이나 병종, 무기의 종류에 이르기까지 보유에 제한을 받게 되었다.
하지만 이러한 상황 아래에서도 독일군과 독일 내 각 무기 제조사들은
미래를 대비하여 비밀리에 해외 업체와 제휴를 맺고 신무기 개발을 지속했다.
그리고 그 결과, 독일은 1936년 재군비 선언 이후
2차 대전 기간 동안에 다목적 기관총이나 돌격소총 등
새로운 세대의 화기를 차례차례 실용화할 수 있었다.

권총

독일에서는 DWM, 마우저(Mauser), 발터(Walther) 등 다수의 총기 제조사가 권총을 생산했는데, 1930년대까지 이들 회사에서 개발된 다수의 우수한 자동권총들은 군용으로 채택되었다.

루거 권총

《루거 P08》

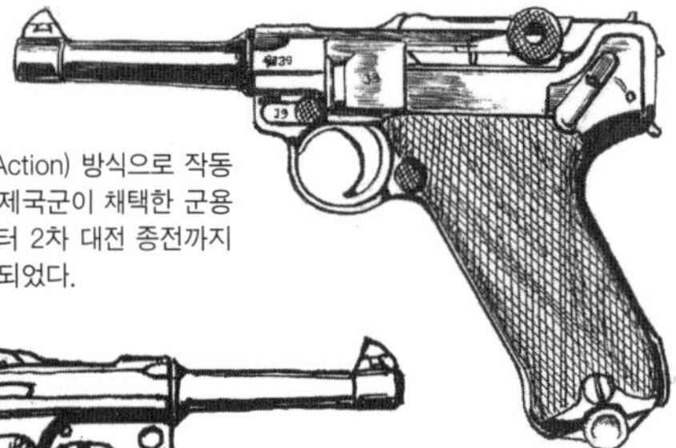

독특한 토글 액션(Toggle Action) 방식으로 작동되는 P08은 1908년 독일 제국군이 채택한 군용 자동권총이다. 1차 대전부터 2차 대전 종전까지 독일군 제식 권총으로 사용되었다.

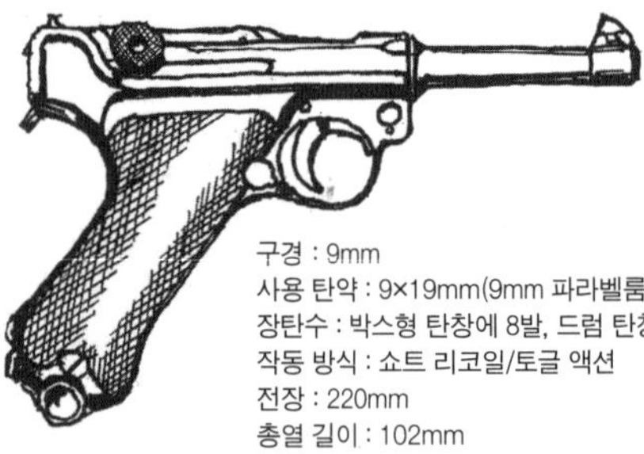

구경 : 9mm
사용 탄약 : 9×19mm(9mm 파라벨룸 탄)
장탄수 : 박스형 탄창에 8발, 드럼 탄창에 32발
작동 방식 : 쇼트 리코일/토글 액션
전장 : 220mm
총열 길이 : 102mm
중량 : 870g

후계 모델인 발터 P38이 채택된 이후에도 루거 P08은 일선에서 계속 사용되었다.

《루거 P08/14》

8인치(약 200mm) 길이의 긴 총열과 탄젠트식 가늠자를 장착했다. 일명 '아틸러리(Artillery) 모델'이라고도 불리며, 목재 개머리판을 장착하여 카빈 대용으로 운용되었다.

《루거 P08/14용 드럼 탄창》

P08/14용으로 개발된 드럼형 탄창이다. 이후 MP18 기관단총에도 사용되었다.

[초기형]
장전용 스프링 감개 레버가 돌출된 형태.

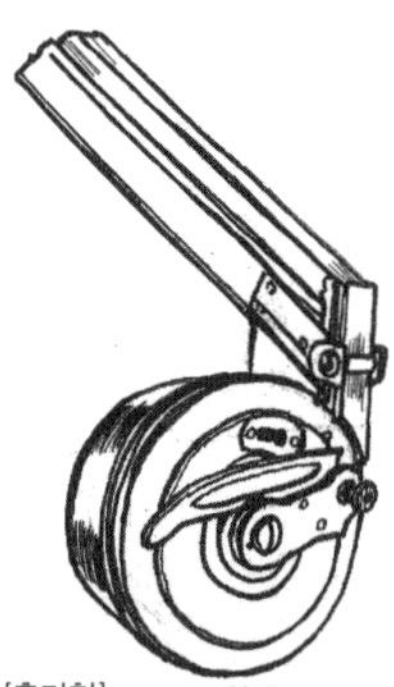

[후기형]
감개 레버가 접이식으로 변경되었다.

《장전 보조구》

드럼 탄창 전용 장전 도구이다. 드럼 탄창 내부에는 강력한 용수철이 내장되어 있어 탄약 장전 시에는 이 장전 보조구가 필수였다.

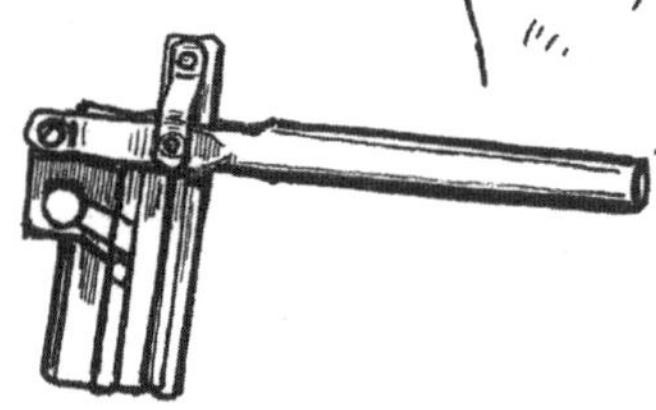

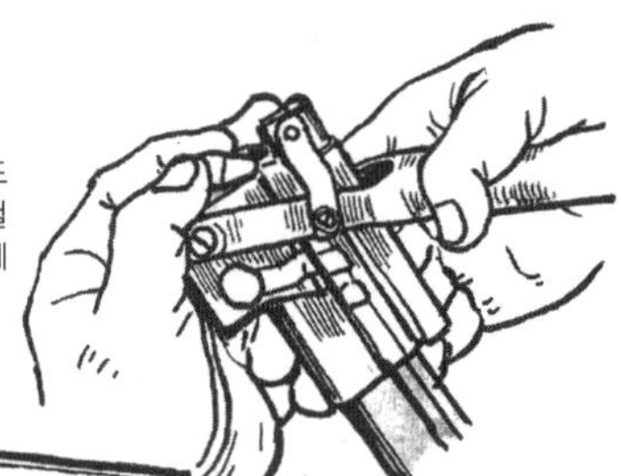

탄약을 장전기 개구부에 1발씩 넣고 레버를 눌러 장전했다.

《부속 공구》

P08에 포함된 공구로, 장전 보조구와 드라이버의 역할을 겸한다. 홀스터 덮개 뒷면에 있는 주머니에 넣어 휴대했다.

장전 보조구로 사용할 경우, 보조구의 구멍에 송탄판(Magazine Follower)의 손잡이 부분을 걸어 아래로 당김으로써 장전을 보조한다.

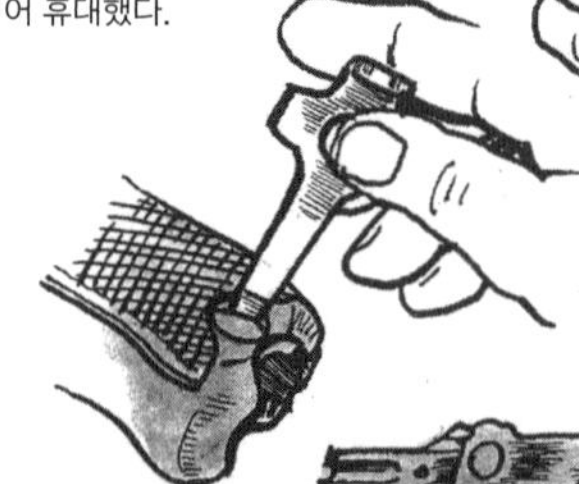

분해/조립 시에 드라이버로 사용한다.

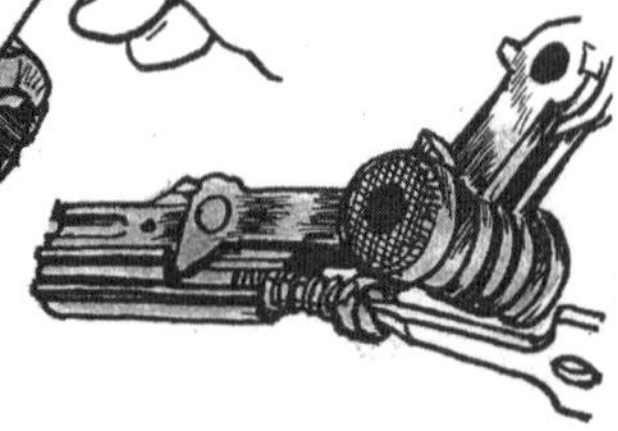

노리쇠 뭉치 내부의 공이를 분해할 때도 사용된다.

《P08의 사격 절차》

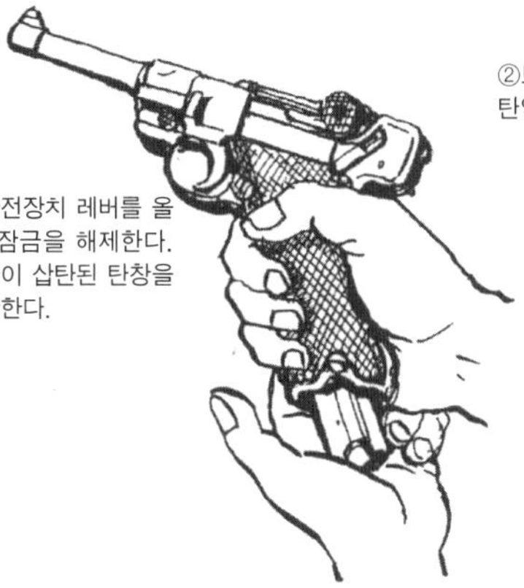

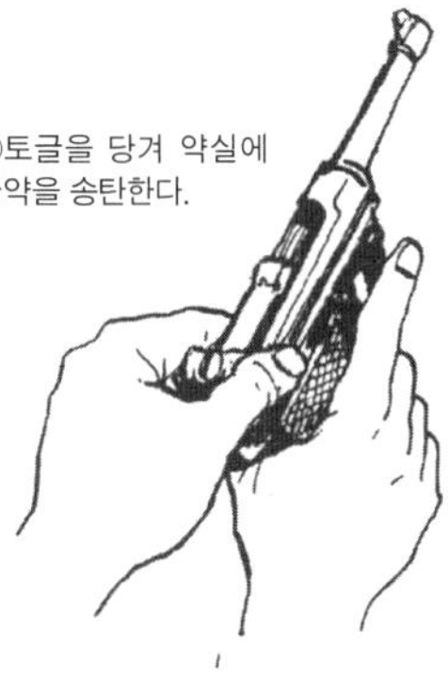

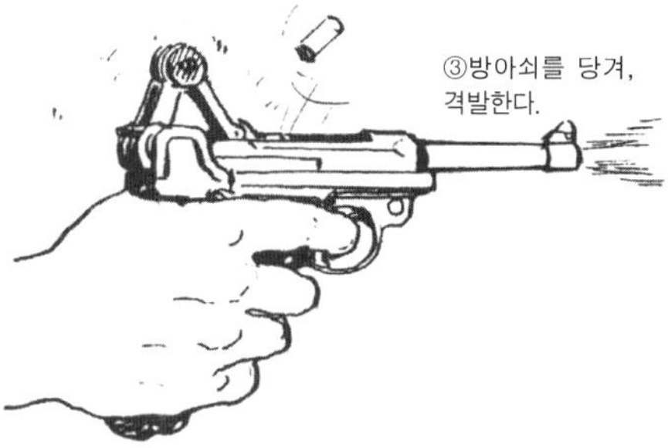

《P08의 부품 구성》

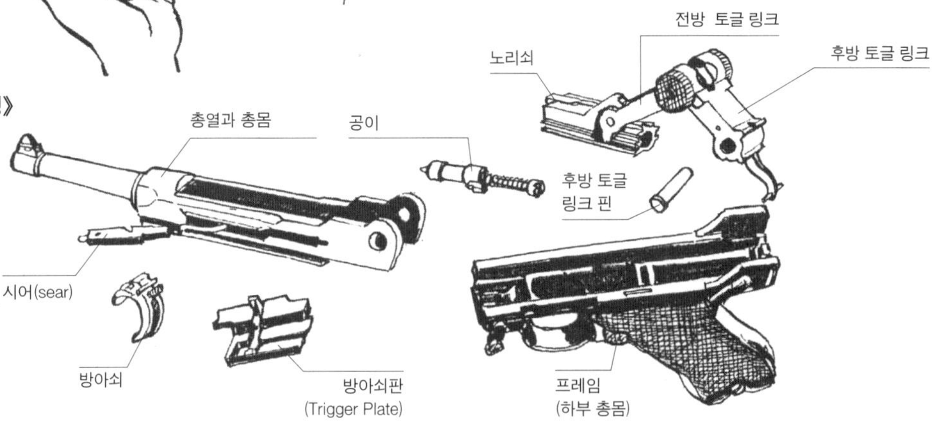

《개머리판》

P08/14는 대용량 드럼 탄창과 결합하여, 카빈 대용으로 운용했기에 이를 위해 각종 개머리판이 준비되어 있었다.

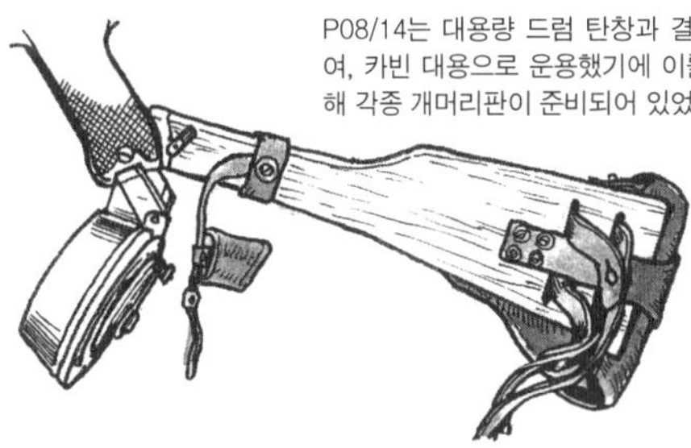

[마우저 C96 타입 목제 개머리판 겸용 홀스터]
개머리판 내부에 총기를 수납한다. 그림 위는 권총 손잡이 전체가 수납되는 형태이며, 아래는 C96용과 동일하게 권총 손잡이 하단부가 밖으로 노출되는 형태.

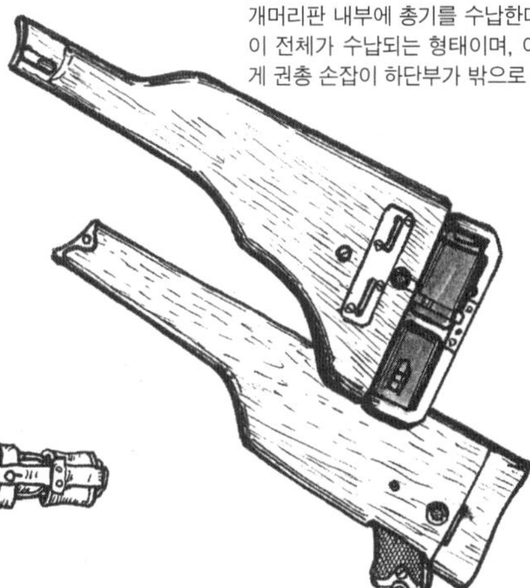

[P08/14용 가죽 홀스터 부착형 개머리판]

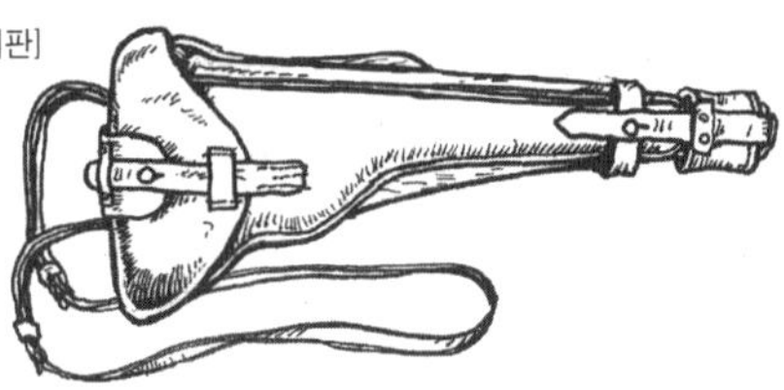

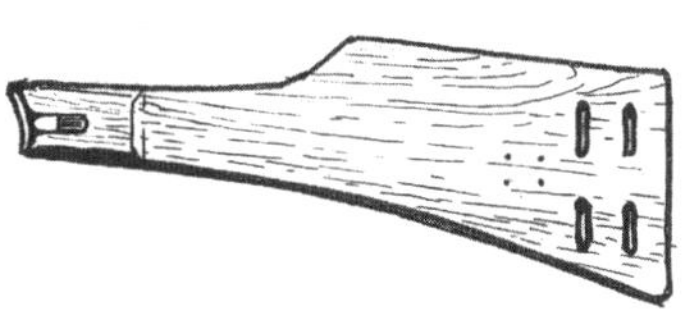

[P08/14용 목제 개머리판]
개머리판에 권총집을 고정하고, 후방의 슬릿(틈)에 어깨 멜빵을 통과시킨다.

[P08 해군 모델(6인치 총열)용 홀스터 부착형 개머리판]

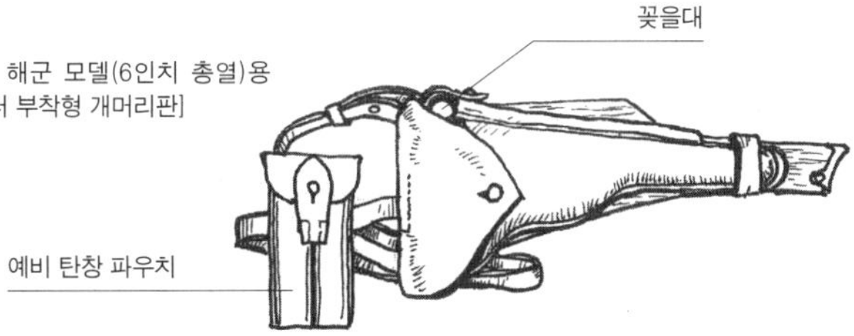

《P08의 꽂을대》

각 총열 길이에 맞는 꽂을대가 있다.

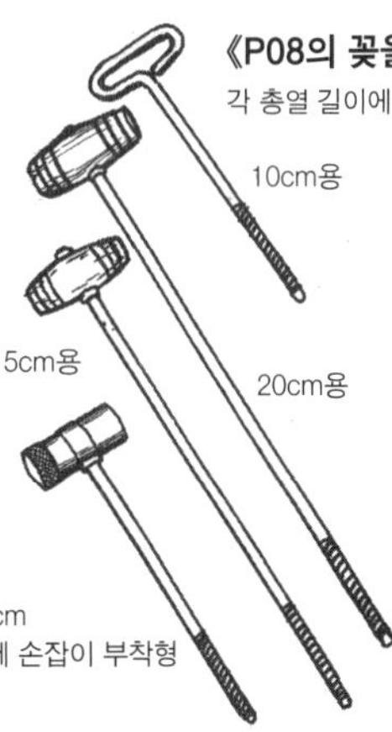

발터 P38

발터 P38은 더블 액션 기구를 갖춘 최초의 대형 군용 권총으로 알려져 있다. 하지만 단순히 여기에 그치지 않고 로킹 블록식 쇼트 리코일 작동 구조에 의한 우수한 명중률, 자동 공이 차단 안전장치를 통한 높은 휴대 안전성 등 다수의 신기술을 도입한 획기적인 권총이기도 했다.

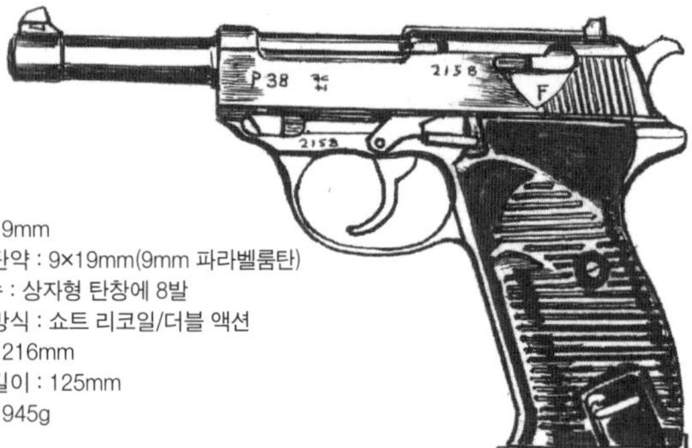

구경 : 9mm
사용 탄약 : 9×19mm(9mm 파라벨룸탄)
장탄수 : 상자형 탄창에 8발
작동 방식 : 쇼트 리코일/더블 액션
전장 : 216mm
총열 길이 : 125mm
중량 : 945g

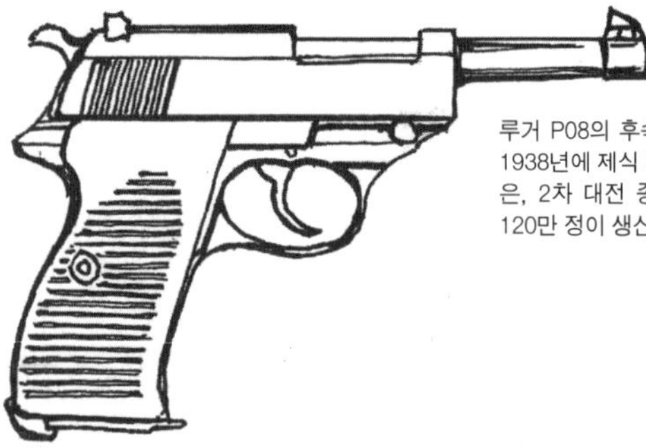

루거 P08의 후속 모델로서 1938년에 제식 채용된 P38은, 2차 대전 종전까지 약 120만 정이 생산되었다.

그 외의 기타 독일제 권총

《발터 PP》

구경 : 7.65mm
사용 탄약 : 7.65mm×17(.32ACP탄)
장탄수 : 상자형 탄창에 8발
작동 방식 : 스트레이트 블로우백/더블 액션
전장 : 173mm
총열 길이 : 99mm
중량 : 680g

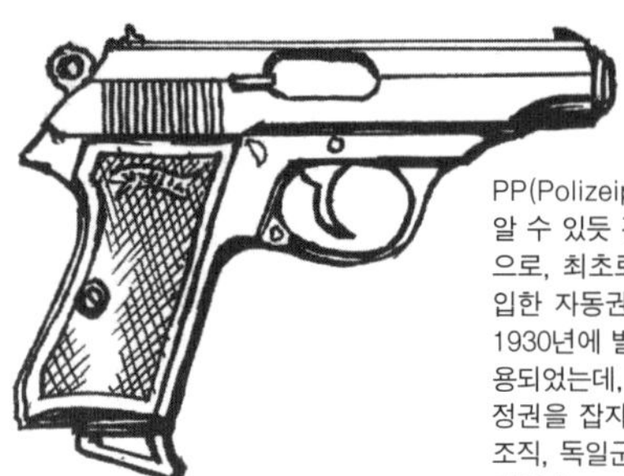

PP(Polizeipistole)는 그 이름에서 알 수 있듯 경찰용으로 개발된 권총으로, 최초로 더블 액션 기구를 도입한 자동권총으로도 알려져 있다. 1930년에 발매되어 독일 경찰에 채용되었는데, 1933년 이후 히틀러가 정권을 잡자 나치당의 간부나 무장 조직, 독일군 장교용 등으로도 사용되었다.

《마우저 HSc》

구경 : 7.65mm
사용 탄약 : 7.65mm×17(.32ACP탄)
장탄수 : 8발
작동 방식 : 블로우백/더블 액션
전장 : 160mm
총열 길이 : 86mm
중량 : 596g

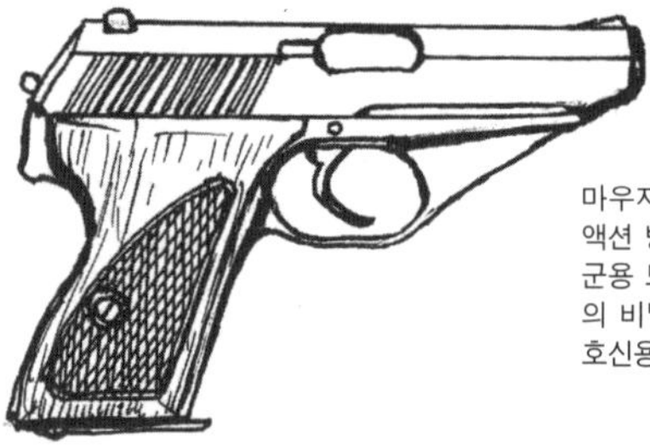

마우저 사에서 개발한 더블 액션 방식의 소형 자동권총. 군용 모델은 아니지만, 독일의 비밀경찰이나 군 장교가 호신용으로 사용했다.

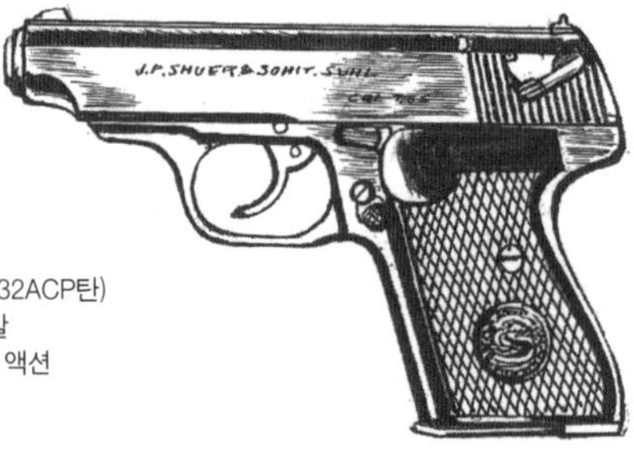

《자우어 & 존 38H》

구경 : 7.65mm
총열 길이 : 83mm
사용 탄약 : 7.65mm×17(.32ACP탄)
장탄수 : 상자형 탄창에 8발
작동 방식 : 블로우백/더블 액션
전장 : 171mm
중량 : 705g

디코킹 기능과 탄창 안전장치(Magazine Safety) 기능을 탑재한 우수한 소형 자동권총. 독일 육군과 공군에 채용되었다.

《발터 M4》

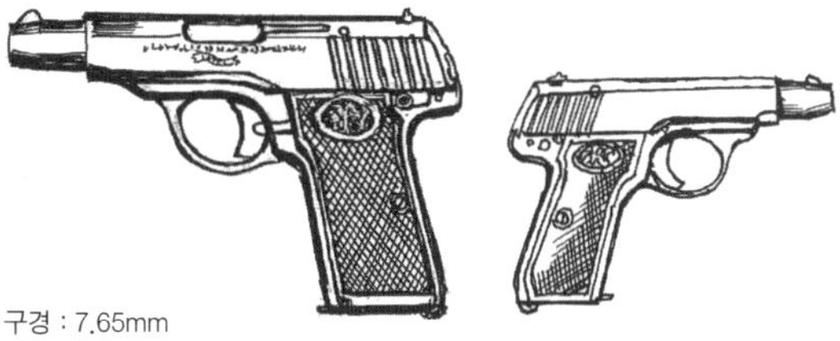

구경 : 7.65mm
사용 탄약 : 7.65×17mm (.32 ACP탄)
장탄수 : 박스형 탄창에 8발
작동 방식 : 블로우백
전장 : 150mm
총열 길이 : 88mm
중량 : 527g

발터 사에서 1910년에 발매된 자동권총. 1차 대전 중에 독일군 장교용 권총으로 채용되었다. 일본에도 수출되었는데, 일본군에서는 주로 장교들이 사비로 구입하여 호신용 권총으로 사용했다고 한다.

《마우저 M1934》

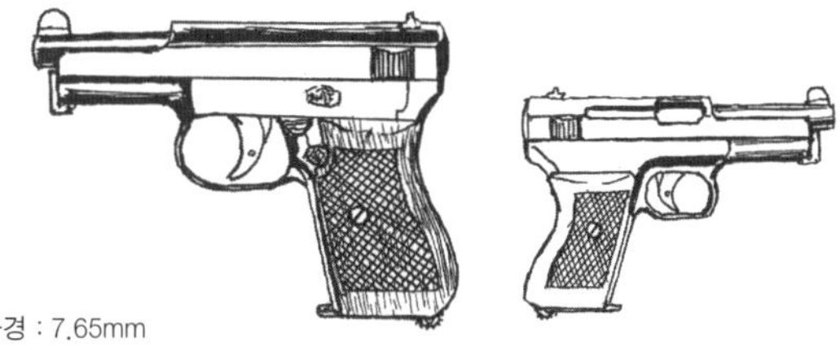

구경 : 7.65mm
사용 탄약 : 7.65×17mm (.32 ACP탄)
장탄수 : 박스형 탄창에 8발
작동 방식 : 블로우백
전장 : 165mm
총열 길이 : 88mm
중량 : 815g

마우저 M1910의 개량 발전형으로 1934년에 발매되었다. 2차 대전 중에는 독일 육·해·공군의 장교용 권총으로 채용되었다.

《발터 PPK》

구경 : 7.65mm
총열 길이 : 83mm
사용 탄약 : 7.65×17mm (.32 ACP탄)
장탄수 : 박스형 탄창에 7발
작동 방식 : 블로우백/더블 액션
전장 : 155mm
중량 : 635g

발터 PP의 총열과 슬라이드, 권총 손잡이 프레임(Grip Frame)을 단축하여 소형화한 개량 모델. 군 장교용으로 채용되었다.

독일군에서 운용된 외국산 권총

2차 대전 당시, 독일군은 권총 부족분을 보충하기 위해 동맹국으로부터 권총을 구입하는 한편, 전장에서 노획한 적국의 권총을 아군에 보급하였으며, 나아가 점령지에서 징발한 공장에서도 권총을 생산하였다.

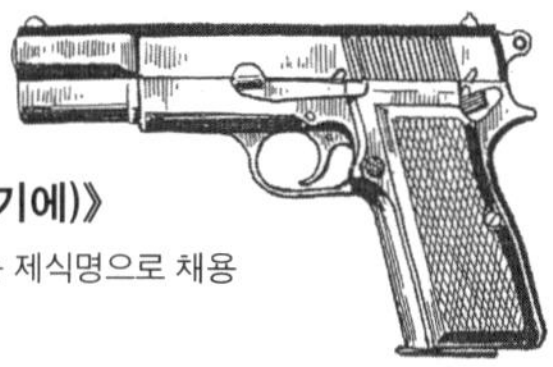

《FN 브라우닝 하이파워 M1935(벨기에)》

벨기에 점령 후 생산을 진행하여, P640(b)라는 제식명으로 채용하였다.

《FN 브라우닝 M1922(벨기에)》

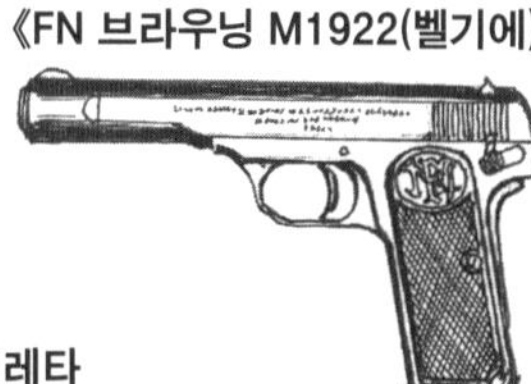

노획 및 점령 후 생산된 물자를 WaA613이라는 제식명으로 사용하였다.

《베레타 M1934(이탈리아)》

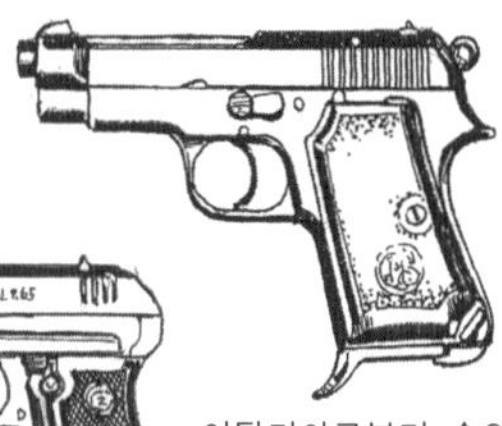

이탈리아로부터 수입하여 운용. 독일군 제식 명칭은 P671(i).

《라돔 VIS wz1935(폴란드)》

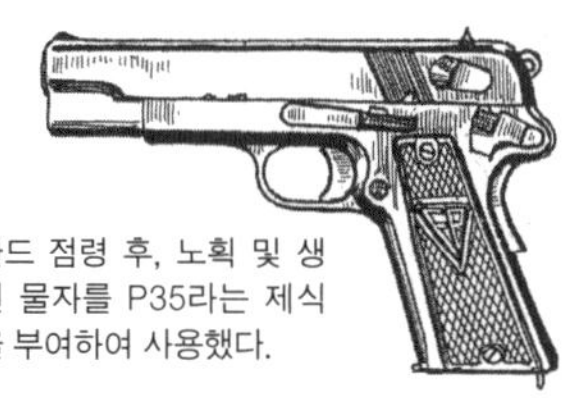

폴란드 점령 후, 노획 및 생산된 물자를 P35라는 제식명을 부여하여 사용했다.

《FÉG 37M (헝가리)》

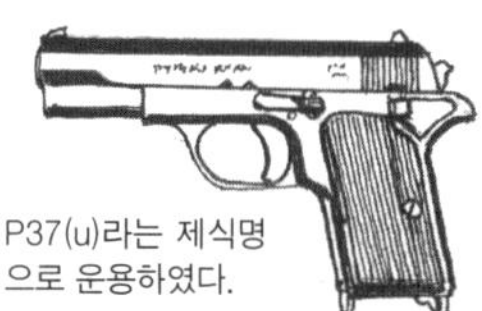

P37(u)라는 제식명으로 운용하였다.

《Vz1927 (체코슬로바키아)》

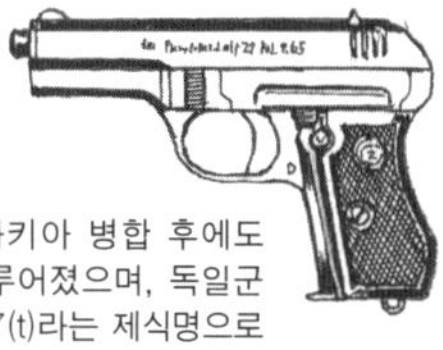

체코슬로바키아 병합 후에도 생산이 이루어졌으며, 독일군에서는 P27(t)라는 제식명으로 운용하였다.

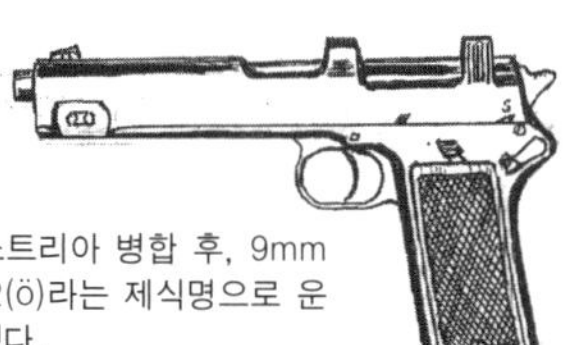

오스트리아 병합 후, 9mm P12(ö)라는 제식명으로 운용했다.

《슈타이어 M1912(오스트리아)》

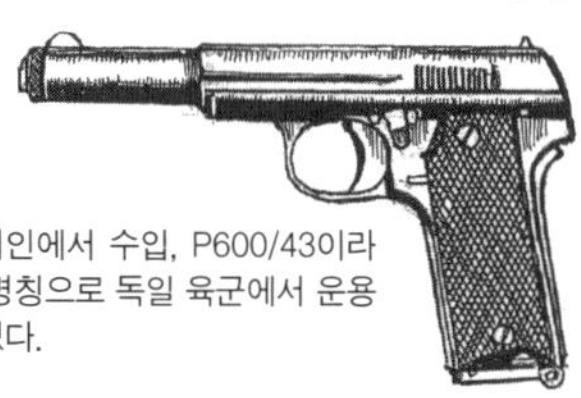

스페인에서 수입, P600/43이라는 명칭으로 독일 육군에서 운용되었다.

《아스트라 M1921(스페인)》

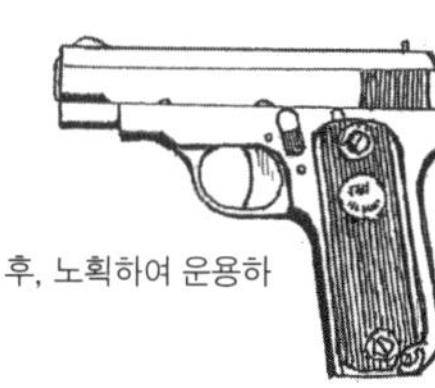

프랑스 점령 후, 노획하여 운용하였다.

《유니크 M1917(프랑스)》

《마우저 C96 (M1898)》

구경 : 7.63mm
작동 방식 : 쇼트 리코일/싱글 액션
사용 탄약 : 7.63×25mm 마우저 탄
장탄수 : 10발
총열 길이 : 140mm
전장 : 308mm
중량 : 1.1kg

대형 자동 권총으로 알려진 C96은 마우저 사에서 1898년부터 생산이 시작되었다. 독일군에는 제식 채용되지 않았으나, 해외에 다수 수출되었으며 중국 등지에서는 군용 권총으로 채용되기도 했다.

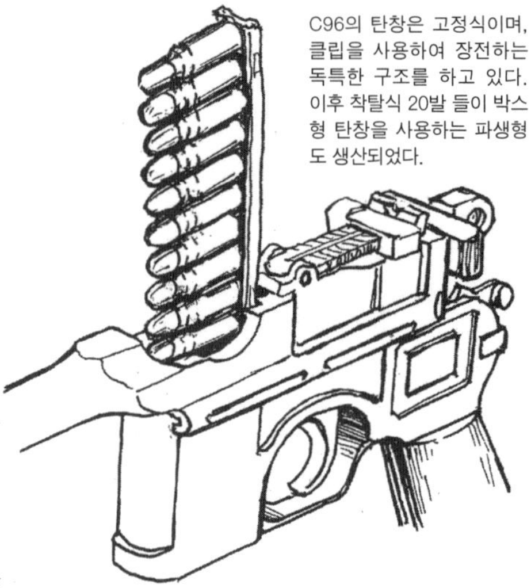

C96의 탄창은 고정식이며, 클립을 사용하여 장전하는 독특한 구조를 하고 있다. 이후 착탈식 20발 들이 박스형 탄창을 사용하는 파생형도 생산되었다.

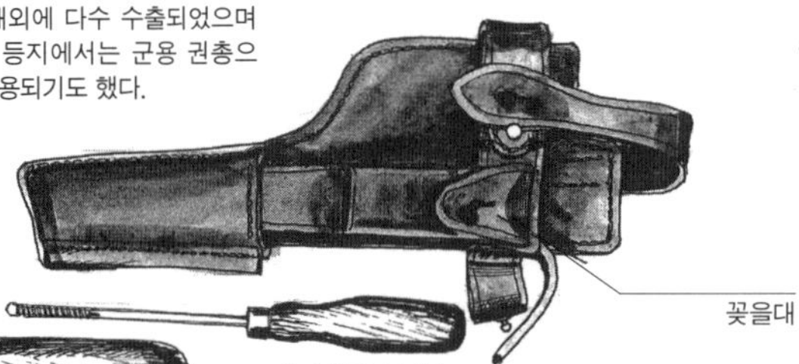

마우저 C96 시리즈는 개머리판을 장착할 수 있다. 목제 개머리판은 홀스터를 겸하고 있으며, 버트 플레이트 부분이 뚜껑 역할을 한다. 또한 꽂을대나 예비 부품을 수납한 가죽제 운반용 홀더도 함께 제공되었다.

[C96을 수납한 개머리판을 가죽 홀더에 결속한 상태]
홀더 뒷면에 벨트 고리가 2개 달려 있어, 벨트에 통과시켜 휴대할 수 있다.

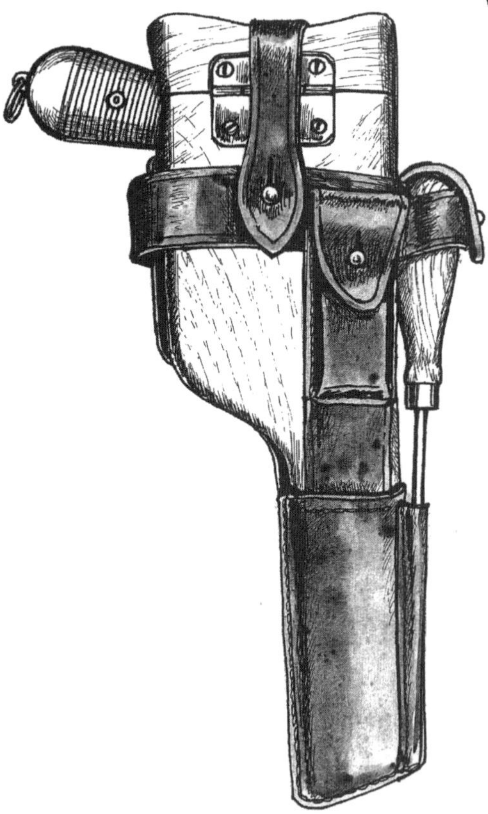

《마우저 M1932(M712)》

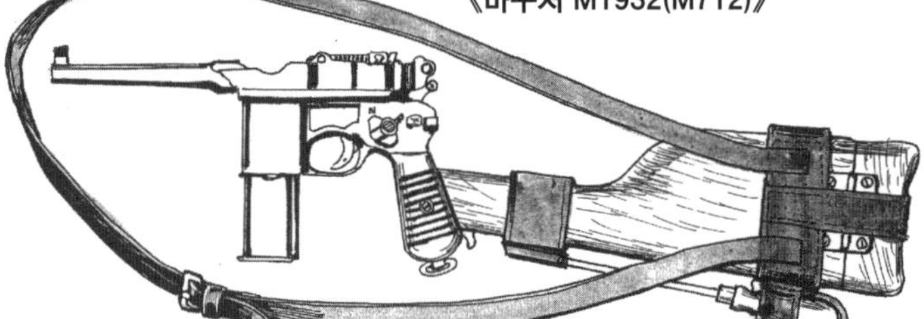

슈넬포이어(schnellfeuer, 연사 또는 속사라는 의미)라고도 불리는 모델로 단발/연발 기능을 갖추고 있다. 1932년에 생산되어 독일 공군과 무장친위대(Waffen-SS)에 채용되었으며, 20발 들이 박스형 착탈식 탄창을 사용한다.

무장친위대에서는 부족한 기관단총의 대용 화기로 마우저 M1932를 채용하여 사용했다. 이 외에도 공군 등에서도 후방 부대용으로 사용했다.

신호 권총

신호 권총은 한 발로 넓은 구역의 아군에게 신호를 보낼 수 있어 야전에서 다용도로 쓰였다.

《지그날피스톨레 1 (Signalpistole 1)》

구경 : 27mm
전장 : 350mm
중량 : 1.32kg

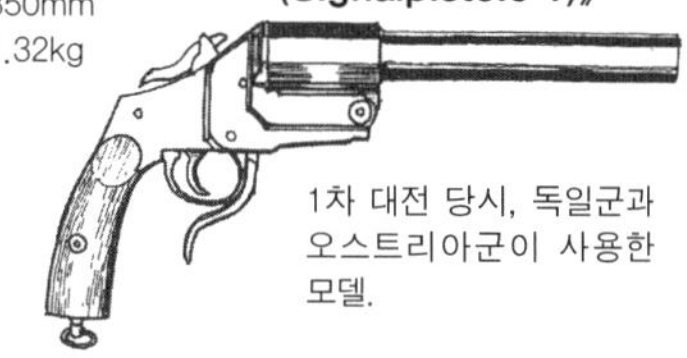

1차 대전 당시, 독일군과 오스트리아군이 사용한 모델.

《발터 27mm 신호 권총》

구경 : 26.6mm
전장 : 245mm
중량 : 1.33kg(강철), 730g(알루미늄 합금)

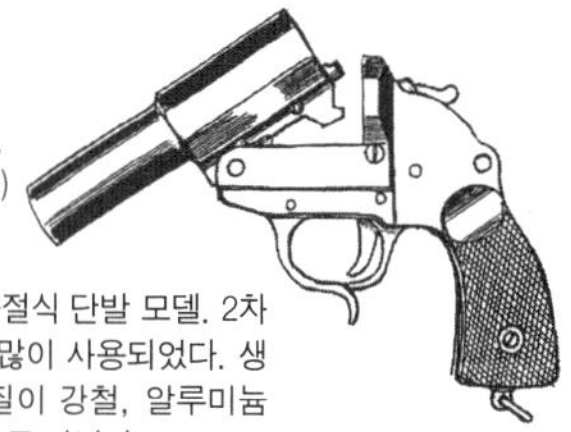

1928년에 채용된 중절식 단발 모델. 2차 대전 기간 중, 가장 많이 사용되었다. 생산 시기에 따라 재질이 강철, 알루미늄 합금, 아연 합금 등으로 나뉜다.

《SL 신호 권총》

구경 : 26.6mm
전장 : 340mm
중량 : 1.81kg

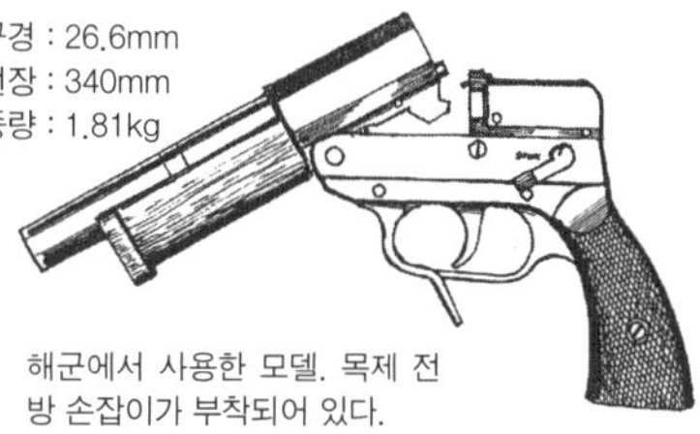

해군에서 사용한 모델. 목제 전방 손잡이가 부착되어 있다.

《SLD 신호 권총》

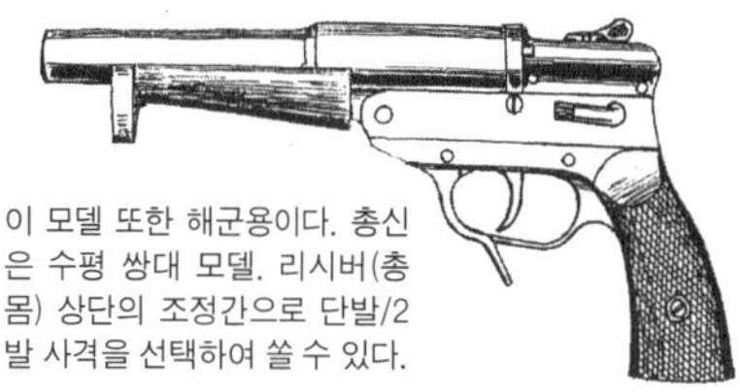

이 모델 또한 해군용이다. 총신은 수평 쌍대 모델. 리시버(총몸) 상단의 조정간으로 단발/2발 사격을 선택하여 쏠 수 있다.

《FL 신호 권총》

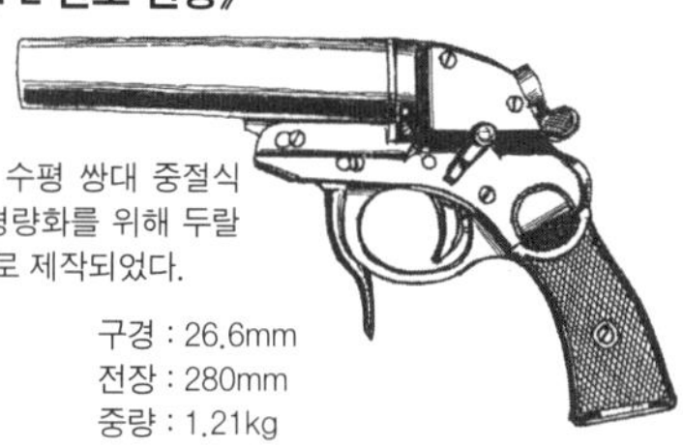

공군용 수평 쌍대 중절식 모델. 경량화를 위해 두랄루민으로 제작되었다.

구경 : 26.6mm
전장 : 280mm
중량 : 1.21kg

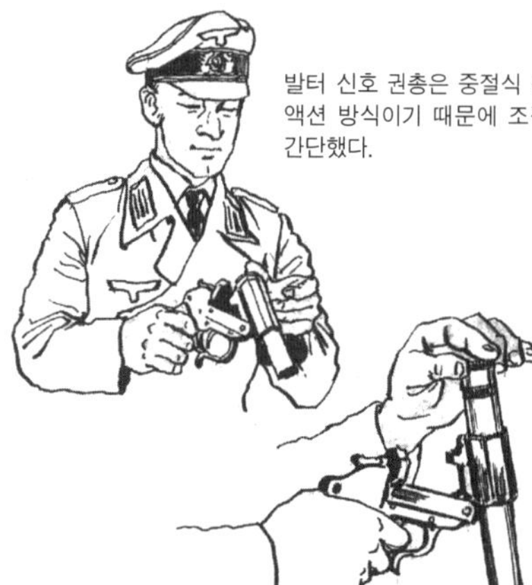

발터 신호 권총은 중절식 싱글 액션 방식이기 때문에 조작이 간단했다.

《LP-42 신호 권총》

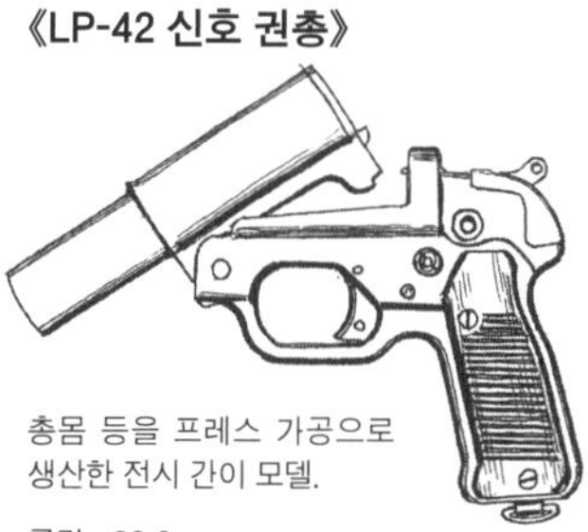

총몸 등을 프레스 가공으로 생산한 전시 간이 모델.

구경 : 26.6mm
전장 : 220mm
중량 : 1.22kg

《LP-37 신호 권총》

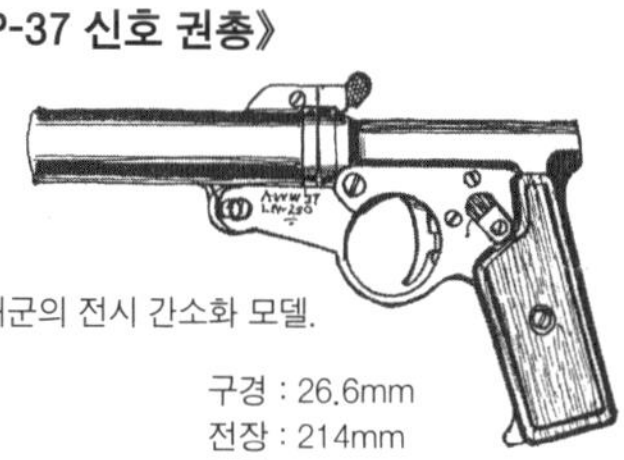

해군의 전시 간소화 모델.

구경 : 26.6mm
전장 : 214mm
중량 : 2.35kg

전투/돌격 권총

《캄프피스톨레(Kampfpistole, 전투 권총)》

발터 신호 권총을 개조하여 총열 내부에 강선을 새겨 넣어 만든 유탄발사기. 외관은 신호 권총과 똑같다.

[고폭탄]
이 탄약은 신호탄과 똑같이 후장식이다.

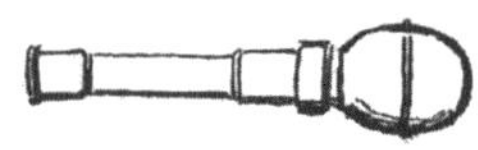

[361형 유탄]
M39 수류탄에 발사 어댑터를 장착한 모델. 전장식이다.

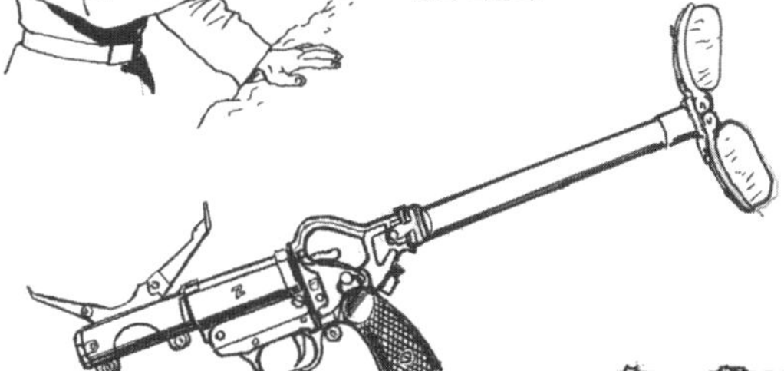

《슈투름피스톨레(Sturmpistole, 돌격 권총)》

대전차 전투에도 사용할 수 있는 병기로서, 캄프피스톨레에 접이식 개머리판과 조준기를 추가한 모델.

[42형 대전차 유탄 (Panzerwurfkörper 42)]

슈투름피스톨레에 사용하는 탄약은 그림으로 해설한 것 외에도 대전차, 대인용 유탄 등이 있었다. 물론 기존의 신호탄이나 조명탄도 사용 가능.

소총

2차 대전 발발 이전, 독일군은 1차 대전 중에 사용한 마우저 Gew98의 개량형인 Kar98k를 제식 채용하여 전군에 보급했다. 2차 대전 중에는 Kar98k의 후계로 각종 자동소총이나 신형 돌격소총 등을 차례차례 개발하여 배치했지만, 수적으로는 전쟁이 끝날 때까지 Kar98k가 독일군 주력 소총의 지위를 유지했다.

마우저 Kar98k 소총

Kar98k는 독일 국내뿐만 아니라 국외에서도 생산되었는데 독일 외 생산국은 대전 이전에 병합한 체코슬로바키아, 오스트리아, 그리고 점령 후의 벨기에, 폴란드이다. 2차 대전 기간 중에 각지에서 생산된 수는 700만 정 이상에 이른다.

구경 : 7.92mm
사용 탄약 : 7.92×57mm
작동 방식 : 볼트 액션
장탄수 : 5발
전장 : 1,100mm
총열 길이 : 600mm
중량 : 4.85kg

《마우저 스탠다르트모델 (Mauser Standardmodell) 1924》

전후, 베르사유 조약의 통제 아래서 개발된 소총으로 Kar98k의 원형이라 할 수 있다.

《Kar98k 초기형》

마우저 스탠다르트모델 1924를 원형으로 삼아 개발되었으며, 단축형 총열을 사용하는 카빈 모델로 완성되었다. 1935년 6월에 독일군의 제식 소총으로 채용되었다.

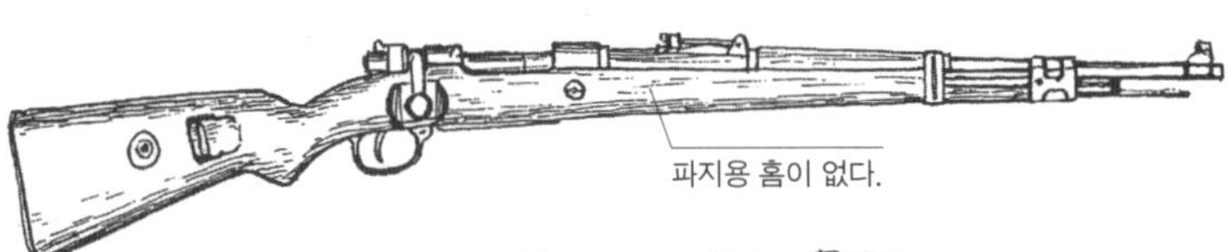

《Kar98k 양산형》

파손되기 쉬운 개머리판 바닥쇠(Buttplate)를 금속제 컵(Cup) 형태로 변경하고, 총몸(Stock) 또한 호두나무에서 합판(Laminate) 재질로 변경되었다.

《Kar98k 후기형》

착검 장치가 폐지되고, 프레스 가공으로 제작된 부품이 더욱 많아졌다.

《VK98 소총》

국민돌격대(Volkssturm)용으로 생산된 전시 간이 생산형. 노리쇠만 Kar98k의 부품을 유용하고 있다.

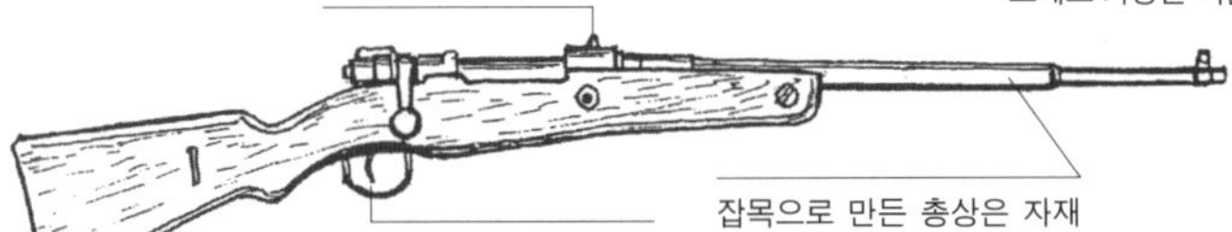

공수부대용 시제품

《Kar98/42 분리형》

공수 작전 시에 부피를 차지하지 않고 휴대할 수 있도록 약실 부분에서 전후로 분리할 수 있게 만들어졌다.

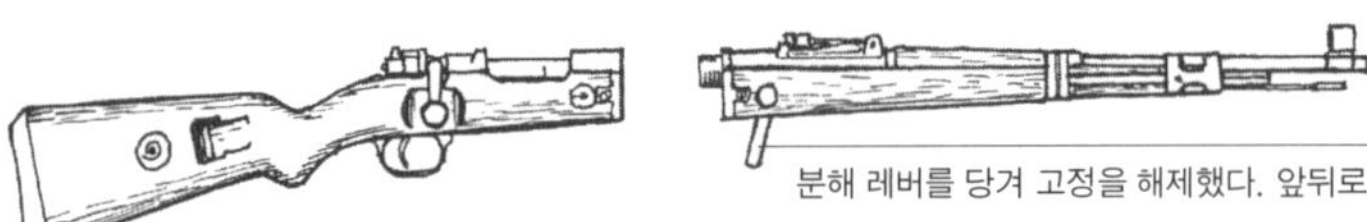

《Kar98k V39 스톡》

총상을 손잡이 부분에서 접을 수 있도록 한 모델. 고정을 풀면 개머리판을 좌측으로 접을 수 있다.

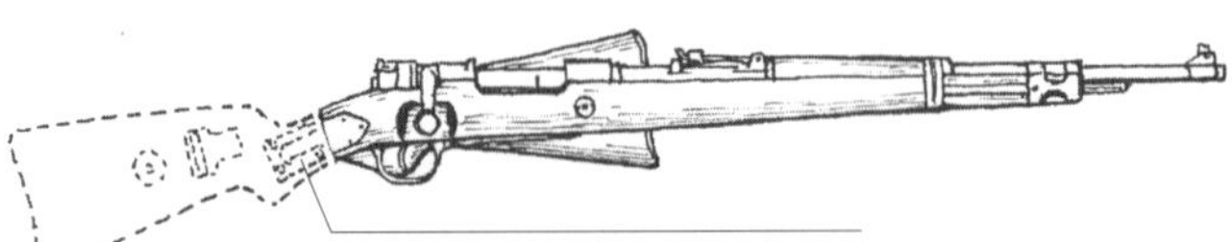

Kar98k의 사격 절차

2차 대전 당시, 폴란드 전역부터 프랑스 전역 기간 중, Kar98k로 무장한 육군 병사의 모습. 탄약은 탄입대 2개에 나누어 휴대했다. 탄입대는 3개의 주머니가 있으며, 주머니 하나에 10발의 탄약이 들어가, 좌우 합계 60발을 휴대할 수 있었다.

《조작 절차》

탄약 장전부터 탄피 배출까지는 다음 순서에 따라 이루어졌다.

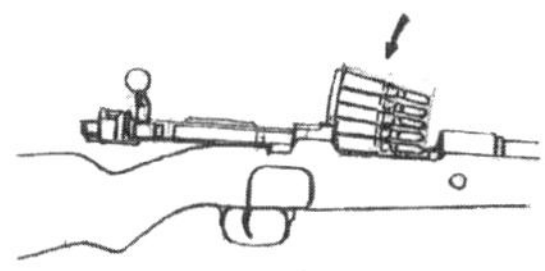

①삽탄자(클립)를 이용하여 탄약을 장전한다. 클립이 없어도 1발씩 장전 가능하다.

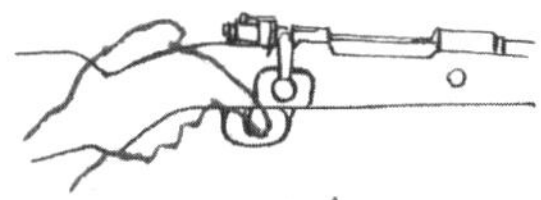

②노리쇠를 폐쇄하여 초탄을 약실에 장전. 방아쇠를 당겨 격발한다.

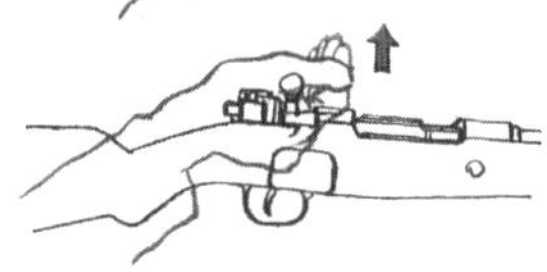

③격발 후, 노리쇠 손잡이를 위로 회전하여 올린다.

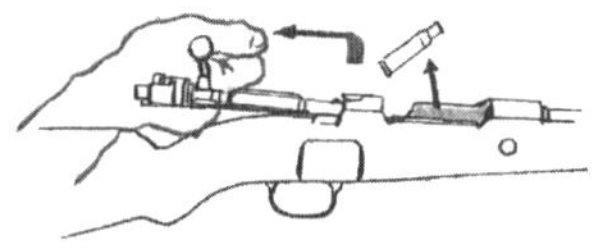

④그대로 노리쇠를 후퇴시켜, 탄피를 배출한다.

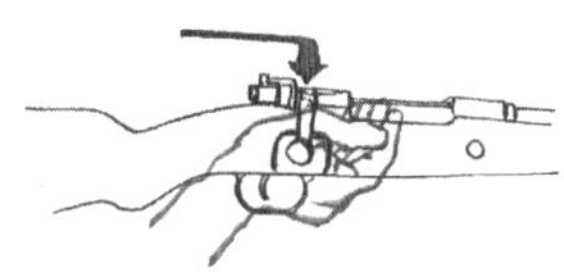

⑤다시 노리쇠를 전진시켜 차탄을 약실에 장전한다. 탄약을 장전한 뒤, 위와 같은 조작을 반복하여 사격을 실시했다.

《사격 자세》

[서서 쏴]
기본적인 사격 자세.

[앉아 쏴 1]
양팔을 다리에 의탁하여 안정성을 높였다.

[앉아 쏴 2]
왼 팔꿈치를 왼쪽 무릎에 의탁하는 사격 방법.

[무릎 쏴]
자세를 낮춘 상태에서의 기본 자세. 사격과 기동 간의 연계가 용이하며, 표적의 높이 변화에 대응할 수 있다.

[서서 쏴의 응용]
신체를 가능한 한 은폐하고 총의 좌측면을 나무에 의탁하여 방호와 동시에 안정된 사격을 실시할 수 있다.

[엎드려 쏴 2]
더욱 안정된 사격 자세를 취하기 위해 받침대나 흙더미 등에 소총을 의탁했다.

[엎드려 쏴 1]
기본 자세 중 가장 안정된 사격 자세다. 또한, 사격 자세가 낮아지므로 적에 대한 노출 면적도 적어진다.

대검

《SG84/98III 대검》

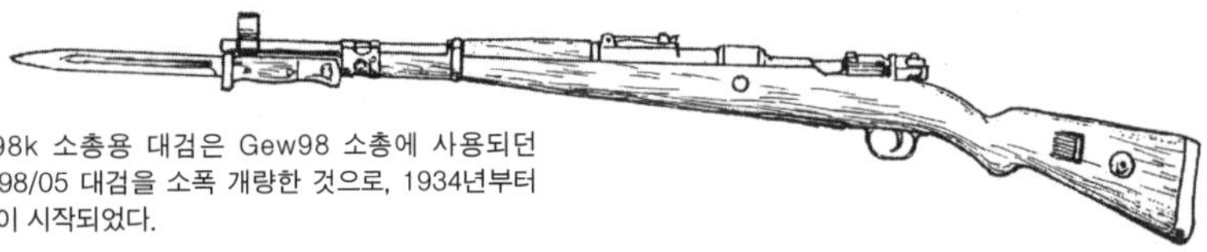

Kar98k 소총용 대검은 Gew98 소총에 사용되던 M1898/05 대검을 소폭 개량한 것으로, 1934년부터 생산이 시작되었다.

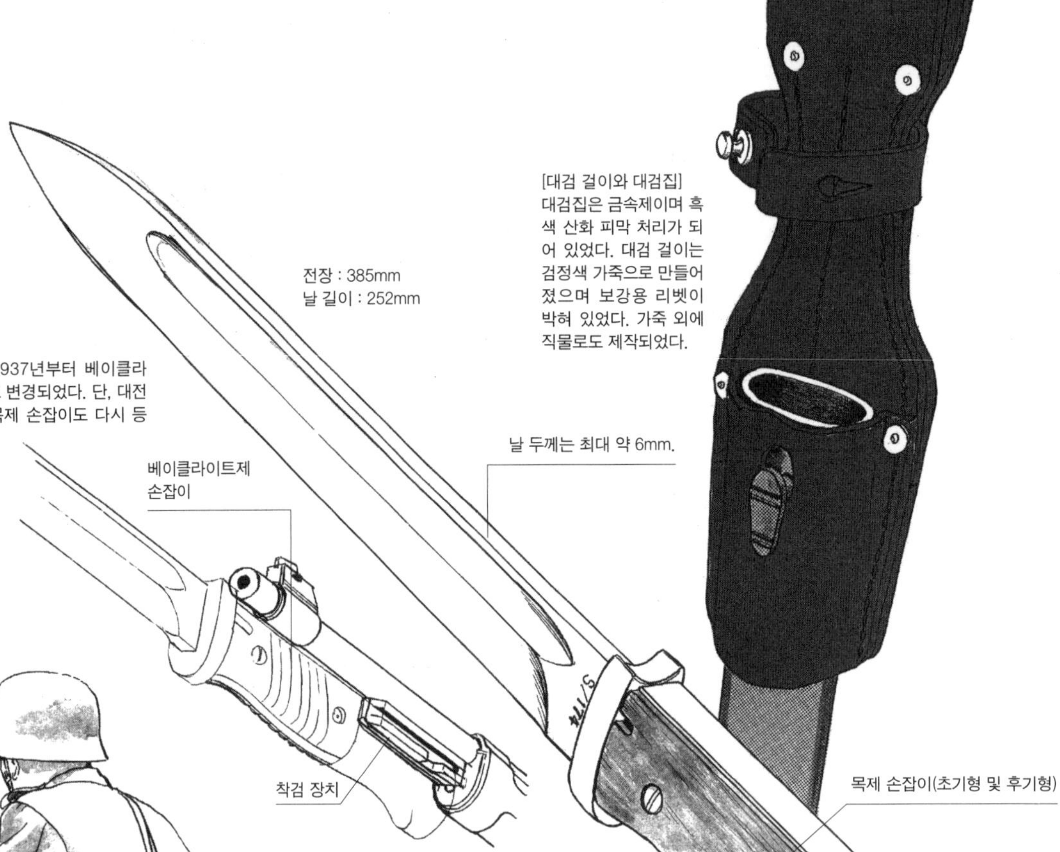

[대검 걸이와 대검집]
대검집은 금속제이며 흑색 산화 피막 처리가 되어 있었다. 대검 걸이는 검정색 가죽으로 만들어졌으며 보강용 리벳이 박혀 있었다. 가죽 외에 직물로도 제작되었다.

전장 : 385mm
날 길이 : 252mm

손잡이는 1937년부터 베이클라이트 재질로 변경되었다. 단, 대전 말기에는 목제 손잡이도 다시 등장했다.

날 두께는 최대 약 6mm.

베이클라이트제 손잡이

착검 장치

목제 손잡이(초기형 및 후기형)

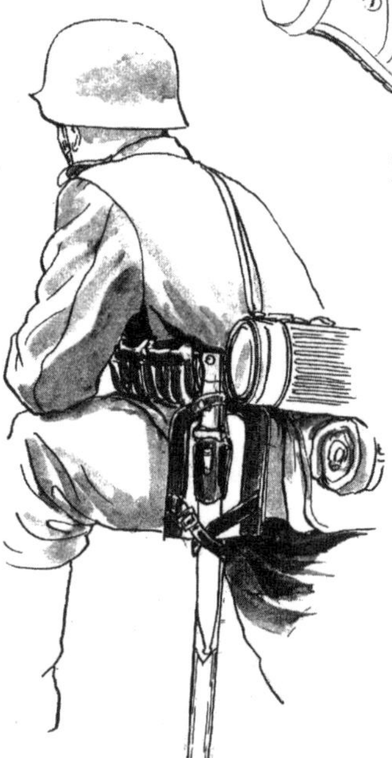

대검을 결속하는 위치는 허리 뒤쪽 좌측이다. 보통은 벨트에 대검 걸이를 결속하여 휴대했지만, 야전에서는 야전삽 집을 이용하기도 했다.

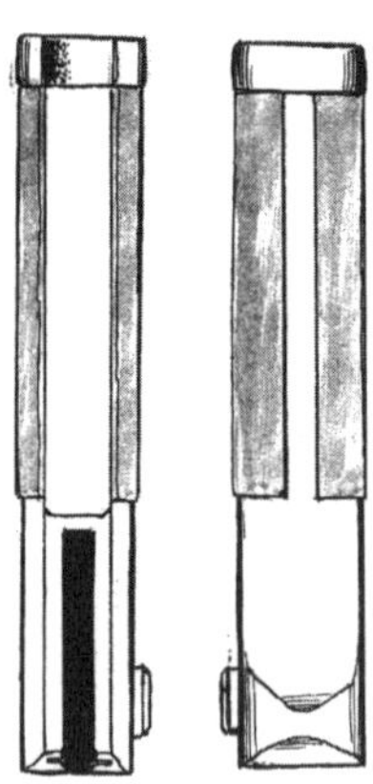

[손잡이 상부와 하부]
총구 고리가 없으며, 착검 장치만으로 고정하기 때문에 홈이 길게 파여있다.

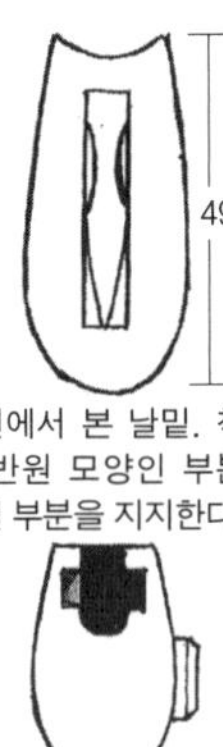

정면에서 본 날밑. 착검 시 반원 모양인 부분이 총열 부분을 지지한다.

착검 장치가 들어가는 홈의 단면

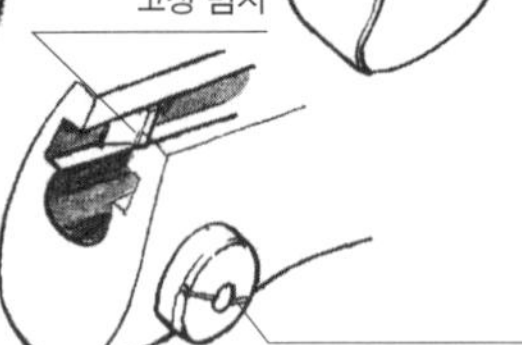

고정 멈치

고정 해제 멈치 버튼

대검을 분리할 때는, 멈치 버튼을 누르면서 당겨 뺀다.

《34년형 정비 도구》

1934년에 채택된 소화기 정비 도구로, 독일어 명칭은 라이니궁스게레트 34(Reinigungsgerät 34)이며 Rg34라는 약칭으로 주로 불렸다. 수납 케이스에는 손질 및 정비용 공구가 수납되어 있었는데, 소총은 물론 권총이나 기관단총, 기관총에도 사용되었다.

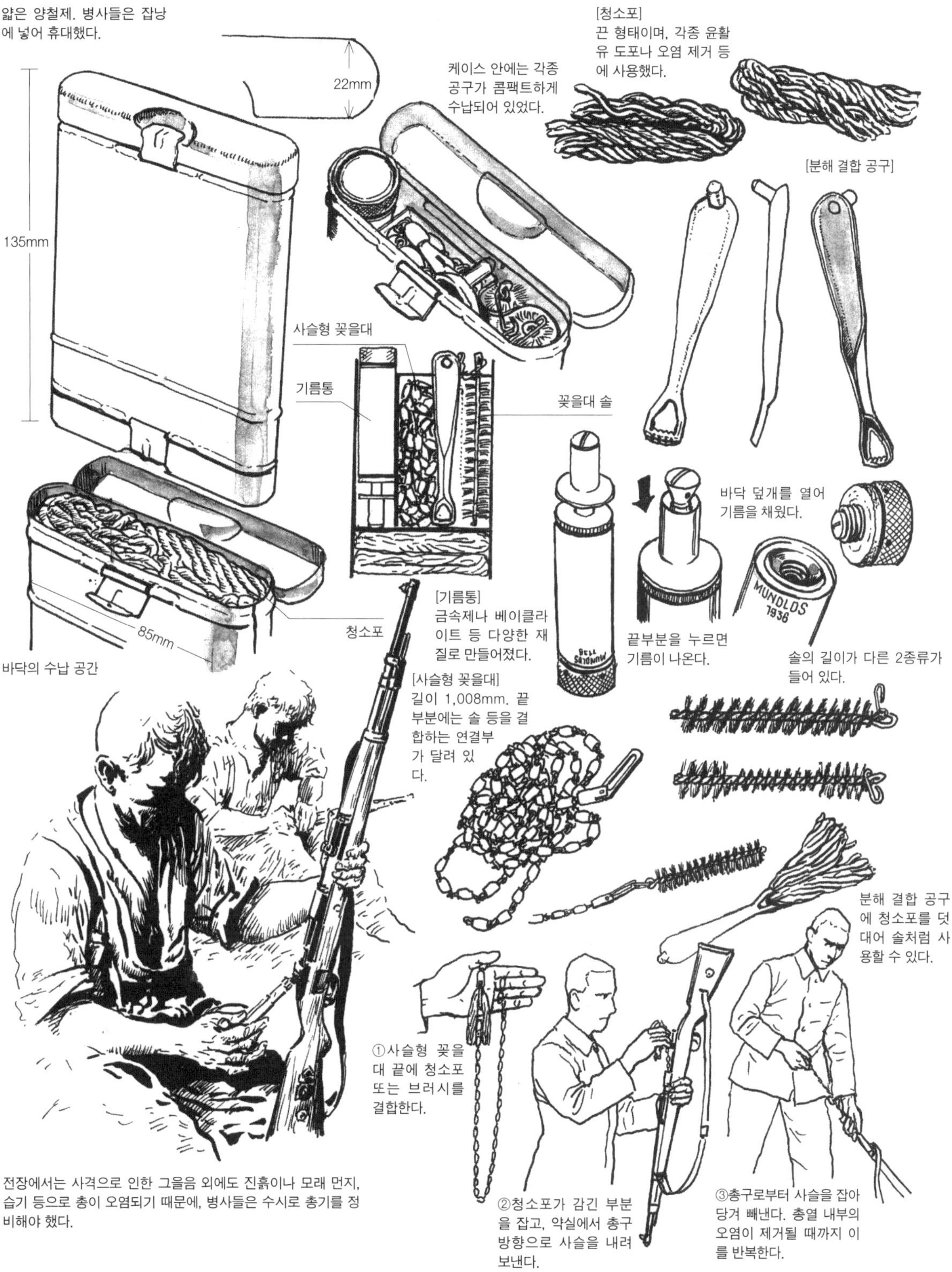

전장에서는 사격으로 인한 그을음 외에도 진흙이나 모래 먼지, 습기 등으로 총이 오염되기 때문에, 병사들은 수시로 총기를 정비해야 했다.

《총열의 청소 절차》

반자동 소총

독일군의 반자동 및 자동 소총 개발은 미국이나 소련보다 늦은 편이었다. 1940년에 들어서야 본격적인 개발이 시작되었는데, 이 과정에서 탄생한 것이 바로 마우저 사와 발터 사의 Gew41이었다. 시험 운용 후, 생산성이 더 높고 실전에 적합한 소총이 요구됨에 따라 Gew41을 개량한 모델인 Gew43이 개발되었다.

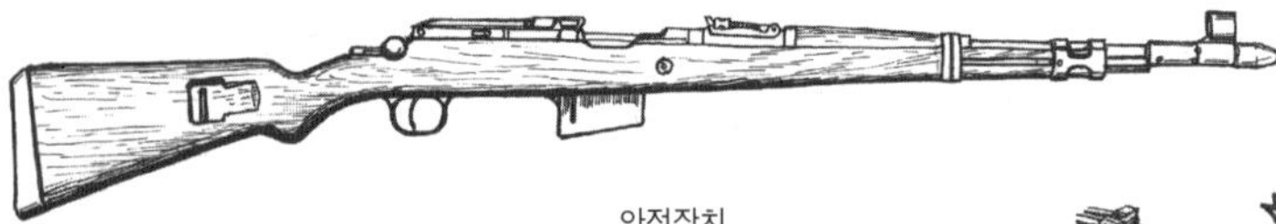

《Gew41(M)》

독일 육군의 요구에 따라 마우저 사가 개발한 반자동 소총. 6,778정이 생산되었으나, 복잡한 블로우백 시스템(가스 트랩 방식) 등의 이유로 제식 채용에는 이르지 못했다.

구경 : 7.92mm
사용 탄약 : 7.92×57mm
장탄수 : 10발
작동 방식 : 가스 트랩/회전식 노리쇠
총열 길이 : 580mm
전장 : 1,175mm
중량 : 5.02kg

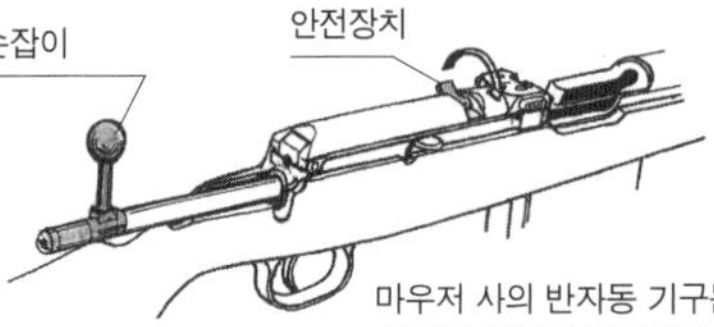

마우저 사의 반자동 기구는 회전 노리쇠 방식 작동 기구를 기본으로 하는 시스템이 채용되었다. 안전장치를 오른쪽으로 넘기면 잠금 상태가 된다.

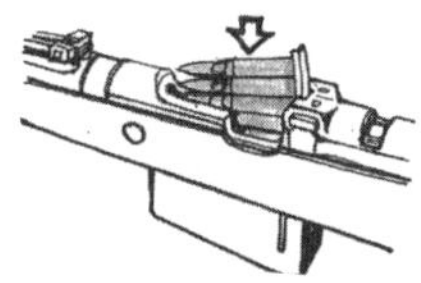

Gew41(M)은 고정식 탄창을 사용하기 때문에, 노리쇠를 후퇴 고정시킨 상태에서 탄피 배출구에서 탄약을 장전했다.

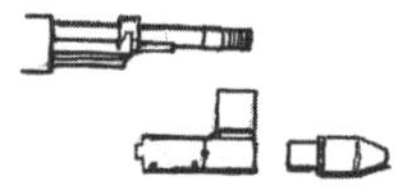

Gew41(M) 가스 트랩용 머즐 콘

《Gew41(W)》

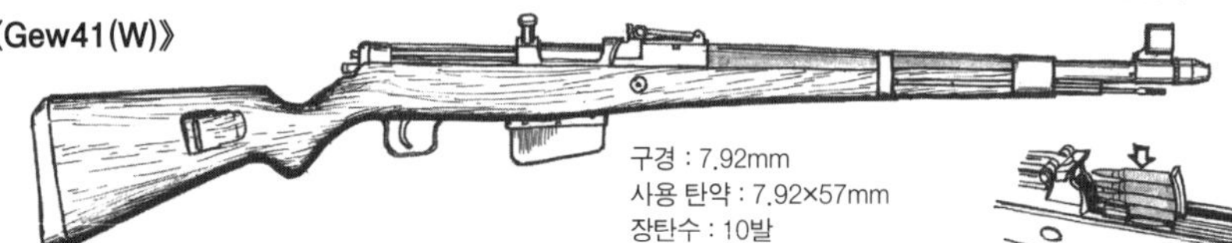

발터 사는 요동식 폐쇄 기구(flapper locking mechanism)를 탑재한 가스압 이용식 블로우백 시스템을 개발했는데, 마우저 측 모델에 비해 구조가 단순하고 조작이 편했기 때문에 잠정 채용되었다. 또한 마우저, 발터 양사 모두 총구에서 나오는 발사 가스를 이용해 노리쇠를 작동시키는 가스 트랩 방식을 채용했으나, 기관부의 구조는 완전히 달랐다.

구경 : 7.92mm
사용 탄약 : 7.92×57mm
장탄수 : 10발
작동 방식 : 반자동
총열 길이 : 546mm
전장 : 1,140mm
중량 : 4.9kg
발사 속도 : 20~30발/분

Gew41(W) 역시 탄약의 장전은 삽탄자를 사용했으나, 1발씩 장전할 수도 있었다.

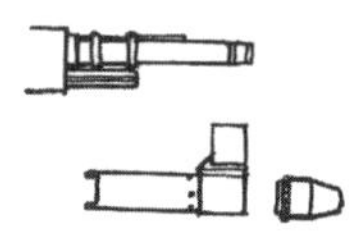

Gew41(W)의 가스 트랩용 머즐 콘. 발터 사의 제품 역시, 마우저 사 제품과 마찬가지로 머즐 콘을 장착하고 있었으나, 이 장치로 인해 총구 쪽이 무거워지는 문제가 있었다.

《발터 Gew43》

시험을 겸해 실전에 투입된 Gew41(W)를 통해 얻은 전훈을 바탕으로, 작동 방식을 가스 트랩 방식에서 컵 피스톤 방식으로 변경하는 등의 개량을 통해 새로운 자동 소총으로 완성한 것이 바로 Gew43이었다.

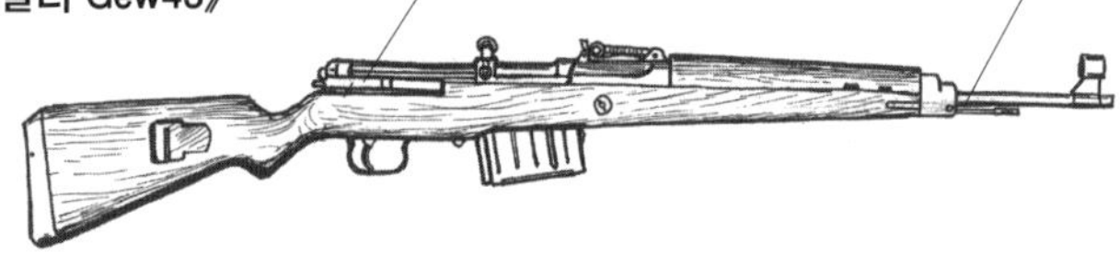

구경 : 7.92mm
사용 탄약 : 7.92×57mm
장탄수 : 박스형 탄창 10발
작동 방식 : 반자동
전장 : 1,117mm
총열 길이 : 549mm
중량 : 4.4kg

《Gew43의 시제품》

시제품에는 조준경 장착 레일이 설치되지 않았다.

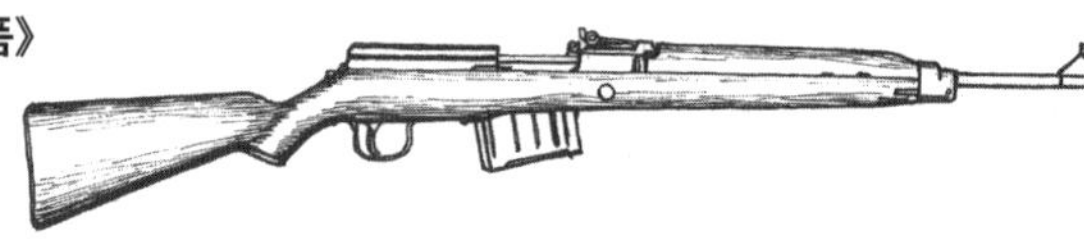

Gew43은 주로 동부 전선의 부대에 보급되었다.

《발터 Kar43》

1944년 4월에는 제식 명칭이 Kar43(Karabiner43)으로 변경되었다. 후기 생산형 중에는 총열 덮개가 초기 합성 수지의 일종인 에보나이트로 제작된 것도 있었다.

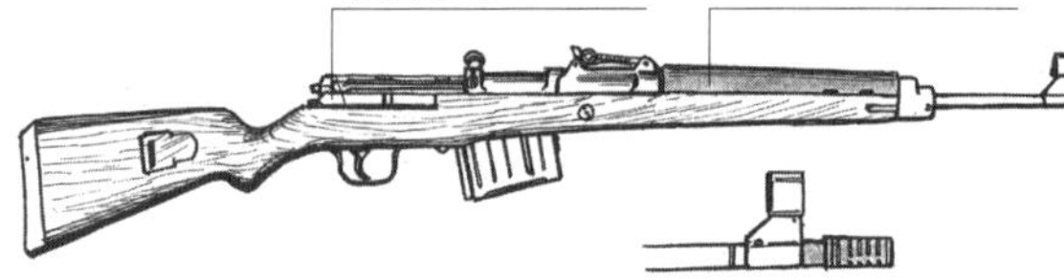

소염제퇴기(Muzzle Brake)를 장착한 모델도 제작되었다.

착탈식 10발 탄창을 채용.

탄창을 결합한 상태에서도 노리쇠를 후퇴시켜 탄약을 장전할 수 있었다.

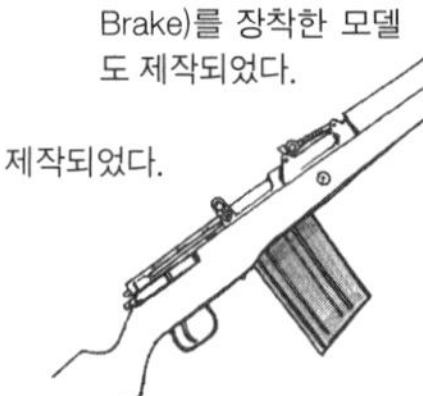

20발 탄창도 시험 제작되었다.

《Gew43 7.92×33mm 쿠르츠탄 사양 시제품》

7.92×33mm 쿠르츠(Kurz)탄을 사용하도록 개량된 소총. StG44와 동일한 30발 탄창을 사용했다.

[Gew43용 탄창 파우치]
예비 탄창이 2개 들어간다.

저격 소총

독일군의 저격 소총은 전용으로 제작된 것이 아니라, 제식 소총 중에서 명중률이 높은 것을 선별하여, 저격용 망원 조준경을 장착한 것이었다. 조준경은 군의 제식 모델 외에 민수용도 다수 사용되었다.

독일군 저격수는 우수한 사격술과 교묘한 위장으로 연합군 장병 사이에 공포의 대상이었다.

《Kar98k 저격 소총》

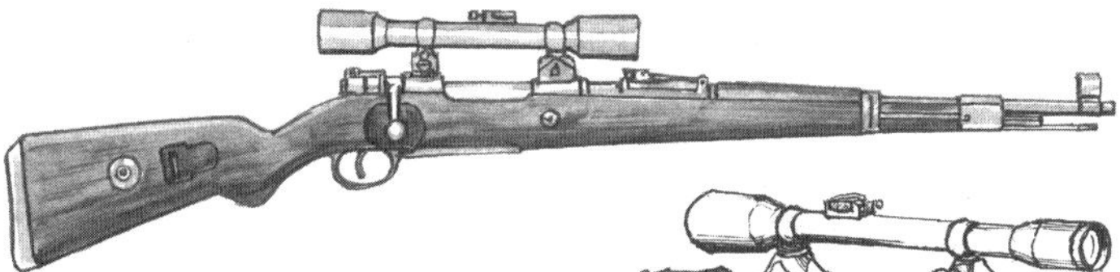

[ZF39 조준경 장착형]
Kar98k 소총 탑재용으로서 2차 대전 전 기간에 걸쳐 사용된 4배율 망원 조준경. 장거리 사격에 적합하며, 같은 모델의 민수 제품도 다수 사용되었다.

초기의 조준경은 총몸 상부에 터렛 마운트로 장착되었다.

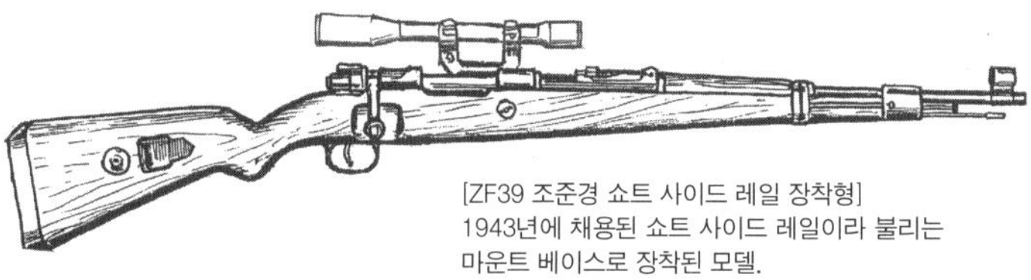

[ZF39 조준경 쇼트 사이드 레일 장착형]
1943년에 채용된 쇼트 사이드 레일이라 불리는 마운트 베이스로 장착된 모델.

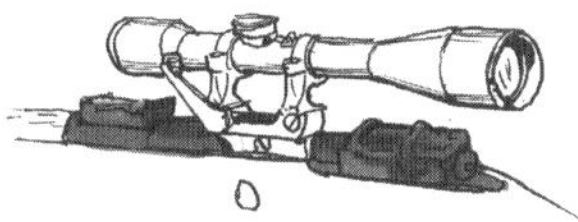

총몸의 좌측면에 조준경 장착용 마운트가 부착되어 있다.

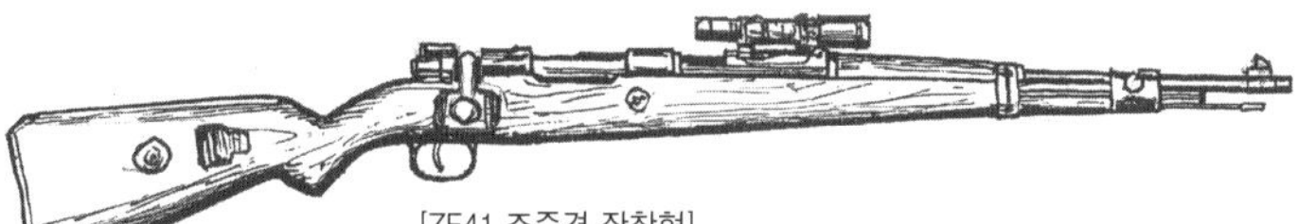

[ZF41 조준경 장착형]
1941년에 채용된 ZF41은, 현대의 돌격소총 등에 사용되는 전술 조준경이나 도트 사이트(무배율 조준경)와 같은 개념으로 개발된 조준 보조용 조준경이다. 사거리 100~800m의 목표에 대응했지만, 1.5배율에 불과했고 시야도 좁았기 때문에 원거리 저격에는 부적합했다.

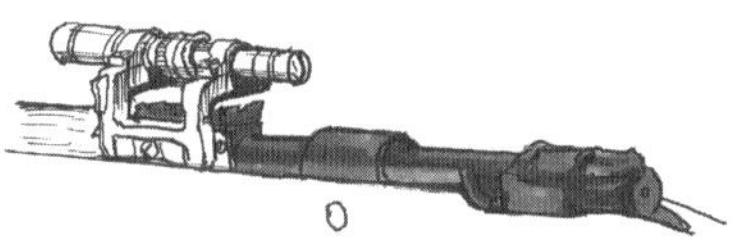

ZF41은 가늠자와 같은 위치에 장착하여 사용했다.

《Gew41/Gew43 저격 소총》

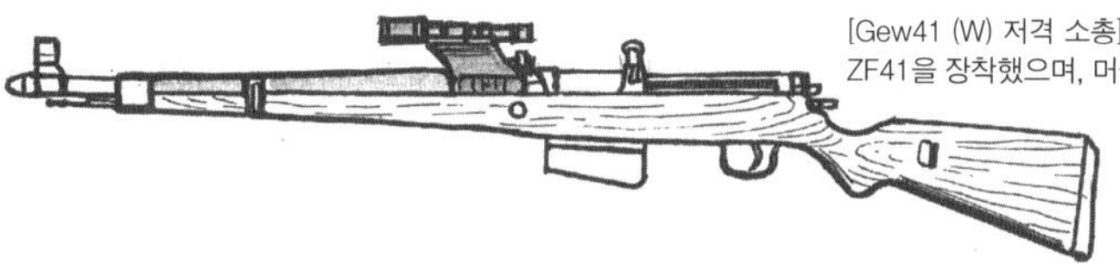

[Gew41 (W) 저격 소총]
ZF41을 장착했으며, 머즐 콘은 폐지되었다.

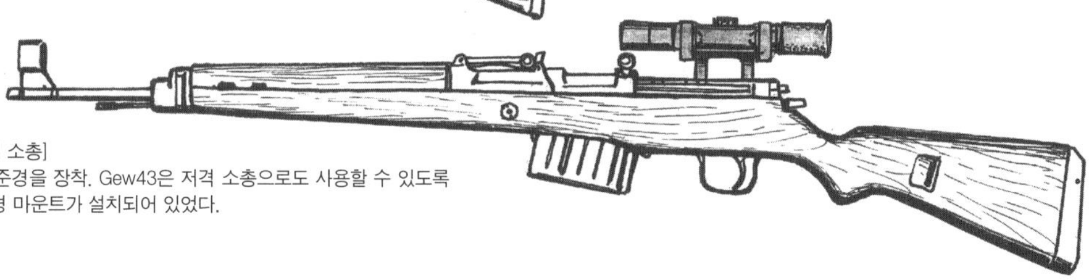

[Gew43 저격 소총]
ZF4 망원 조준경을 장착. Gew43은 저격 소총으로도 사용할 수 있도록 총몸에 조준경 마운트가 설치되어 있었다.

[ZF4 망원 조준경]
채용 중 및 채용 예정인 소총에 장착하는 조준경을 공통화하기 위해, 1943년에 채용된 4배율 망원 조준경. 총몸 후방 우측면에 장착했다.

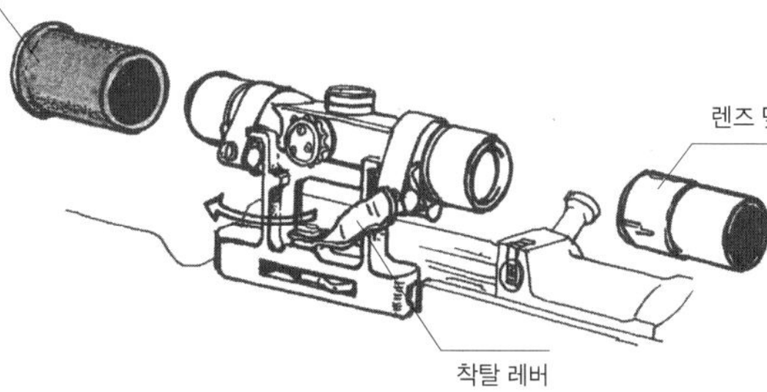

FG42

FG42는 라인메탈(Rheinmetall) 사가 개발한 소총으로, 경기관총의 요소를 갖추고 있었다. 1942년, 크레타 섬 전투 당시, 독일 공군 공수부대는 휴대 화기의 부족으로 인해 큰 피해를 입었다. 이에 따라 강하 시 휴대가 가능한 경량 소형이면서도, 경기관총 수준의 화력을 지닌 화기의 필요성이 제기되었는데, FG42는 이런 배경에서 탄생했다.

조정간

1형의 총구 제퇴기는 소염기를 겸하고 있었다.

《FG42/I 초기 생산형》

극초기에 생산된 모델. 방아쇠울과 권총 손잡이는 프레스 일체형으로 제작되었으며, 개머리판에는 요철이 없다.

개머리판에 구조 보강용 요철이 들어갔다.

소염기의 형상이 원형으로 변경되었다.

《FG42/II》

1형에 이어 양산된 모델로, 이 모델을 FG42 초기형이라고도 부른다.

스파이크형 대검을 장착. 사용 시에는 멈치를 해제하여 분리한 후, 일러스트와 같이 앞쪽을 향해 장착했다.

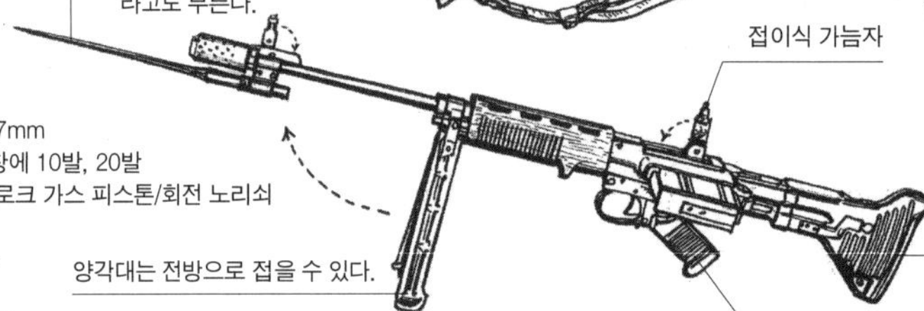

접이식 가늠자

양각대는 전방으로 접을 수 있다.

금속제 프레스 가공 개머리판.

경사각이 큰 권총 손잡이는 낙하산 강하 중 사격할 수 있도록 설계되었다.

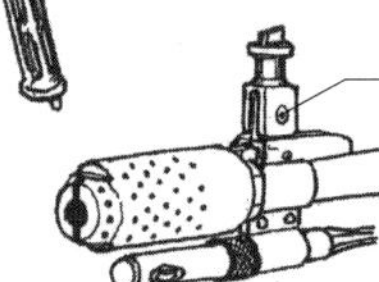

접이식 가늠쇠

[FG42/II의 소염기]

구경 : 7.92mm
사용 탄약 : 7.92×57mm
장탄수 : 박스형 탄창에 10발, 20발
작동 방식 : 롱 스트로크 가스 피스톤/회전 노리쇠
전장 : 940mm
총열 길이 : 500mm
중량 : 4.5kg
발사 속도 : 750발/분

FG42의 첫 실전 투입은 1943년 9월 12일에 실시된 유폐되어 있던 무솔리니 구출 작전으로 알려져 있다. FG42의 작동 시스템은 전후 미군 M60 기관총 개발에 큰 영향을 주었다.

《FG42/III》

FG42 후기형으로도 불리는 모델로, 여러 부위가 개량이 되었다. 초기형과의 가장 큰 차이는 입수가 곤란해진 스웨덴제 특수강 대신 마그넷강이 사용됨에 따라, 강도 유지를 위해 부품이 대형화되었다는 점이다.

구경 : 7.92mm
사용 탄약 : 7.92×57mm
장탄수 : 박스형 탄창에 10발, 20발
작동 방식 : 롱 스트로크 가스 피스톤/회전 노리쇠
전장 : 1,100mm
총열 길이 : 480mm
중량 : 4.9kg
발사 속도 : 750발/분

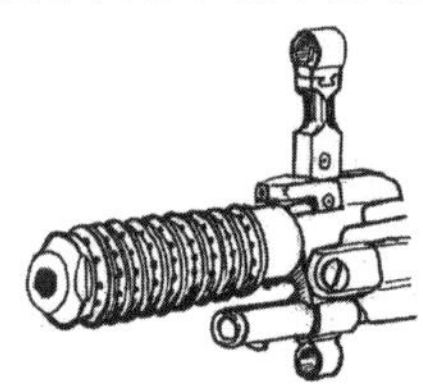

[FG42/III의 소염기]
소염기에는 총구 제퇴기 기능이 추가되었다.

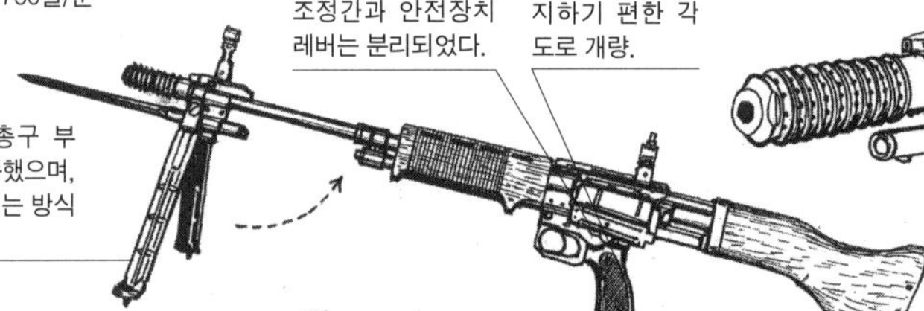

조정간과 안전장치 레버는 분리되었다.

권총 손잡이를 일반 전투 시 파지하기 편한 각도로 개량.

양각대는 총구 부분으로 이동했으며, 후방으로 접는 방식으로 변경.

개머리판은 목제로 변경되었다.

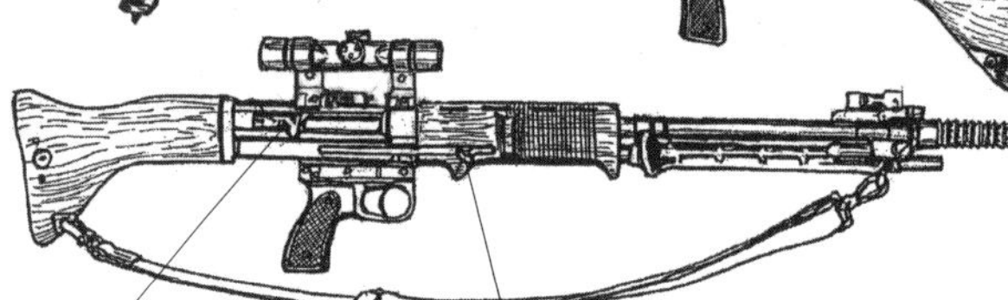

배출된 탄피가 후방으로 튀는 것을 방지하는 둑이 추가되었다.

장전 손잡이는 레버 타입으로 변경되었다.

[FG42/II]

[FG42/III]

공군 공수부대에서 저격 소총으로도 쓸 수 있도록 일부 FG42에는, ZF4 망원 조준경이 장착되었다.

FG42/III에는 먼지 덮개가 추가되었다.

총류탄 발사기인 '시스베허(Schiessbecher)'도 장착 가능했다.

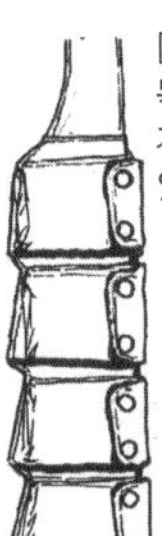

[탄창 밴돌리어]
목에 걸어서 사용. 좌우 합계 8개의 탄창을 수납할 수 있었다.

[FG42/I, II용 10발 들이 탄창]

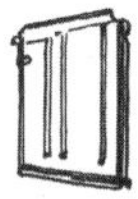

[FG42/I, II용 20발 들이 탄창]

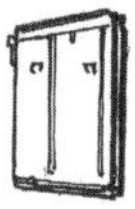

[FG42/III용 20발 들이 탄창]
후방에 큰 요철이 들어가 있어, I/II형과는 호환성이 없었다.

돌격소총

독일군이 선구적으로 실용화한 돌격소총(Sturmgewehr)은 1938년에 개발된 7.92×33mm 쿠르츠(Kurz)탄을 사용하는 자동카빈(Maschinenkarabiner)으로 개발된 것이 그 시작이었다. 당시, 독일 육군의 요구사항은 기관단총보다 높은 위력과 긴 사거리를 지니면서, 소총보다 작고 가벼운 화기를 만들라는 것이었다. 헤넬(Haenel) 사에서 개발한 MKb42(H)는 실전 테스트를 거쳐 MP43으로 완성되었다.

《MKb42(W)》

구경 : 7.92mm
사용 탄약 : 7.92×33mm
(7.92mm 쿠르츠탄)
장탄수 : 박스형 탄창에 30발
작동 방식 : 가스 피스톤/오픈 볼트
전장 : 933mm
총열 길이 : 409mm
중량 : 4.4kg
발사 속도 : 600발/분

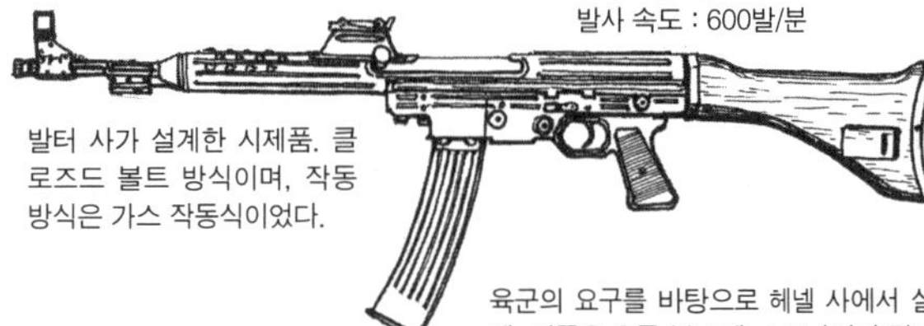

발터 사가 설계한 시제품. 클로즈드 볼트 방식이며, 작동 방식은 가스 작동식이었다.

《MKb42(H)》

육군의 요구를 바탕으로 헤넬 사에서 설계한 모델. 이쪽은 오픈 볼트에, 스트라이커 격발 방식을 채용했다. 평가 결과, 발터 사 제품보다 우수하다고 인정받아 1942년 동부전선의 부대에 배치되어 시험 운용되었다.

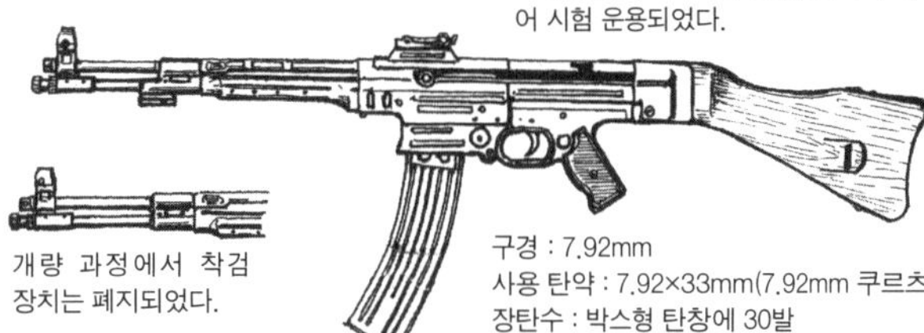

개량 과정에서 착검 장치는 폐지되었다.

구경 : 7.92mm
사용 탄약 : 7.92×33mm(7.92mm 쿠르츠탄)
장탄수 : 박스형 탄창에 30발
작동 방식 : 가스 피스톤/오픈 볼트
전장 : 940mm
총열 길이 : 364mm
중량 : 5kg
발사 속도 : 500발/분

《StG44(MP43, MP44)》

구경 : 7.92mm
총열 길이 : 419mm
사용 탄약 : 7.92×33mm
(7.92mm 쿠르츠탄)
장탄수 : 박스형 탄창에 30발
작동 방식 : 가스 피스톤/틸팅 볼트
전장 : 940mm
중량 : 5,220g
발사 속도 : 500~600발/분

MKb42(H)의 시험 운용 결과를 바탕으로 작동 방식을 클로즈드 볼트 방식으로 변경하고, 각 부위를 개수한 개량형이 MP43으로서 채용되었다. 그 후 MP44로 개칭되었고, 히틀러의 명명에 의해 제식 명칭이 44년형 돌격소총이라는 의미의 StG44(Sturmgewehr 44)로 변경되었다.

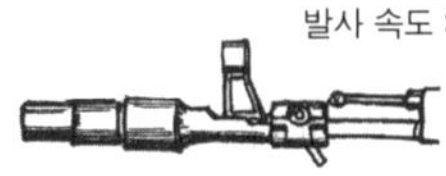

가늠쇠 부분은 시스베허(총류탄 발사기)를 장착할 수 있도록 개량되었다.

MP43용 소음기 시제품.

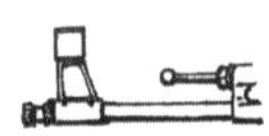

StG44 후기 생산형에서는 총열의 단차가 없어졌다.

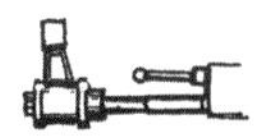

MP43용으로 총구 제퇴기도 시험 제작되었다.

《보르작츠라우프 J(Vorsatzlauf J)》

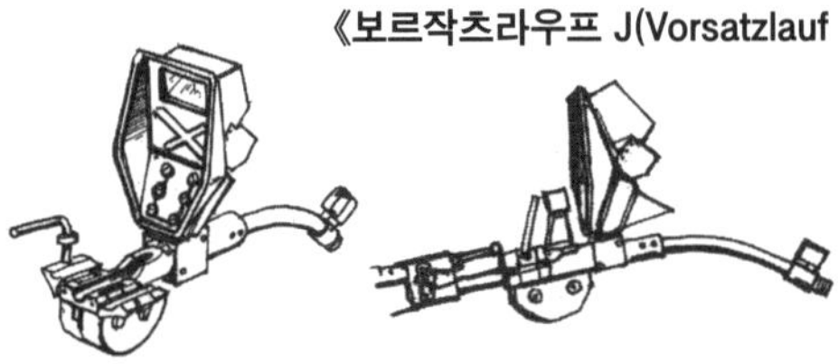

참호전 또는 시가전 등의 상황에서 은폐한 채로 사격할 수 있도록 하는 장비로 크룸라우프(Krummlauf)라는 곡사 총열이 개발되었다. 총열의 각도는 30도, 45도, 60도, 90도의 4종류가 있었으며, MP43용으로 프리즘형 조준기를 부착한 사격 장치 보르작츠라우프가 채용되었다.

《ZG1229 밤피르(Vampir) 장착형》

중량 : 스코프 2.25kg, 전원 장치
(배터리 포함) 13.5kg
유효 사거리 : 약 100m

능동형 적외선 방식의 암시 조준경을 장착한 야간 전투 사양. 상부의 적외선 라이트를 조사하고, 조준경으로 목표를 포착했다.

《보르자츠라우프 P (Vorsatzlauf P)》

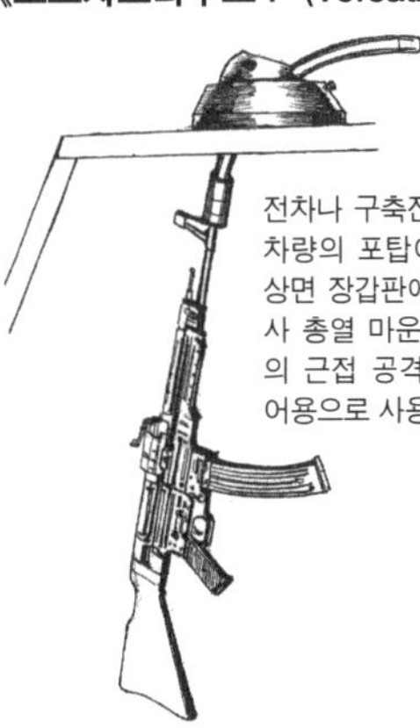

전차나 구축전차 등 기갑 차량의 포탑이나 전투실 상면 장갑판에 설치된 곡사 총열 마운트. 적 보병의 근접 공격에 대한 방어용으로 사용되었다.

《게레트 06(Gerät 06)》

구경 : 7.92mm
사용 탄약 : 7.92×33mm(7.92mm 쿠르츠탄)
장탄수 : 박스형 탄창에 10발, 30발
작동 방식 : 블로우백/롤러 잠금 노리쇠
전장 : 1,050mm
총열 길이 : 390mm
중량 : 3.63kg
발사속도 : 350~450발/분

마우저 사의 경기관총 설계팀이 개발한 소총 시제품. StG45 개발의 원형이 되었다.

《StG45(M)》

구경 : 7.92mm
사용 탄약 : 7.92×33mm(7.92mm 쿠르츠탄)
장탄수 : 박스형 탄창에 10발, 30발
작동 방식 : 블로우백/롤러 잠금 노리쇠
전장 : 940mm
총열 길이 : 419mm
중량 : 4kg
발사 속도 : 350~450발/분

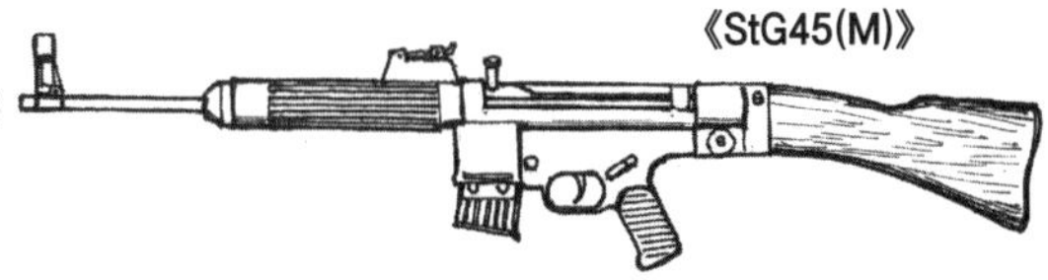

StG44의 간이 생산 모델로 마우저 사에서 1944년에 시험 제작한 돌격소총. 게레트 06H라고도 불렸다.

기관단총

근접 전투에서 위력을 발휘하는 기관단총은 1차 대전 말기에 독일에서 실용화되었다. 최초로 제식 채용된 MP18은 그 위력을 유감없이 발휘하며, 각국 군대의 기관단총 개발에 지대한 영향을 주었다. 이후, 독일에서는 기관단총의 연구와 개발이 지속되었고, 그 결과로 탄생한 것이 선진적인 기관단총인 MP38이었다. 참고로 독일에서는 기관단총을 마시넨피스톨레(Maschinenpistole, 기관권총)라고 부른다.

초기의 기관단총

《MP18I》

베르그만 사가 1917년에 개발하여, 1918년에 독일군이 채용한 MP18을 1차 대전 이후, 탄창 삽입구 부분을 개량한 모델. 1920년대에 독일군과 경찰에 채용되었다.

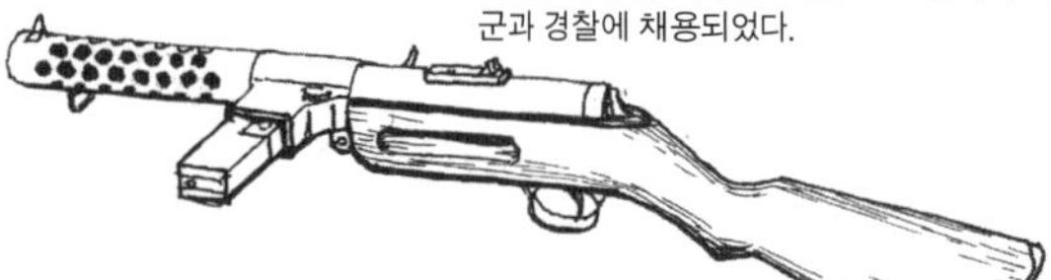

구경 : 9mm 사용탄 : 9×19mm(9mm 파라벨룸탄) 장탄수 : 박스형 탄창에 32발 작동 방식 : 스트레이트 블로우백/오픈 볼트 전장 : 815mm 총열 길이 : 200mm 중량 : 4.7kg 발사 속도 : 약 350~450발/분

《MP28》

휴고 슈마이저가 헤넬 사에서 설계한 MP18 I의 개량 모델. 구조와 외관은 MP18과 거의 동일하나, 단발/연사 전환 기능이 추가되었다. 1934년에 경찰에 채용된 데 이어, 무장친위대(Waffen-SS)에서도 제식화하였다.

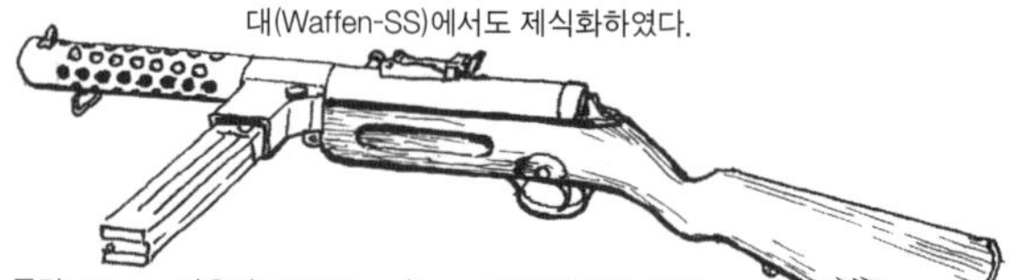

구경 : 9mm 사용탄 : 9×19mm(9mm 파라벨룸탄) 장탄수 : 박스형 탄창에 20발, 32발, 50발 전장 : 813mm 총열 길이 : 200mm 중량 : 4kg 발사 속도 : 약 500~600발/분

《MP34》

베르그만 사에서 생산하던 MP34는 독일 경찰이 사용했으나, 독일 외 국가로도 수출되었다. 2차 대전 발발 후에는 경찰뿐만 아니라, 무장친위대에도 배치되었다.

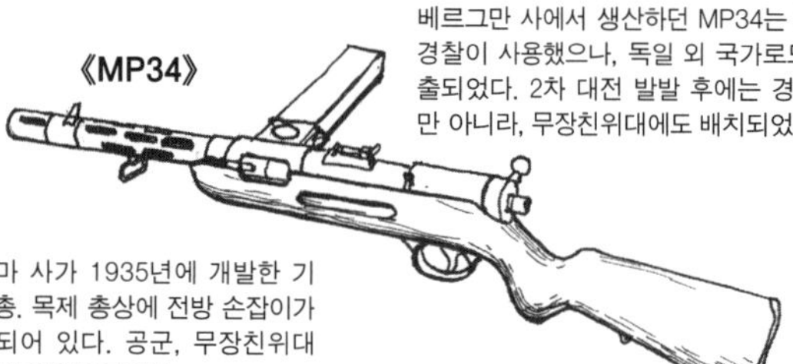

구경 : 9mm
사용탄 : 9×19mm(9mm 파라벨룸탄)
장탄수 : 박스형 탄창에 20발, 32발
전장 : 813mm
총열 길이 : 200mm
중량 : 4kg
발사 속도 : 약 500~600발/분

《MP34(ö)》

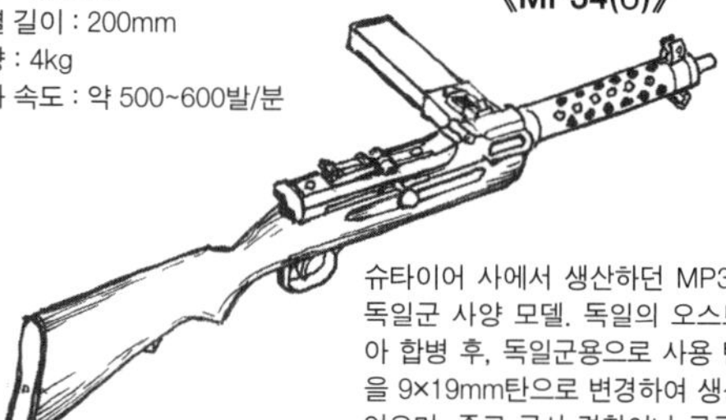

슈타이어 사에서 생산하던 MP34의 독일군 사양 모델. 독일의 오스트리아 합병 후, 독일군용으로 사용 탄약을 9×19mm탄으로 변경하여 생산되었으며, 주로 군사 경찰이나 공군 등에 배치되었다.

《EMP35》

에르마 사가 1935년에 개발한 기관단총. 목제 총상에 전방 손잡이가 부착되어 있다. 공군, 무장친위대 및 경찰에 채용되었다.

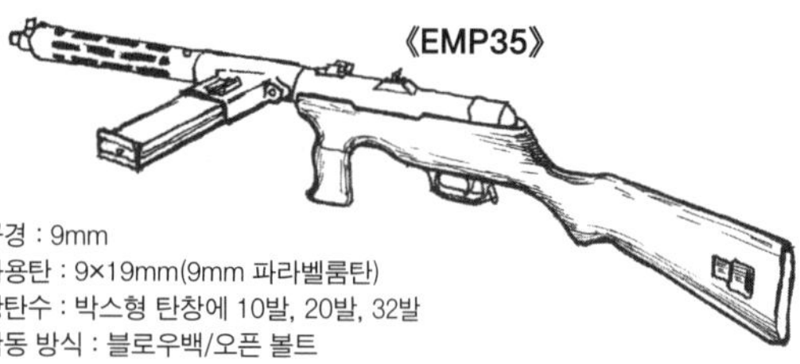

구경 : 9mm
사용탄 : 9×19mm(9mm 파라벨룸탄)
장탄수 : 박스형 탄창에 10발, 20발, 32발
작동 방식 : 블로우백/오픈 볼트
전장 : 840mm
총열 길이 : 250mm
중량 : 4.5kg
발사 속도 : 약 500발/분

《ZK-383(MP383(t))》

체코슬로바키아 합병 이후, 무장친위대용으로 생산되었다. 접이식 양각대가 부속된다.

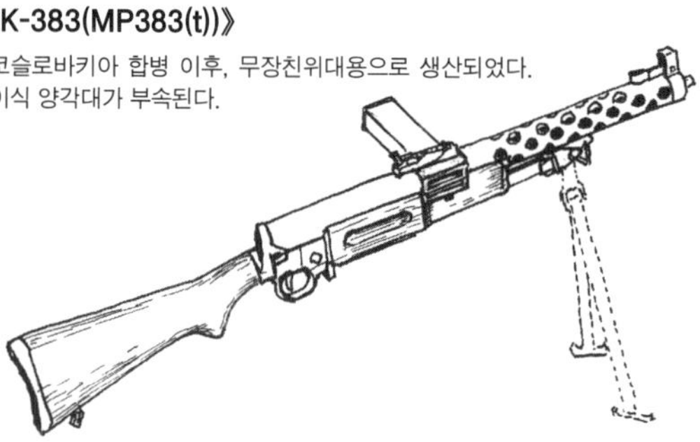

독일 육군에서는 MP38이나 MP40이 주력이었으나, 일부 부대에서는 MP34 등을 사용했다.

MP28은 헌병대에도 배치되었다.

MP34를 사용하는 무장친위대원.

이탈리아제 베레타 M1938 기관단총도 공수부대용으로 제식 채용되었다.

독일군 주력 기관단총 MP38/MP40

에르마(Erma) 사에서 개발된 MP38은 1938년 독일군의 제식 기관단총이 되었다. 이후 1940년에는 절삭 가공으로 제작하던 총몸 등의 부품을 프레스 가공으로 변경하여 생산성을 높인 개량형 MP40이 채용되었다.

《MP38》

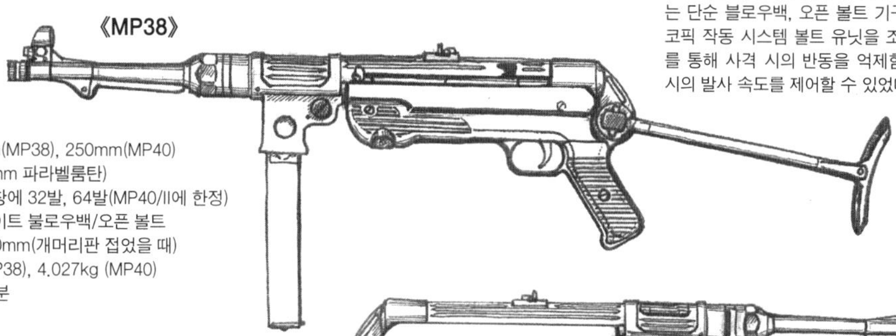

MP38은 하인리히 폴머의 설계로 제작되었다. 기관부는 단순 블로우백, 오픈 볼트 기구에 에어 댐퍼 텔레스코픽 작동 시스템 볼트 유닛을 조합한 구조를 채용, 이를 통해 사격 시의 반동을 억제함과 동시에 연발 사격 시의 발사 속도를 제어할 수 있었다.

구경 : 9mm
총열 길이 : 251mm(MP38), 250mm(MP40)
탄약 : 9×19mm(9mm 파라벨룸탄)
장탄수 : 박스형 탄창에 32발, 64발(MP40/II에 한정)
작동 방식 : 스트레이트 블로우백/오픈 볼트
전장 : 833mm, 630mm(개머리판 접었을 때)
중량 : 4,086kg (MP38), 4.027kg (MP40)
발사 속도 : 500발/분

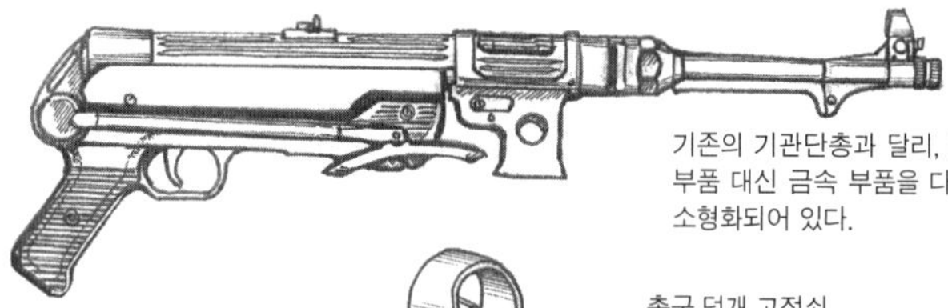

기존의 기관단총과 달리, MP38은 목제 부품 대신 금속 부품을 다용하여 경량·소형화되어 있다.

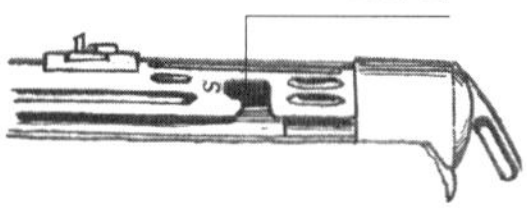

안전장치는 리시버(총몸)의 안전 홈에 장전 손잡이를 고정하는 방식이다.

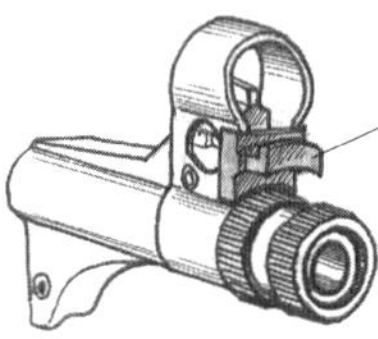

[MP38의 총구와 가늠쇠]

오발 사고 방지를 위해 MP40/I에서 증설된 전방 잠금 안전장치

《MP40 초기형》

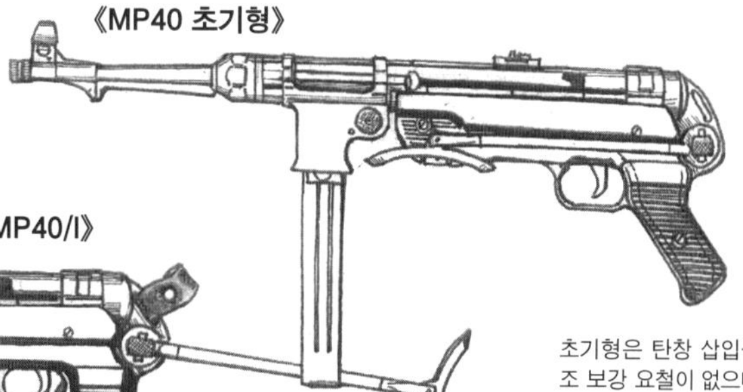

초기형은 탄창 삽입구 부분에 구조 보강 요철이 없으며, 장전 손잡이는 MP38과 동일한 형상을 하고 있다.

《MP40/I》

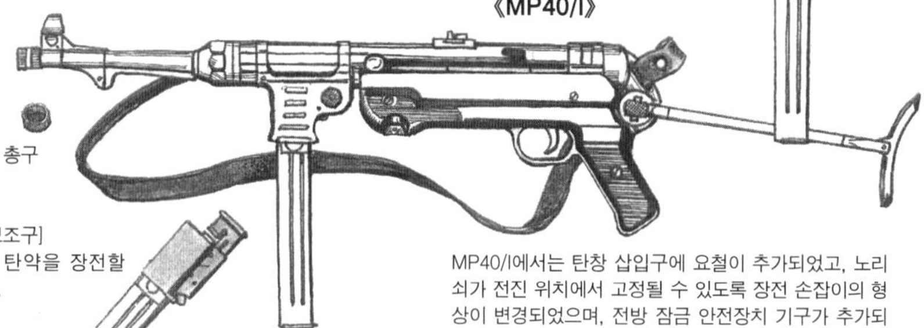

[고무제 총구 덮개]

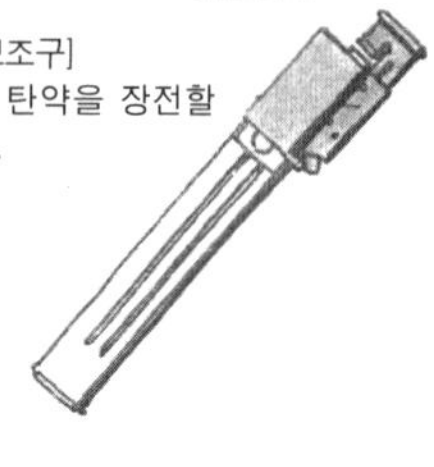

[장전 보조구]
탄창에 탄약을 장전할 때 사용.

MP40/I에서는 탄창 삽입구에 요철이 추가되었고, 노리쇠가 전진 위치에서 고정될 수 있도록 장전 손잡이의 형상이 변경되었으며, 전방 잠금 안전장치 기구가 추가되었다.

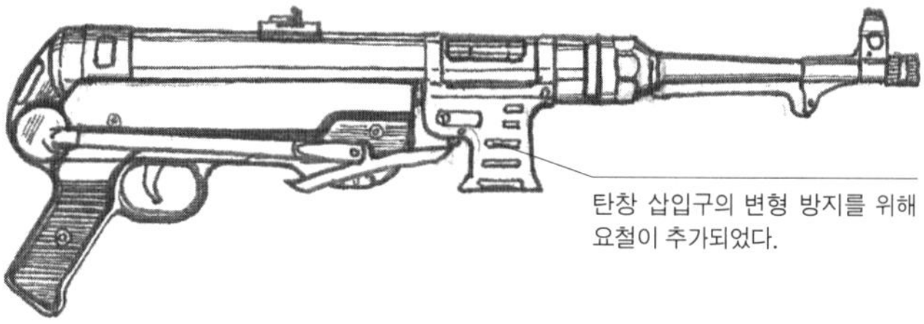

탄창 삽입구의 변형 방지를 위해 요철이 추가되었다.

총구 앞의 덮개는 개폐식. 좌측은 열린 상태, 우측은 닫은 상태.

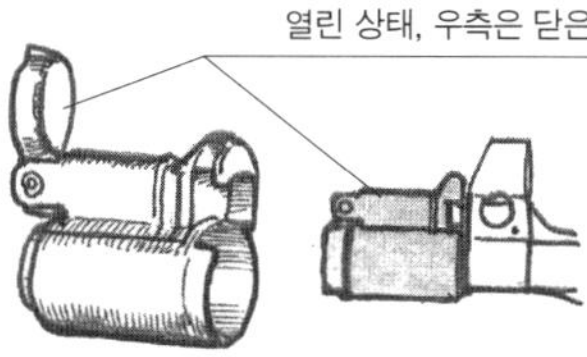

[총구 커버]
총구 안으로 이물질이 들어가는 것을 막는 금속제 커버. 개폐식 뚜껑을 열고 사격할 수 있다.

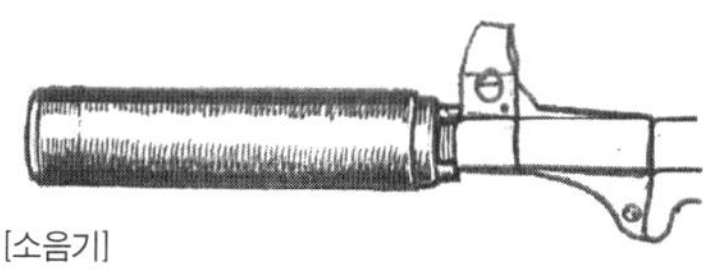

[소음기]
MP40용 소음기도 소수 생산되었다.

초기에 MP38은 공수부대와 기계화부대에 우선 배치되었으나, 이후 전 부대에 배치되었다. 보병 부대에서는 장교 및 부사관이 운용했다.

총열 하단에 있는 알루미늄제 받침대(Aufla -geschiene)는, 의탁사격 시에 총열이 손상되는 것을 방지하는 역할을 한다.

포제(천) 케이스 에 수납된 MP40

양쪽 정강이에 탄입대를 착용하고 있다.

공수부대에서는 낙하산 강하 시에 휴대가 가능한 화기가 제한적이었다. MP38/MP40은 공수대원이 직접 휴대할 수 있는 화기로서 널리 운용되었다.

MP38/MP40은 사격 시 반동이 적어, 서서 쏴 자세에서 개머리판을 견착하면 안정된 사격이 가능했다.

멜빵을 목에 걸고 실시하는 지향사격. 근접 전투 시 상황에 맞춰 신속하게 대응할 수 있었다.

MP38/MP40의 각종 파생형

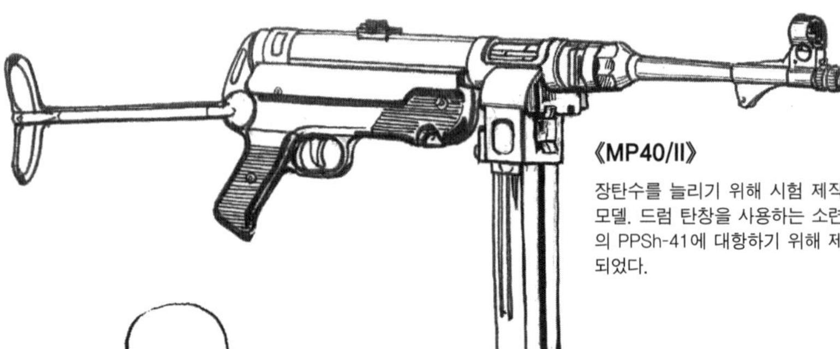

《MP40/II》

장탄수를 늘리기 위해 시험 제작된 모델. 드럼 탄창을 사용하는 소련군의 PPSh-41에 대항하기 위해 제작되었다.

탄창 2개를 장착하고, 좌우로 슬라이드 시켜 탄창을 교환하는 구조.

MP40/II는 슈타이어(Steyr) 사에서 시험 제작되었으나, 탄창 전환 불량이나 급탄 불량 등이 발생하여 제식 채용되지는 못했다.

《MP41》

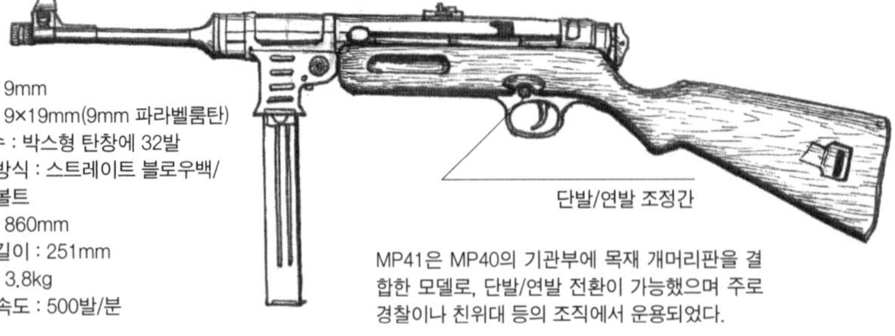

단발/연발 조정간

구경 : 9mm
탄약 : 9×19mm(9mm 파라벨룸탄)
장탄수 : 박스형 탄창에 32발
작동 방식 : 스트레이트 블로우백/오픈 볼트
전장 : 860mm
총열 길이 : 251mm
중량 : 3.8kg
발사 속도 : 500발/분

MP41은 MP40의 기관부에 목재 개머리판을 결합한 모델로, 단발/연발 전환이 가능했으며 주로 경찰이나 친위대 등의 조직에서 운용되었다.

MP41은 단발 사격도 가능했기에, 근거리 정밀 조준 사격도 가능했다.

결전 병기

독일 본토 방위를 위해 16세부터 60세까지의 남성 시민을 동원, 1944년 11월에 국민돌격대(Volkssturm)가 편성되었다. 국민돌격대에는 1차 대전 당시의 병기나 노획 병기 등이 지급되었으나 그것만으로는 부족하여, 새롭게 국민돌격총(Volkssturmgewehr, VG)이라는 병기를 급조, 배치하였다. 국민돌격대를 구성하는 청소년과 노인들은 이러한 병기를 들고 최후의 전투에 임했던 것이다.

《StG45(H)》

헤넬 사에서 설계한 StG44 간이 생산형의 시제품.

구경 : 7.92mm
탄약 : 7.92×33mm(7.92mm 쿠르츠 탄)
장탄수 : 박스형 탄창에 30발
작동 방식 : 롤러 지연 블로우백
전장 : 1,060mm
총열 길이 : 400mm
중량 : 3.6kg
발사 속도 : 350~450발/분

《스텐 기관단총의 복제품》

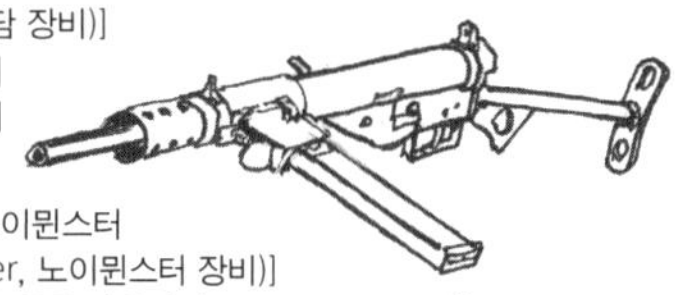

[게레트 포츠담(Gerät Potsdam, 포츠담 장비)]
1944년 말, 마우저 사가 제작한 스텐 기관단총의 완전 복제품. 약 28,000정이 제조되었다고 전해진다.

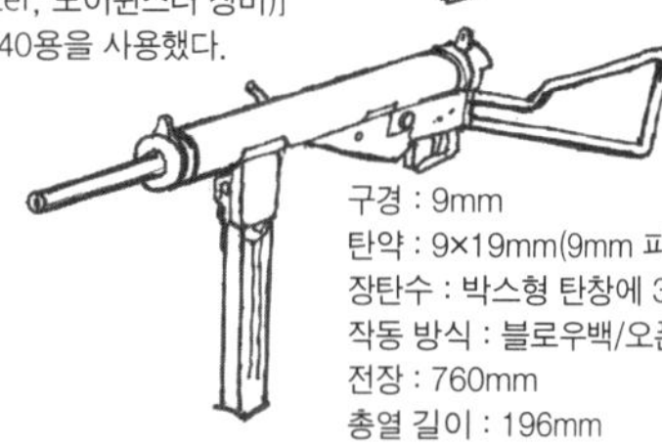

[MP3008 게레트 노이뮌스터(Gerät Neumünster, 노이뮌스터 장비)]
탄창은 MP38, MP40용을 사용했다.

구경 : 9mm
탄약 : 9×19mm(9mm 파라벨룸 탄)
장탄수 : 박스형 탄창에 32발
작동 방식 : 블로우백/오픈 볼트
전장 : 760mm
총열 길이 : 196mm
중량 : 3.18kg
발사 속도 : 450발/분

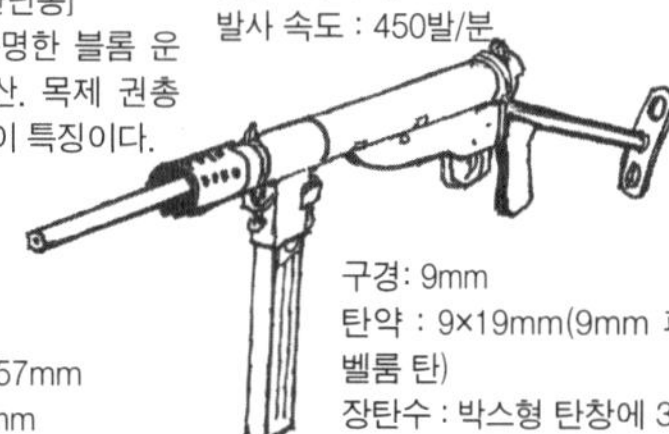

[블롬 운트 포스 기관단총]
항공기 제조사로 유명한 블롬 운트 포스 사에서 생산. 목제 권총 손잡이가 장착된 것이 특징이다.

구경: 9mm
탄약 : 9×19mm(9mm 파라벨룸 탄)
장탄수 : 박스형 탄창에 32발
작동 방식 : 블로우백/오픈 볼트
전장 : 845mm
총열 길이 : 265mm
중량 : 3kg
발사 속도 : 500발/분

《EMP44》

에르마 사가 시험 제작한 간이형 기관단총. 소염기부터 개머리판까지 강관 하나로 구성되어 있다.

구경 : 9mm
탄약 : 9×19mm(9mm 파라벨룸 탄)
장탄수 : 박스형 탄창에 32발
총열 길이 : 250mm, 308mm
전장 : 721mm
중량 : 3.66kg
발사 속도 : 약 500~600발/분

《국민돌격총 VG45》

국민돌격대용 병기 생산의 간이 무장 계획에 따라 제조된 돌격소총. 약 1만 정가량 생산된 것으로 알려져 있다.

구경 : 7.92mm
탄약 : 7.92×33mm(7.92mm 쿠르츠 탄)
장탄수 : 박스형 탄창 30발
작동 방식 : 가스 지연 블로우백
전장 : 885mm
총열 길이 : 378mm
중량 : 4.6kg

《폴크스피스톨레(Volkspistole, 국민 권총)》

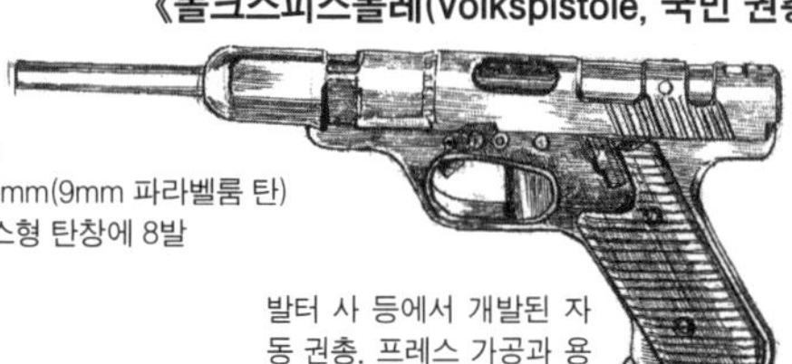

구경 : 9mm
탄약 : 9×19mm(9mm 파라벨룸 탄)
장탄수 : 박스형 탄창에 8발

발터 사 등에서 개발된 자동 권총. 프레스 가공과 용접 공법으로 제작되었다. 그림은 구스틀로프 사에서 개발한 모델.

《VG2 소총》

구경 : 7.92mm
탄약 : 7.92×57mm
장탄수 : 박스형 탄창에 10발
작동 방식 : 볼트 액션
전장 : 825mm
총열 길이 : 410mm
중량 : 2.7kg

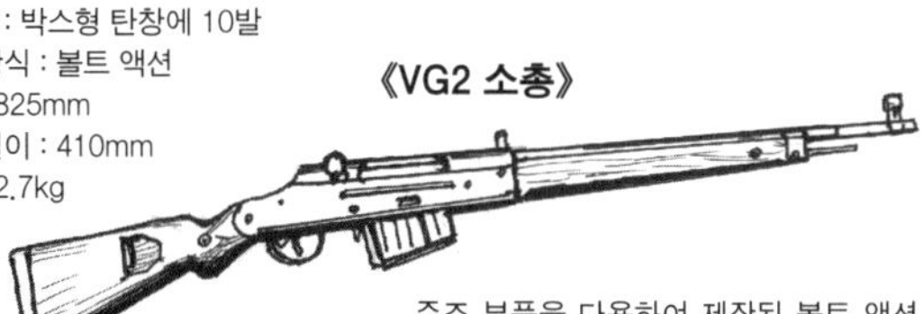

주조 부품을 다용하여 제작된 볼트 액션 소총. Gew43의 탄창이 유용되었다.

《국민돌격대》

[VK98 소총]
Gew98의 기관부를 유용한 단발식 볼트 액션 소총.

구경 : 7.92×57mm
전장 : 1031mm
총열 길이 : 528mm
중량 : 3.13kg

[VG3 소총]
발터 사가 제작한 볼트 액션 소총. StG44의 탄창을 사용.

[판처파우스트(Panzerfaust)]
국민돌격대의 주력 대전차 화기였다.

기관총

독일 육군의 기관총 역사는 MG08 중기관총부터 시작되었다. 1차 대전 이후, 기관총의 보유와 생산이 제한되었으나, 독일 육군은 더욱 경량화된 공랭식 기관총을 요구했다. 그리고 MG13, MG30 기관총 등의 개발을 거쳐 탄생한 것이 바로 다목적 기관총이라는 새로운 장르의 기관총인 MG34와 MG42였다.

MG08 기관총

MG08은 하이럼 맥심이 설계한 맥심 기관총을 토대로 독일에서 개량하여 생산한 수랭식 기관총이다. 1차 대전 이전까지 독일 육군은 이 MG08을 12,000정이나 보유하고 있었다.

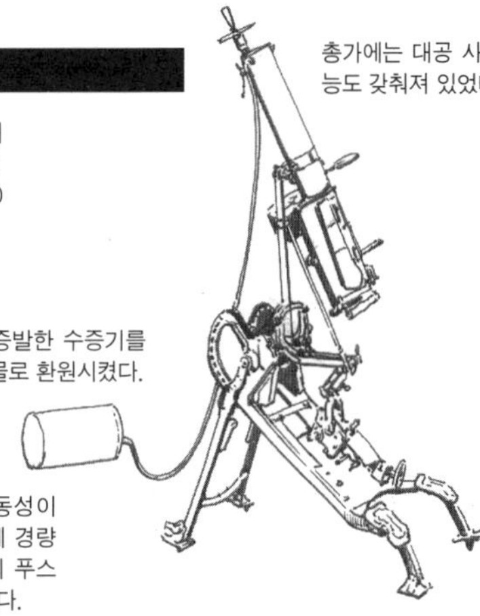

총가에는 대공 사격 기능도 갖춰져 있었다.

[4ℓ 급수통]
냉각 재킷 내에서 증발한 수증기를 이 통에 모아 다시 물로 환원시켰다.

썰매형 총가는 무거워 기동성이 떨어졌기 때문에, 1916년에 경량화된 삼각 장치대인 드라이 푸스 16(Dreifuß 16)이 채용되었다.

《MG08》

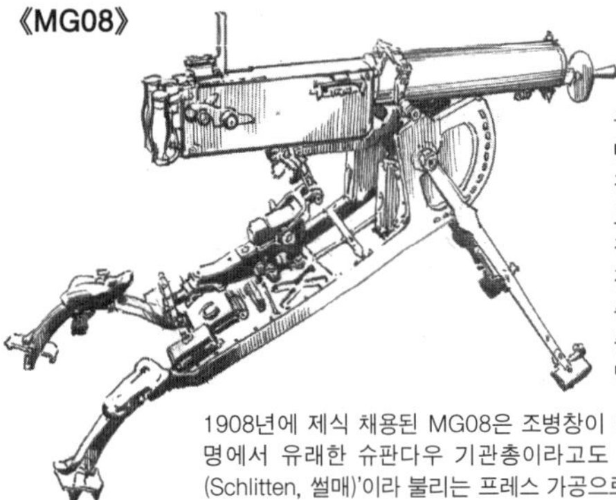

구경 : 7.92mm
탄약 : 7.92×57mm
장탄수 : 250발 급탄벨트(탄띠), 드럼 탄창 50발
작동 방식 : 쇼트 리코일/토글 락
전장 : 1,100mm
총열 길이 : 719mm
중량 : 18kg, 66.4kg (총가 포함)
발사 속도 : 450~500발/분

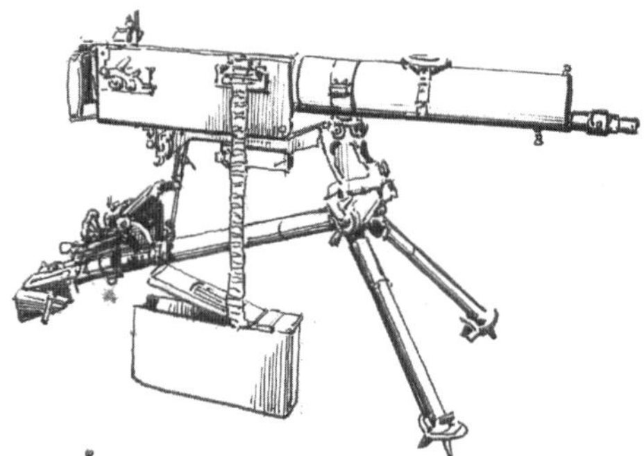

1908년에 제식 채용된 MG08은 조병창이 있던 슈판다우(Spandau)라는 지명에서 유래한 슈판다우 기관총이라고도 불렸다. MG08은 일명 '슐리텐(Schlitten, 썰매)'이라 불리는 프레스 가공으로 제작된 썰매형 총가에 탑재되어 운용되었다.

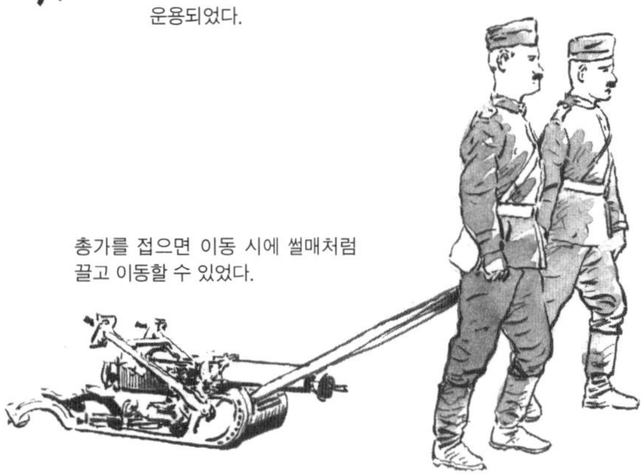

총가를 접으면 이동 시에 썰매처럼 끌고 이동할 수 있었다.

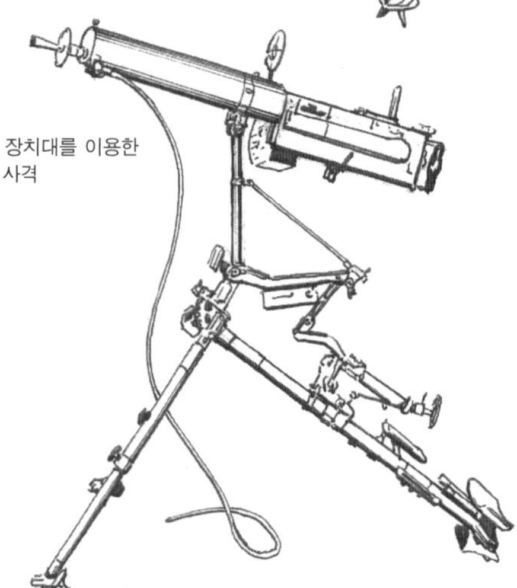

삼각 장치대를 이용한 고각 사격

《MG08/15》

사수 1명이 운용할 수 있도록 개량된 모델. 기관부를 소형화하고 개머리판과 양각대가 추가되었다. 방아쇠는 권총 손잡이 형태로 바뀌면서 기관부 하단으로 옮겨졌다.

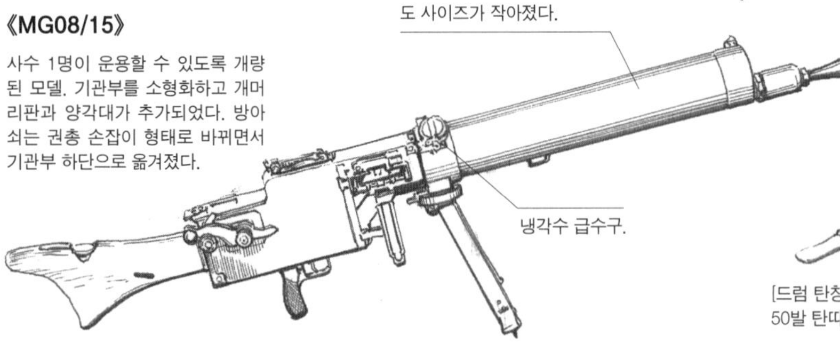

냉각수가 들어가는 냉각 재킷도 사이즈가 작아졌다.

냉각수 급수구.

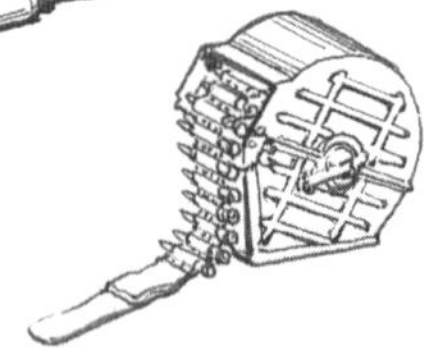

[드럼 탄창]
50발 탄띠를 수납할 수 있다.

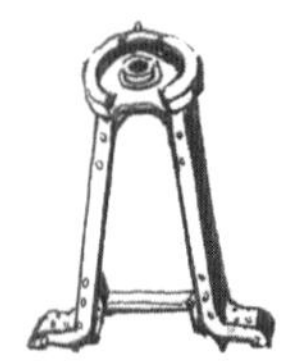

[MG08/15용 양각대]

《MG08/15의 사격 자세》

경기관총 사양이 된 MG08/15는, 사수 혼자서도 운용할 수 있게 되어 기동성이 향상되었다. 하지만 경량화되었다고는 해도 총기 본체 중량이 무려 15kg에 달했다.

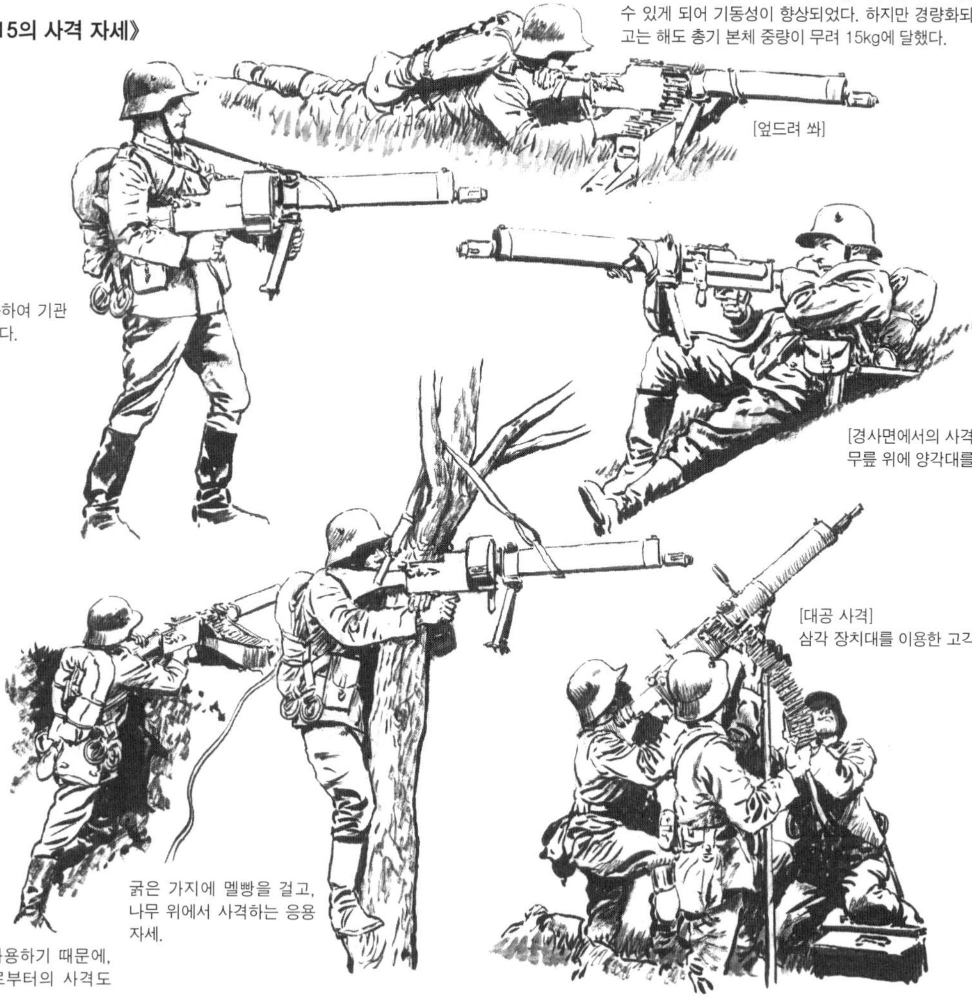

[엎드려 쏴]

[서서 쏴]
멜빵을 사용하여 기관총을 파지한다.

[경사면에서의 사격 방법]
무릎 위에 양각대를 거치한다.

[대공 사격]
삼각 장치대를 이용한 고각 사격.

굵은 가지에 멜빵을 걸고, 나무 위에서 사격하는 응용 자세.

양각대를 사용하기 때문에, 참호 내부로부터의 사격도 용이해졌다.

MG13

구경 : 7.92mm
탄약 : 7.92×57mm
장탄수 : 박스형 탄창에 25발, 더블 드럼 탄창에 75발
작동 방식 : 쇼트 리코일/클로즈드 볼트
전장 : 1,341mm
총열 길이 : 720mm
중량 : 11.43kg
발사 속도 : 550발/분

MG13은 드라이제(Dreyse) M1918 수냉식 중기관총을 개량한 직동식 쇼트 리코일 기구를 사용하는 공랭식 경기관총이다. 1932년에 제식 채용되어 MG34가 등장할 때까지 운용되었다.

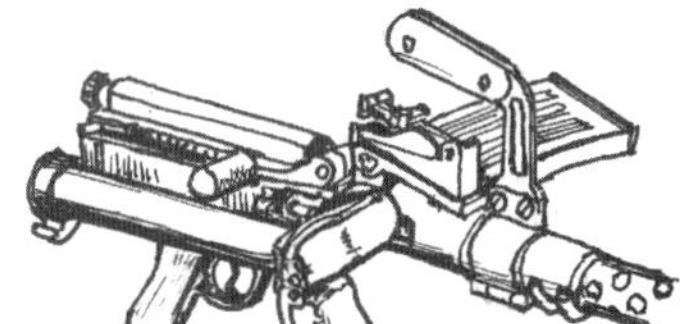

총몸 결합부에는 운반 손잡이가 부속되었으며. 개머리판은 우측면으로 접을 수 있었다.

대공 사격 시 사용하는 MG13 전용 더블 드럼 탄창도 장착할 수 있었다.

MG34

항공기용 기관총인 MG30을 기반으로 개발된 MG34는 1934년에 제식으로 채용되었다. MG34는 용도에 맞는 부수 기재를 사용하여 경(輕)기관총, 중(重)기관총, 기갑 차량용 차재 기관총 등으로 운용할 수 있는 범용성에 있었다.

구경 : 7.92mm
탄약 : 7.92×57mm
장탄수 : 탄띠 급탄 50발 이상, 드럼 탄창 50발, 75발
작동 방식 : 반동 작용식/오픈 볼트
전장 : 1,219mm
총열 길이 : 627mm
중량 : 12.1kg
발사 속도 : 800~900발/분

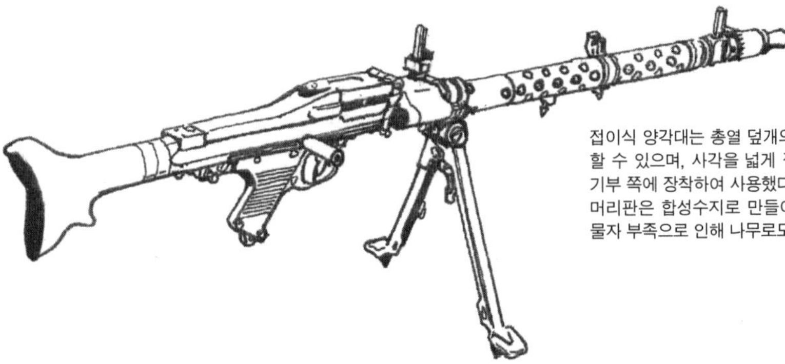

접이식 양각대는 총열 덮개의 전방 또는 후방에 장착할 수 있으며, 사각을 넓게 잡을 때는 양각대를 총열 기부 쪽에 장착하여 사용했다. 원래 권총 손잡이와 개머리판은 합성수지로 만들어졌으나, 전쟁 후기에는 물자 부족으로 인해 나무로도 제작되었다.

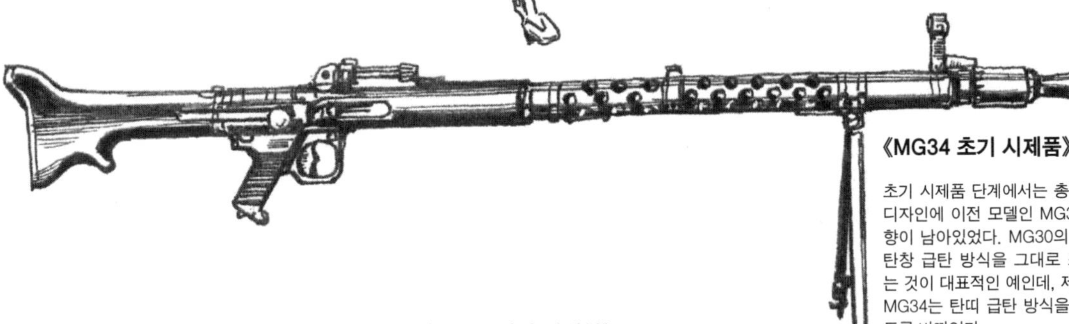

《MG34 초기 시제품》

초기 시제품 단계에서는 총몸 등의 디자인에 이전 모델인 MG30의 영향이 남아있었다. MG30의 박스형 탄창 급탄 방식을 그대로 쓰고 있는 것이 대표적인 예인데, 제식화된 MG34는 탄띠 급탄 방식을 사용하도록 바뀌었다.

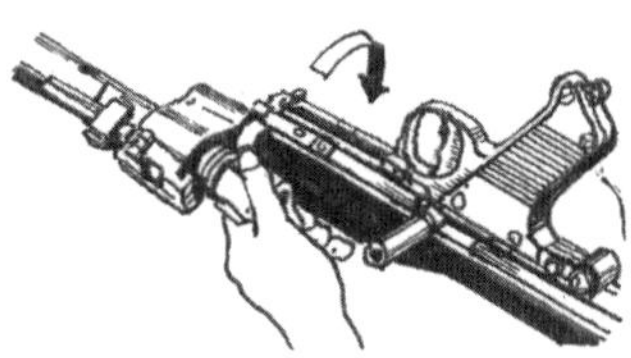

총열 교환은 총몸 부분을 180도 회전시켜 간단히 수행할 수 있다. 과열된 총열은 내열포를 사용하여 끄집어내서 교환했다.

《MG34 차량 탑재형》

기갑 차량의 차체 전방 기관총, 주포 공축 기관총 등으로 탑재된 모델이다. 방열용 개구부가 적은 방탄 사양의 총열 덮개가 특징이다.

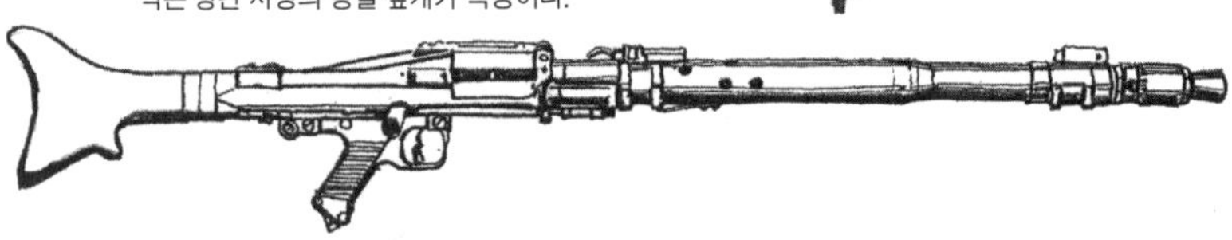

《MG34/41(MG34S)》

발사 속도를 높이기 위해 프레스 가공 부품을 다용한 자동 사격 전용 모델이다. 한정 생산되었기에 생산된 수량은 그리 많지 않다.

전장 : 1,170mm
총열 길이 : 560mm
중량 : 11kg

MG34용 부수 기재

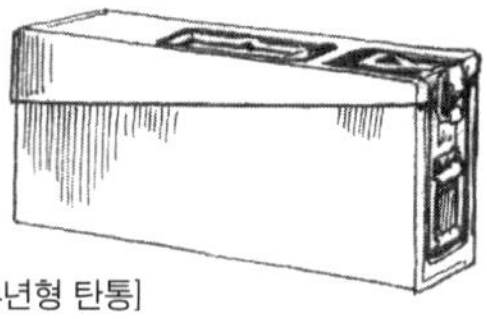

[34년형 탄통]
탄띠가 결합된 탄약 300발이 수납된다. 철제와 알루미늄제가 있음.

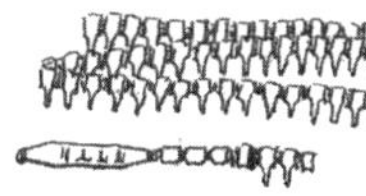

[50발 묶음 탄띠]
금속제 비분리형 탄띠. 단띠끼리 연결하여 100발, 200발로도 연장할 수 있었다. 그림 하단은 스타터 탭으로, 탄띠를 총에 장전할 때 사용했다.

[34년형 이중 드럼 탄창(안장형 탄창)]
태엽의 힘으로 급탄이 이루어졌다. 좌우를 합쳐 75발 장전 가능.

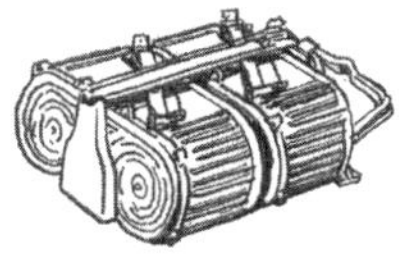

[이중 드럼 탄창용 운반구]

[36년형 탄통]

[차량 탑재용 탄약 주머니]

[34년형 드럼 탄창]
50발 탄띠 1개 분량이 수납되었다.

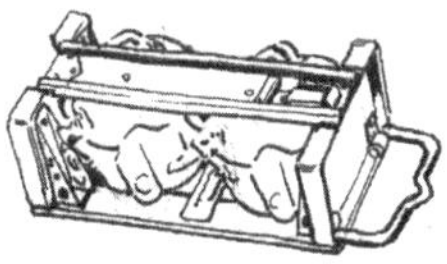

[드럼 탄창용 운반구]

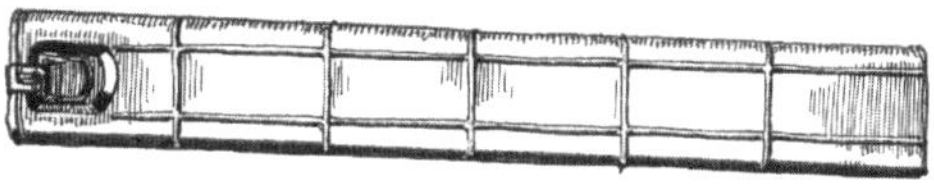

[예비 총열 케이스(2개 들이)]

[예비 총열 케이스(1개 들이)]

[멜빵]
가죽제, MG34/MG42 공용.

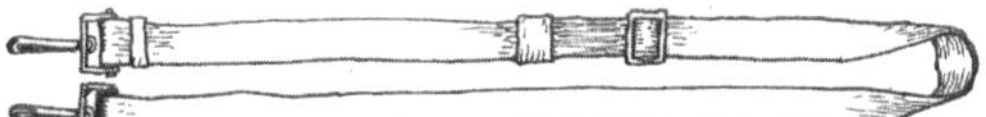

[포제 멜빵]
탄통 운반 등에 사용했다.

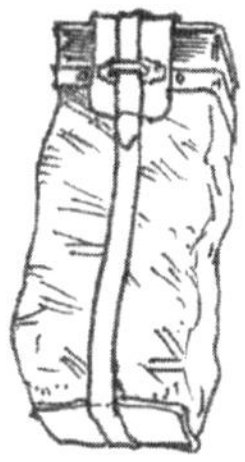

[탄피 회수 주머니]

[기름통]

[예비 부스터 케이스]

[예비 복좌 용수철 케이스]

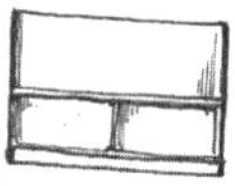

[예비 부품 보관함]
기름통과 예비 부품 보관함은 34년형 탄통에 수납 가능한 크기로 제작되었다.

[34년형 공구 케이스]

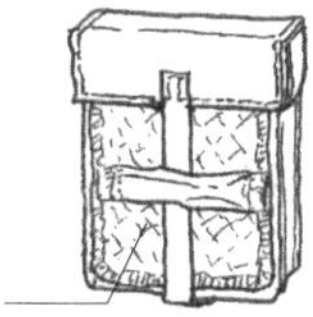

내열포

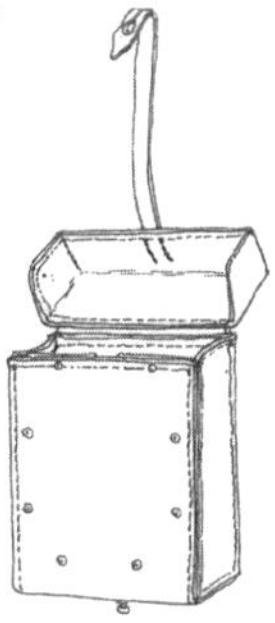

공구함 뚜껑을 연 모습.

[공구함에 수납된 정비용 부수기재]

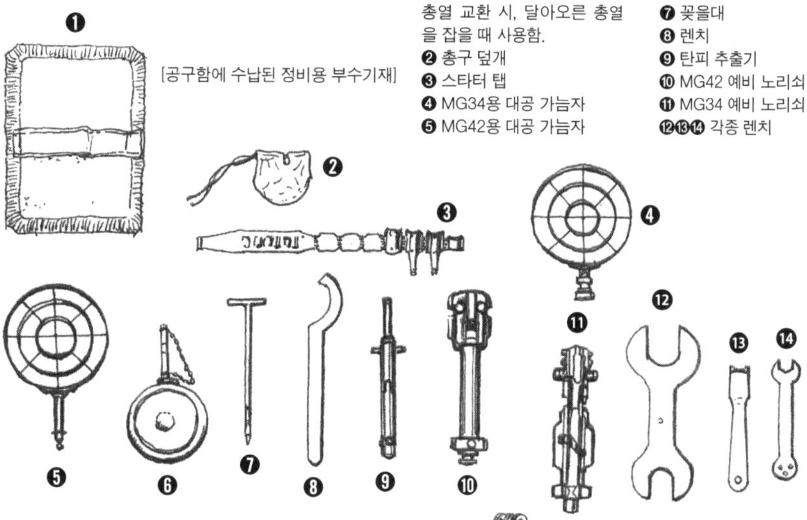

❶ 내열포
총열 교환 시, 달아오른 총열을 잡을 때 사용함.
❷ 총구 덮개
❸ 스타터 탭
❹ MG34용 대공 가늠자
❺ MG42용 대공 가늠자
❻ 기름통
❼ 꽂을대
❽ 렌치
❾ 탄피 추출기
❿ MG42 예비 노리쇠
⓫ MG34 예비 노리쇠
⓬⓭⓮ 각종 렌치

[조준경 운반함]
금속으로 제작. 조준경의 휴대 및 보관에 사용했다.

[MGZ34 광학 조준경]
전용 삼각 장치대인 라페테 34(Laffete 34)를 사용하여 중기관총으로 운용할 때 사용했다. 좌측 그림은 조준경의 좌측면, 우측 그림은 우측면.

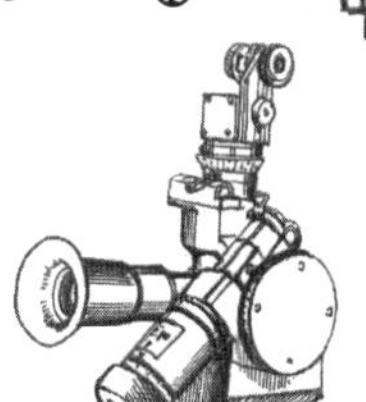

[MGZ40 광학 조준경]

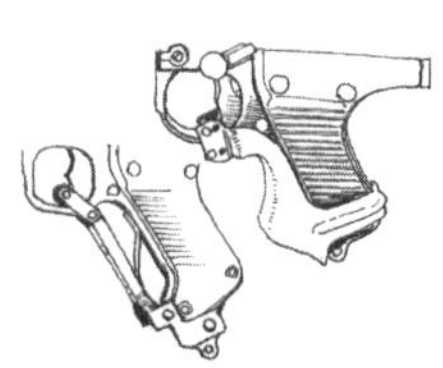

[동절기용 방아쇠]
방아쇠와 연동된 레버를 이용하여 두꺼운 방한 장갑을 착용한 상태에서도 레버를 눌러 격발할 수 있도록 해주는 장치.

《34년형 드럼 탄창》

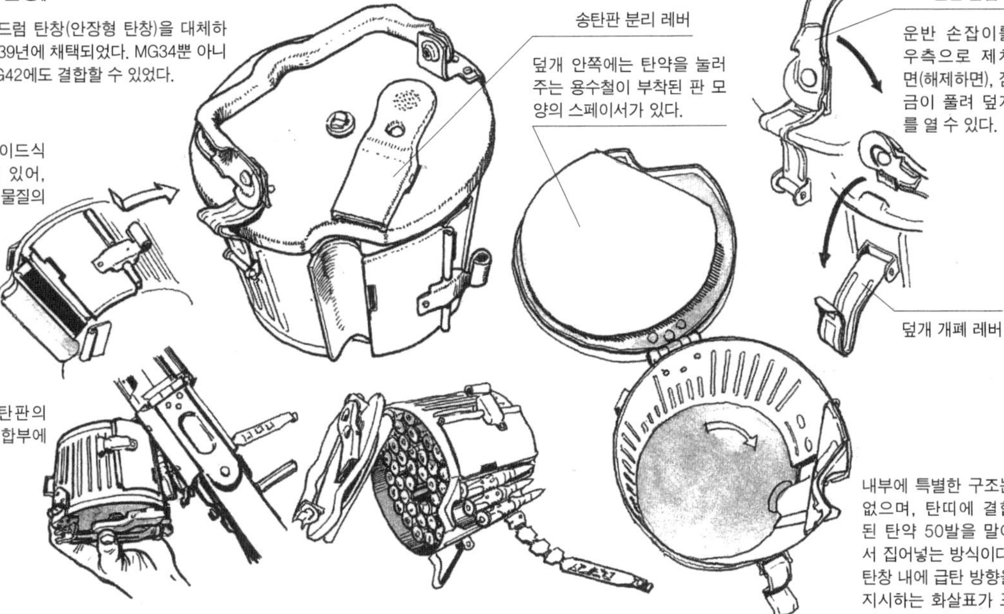

더블 드럼 탄창(안장형 탄창)을 대체하여 1939년에 채택되었다. MG34뿐 아니라 MG42에도 결합할 수 있었다.

덮개 안쪽에는 탄약을 눌러주는 용수철이 부착된 판 모양의 스페이서가 있다.

운반 손잡이를 우측으로 제치면(해제하면), 잠금이 풀려 덮개를 열 수 있다.

급탄구에는 슬라이드식 덮개가 부착되어 있어, 모래나 진흙 등 이물질의 유입을 방지했다.

드럼 탄창은 송탄판의 전·후방 2개소 결합부에 장착했다.

내부에 특별한 구조는 없으며, 탄띠에 결합된 탄약 50발을 말아서 집어넣는 방식이다. 탄창 내에 급탄 방향을 지시하는 화살표가 표시된 것도 있었다.

《34년형 탄통》

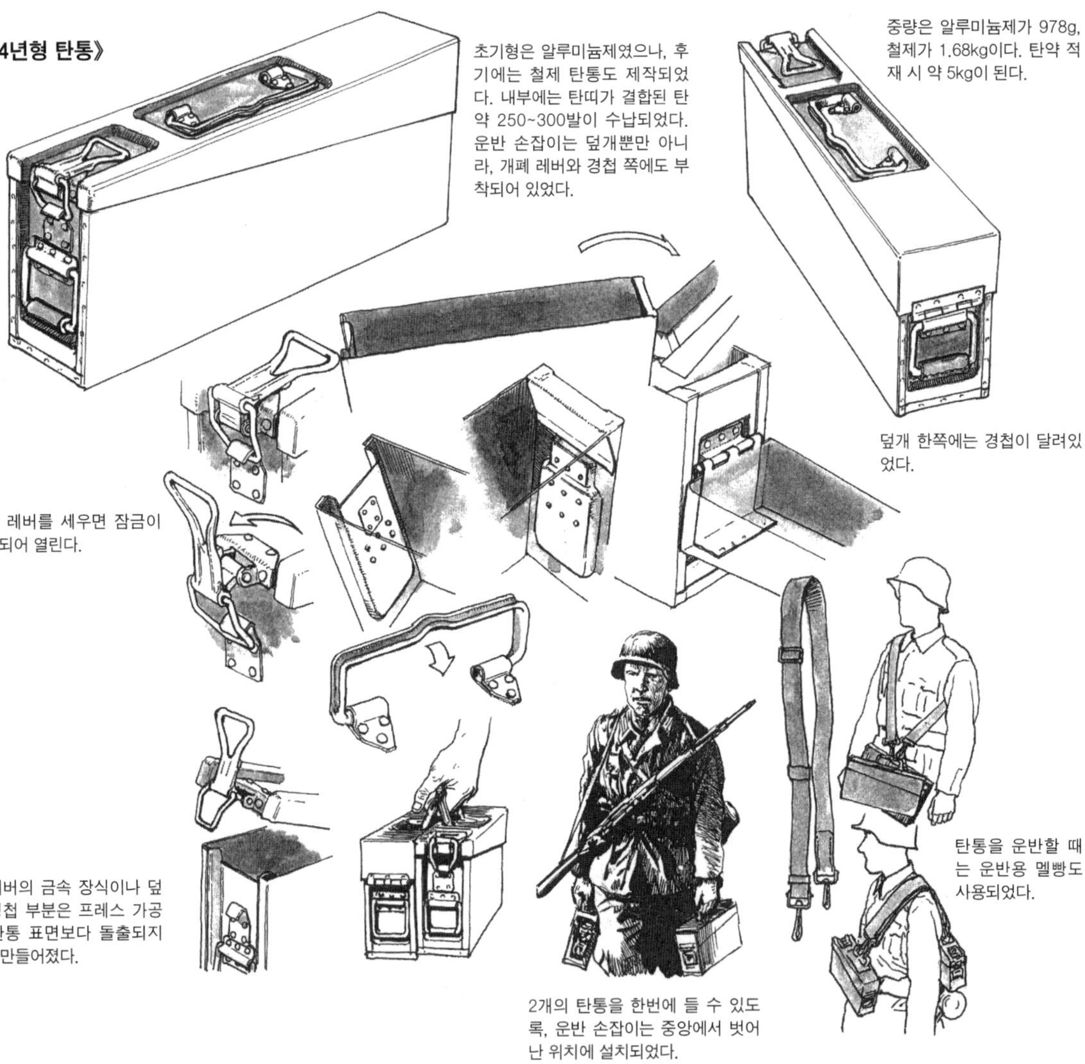

초기형은 알루미늄제였으나, 후기에는 철제 탄통도 제작되었다. 내부에는 탄띠가 결합된 탄약 250~300발이 수납되었다. 운반 손잡이는 덮개뿐만 아니라, 개폐 레버와 경첩 쪽에도 부착되어 있었다.

중량은 알루미늄제가 978g, 철제가 1.68kg이다. 탄약 적재 시 약 5kg이 된다.

덮개 한쪽에는 경첩이 달려있었다.

개폐 레버를 세우면 잠금이 해제되어 열린다.

개폐 레버의 금속 장식이나 덮개의 경첩 부분은 프레스 가공되어 탄통 표면보다 돌출되지 않도록 만들어졌다.

2개의 탄통을 한번에 들 수 있도록, 운반 손잡이는 중앙에서 벗어난 위치에 설치되었다.

탄통을 운반할 때는 운반용 멜빵도 사용되었다.

MG34용 삼각대(Tripod) 라페테 34

MG34를 중기관총으로 운용할 때 사용하는 것이 라페테 34(34년형 총가)로, 발사 속도가 매우 빠른 MG34를 안정된 상태로 운용하기 위해 만들어졌다. 라페테 34는 크게 나누어 완충 장치가 부착된 마운트 프레임, 사각 조절 및 격발 기구, 다리의 3개 부위로 구성되어 있었으며, 여기에 더하여 원거리 정밀 사격이 가능하도록 광학 조준경도 설치할 수 있었다.

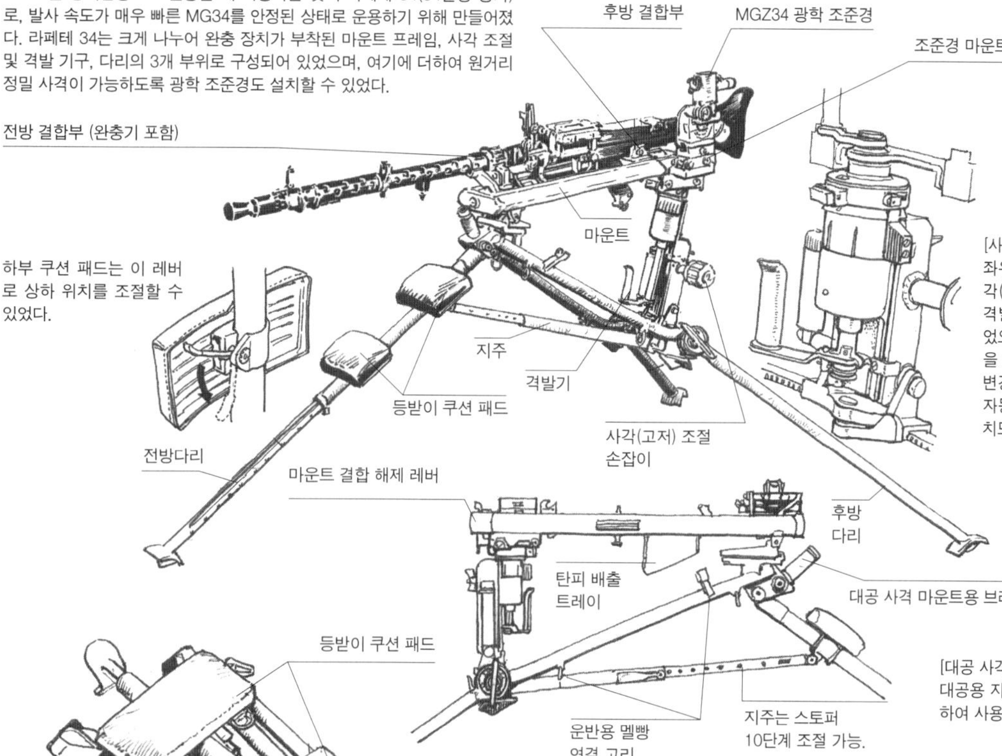

하부 쿠션 패드는 이 레버로 상하 위치를 조절할 수 있었다.

[사격 관제 장치]
좌우 선회 손잡이와 사각(고저) 조절 손잡이, 격발기가 부속되어 있었으며, 사격 시의 반동을 이용하여 사각(고저) 변경을 10단계로 나눠 자동으로 수행하는 장치도 장비되었다.

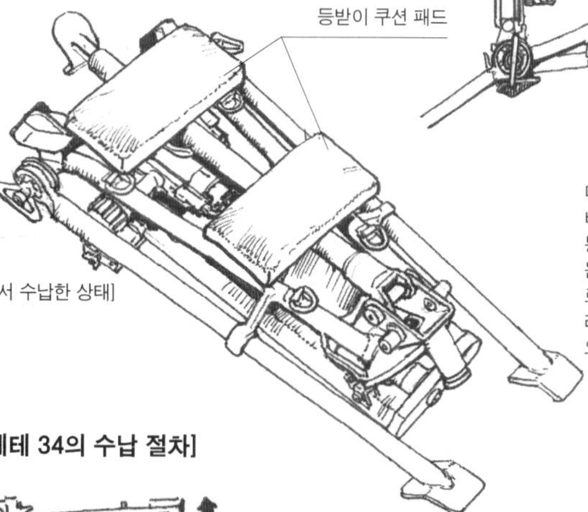

[접어서 수납한 상태]

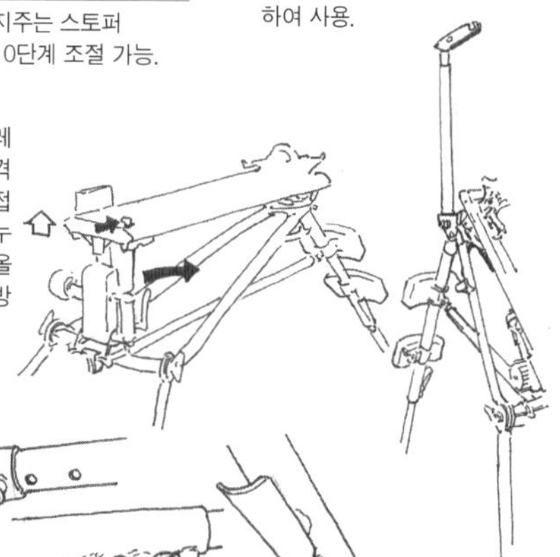

마운트 후방의 테이크다운 레버를 눌러 고정을 해제. 사격 통제 장치와 마운트 부분을 접는 것이 가능. 또한, 레버를 누르면서 마운트를 조금 들어 올리면, 사격 통제 장치를 전방으로 눕힐 수 있다.

[대공 사격 자세]
대공용 지주에 마운트를 접속하여 사용.

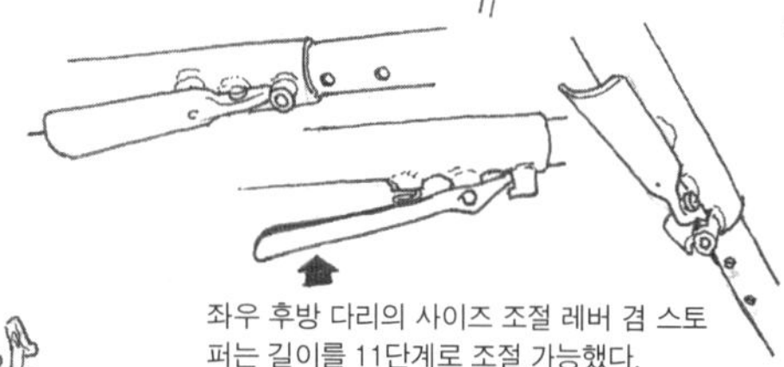

좌우 후방 다리의 사이즈 조절 레버 겸 스토퍼는 길이를 11단계로 조절 가능했다.

[라페테 34의 수납 절차]

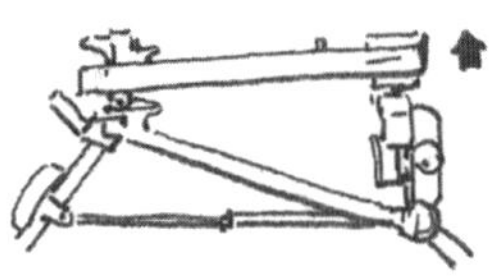

①사격 통제 장치를 정위치로 되돌리고, 테이크다운 레버를 눌러 마운트의 고정을 해제한다.

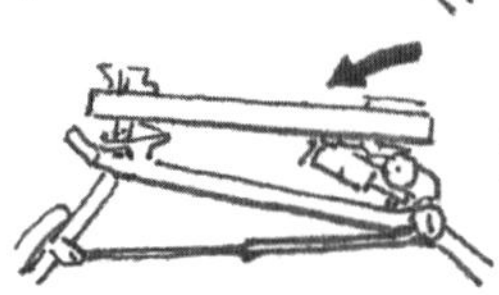

②사격 통제 장치를 전방으로 눕히고, 마운트 부분을 접는다.

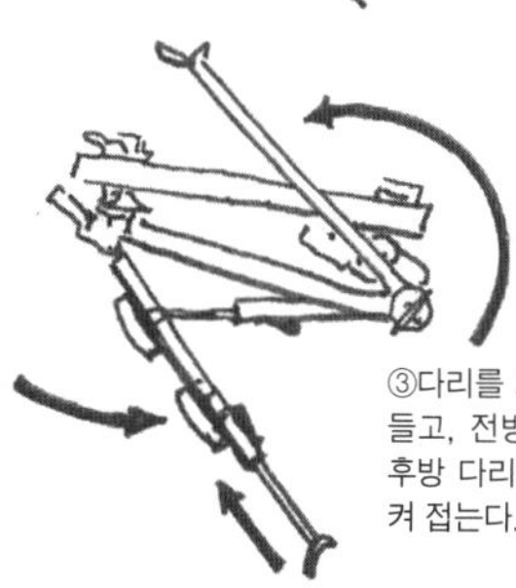

③다리를 가장 짧은 위치로 만들고, 전방 다리는 후방으로, 후방 다리는 전방으로 회전시켜 접는다.

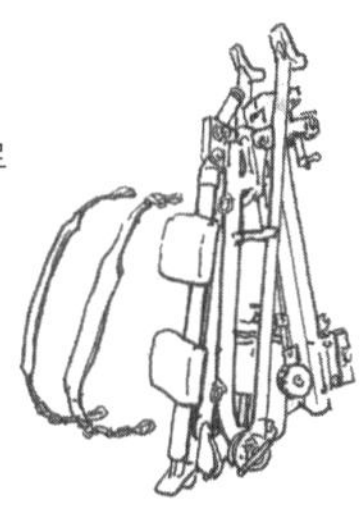

④운반용 멜빵을 결합(일반적으로는 멜빵을 부착한 채로 사용했다).

⑤수납이 완료된 뒤에는 등에 지고 운반한다.

[드라이바인 34(Dreibein 34)]

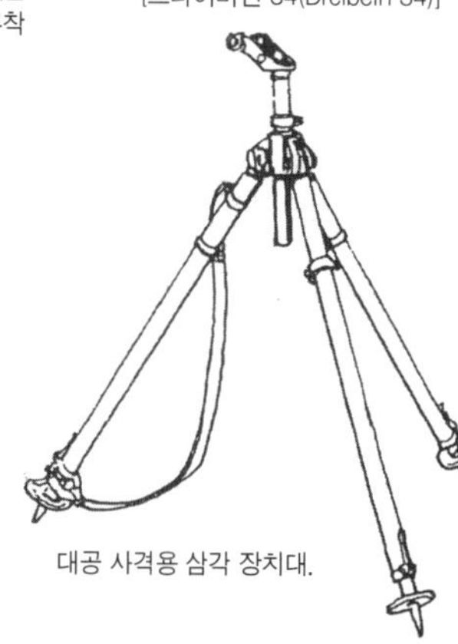

대공 사격용 삼각 장치대.

MG42

구경 : 7.92mm
탄약 : 7.92×57mm
장탄수 : 탄띠 급탄식 50발 이상, 드럼 탄창식 50발
작동 방식 : 쇼트 리코일/롤러 록킹
전장 : 1,220mm
총열 길이 : 533mm
중량 : 11.6kg
발사 속도 : 1,200~1,500발/분

MG42는 MG34와 마찬가지로 쇼트 리코일/오픈 볼트 작동 구조를 사용하지만, 노리쇠 뭉치를 개량하고 주퇴 보조기를 탑재하여 발사 속도를 높였다. 또한 프레스 가공을 다용하여 생산성을 향상시켜, MG34보다 더욱 실용적인 범용 기관총으로 완성, 1942년에 제식화되었다. MG42는 북아프리카 전선부터 실전에 투입되었으며, 높은 발사 속도로 인한 독특한 발사음 때문에 연합군 장병들 사이에서는 일명 '히틀러의 전기톱'이라 불리기도 했다.

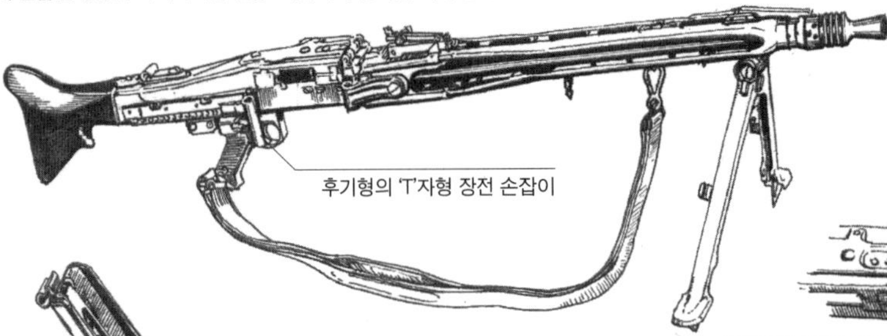

《총열 교환 절차》

총열 교환을 아래와 같이 간단하고 신속하게 수행할 수 있었던 것도 MG42의 특징이다.

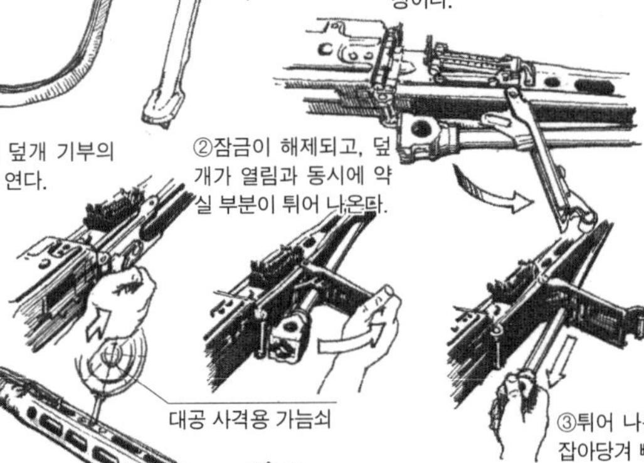

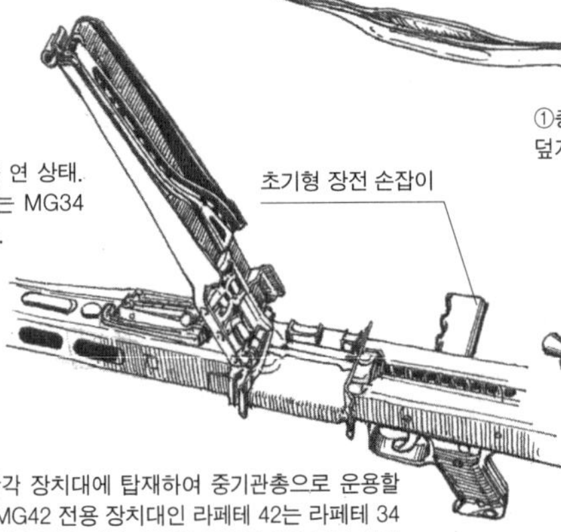

덮개 뭉치를 연 상태. 구조적으로는 MG34와 동일했다.

MG42도 삼각 장치대에 탑재하여 중기관총으로 운용할 수 있었다. MG42 전용 장치대인 라페테 42는 라페테 34의 마운트 부분 등을 일부 개량한 것으로, MG34를 거치할 수는 없었다.

MG34에서 사용되던 50발들이 드럼 탄창, 탄통, 대공 삼각대 등은 MG42에서도 그대로 사용할 수 있었다.

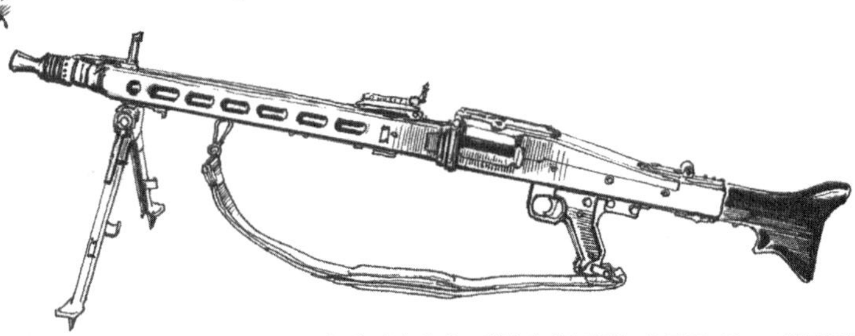

MG42는 제2차 대전 후에도 생산이 계속되었는데, 7.62×51mm NATO탄을 사용하는 모델로 개량된 시작형 MG42/59를 거쳐, 개량형인 MG1 기관총은 서독군의 제식 기관총으로 채용되었다. 훗날 MG1은 더욱 개량되어 MG3로 발전하였고, 현재도 독일 연방군을 비롯한 여러 국가에서 계속 사용되고 있다.

MG42를 어깨에 멘 무장친위대 병사. MG42는 제2차 세계대전 후반 독일군의 주력 기관총으로서 각 전선에서 사용되었다.

《MG45(MG42V)》

물자 부족으로 인해 원자재 절감을 목적으로 고정 총열을 사용하도록 만들어진 시험 제작 모델.

사격 자세

기관총 소대에서는 삼각 장치대에 거치하여 중기관총으로 운용했다.

《라페테(삼각대)를 이용한 사격》

[높은 사격 위치]
무릎쏴 자세로 사격할 때의 전개 방식.

경기관총으로 운용 시에는 보병 분대당 1정이 편제되었다.

[낮은 사격 위치]
엎드려쏴 시, 후방 다리를 편 상태로 사격했다.

[최저 사격 위치]
더 낮은 자세로 사격할 경우, 후방 다리를 접어서 운용했다.

《대공 사격》

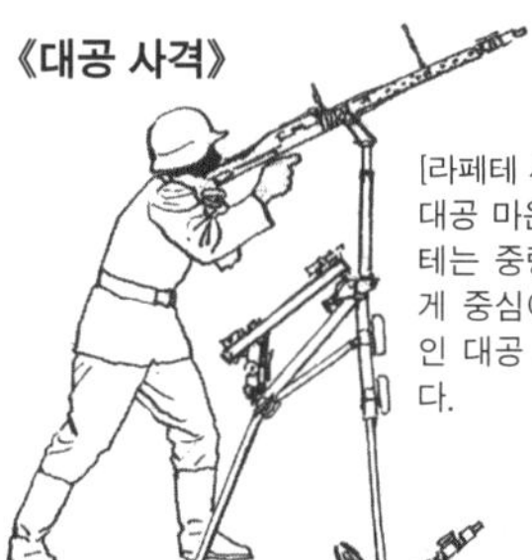

[라페테 사용 시]
대공 마운트 장착. 라페테는 중량이 무겁고 무게 중심이 낮아 안정적인 대공 사격이 가능했다.

[드라이바인 34(대공 삼각 장치대) 사용]
경량이기 때문에 다리가 움직이지 않도록 지지할 필요가 있었다.

《서서쏴》

라페테가 없는 보병 분대에서는 부사수의 어깨를 이용해 사격하기도 했다.

기동 사격 시에는 멜빵을 목에 걸고, 왼손으로 양각대를 파지한 자세로 사격을 실시했다.

《경기관총으로 운용》

[50발 드럼 탄창 사용]
부사수가 필요 없어, 이동 및 사격이 용이했다.

[더블 드럼 탄창 사용]
덮개 뭉치를 전용으로 교체. 해당 탄창은 MG34에서만 사용 가능했다.

[탄통을 사용]
일반적으로는 원활한 급탄을 위해 부사수가 배치되어 탄띠를 잡아주었다.

양각대를 총열 기부(몸통 쪽)에 장착하면, 좌우 사계(射界)를 넓힐 수 있다.

《총열 교환》

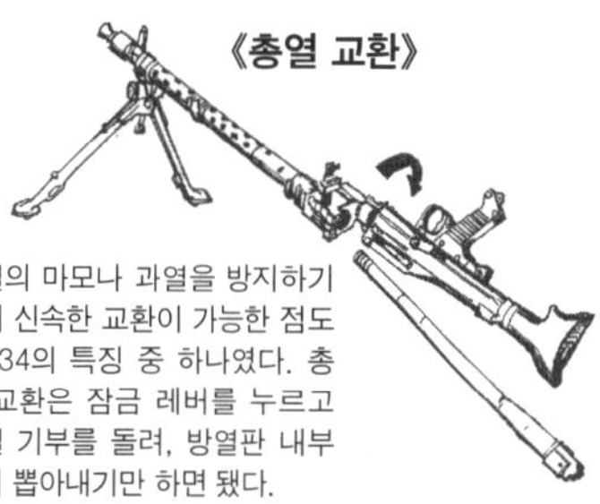

총열의 마모나 과열을 방지하기 위해 신속한 교환이 가능한 점도 MG34의 특징 중 하나였다. 총열 교환은 잠금 레버를 누르고 총열 기부를 돌려, 방열판 내부에서 뽑아내기만 하면 됐다.

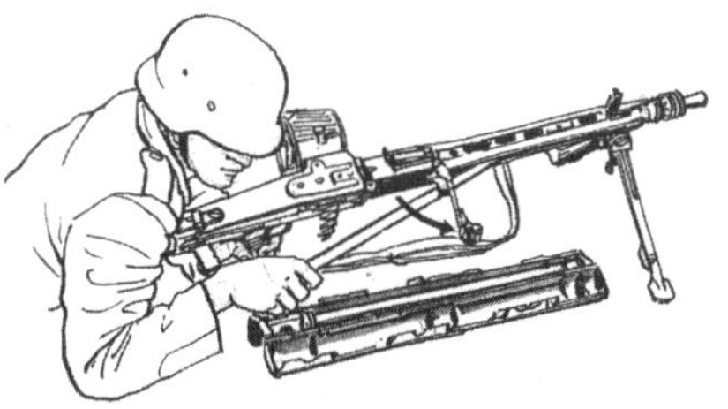

MG42의 총열 교환 절차는 훨씬 간소화되었는데, 레버를 당기는 것만으로 총열 교환이 가능해졌다.

총류탄 발사기

독일군의 총류탄 발사기인 시스베허(Schiessbecher)는 1942년에 제식 채용되었다. 당시 각국에서 운용하던 총류탄이 발사기에 총류탄을 꽂는 스피곳(Spigot) 방식이거나, 발사기 내에 유탄을 장전하고 공포탄으로 사격하는 방식이었던 것과 달리 시스베허는 강선이 새겨진 발사기 내부에 전용탄을 장전하여 사격하는 점이 특징이었다.

《시스베허》

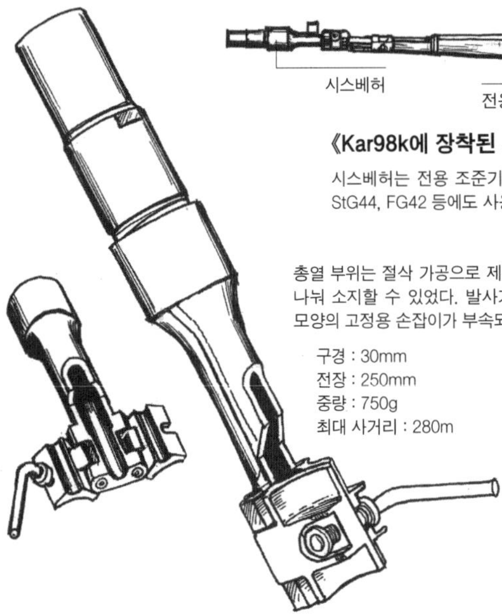

총열 부위는 절삭 가공으로 제작되었으며, 둘로 나눠 소지할 수 있었다. 발사기 기부에는 'L'자 모양의 고정용 손잡이가 부속되어 있었다.

구경 : 30mm
전장 : 250mm
중량 : 750g
최대 사거리 : 280m

시스베허와 전용 조준기

《Kar98k에 장착된 시스베허》

시스베허는 전용 조준기와 함께 운용되었다. Kar98k 외에도 MKb42, StG44, FG42 등에도 사용 가능했다.

유탄은 발사기 전방에서 삽입하여 장전했다.

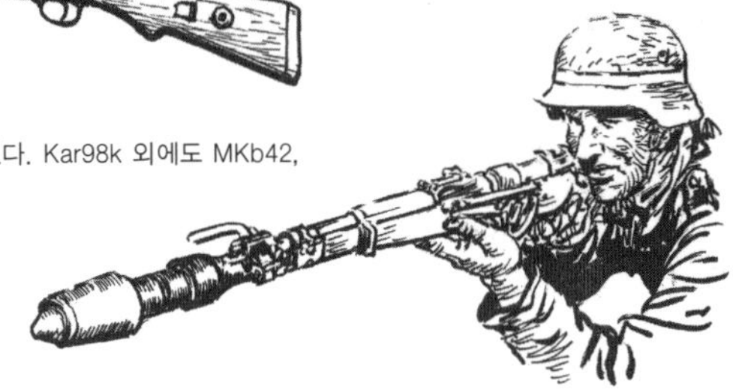

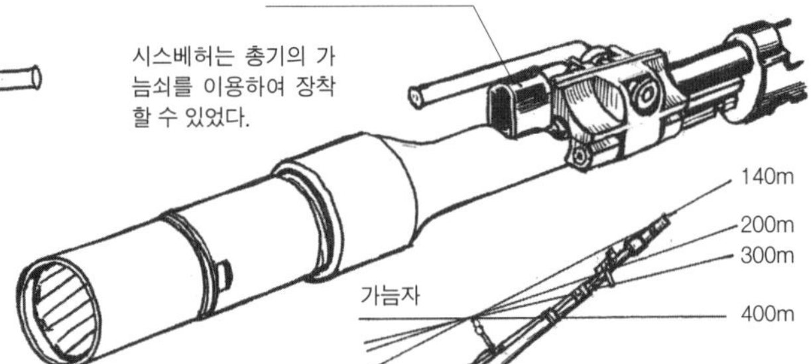

시스베허는 총기의 가늠쇠를 이용하여 장착할 수 있었다.

《소총의 조준기를 이용한 조준 방식》

사거리 조정은 총기의 각도를 변경하는 방식으로 실시했다.

《시스베허용 조준기》

조준기는 프레스 가공으로 제작되었다. 표적까지의 거리에 맞춰 각도를 변경했기에 액체가 주입된 수평계가 부속되어 있다.

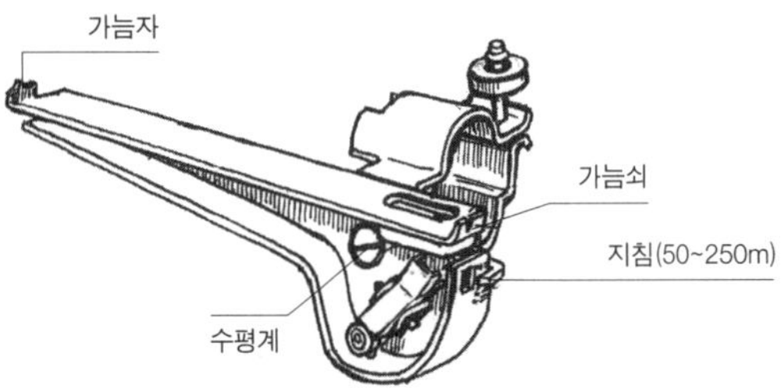

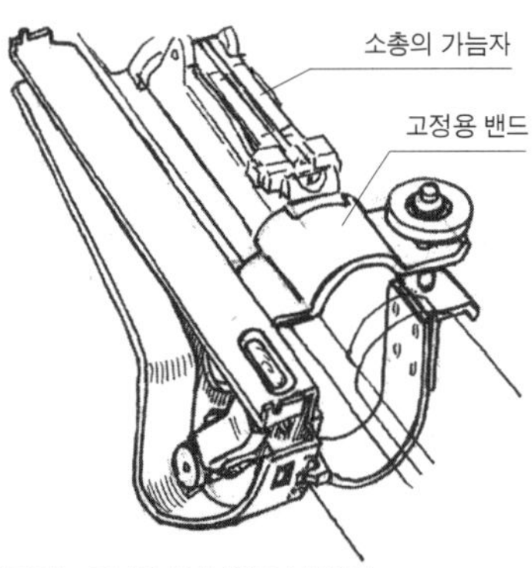

조준기에는 고정용 금속 밴드가 부착되어 있었는데 Kar98k에 장착할 경우, 소총의 가늠자 부분에 결합했다.

《시스베허용 부수 기재》

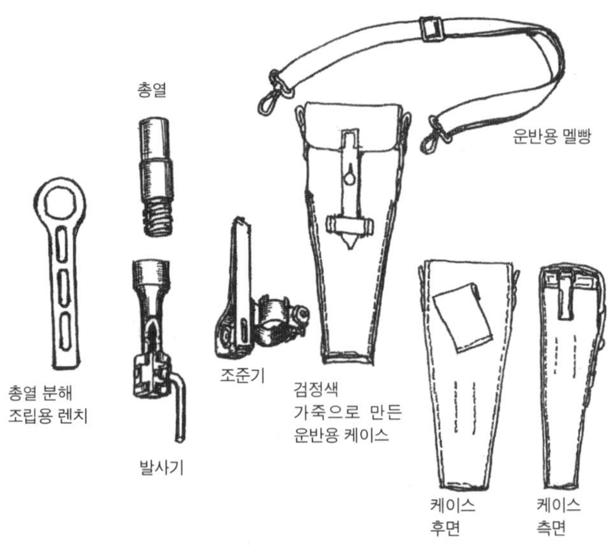

시스베허 전용 탄약

시스베허에는 대전차, 대인 유탄 외에 신호탄 등이 준비되어 있었다. 고폭탄에는 시한 신관이 내장되어 있어, 목표에 명중하지 않을 경우, 발사 후 4.5초 뒤에 자폭하도록 되어 있었다. 또한, 각 탄체에는 탄도를 안정시킬 수 있도록 강선과 맞물리는 홈이 파여 있었다.

발사에는 공포탄을 사용했다. 시스베허는 소총 총열과 직선으로 연결되어 있으므로, 장착한 상태에서도 일반 소총탄 사격이 가능했다.

전용 탄약은 총구에서 강선에 맞춰 돌려 끼워 넣는 방식으로 장전했다.

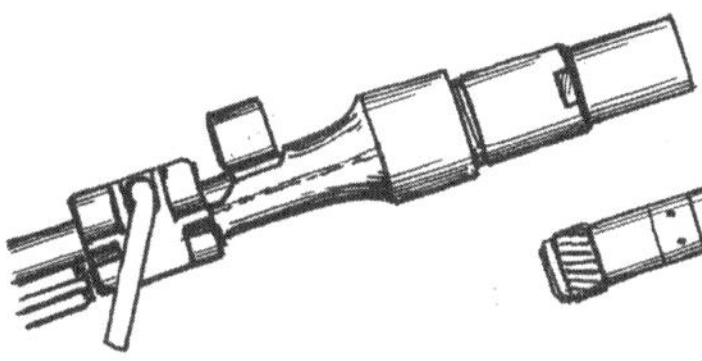

시스베허는 직역하면 발사용 컵이라는 의미로, 그 이름 그대로 컵 모양의 발사기 안에 탄체를 넣어 발사하는 시스템이었다.

《대전차 유탄》

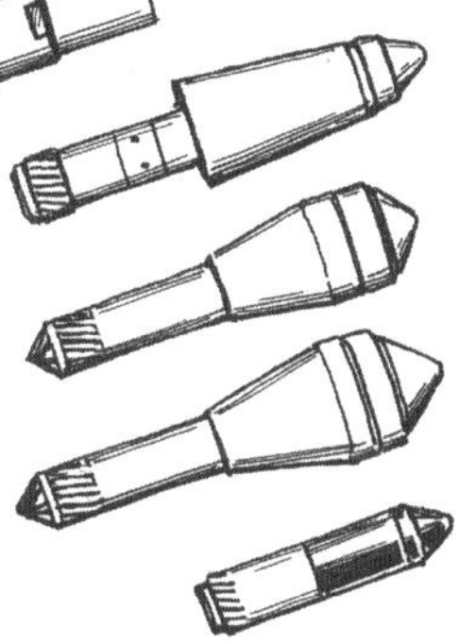

[Gr.G.Pzgr.40]
최대 장갑 관통력 80mm

[S.S.G.Pzgr.46]
최대 장갑 관통력 90mm

[S.S.G.Pzgr.61]
최대 장갑 관통력 126mm

[G.Pzgr.30]
최대 장갑 관통력 30mm

《기타 탄종》

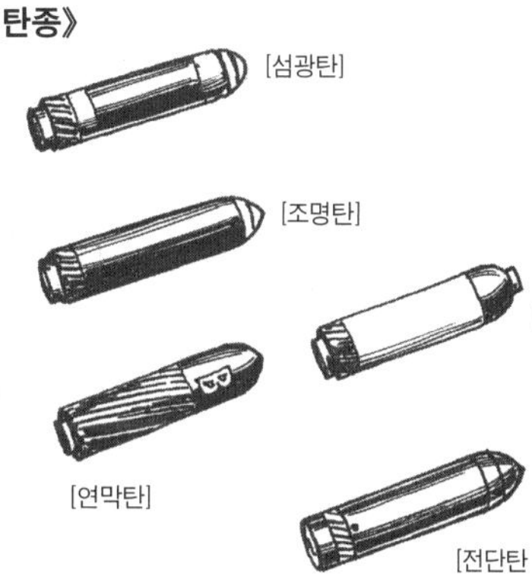

[섬광탄]

[조명탄]

[대인 유탄]

[연막탄]

[전단탄 (삐라 살포탄)]
선전용 전단(삐라)을 내장할 수 있다.

《GG/P40》

시스베허 채용 이전까지 독일군에서 사용했던 총류탄 발사기. 스피곳(Spigot) 방식이라 하여 총류탄을 봉 모양의 발사기에 꽂아서 쏘는 방식이었다.

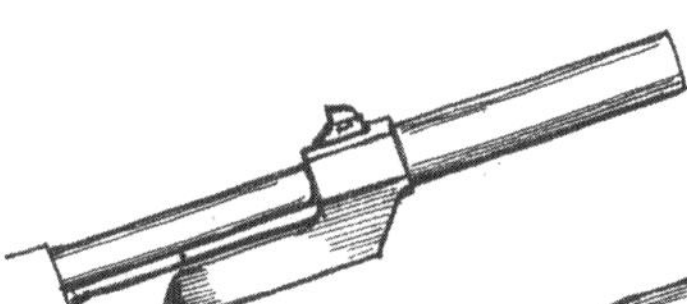

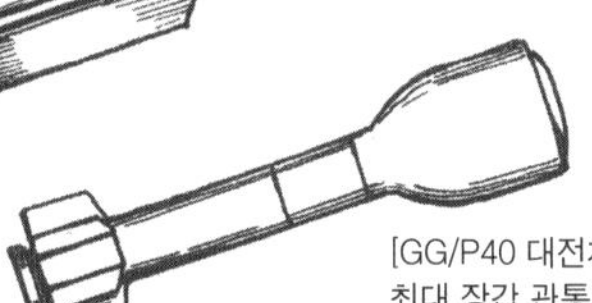

[GG/P40 대전차 유탄]
최대 장갑 관통력 30mm

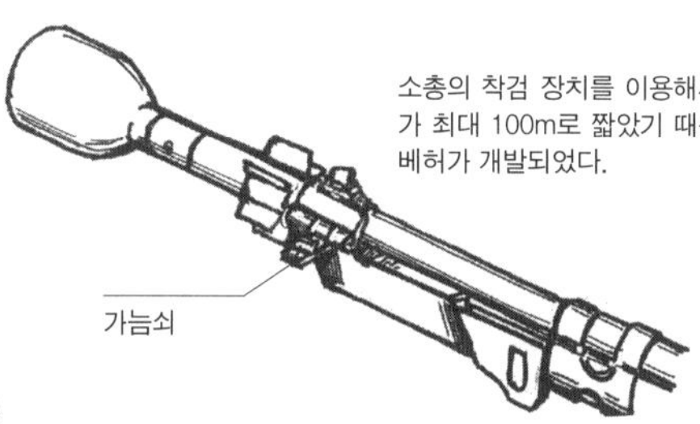

소총의 착검 장치를 이용해서 장착. 사거리가 최대 100m로 짧았기 때문에, 후에 시스베허가 개발되었다.

가늠쇠

[GG/P40용 조준기]
총의 좌측에 고정 벨트로 장착.

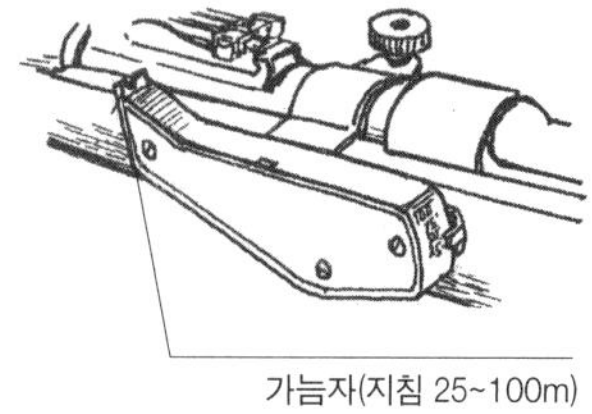

가늠자(지침 25~100m)

《시스베허의 사격 자세》

[서서 쏴]
무릎 쏴나 엎드려 쏴가 불가능할 경우 취하는 자세. 단, 발사 시의 반동을 어깨로 강하게 받아내야 했다.

[무릎 쏴]
대인이나 대물 표적에 사용하는 사격 자세. 개머리판은 사격 시의 반동을 흡수하기 위해 지면 등에 지지했다.

[엎드려 쏴]
대전차 전투 또는 토치카의 총안구 등을 공격할 때 실시했다.

수류탄

제2차 세계 대전 당시 독일군의 수류탄은 유명한 M24 막대형 수류탄을 비롯해 M43 막대형 수류탄, M39 수류탄 등 폭풍으로 적을 살상하는 공격용 수류탄이 주력이었다. 이 외에도 대전차용 등 다양한 수류탄이 개발되어 전장에서 운용되었다.

독일군은 충분한 동계 장비와 대비 없이 소련 침공을 감행했다. 1941년 동부전선에서 맞은 첫 겨울 당시, 혹한으로 인해 소화기의 작동 불량이 속출했는데, 그러한 상황에서 독일군 장병들이 의지할 수 있었던 것은 수류탄뿐이었다.

M24 막대형 수류탄

전장 : 356mm
탄두 직경 : 60.5mm
작약량 : TNT 170g

1차 대전 중에 사용된 막대형 수류탄(M15, M16, M17)의 후속 모델로 1924년에 제식 채용된 공격용 수류탄. 그 독특한 형상 때문에 일명 '감자 으깨기(Potato Masher)'라고도 불렸다. 마찰 신관으로 점화되었으며, 약 4초 후에 폭발했다. 유효 살상 반경은 약 10m.

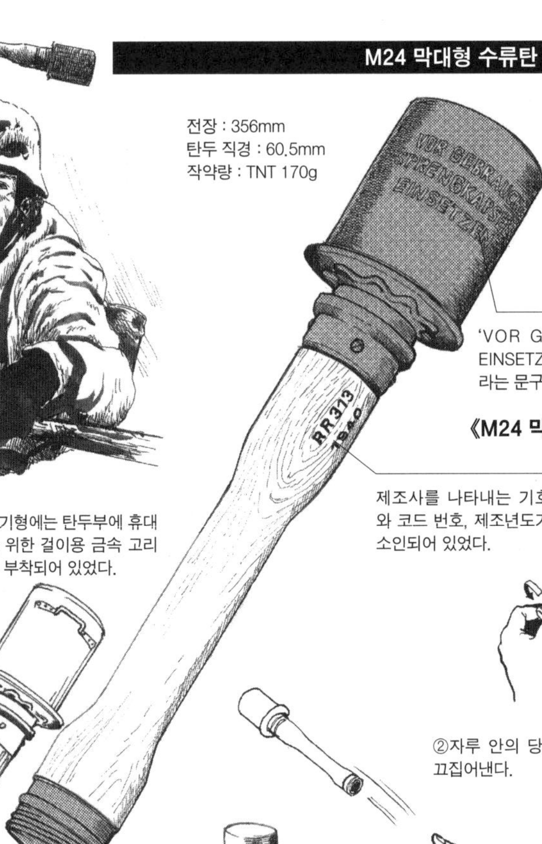

'VOR GEBRAUCH SPRENGKAPSEL EINSETZEN(사용 전에 신관을 결합할 것)'이라는 문구가 백색 문자로 인쇄되어 있었다.

제조사를 나타내는 기호와 코드 번호, 제조년도가 소인되어 있었다.

초기형에는 탄두부에 휴대를 위한 걸이용 금속 고리가 부착되어 있었다.

《M24 막대형 수류탄의 내부 구조》

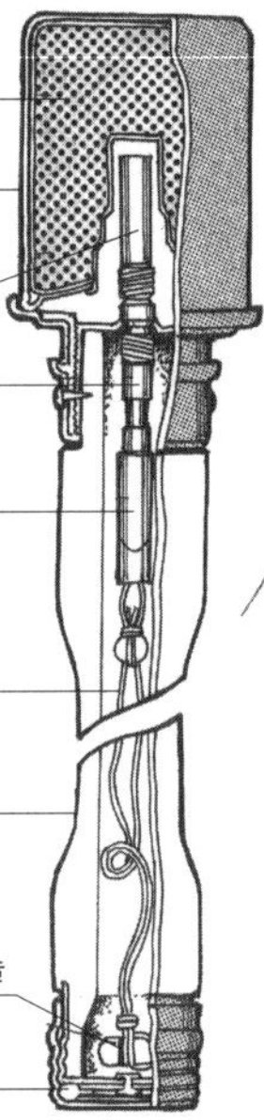

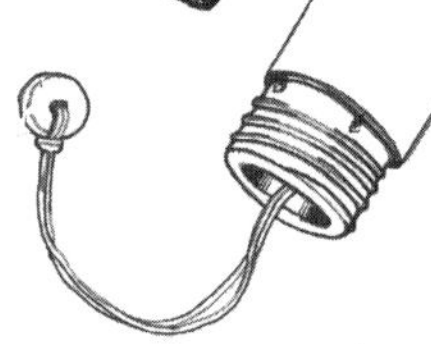

금속제 안전 캡을 제거하면 당김줄 끝에 부착된 당김 구슬이 나왔다.

《M24 막대형 수류탄의 투척 절차》

①자루 하단부의 안전 캡을 제거한다.

②자루 안의 당김줄을 끄집어낸다.

③당김 구슬을 잡고, 줄을 강하게 당겨 점화시킨다.

④점화 후 폭발까지는 4~5초가 소요. 목표까지의 거리에 맞춰 투척한다.

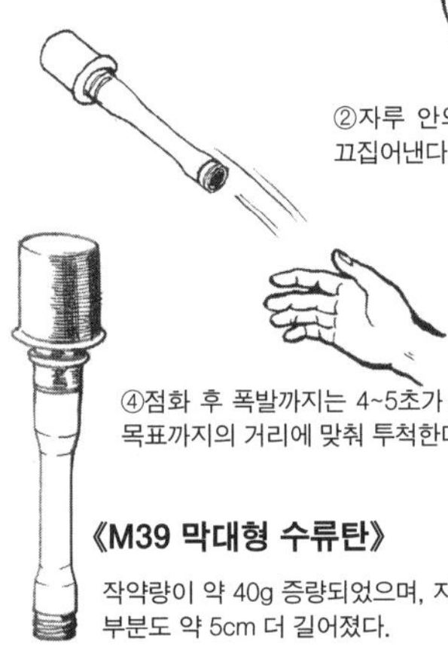

《M39 막대형 수류탄》

작약량이 약 40g 증량되었으며, 자루 부분도 약 5cm 더 길어졌다.

연막 수류탄

연막으로 적의 시야를 차단하거나 아군의 공격 지원/신호용으로 사용했다.

발화 후에는 탄두 바닥 부분에서 연막이 분출된다. 연막탄은 적진지 공격이나 대전차 전투 등에 사용되었다.

《M39 연막 수류탄》

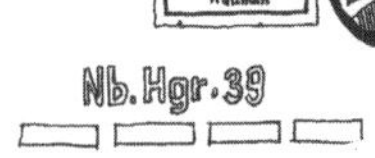

탄두에는 연막 수류탄임을 나타내는 약어인 'Nb.Hgr.39'라는 표식과 백색 띠가 마킹되어 있었다.

일반 수류탄과 쉽게 구분할 수 있도록, 후기형의 자루 부분에는 홈이 파여 있었다.

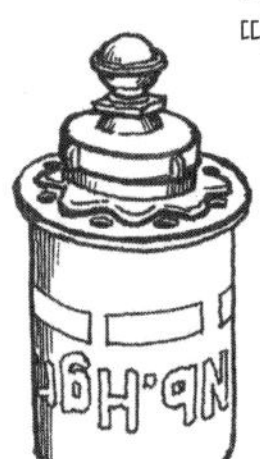

《M41 연막 수류탄》

자루를 폐지하고, 탄두 부분에 직접 BZE 신관을 장착한 모델.

《Nb.K.39B형 연막통》

돌격 공병이 최전선에서 작업할 때 사용했다.

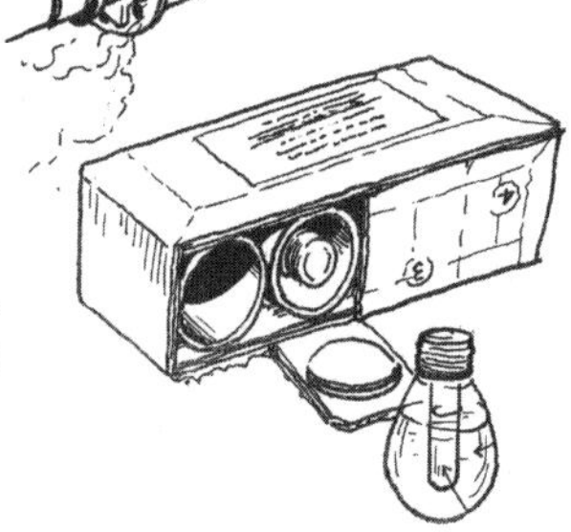

《2H형 연막탄》

이중으로 된 유리 용기에 사염화티타늄과 염화칼슘 용액을 분리하여 봉입했다. (외부 충격 등으로) 용기가 깨지면 두 용액이 혼합되어 화학 반응을 일으켜 연막을 발생시켰다.

《막대형 수류탄의 휴대 방법》

벨트에 끼워 휴대하는 것이 일반 적이었다.

벨트 뒤쪽에 꽂은 휴대법의 예.

전투화에 꽂아 휴대.

접이식 야전삽 케이스에 2발을 꽂아 휴대.

제1차 세계대전부터 사용되어 온 수류탄 휴대용 가방. 좌우 합계 10발을 수납할 수 있었다.

기타 수류탄

《M39 수류탄 초기형》

독일군에서 M24 막대형 수류탄과 함께 가장 많이 사용된 수류탄. 점화 방식은 마찰식. 신관 지연 시간은 4~5초였다.

전장 : 76mm
직경 : 50mm
작약량 : TNT 112g.

《M39 수류탄 후기형》

휴대 편의를 위해 하단에 운반용 고리가 추가되었다.

《M43 막대형 수류탄》

생산성 향상을 위해 자루 내부를 파내는 가공을 생략하고, 탄두에 BZ39 신관을 장착했다.

전장 : 345mm
직경 : 67mm
중량 : 624g
작약 : TNT 165g.

BZ39 신관

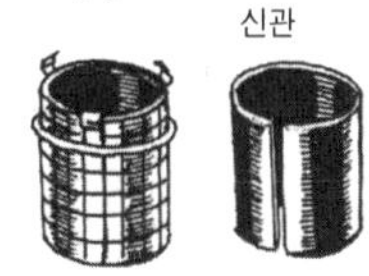

파편 효과 증대를 위한 슬리브도 준비되었다.

《투척 훈련용 수류탄》

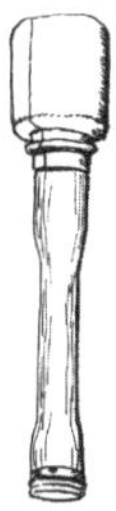

크기와 중량은 실탄과 동일하게 제작되었다.

《니폴리트 수류탄》

열가소성 폭약의 일종인 니폴릿(Nipolit)을 굳혀서 만든 탄두에 신관을 부착한 전시 급조 수류탄.

《전장에서의 응용예》

수류탄은 그 파괴력을 활용하여 대전차 전투 등 다양한 공격에도 다수 사용되었다.

《집속 수류탄》

야전에서 급조된 대전차 공격용 무기 중 하나. 막대형 수류탄에 6개의 탄두를 철사로 결속하여 전차의 궤도나 기관부를 노렸다.

전차 포신 내부에 수류탄을 집어넣어 파괴했다.

육박 공격을 지원하기 위해, 발연탄을 포신에 걸어 연막으로 승무원의 시야를 차단, 전차의 기동을 저지했다.

연료통에 수류탄을 부착하고, 전차의 기관부 등을 화염으로 파괴했다.

라디에이터 등의 장갑으로 보호되지 않는 부위를 파괴하거나 개구부를 통해 차내로 투척하여, 전차 내부를 파괴했다.

공병대에서는 판자 위에 14개의 탄두를 고정해서 만든 폭파통을 사용해서 철조망을 파괴했다.

수류탄 운반 상자

견고한 금속제 상자로, M24 막대형 수류탄 15발 혹은 M39 연막수류탄 및 신관을 수납할 수 있었다.

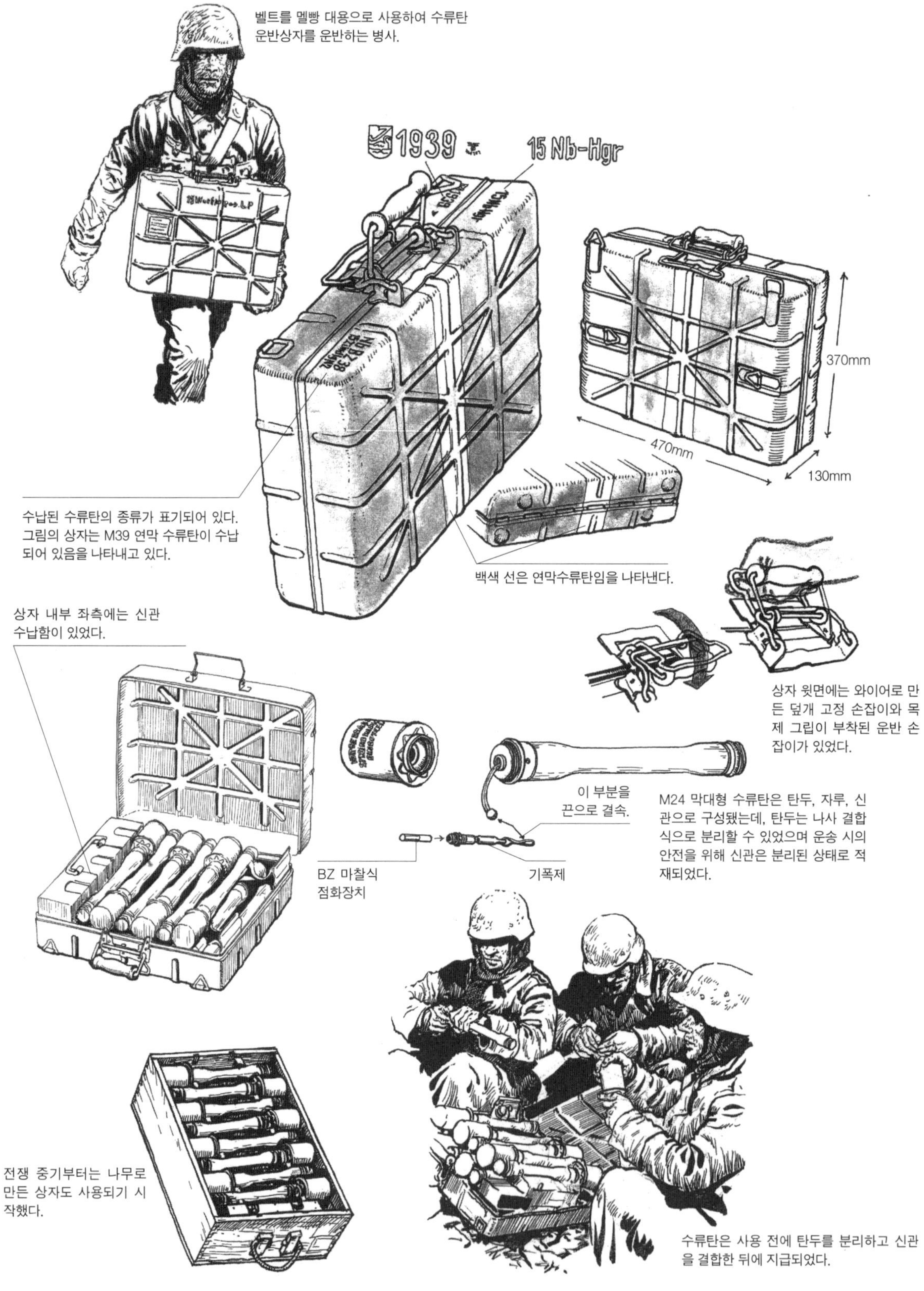

보병 휴대 대전차/대공 화기

독일이 제2차 세계대전 중 사용한 보병 휴대 대전차 화기로는 판처파우스트(Panzerfaust)와 판처슈렉(Panzerschreck)이 있었다. 강력한 파괴력을 지닌 성형작약탄을 발사하는 이 무기들은 대전 말기 보병의 대전차 주력 화기가 되었다. 또한, 대전 말기에는 보병이 운용할 수 있는 대공 로켓 발사기인 플리거파우스트(Fliegerfaust)도 개발되었다.

판처파우스트

판처파우스트는 로켓 발사기와는 달리, 발사관 내에 장전된 장약으로 탄두를 날려 보내는 대전차 화기였다.

《판처파우스트 30 클라인(Klein)》

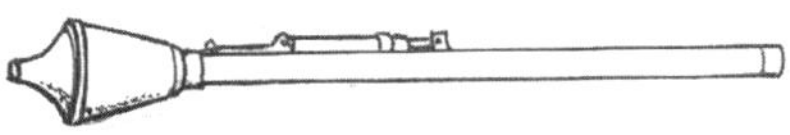

사거리 : 30m
중량 : 3.2kg
장갑 관통력 : 140mm

1942년 12월에 채택된 최초 모델.

《판처파우스트 30》

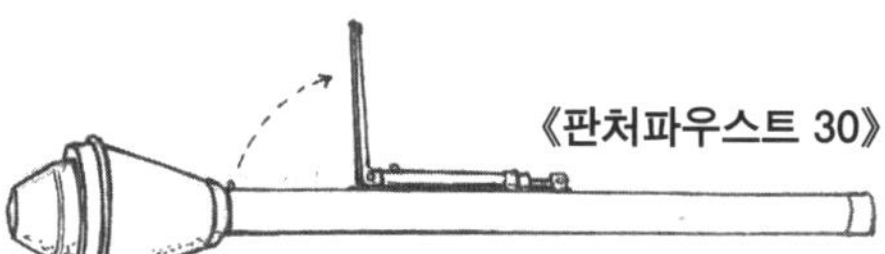

사거리 : 30m
중량 : 5.1kg
장갑 관통력 : 200mm

탄두를 대형화하고 발사관 직경을 키우는 등 새롭게 설계되어 1943년 8월에 채택된 모델.

《판처파우스트 60》

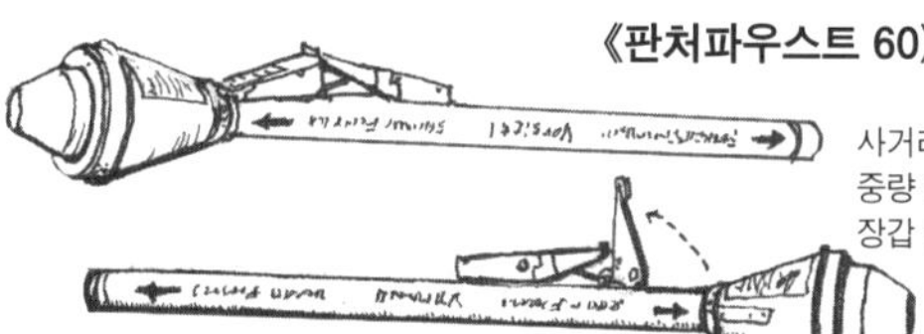

사거리 : 60m
중량 : 6.1kg
장갑 관통력 : 200mm

격발기와 조준기를 개량. 사거리를 60m로 연장한 모델. 1944년 10월에 제식화되었다.

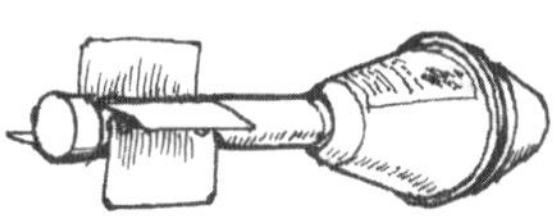

탄두에는 발사 직후 펼쳐지는 양철 소재의 안정익이 부착되어 있었는데, 탄두 자체에는 로켓탄과 같은 추진력은 없었다.

《판처파우스트 150》

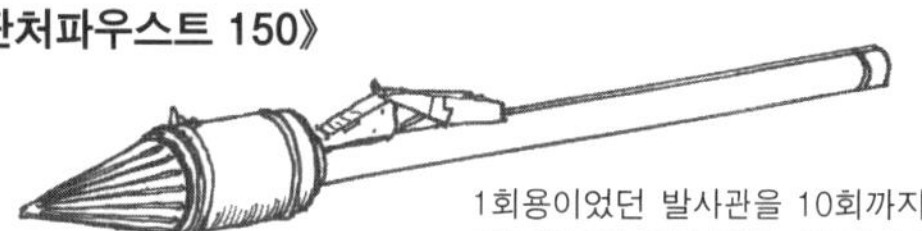

사거리 : 150m
중량 : 7kg
장갑 관통력 : 200mm 이상

1회용이었던 발사관을 10회까지 재사용 가능하도록 만든 모델. 1945년 1월에 제식화되어 3월부터 생산이 시작되었으나, 실전 배치된 것은 극히 소수였다.

판처파우스트의 사격 자세는 일러스트와 같이 발사관을 겨드랑이에 끼는 자세와 어깨 위에 얹고 쏘는 자세가 있었다.

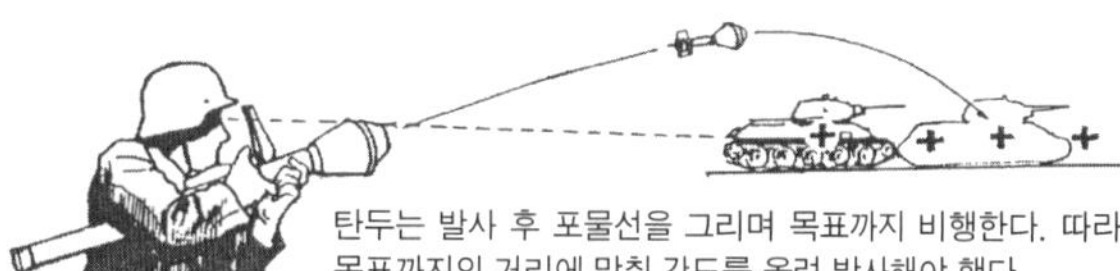

탄두는 발사 후 포물선을 그리며 목표까지 비행한다. 따라서 목표까지의 거리에 맞춰 각도를 올려 발사해야 했다.

플리거파우스트

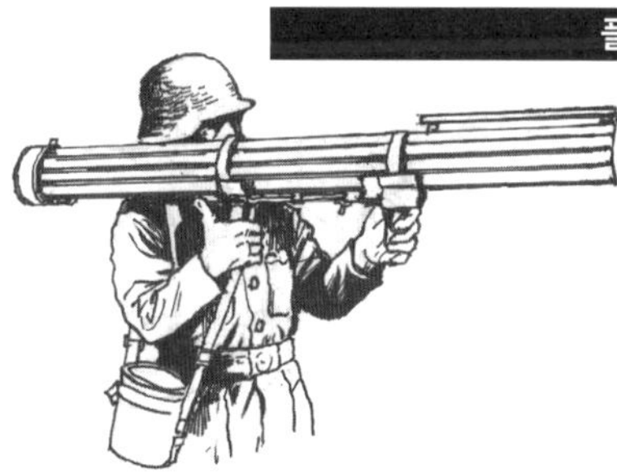

1945년 초부터 생산이 시작된 보병 휴대 대공 로켓 발사기. 구경 20mm의 발사관 9개를 묶은 디자인으로, 간이 손잡이, 방아쇠, 조준기를 갖추고 있었다. 방아쇠를 당기면 처음에 4발, 0.2초 지연 후 나머지 5발이 일제 발사되어 광범위한 화망을 구성함으로써 적기를 명중시킬 수 있도록 되어 있었다.

구경 : 20mm
탄약 : 로켓탄×9발
사거리 : 유효 사거리 500m, 최대 사거리 2000m
전장 : 1,318mm
중량 : 9.1kg(로켓탄 장전 시)

판처슈렉

[RPzB.Gr.4322]
RPzB 43용 대전차 로켓탄. 입사각 90도에서 230mm 두께, 60도에서 160mm 두께의 장갑을 관통할 수 있었다.

《RPzB 43》

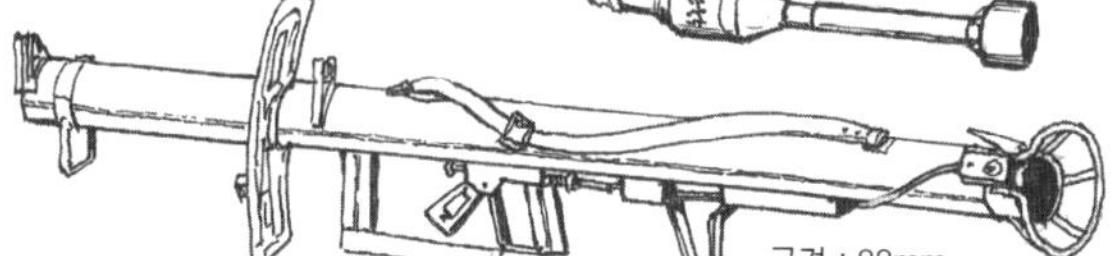

구경 : 88mm
최대 사거리 : 약 200m
전장 : 1640mm
중량 : 9.29kg

북아프리카 전선에서 노획한 미군의 로켓 발사기 '바주카'를 참고하여 개발한 대전차 병기. 1943년 2월에 제식화되었다.

최초 모델인 RPzB 43은 사수가 발사 시 로켓탄의 분사 화염으로 화상을 입지 않도록 방독면 등으로 얼굴을 보호한 채로 사용해야 했다.

《RPzB 54》

로켓탄의 분사 화염으로부터 사수를 보호하기 위해 방패를 추가한 모델. 중량 11kg. 1944년에는 전장을 약 30cm 단축하여 중량을 9.5kg까지 경량화한 RPzB 54/1(최대 사거리 200m인 RPzB.Gr.4992탄 사용)도 채택되었다.

화약으로 추진되는 로켓탄은 기온에 따라 연소 속도가 변화하기 때문에 하절기용과 동절기용의 2종류가 준비되었다. 또한 발사기의 전방 가늠자도 사용하는 로켓탄 종류에 맞춰 조정할 수 있게 되어 있었다.

화염방사기

1차 대전 당시의 경험으로 화염방사기의 유효성을 인지하고 있었던 독일군은, 2차 대전 중에 휴대용 화염방사기의 소형·경량화를 추진하였으며, 개발과 개량을 지속하여 복수의 모델을 제식으로 채용했다.

《FmW35》

1930년에 개발을 시작, 1935년에 제식으로 채용되었다. 생산 수량이 많아 여러 전선에서 사용되었으나, 중량 면에서의 개선이 요구되어 1941년에 생산이 중단되었다.

중량 : 35.8kg
연료 용량 : 11.8ℓ
연료 : 가솔린+타르 혼합유
방사 거리 : 25~30m
방사 시간 : 10초(1회 연속 방사 시간)

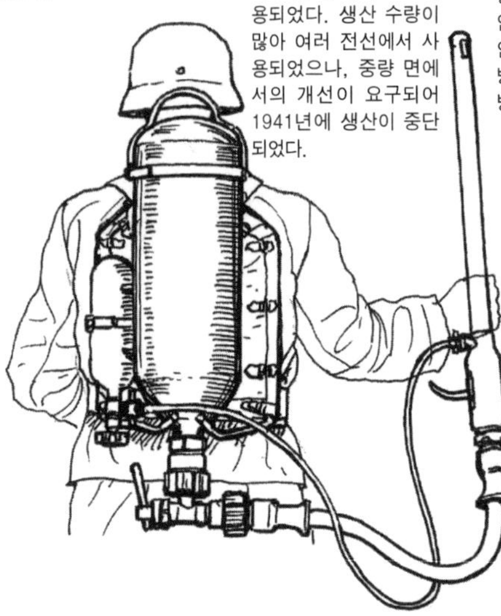

화염방사기 사수는 전용 방화복을 착용했으며, 헬멧에는 안면 보호대가 부착되었다.

《FmW40》

경량화에 중점을 두고 개발된 화염방사기로, 1940년에 제식 채용되었다. 탱크 형상 때문에 '구명 튜브형 화염방사기'라고도 불린다. 경량화로 인해 연료 탑재량은 이전 모델에 비해 줄어들었다.

중량 : 21.3kg
연료 용량 : 4.5ℓ
연료 : 가솔린+타르 혼합유
방사 거리 : 25~30m
방사 시간 : 10초

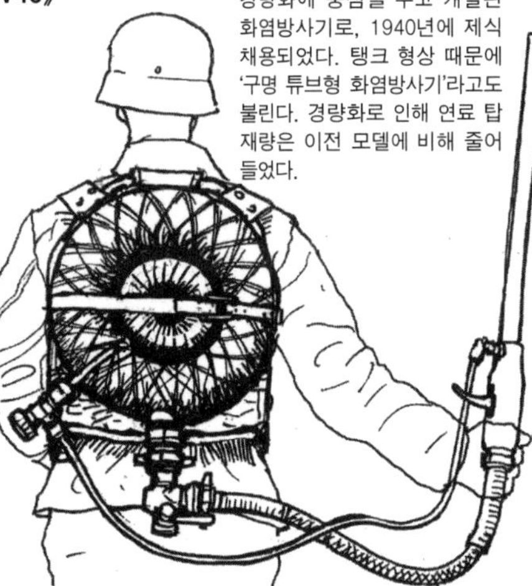

《m.FmW 》

1935년에 FmW35와 함께 제식 채용된 대형 화염방사기. 전용 카트에 탑재되었으며. 병사 2명이 팀을 이뤄 조작했다.

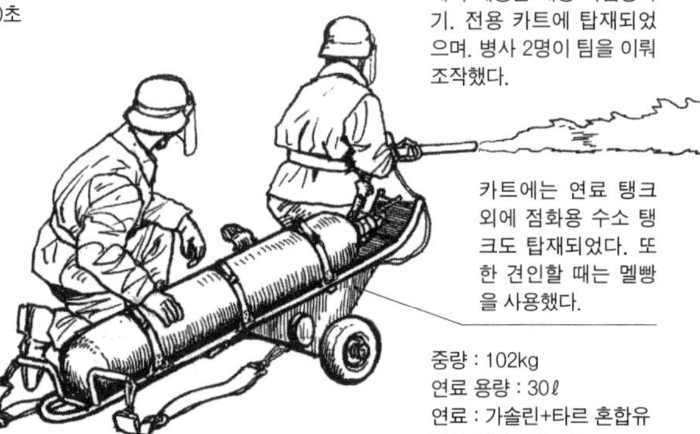

카트에는 연료 탱크 외에 점화용 수소 탱크도 탑재되었다. 또한 견인할 때는 멜빵을 사용했다.

중량 : 102kg
연료 용량 : 30ℓ
연료 : 가솔린+타르 혼합유
방사 거리 : 23~37m
방사 시간 : 25초

《FmW41》

경량형인 FmW40은 연료 용량이 적었기 때문에, 연료 용량을 증대시킨 모델.

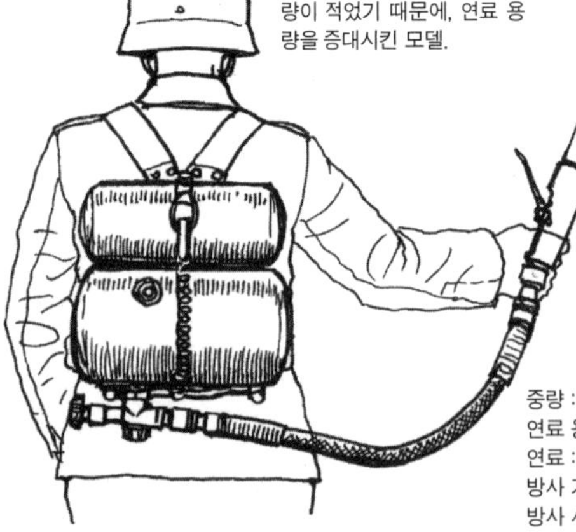

중량 : 28.7kg
연료 용량 : 11.8ℓ
연료 : 가솔린+타르 혼합유
방사 거리 : 20~32m
방사 시간 : 10초

《FmW42》

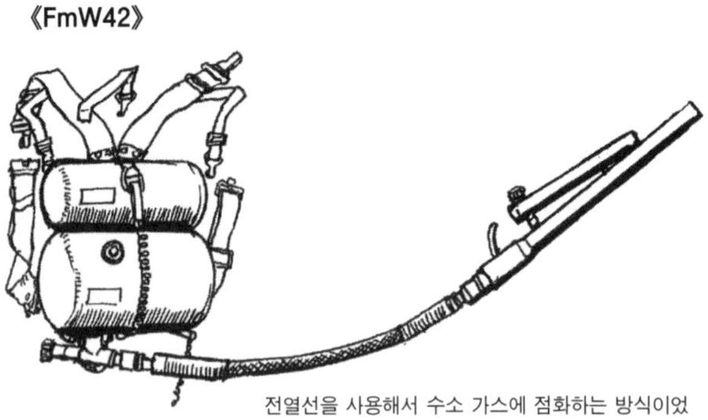

전열선을 사용해서 수소 가스에 점화하는 방식이었던 FmW41이 동부전선의 동절기 혹한으로 인해 작동에 문제가 있다는 점이 판명되면서, 9mm 공포탄을 이용한 카트리지 점화 방식을 사용하는 개량형이 만들어졌다.

방화복을 착용하면 화염방사기 사수임이 식별되어 전장에서 표적이 되었기 때문에, 통상적인 전투복 차림으로 운용하는 병사가 많았다.

FmW 41과 42는 컴팩트한 크기 덕분에 공수부대에서도 운용되었다.

화염방사기는 육군, 공군뿐만 아니라 무장친위대에서도 운용되었다.

《FmW 46》

중량 : 2.9kg
최대 방사 거리 : 27m

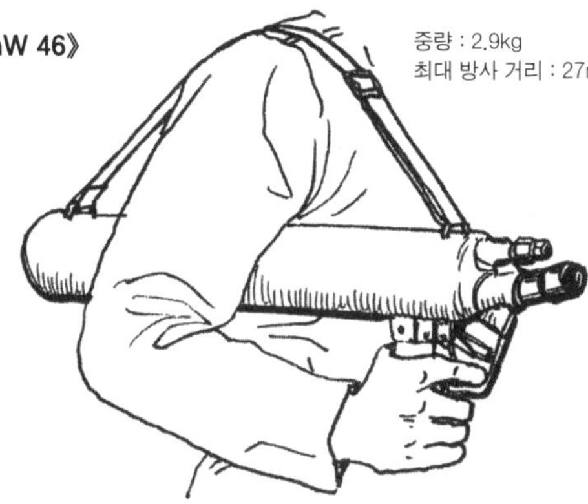

공수부대용으로 개발되어 1944년에 제식 채용된 소형 휴대용 화염방사기. 연합군에 대항해 게릴라 활동을 수행하기 위해 대전 말기 계획된 베어볼프(Werwolf) 부대에도 배치되었던 것으로 알려졌다.

FmW 46은 어깨에 메고 사용할 수 있는 컴팩트한 모델이었으나, 방사 지속 시간은 수 초로 짧았다.

화염방사기를 이용해서 공격할 때는 적의 반격에 대비할 수 있도록 반드시 호위 병력과 함께 행동했다.

《방사 노즐》

[FmW 35]
노즐에 수소 가스를 방출하여 점화. 방아쇠를 당기면 연료가 분사, 착화되었다.

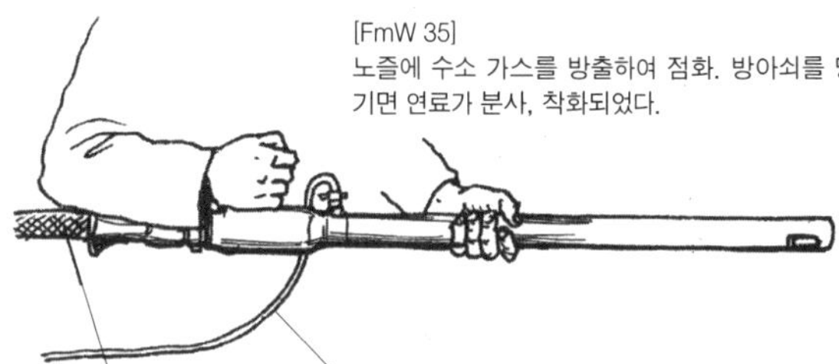

[FmW 41]
노즐 내의 전열선으로 수소 가스에 점화하는 방식을 채택.

[FmW 42]
카트리지 점화형.

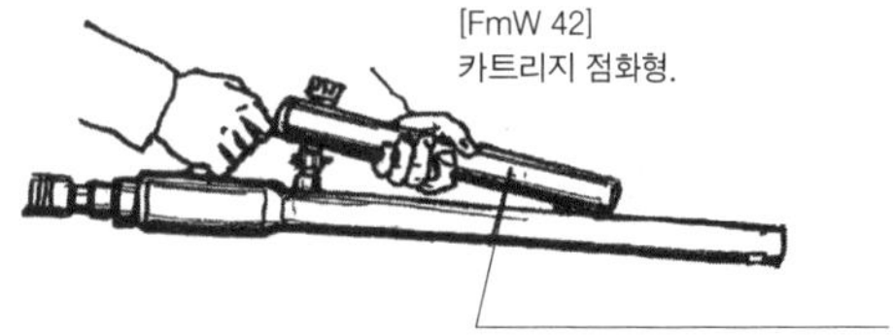

이곳에 9mm 공포탄이 삽입되어 있어, 격발 시 연료가 점화되었다.

지뢰

독일군은 북아프리카 전선이나 동부 전선 등의 방어전에서 대량의 대전차 및 대인 지뢰를 매설하여 효과적으로 활용했다. 또한, 지뢰 탐지를 어렵게 하기 위해 금속 이외에도 나무나, 유리, 합성수지 등으로 만들어진 지뢰도 개발했다.

대전차 지뢰

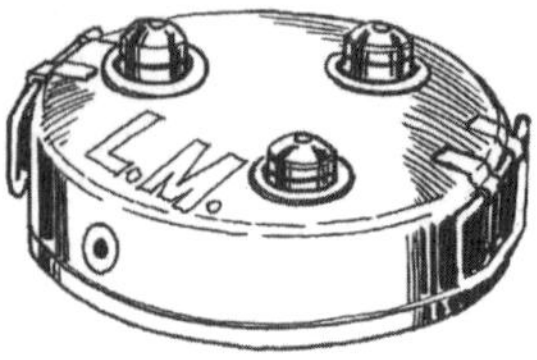

《T.Mi.29》

1929년에 제식 채용된 대전차 지뢰. 독일 육군에는 1931년부터 배치되기 시작했다. 윗면에는 3개의 Z.D.Z. 29 압력식 신관(45~125kg에서 작동)이 결합되었다.

전고 : 180mm
직경 : 250mm
중량 : 6kg
작약 : TNT 4.5kg

《T.Mi.35》

T.Mi.29에 이어 채용된 대전차 지뢰. 해안이나 강변, 수중에 설치할 수 있도록 신관 부분 등이 방수 처리되어 있었다. 작동 압력은 90~180kg.

전고 : 76mm
직경 : 318mm
중량 : 9.1kg
작약 : TNT 5.5kg

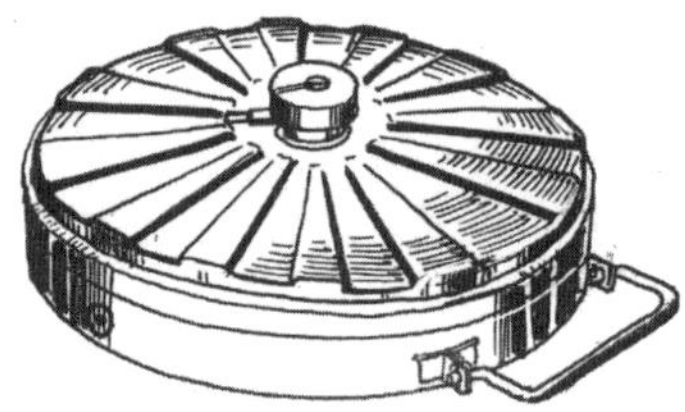

《T.Mi.35(S)》

T.Mi.35의 후기형. 지뢰를 덮은 모래나 흙이 흘어지는 것을 방지하기 위해, 윗면에는 프레스 가공으로 요철(주름)이 적용되었다.

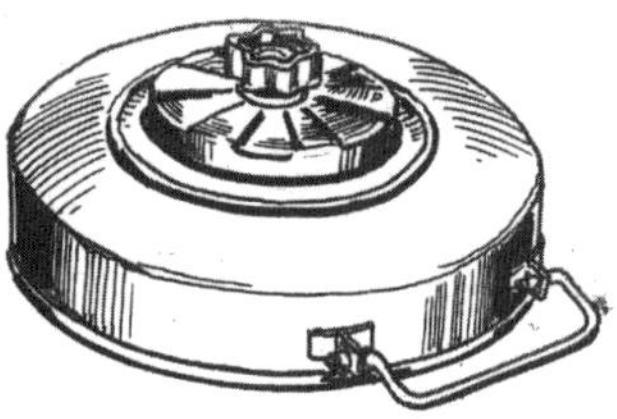

《T.Mi.42》

T.Mi.35를 개량한 대전차 지뢰. 기존 지뢰보다 신관을 소형화하여 폭풍 효과를 높였다. 신관은 100~180kg에서 작동했다.

전고 : 102mm
직경 : 324mm
중량 : 9.1kg
작약 : TNT 5.5kg
또는 TNT 혼합 아마톨

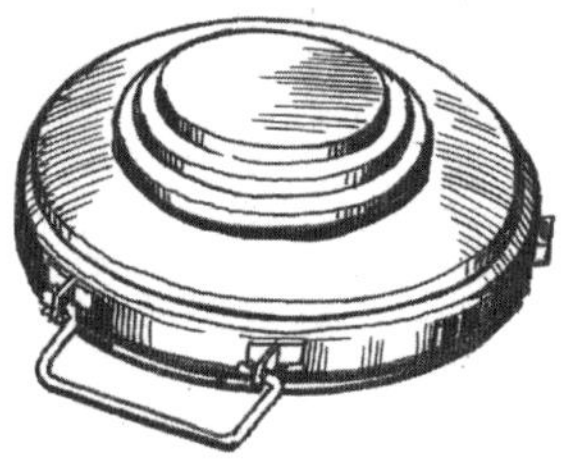

《T.Mi.43》

거대한 압력판이 특징인 대전차 지뢰. T.Mi.42의 제조 공정을 간소화한 모델이다. 특유의 형상 때문에 버섯이라는 의미의 필츠(Pilz)라고도 불렸다.

전고 : 102mm
직경 : 318mm
중량 : 8.1kg
작약 : TNT 5.5kg,
TNT 혼합 아마톨

《R.Mi. 43》

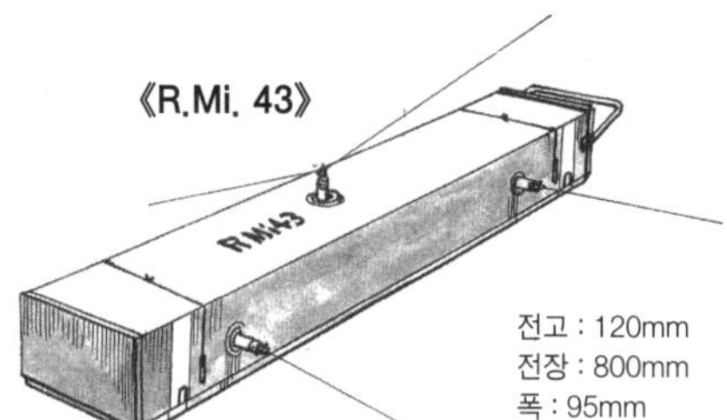

전고 : 120mm
전장 : 800mm
폭 : 95mm
중량 : 9.3kg
작약 : TNT 4kg

막대 모양 대전차 지뢰. 지뢰 중앙에 360kg, 양 끝단에 180kg의 압력이 가해지면 폭발했다. 이 외에 신관 시스템을 개량한 R.Mi. 44도 채용되었다.

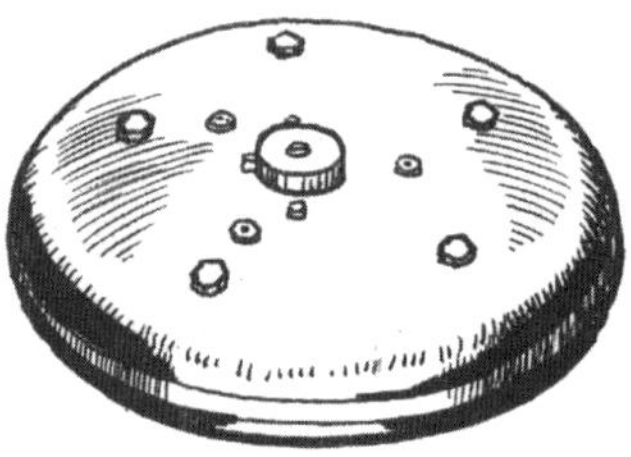

《le.Pz.Mi.》

공수부대용으로 설계되어 낙하산 투하가 가능한 경량 대전차 지뢰. 지뢰 윗면의 볼트를 제거하면 대인 지뢰로도 사용할 수 있었다. 최소 작동 압력은 4.5kg.

전고 : 57mm
직경 : 260mm
중량 : 4kg
작약 : TNT 2kg

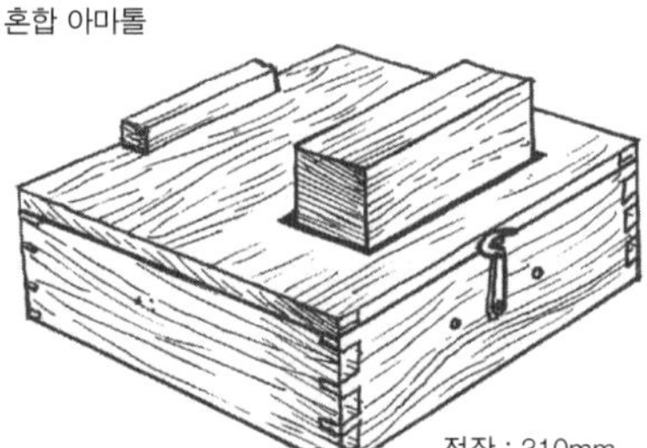

《HO.lz.Mi.42》

지뢰의 생산 부족을 보완하기 위해 본체를 나무로 제작한 대전차 지뢰.

전장 : 310mm
전고 : 120mm
중량 : 8.2kg
작약 : TNT 또는 아마톨 5kg
폭 : 310mm

《Pz.Sch.Mi.》

목제 대전차 지뢰. 신관의 종류가 다른 A형과 B형의 두 종류가 있었다. 목재를 사용한 것은 금속의 대용이기도 했지만, 동시에 자기 감응식 지뢰 탐지기에 반응하지 않게 하기 위함이기도 했다. 다만, 신관이나 운반 손잡이 등은 여전히 금속제였기에 탐지를 완전히 회피할 수는 없었다.

전장 : 527mm
전고 : 330mm
작약 : 피크린산
중량 : 7.25kg

《To.Mi.A4531》

토프미네(Topfmine, 냄비형 지뢰)라고도 불린 대전차 지뢰. 지뢰 탐지기가 반응하지 않도록 본체는 합성수지나 압축 성형한 우드 펄프 등으로 만들어졌으며, 나사는 유리로 만들어졌다. 그 외에 크기가 다른 B형과 C형도 있다.

직경 : 330mm
중량 : 9.5kg
작약 : TNT 5.6kg

독일군은 지뢰를 매설할 때 적에게 발각되더라도 제거 작업을 어렵게 하기 위해, 지뢰를 이중으로 매설하거나 탐지기 기만용으로 빈 깡통을 이용하는 등, 지뢰와 부비트랩을 조합하는 수법을 많이 사용했다.

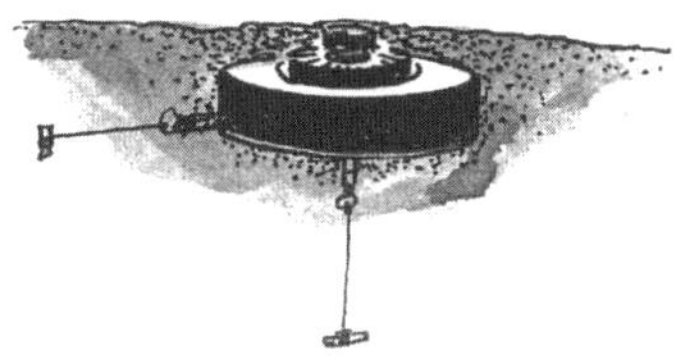

독일군의 대전차 지뢰에는 본체의 압력 신관 외에도 신관을 추가로 연결할 수 있었다. 이는 적의 지뢰 처리를 곤란하게 하기 위함으로, 매설 시 지뢰의 측면이나 바닥면에 신관을 증설했는데, 이를 모르고 지뢰를 제거하려고 움직이면 추가된 신관이 작동하여 폭발하도록 되어 있었다.

독일군은 대전차 지뢰를 지면에 매설하는 것에 그치지 않고 대전차 근접 공격용으로도 사용했다.

대인 지뢰

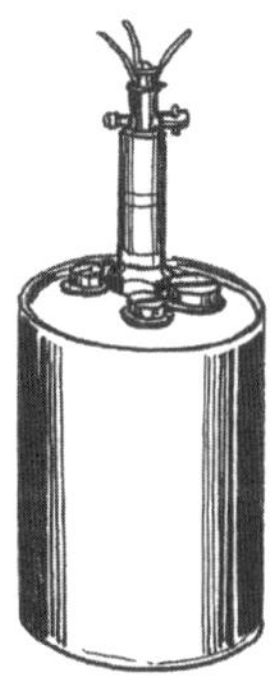

《S.Mi.35》

연합군 사이에서 'S마인' 또는 '바운싱 베티(Bouncing Betty)'라고 불리며 공포의 대상이 되었던 도약식 대인 지뢰. 발화하면 지면에서 1.2m 높이로 튀어 올라 공중에서 작렬했다.

전장 : 127mm
직경 : 102mm
중량 : 4.1kg
작약 : TNT 182g

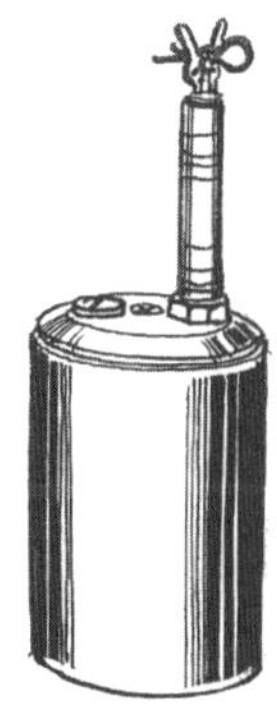

《S.Mi.44》

S.Mi.35를 개량한 간이 양산형. 파편용 쇠구슬의 수가 늘어났으며, 신관은 원통 중앙에서 측면으로 이동되었다.

전장 : 220mm
직경 : 102mm
중량 : 5kg
작약 : TNT 450g

S마인은 신관이 작동하면 탄체가 튀어 오르고, 약 350개의 쇠구슬 또는 펠릿을 반경 약 10m 범위에 고속으로 비산시켜 인명을 살상했다. 때문에 신관을 밟은 본인뿐만 아니라 주위의 인원에게도 피해가 미쳤다. 또한 압력식, 인계철선식, 전기식 등 다양한 신관을 사용했기에 부비트랩으로도 응용할 수 있었다.

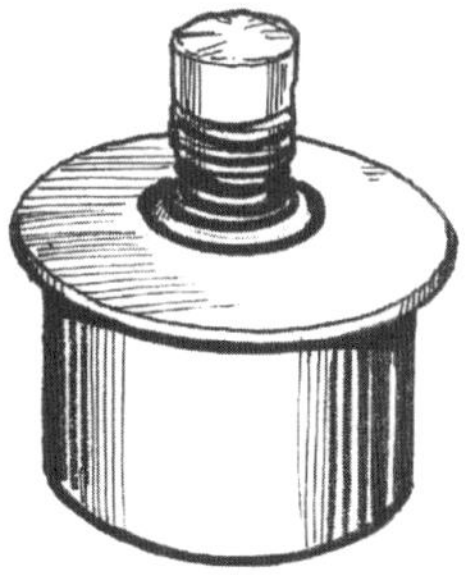

《A200》

신관 내부에 들어있는 약품의 화학 반응으로 기폭되는 대인 지뢰.

전장: 90mm
직경: 64mm
중량: 354g

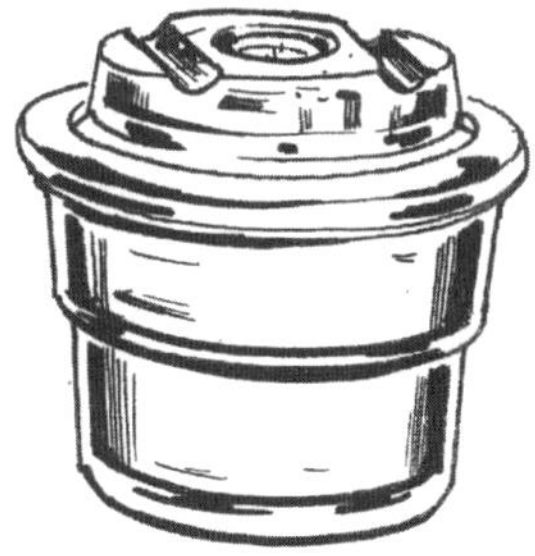

《글라스미네 43》

유리로 만든 대인 지뢰. 초기형은 뇌관식 신관이 사용되었으나, 후기형은 유리 앰플에 황산을 넣은 화학 반응으로 기폭되었다.

전장 : 15cm
직경 : 11cm
작약 : TNT 200g

《Ez44》

시한 발화 장치를 탑재한 소형 지뢰. 대전차 지뢰 등과 조합하여 부비트랩으로도 사용되었다.

《슈미네 42》

소형 목제 대인 지뢰. 지면에 매설하는 것 외에, 다양한 방법을 사용해서 부비트랩으로도 이용할 수 있었다.

전장 : 127mm
전고 : 50mm
전폭 : 57mm
중량 : 500g
작약 : TNT 200g

독일군 보병 부대의 편성

소총 분대

독일 육군의 소총 분대는 2차 대전 종전까지 여러 차례에 걸쳐 개편이 이루어졌기 때문에, 시기에 따라 구성 인원에 차이가 있었다. 2차 대전 개전 당시의 분대는 13명으로 구성되어 있었으나, 폴란드 전역 종료 후에는 1개 분대가 10명으로 개편되었다. 이때, 1개 소대에 소속된 분대 수는 3개 분대에서 4개 분대로 늘어났다. 1944년에는 분대 인원이 9명으로 줄었고, 그 후로도 전황 악화로 인해 종전 무렵에는 분대원 구성이 8명으로 감소했다.

소총 분대는 중사가 분대장으로 지휘를 맡았다.

《분대 편성 1940~1943년》

기갑척탄병

기갑척탄병(Panzergrenadier)이란, 병력 수송 장갑차 등에 탑승한 보병이 기갑부대(전차부대)에 수반하여 기동전을 수행하는 부대였다. 초기에는 차량화 보병을 의미하는 Infanterie(mot.)이라 불렸으나, 1943년 부대 개편 시에 기갑척탄병으로 개칭되었다.

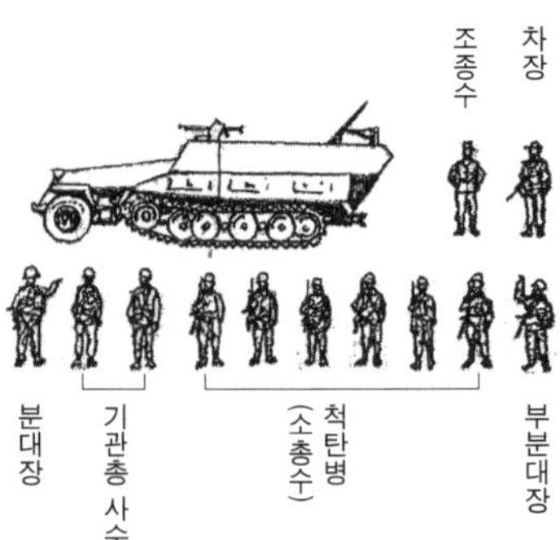

《분대 편성》

1개 분대의 편성은 분대장 1명에 병사 9명으로 총 10명이었다. 인원은 소총 분대와 동일했지만, 기관총을 2정 장비한다. 분대 이동에 사용되는 Sd.Kfz.251 병력 수송 장갑차를 조종하는 차장과 조종수는 차량 부대에 소속되어 있었기에, 분대에는 포함되지 않았다.

[Sd.Kfz.251]
기갑척탄병의 이동에 사용된 Sd.Kfz.251 시리즈는 2차 대전 발발 전에 개발된 반궤도식 병력 수송 장갑차로, A/B/C/D형의 4가지 파생형이 만들어졌다.

[조종수]
조종을 담당하는 것 외에, 차내에서 차량 전방과 좌측의 경계를 맡는다. 병력수송장갑차는 구조상 시야가 좋지 못해, 우측의 경계는 차장이 수행했다.

[분대장]
MP40 기관단총 또는 StG44 돌격소총을 휴대.

[척탄병]
보병은 1943년에 척탄병(Grenadier)으로 개칭되었다. Kar98k 라이플이나 대전 말기에는 StG44 돌격소총을 사용했다.

[기관총 사수]
후방 기관총좌의 MG34나 MG42를 떼어내어 하차 전투를 수행했다.

[승차 위치]

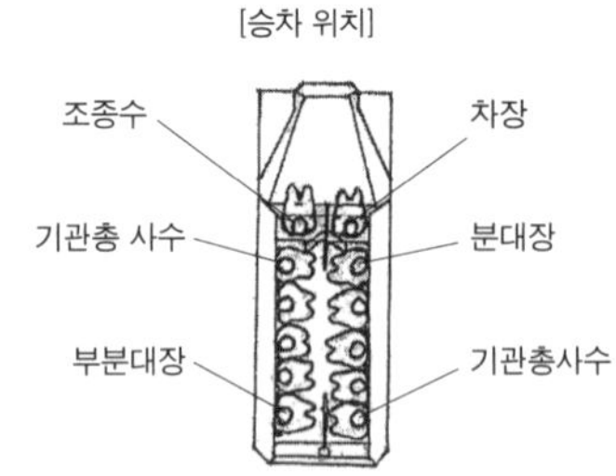

기관총 조

독일군은 MG34와 MG42 기관총을 소총 분대에 소속된 경기관총 조와 중기관총 소대 소속의 중기관총 분대의 두 가지 형태로 나누어 운용했다.

《소총 중대 편성 1944년》

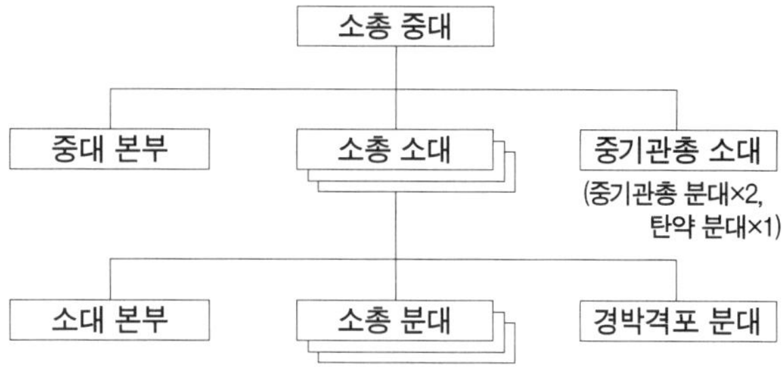

소총 분대는 1939년까지 3개 분대로 편성되었다. 1940년 개편으로 4개 분대 편성이 되었으나, 이후 1943년의 대규모 개편 때 소총 소대는 다시 3개 소총 분대 편성으로 환원되었다.

경기관총 조

경기관총 조는 소총 분대의 분대장이 조장을 맡았는데, 사수, 부사수, 탄약수 합계 4명으로 편성되었다. 평소에는 기관총용 탄약을 탄통에 운반했으나, 전투 시에는 신속하게 기동하고 보급을 수행하기 위해 드럼 탄창을 사용했으며, 사수가 목에 탄띠를 걸어 휴대하기도 했다.

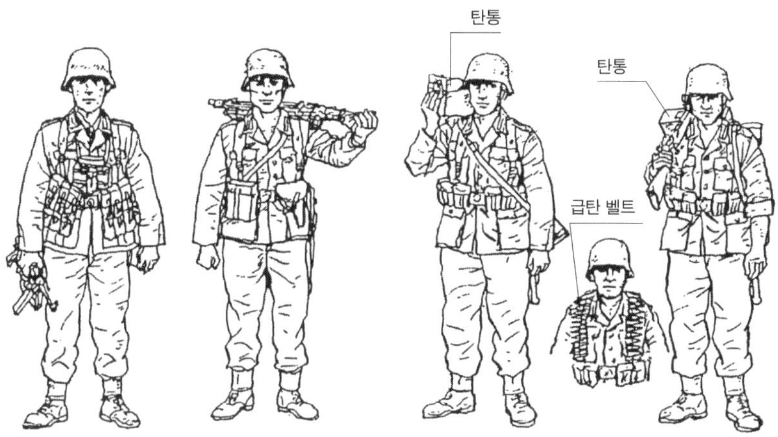

[분대장]
MP38 또는 MP40 기관단총과 권총을 휴대.

[사수]
MG34 또는 MG42와 권총을 장비.

[부사수]
Ka98k 소총을 휴대.

[탄약수]
Ka98k 소총을 휴대.

중기관총 분대 (Heavy Machine Gun Squad)

중기관총 분대는 2개 분대로 1개 소대가 편성되었는데, 소총 소대에 대한 지원 사격을 수행했다. 기관총 외에 라페테(삼각 장치대)를 장비했기 때문에, 분대는 5명으로 편성되어 있으며, 라페테의 운반은 부사수가 담당했다.

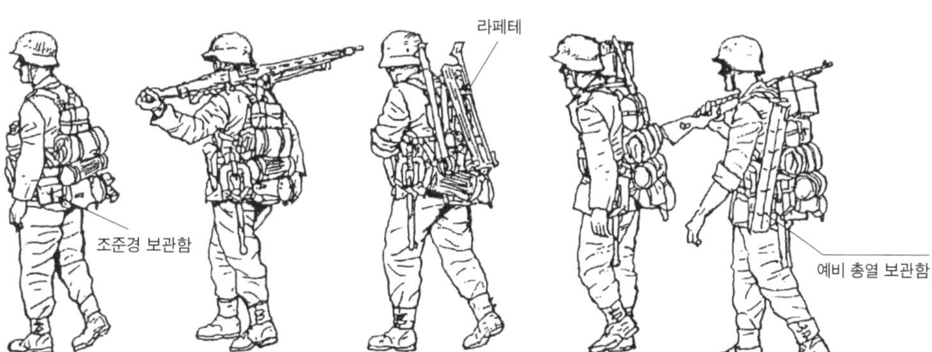

[지휘관(분대장)]
MP38 또는 MP40 기관단총과 권총을 휴대.

[사수]
MG34 또는 MG42와 권총을 휴대.

[부사수]
권총을 휴대.

[탄약수 (2명)]
Kar98k 소총을 휴대.

경기관총 조

다목적 기관총 MG42를 운용하는 경기관총 조. MG42는 분대 지원 화기로서 충분한 위력을 가지고 있었다.

《기관총 휴대 방법》

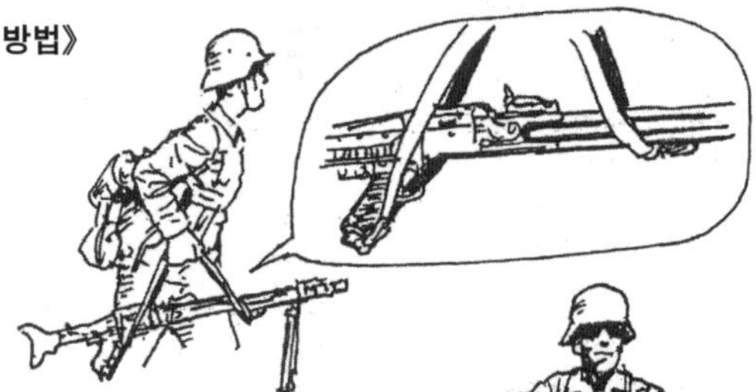

기관총에는 전용 멜빵이 준비되어 있어, 휴대 시에 사용했다. 그림은 멜빵에 총을 걸어 고정해서 안정적으로 운반하는 모습이다.

경계 전진 시에는 즉시 사격할 수 있도록 허리춤에 총을 거치한 자세(지향 사격 자세 등)로 이동했다.

장거리 행군이나 전투 간 이동 시에는 멜빵을 어깨에 메거나 기관총을 어깨에 짊어지는 등, 다양한 방식으로 휴대했다.

중기관총 분대

라페테에 기관총을 거치하면 안정된 사격을 할 수 있으며. 또한 원거리 목표에 대해 정밀 사격도 가능했다.

《라페테 운반》

전투 중 상황 변화에 맞춰 기관총을 이동시킬 때에는 지휘관의 지시에 따랐다. MG42와 라페테 42를 합친 중량은 32kg이었다.

[2인 운반]

[3인 운반]

《라페테 42 운용법》

이 경우, 사수의 자세도 높아지기 때문에 모래주머니를 쌓거나 지형지물을 이용해 적에게서 기관총과 사수를 은폐·엄폐할 필요가 있다.

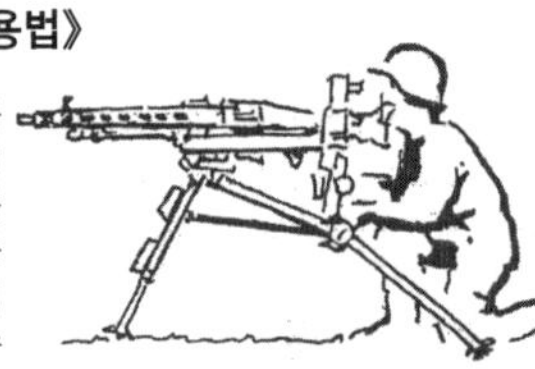

[낮은 자세]
차폐물이 없는 경우에 실시한다. 노출을 최소화한 자세.

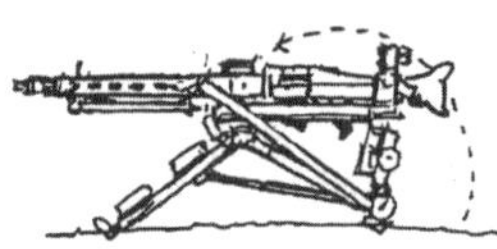

[밀착 자세]
후방 지지대를 접어 자세를 더욱 낮춘 사격 위치.

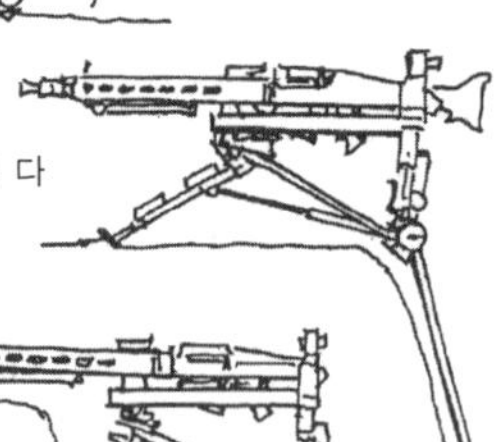

[참호 설치 자세]
참호의 형상이나 깊이 등에 맞춰 다리의 각도를 조절해 설치.

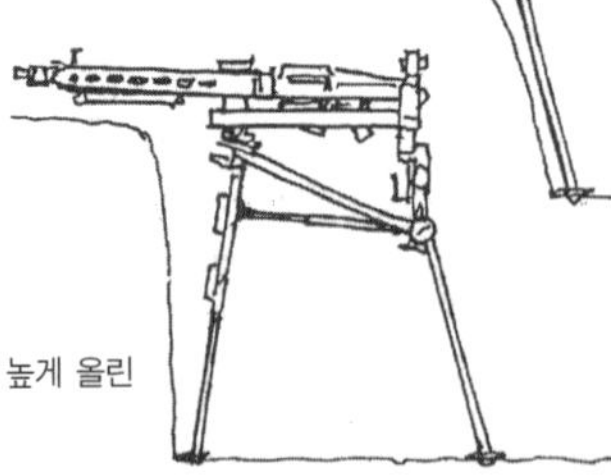

[높은 자세]
라페테를 가장 높게 올린 사격 위치.

《기관총 진지》

기관총의 공격력뿐만 아니라, 기관총 조의 방어력을 높이기 위해 호를 파서 진지를 구축했다. 특히 방어 작전에서 유효하며, 거점에 설치하여 적을 기다리며 공격했다.

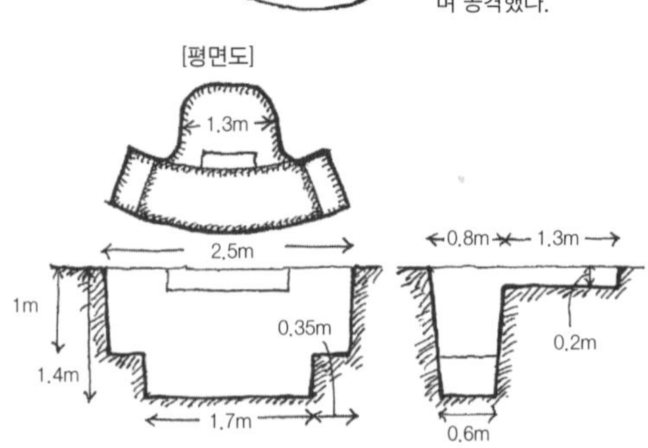

기관총 진지는 간이형부터 은폐형(유개호 등)에 이르기까지 다양한 형태가 있었는데, 각 종류와 구축 방법은 야전교범에 기술되어 있었다.

일본군

일본군의 국산 소화기 개발사는 군 창설 후,
막부 말기에 미국과 유럽에서 도입했던 구식 소총을 대체하기 위한
신형 소총 개발과 함께 시작되었는데,
메이지 유신으로부터 10년이 지난 1880년(메이지 13년)에
최초의 자국산 군용 소총이 탄생했다.
이후 해외 기술을 적극적으로 도입하여 소총뿐만 아니라
권총, 기관총 등 일본군의 독자적인
소화기 체계가 개발되어 나갔다.

권총

일본의 군용 권총은 26년식 권총부터 국산화가 이루어졌는데, 자국산 외에도 유럽과 미국에서 수입된 다양한 자동권총을 장교들이 개별적으로 구입하여 무장하고 있었다.

남부식 자동권총

1902년(메이지 35년)에 난부 기지로(南部麒次郎)가 개발한 일본 최초의 자동권총. 대형(갑/을), 소형의 3종류가 만들어졌으며, 이를 바탕으로 14년식 권총이 만들어지게 되었다.

구경 : 8mm
탄약 : 8×21mm(14년식 권총 실포)
장탄수 : 박스형 탄창에 8발
작동 방식 : 쇼트 리코일/락드 브리치
전장 : 228mm(갑), 229mm(을)
총열 길이 : 120mm
중량 : 990g(갑), 875g(을)

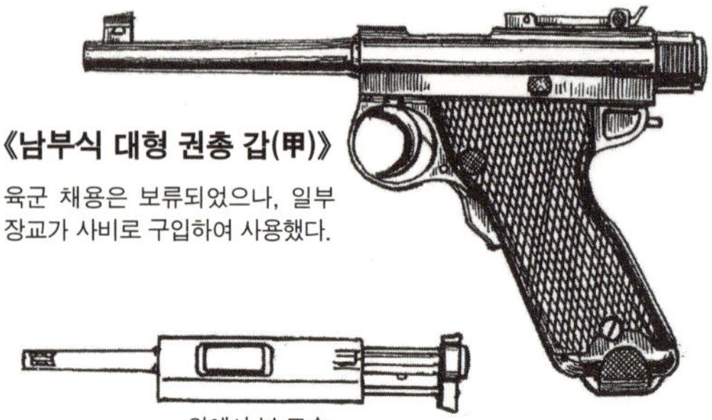

《남부식 대형 권총 갑(甲)》

육군 채용은 보류되었으나, 일부 장교가 사비로 구입하여 사용했다.

위에서 본 모습.

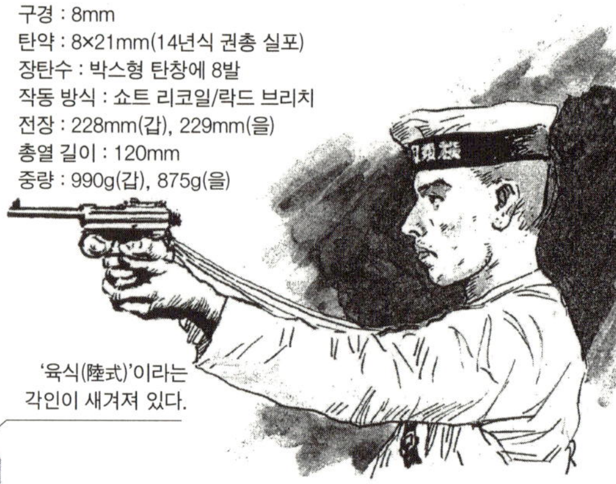

'육식(陸式)'이라는 각인이 새겨져 있다.

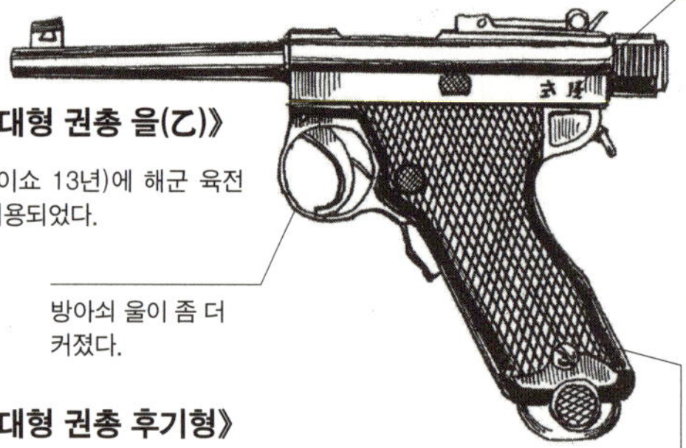

《남부식 대형 권총 을(乙)》

1924년(다이쇼 13년)에 해군 육전대용으로 채용되었다.

방아쇠 울이 좀 더 커졌다.

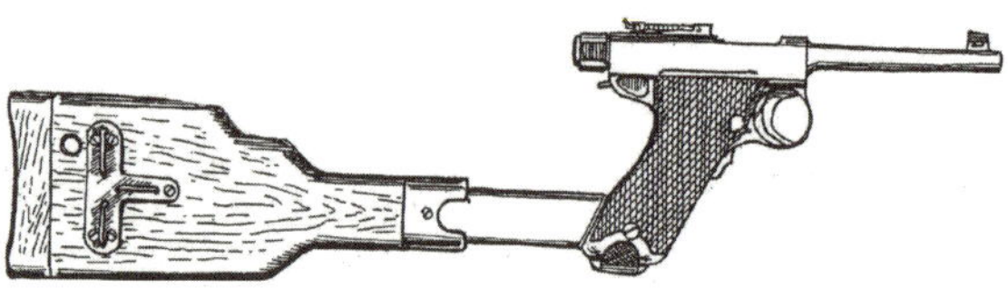

홀스터를 겸하는 목제 탈착식 개머리판을 장착할 수 있었다.

《남부식 대형 권총 후기형》

닻 모양의 각인이 들어갔다.

해군용에는 개머리판 부착용 홈이 없었다.

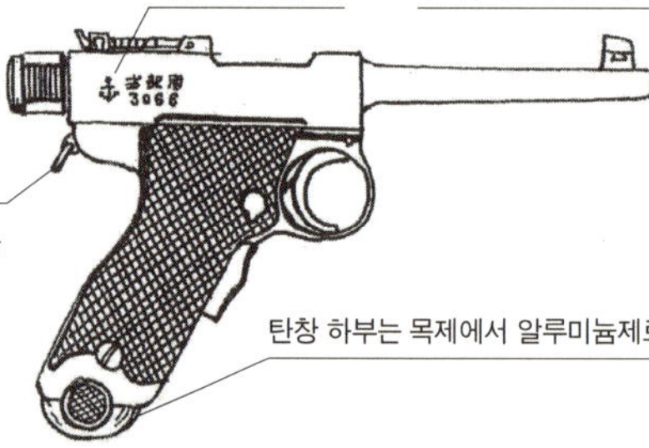

랜야드 링(권총끈 고리)을 개량.

탄창 하부는 목제에서 알루미늄제로 변경.

《남부식 권총 소형》

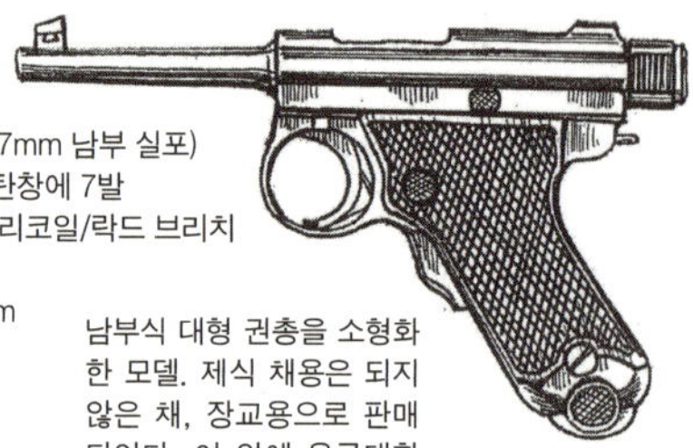

구경 : 7mm
탄약 : 7×20mm(7mm 남부 실포)
장탄수 : 박스형 탄창에 7발
작동 방식 : 쇼트 리코일/락드 브리치
전장 : 112mm
총열 길이 : 85mm
중량 : 590g

남부식 대형 권총을 소형화한 모델. 제식 채용은 되지 않은 채, 장교용으로 판매되었다. 이 외에 육군대학 성적 우수 졸업자에게는 어사(御賜)라는 문자가 각인된 권총이 지급되었다.

14년식 권총(Type 14 Pistol)

26년식 권총의 후계 모델로 1922년(다이쇼 11년) 4월에 남부식 자동권총을 바탕으로 하여 개발이 시작되었으며, 1925년(다이쇼 14년) 11월에 제식화되었다. 채용 후에는 기관총 사수, 차량 승무원, 항공기 승무원 등에 지급되었으며, 장교뿐만 아니라 부사관 및 병사도 사용했다.

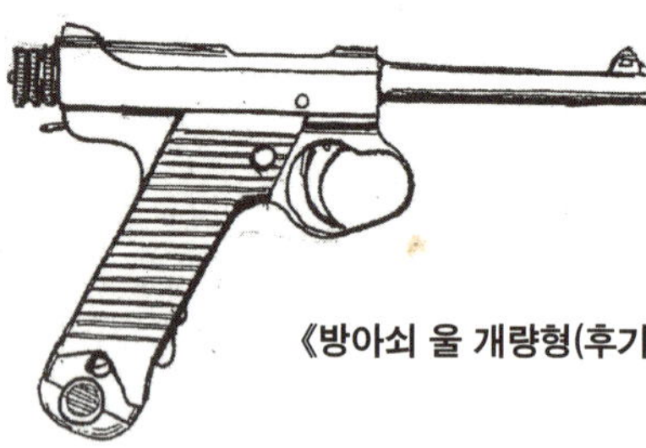

《방아쇠 울 개량형(후기형)》

14년식 권총은 제식 채용된 후에도 1934~1939년(쇼와 9~14년) 사이에 5회에 걸친 개량이 이루어졌다. 이른바 '후기형(제식으로는 구별되지 않음)'이라고 불리는 4번째 개수 이후 모델은, 방한 장갑 사용 시에 조작하기 쉽도록 방아쇠 울이 대형화되었다.

구경 : 8mm
탄약 : 8×22mm 14년식 권총 실포(8mm 남부탄), 8x21mm 90식 최루탄
장탄수 : 박스형 탄창 8발
작동 방식 : 쇼트 리코일/락드 브리치
전장 : 230mm
총열 길이 : 120mm
중량 : 900g

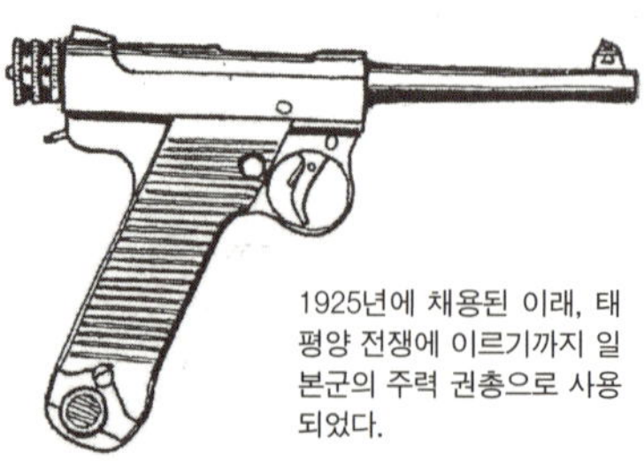

1925년에 채용된 이래, 태평양 전쟁에 이르기까지 일본군의 주력 권총으로 사용되었다.

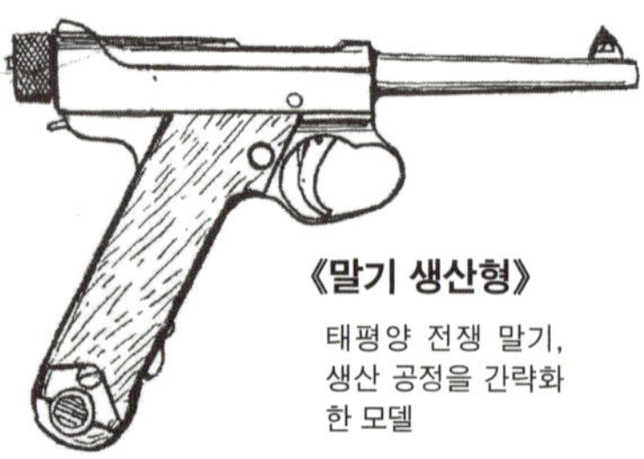

《말기 생산형》

태평양 전쟁 말기, 생산 공정을 간략화한 모델

그 외의 일본제 권총

《26년식 권총》

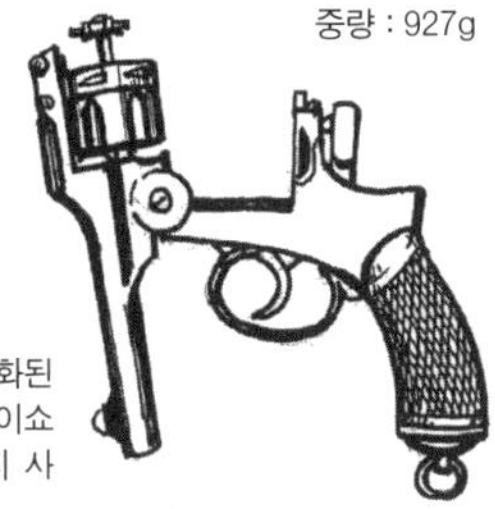

구경 : 9mm
탄약 : 9×22mm R(26년식 권총 실포)
장탄수 : 6발
작동 방식 : 더블 액션
전장 : 230mm
총열 길이 : 120mm
중량 : 927g

최초의 자국산 권총으로 1894년(메이지 27년)에 제식화된 중절식 더블 액션 전용 모델이다. 생산은 1925년(다이쇼 14년)에 종료되었으나, 이후 태평양 전쟁 종전 시까지 사용되었다.

《94식 권총》

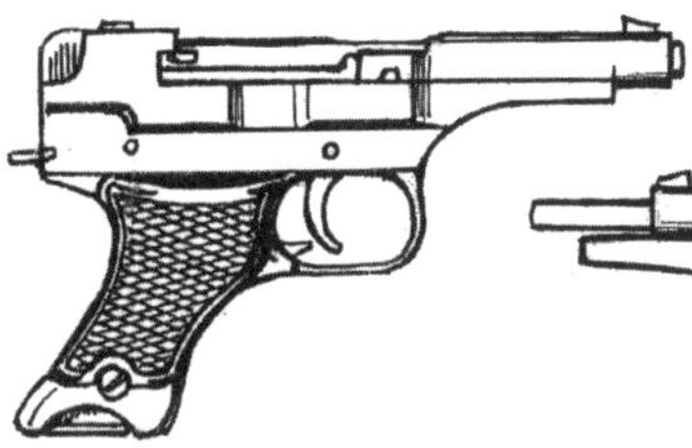

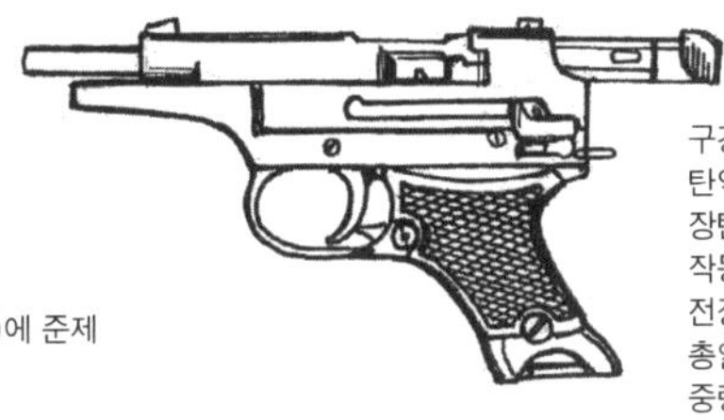

구경 : 8mm
탄약 : 8×22mm(14년식 권총 실포)
장탄수 : 박스형 탄창에 6발
작동 방식 : 쇼트 리코일
전장 : 187mm
총열 길이 : 95mm
중량 : 720g

장교용 소형 권총으로 개발되어, 1934년(쇼와 9년)에 준제식화되었다.

《94식 권총 후기형》

1943년(쇼와 18년)에는 생산성을 높이기 위해 부품의 마감 처리 등을 생략했으며, 그립 일부도 목제로 변경되었다.

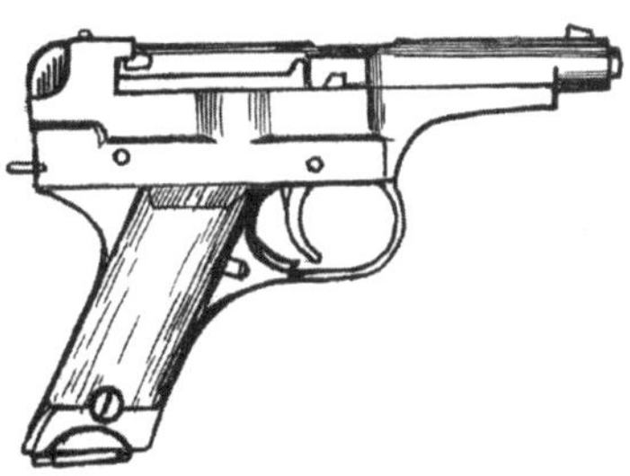

《1식 권총》

구경 : 7.65mm
탄약 : 7.65×17mm(.32ACP탄)
장탄수 : 박스형 탄창에 9발
작동 방식 : 블로우백/쇼트 리코일
전장 : 165mm
총열 길이 : 90mm
중량 : 650g

태평양 전쟁 개전 전, 수입이 곤란해진 서구제 권총을 대신하여 국산화되었다. 1941년(쇼와 16년)부터 생산이 시작되어, 장교용으로 판매되었다. 설계자인 하마다 분지(浜田文治)의 이름을 따서 하마다 권총으로도 불렸다.

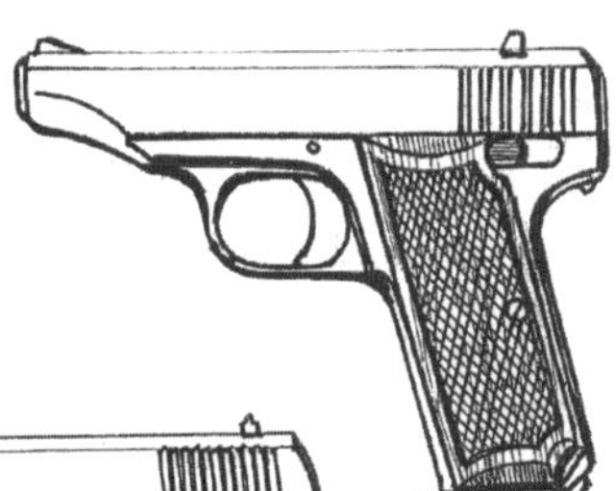

《스기우라식(杉浦式) 권총》

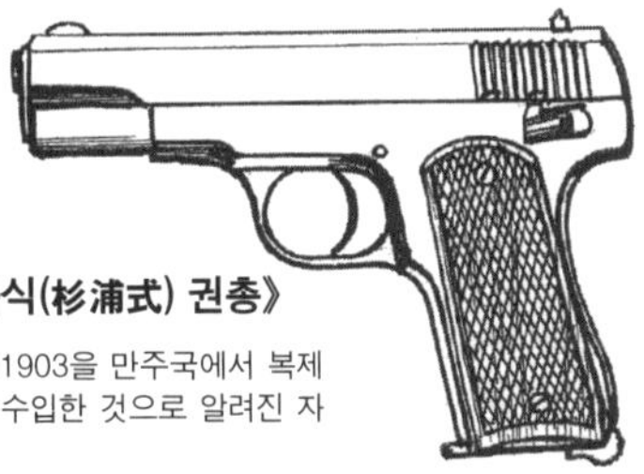

콜트 포켓 M1903을 만주국에서 복제 생산한 것을 수입한 것으로 알려진 자동 권총.

구경 : 7.65mm
탄약 : 7.65×17mm(.32ACP탄)
장탄수 : 박스형 탄창에 8발
작동 방식 : 블로우백/싱글 액션
총열 길이 : 101mm

《2식 권총》

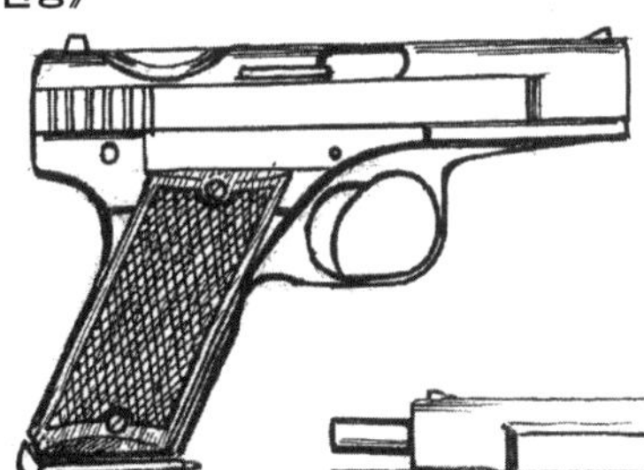

14년식이나 94식과 동일한 8mm 탄을 사용할 수 있도록 1식 권총을 개량한 모델. 1943년(쇼와 18년)에 육군이 제식 채용했다.

구경: 8mm
탄약: 8×22mm(14년식 권총 실포)
장탄수: 박스형 탄창에 6발
작동 방식: 블로우백/쇼트 리코일
전장: 176.5mm
총열 길이: 94.5mm
중량: 750g

《이나가키식 권총》

이나가키 이와키치(稲垣岩吉)가 설계, 생산한 소형 권총. 일본 해군 장교용으로 사용된 것으로 알려져 있다.

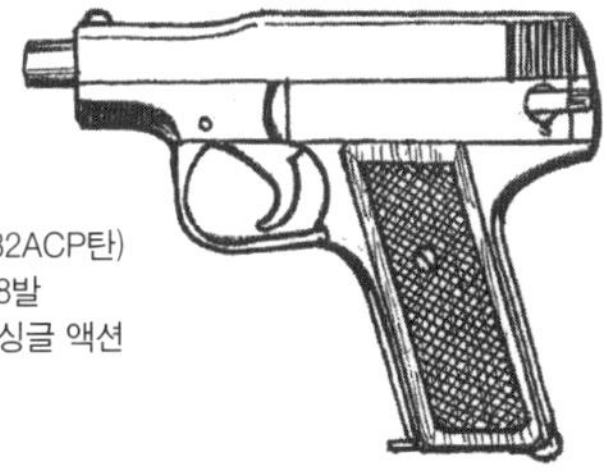

구경 : 7.65mm
탄약 : 7.65×17mm(.32ACP탄)
장탄수 : 박스형 탄창 8발
작동 방식 : 블로우백/싱글 액션
전장 : 165mm
총열 길이 : 72mm
중량 : 652g

해외 수입 권총

일본의 육 · 해군 장교가 장비한 권총은 원칙적으로 사유물이었는데, 주로 유럽이나 미국에서 수입한 것을 구입해서 사용했다.

《브라우닝 M1910 (벨기에)》

육 · 해군 장교가 가장 많이 사용한 모델.

《콜트 M1903 (미국)》

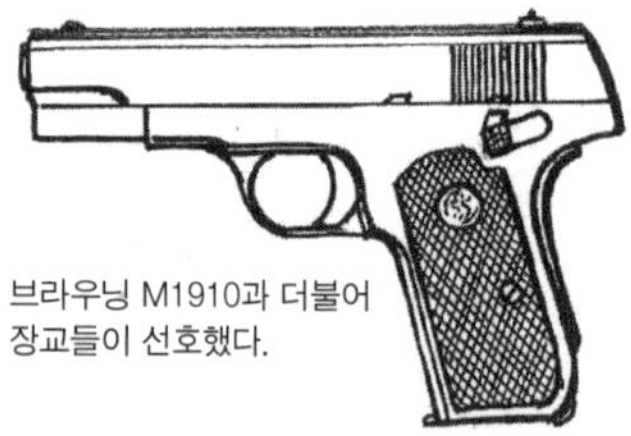

브라우닝 M1910과 더불어 장교들이 선호했다.

《마우저 M1914 (독일)》

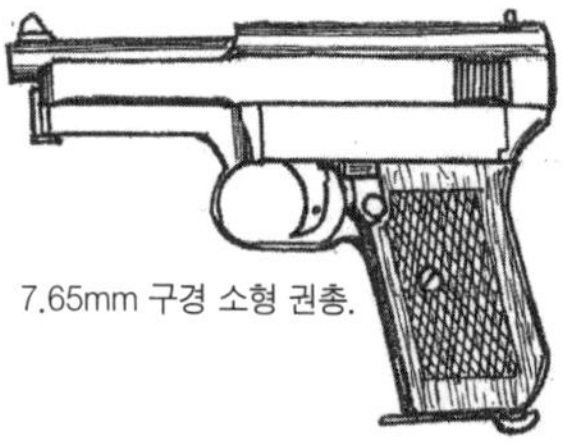

7.65mm 구경 소형 권총.

《발터 모델 4(독일)》

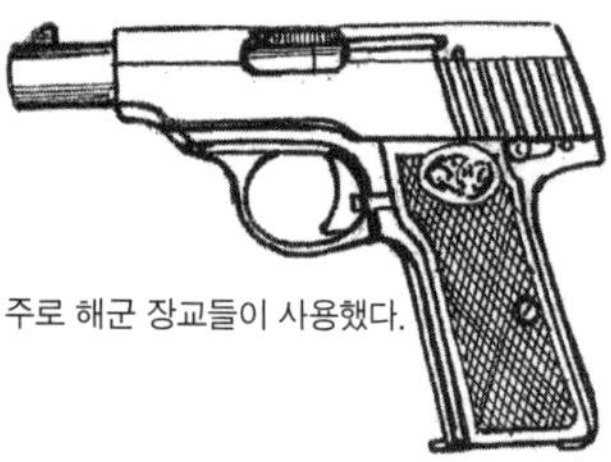

주로 해군 장교들이 사용했다.

《웨블리 & 스콧 M1905 (영국)》

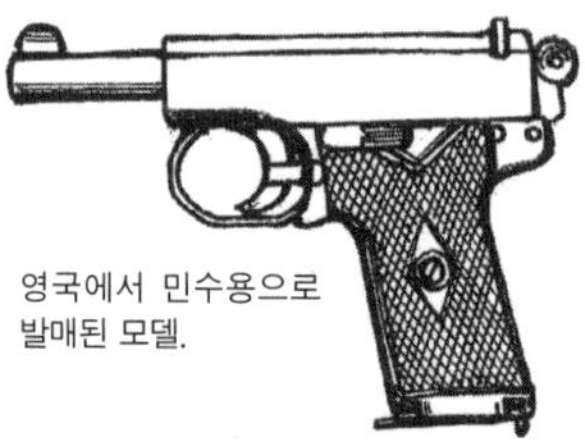

영국에서 민수용으로 발매된 모델.

《루비 울트라 플러스 (스페인)》

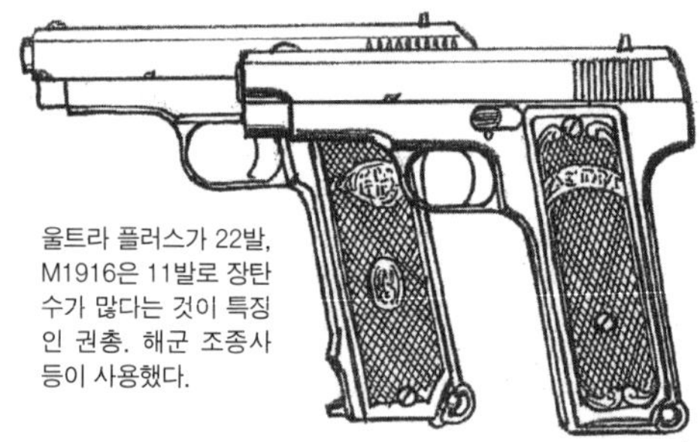

울트라 플러스가 22발, M1916은 11발로 장탄수가 많다는 것이 특징인 권총. 해군 조종사 등이 사용했다.

《 아스트라 M1916(스페인) 》

신호 권총

일본의 경우, 육군과 해군이 각각 다른 모델의 신호 권총을 채택하고 있었는데, 구경 또한 육군이 35mm, 해군은 28mm로 상이했다.

《10식 신호 권총》

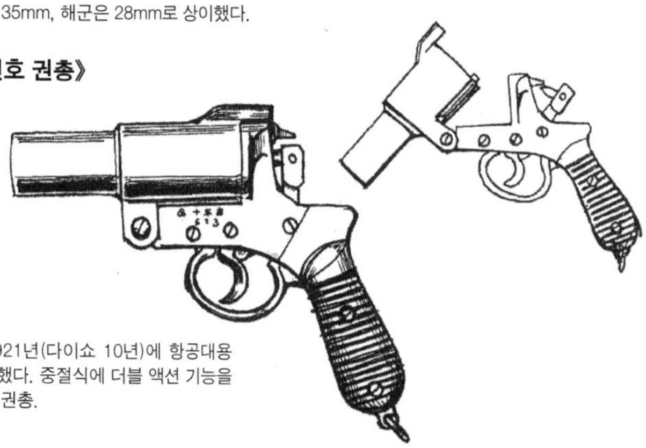

육군이 1921년(다이쇼 10년)에 항공대용으로 채택했다. 중절식에 더블 액션 기능을 갖춘 신호 권총.

《97식 신호 권총》

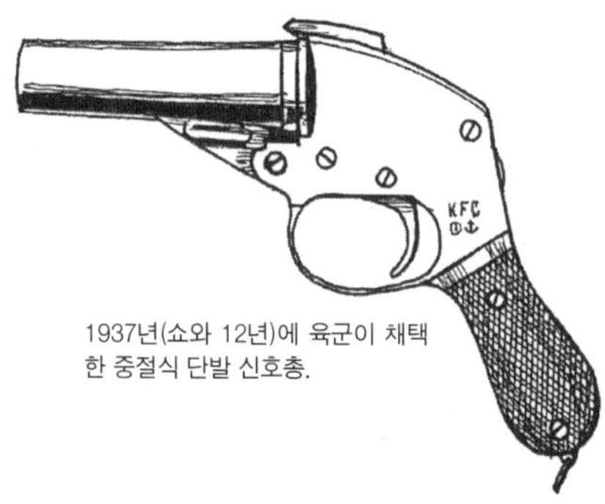

1937년(쇼와 12년)에 육군이 채택한 중절식 단발 신호총.

《90식 신호 권총》

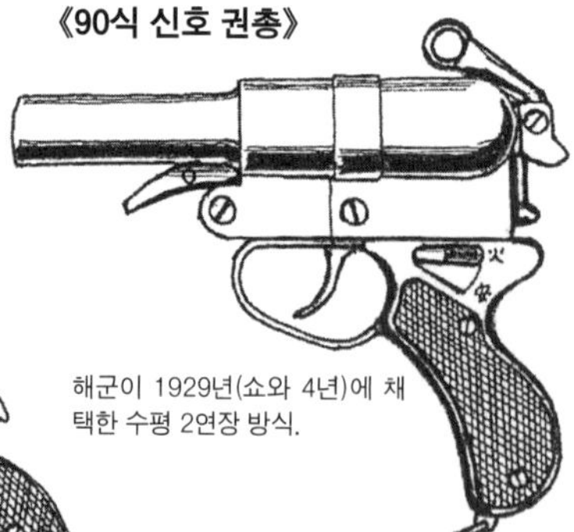

해군이 1929년(쇼와 4년)에 채택한 수평 2연장 방식.

《90식 신호 권총》

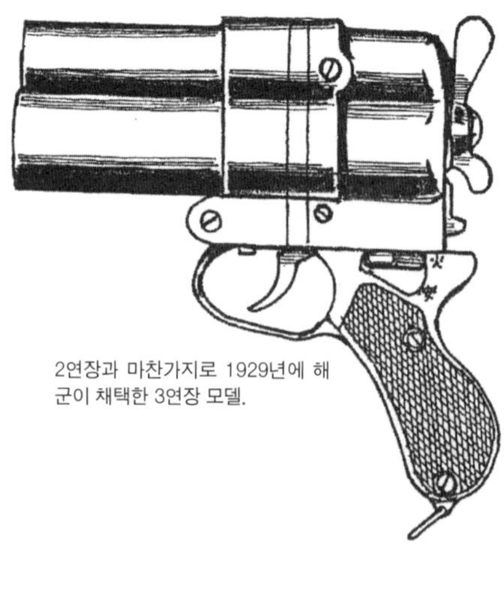

2연장과 마찬가지로 1929년에 해군이 채택한 3연장 모델.

《2연장 신호 권총》

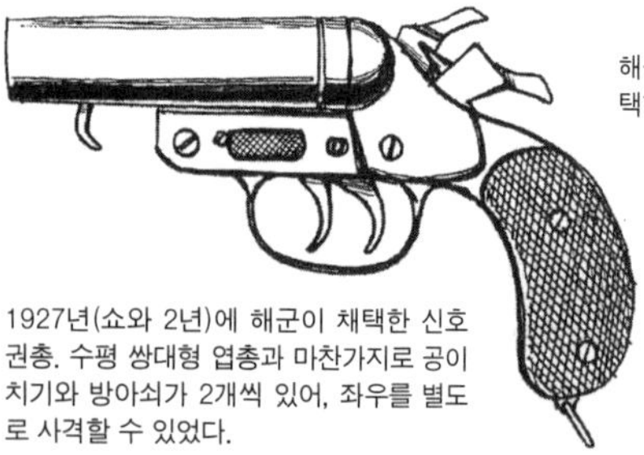

1927년(쇼와 2년)에 해군이 채택한 신호 권총. 수평 쌍대형 엽총과 마찬가지로 공이치기와 방아쇠가 2개씩 있어, 좌우를 별도로 사격할 수 있었다.

소총

일본의 국산 군용 소총 개발은 1880년(메이지 13년)에 채택된 13년식부터 시작되었다. 이후, 38식 보병총과 99식 소총을 주력 소총으로 하여 일본군은 태평양 전쟁을 치렀다.

30년식/35년식/38식 보병총과 그 파생형

《30년식 보병총》

러일전쟁 당시의 주력 소총이었으나, 38식 보병총이 채택된 후에는 순차적으로 교체되었으며, 태평양 전쟁 중에는 군 이외의 각종 교육기관에서 훈련용 총기로 사용되었다.

《35년식 해군총》

30년식 보병총을 개량한 모델로, 1902년(메이지 35년)에 해군에 제식 채용되었다.

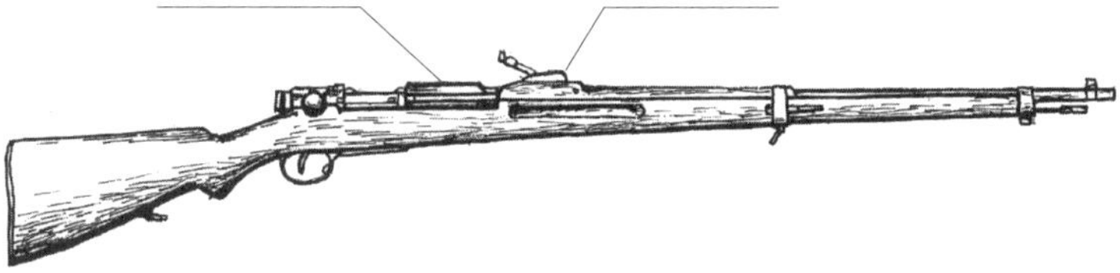

[30년식 보병총의 노리쇠 부분]

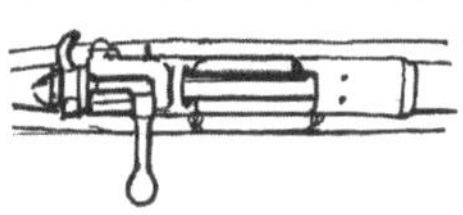

[35년식 해군총의 노리쇠 부분]

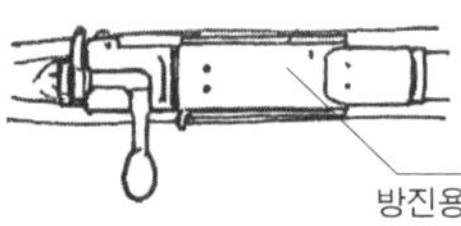

《38식 보병총》

30년식 보병총의 후속 소총으로 1906년(메이지 39년)에 제식 채용되었다. 30년식을 기본으로 하여 부품 수를 줄이고 먼지로 인한 내부 오염을 방지하는 개량이 이루어졌다. 1차 대전이 첫 실전이었으며, 이후 태평양 전쟁 종전 시까지 사용되었다.

구경 : 6.5mm
탄약 : 6.5×50mm SR(38식 실포)
장탄수 : 5발
작동 방식 : 볼트 액션
전장 : 1,275mm
총열 길이 : 792mm
중량 : 3.9kg

30년식은 먼지나 미세한 모래 등으로 기관부가 오염되면 노리쇠가 움직이지 않는 문제가 발생했다. 그래서 오염 방지를 위해 38식 보병총에는 노리쇠 덮개가 장착되었다.

제식 채용된 이래, 40년간 사용된 38식 보병총은 일본군을 상징하는 소총이었다.

《38식 단소총》

취급 편의성을 높이기 위해 총열을 짧게 줄여 제작되었다.

《38식 기병총》

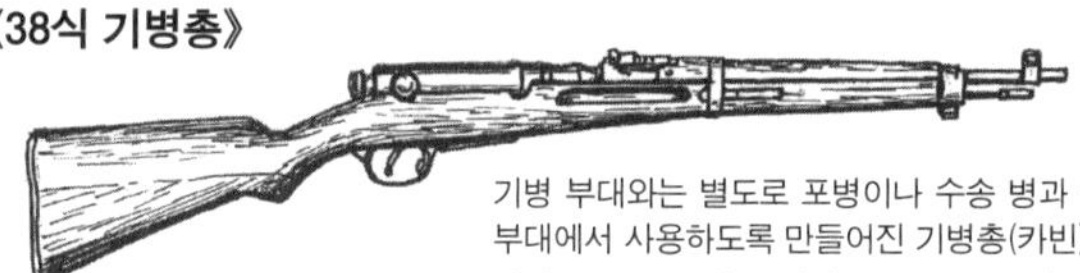

기병 부대와는 별도로 포병이나 수송 병과 등 군마를 다루는 부대에서 사용하도록 만들어진 기병총(카빈)이다.
전장 : 965mm 총열 길이 : 480mm 중량 : 3.25kg

《44식 기총》

38식 보병총을 개조한 기병 부대용 소총. 접이식 총검이 부속되어 있다.

구경 : 6.5mm
탄약 : 6.5×50mm SR(38식 실포)
장탄수 : 5발
작동 방식 : 볼트 액션
전장 : 955mm(총검 전개 시 1,309mm)
총열 길이 : 419mm
중량 : 3.9kg

[38식 보병총의 기관부]

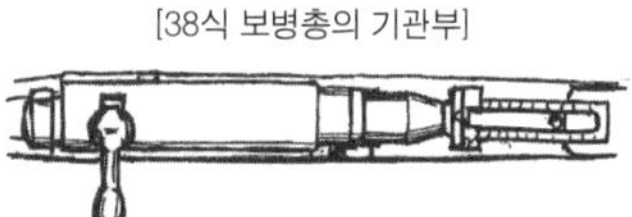

[38식 기병총의 기관부]

99식 소총과 파생형

《99식 소총(99식 장소총)》

주력 소총의 위력 강화 및 기관총 탄약과의 호환성을 고려한 신형 소총으로 개발되어, 1939년(쇼와 14년)에 제식 채용되었다. 양산은 1940년(쇼와 15년)부터 개시되었으나, 1941년(쇼와 16년)을 마지막으로 생산이 99식 단소총으로 전환되었다.

구경 : 7.7mm
탄약 : 7.7×58mm(99식 보통탄)
장탄수 : 5발
작동 방식 : 볼트 액션
전장 : 1,258mm
총열 길이 : 797mm
중량 : 4.1kg

접이식 단각대는 추후 폐지되었다.

《99식 단소총》

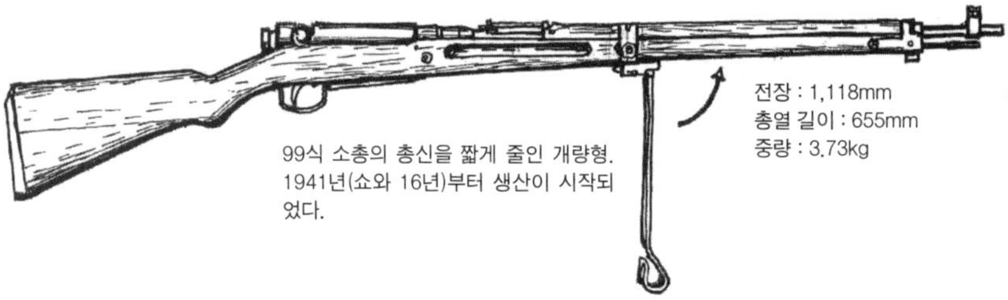

전장 : 1,118mm
총열 길이 : 655mm
중량 : 3.73kg

99식 소총의 총신을 짧게 줄인 개량형. 1941년(쇼와 16년)부터 생산이 시작되었다.

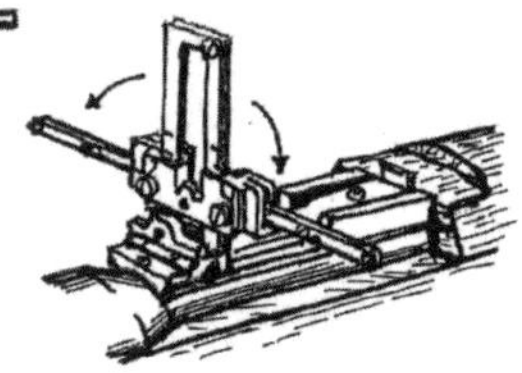

99식 소총/단소총의 대공 사격용 가늠자

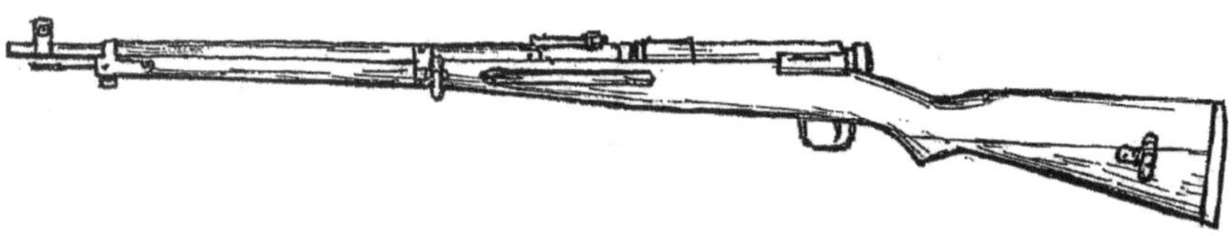

《99식 소총 후기형》

1944년(쇼와 19년)부터 생산된 간이 생산형.

고정식 가늠자

총열 덮개 폐지 (단축되거나 생략됨)

꽂을대 폐지

손가락 홈 생략

개머리판 바닥면도 목제로 변경

《97식 개(改) 소총》

97식 저격총의 총열과 약실을 7.7mm 탄 사양으로 확장한 개조형.

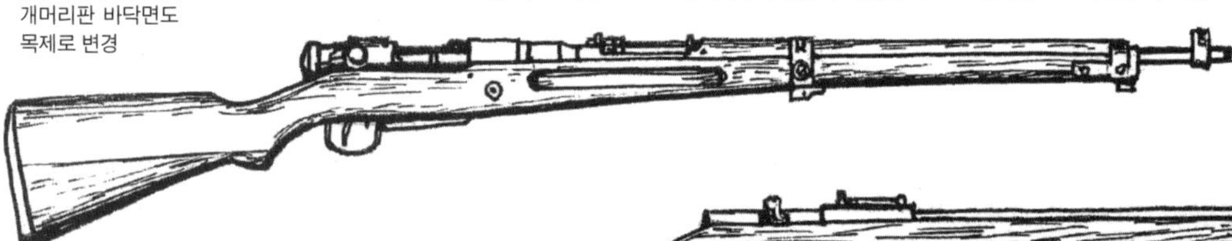

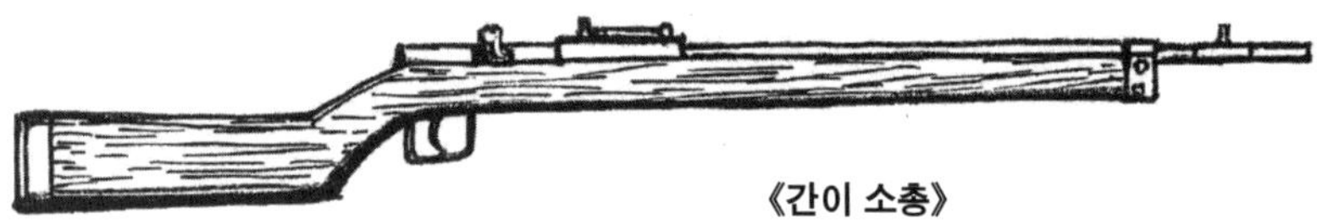

《간이 소총》

본토 결전용으로 제작된 단발식 소총. 탄약은 99식 소총과 동일한 99식 보통탄을 사용했다.

99식 소총의 7.7mm 구경화는 소총의 화력을 강화하고 중기관총과 탄약을 공통화하려는 구상에서 시작되었다. 그러나 양산화가 지연되면서, 일본군은 사용하는 탄약이 다른 99식 소총과 38식 보병총 2종류를 가지고 태평양 전쟁을 치르게 되었다.

그 외의 일본군 소총

《시제 100식 소총》

99식 소총을 기반으로 시험 제작된 소총. 정진연대(挺進連隊, 공수부대) 대원이 강하 시에 직접 휴대할 수 있도록 분해가 가능하게 만들어졌다.

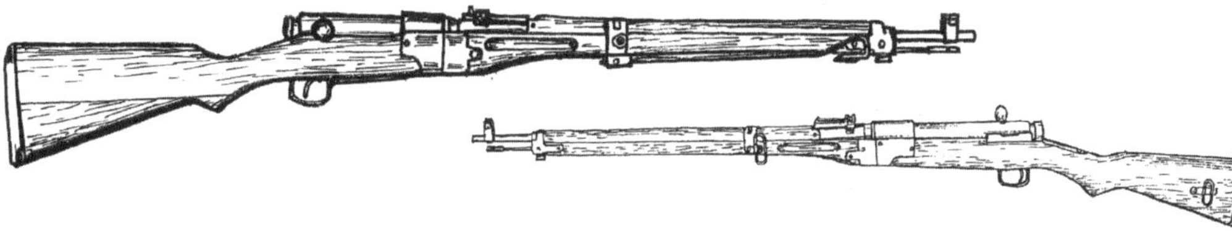

《2식 소총(2식 테라)》

제식으로 채용된 정진연대용 모델. '테라(テラ)'는 '테이신 라카산', 즉 '정진 낙하산(挺進落下傘, 공수 낙하산)'의 줄임말이다. 성능과 구조는 99식 소총과 동일하다.

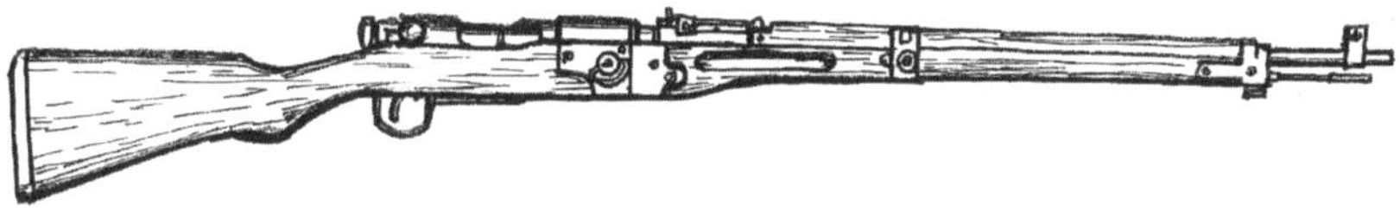

[분해된 상태]

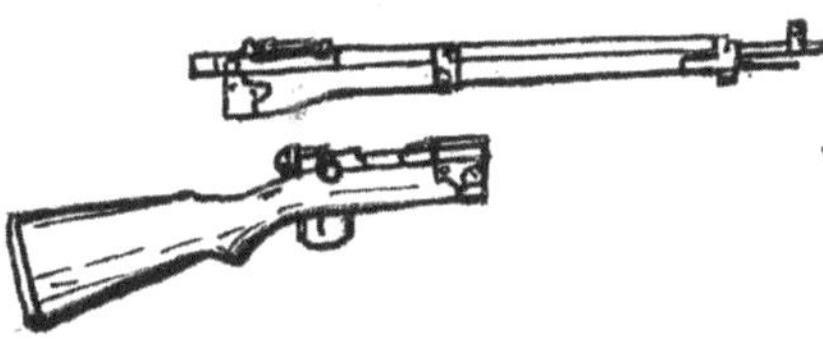

[분해 순서]

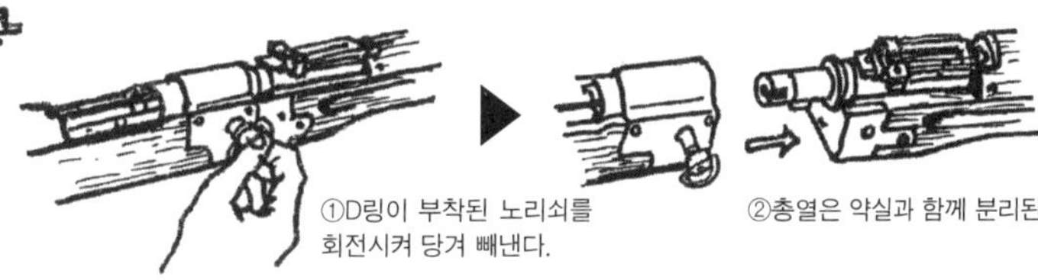

①D링이 부착된 노리쇠를 회전시켜 당겨 빼낸다.

②총열은 약실과 함께 분리된다.

《이(伊)식 소총(이탈리아식)》

일본과 독일, 이탈리아의 삼국 동맹 체결을 기념하여 이탈리아에 발주, 생산된 소총. 1940년(쇼와 15년)에 채용되어, 해군과 민간의 훈련용으로 사용되었다.

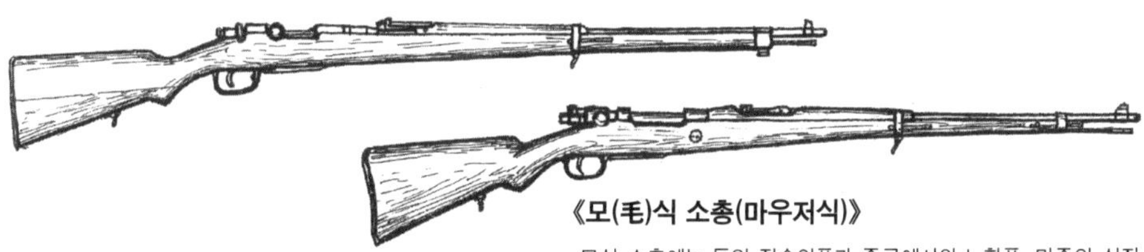

《모(毛)식 소총(마우저식)》

모식 소총에는 독일 직수입품과 중국에서의 노획품, 만주의 신징 조병창 및 일본의 고쿠라 공장에서 생산된 것 등이 있다. 만주에서 생산된 모식 소총은 현지의 만주군 등에게 지급되었다. 또한, 시암 왕국(현재의 태국)에는 고쿠라와 신징에서 생산된 모식 소총이 수출되었다.

《4식 자동소총》

미국의 M1 개런드 소총의 복제품. 해군 주도로 일본 국내에서 생산되었으며, 종전 당시 일본 국내에 남아있던 것을 미군이 노획했다.

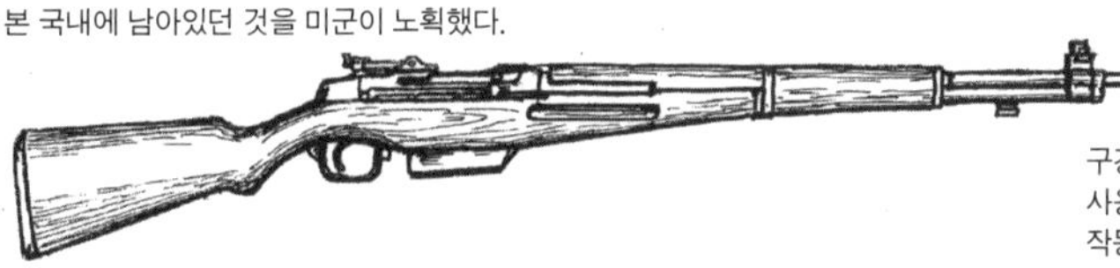

구경 : 7.7mm
사용 탄약 : 7.7mm×58(99식 보통실포) 또는 7.7×56mm R(.303 브리티시 탄)
작동 방식 : 가스 작동식/회전 노리쇠
장탄수 : 10발
전장 : 1,100mm
총열 길이 : 590mm
중량 : 4.14kg

저격 소총

《97식 저격총》

38식 보병총을 기반으로 제작된 저격 소총.

노리쇠 손잡이는 조작 시 조준경에 닿지 않도록 아래로 굽어 있다.

《99식 저격총》

이미 생산된 소총 중에서 정밀도가 우수한 총을 선별하여, 개조하는 방식으로 1943년(쇼와 18년)부터 생산되었다. 저격용 조준경은 2.5배율과 4배율 두 종류가 제작되었다.

《38식 개(改) 저격총》

기존의 38식 보병총 중에서 정밀도가 우수한 것을 선별, 조정하여 저격 소총으로 개수한 모델.

기관단총

서브머신건(Submachine Gun)의 일본어 표기는 일반적으로 '단기관총(短機関銃)'이 널리 쓰이고 있으나, 옛 일본군의 제식 호칭은 '기관단총(機関短銃)'이었다. 일본 육군의 기관단총 개발은 타국보다 늦은 1920년대 후반부터 시작되었으나, 육군이 기관단총에 대해 큰 관심을 갖고 있지 않았던 탓에, 개발 진행이 더뎠다. 결국 일본의 자국산 기관단총이 제식화된 것은 1941년에 이르러서의 일이었다.

1932년의 제1차 상하이 사변 당시, 베식 기관단총으로 무장한 해군 육전대원.

제2차 상하이 사변(1937년) 당시의 육전대원. 착검한 베식 기관단총으로 무장하고 있다.

베(ベ)식 기관단총

《SIG M1920(MP18I) 》

해군이 1931년(쇼와 6년)에 도입하여 육전대용으로 배치한 기관단총이다. 1차 대전 이후, 스위스의 SIG사는 독일 베르그만(Bergmann)사가 개발한 MP18의 개량형인 MP18I를 면허 생산하고 있었다. SIG사에서 생산하던 MP18I에는 구경 7.65mm 모델과 7.63mm, 모델이 있었는데, 일본 해군은 7.63mm 구경 탄약을 사용하는 MP18I을 구입하여 육전대에 배치했다. 육전대에서는 이 기관단총을 원 개발 제조사명인 베르그만에서 따와 '베식 기관단총' 혹은 단순히 '베식'이라 부르며 사용했다.

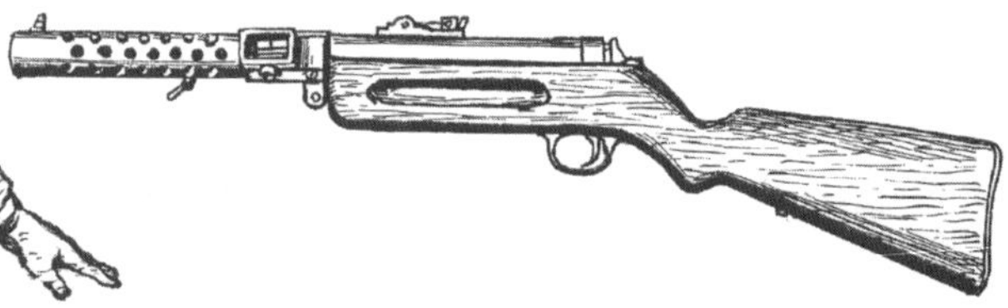

《착검 장치가 부착된 SIG M1920(MP18I)》

스위스에서 수입한 뒤, 착검 장치를 추가했다.

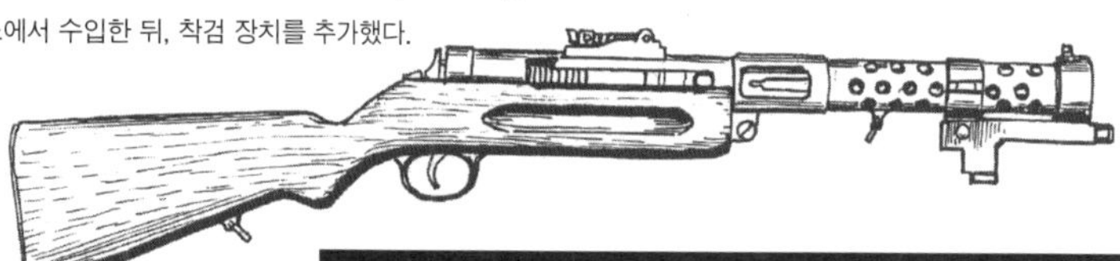

100식 기관단총

《100식 기관단총 전기형》

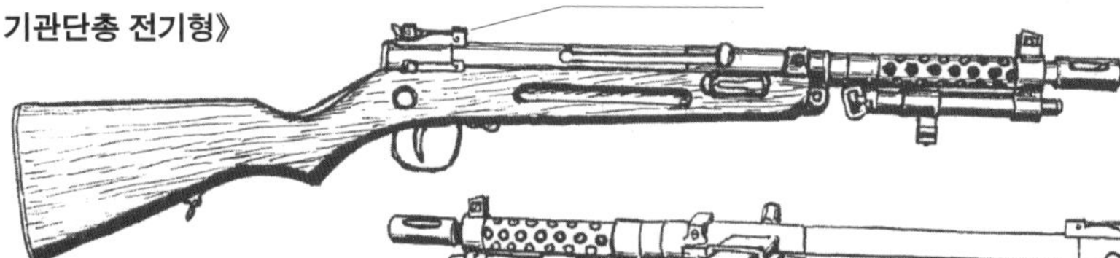

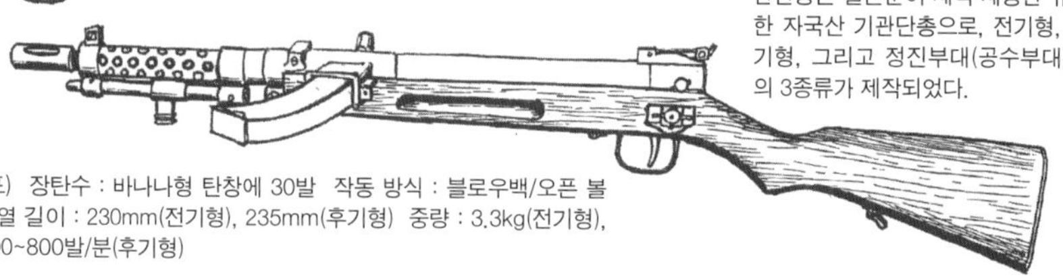

일본군에서 기관단총이 연구 개발되기 시작한 것은 1927년(쇼와 2년)부터로, 1941년(쇼와 16년)에 100식 기관단총이 제식 채용되었다. 이 기관단총은 일본군이 제식 채용한 유일한 자국산 기관단총으로, 전기형, 후기형, 그리고 정진부대(공수부대)용의 3종류가 제작되었다.

구경 : 8mm 탄약 : 8×22mm(14년식 권총 실포) 장탄수 : 바나나형 탄창에 30발 작동 방식 : 블로우백/오픈 볼트 전장 : 850mm(전기형), 900mm(후기형) 총열 길이 : 230mm(전기형), 235mm(후기형) 중량 : 3.3kg(전기형), 3.8kg(후기형) 발사 속도 : 450발/분(전기형), 700~800발/분(후기형)

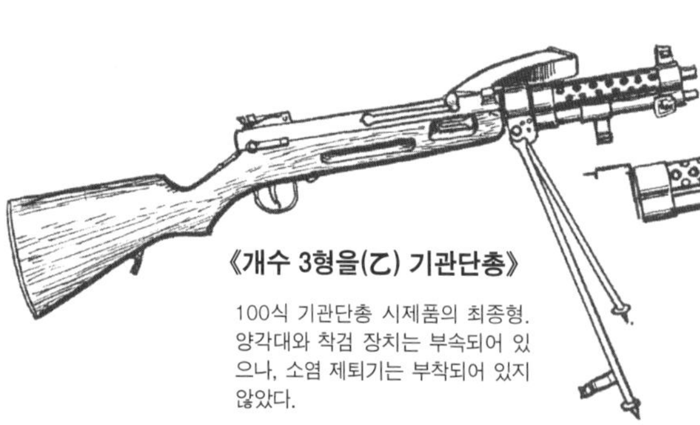

《개수 3형을(乙) 기관단총》

100식 기관단총 시제품의 최종형. 양각대와 착검 장치는 부속되어 있으나, 소염 제퇴기는 부착되어 있지 않았다.

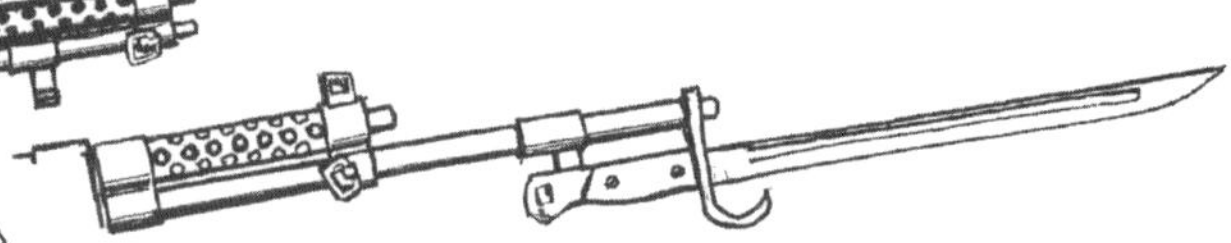

착검 장치는 신축식이며, 사용 시에는 전방으로 길게 빼서 총검을 장착했다.

《100식 기관단총 특형》

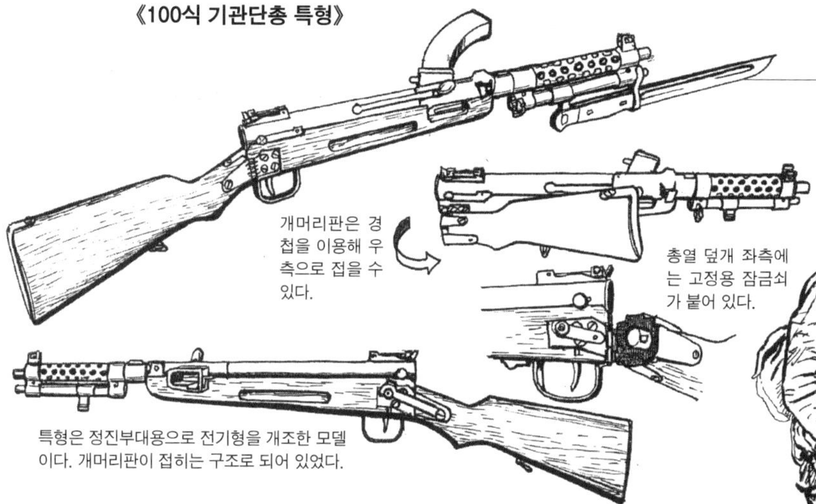

[2식 총검]
정진부대용으로 칼날을 짧게 제작하였다.

개머리판은 경첩을 이용해 우측으로 접을 수 있다.

총열 덮개 좌측에는 고정용 잠금쇠가 붙어 있다.

특형은 정진부대용으로 전기형을 개조한 모델이다. 개머리판이 접히는 구조로 되어 있었다.

1945년 5월 24일에 오키나와 요미탄 비행장을 공격한 일본의 특수부대인 의열공정대(義烈空挺隊) 대원들도 100식 기관단총을 장비하고 있었다.

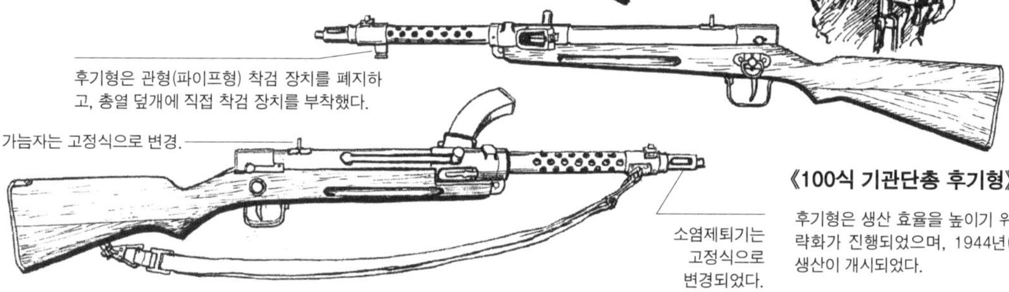

후기형은 관형(파이프형) 착검 장치를 폐지하고, 총열 덮개에 직접 착검 장치를 부착했다.

가늠자는 고정식으로 변경.

소염제퇴기는 고정식으로 변경되었다.

《100식 기관단총 후기형》

후기형은 생산 효율을 높이기 위해 각 부품의 간략화가 진행되었으며, 1944년(쇼와 19년)부터 생산이 개시되었다.

시험 제작된 각종 기관단총

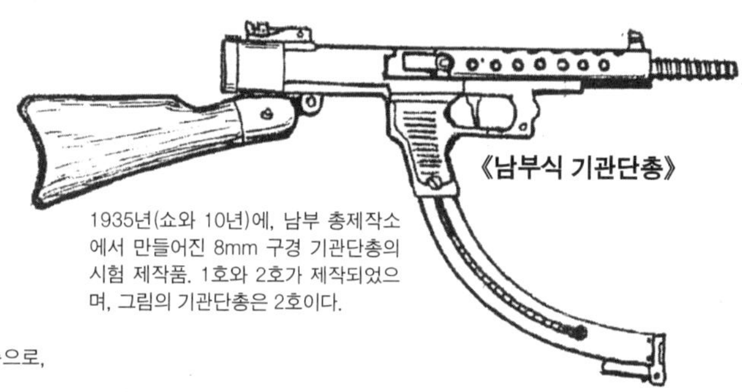

《남부식 기관단총》

1935년(쇼와 10년)에, 남부 총제작소에서 만들어진 8mm 구경 기관단총의 시험 제작품. 1호와 2호가 제작되었으며, 그림의 기관단총은 2호이다.

《시제 2형 기관단총》

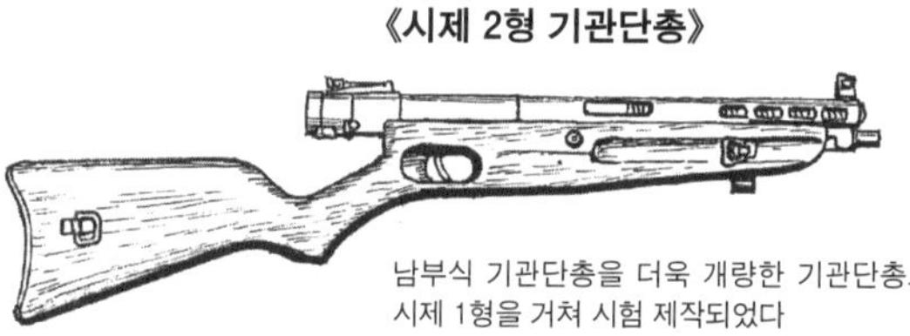

남부식 기관단총을 더욱 개량한 기관단총으로, 시제 1형을 거쳐 시험 제작되었다

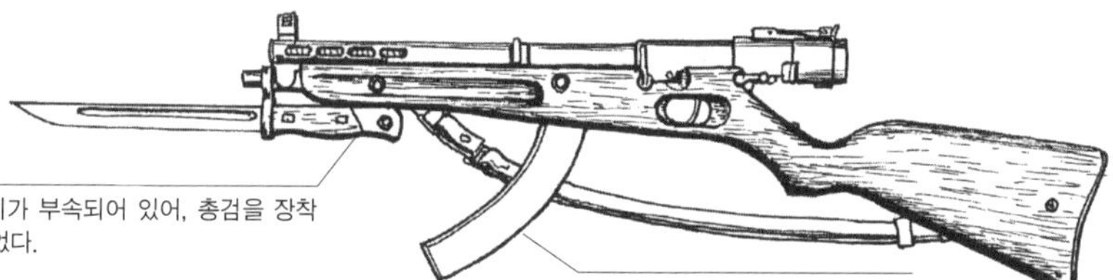

착검 장치가 부속되어 있어, 총검을 장착할 수 있었다.

남부식 기관단총의 경우, 50발 들이 탄창을 사용했으나, 시제 2형에서는 30발 탄창으로 변경되었다.

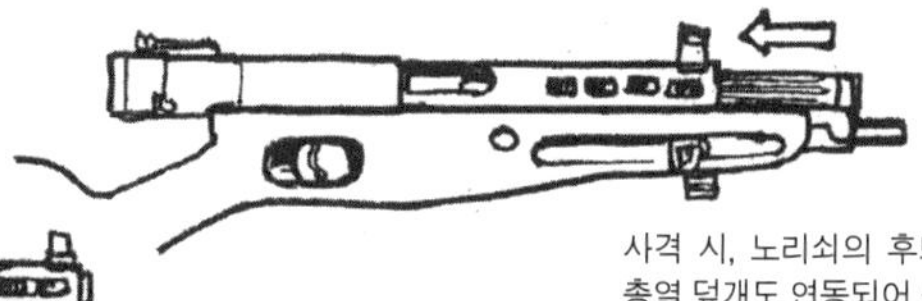

사격 시, 노리쇠의 후퇴에 맞춰 총열 덮개도 연동되어 움직였다.

《시제 2형 기관단총 개량형》

시제 2형 기관단총의 길이를 짧게 줄인 모델. 전차병 등의 방어용으로 개발되었다.

기관총

일본 육군에 있어, 기관총 자국 내 생산은 청일전쟁 당시의 마식(馬式, Maxim Type) 기관포에서 시작되었다. 그 후, 보식(保式, Hotchkiss Type) 기관포, 38식 기관총의 생산 경험에 더하여 해외 기술을 받아들인 결과, 마침내 자국산 경·중기관총의 개발과 생산이 이루어지게 되었다.

경기관총

《11년식 경기관총》

최초의 일본제 경기관총으로 1922년(다이쇼 11년)에 채용되었다. 박스형 탄창이나 급탄 벨트 대신에 급탄기(hopper)를 사용하는 독특한 급탄 시스템이 특징적인 경기관총이었다.

탄자로 묶인 6.5mm 탄 5발을 그대로 급탄기에 장전했다.

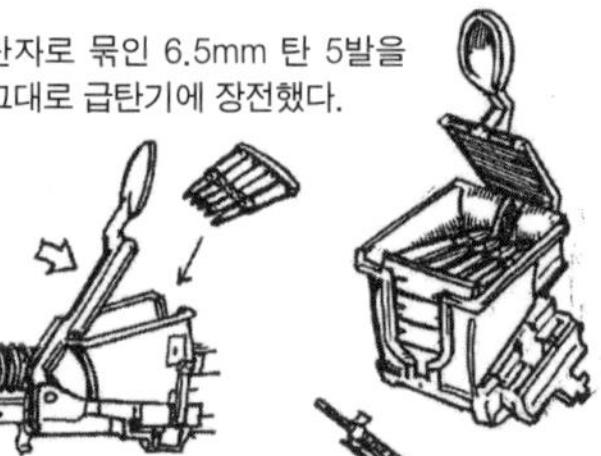

구경 : 6.5mm
탄약 : 6.5×50mm SR(38식 실포 감장탄)
장탄수 : 급탄기에 탄약 30발(5발 묶음 삽탄자 6개)
작동 방식 : 롱 스트로크 가스 피스톤/틸팅 볼트
전장 : 1,100mm
총열 길이 : 485mm
중량 : 10.2kg
발사 속도 : 500발/분

1931년(쇼와 6년)에 제식 채용된 삼각가(위)와 1936년(쇼와 11년)에 채용된 삼각가(아래). 양자 모두 다리 각도 등을 조절하여, 평사(지상 사격)부터 고사(대공 사격)에 대응할 수 있었다. 두 삼각가는 96식이나 99식 경기관총에도 사용할 수 있었다.

30발들이 상자형 탄창.

착검 장치가 부속되어 있어 30년식 총검을 장착할 수 있었다.

《96식 경기관총》

구경 : 6.5mm
탄약 : 6.5×50mm SR(38식 실포 감장탄)
장탄수 : 상자형 탄창에 30발
작동 방식 : 가스 작동식
전장 : 1,048mm
총열 길이 : 550mm
중량 : 9kg
발사 속도 : 550발/분

11년식 경기관총은 너무도 독특한 급탄 방법과 복잡한 기구로 인해 고장이 빈발했다. 때문에 이 문제를 해결하기 위해 후속 경기관총의 개발이 시작되었는데, 96식 경기관총은 총열 내부에 크롬 도금을 시공하는 등 내구성을 높이는 방향으로 설계되었으며, 1936년(쇼와 11년)에 제식으로 채용되었다.

보다 구경이 큰 탄약을 사용하기에 총구 화염을 줄이기 위한 소염기가 추가되었다.

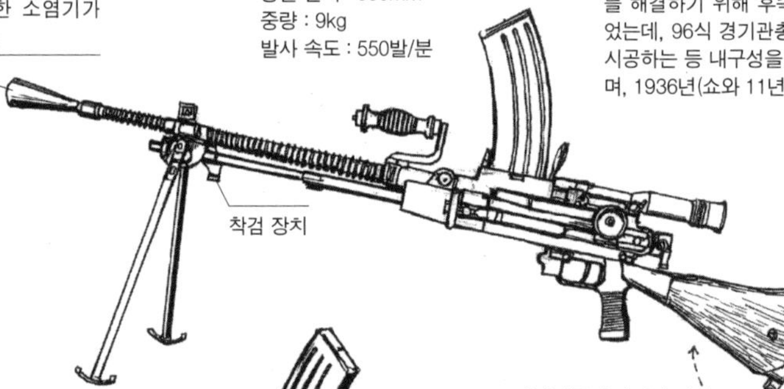

착검 장치

개머리판에 접이식 단각대가 부속되었다.

《99식 경기관총》

99식 소총과 같은 99식 보통 실포를 사용하는 경기관총. 1939년(쇼와 14년)에 채용되었다. 외관이나 구조 등은 96식과 달라진 것이 거의 없었으나, 7.7mm 탄약을 사용하게 되면서 보다 위력적인 경기관총으로 완성되었다.

구경 : 7.7mm
탄약 : 7.7×58mm (99식 보통 실포)
장탄수 : 상자형 탄창에 30발
작동 방식 : 가스 작동식
전장 : 1,190mm
총열 길이 : 550mm (소염기 제외)
중량 : 11.4kg
발사 속도 : 800발/분

96식 경기관총에 채용된 총열 내부의 크롬 도금은 99식 경기관총에도 적용되어, 총열의 내구성을 향상시켰다.

《92식 7.7mm 기총(루식 7.7mm 기총)》

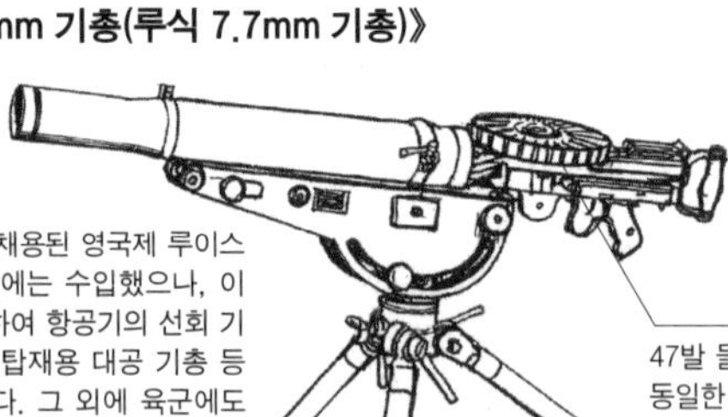

일본 해군에 채용된 영국제 루이스 기관총. 초기에는 수입했으나, 이후 자국산화하여 항공기의 선회 기총이나 함정 탑재용 대공 기총 등으로 사용했다. 그 외에 육군에도 배치되었다.

47발 들이 원반형 탄창. 탄약은 영국군과 동일한 .303 브리티시 탄을 사용했다.

삼각 장치대에 장착한 대공 사격 자세.

중기관총

《3년식 기관총》

그때까지 사용해오던 38식 기관총을 대신하여, 1914년(다이쇼 3년)에 채용된 중기관총. 38식 기관총에서 문제가 되었던 낮은 냉각 효율 문제를 개선하고자, 방열 효과를 높이는 형태로 설계되었다.

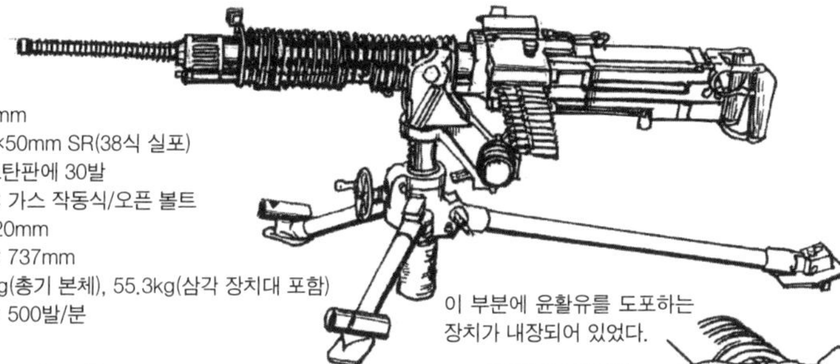

구경 : 6.5mm
탄약 : 6.5×50mm SR(38식 실포)
장탄수 : 보탄판에 30발
작동 방식 : 가스 작동식/오픈 볼트
전장 : 1,220mm
총열 길이 : 737mm
중량 : 28kg(총기 본체), 55.3kg(삼각 장치대 포함)
발사 속도 : 500발/분

약실 내에서 탄피가 눌어붙는 것을 방지하기 위해 장탄 과정에서 탄약에 윤활유를 도포하는 장치가 탑재되었다.

삼각가는 보조 거치대를 사용하여 대공 사격용으로 사용할 수 있다. 대공 사격용 고사 조준구도 준비되어 있었다.

고사 총가를 사용한 대공 사격 자세. 92식 중기관총에도 대공 사격 용구가 준비되어 있었다.

《92식 중기관총》

92식 중기관총은 화력 강화를 위해 기존보다 구경이 큰 7.7mm 탄을 사용하는 기관총이었다. 3년식 기관총을 바탕으로 개발되었기 때문에, 방열 재킷 등의 외관은 유사한 디자인으로 만들어져 있다.

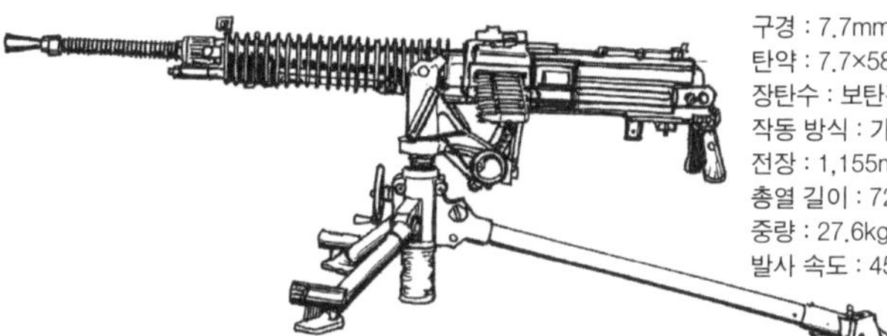

구경 : 7.7mm
탄약 : 7.7×58mm(92식 보통실포)
장탄수 : 보탄판에 30발
작동 방식 : 가스 작동식/오픈 볼트
전장 : 1,155mm
총열 길이 : 726mm
중량 : 27.6kg(총기 본체), 55.3kg(삼각대 포함)
발사 속도 : 450발/분

손잡이는 사수의 사격 자세를 낮추기 위해, 접이식으로 만들어졌다.

손잡이는 위로 접을 수 있다.

92식 중기관총의 운반 자세. 방순(방탄판)도 채용되었다.

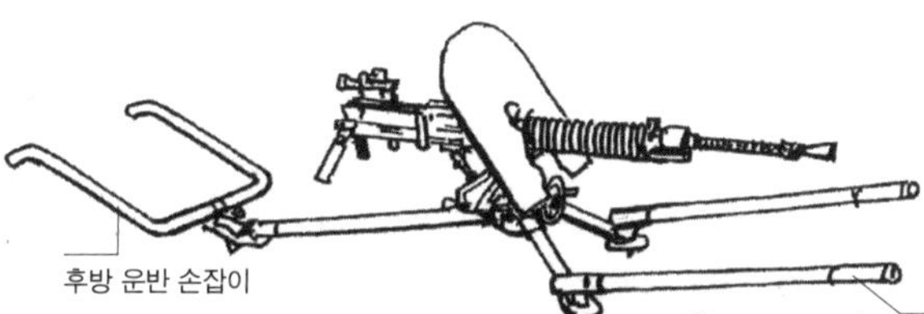

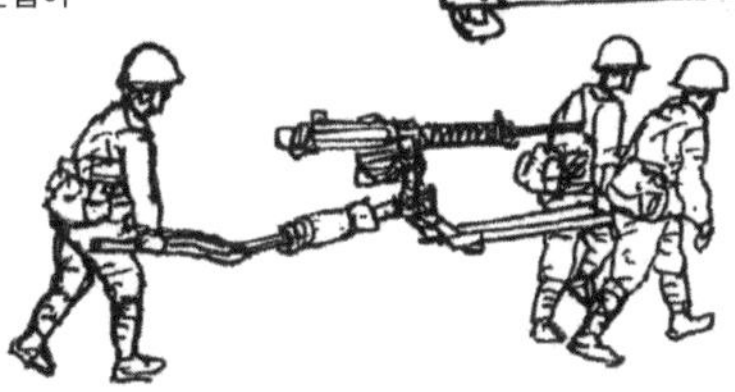

전투 시의 운반은, 삼각가 앞뒤로 운반용 손잡이를 끼워서 수행했다. 이 상태로 사격 자세로 전환할 수도 있었다.

92식 중기관총은 부사관 1명, 병사 10명에 말 2필로 구성된 전총분대(戰銃分隊)에서 운용되었는데, 1개 보병 소대에 1정의 비율로 배치되어, 소대 지원 화기로 사용되었다.

《1식 중기관총》

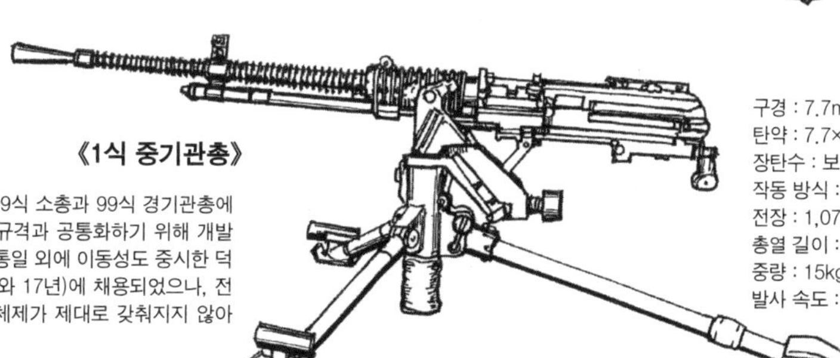

중기관총에 사용되는 탄약을, 99식 소총과 99식 경기관총에서 사용하던 99식 보통실포의 규격과 공통화하기 위해 개발된 중기관총이다. 사용 탄약의 통일 외에 이동성도 중시한 덕분에 경량화되었다. 1942년(쇼와 17년)에 채용되었으나, 전쟁이 한창이던 시기여서 양산 체제가 제대로 갖춰지지 않아 적은 수가 생산된 것에 그쳤다.

구경 : 7.7mm
탄약 : 7.7×58mm(99식 보통실포)
장탄수 : 보탄판에 30발
작동 방식 : 가스 작동식/오픈 볼트
전장 : 1,077mm
총열 길이 : 589mm
중량 : 15kg(총기 본체), 31kg(삼각대 포함)
발사 속도 : 550발/분

수류탄

1차 대전을 통해 보병의 근접 전투용으로 널리 사용되는 무기가 된 수류탄. 일본 육군은 러일전쟁 당시 급조 수류탄을 운용했고, 러일전쟁 후에 수류탄을 제식 채용했다. 근대적 구조를 한 수류탄 개발은 1차 대전 이후에 시작되어, 태평양 전쟁 때까지 5종류의 수류탄이 제식으로 채용되었다.

97식 수류탄

1937년(쇼와 12년)에 채용된 파편 수류탄. 척탄통(유탄 발사기)과 투척 겸용이었던 91식 수류탄을 개량하여, 투척 전용으로 만들어졌다.

중량 : 450g
전장 : 98mm (본체 69.5mm)
직경 : 49.8mm
작약 : TNT 62g
신관 : 타격식, 지연 시간 4~5초

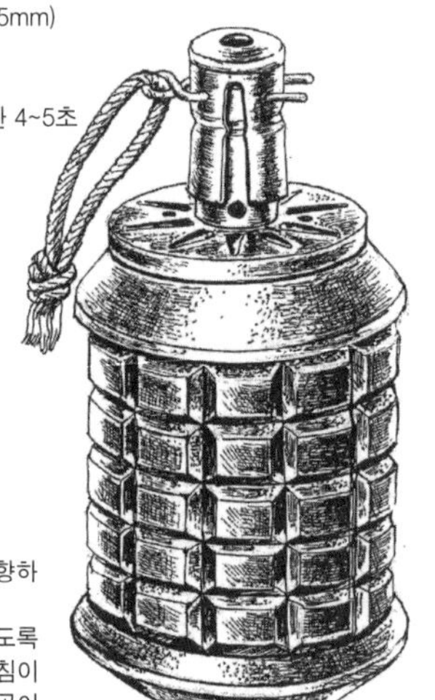

《수류탄의 투척 절차》

①수류탄의 신관을 아래로 향하게 잡고, 안전핀을 뽑는다.
②안전 덮개가 떨어지지 않도록(안전 덮개가 빠지면 안의 격침이 탈락해 버린다) 주의하면서 공이 뭉치의 머리 부분을 철모나 구두 뒤굽 등 딱딱한 물체에 강하게 타격한다.
③공이가 뇌관을 때리면 지연 신관이 발화된다.
④신관이 점화된 후, 즉시 목표를 향해 투척한다.

《97식 수류탄의 내부 구조》

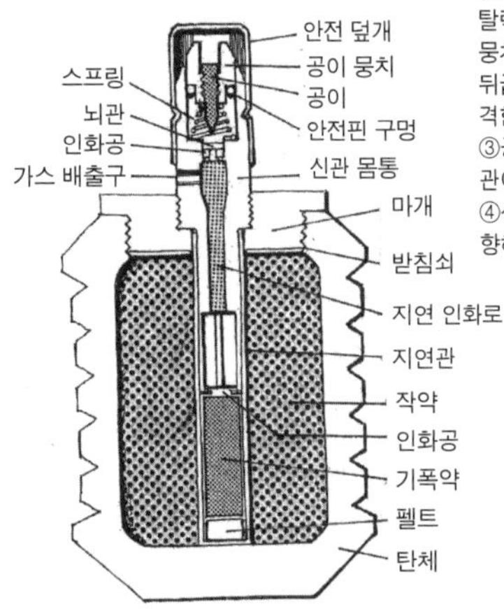

수류탄을 점화시키면 가스 배출구에서 연소 가스가 배출되는데, 이 연소 가스로 인해 손에 화상을 입을 수 있어, 99식에는 보호통이 부착되었다.

《98식 수류탄(막대형)》

1938년(쇼와 13년)에 제작된 공격형 수류탄. 약 10만 개가 중국 전선에 보급되었다고 한다.

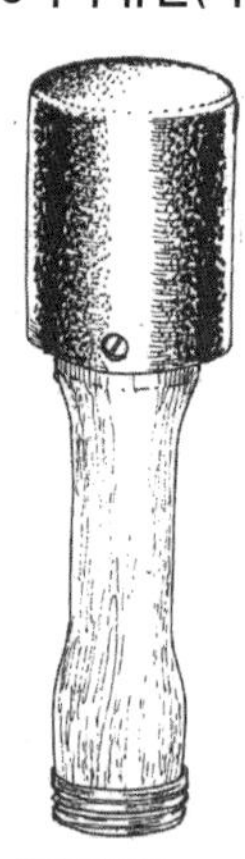

중량 : 600g
전장 : 200mm(탄두 80mm, 자루 120mm)
직경 : 50mm
작약 : 피크린산 80g
신관 : 마찰식, 지연 시간 4~5초

[98식 수류탄의 내부 구조]

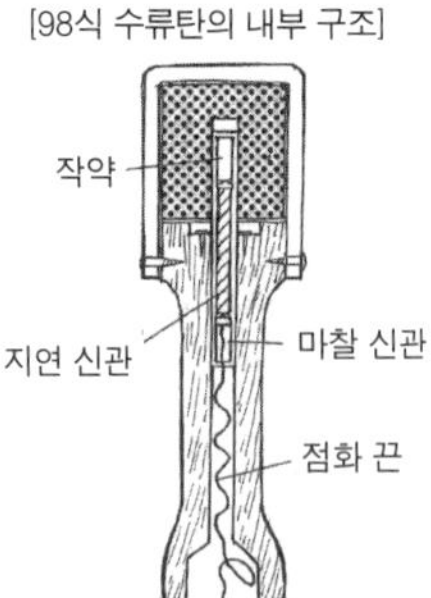

중일전쟁이나 태평양 전쟁 당시의 일본군 병사는 1인당 2~3개의 수류탄을 휴대했다.

그 외의 수류탄

《99식 수류탄》

기존 수류탄보다 양산에 더 적합하면서 동시에 가벼워서 투척하기 쉽게 만드는 것을 목표로 하여 1939년(쇼와 14년)에 개발된 수류탄. 총류탄으로 사용할 수 있는 갑(甲)형과 투척 전용인 을(乙)형의 2종류가 있었다.

중량 : 300g 전장 : 87mm(본체 58.5mm) 직경 : 44.5mm 작약 : 피크린산 55g 신관 : 타격식, 지연 시간 4~5초

《4식 도제 수류탄》

전장 : 100mm
직경 : 80mm
중량 : 450g
작약 : 칼릿(Carlit) 99~130g 전후
지연 시간 : 4~5초

태평양 전쟁 말기, 금속 부족으로 인해 탄체를 도기로 만들었다고 알려진 수류탄. 탄체가 도기이기 때문에 독가스나 발연제를 넣은 화학탄이었을 것이라는 견해도 있다.

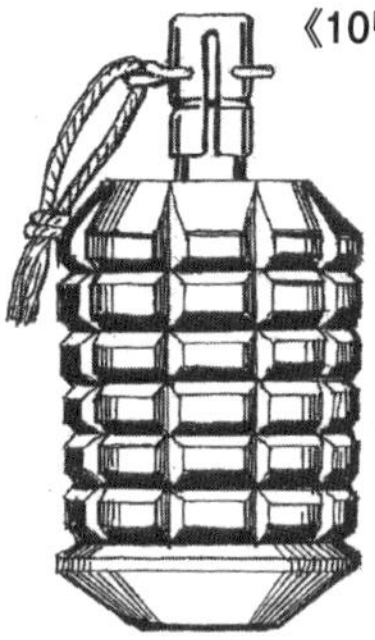

《10년식 수류탄》

손으로 투척하는 방법 외에 10년식 척탄통(擲弾筒)용 유탄으로도 사용할 수 있도록 개발된 수류탄으로, 1921년(다이쇼 10년)에 제식 채용되었다. 척탄통으로 발사할 수 있도록 탄체 바닥면에는 추진용 장약실(부스터)를 부착할 수 있었다.

중량 : 540g
전장 : 123.5mm, 69mm(본체)
직경: 49.8mm
작약 : TNT 65g 또는
엔토야쿠(塩斗薬) 75g
신관 : 타격식 7~8초 지연

*엔토야쿠: 물자가 부족했던 태평양 전쟁 말기에 염소산 칼륨 81%에 디니트로톨루엔 15%을 섞고 둔감제로 파라핀 또는 피마자유를 4% 정도 섞어서 만든 대용 화약의 일종.

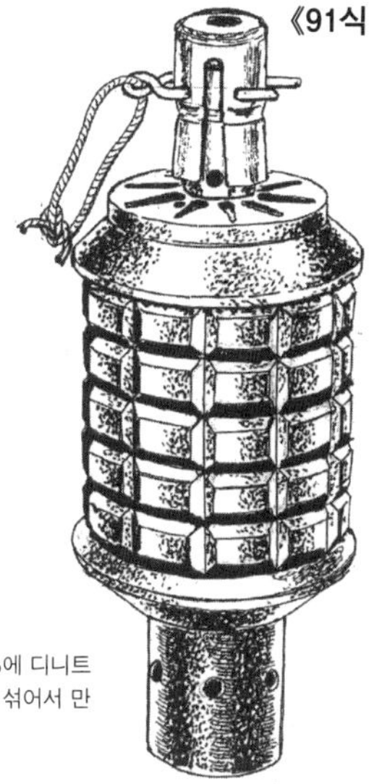

《91식 수류탄》

10년식 수류탄을 개량한 수류탄. 신관의 안전성을 높였으며, 탄체도 양산에 적합한 디자인으로 변경되었다.

중량 : 530g
전장 : 125mm, 68.5mm(본체)
직경 : 49.8mm
작약 : TNT 62g
신관: 타격식 7~8초 지연

[91식 수류탄 20발 들이 상자]

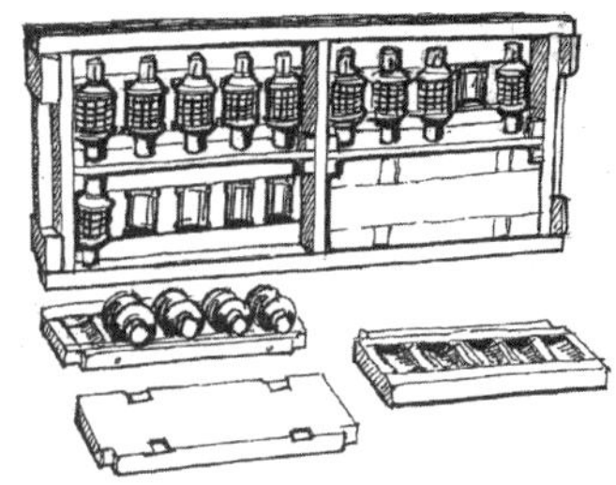

척탄기

세계 각국의 육군에서는 수류탄을 보다 멀리 날리기 위한 장비로 총류탄 발사기를 도입하고 있었다. 일본도 이 흐름에 발맞추어 1939년(쇼와 14년)부터 개발을 시작, 각종 척탄기와 탄두를 만들어냈다.

[91식 척탄기와 척탄 수납 파우치]
척탄 5발을 휴대할 수 있었다.

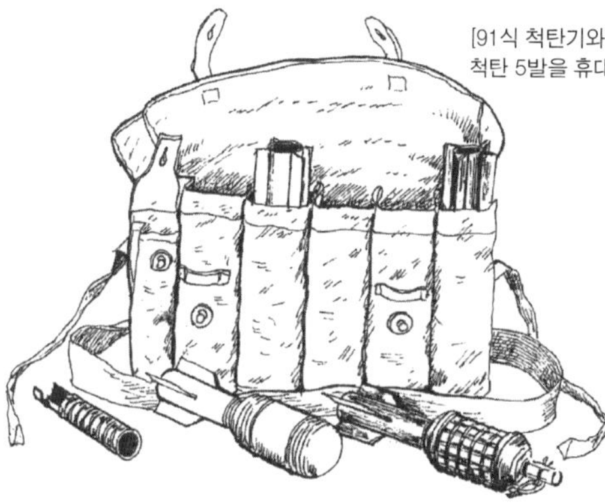

《일본군이 사용한 척탄기와 총류탄》

[91식 척탄기]

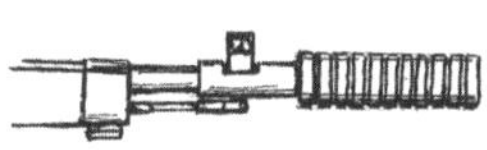

[91식 척탄]

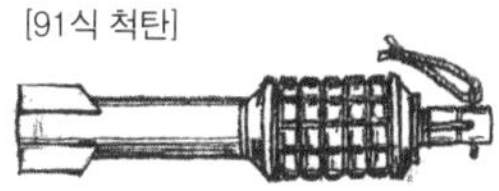

91식 수류탄에 목제 안정익을 부착한 총류탄. 수류탄과 동일한 신관을 사용했기에, 발사 후 7~8초 뒤에 기폭되었다.

[91식 발연탄]

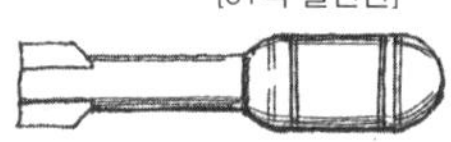

[100식 척탄기]

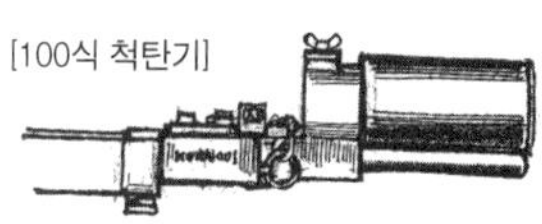

1940년(쇼와 15년)에 채용된 컵형 척탄기. 일반적인 총류탄 발사기는 공포탄을 사용해서 유탄을 날려보냈는데, 특이하게도 100식 척탄기는 컵 하부에 탄환용 파이프가 부속되어 있고, 격발 후에 발생한 연소 가스가 이 파이프에 뚫린 가스 분출구를 통해 컵으로 유도되어 총류탄을 발사하는 구조로 되어 있어, 실탄을 사용해서 발사할 수 있었다. 실탄의 탄자는 파이프를 통해 사출되었다.

[3식 척탄기]

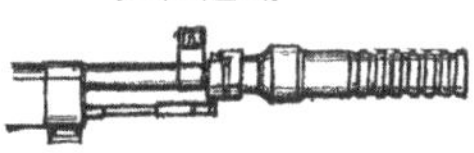

[3식 유탄]

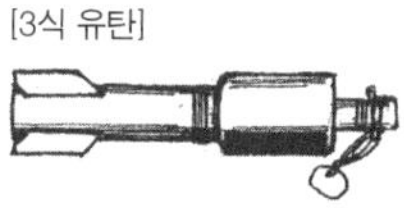

해군이 육전대용으로 채용한 총류탄.

100식 총류탄 발사기에는 99식 수류탄을 사용했다.

[2식 대전차 척탄
탄두 구경 40mm]

[2식 대전차 척탄
탄두 구경 30mm]

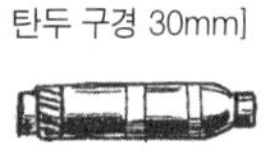

독일의 기술 지원을 받아, 1942년(쇼와 17년)에 척탄기와 함께 전용 척탄이 만들어졌다.

[2식 척탄기]

독일의 총류탄 발사기인 시스베허를 참고하여 제작된 발사기.

2식 척탄기 내부에는 시스베허와 마찬가지로 강선이 새겨져 있었다.

척탄통

일본군이 운용한 척탄통이라는 화기는 그 위력과 사거리 면에서 척탄기(총류탄 발사기)와 소대 박격포의 중간에 위치하는 무기였다. 태평양 전쟁 중에는 수류탄 이상의 파괴력을 지닌 유탄의 위력과 높은 명중률로 인해 연합군 장병들에게 위협적이라 평가받기도 했다.

《10년식 척탄통》

보병 소대의 지원용 휴대 화기로 개발되어, 1921년(다이쇼 10년)에 채용되었다. 탄약은 10년식 수류탄을 사용했으며, 그 외에 조명탄, 신호탄도 만들어졌다.

구경 : 50mm
전장 : 525mm
포신 길이 : 240mm
본체 중량 : 2.6kg
최대 사거리 : 220m
(사용 탄약에 따라 달라졌다)

《89식 중척탄통》

10년식 척탄통에서 사거리 등의 성능을 강화한 개량형으로, 1932년(쇼와 7년)에 제식 채용되었다. 그와 동시에 전용 89식 유탄도 채용되었는데, 전용 유탄 외에 91식 수류탄도 사용할 수 있었다.

구경 : 50mm
전장 : 610mm
포신 길이 : 254mm
중량 : 4.7kg
최대 사거리 : 600m
(사용 탄약에 따라 변동)

[무릎 쏴 기본 자세]

포신을 왼손으로 잡고 지지판(포판)을 지면에 댄 상태에서, 척탄통은 지면에 대해 45도 각도를 취하도록 했다. 목표까지의 거리는 조정기(사거리 조정 나사)를 돌려 격발 장치를 오르내리게 함으로써 격침의 위치를 바꾸는 방식으로 사거리를 조정한다. 똑같은 전장식이지만 중력의 힘으로 포탄을 격발시키는 박격포와 달리 척탄통은 유탄을 장전한 뒤 방아쇠(격발 레버)를 당겨 발사했다.

《척탄통에 사용하는 유탄》

[10년식 수류탄]

[89식 유탄]

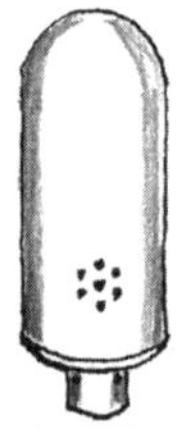

[발연탄]

《89식 중척탄통의 내부 구조》

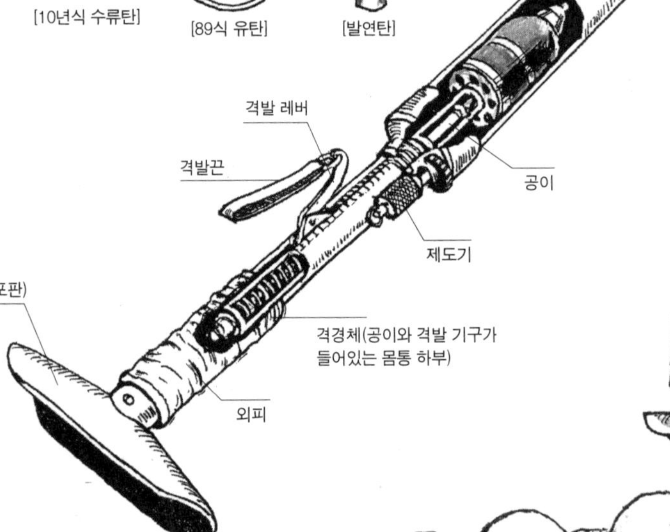

[캔버스제 수납 가방]

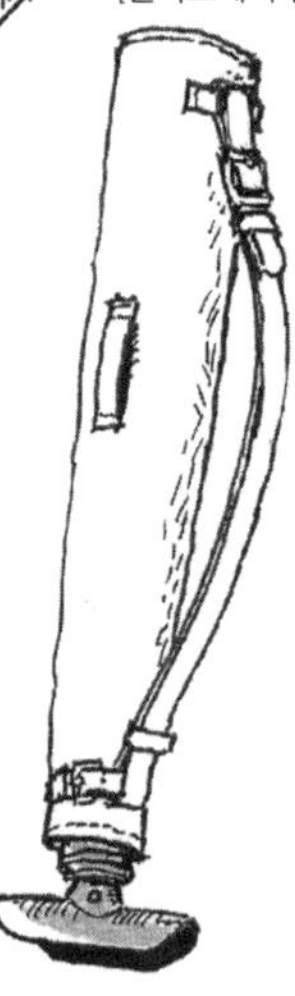

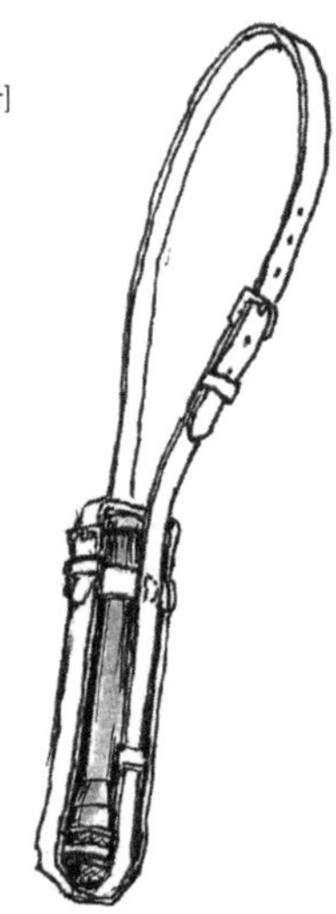

[가죽 멜빵이 부착된 10년식 척탄통 수납 가방]

89식 중척탄통 1개 반은 척탄통 1문에 사수 1명과 탄약수 2명으로 운용되었으며, 척탄통 분대는 3개 반으로 이루어졌다.

대전차 육박 무기

독일군이나 미군과 달리 휴대용 대전차 로켓 화기를 보유하지 못했던 일본군의 대전차 전술은 오직 육박 공격뿐이었다. 일본군의 전술은 기갑 차량의 전륜이나 궤도를 파괴하여 기동을 저지한 뒤에 화염병이나 수류탄을 이용해 전차 승무원을 공격하거나, 지뢰나 폭뢰를 휴대한 채 전차로 돌격하는 것으로, 자살 공격이나 다름없는 일이었다.

《육박 공격을 하는 일본군 병사》

적 전차의 관측창이나 잠망경을 곡괭이 등으로 파괴하거나, 해치를 억지로 열어 차내에 수류탄을 투척, 또는 권총을 난사했다.

미군의 M4 전차를 격파하기 위해서는 약 10kg의 폭약이 필요했다.

[차체 하부에 투입해야 하는 폭약량 기준]
경전차 : 5kg
중형 전차 : 7kg
중전차 : 10kg

《11년식 발연탄》

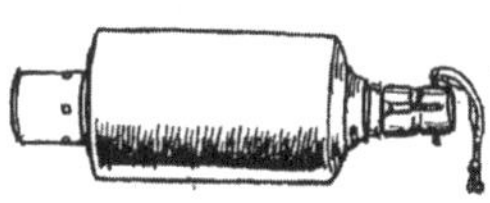

척탄통용 백린탄. 연막 외에 소이 효과도 있었다.

《1식 수투환부(手投丸缶)》

대전차용 청산가스탄. 탄체가 유리로 만들어졌으며, 전차의 흡기구를 노리고 투척했다.

《환부(丸缶)형 발연 수류탄》

유리로 만든 탄체에 발연제가 들어있어, 깨지면 연막이 발생했다.

《100식 화염방사기》

전차에 방사하여 시야를 가리는 용도로 사용했다.

연료 : 가솔린 및 디젤 혼합
중량 : 약 21kg
유효 사거리 : 25m

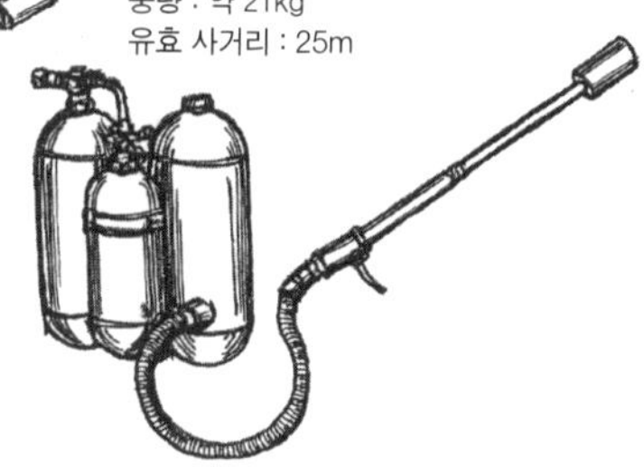

육박 공격 시에는 대전차 지뢰나 폭뢰 외에 화염병이나 곤포 폭뢰 등을 사용했다.

[99식 파갑(破甲) 폭뢰]
소형이기에 위력이 낮아, 중형 전차 이상 체급의 기갑 차량을 무력화시키기는 어려웠다.

[화염병]
1943년(쇼와 18년)에 신관이 부착된 모델이 제식화되었다.

[3식 대전차 수류탄]
성형작약탄의 원리로 70mm 두께의 장갑판을 관통할 수 있었으나, 목표 장갑면에 대해 직각으로 명중하지 않으면 효과가 현저히 떨어졌다.

[곤포 폭뢰]
대전차 병기(지뢰 등)보다 유효하다고 여겨졌으나, 차체 하부 등 장갑이 얇은 곳을 노려야 했기에 죽음을 각오해야만 했다.

《수투 화염병(手投火炎瓶)》

제식 채용된 화염병. 전용 유리병에 신관을 부착한 것으로, 신관은 사이다나 맥주병에도 장착할 수 있었다.

신관이 없을 경우에는, 천을 채워 넣고 불을 붙였다.

《자돌 폭뢰(刺突爆雷)》

긴 자루 끝에 성형작약탄이 달려 있어, 목표를 찌르면 기폭되며. 먼로 효과(Monroe Effect)를 이용하여 장갑을 파괴할 수 있도록 만들어졌다.

탄두 선단의 못은 신관 작동이 아니라, 폭발 시의 초점 거리를 확보하여 위력을 증대시키는 용도였다.

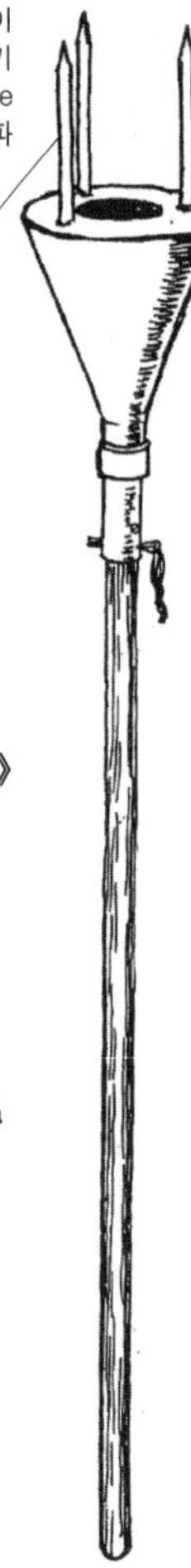

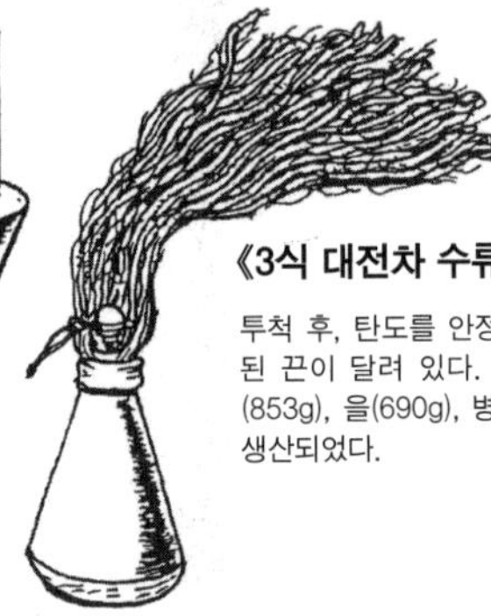

《3식 대전차 수류탄》

투척 후, 탄도를 안정시키기 위해 마로 된 끈이 달려 있다. 장약량에 따라 갑(853g), 을(690g), 병(500g)의 3종류가 생산되었다.

《99식 파갑 폭뢰(破甲爆雷)》

4개의 자석이 탄체에 부속되어 있어, 적 전차의 차체 등에 흡착시킨 뒤 폭파했다. 하지만 장약량이 630g에 불과했기에, 5~6개를 결속하여 사용하지 않으면 미군의 M4 셔먼 전차를 무력화시킬 수 없었다.

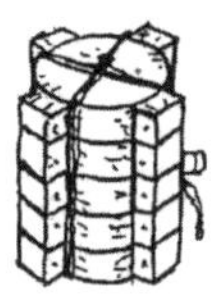

99식 파갑 폭뢰를 결속시킨 경우, 투척이 불가능했기 때문에, 적 전차에 육박하여 사용해야 했다.

곤포 폭뢰를 짊어진 병사. 이 상태로 전차의 차체 밑으로 기어들어가서 폭뢰를 기폭시켰다.

《급조 지뢰 및 폭뢰》

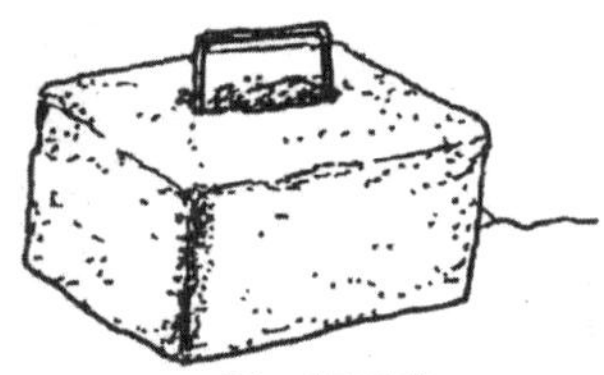

[콘크리트 지뢰]
내부에 대량의 흑색 화약이 충진되어 있었다.

[자루 지뢰]
마대 자루 등에 TNT 화약을 채우고 신관을 단 것.

[곤포 폭뢰]
나무 상자에 화약을 넣고 신관을 단 것. 상자 크기에 따라 4kg에서 10kg 등 여러 종류가 만들어졌다.

《육박 공격에 사용된 각종 지뢰》

[93식 지뢰]
대인 · 대전차 겸용.

직경 : 120mm
장약량 : 900g

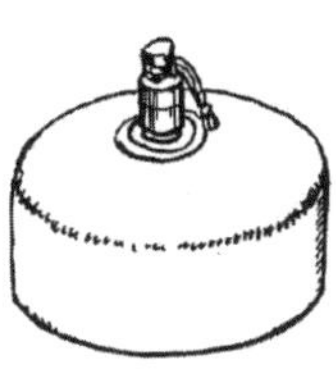

[3식 지뢰(갑)]
본체가 도기로 제작되었다.

직경 : 270mm(대), 230mm(소)
장약량 : 3kg(대), 2kg(소)

[3식 지뢰(을)]
본체가 나무로 제작되었다.

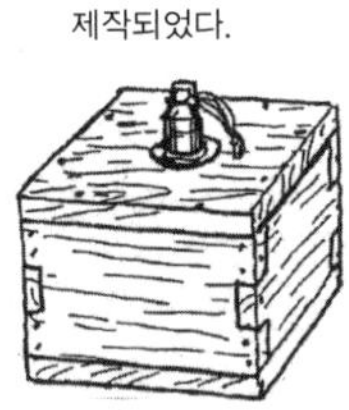

가로×세로 : 225mm
전체 길이 : 190mm
장약량 : 약 2kg

[봉 지뢰]
육박 공격에 사용할 때는 수류탄 신관을 부착하여 기폭시켰다.

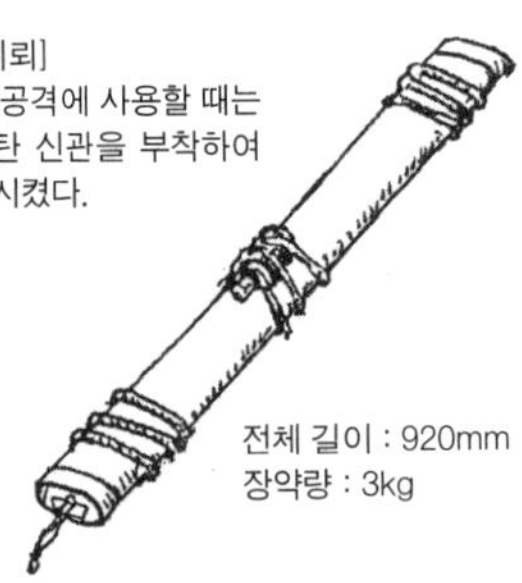

전체 길이 : 920mm
장약량 : 3kg

[98식 주정(舟艇) 폭뢰]
원래는 해군용 기뢰였으나, 대전차 전투용으로도 사용했다.

밑면 직경 : 510mm
장약량 : 21kg

총검/군도

일본 육군은 보병 전투의 승패를 결정짓는 것은 총검 돌격에 있다고 보고, 백병전을 중시했다. 하지만 태평양 전쟁에서는 연합군의 자동화기를 사용한 강력한 방어망 앞에서 총검 돌격은 무력화되어 가고 말았다.

30년식 총검

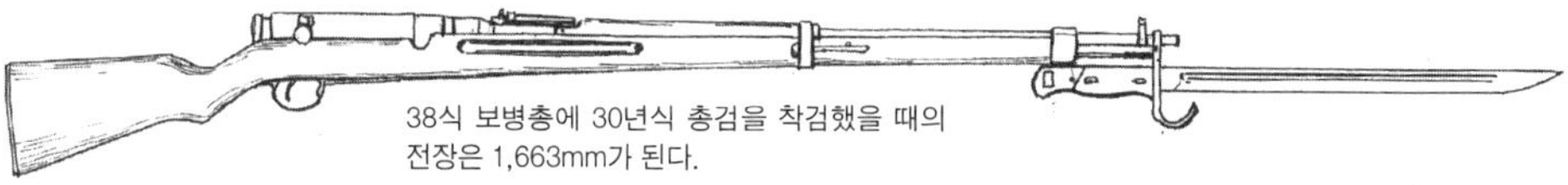

38식 보병총에 30년식 총검을 착검했을 때의 전장은 1,663mm가 된다.

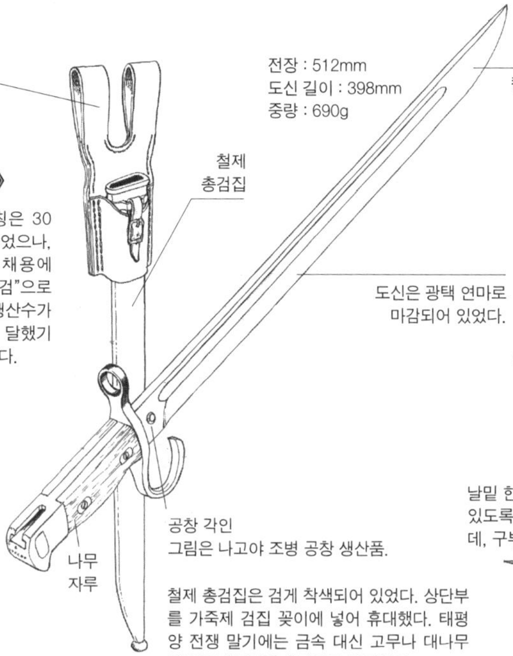

가죽제 검집 꽂이

전장 : 512mm
도신 길이 : 398mm
중량 : 690g

칼끝은 외날 형태이다.

철제 총검집

도신은 광택 연마로 마감되어 있었다.

공창 각인
그림은 나고야 조병 공창 생산품.

나무 자루

철제 총검집은 검게 착색되어 있었다. 상단부를 가죽제 검집 꽂이에 넣어 휴대했다. 태평양 전쟁 말기에는 금속 대신 고무나 대나무 등으로 만들어진 총검집도 등장했다.

《30년식 총검》

채용 당초의 명칭은 30년식 보병 총검이었으나, 38식 보병총의 채용에 따라 "30년식 총검"으로 변경되었다. 총 생산수가 약 840만 자루에 달했기에 파생형도 많았다.

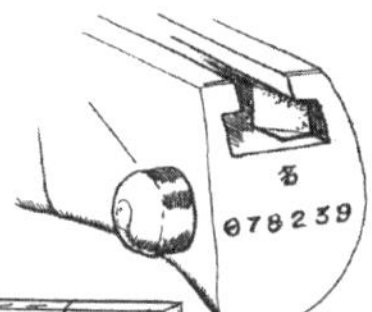

자루 뒷부분에는 공창명과 제조번호 각인이 들어갔다.

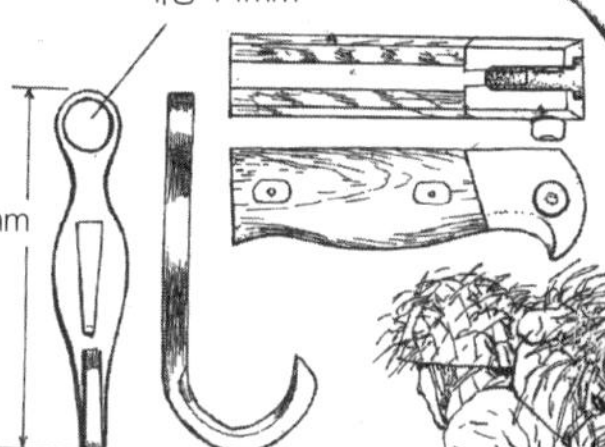

내경 14mm

90mm

자루 부분의 목제 그립은 나사 또는 리벳으로 고정했다.

날밑 한쪽은 소총을 서로 걸어 세워둘 수 있도록 갈고리 모양으로 구부러져 있는데, 구부러지지 않은 파생형도 있었다.

30년식 총검은 제식 채용 이래, 태평양 전쟁 종결 시점까지 50년 가까이 사용되었다. 중일전쟁 무렵에는 야전에서 빛이 반사되는 것을 막기 위해 흑색 산화 피막 처리를 한 도신을 사용하는 모델도 만들어졌다.

일본군의 군도

군도는 백병전에서 유효한 무기였다. 20세기에 들어 군의 근대화가 진행되는 와중에 실용 가치는 점차 낮아졌으나, 일본군에서는 태평양 전쟁 종결 시까지 군도가 여전히 실전 병기로서의 지위를 지키고 있었다.

《부사관/사병용》 육군의 군도는 장교 이외에, 기병이나 치중(輜重, 수송) 병과 등의 부사관과 사병에게도 지급되었다.

[32년식 군도 을]

전장 : 갑 1002mm, 을 930mm

1899년(메이지 32년)에 제식 채용되었으며, 갑(기병용)과 을(치중용)의 2종류가 있었다. 손잡이는 한 손으로 쥐는 세이버 형태이며, 칼집은 은색이었다.

[32년식(개) 군도]

손잡이를 일본도 형식으로 개량한 모델.

[95식 군도]

손잡이는 금속제이며, 자루 끈을 금속 몰드로 표현했다. 속칭 '조장도(曹長刀)'라고 불리며, 태평양 전쟁 종전 무렵까지 사용되었다. 칼집 색상은 카키색이다.

《장교용》 장교용 군도는 나라에서 보여주는 관급품(자비 구입)도 있었으나, 전통 일본도를 군도 형식으로 개조한 사제 군도의 사용도 인정되었다.

[94식 군도]

세이버 형 손잡이가 쓰기 어렵다는 등의 문제나 도검으로서의 기능에 대한 재검토가 이루어져, 디자인을 일본도 식으로 변경, 1934년(쇼와 9년)에 제식으로 채용되었다.

[98식 군도]

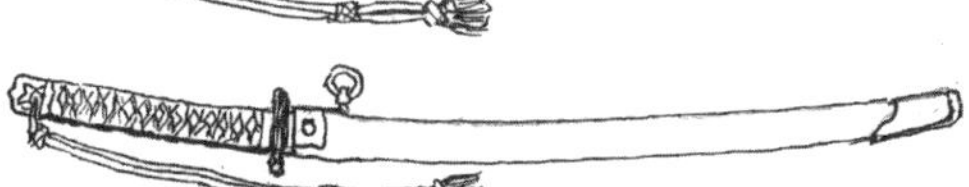

94식 군도를 개량한 장교용 군도로, 원래 2개였던 패환용 고리가 1개로 줄어들었다. 그 외의 외관은 94식 군도와 크게 다르지 않다.

[가죽 슬링]

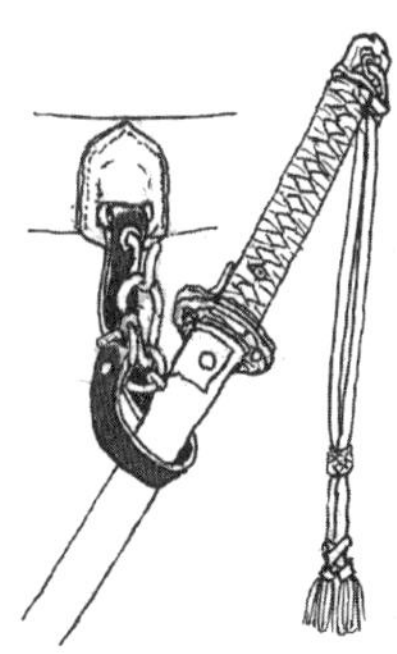

[약도대(略刀帶)]
야전에서 군도를 패용할 때에는 약도대를 사용했다.

44식 기총(기병총)용 총검

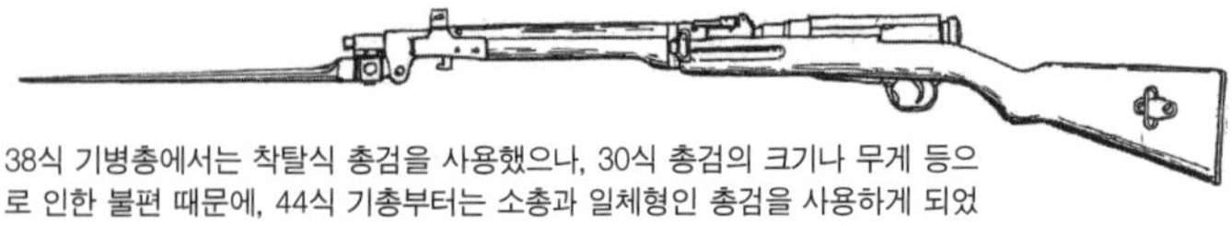

38식 기병총에서는 착탈식 총검을 사용했으나, 30식 총검의 크기나 무게 등으로 인한 불편 때문에, 44식 기총부터는 소총과 일체형인 총검을 사용하게 되었다. 총검의 길이는 343mm(총구까지)이며, 펼쳤을 때 44식 기총의 길이는 30식 총검을 착검했을 때와 같은 1,315mm였다.

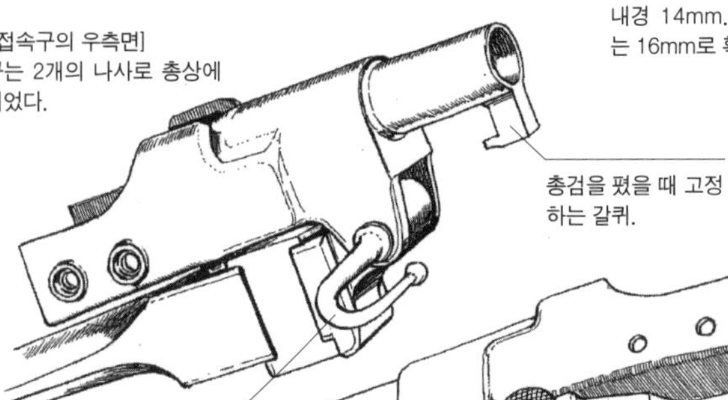

[총검 접속구의 우측면]
접속구는 2개의 나사로 총상에 고정되었다.

총검을 폈을 때 고정하는 갈퀴.

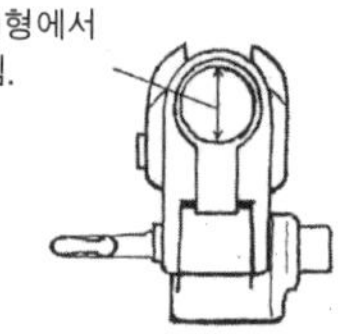

내경 14mm. 후기형에서는 16mm로 확대됨.

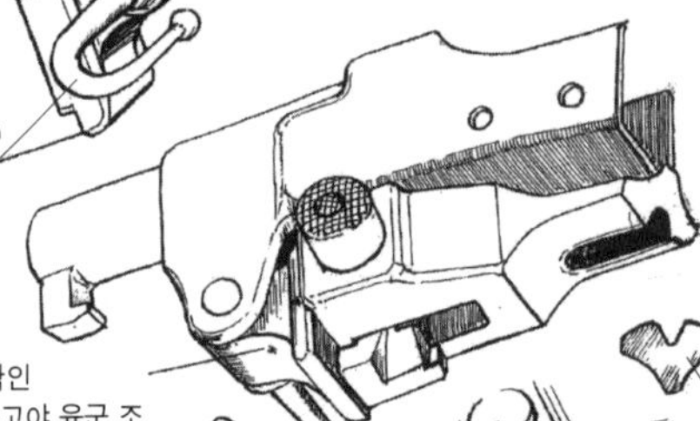

사총 고리
[총검 기부의 좌측과 하측]

제조 공장 각인
'치(チ)'는 나고야 육군 조병창 지쿠사(千種) 제조소를 의미했다.

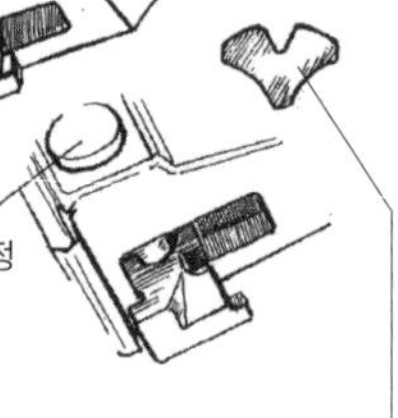

잠금쇠를 눌러 고정을 해제한 상태.

칼날의 단면. 상면에는 'V'형 혈조가 파여 있었다.

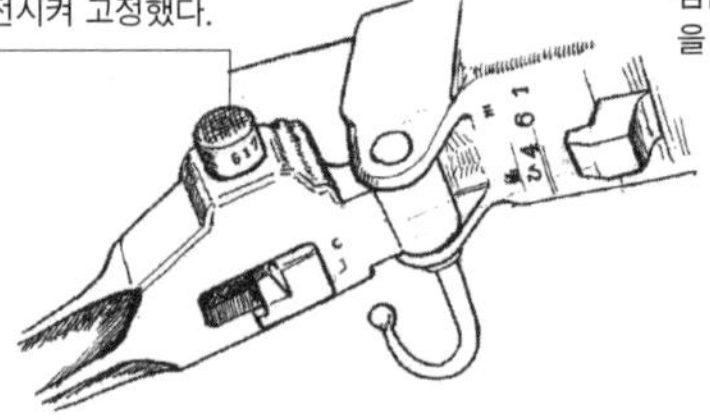

잠금쇠를 눌러 고정을 해제한 뒤, 총검을 180도 회전시켜 고정했다.

《총검 접속부의 변천》

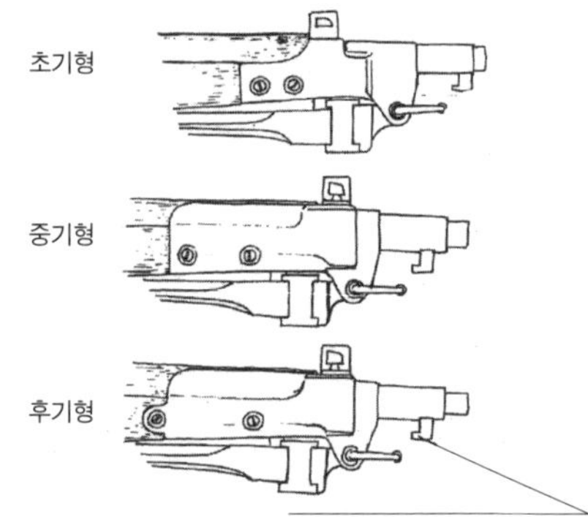

초기형은 접속구가 총신과 총검에 밀착되어 있어, 사격 시에 그 진동으로 탄도가 어긋나는 현상이 발견되어, 중기형부터는 간격을 두도록 개량되었다. 후기형은 여기에 접속구를 더욱 강화하여 총몸에 보다 튼튼하게 결합되도록 했다.

2식 총검

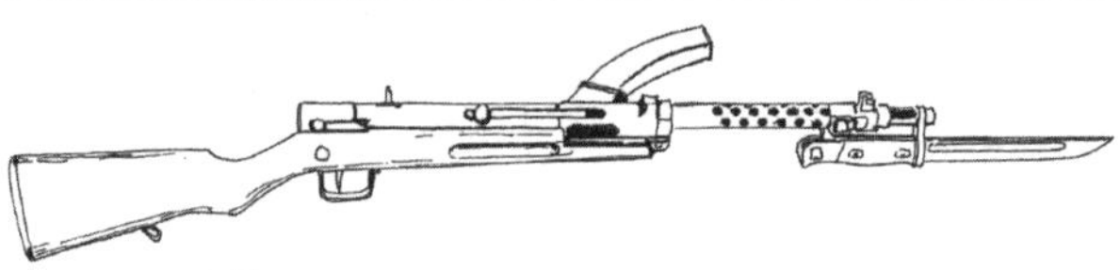

정진 부대가 사용하기에 30식 총검(전장 512mm)은 너무 길어 거추장스럽다는 의견이 있어 30식 총검에서 칼날 길이를 줄인 개량형인 2식 총검이 만들어졌다.

2식 총검은 100식 기관단총과 2식 소총용 총검으로 정진 부대에서 사용되었다.

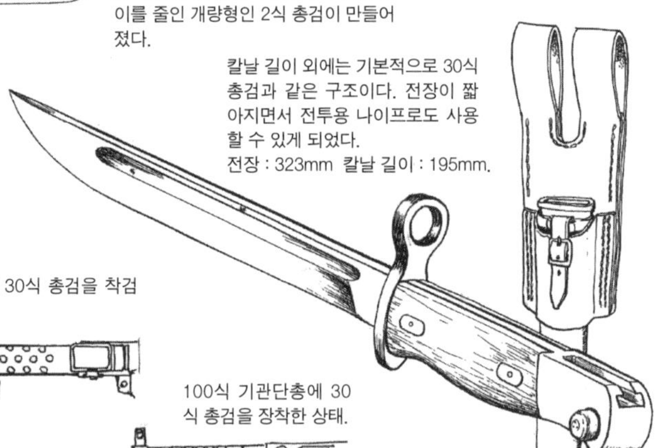

칼날 길이 외에는 기본적으로 30식 총검과 같은 구조이다. 전장이 짧아지면서 전투용 나이프로도 사용할 수 있게 되었다.
전장 : 323mm 칼날 길이 : 195mm.

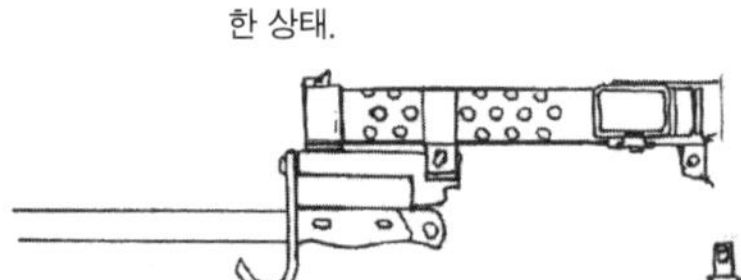

베식 기관단총에 30식 총검을 착검한 상태.

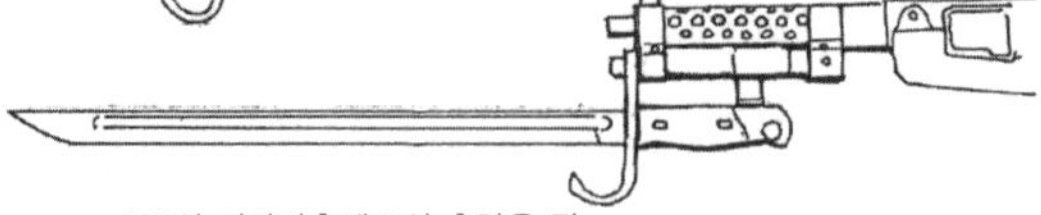

100식 기관단총에 30식 총검을 장착한 상태.

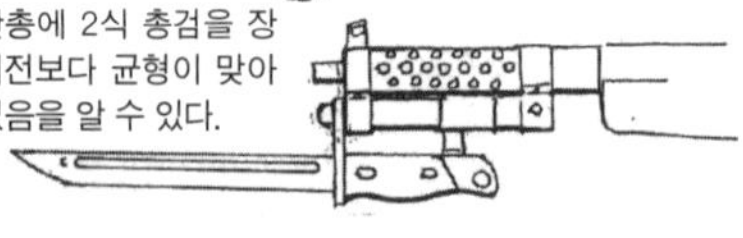

100식 기관단총에 2식 총검을 장착한 상태. 이전보다 균형이 맞아 다루기 편해졌음을 알 수 있다.

금속제 총검집도 총검과 마찬가지로 30식 총검집과 같은 디자인에 길이만 짧게 줄인 것이었다. 칼집 꽂이는 30식 총검과 같은 것을 사용했다.

일본군 보병 부대의 편성

일본군의 분대

일본 육군의 소대와 분대는 전시 편제에 따라 편성되어 있었다. 때문에 소대 및 분대의 평시 편제는 없었으며, 일상 활동은 중대를 기본 내무반 단위로 하여 이루어졌다. 단, 연습 등의 훈련 시에는 소대와 분대가 편성되었다. 태평양 전쟁 당시의 보병 소대는 기본적으로 4개 분대로 편성되어 있었다.

《보병소대의 전시 편제 1940년》

- 소대 본부
  - 경기관총 분대
  - 경기관총 분대
  - 경기관총 분대
  - 척탄통 분대

보병 소대는 4개 분대가 기본 편제였다. 그러나 중일 전쟁부터 태평양 전쟁에 걸쳐 많은 병력을 동원하게 되면서 인원이나 무기가 부족하여, 3개 분대 편성이 되거나 경기관총과 척탄통의 배치 수가 줄어드는 일도 있었다. 분대의 장비 화기는 경기관총 1정에, 소총 11정, 권총 1정이었다.

경기관총(보병) 분대의 구성

보병 소대에는 3개의 경기관총(보병) 분대가 소속되었다. 각 분대는 지휘관인 분대장과 경기관총반 4명, 소총반 7명 합계 12명의 분대원으로 구성되었다.

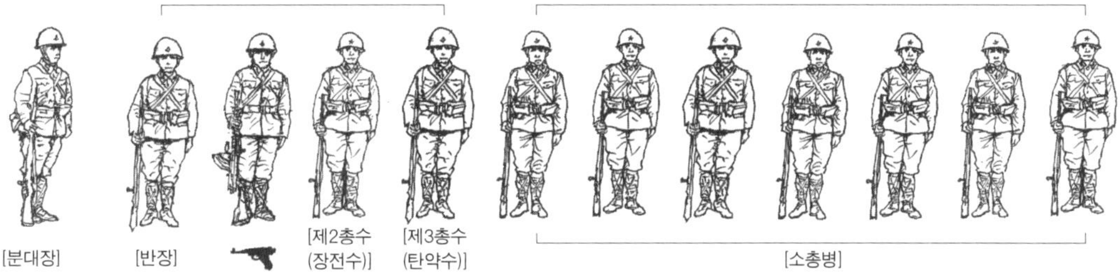

《경기관총반의 장비》

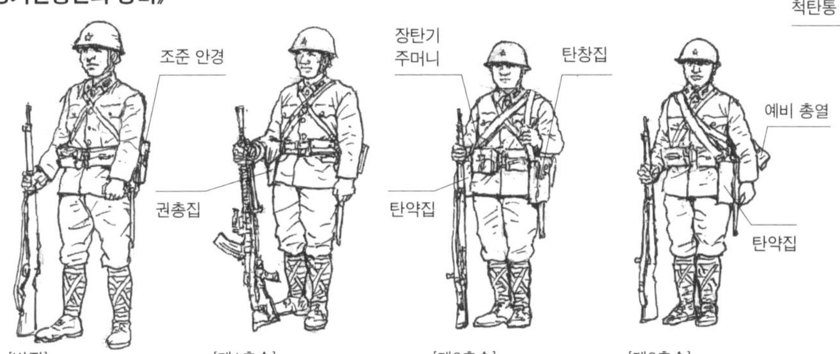

[반장]
소총과 조준 안경(망원조준경)을 휴대.

[제1총수]
경기관총과 권총, 부속품, 공구를 휴대.

[제2총수]
소총과 장탄기, 예비 탄창과 탄약을 휴대.

[제3총수]
소총과 예비 총열, 탄약을 휴대.

《척탄통 사수》

행군 스타일. 척탄통을 장비하고, 척탄은 탄약주머니에 넣어 휴대했다.

척탄통 분대의 구성

보병 소대의 4번째 분대는 척탄통 분대였는데. 1개 분대에 척탄통 3문이 배치되었으며, 3개의 반으로 나뉘어 경기관총 분대의 공격을 지원했다. 척탄통의 탄약은 척탄통 사수 외에 분대장을 제외한 전원이 나누어 휴대했다. 척탄통 분대의 장비 화기는 척탄통 3문에, 소총 10정이었다.

《보병 중대의 편성》

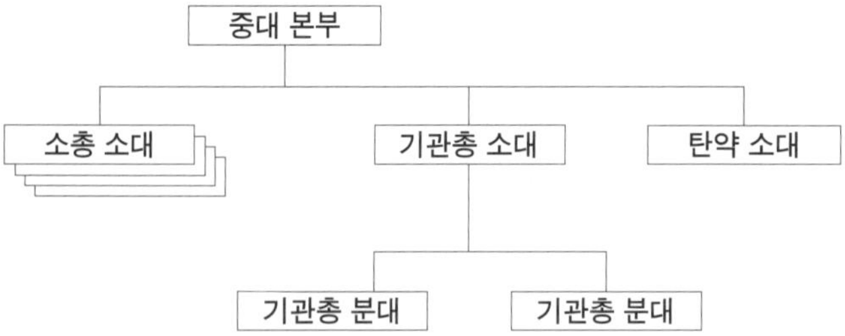

보병 중대에서 운용되는 기관총 분대는 기관총 소대에 소속되어, 소총 소대의 지원사격을 수행했다. 탄약의 보급은 탄약 소대가 담당했다.

기관총 분대

기관총 분대는 분대장 이하 10명의 인원에 중기관총 및 탄약을 운반하는 말 2필로 구성되어 있었다.

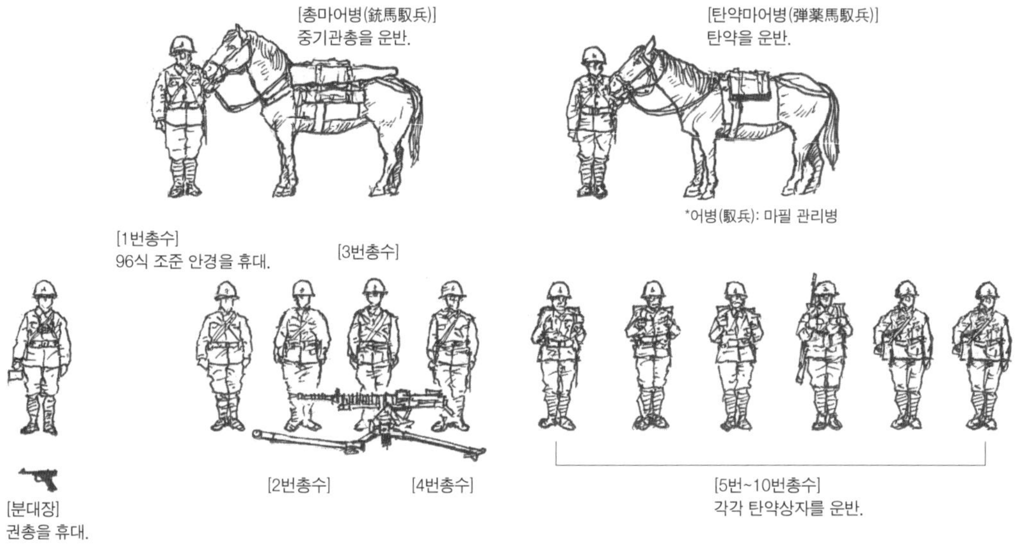

《중기관총의 배치》

분대장이 지시한 위치에 기관총을 설치하고 각자 지정된 위치에 자리를 잡았다. 사격은 소대장의 명령에 따라 수행했다.

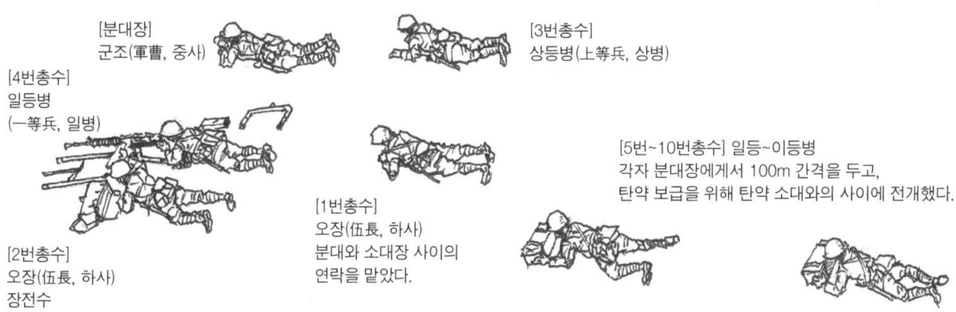

《인력 운반》

기관총과 탄약은 행군 시에는 군마에 싣고 이동했지만, 전투 상황에서는 기관총 분대원이 직접 운반했다. 1번부터 4번 사수는 기관총을 운반하며 5번 사수 이하는 실탄 540발이 들어있어 1개가 22kg에 달하는 탄약 상자를 운반했다.

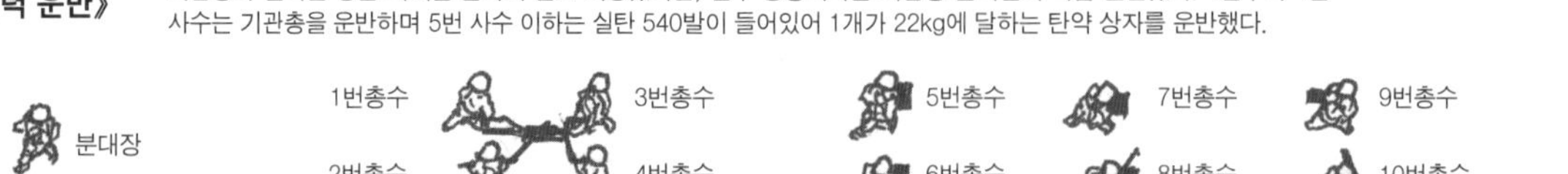

이탈리아군

이탈리아는 1차 대전의 승전국이었지만
전후의 경제 불안 등으로 인해
무기 체계의 발전이 지체되는 경향을 보였다.
이 때문에 구형 소화기의 교체가 지연되었으며,
전간기에 개발 및 채용된 화기 또한 개량의 여지가 남아있는 등
여러 문제를 안고 있었다.

권총

이탈리아군은 19세기 말부터 군용 권총의 국산화를 시작했다. 20세기에 접어들며 리볼버에서 자동 권총이 주력이 되었고, 1차 대전 중에 베레타 M1915가 등장했다. 이후 개량과 개발이 지속되어 완성형이라 할 수 있는 베레타 M1934가 등장했다.

《보데오(Bodeo) M1889》 1889년 제식 채용 후, 2차 대전까지 사용된 군용 리볼버. 그림은 프레임 좌측에 리바운딩 해머 안전장치가 추가된 M1889의 개량형이다.

구경 : 10.35mm
사용 탄약 : 10.35×20mm
장탄수 : 6발
작동 방식 : 더블 액션
전장 : 235mm
총열 길이 : 115mm
중량 : 950g

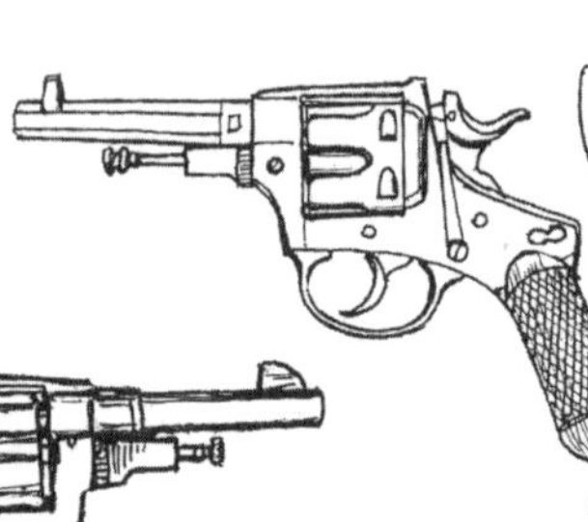

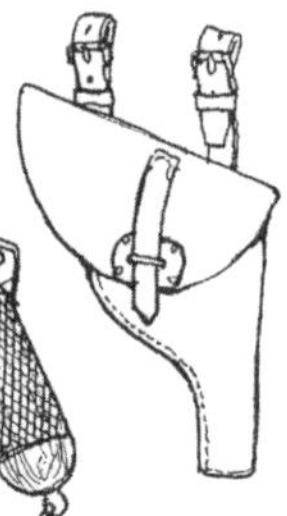

[M1889용 힙 홀스터]

《보데오 M1889/94》

M1889를 개량한 최종 모델. 기본 구조는 M1889와 동일하나, 총열을 원형으로 변경하는 등 경량화가 도모되었다.

《글리센티(Glisenti) M1910》

이탈리아군이 최초로 제식 채용한 자동권총. 부품 수가 많고 절삭 가공이 필요하여, 1차 대전 개전 당시, 군의 수요를 충족할 만큼 생산이 이뤄지지 못해, 베레타 M1915의 탄생 계기가 되었다.

구경 : 9mm
사용 탄약 : 9×19mm(9mm 글리센티탄)
장탄수 : 박스형 탄창에 7발
작동 방식 : 쇼트 리코일/락드 브리치
전장 : 206mm
총열 길이 : 100mm
중량 : 905g

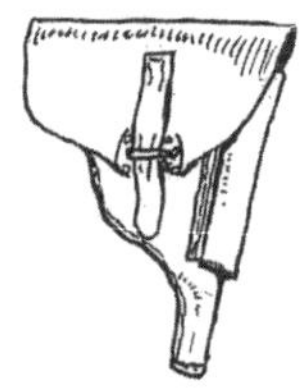

[M1910용 홀스터]

《베레타 M1931》

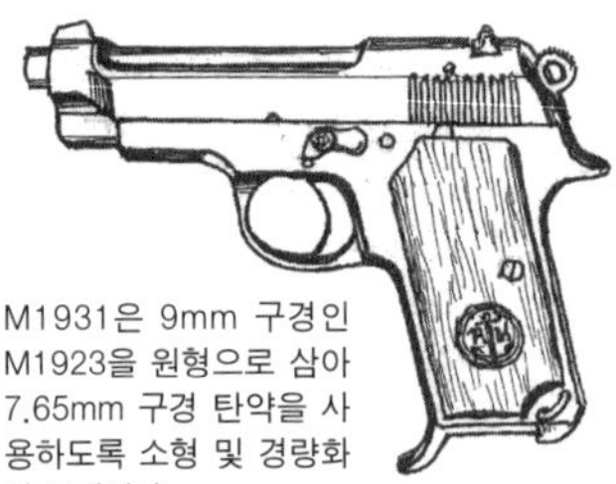

M1931은 9mm 구경인 M1923을 원형으로 삼아 7.65mm 구경 탄약을 사용하도록 소형 및 경량화 한 모델이다.

구경 : 7.65mm
사용 탄약 : 7.65×17mm(.32 ACP탄)
장탄수 : 박스형 탄창에 8발
작동 방식 : 블로우백/싱글 액션
전장 : 150mm
총열 길이 : 85mm
중량 : 610g

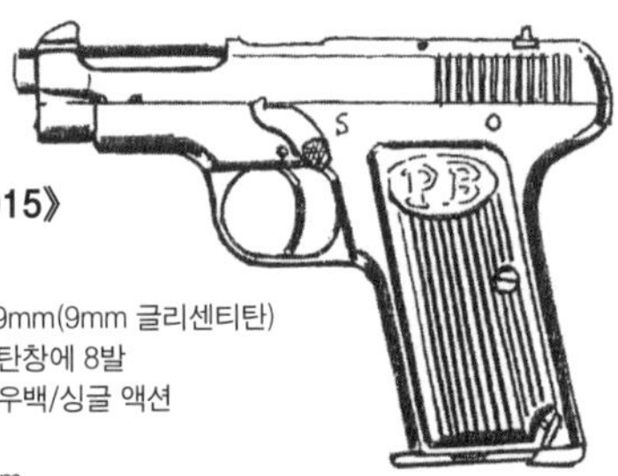

《베레타 M1915》

구경 : 9mm
사용 탄약 : 9×19mm(9mm 글리센티탄)
장탄수 : 박스형 탄창에 8발
작동 방식 : 블로우백/싱글 액션
전장 : 167mm
총열 길이 : 95mm
중량: 850g

베레타 사가 개발한 최초의 자동권총. 1차 대전 당시, 부족한 권총 수량을 보충하기 위해 개발 및 생산되었다.

《베레타 M1934》

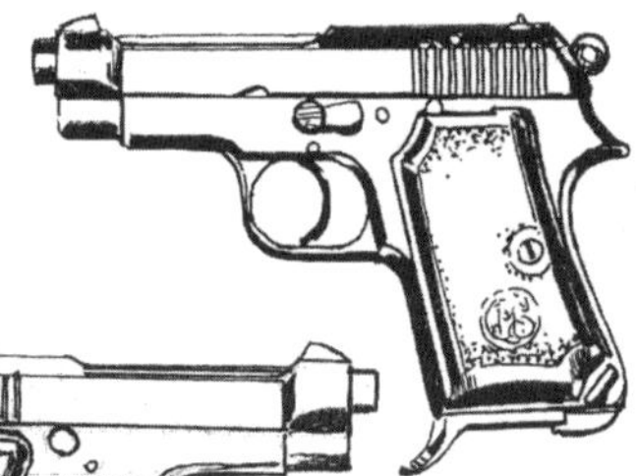

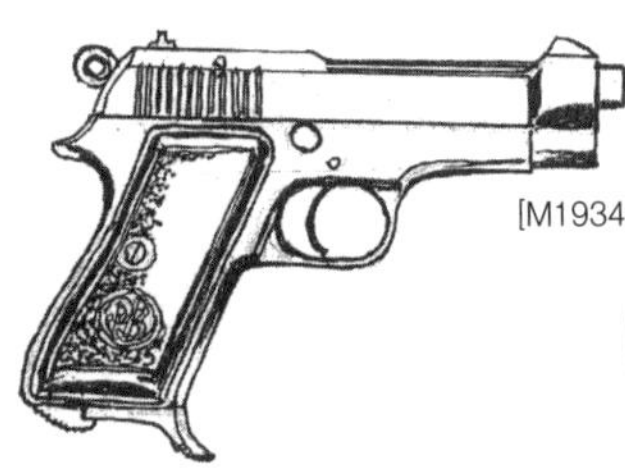

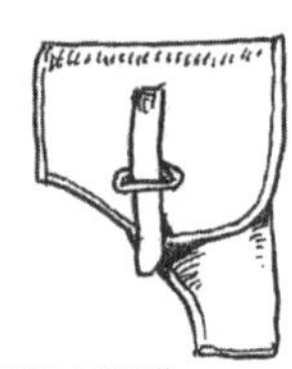

[M1934용 홀스터]

구경 : 9mm
사용 탄약 : 9×17mm (.380 ACP탄)
장탄수 : 박스형 탄창 7발
작동 방식 : 반자동
전장 : 150mm
총열 길이 : 88mm
중량 : 625g

M1931을 개량, 부품 수를 줄이면서 튼튼하게 설계된 M1934는 소형에 단순한 구조이며 고장이 적어 장교들 사이에서 높은 신뢰를 받았다. 2차 대전 중에는 장교뿐만 아니라 항공기나 기갑 차량 승무원도 호신용으로 사용했다.

《MOO 신호 권총》

구경 25.4mm의 단발, 중절식(break-action) 신호총.

소형 권총인 베레타 M1934는 군용 권총으로는 위력이 좀 낮았다는 결점이 있었으나, 고장이 적어 장교들이 선호했다.

소총

2차 대전 당시, 이탈리아군의 소총은 카르카노 M1891 소총이 중심이었으며, 여기에 카르카노 소총의 개량형 및 파생형이 사용되었다.

《카르카노 M1891》

살바토레 카르카노가 1890년에 개발, 1891년에 이탈리아군이 제식 채용한 카르카노 소총 시리즈의 첫 모델. 후속 소총의 생산과 배치가 갖춰지지 않아, 1943년 9월에 이탈리아가 항복하던 시점까지 주력 소총으로 계속 사용되었다.

구경 : 6.5mm
탄약 : 6.5×52mm 카르카노탄
장탄수 : 6발
작동 방식 : 볼트 액션
전장 : 1,295mm
총열 길이 : 780mm
중량 : 3.8kg

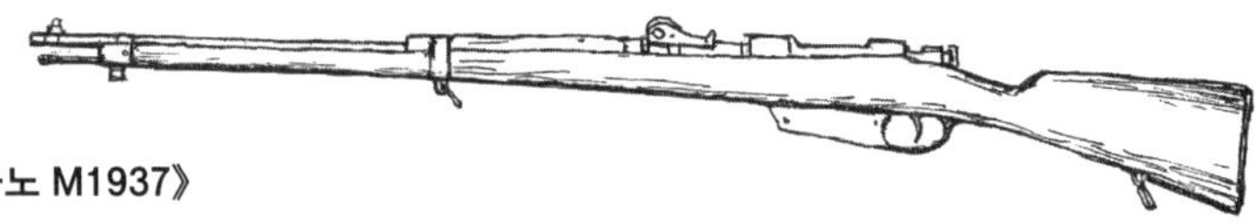

《카르카노 M1937》

M1891의 생산 공정을 간소화한 전시 생산 모델. 1941년에 채용되었다.

구경 : 6.5mm
탄약 : 6.5×52mm 카르카노탄
장탄수 : 6발
작동 방식 : 볼트 액션
전장 : 1170mm
총열 길이 : 690mm
중량 : 3.72kg

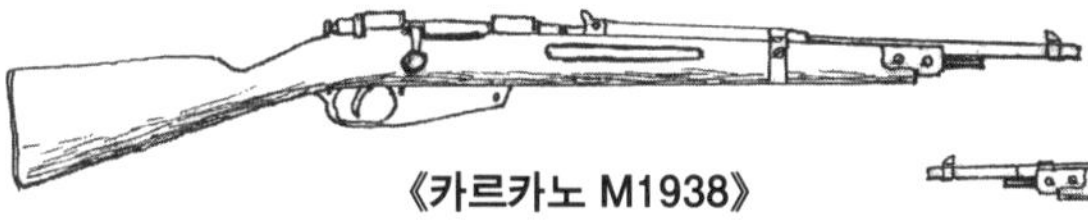

《카르카노 M1938》

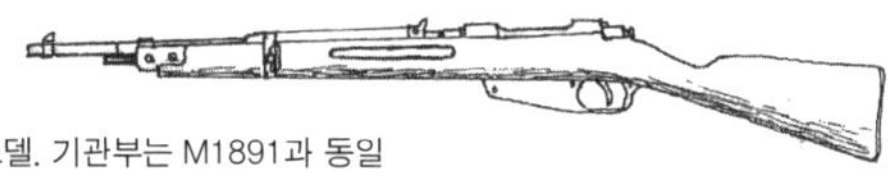

탄도 성능과 위력을 향상시키기 위해, 구경을 7.35mm로 설계한 모델. 기관부는 M1891과 동일한 구조이다. M1938은 채용 후, 소총용 탄약 규격의 통일 문제로 구경을 다시 6.5mm로 개수하는 과정을 거쳤으며, 이 때문에 제식 명칭이 M1891/38이 되었다.

구경 : 7.35mm
탄약 : 7.35×51mm 카르카노탄
장탄수 : 6발
작동 방식 : 볼트 액션
전장 : 1,020mm
총열 길이 : 530mm
중량 : 3.4kg

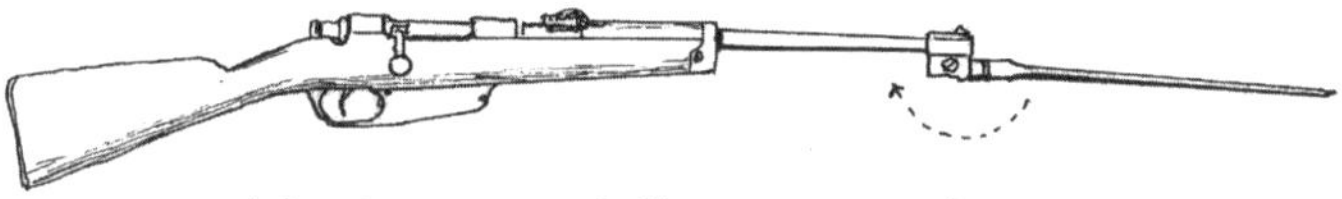

《카르카노 M1891 카빈》

M1891의 전장과 총열 길이를 단축한 카빈 모델. 1893년에 채용되었다.

구경 : 6.5mm
탄약 : 6.5×52mm 카르카노탄
장탄수 : 6발
작동 방식 : 볼트 액션
전장 : 920mm
총열 길이 : 434mm
중량 : 3kg

카빈 모델에는 접철식 스파이크 대검이 부속되었다.

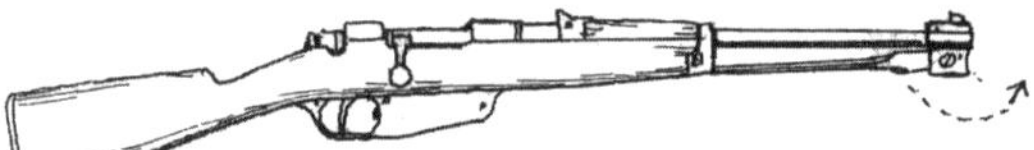

《카르카노 M1938 카빈》

M1938의 카빈 타입. 기본적인 디자인은 M1891 카빈을 답습한 모습이었다.

대검은 통상 총열 아래에 접어서 수납했으며, 착검 시에는 전방으로 180도 회전시켜 꺼냈다.

구경 : 7.35mm
탄약 : 7.35×51mm 카르카노탄
장탄수 : 6발
작동 방식 : 볼트 액션
전장 : 920mm
총열 길이 : 450mm
중량 : 2.95kg

기관단총

비교적 낮은 평가를 받았던 이탈리아군 소화기였지만, 기관단총만큼은 그 신뢰성과 내구성 등으로 좋은 평가를 받았다.

《베레타 M1938A》

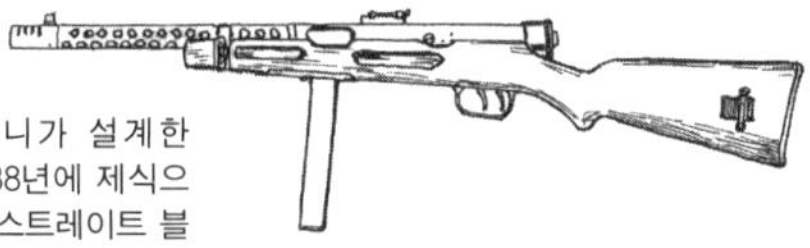

툴리오 마렝고니가 설계한 M1938A는 1938년에 제식으로 채용되었다. 스트레이트 블로우백 방식으로 작동하며, 단발/연발 사격 전환은 2개의 방아쇠로 나누어 쏘는 구조로 되어 있다. 방열 배럴 디자인의 차이나 착검 장치의 유무 등 4종의 파생형이 만들어졌다.

구경 : 9mm
탄약 : 9×19mm(9mm 파라벨룸탄)
장탄수 : 박스형 탄창에 10발, 20발, 30발, 40발
작동 방식 : 블로우백
전장 : 947mm
총열 길이 : 315mm
중량 : 3.9kg
발사 속도 : 600발/분

《베레타 M1938/42 초기형》

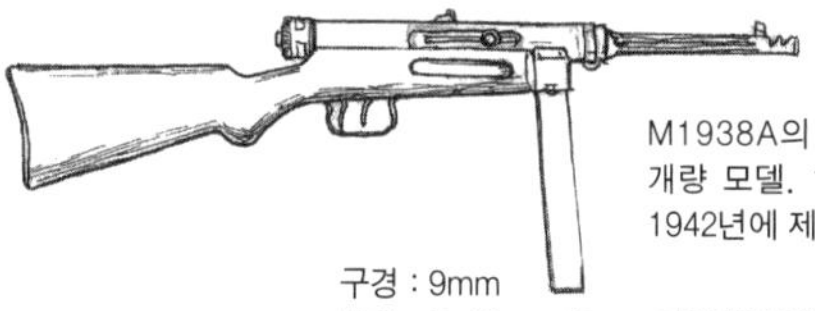

M1938A의 길이를 줄이고 경량화한 개량 모델. 1941년의 시제품을 거쳐, 1942년에 제식으로 채용되었다.

구경 : 9mm
탄약 : 9×19mm (9mm 파라벨룸탄)
장탄수 : 박스형 탄창에 10발, 20발, 30발, 40발
작동 방식 : 블로우백
전장 : 800mm
총열 길이 : 210mm
중량 : 3.5kg
발사 속도 : 550발/분

기관총

이탈리아군은 1차 대전 이후 국산 기관총 개발을 추진하여, 1920년대부터 2차 대전 발발 전까지 여러 종류의 기관총을 개발하여 채용했다.

경기관총

구경 : 6.5mm
사용 탄약 : 6.5×52mm 카르카노 탄
장탄수 : 고정식 상자형 탄창에 20발
작동 방식 : 블로우백/쇼트 리코일
전장 : 1,230mm
총열 길이 : 520mm
중량 : 10.2kg
발사 속도 : 475발/분

《브레다 M1930 경기관총》

이탈리아군이 운용한 쇼트 리코일 지연 블로우백 방식의 공랭식 경기관총. 기관부와 급탄 장치의 구조가 복잡하여 고장이 잦았으며, 흙먼지로 인한 오염에 취약하다는 결점이 있었다.

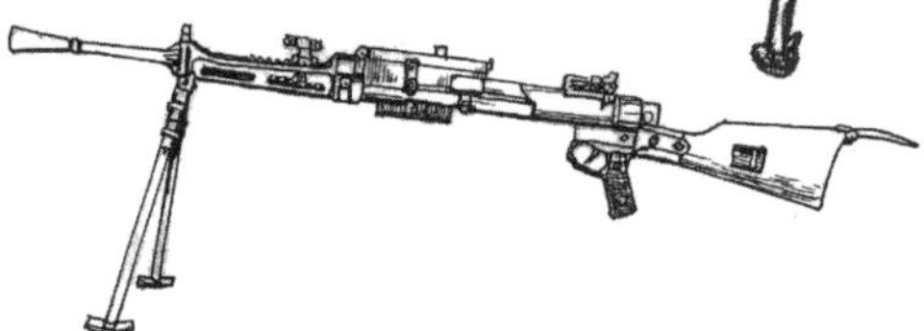

탄창은 탄피 배출구 커버에 슬라이드식으로 끼운 뒤, 180도 회전시켜 장전했다.

중기관총

《브레다 M1937 중기관총》

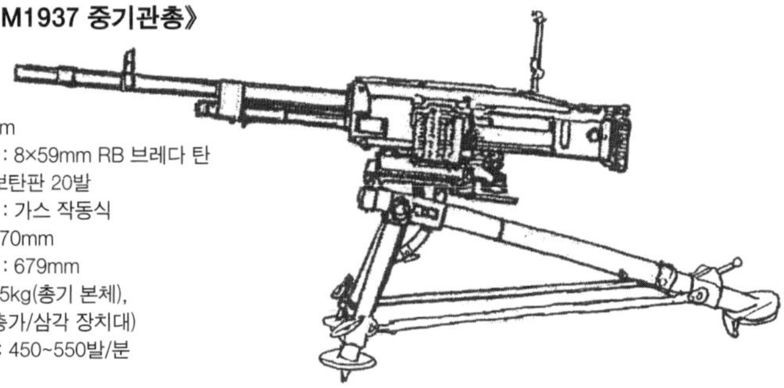

구경 : 8mm
사용 탄약 : 8×59mm RB 브레다 탄
장탄수 : 보탄판 20발
작동 방식 : 가스 작동식
전장 : 1,270mm
총열 길이 : 679mm
중량 : 17.5kg(총기 본체),
18.8kg (총가/삼각 장치대)
발사 속도: 450~550발/분

1937년에 채용된 8mm 구경 중기관총. 경기관총과 달리 연사 능력, 위력, 내구성 등에서 높은 평가를 받았다. 장전에는 보탄판을 사용하지만, 약실에 장전된 탄약의 탄피가 발사 후 배출되지 않고 보탄판으로 다시 되돌려지는 특이한 구조였다.

《피아트-레벨리 M1935 중기관총》

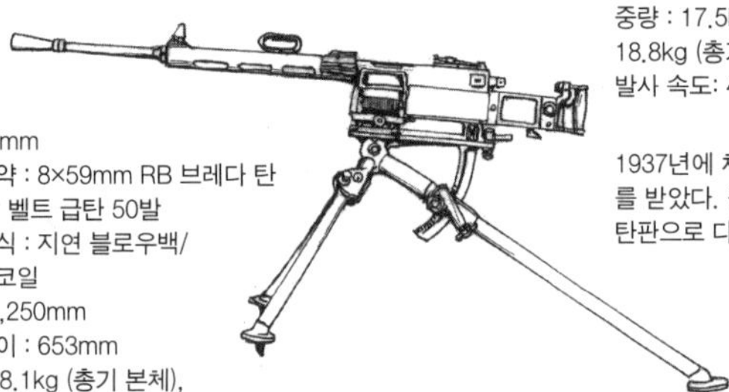

구경 : 8mm
사용 탄약 : 8×59mm RB 브레다 탄
장탄수 : 벨트 급탄 50발
작동 방식 : 지연 블로우백/
쇼트 리코일
전장 : 1,250mm
총열 길이 : 653mm
중량 : 18.1kg (총기 본체),
23kg (총가/삼각대)
발사 속도 : 500발/분

1차 대전 중에 사용된 수랭식 M1914 중기관총을 공랭식으로 개량한 모델. 지속 사격 성능을 향상시키기 위해, 급탄 방식을 보탄판에서 벨트 급탄식으로 개수했다.

기타 화기

《졸로투른(Solothurn) S18/1100 대전차 소총》

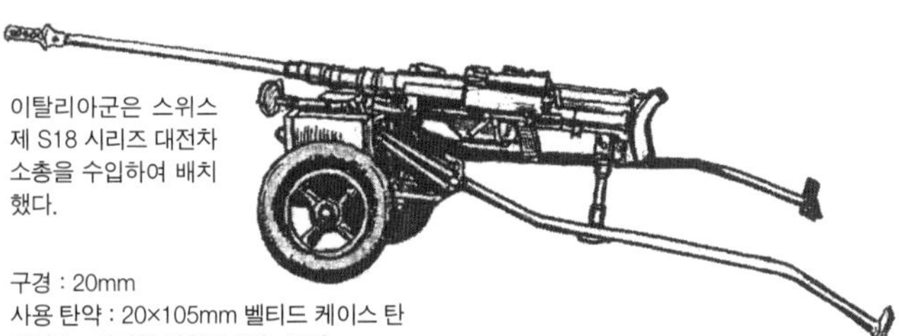

이탈리아군은 스위스제 S18 시리즈 대전차 소총을 수입하여 배치했다.

구경 : 20mm
사용 탄약 : 20×105mm 벨티드 케이스 탄
장탄수 : 상자형 탄창에 5발, 10발
작동 방식 : 쇼트 리코일
전장 : 1,760mm
총열 길이 : 925mm
중량 : 45kg

《브릭시아(Brixia) M35 박격포》

삼각대와 포신을 결합한 독특한 구조를 가진 박격포. 일반적인 박격포와 달리 포탄과 발사약이 분리되어 있었는데, 발사약 10발은 탄창에 장전되며, 포탄은 포미약실을 통해 장전하여 발사하는 방식이었다.

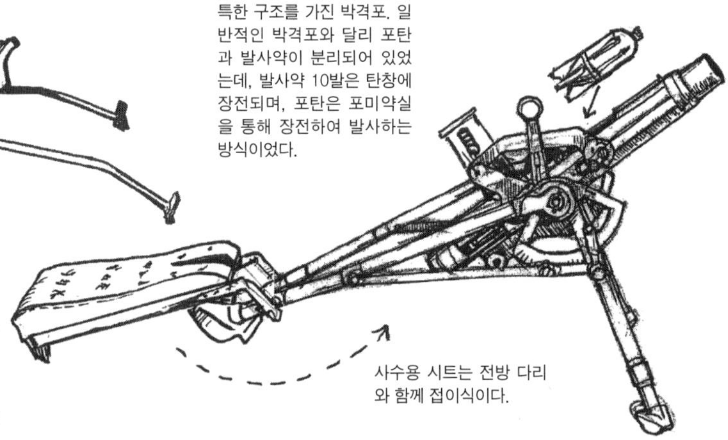

구경: 45mm
포신 길이: 260mm
중량: 15.5kg
고각: +10~+90°
좌우 사각: 20°
최대 사거리: 530m

사수용 시트는 전방 다리와 함께 접이식이다.

수류탄

이탈리아군 수류탄의 특징은 충격 신관을 갖추고 있었다는 점이다. 이는 투척 후 지면 등에 착탄한 충격으로 기폭되는 구조로, 1차 대전까지 수류탄에 널리 쓰였다. 지연식 신관보다 구조는 단순했으나, 모래밭처럼 비교적 부드러운 지면에 착탄한 경우에는 작동하지 않는 경우가 많아 언제 폭발할지 모르는 불발탄이 되는 등, 적뿐만 아니라 아군까지 위험에 빠뜨리기도 했다. 때문에 붉은색 페인트가 칠해진 이탈리아군 수류탄은 연합군 장병 사이에서 '붉은 악마'라는 별칭으로 악명을 떨치기도 했다.

《OTO M35》

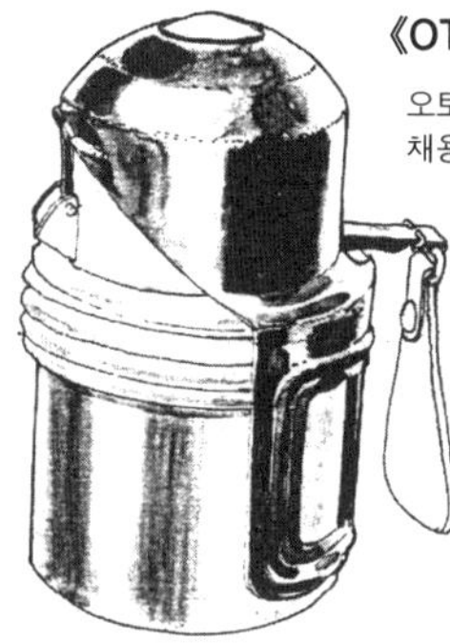

오토 멜라라 사에서 제작하고, 1935년에 제식 채용된 수류탄.

전장 : 95mm
직경 : 58mm
중량 : 150g
작약 : TNT 36g

《OTO M35의 내부 구조》

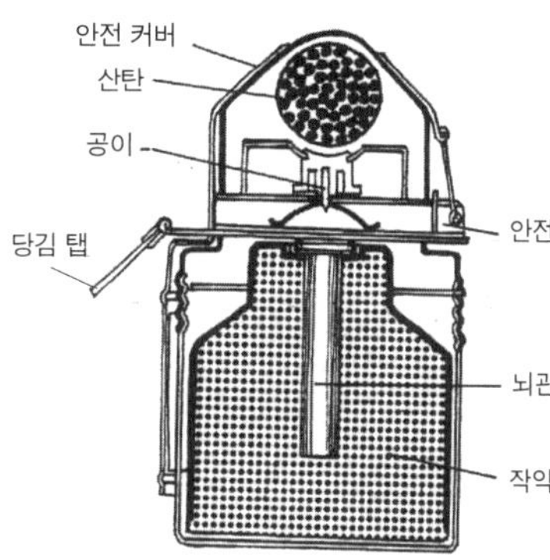

안전 커버와 탄체는 빨간색으로 도색되어 있었다.

《브레다 M35》

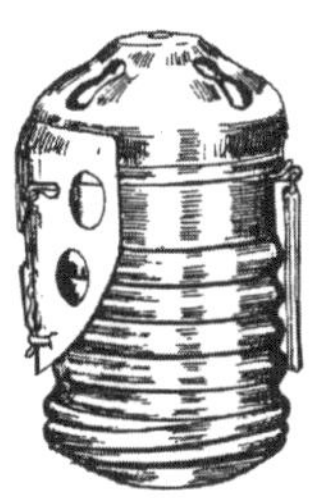

브레다 사에서 제조한 M35 수류탄. 구조는 OTO M35와 거의 같았다.

《S.R.C.M. M35》

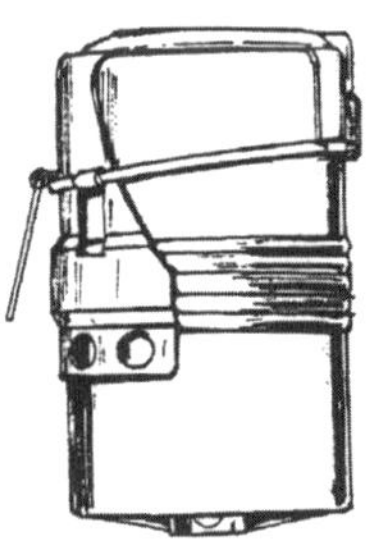

S.R.C.M.(Società Romana Costruzioni Meccaniche, 로마 기계공업 회사) 사의 수류탄. OTO 사 제품에 비해 작약량은 많지만, 점화 방식이 동일하기에 불발 문제 또한 그대로 안고 있었다.

전장 : 85mm
직경 : 57mm
중량 : 240g
작약 : TNT 43g

[S.R.C.M. M35의 내부 구조]

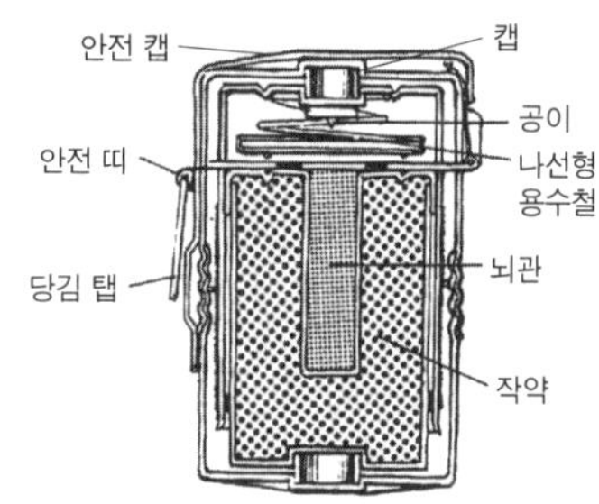

《브레다 M40 막대형 수류탄》

브레다 M35에 원거리 투척용 손잡이를 추가한 모델.

전장 : 241mm
직경 : 53mm
중량 : 불명
작약 : TNT 50g

《브레다 M42 대전차 수류탄》

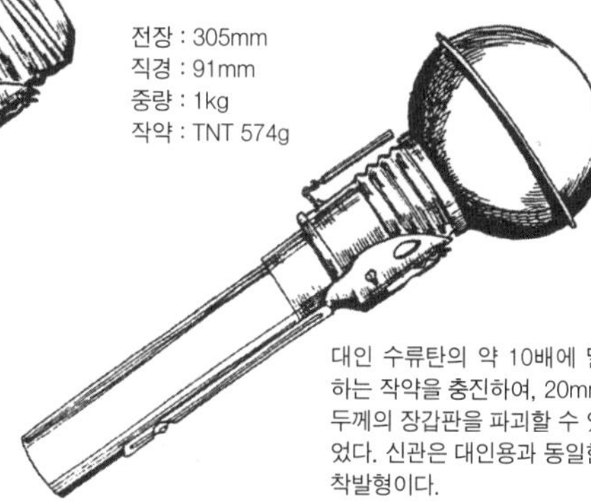

전장 : 305mm
직경 : 91mm
중량 : 1kg
작약 : TNT 574g

대인 수류탄의 약 10배에 달하는 작약을 충진하여, 20mm 두께의 장갑판을 파괴할 수 있었다. 신관은 대인용과 동일한 착발형이다.

화염방사기

《M35 화염방사기》

중량 : 27kg
연료 : 12ℓ
방사 거리 : 22m

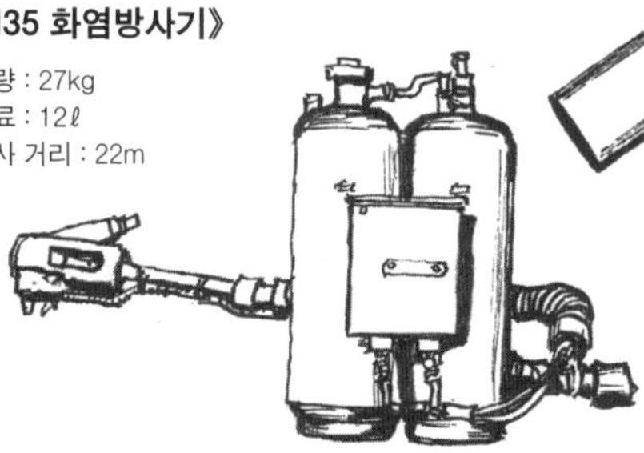

1935년에 채용된 휴대용 화염방사기. 중유와 휘발유를 혼합한 연료를 사용했다. 점화 방식은 초기형의 경우, 부싯돌식이었으나, 후기형은 배터리를 사용한 전기 점화식으로 바뀌었다.

《M40 화염방사기》

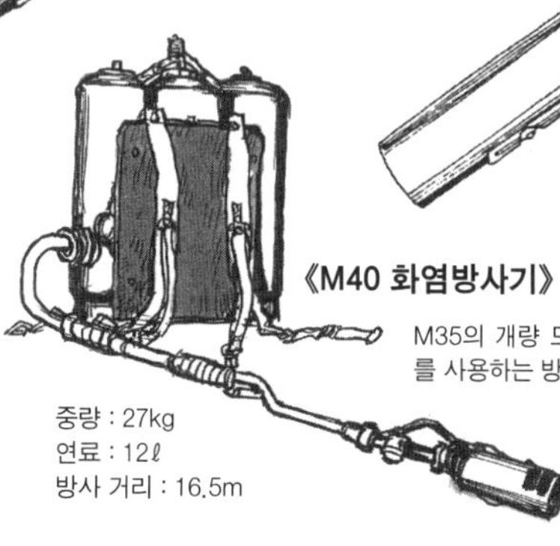

M35의 개량 모델. 점화기가 자석 발전기를 사용하는 방식으로 변경되었다.

중량 : 27kg
연료 : 12ℓ
방사 거리 : 16.5m

이탈리아군 보병 부대의 편제

이탈리아 육군의 기본적인 보병 소대 편제는 2개의 소총 분대와 2개의 경기관총 분대로 구성되었다. 또한, 이 편제는 기계화 부대, 공수 부대, 산악 부대 등 병과나 시기에 따라 다소 상이점이 있었다.

돌격 분대(소총 분대)

분대는 분대장(중사)과 소총수 10명을 합쳐 11명으로 구성되었다. 장비하는 소총은 소속 부대 등에 따라 조금씩 달랐는데, 카르카노 M1891 시리즈를 비롯한 각종 소총과 카빈 등이 사용되었다.

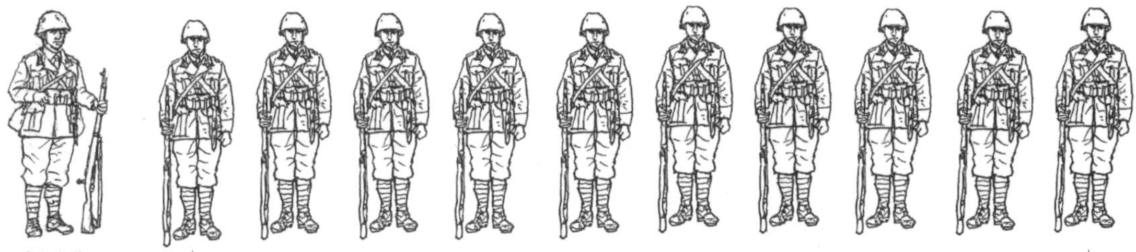

[분대장]
[소총수] 10명

지원 분대(경기관총 분대)

이탈리아군은 소총 분대 내에 분대 지원화기를 배치하지 않고, 별도로 경기관총 분대를 편성했다. 1개 분대는 분대장, 경기관총 사수와 2명의 부사수, 소총수 5명으로 합계 10명으로 구성되었다. 분대에는 2정의 브레다 M1930 경기관총이 장비되었다.

[분대장] [기관총 사수] [부사수(탄약수)] [기관총 사수] [부사수(탄약수)]

브레다 M1930 경기관총 장비. 기관총 사수와 부사수는 권총도 휴대하고 있었다.

[소총수] 5명

중기관총 분대

중기관총 분대는 중기관총 소대에 2개 분대가 배속되었다. 분대는 9명으로 편성되며, 피아트-레벨리 M1935 또는 브레다 M1937 중기관총을 운용했다.

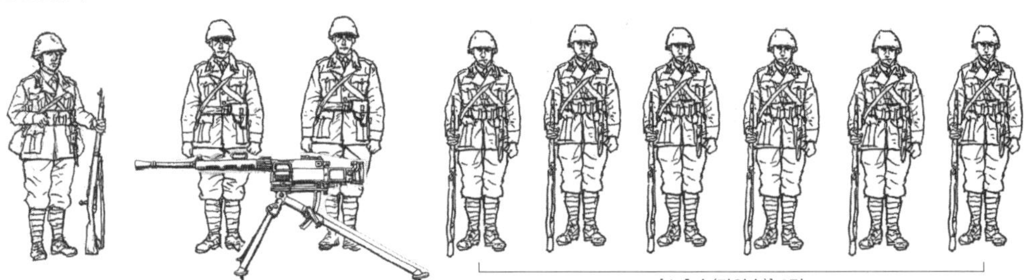

[분대장] [기관총 사수] [부사수] [소총수(탄약수)] 6명

그림은 피아트-레벨리 M1935 중기관총을 장비한 모습. 기관총 사수와 부사수는 권총도 휴대하고 있었다.

그 외의 추축군

유럽 전선의 추축군이 장비한 소화기는 독일, 이탈리아와 마찬가지로
1차 대전 당시의 모델이거나 전간기에
이를 개량한 모델이 주류를 이루고 있었다.
체코슬로바키아 등 대전 이전부터 자국산 병기를 개발해 오던 국가에서는
2차 대전 기간 중에 자국군 및 독일군용 소화기를 생산하기도 했다.

핀란드군

핀란드 육군은 1차 대전 이후, 소화기의 국산화를 추진했다. 그리고 이렇게 생산한 자국산 소화기는 소련을 상대로 한 겨울 전쟁(1939년 11월~1940년 3월)과 계속 전쟁(1941년 6월~1944년 9월)을 치르는 데 큰 힘이 되었다.

《라티 L1935》

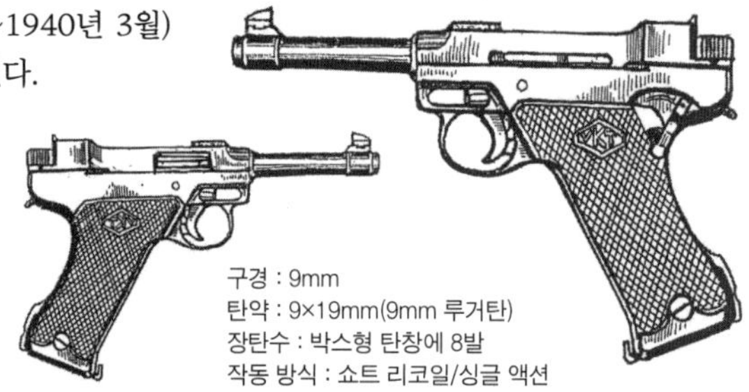

구경 : 9mm
탄약 : 9×19mm(9mm 루거탄)
장탄수 : 박스형 탄창에 8발
작동 방식 : 쇼트 리코일/싱글 액션
전장 : 245mm
총열 길이 : 107mm
중량 : 1.2kg

아이모 라티가 설계하여, 1935년에 채용된 자국산 군용 권총. 핀란드군은 이를 1980년대까지 사용했다.

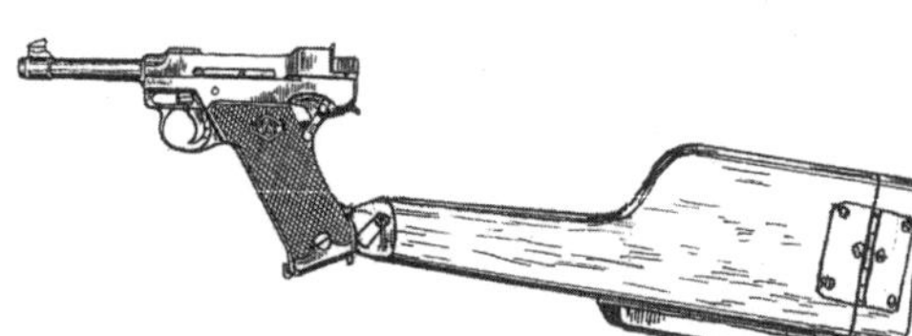

전용 부수기재 중 하나로 개머리판 겸용 홀스터도 준비되었다.

《모신나강 M1891/30》

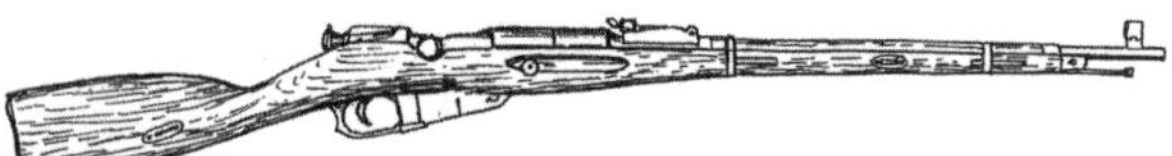

국산 모델 외에 독립 전쟁 당시에 러시아로부터 입수한 것과 겨울 전쟁을 치르는 동안 소련군으로부터 노획한 것을 사용했다.

《M27》

러시아로부터 입수한 모신나강 M1891을 개량한 자국산 소총.

구경 : 7.62mm
탄약 : 7.62×54mm R
장탄수 : 5발
작동 방식 : 볼트 액션
전장 : 1,195mm
총열 길이 : 685mm
중량 : 4.3kg

《M34 저격소총》

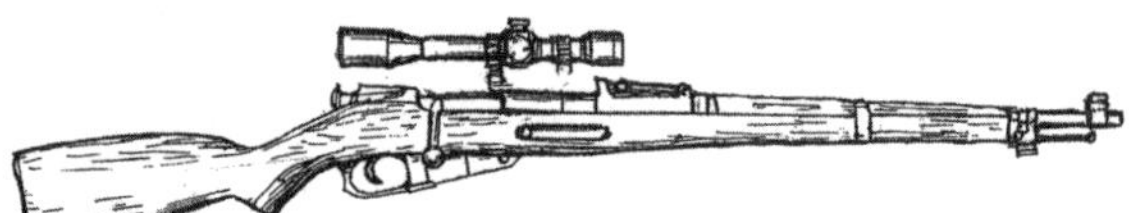

자국에서 생산된 M28/30 소총 중에서 정밀도가 우수한 것을 선별하여 제작되었다. 개머리판은 M39에서 채용된 신형을 사용했으며, 소련제 PE 망원 조준경이 장착되었다.

《라티/살로란타(Lahti-Saloranta) M1926 경기관총》

아이모 라티 기사와 A.E. 살로란타 중위가 개발한 쇼트 리코일 방식의 공랭식 기관총. 1926년에 채용되어 주력 경기관총이 되었으나, 탄창의 급탄 불량이나 과도하게 정밀한 구조가 화근이 되어, 동계 작전 시 작동 불량을 일으키는 문제가 있어 1942년에 생산이 종료되고 말았다.

구경 : 7.62mm
사용 탄약 : 7.62mm×54R
장탄수 : 박스형 탄창에 20발, 드럼 탄창에 75발
작동 방식 : 쇼트 리코일/오픈 볼트
전장 : 1,109mm
총열 길이 : 500mm
중량 : 9.3kg
발사 속도 : 450~550발/분

《M32수류탄》

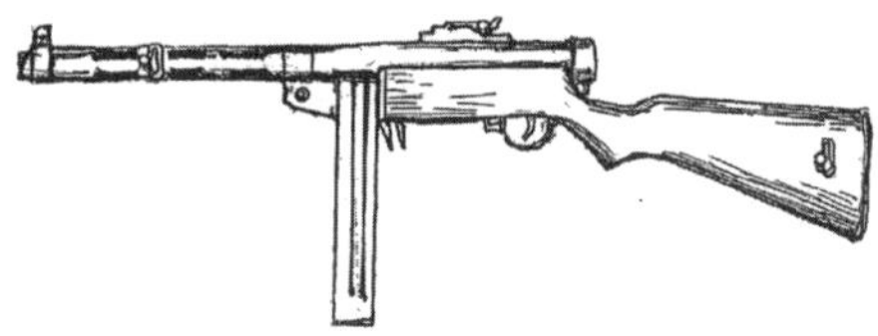

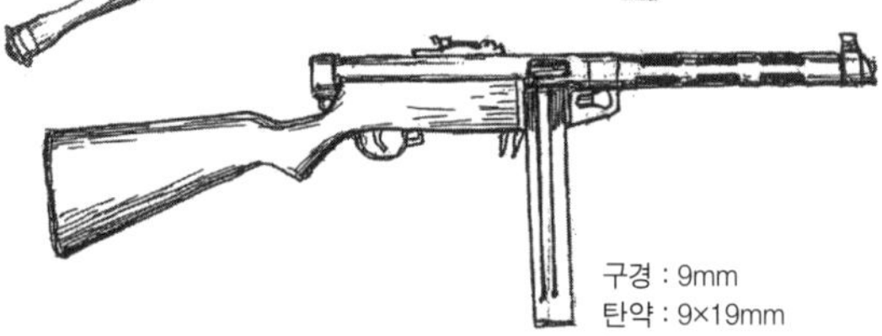

《수오미 M1931(KP/-31)》

M1931은 M1922(시제품), M1926에 이어 핀란드에서 개발된 단순 블로우백, 오픈 볼트 방식의 국산 기관단총. 발사속도 조절이 가능하며 총열 교환도 간편하게 수행할 수 있는 기능을 갖추고 있었다.

구경 : 9mm
탄약 : 9×19mm
(9mm 파라벨룸탄)
장탄수 : 박스형 탄창에 20발, 40발, 50발 / 드럼 탄창에 71발
전장 : 875mm
총열 길이 : 314mm
중량 : 4,870g
발사 속도 : 750~900발/분

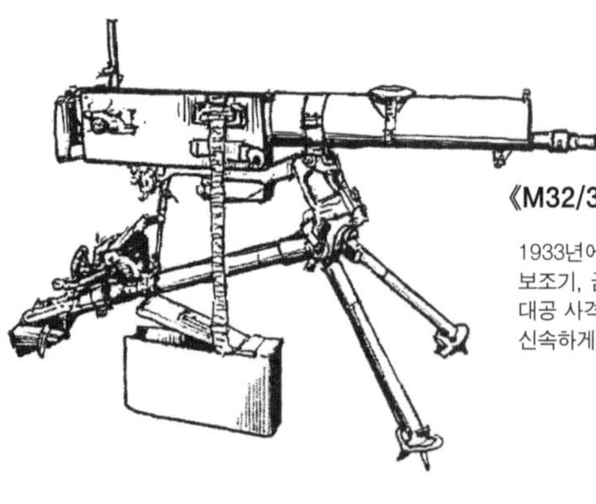

구경 : 7.62mm
탄약 : 7.62mm×54R
장탄수: 벨트 급탄 200발
작동 방식 : 쇼트 리코일/토글 락
전장 : 1,190mm
총열 길이: 720mm
중량 : 25kg(총기 본체), 31.1kg(총가/거치대)
발사 속도 : 600~850발/분

《M32/33 중기관총》

1933년에 채용된 수랭식 중기관총. M32 중기관총의 액세서리 기구나 주퇴 보조기, 금속 급탄 벨트를 사용할 수 있도록 개량되었으며, 삼각 장치대도 대공 사격이 가능하도록 개수되어 있다. 1939년에는 워터 재킷에 냉각수를 신속하게 보충할 수 있도록 대형 마개를 추가했다.

루마니아군

루마니아는 각 시대마다 동맹 관계에 있던 국가로부터 무기를 수입하여 배치했다. 2차 대전 중에 사용된 순수 자국산 무기는 기관단총 정도뿐이었다.

《베레타 M1938/42》

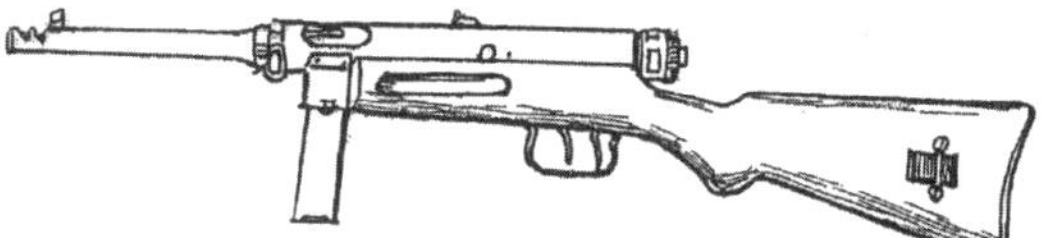

제2차 세계대전 시 이탈리아로부터 수입하여 사용했다.

《Vz24》

1차 대전 이후, 체코슬로바키아로부터 수입. 1930년대 중반에는 루마니아에서 면허 생산되었다.

《슈바르츠로제 M7/12 중기관총》

오스트리아제 수랭식 중기관총.

《호치키스 M1914 중기관총》

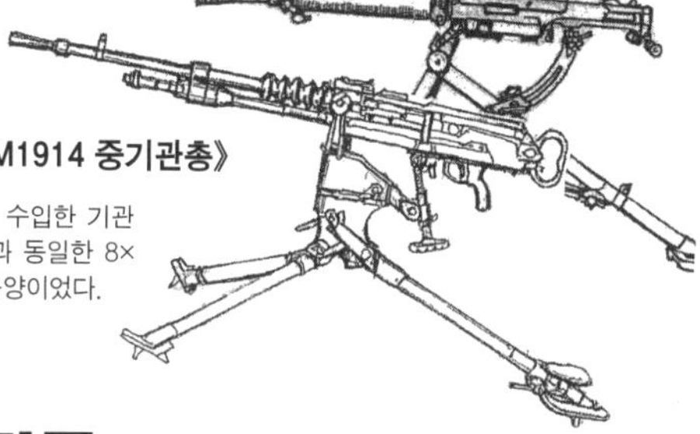

프랑스로부터 수입한 기관총. 프랑스군과 동일한 8×50mm R탄 사양이었다.

《슈타이어 M1912》

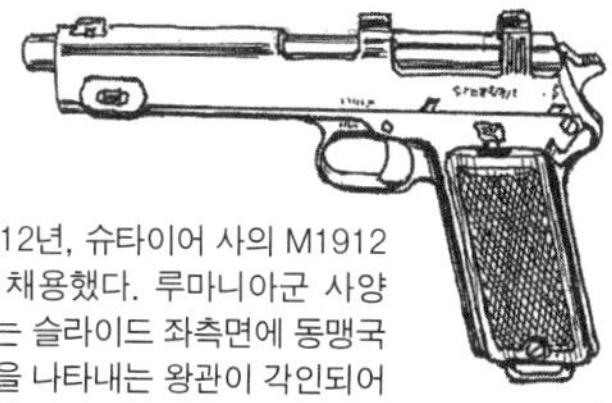

1912년, 슈타이어 사의 M1912를 채용했다. 루마니아군 사양에는 슬라이드 좌측면에 동맹국임을 나타내는 왕관이 각인되어 있다.

구경 : 9mm
사용 탄약 : 9×23mm
(9mm 슈타이어 탄)
장탄수 : 박스형 탄창에 8발
작동 방식 : 쇼트 리코일/싱글 액션
전장 : 205mm
총열 길이 : 129mm
중량 : 980g

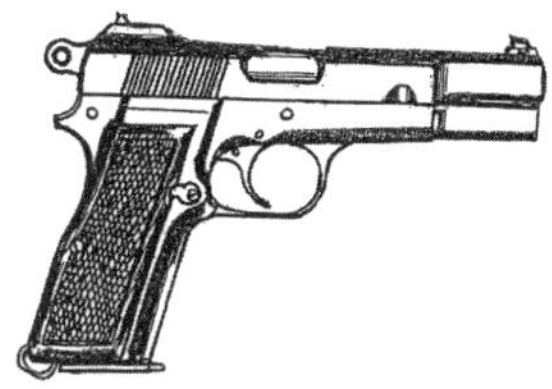

《FN 브라우닝 하이파워 M1935》

1938년에 채용, 벨기에로부터 수입했다.

《MAN수류탄》

《오리차(Orița) M1941》

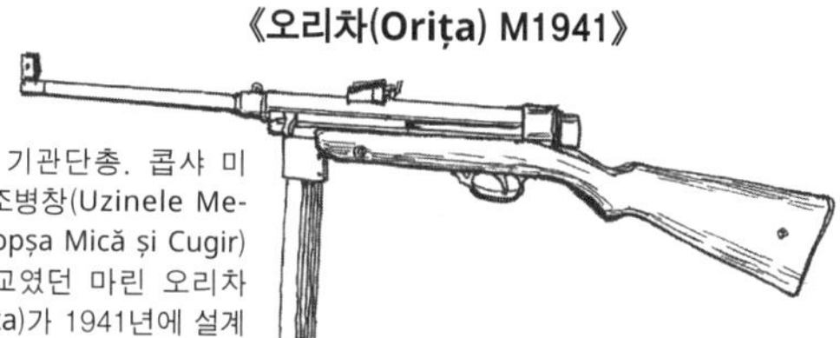

루마니아산 기관단총. 콥샤 미커&쿠지르 조병창(Uzinele Metalurgice Copșa Mică și Cugir)의 기술 장교였던 마린 오리차(Marin Orița)가 1941년에 설계했으며, 1943년부터 생산과 배치가 이루어졌다.

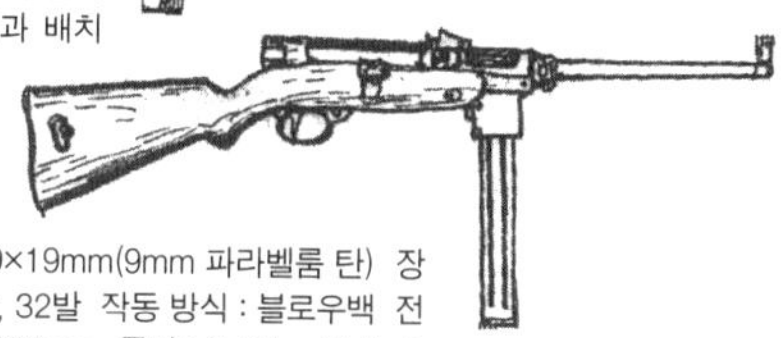

구경 : 9mm 사용 탄약 : 9×19mm(9mm 파라벨룸 탄) 장탄수 : 박스형 탄창에 25발, 32발 작동 방식 : 블로우백 전장 : 894mm 총열 길이 : 278mm 중량 : 3.45kg 발사 속도 : 400~600발/분

헝가리군

헝가리는 19세기 말부터 자국 내에서 생산한 소화기로 무장했다. 이는 2차 대전 중에도 마찬가지였는데, 권총, 소총, 기관단총 등, 중기관총을 제외한 대부분의 총기를 자체 생산했다.

《FÉG 37M(M1937)》

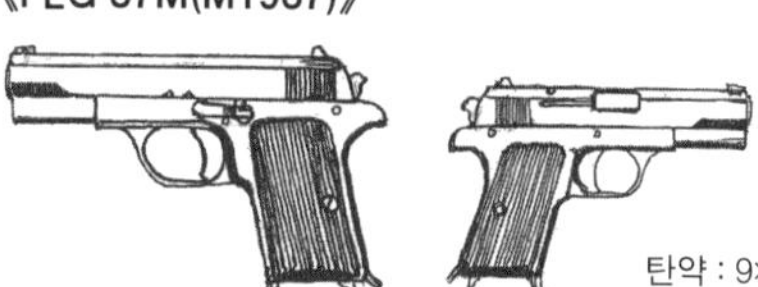

루돌프 프롬머(Rudolf Frommer)가 설계한 헝가리산 군용 권총. FÉG 29M(M1929)을 개량하여 1937년에 제식화된 모델이다.

탄약 : 9×17mm (.380 ACP 탄)
장탄수 : 박스형 탄창에 7발
작동 방식 : 블로우백
전장 : 182mm
총열 길이 : 110mm
중량 : 735g

《FÉG 35M(M1935)》

31M 소총을 바탕으로 새롭게 설계하여 생산된 자국산 소총. 1935년에 제식화되었다.

구경 : 8mm 사용 탄약 : 8×56mm 만리허(Mannlicher) 탄 장탄수: 5발 작동 방식 : 볼트 액션 전장 : 1,226mm 총열 길이 : 725mm 중량 : 3.83kg

《ZB30 경기관총》

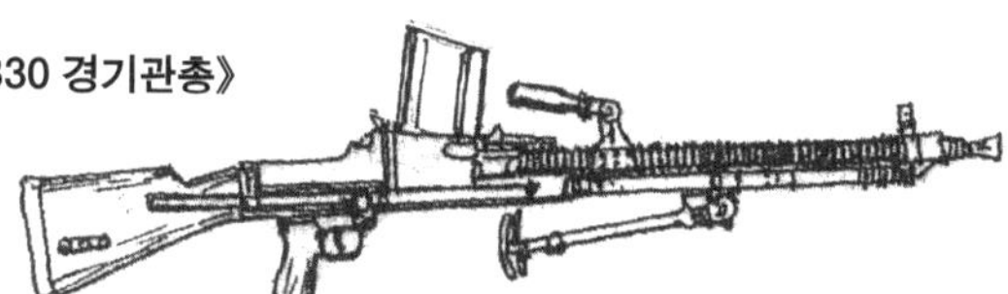

체코슬로바키아에서 수입했다.

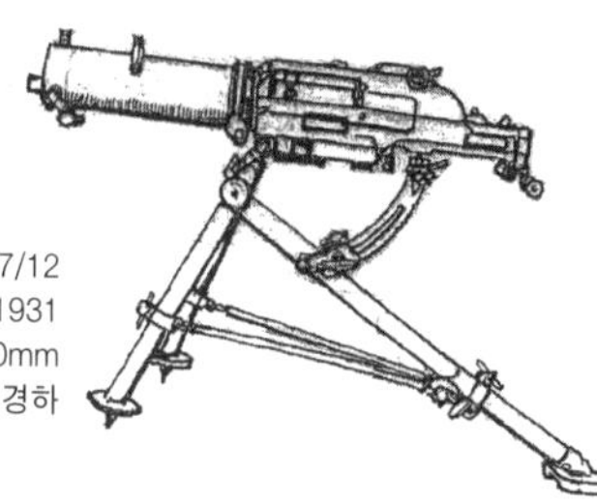

《M1942수류탄》

《슈바르츠로제 M07/31》

오스트리아-헝가리 제국 시대의 M07/12 중기관총을 개수한 수랭식 기관총. 1931년에 주력 소총의 변경에 맞춰 8×50mm R탄에서 8×56mm R탄 사양으로 변경하기 위해 총열과 약실이 개수되었다.

《다누비아(Danuvia) 39M》

헝가리의 자국산 기관단총. 파생형으로는 1943년에 채용된 접이식 개머리판 사양의 43M이 있었다.

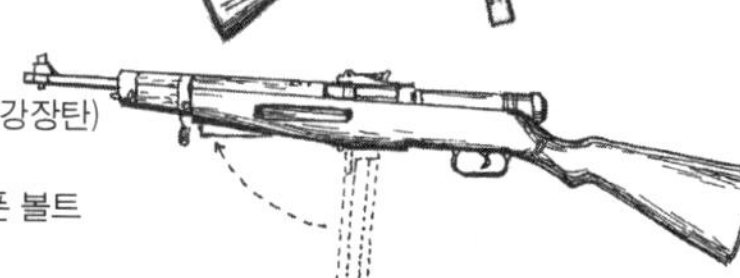

구경 : 9mm
사용 탄약 : 9×25mm(9mm 마우저 강장탄)
장탄수 : 박스형 탄창에 20발, 40발
작동 방식 : 레버 지연 블로우백/오픈 볼트
전장 : 1,048mm
총열 길이 : 499mm
중량 : 3.7kg
발사 속도 : 750발/분

슬로바키아군

공업국이었던 체코슬로바키아는 중화기부터 소화기까지 설계·생산하여 자국군의 수요를 충족한 것은 물론, 해외로도 많은 양을 수출했다. 1939년에 체코가 독일에 병합된 이후에는 주로 독일군과 동맹국을 위한 병기 생산을 하게 되었으며, 괴뢰국으로 추축국에 속하게 된 슬로바키아는 체코슬로바키아제 화기를 그대로 사용했다.

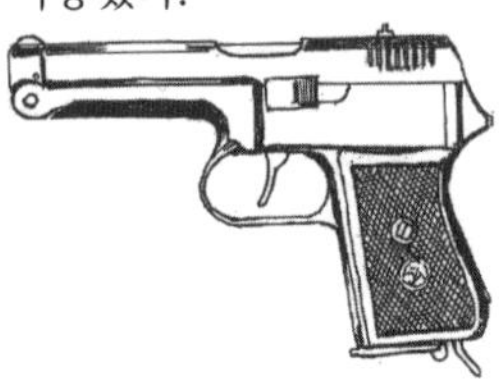

《Vz38》

구경 : 9mm
탄약 : 9×17mm(.380 ACP)
장탄수 : 박스형 탄창에 8발
작동 방식 : 블로우백/더블 액션
전장 : 206mm
총열 길이 : 118mm
중량 : 910g

원래는 체코슬로바키아군용 권총으로 개발되었으나, 독일에 병합되면서 자국군에는 지급되지 못한 채, 독일군에서 사용되었다.

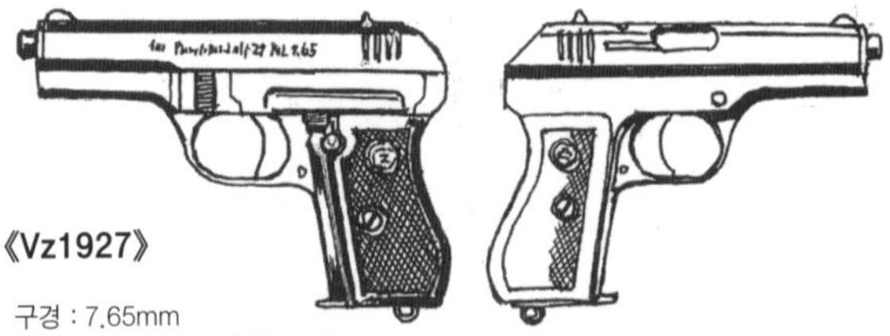

《Vz1927》

구경 : 7.65mm
탄약 : 7.65×17mm (.32 ACP탄)
장탄수 : 박스형 탄창 8발
작동 방식 : 블로우백/공이 직동식
전장 : 155mm
총열 길이 : 90.5mm
중량 : 670g

1924년에 만들어진 Vz1924의 개량 모델. 병합 후에는 독일군도 P27(t)라는 제식 명칭으로 사용했다.

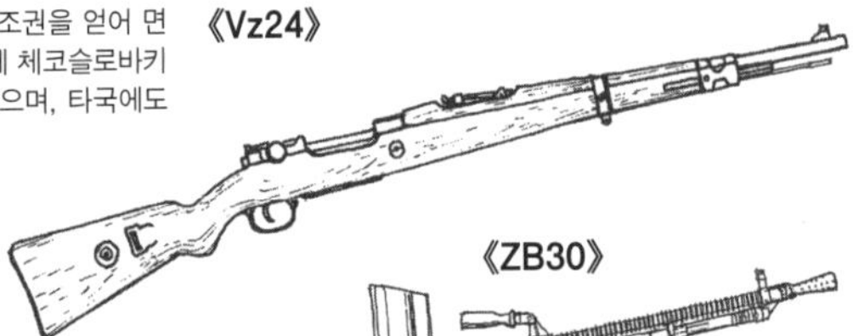

《Vz24》

독일 마우저 사로부터 제조권을 얻어 면허 생산한 소총. 1924년에 체코슬로바키아군의 제식 소총이 되었으며, 타국에도 수출되었다.

구경 : 7.92mm
탄약 : 7.92×57mm
장탄수 : 5발
작동 방식 : 볼트 액션
전장 : 1100mm
총열 길이 : 590mm
중량 : 4.2kg

《ZB30》

구경 : 7.92mm
탄약 : 7.92×57mm
장탄수 : 박스형 탄창 20발
작동 방식 : 롱 스트로크 가스 피스톤/틸팅 볼트
전장 : 1,130mm
총열 길이 : 503mm
중량 : 9.6kg
발사 속도 : 550발/분

당시, 세계 각국의 경기관총 개발에 영향을 준 ZB26의 개량형. 내구성을 높이고, 폐쇄 기구를 개수했다. 유럽이나 아시아 등지로 수출되었을 뿐만 아니라, 국외에서의 면허 생산도 이루어졌다.

《M24수류탄》

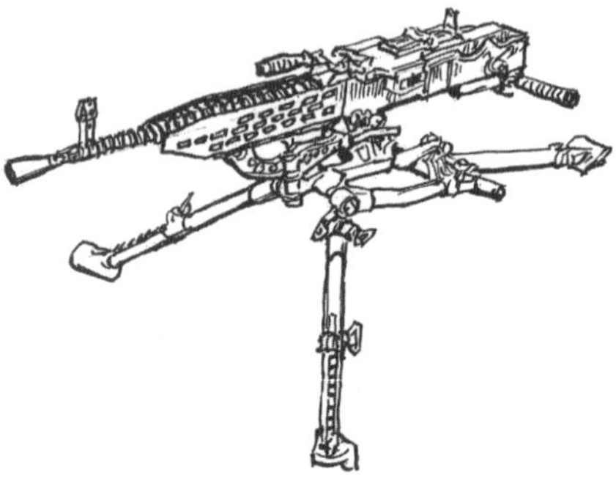

《ZB Vz37 중기관총》

구경 : 7.92mm 탄약 : 7.92×57mm 장탄수 : 벨트 급탄 100발, 200발 작동 방식 : 가스 작동식 전장 : 1,105mm 총열 길이 : 733mm 중량 : 18.8kg 발사 속도 : 500~700발/분

체코슬로바키아군이 1935년에 채용한 공랭식 중기관총. 기관부는 부품 수를 줄인 설계로 구조가 단순화되어 연속 사격 시의 신뢰성이 높았으며, 조정간으로 자동 사격 시 고속과 저속으로 발사 속도를 조정 가능하다는 특징이 있었다.. ZB53이라는 명칭으로 중화민국, 루마니아 등에 수출되었는데, 영국에서는 '베사(Besa) 기관총'이라는 명칭을 붙이고 전차 탑재용으로 면허 생산했다.

불가리아군

불가리아군은 1차 대전 이전부터 오스트리아군과 같은 화기를 수입하여 장비하고 있었으며, 2차 대전이 시작되자 독일의 지원을 받아 MP40이나 Kar98k 등의 독일제 소화기를 사용했다.

《슈타이어 M1912》

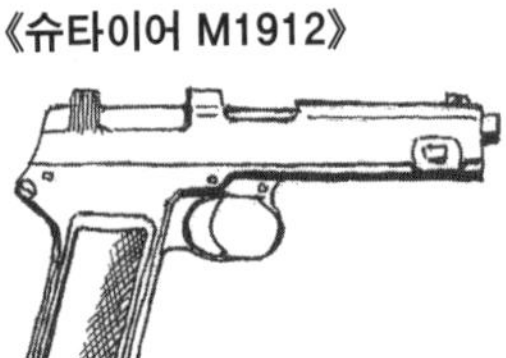

《루거 P08》

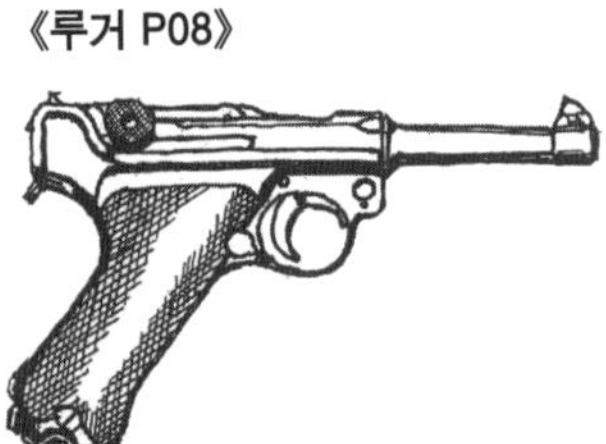

《슈바르츠로제 M07/12 중기관총》

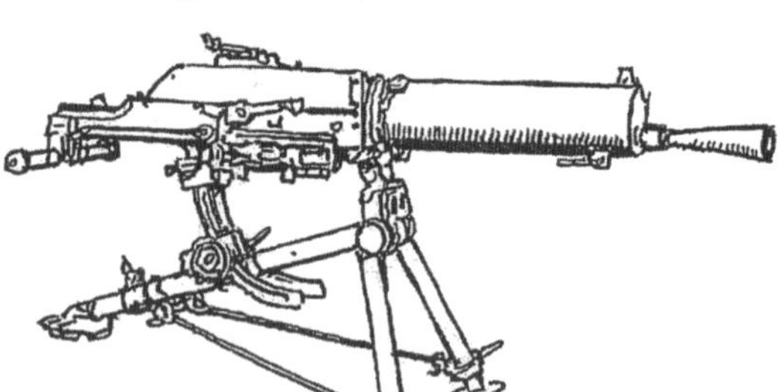

《만리허 M1895 카빈》

《막대형 수류탄》

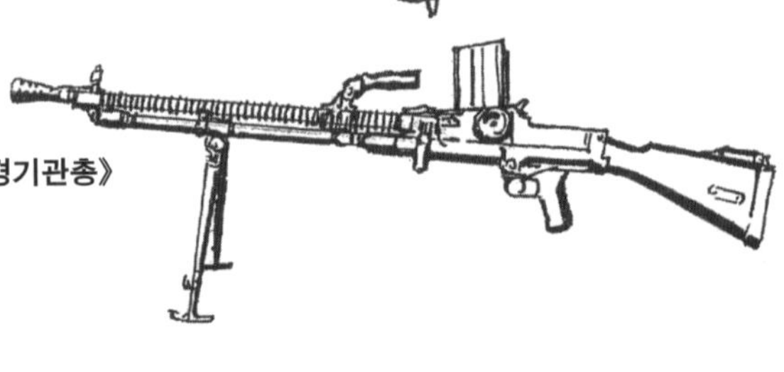

《ZB30 경기관총》

특수 화기 및 기타 장비

2차 대전 당시, 병사의 역할은 더욱 다양화되어
대전차전 및 특수작전,
나아가 첩보 활동 등의 임무도 수행하게 되었다.
이러한 임무 및 활동을 지원하기 위해
각국에서는 다양한 화기 및 장비를 개발했다.

대전차 소총

보병이 싸우는 상대는 적 보병뿐만이 아니었다. 1차 대전 후반 이후부터는 전차 및 장갑 차량 또한 보병의 공격 목표가 되었다. 보병이 휴대하는 대전차 전투용 화기로 처음 개발된 것은 대전차 소총이었는데, 전차의 장갑 방어력이 그리 높지 않았던 전간기~2차 대전 초반까지 대전차 소총은 유효한 대전차 무기였다.

독일군의 대전차 소총

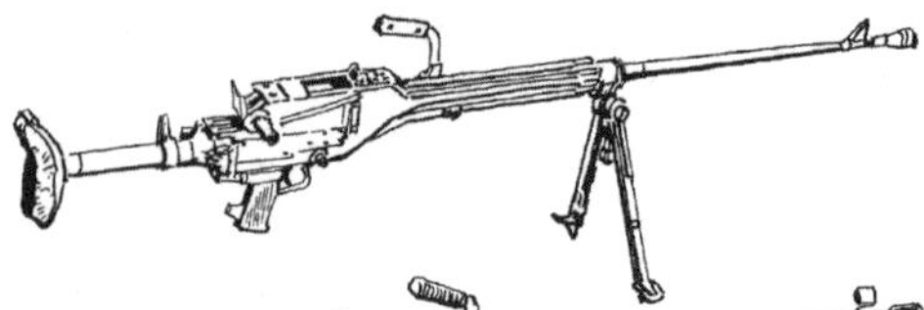

《PzB38》

1938년에 채용된 대전차 소총. 통상적인 소총과 달리 기관부에는 화포에 이용되는 수직 폐쇄기 구조가 도입되어 있었다. 탄약 장전은 1발씩 수동으로 수행했으며, 격발 후에 탄피는 자동으로 배출되었다. 거리 100m에서 30mm 장갑판을 관통할 수 있었다.

구경 : 7.92mm 사용 탄약 : 7.92×94mm 장탄수 : 1발 작동 방식 : 폴링 블록 전장 : 1,615mm, 1,290mm(개머리판을 접었을 때) 총열 길이 : 1085mm 중량 : 16.2kg

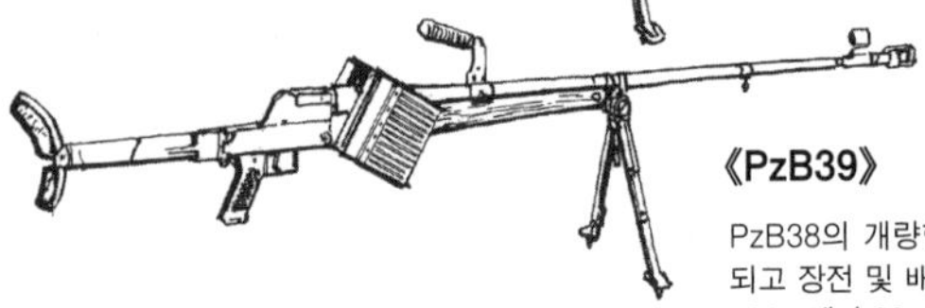

《PzB39》

PzB38의 개량형. 탄피 자동 배출 장치가 폐지되고 장전 및 배출이 수동으로 변경되었다. 거리 100m에서 30mm 장갑판을 관통할 수 있었다.

구경 : 7.92mm 사용 탄약 : 7.92×94mm 장탄수 : 1발 작동 방식 : 폐쇄기식 전장 : 1,620mm, 1,255mm (개머리판을 접었을 때) 총열 길이 : 1,085mm 중량 : 12.6kg

《PzB M.SS.41》

체코슬로바키아에서 독일 무장 친위대용으로 생산한 모델. 거리 100m에서 30mm 장갑판을 관통 가능했다.

구경 : 15mm 사용 탄약 : 15x104mm 장탄수 : 박스형 탄창에 5발, 10발 작동 방식 : 볼트 액션 전장 : 1,710mm 총열 길이 : 1,500mm 중량 : 18.5kg

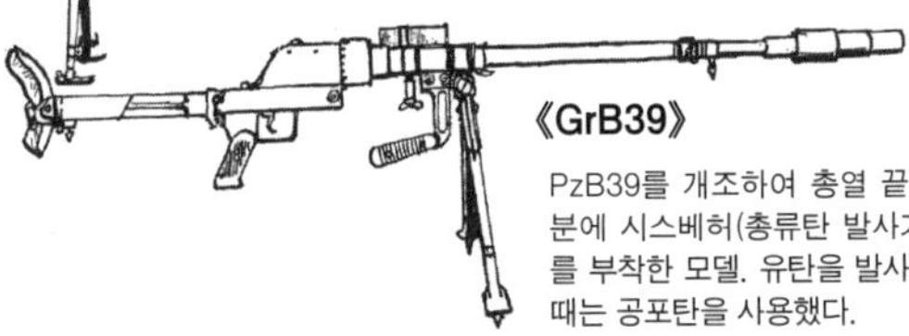

《GrB39》

PzB39를 개조하여 총열 끝부분에 시스베허(총류탄 발사기)를 부착한 모델. 유탄을 발사할 때는 공포탄을 사용했다.

구경 : 7.92mm, 30mm(시스베허) 사용 탄약 : 각종 총류탄 장탄수 : 1발 전장 : 1,232mm, 903mm(개머리판 접철 시) 총열 길이 : 749mm 중량 : 10.44kg 유효 사거리 : 125~150m(탄종에 따라 상이함)

기타 국가의 주요 대전차 소총

《Wz. 35 (폴란드)》

2차 대전 개전 당시, 폴란드군이 사용했던 대전차 소총. 장갑 차량에 대한 유효 사거리는 300m였으며, 경사각 30도에서 15mm의 장갑판을 관통할 수 있었다. 때문에 독일군의 1호, 2호 전차 등 경장갑 차량에 대해 유효한 피해를 입힐 수 있었다. 폴란드가 항복한 뒤에는 노획 장비를 뜻하는 PzB35(p)라는 제식 명칭을 부여받고 독일군에서 사용되었다.

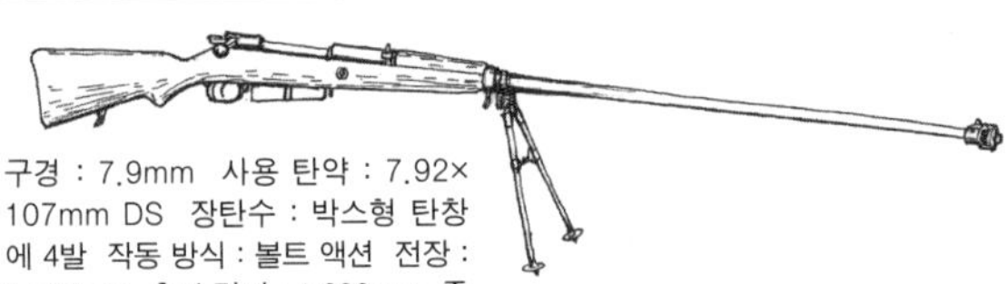

구경 : 7.9mm 사용 탄약 : 7.92×107mm DS 장탄수 : 박스형 탄창에 4발 작동 방식 : 볼트 액션 전장 : 1,760mm 총열 길이 : 1,200mm 중량 : 10kg

《보이스 .55in 대전차 소총(영국)》

1937년에 채용된 대전차 소총. 2차 대전 초기, 대전차 화기로 보병 부대나 경장갑 차량에 탑재되어 운용되었다. Mk.I의 후속으로 위력을 향상시킨 개량형 Mk.I*(Mk.II)도 채용되었다. 91m 거리에서 12mm(Mk.I), 23mm(Mk.I*)의 장갑판을 관통 가능했다.

구경 : 13.97mm 사용 탄약 : 13.9×99mm (.55 보이스 탄) 장탄수 : 박스형 탄창에 5발 작동 방식 : 볼트 액션 전장 : 1575mm 총열 길이 : 914.44mm 중량 : 15.875kg 발사 속도 : 10발/분

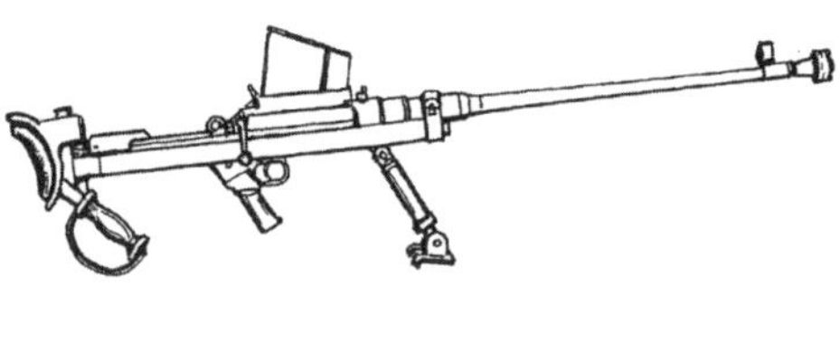

《데그차레프 PTRD1941 (소련)》

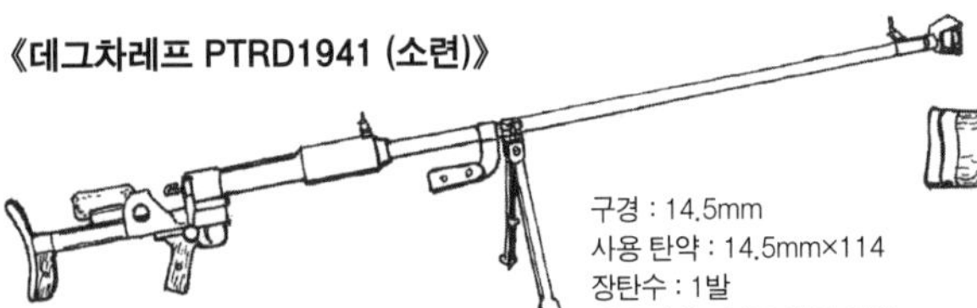

PTRS-1941과 병행 개발된 볼트 액션식 대전차 소총. 구조가 단순했기 때문에 PTRS-1941보다 먼저 양산이 이뤄져 실전 투입되었다.

구경 : 14.5mm
사용 탄약 : 14.5mm×114
장탄수 : 1발
작동 방식 : 볼트 액션, 단발
발사 속도 : 분당 8~10발
전장 : 2020mm
총열 길이 : 1350mm
중량 : 15.75kg
유효 사거리 : 300m

《시모노프 PTRS1941 (소련)》

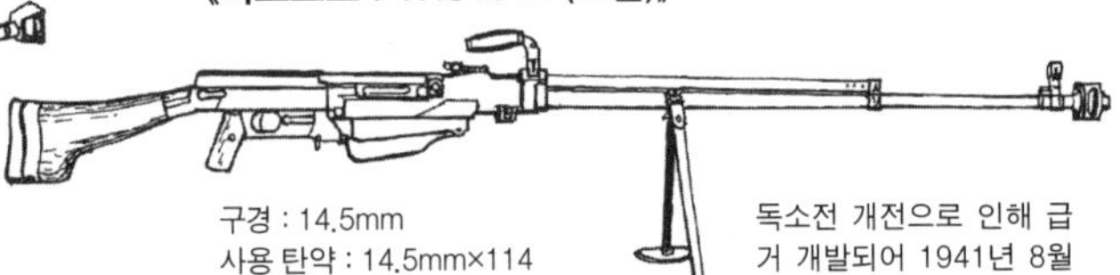

구경 : 14.5mm
사용 탄약 : 14.5mm×114
장탄수 : 박스형 탄창에 5발
작동 방식 : 쇼트 스트로크 가스 피스톤/틸팅 볼트
전장 : 2,140mm
총열 길이 : 1,219mm
중량 : 20.8kg
유효 사거리 : 400m

독소전 개전으로 인해 급거 개발되어 1941년 8월에 채용되었다. 본격적인 실전 부대 배치는 양산 체제가 갖추어진 1942년 이후의 일이었다.

보병의 대전차 전투용 무기

보병이 적 전차에 대항할 수 있도록 만들어진 것이 바로 휴대용 대전차 무기이다. 2차 대전 중에는 간이 화염병부터 로켓 발사기까지 다양한 종류의 무기가 전장에서 사용되었다.

연합군의 대전차 무기

《영국군》

독일군의 본토 상륙을 경계했던 영국군은 기존의 제식 무기에 더해 간이 대전차 무기를 급조하여 군과 향토 방위대에 배치했다.

[노스오버 투사기(Northover Projector)]
본토 방어용으로 급조된 2.5인치(약 63.5mm) 구경의 유탄 발사기. No.76 특수소이수류탄 투사 용도로 개발되었다.

[PIAT]

No.74 수류탄은 점착식이어서 고무 커버를 벗기고 투척했다.

[No.68 대전차 총류탄]
No.68 대전차 유탄은 컵형 총류탄 발사기를 사용하여 투사했다.

[No.74 수류탄]
일명 '스티키 밤(Sticky Bomb, 끈끈이 폭탄)'이라고도 불렸다.

[No.73 수류탄]
향토방위대(Home Guard)용으로 제조된 대전차 수류탄.

[No.75 대전차 수류탄]
지뢰나 부비트랩으로도 이용할 수 있는 다목적 수류탄. 개발자의 이름을 따서 '호킨스 지뢰'라고도 불렸다.

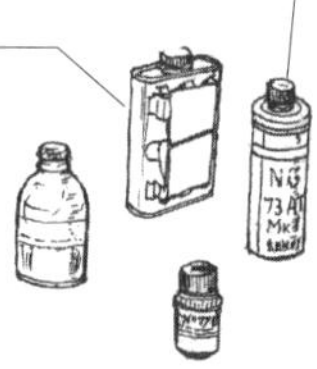

[No.76 특수소이탄]
유리병에 백린 등을 넣은 급조 소이탄. 향토방위대에 배치되었다.

[No.77 수류탄]
정규군과 향토방위대 양쪽에 비치된 백린소이탄.

《미군》

미군은 타국보다 먼저 대전차 로켓 발사기를 개발했다. 이 무기는 보병의 대전차 전투에 혁명을 가져왔다.

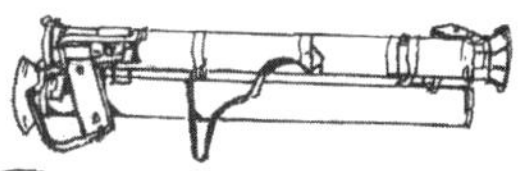

[M9A1 로켓 발사기]
1944년부터 배치된 M1의 개량 모델. 독일군의 중전차를 상대하기에는 위력이 부족했다.

M9A1은 운반 시 중앙부를 분해할 수 있다.

[M1A1 로켓 발사기]
통칭 '바주카'. 1942년 북아프리카 전선부터 실전 투입되었다.

[M9A1 대전차 총류탄]
M1 소총용과 M1 카빈용이 있었으며, 보병 분대에 배치되었다.

《소련군》

소련군은 연합국 중에서도 전차에 대한 근접 공격을 많이 시도했는데, 화염병이나 대전차 수류탄, 대전차 소총을 사용하여 전차의 상면이나 후면 등의 약점을 노려 파괴했다.

가장 간단한 대전차 무기인 화염병(일명, 몰로토프 칵테일)을 방어 전투용으로 활용했다.

소련군은 방어 진지 전투나 시가전 등에서 대전차 소총과 화염병을 다용했다.

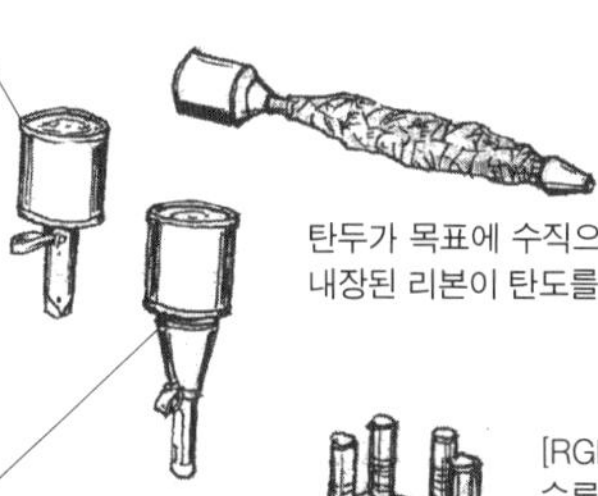

[RPG-40 대전차 수류탄]

탄두가 목표에 수직으로 닿도록 투척하면 내장된 리본이 탄도를 안정시켰다.

[RPG-43 대전차 수류탄]
탄두가 성형 작약 방식이다.

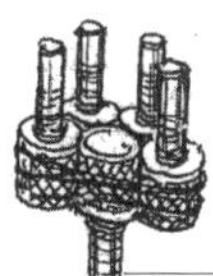

[RGD-33 수류탄]
수류탄 여러 개를 철사 등으로 묶어, 대전차 전투에 사용했다.

[PTRS-1941 대전차 소총]
전차의 페리스코프나 관측창 등의 약점을 저격하여 전차의 기동을 저지했다.

[VPGS-41 총류탄]
막대형 대전차 유탄. 막대 부분을 총구로 삽입한 뒤, 공포탄으로 발사했다. 최대 사거리는 160m.

독일군의 대전차 무기

대전차 수류탄부터 로켓 발사기까지, 독일은 다양한 대전차 무기를 개발하여 사용했다. 그 외에도 야전에서는 화염병 등 급조 병기를 이용하여 대전차 근접 전투를 수행했다.

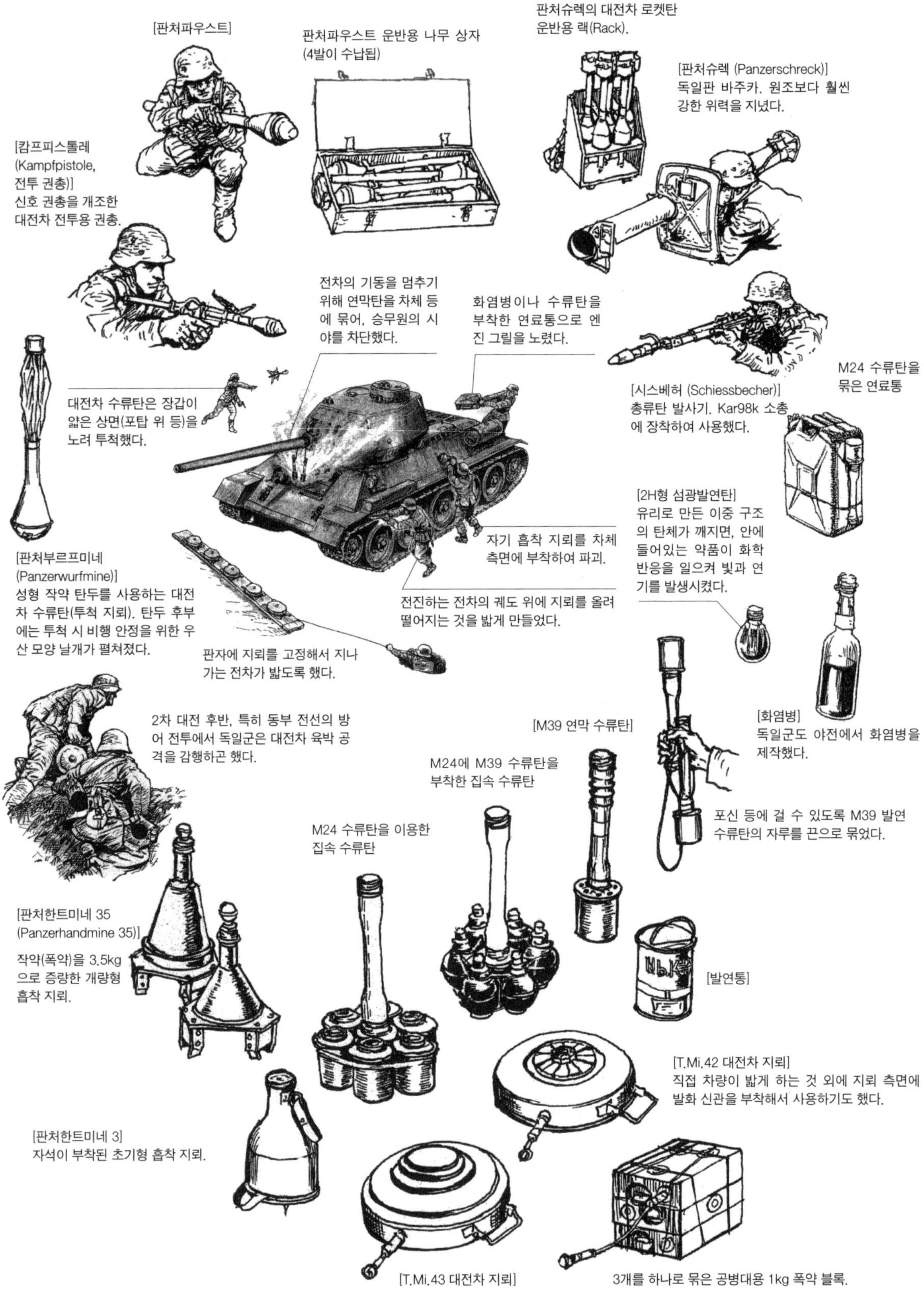

일본군의 대전차 무기

충분한 위력과 수량의 대전차포나 전차를 보유하지 못했던 일본군은, 적 전차에 대해 보병의 육박 공격으로 대응할 수밖에 없었다.

[시제 4식 7cm 분진포]
휴대용 대전차 로켓 발사기의 시제품. '로타탄(ロタ弾)'이라 불리는 로켓 추진 대전차 유탄(HEAT)을 사용했다.

[97식 자동포]
구경 20mm의 반자동 대전차 소총.

[시제 5식 간이 무반동포]
육군에서 시험했던 무반동포. 포신 앞부분에 시제 5식 천갑유탄(穿甲柳弾, 성형작약탄)을 부착하여 발사했다.

[환부형 발연 수류탄]
유리 용기에 액체 발연제가 들어 있어, 깨져서 공기와 접촉하면 연막을 발생시킨다.

[자루 부착형 소이 수류탄]

[화염병]

[3식 대전차 수류탄]
1943년(쇼와 18년)에 채용된 대전차 수류탄. 금속을 절약하기 위해 탄체는 마포(삼베)에 화약을 채워 제작되었다.

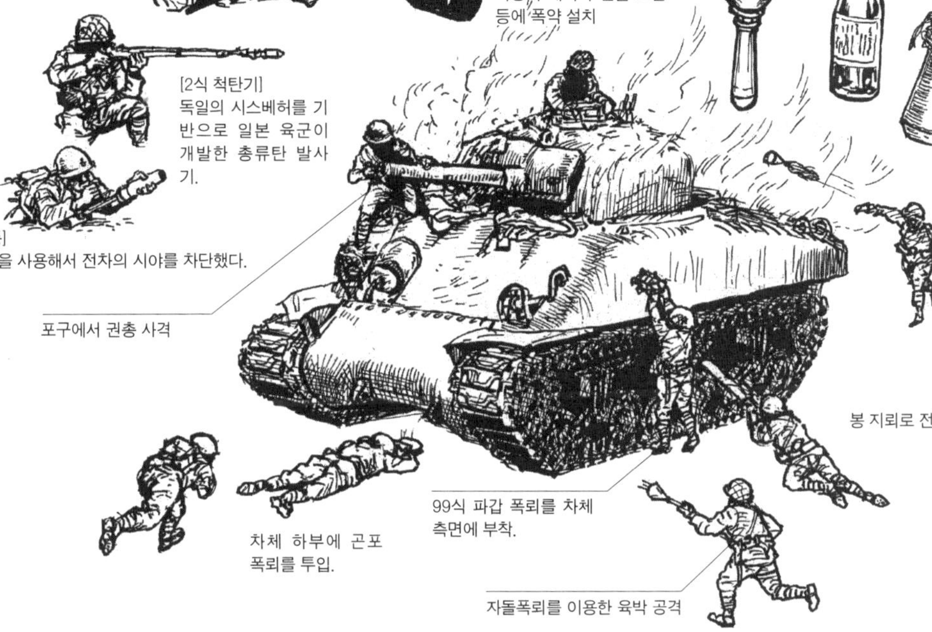

차량의 해치나 엔진 그릴 등에 폭약 설치

[2식 척탄기]
독일의 시스베허를 기반으로 일본 육군이 개발한 총류탄 발사기.

[척탄통]
발연탄을 사용해서 전차의 시야를 차단했다.

포구에서 권총 사격

장갑이 얇은 차체 상면에 3식 대전차 수류탄 투척.

봉 지뢰로 전륜 부분을 파괴.

차체 하부에 곤포 폭뢰를 투입.

99식 파갑 폭뢰를 차체 측면에 부착.

자돌폭뢰를 이용한 육박 공격

바주카나 판처파우스트 같은 휴대용 대전차 무기가 없었던 일본군은 목숨을 건 육박 공격을 감행했다.

[99식 파갑폭뢰]
자석을 이용한 흡착형 대전차 지뢰. M4 셔먼 전차를 파괴하기 위해서는 5~6개를 묶어서 사용해야만 했다.

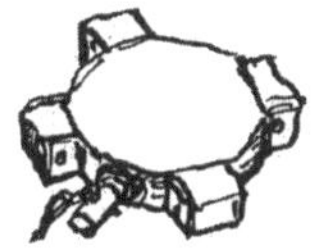

[93식 전차 지뢰]
작동 압력(기폭 압력)은 140kg.

[3식 지뢰]
지뢰 탐지기에 반응하지 않도록 도기로 제작되었다.

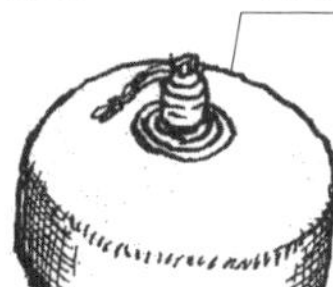

[곤포 폭뢰]
공병용 폭약을 나무 상자나 잡낭 등의 주머니에 넣고 신관을 부착한 것. 육박 공격용으로 사용했다.

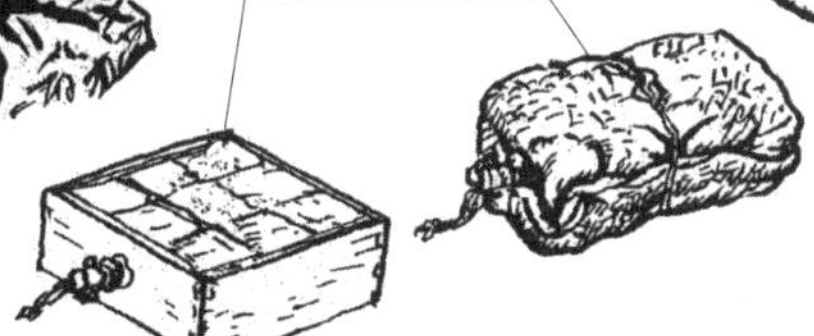

[봉 지뢰 (막대 지뢰)]
땅에 매설하거나, 육박 공격 시에는 전차의 전륜 사이에 찔러 넣어 궤도를 파괴했다.

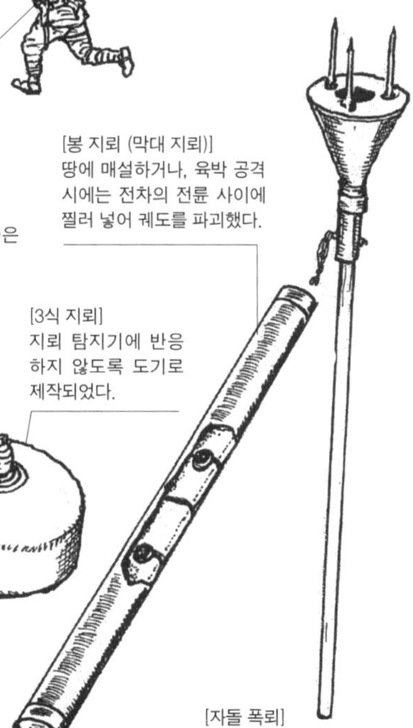

[자돌 폭뢰]
1.5m 길이의 장대 끝에 성형작약탄이 부착되어 있었다.

특수 임무용 화기

2차 대전 당시 사용된 권총 중에는 정규군이 운용한 일반적인 모델 외에도, 특수 작전을 수행하는 군 요원이나 첩보원, 비밀 경찰용으로 각국에서 소량 제작된 특수한 모델이 존재했다.

특수 권총

《FP-45》

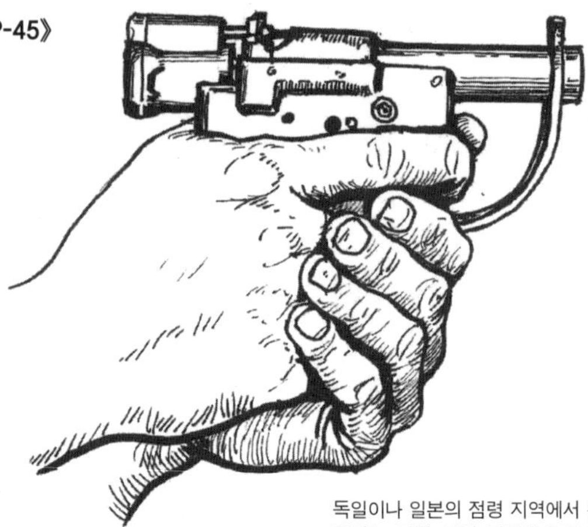

구경 : 11.43mm
탄약 : 11.43×23mm(.45 ACP 탄)
장탄수 : 1발
전장 : 140mm
총열 길이 : 101mm
중량 : 430g

독일이나 일본의 점령 지역에서 활동하는 저항 조직 지원용으로 제작된 단발식 권총. 일명 '리버레이터(Liberator, 해방자)'라는 별명으로도 불렸다. 공중에서 투하하거나 잠수함 등을 통해 목적지에 보급되었다.

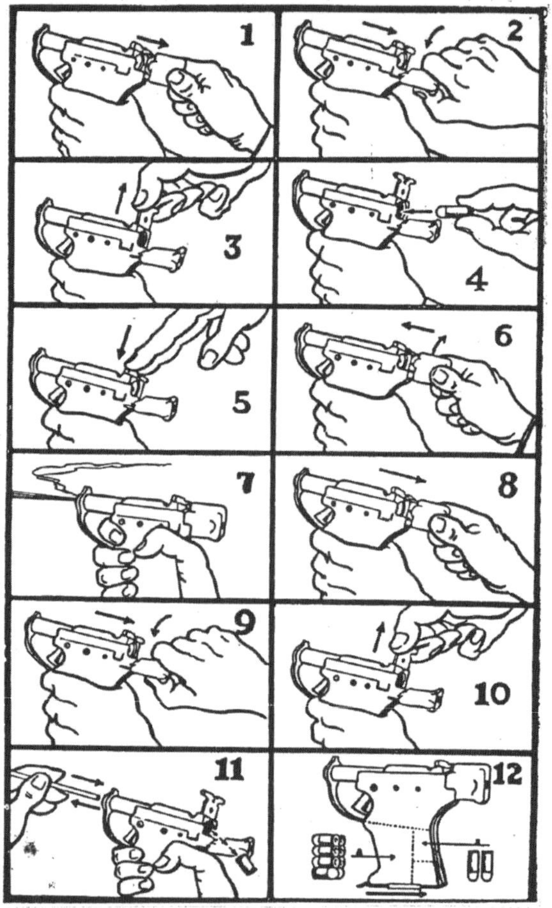

《FP-45용 설명서》

언어가 다른 유럽 및 아시아 각 지역에 배포하기 위해, 문자를 사용하지 않고 삽화만으로 이해할 수 있도록 디자인되었다.

《FP-45의 파생형》

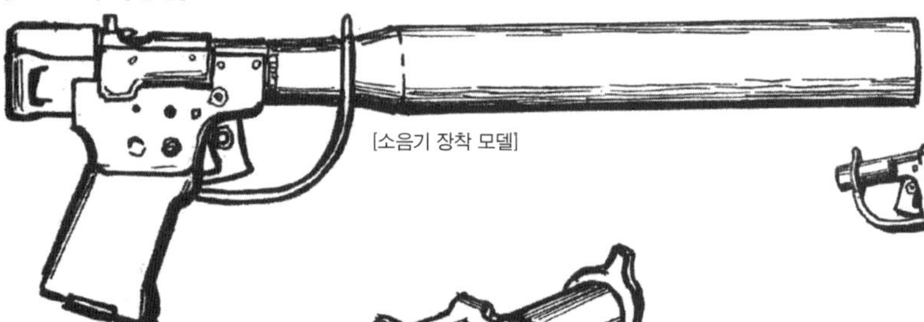

[소음기 장착 모델]

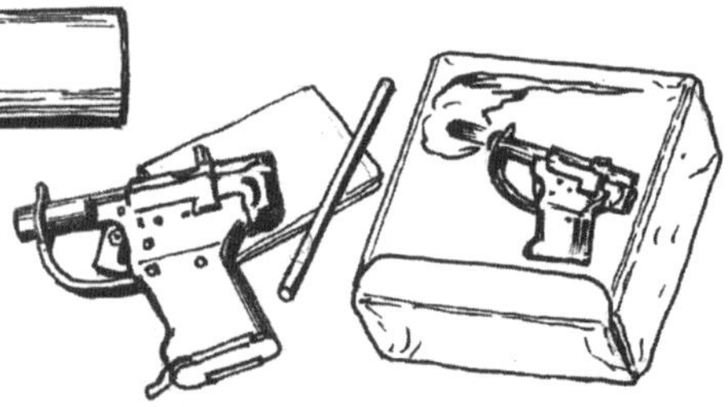

포장 내부에는 총기 본체 외에 설명서, 탄약, 탄피 배출용 막대가 포함되어 있었다. 예비 탄약은 권총 손잡이 내부에 10발이 수납되었다.

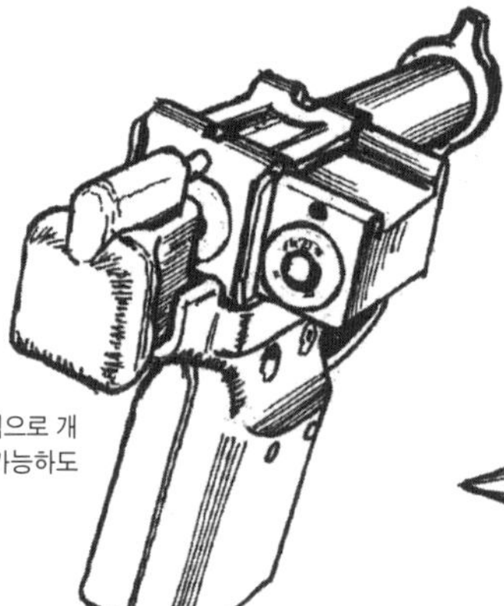

[2연발 모델]
약실을 병렬 슬라이드식으로 개량하여 2연발 사격이 가능하도록 했다.

.45 구경 권총에서 발사하기 위해 개발된 다트. 지근거리에서는 높은 위력을 지녔다고 전해진다.

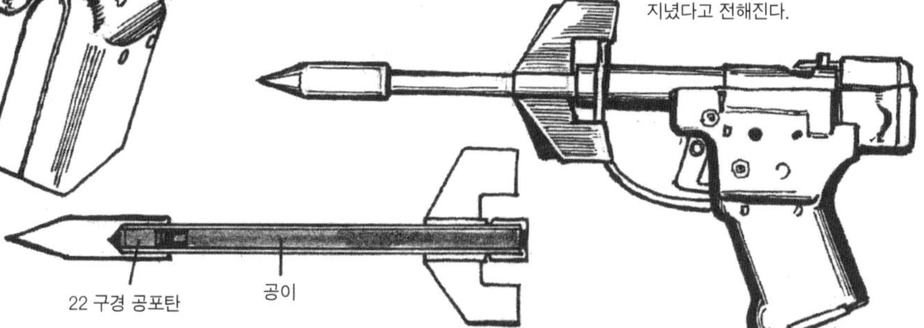

다트의 전장은 약 170mm. 내장된 .22 구경 공포탄을 격발시켜 발사했다.

《웰로드 Mk.I》

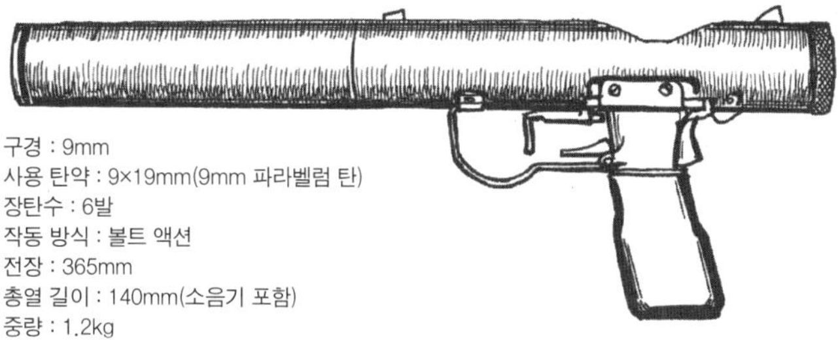

구경 : 9mm
사용 탄약 : 9×19mm(9mm 파라벨럼 탄)
장탄수 : 6발
작동 방식 : 볼트 액션
전장 : 365mm
총열 길이 : 140mm(소음기 포함)
중량 : 1.2kg

9mm 구경 소음 권총. 영국 SOE(특수작전부)의 특수무기 연구소에서 개발했다. 파이프 형태의 본체 전방 1/3이 소음기로 되어 있으며, 나사 결합식으로 착탈이 가능했다. 손잡이는 탄창을 겸하고 있으며, 파지하기 쉽도록 고무로 덮여 있었다.

《스팅어》

미국 OSS(전략사무국) 요원의 호신용으로 제작된 펜 모양 단발 권총. 전장은 83mm이며, 총열에 강선이 없어 유효 사거리는 약 3m 정도였다.

튜브 안에 .22 구경 쇼트 탄이 장전되어 있었다.

[스팅어의 격발 절차]

①레버를 일으켜 세운다. ②일어선 레버를 후방으로 당긴다. ③레버를 누른다. ④격발되어 발사된다.

《핸드 파이어링 메커니즘 Mk.II》

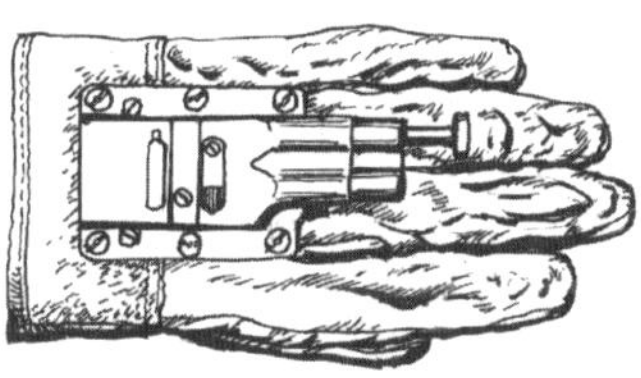

가죽 장갑에 .38 스페셜 탄 발사 장치를 부착한 특수 총기. 미국 해군 및 해병대의 정보부가 장비했다.

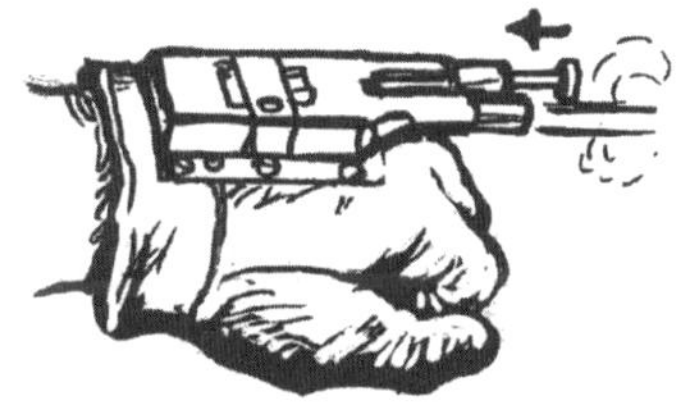

발사 장치는 단발식으로 재장전이 가능하다. 손을 흔들거나, 주먹을 쥐고 상대를 향해 밀어붙여 발사했다.

《담배 모양 단발총》

필터 부분을 잡아당기면 탄이 발사되었다.

《벨트 건》

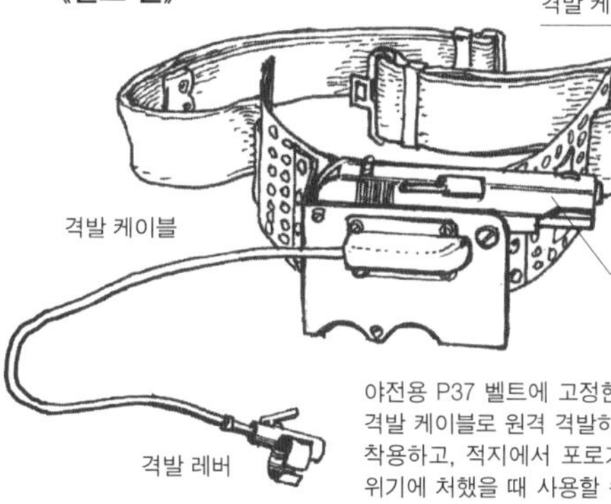

야전용 P37 벨트에 고정한 콜트 M1903을 격발 케이블로 원격 격발하는 장치. 옷 안에 착용하고, 적지에서 포로가 되거나 체포될 위기에 처했을 때 사용할 수 있도록 개발되었다.

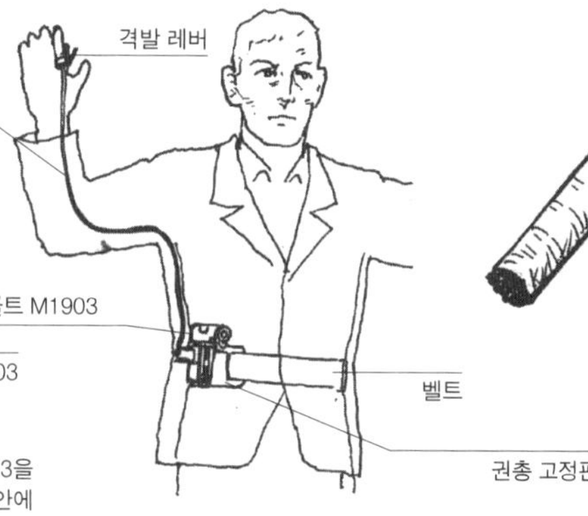

벨트를 허리에 감아 장착하고, 격발 케이블은 상의 소매 안을 통과시켜 소매 끝으로 빼낸 뒤 격발 레버를 손가락에 끼워 사용했다.

《궐련형 피스톨 (Cigar Pistol)》

구조는 담배 모양 총과 동일한 단발식이다. 이러한 특수 총기에는 .22 쇼트 탄이 사용되었다.

《파이프 피스톨 (Pipe Pistol)》

[파이프 피스톨의 사격 절차]

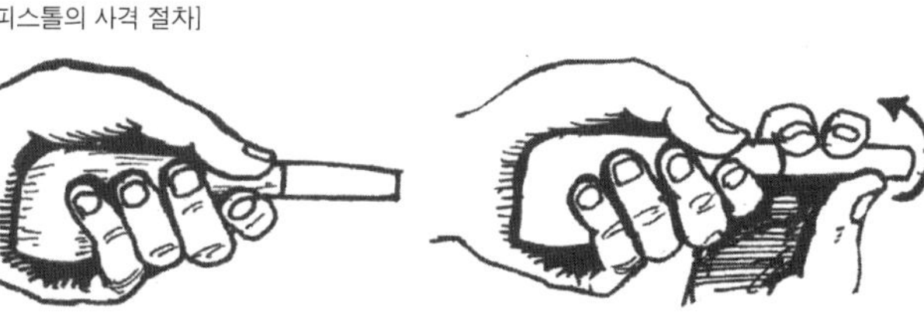

①물부리를 분리하고, 총구를 목표물로 향해 잡는다. ②총신을 좌측으로 돌려 발사한다.

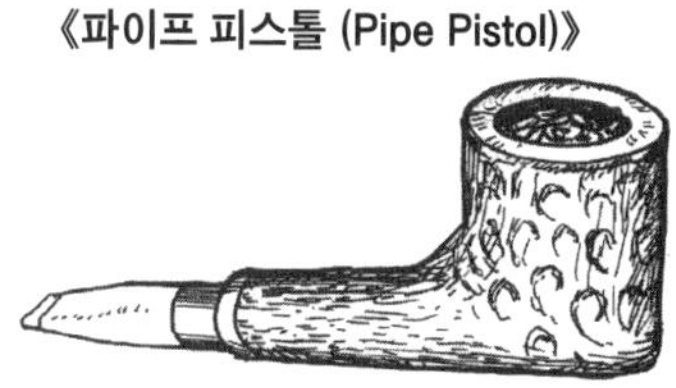

담배 파이프 형태로 제작된 .22 구경 단발 특수총.

《버클 건》

제복의 벨트에 장착할 수 있는 버클 형태의 호신 무기. 독일 나치당 고관이나 무장친위대 고급 장교용으로 제작된 것으로 알려졌다.

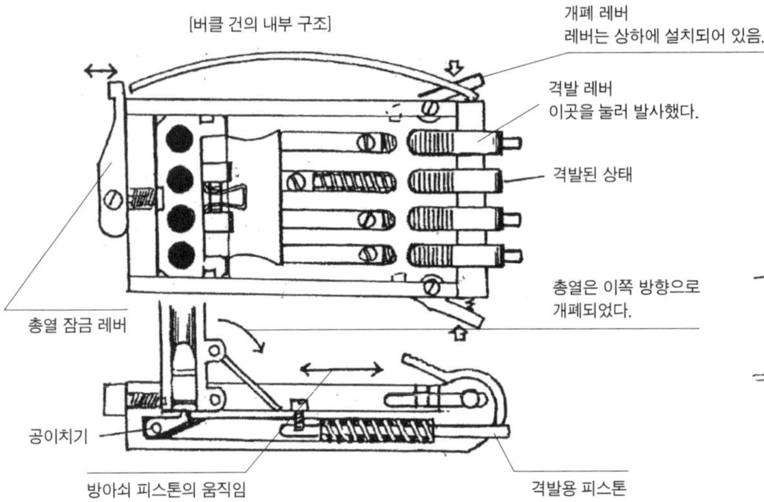

각 총열에는 .32 ACP탄 1발이 장전되었다.

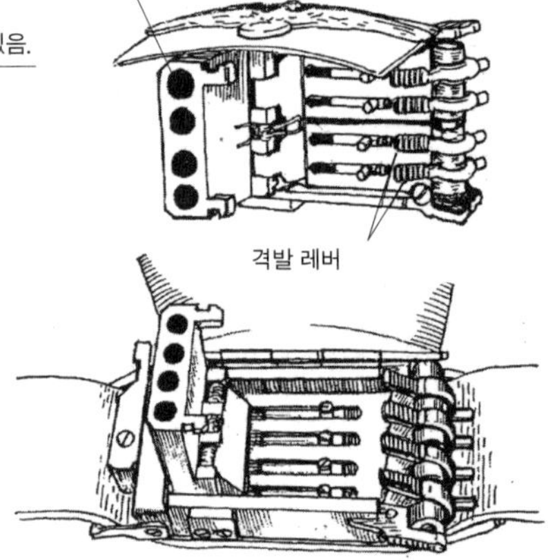

버클 상하의 개폐 레버를 누르면, 용수철의 힘으로 총열이 일어남과 동시에 전면 덮개도 열려 사격 준비 상태가 된다. (총열 부분은 이 방향으로 개폐된다)

《슬리브 건》

구경 : 7.65mm
전장 : 228mm
중량 : 720g

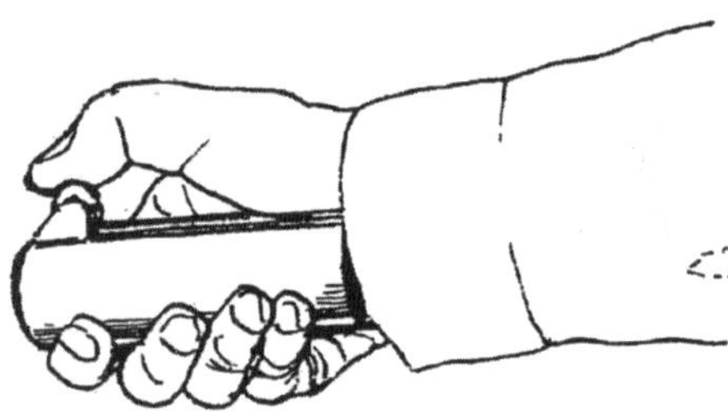

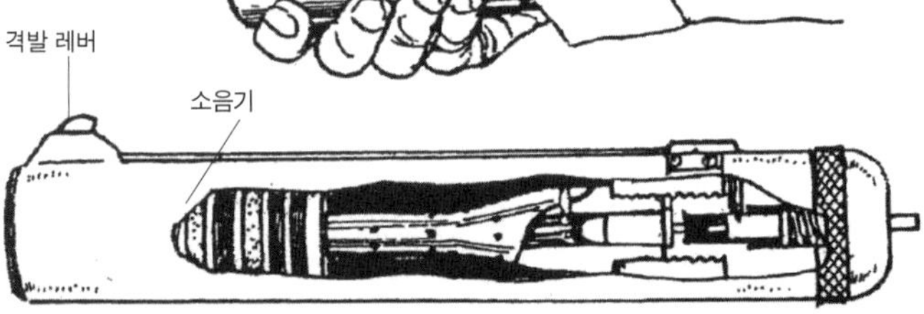

추축군 점령지에서의 첩보, 정찰, 저항 조직 지원 등을 수행했던 영국 SOE에서 채용했던 단발식 권총. 옷 소매 안에 숨겨 휴대했으며, 근거리 또는 목표에 밀착시켜 격발했다.

《리볼버 D.D.(E) 3313》

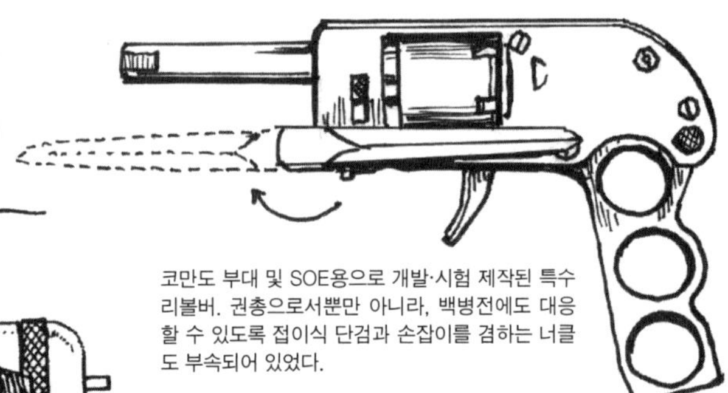

코만도 부대 및 SOE용으로 개발·시험 제작된 특수 리볼버. 권총으로서뿐만 아니라, 백병전에도 대응할 수 있도록 접이식 단검과 손잡이를 겸하는 너클도 부속되어 있었다.

구경 : 9mm 탄약 : 9×19mm(9mm 파라벨럼탄) 장탄수 : 5발 전장 : 185mm 총열 길이 : 85mm 중량 : 485g

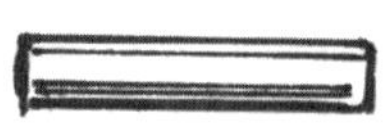

D.D.(E) 3313의 총열은 나사식으로 탈부착 가능했으며. 손잡이 또한 접을 수 있었다.

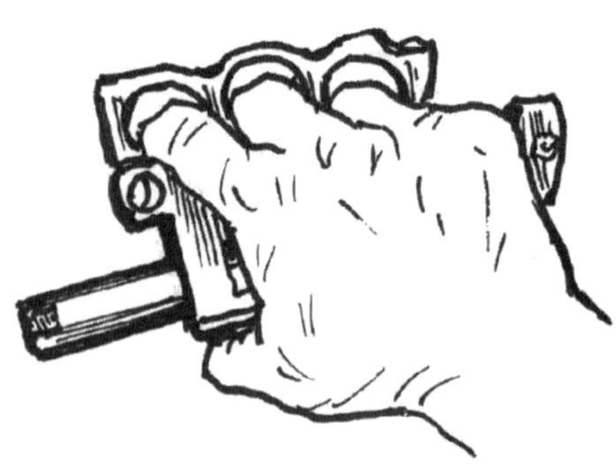

D.D.(E) 3313의 손잡이 너클은 접은 상태로 사용했다.

소음 권총/카빈

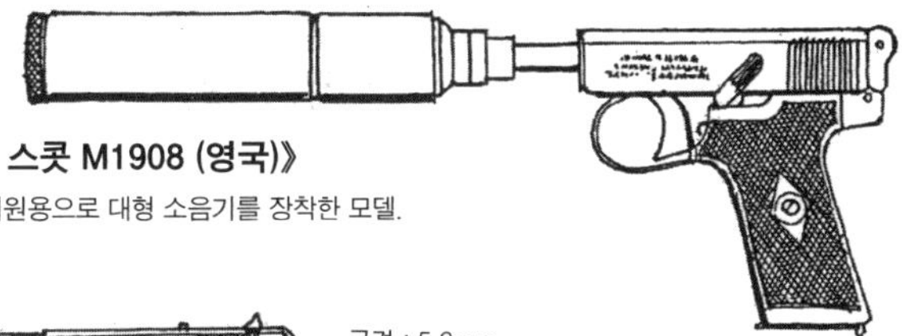

《웨블리 & 스콧 M1908 (영국)》

영국 SOE 대원용으로 대형 소음기를 장착한 모델.

《하이 스탠더드 모델 B (영국)》

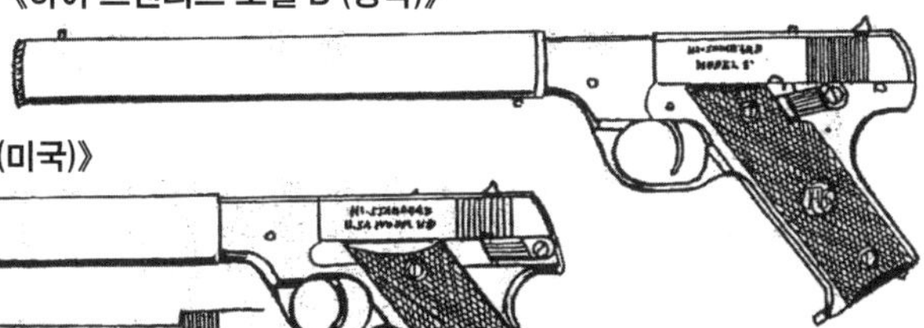

구경 : 5.6mm
탄약 : 5.6×15mm R(.22 롱 라이플 탄)
장탄수 : 상자형 탄창에 10발
작동 방식 : 블로우백/싱글 액션
전장 : 315mm
총열 길이 : 114mm
중량 : 1.14kg

SOE에서 제작한 하이 스탠더드 사 .22구경 권총의 소음기 장착 모델. 총열 전체를 소음기가 덮는 형태여서 소음 효과가 높았다.

《하이 스탠더드 H-D (미국)》

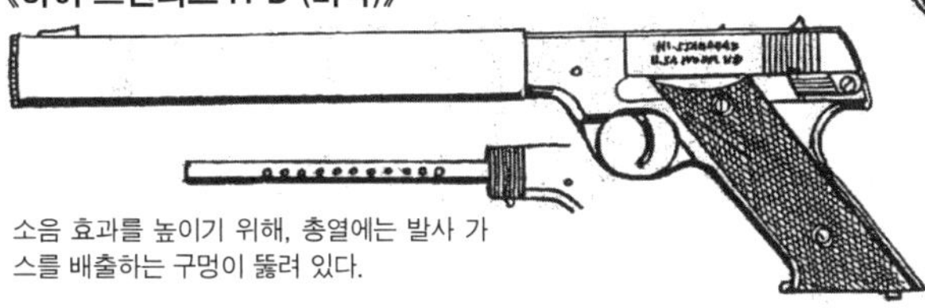

소음 효과를 높이기 위해, 총열에는 발사 가스를 배출하는 구멍이 뚫려 있다.

구경 : 5.6mm
탄약 : 5.6×15mm R(.22 롱 라이플 탄)
장탄수 : 상자형 탄창에 10발
작동 방식 : 블로우백/싱글 액션
전장 : 350mm
총열 길이 : 1236mm
중량 : 1.3kg

모델 B를 참고하여, 미국의 OSS에서 개발 · 운용한 소음기 모델.

《드 라일 카빈 (De Lisle Carbine)》

구경 : 11.4mm
사용 탄약 : 11.4×23mm(.45 ACP 탄)
장탄수 : 상자형 탄창에 7발
작동 방식 : 볼트 액션
전장 : 894mm
총열 길이 : 184mm
중량 : 3.74kg

특수작전용으로 영국군이 운용한 볼트액션식 소음 카빈. SMLE Mk.III 소총의 부품을 사용하여 제작되었다.

소음기는 총열에 대해 하방으로 치우친 모습으로 장착되었다.

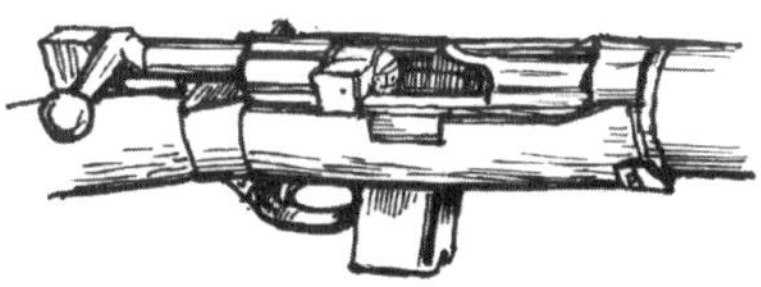

'카빈'이라고는 하지만, 실제 사용 탄약은 권총탄인 .45 ACP였다. 때문에 제작 과정에서 M1911A1 권총의 탄창을 유용했다.

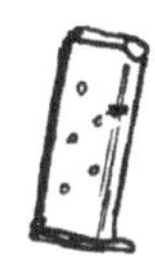

《발터 P38 소음기 부착형 (독일)》

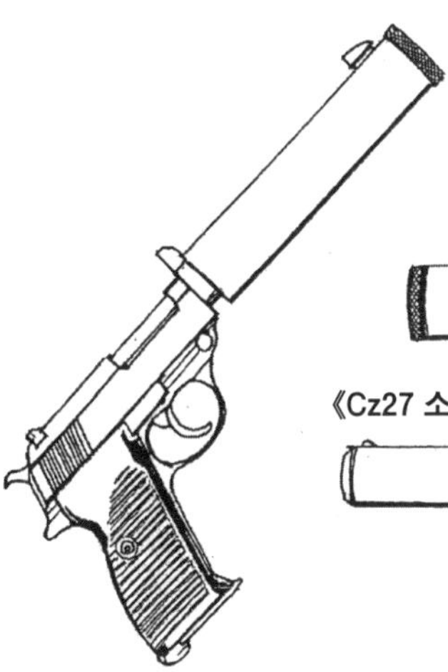

소음기 부착형 P38은 독일의 비밀경찰인 게슈타포가 사용했다. P38의 소음기 모델은 2차 대전 중에 여러 종류가 제작되었다.

《루거 P08 소음기 부착형 (독일)》

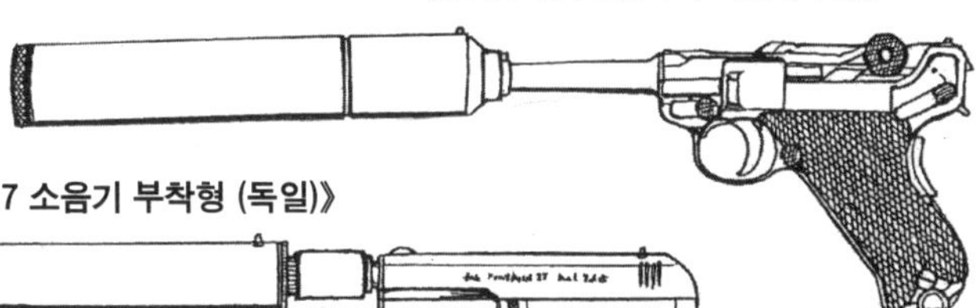

소음 권총은 소음 효과를 높이기 위해 주로 소형 권총이 사용되었으나, 위력이 약하다는 지적이 있어 군용 대형 권총을 개조한 모델도 만들어졌다.

《Cz27 소음기 부착형 (독일)》

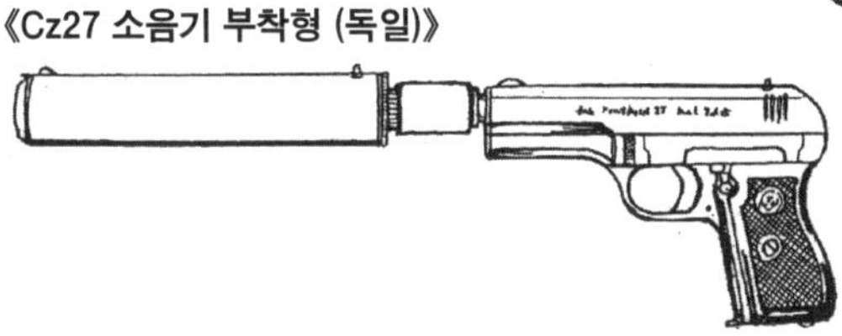

체코제 Cz27에 소음기를 부착한 모델.

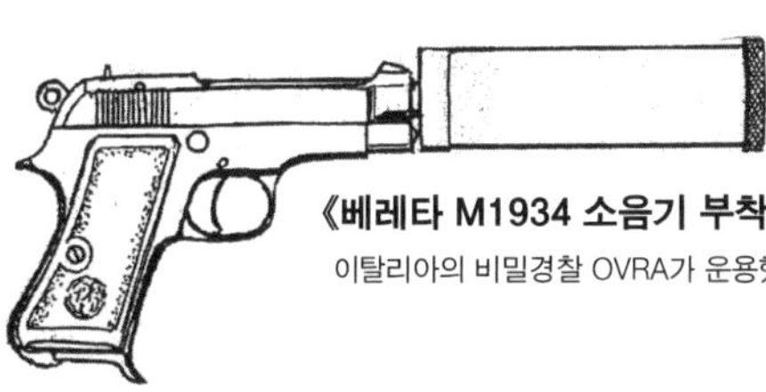

《베레타 M1934 소음기 부착형 (이탈리아)》

이탈리아의 비밀경찰 OVRA가 운용했다.

간접 사격 장치

간접 사격 장치는 적으로부터 모습을 은폐한 상태로 공격하기 위한 것으로, 1차 대전 당시의 참호전에서 등장한 것이 그 시작이었다. 1차 대전 이후에도 개발이 진행되었으나, 2차 대전의 전투 양상은 참호전보다 기동전이 주류가 되었기에 간접 사격 장치의 용도는 한정적이었다.

독일군의 간접 사격 장치

《Gew41용 간접 사격 장치》

동부전선에서 소련군 저격수에게 시달리던 독일군은 1942년에 간접 사격 장치 개발을 시작하여, 1943년 1월 Gew41 반자동 소총용 간접 사격 장치(DZG=Deckungszielgerät)를 채택했다.

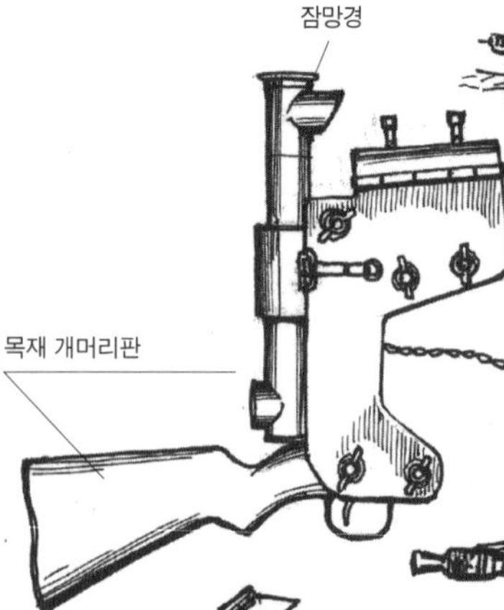

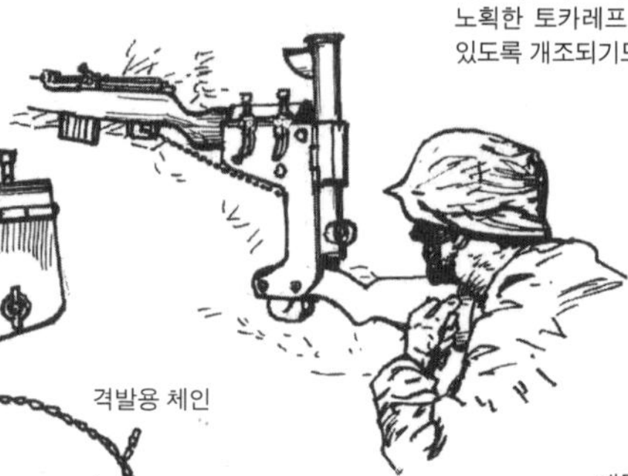

간접 사격 장치는 당초 Gew41용으로 만들어졌으나, 동 소총의 보급률이 낮았기 때문에 Kar98k 소총에도 사용되었다. 또한, 소련군으로부터 노획한 토카레프 SVT도 장착할 수 있도록 개조되기도 했다.

《기관총용 간접 사격 장치》

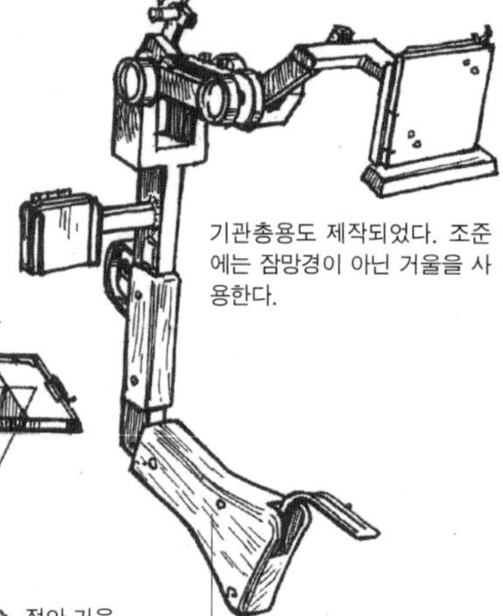

이 부분을 기관총의 방아쇠에 결합한다.

기관총용도 제작되었다. 조준에는 잠망경이 아닌 거울을 사용한다.

휴행 시에는 거울과 개머리판 부분을 접었다.

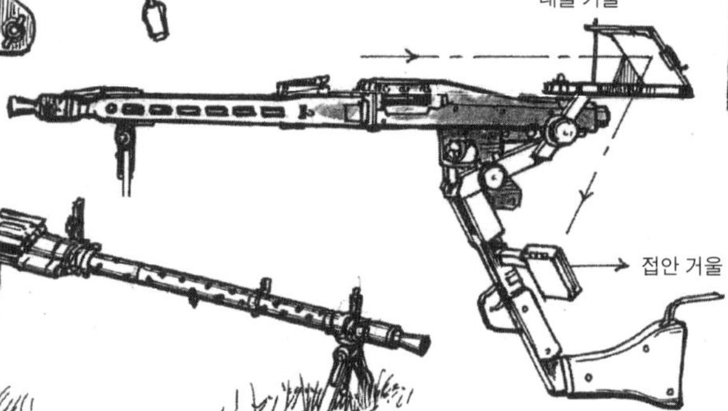

MG42 기관총에 장착된 간접 사격 장치.

MG34 기관총의 사격 자세. 사수가 기관총보다 낮은 곳에 위치하므로 모습을 노출하지 않고 사격을 수행할 수 있다.

일본군의 간접 사격 장치

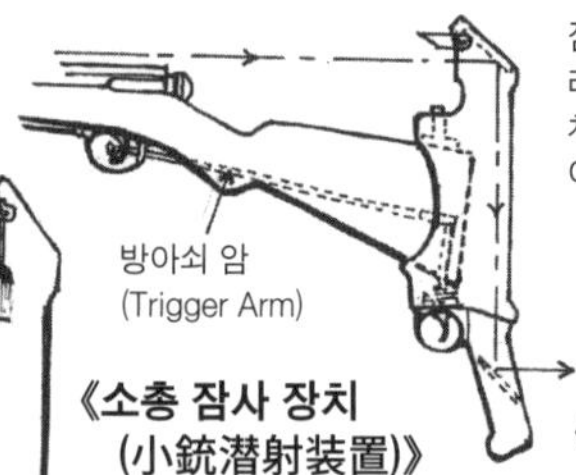

잠사 장치는 소총의 개머리판에 장착하며, 격발 장치는 암을 통해 소총의 방아쇠와 연동되어 있었다.

《11년식 기관총의 잠사 장치》

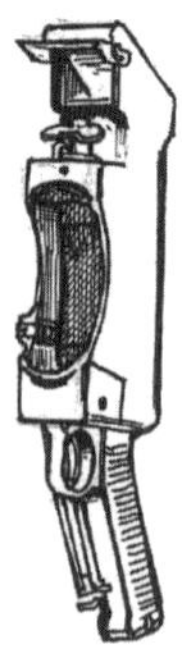

《소총 잠사 장치(小銃潜射装置)》

해군이 1938년(쇼와 13년)에 육전대용(陸戦隊用)으로 시작(試作)한 소총용 잠망 사격 장치.

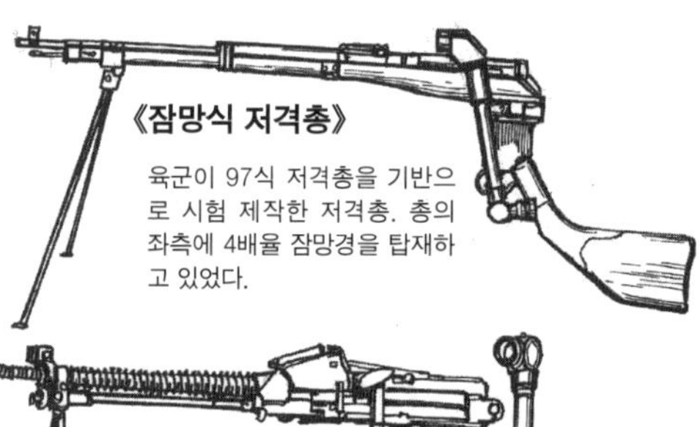

《잠망식 저격총》

육군이 97식 저격총을 기반으로 시험 제작한 저격총. 총의 좌측에 4배율 잠망경을 탑재하고 있었다.

개머리판의 상하를 반대로 조립하여 잠망경을 장착할 수 있도록 개량했다.

개머리판의 원래 위치.

개머리판에 잠망경용 마운트가 증설되었다.

《잠망식 1식 경기관총》

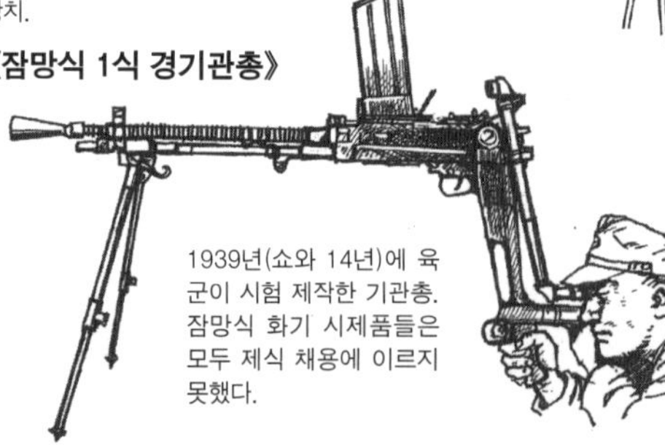

1939년(쇼와 14년)에 육군이 시험 제작한 기관총. 잠망식 화기 시제품들은 모두 제식 채용에 이르지 못했다.

잠망경

쌍안형인 포대경보다 콤팩트한 잠망경은 취급이 간편하여, 전장에서의 상황 관찰이나 정찰, 저격수의 관측용으로도 이용되었다.

《TP-8형 (소련)》

5배율 잠망경. TP보다 대물렌즈가 대형화되었다.

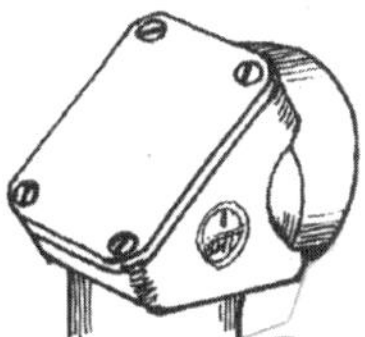

대물렌즈의 뒷면은 정비를 위해 뒤판이 나사로 고정되어 있다.

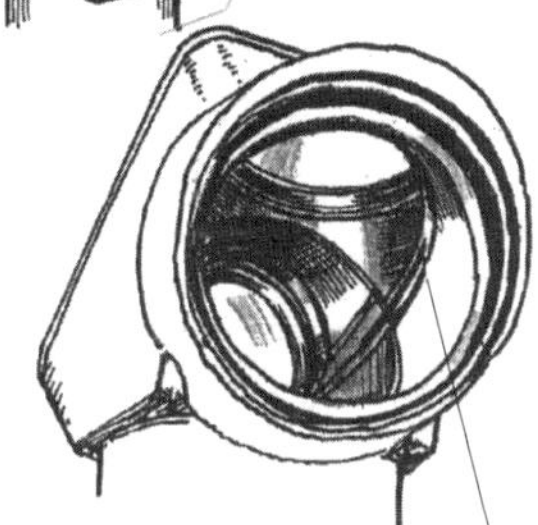

렌즈 안쪽으로 대물경이 보인다.

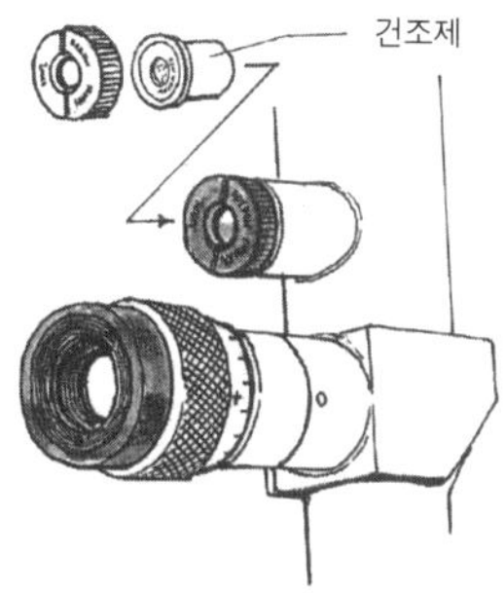

건조제

접안렌즈는 가동식이며, 초점 조절(Diopter adjustment)을 할 수 있다.

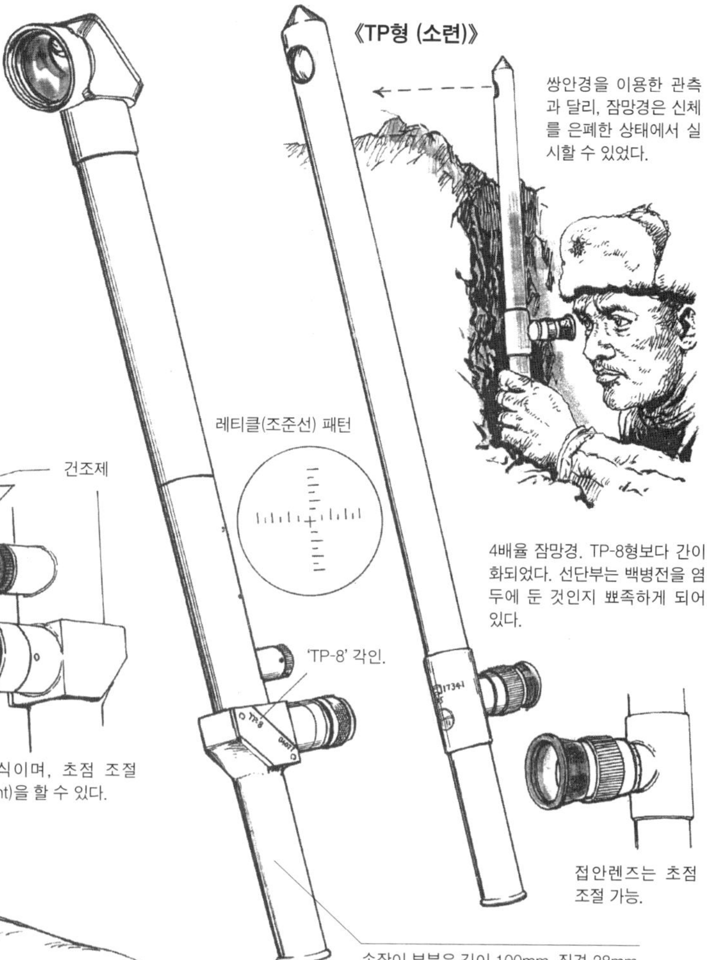

레티클(조준선) 패턴

'TP-8' 각인.

손잡이 부분은 길이 100mm, 직경 28mm.

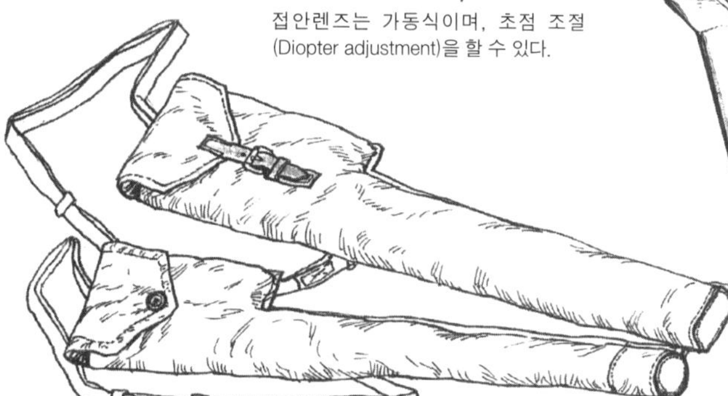

캔버스제 휴대 가방.

《TP형 (소련)》

쌍안경을 이용한 관측과 달리, 잠망경은 신체를 은폐한 상태에서 실시할 수 있었다.

4배율 잠망경. TP-8형보다 간이화되었다. 선단부는 백병전을 염두에 둔 것인지 뾰족하게 되어 있다.

접안렌즈는 초점 조절 가능.

전장에서 거울과 나무판을 사용하여 급조(急造)한 잠망경.

《독일군의 잠망경》

잠망경이 적에게 발각되지 않도록 위장했다.

독일군도 소련군과 마찬가지로 컴팩트한 잠망경을 사용하고 있다.

철조망 절단기

철조망은 보병 돌격 시에 골치아픈 장애물이 되곤 했다. 이를 돌파하기 위해 필요한 것이 바로 철조망 절단기로, 각국의 군대에서는 공병뿐만 아니라 일반 보병 부대의 병사에게도 철조망 절단기를 지급했다.

■프랑스군

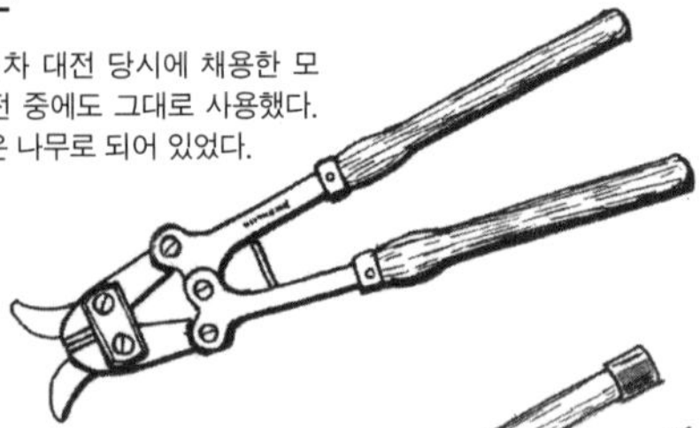

프랑스군은 1차 대전 당시에 채용한 모델을 2차 대전 중에도 그대로 사용했다. 손잡이 부분은 나무로 되어 있었다.

독일군의 돌격 공병(Sturm - pioniere)은 연막 차장 아래서 철조망을 한 가닥씩 절단하여 후속 부대의 진로를 개척했다.

■독일군

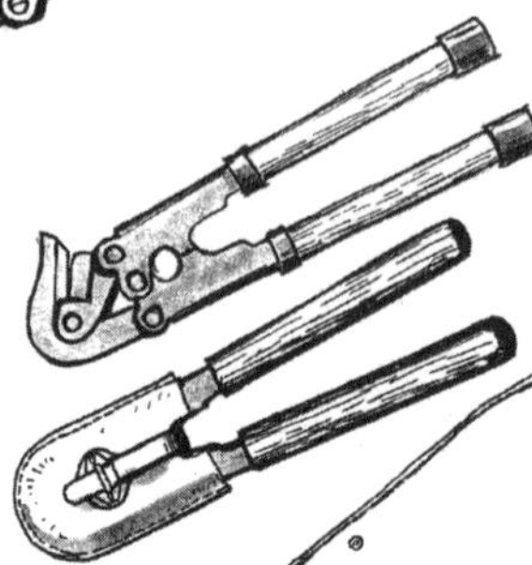

'소형(Kleine Drahtsc - here)'이라 불리던 휴대용 철조망 절단기. 자루는 목제이다. 제조사나 생산 연도에 따라 수 종류의 변형 모델이 존재했다.

커버형 가죽 케이스를 씌운 철조망 절단기.

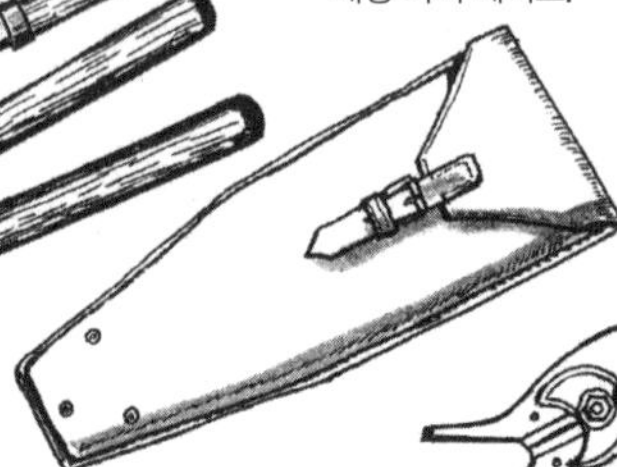

대형 가죽 케이스.

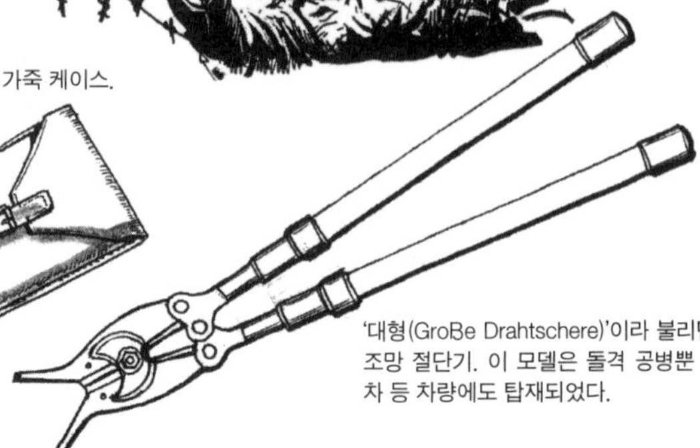

'대형(GroBe Drahtschere)'이라 불리던 대형 철조망 절단기. 이 모델은 돌격 공병뿐 아니라 전차 등 차량에도 탑재되었다.

■미군

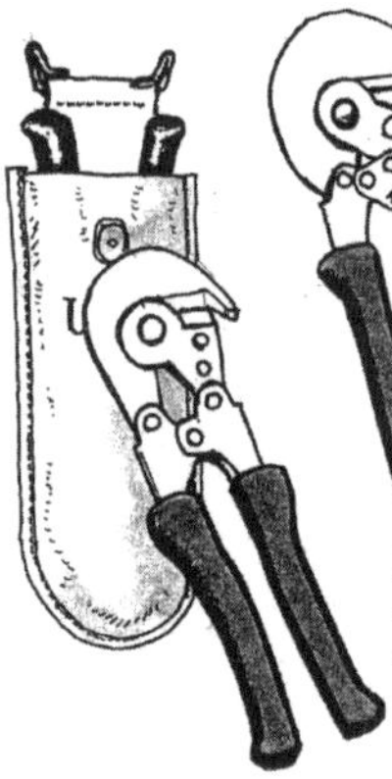

철조망 절단기는 캔버스 재질의 전용 케이스에 넣어 휴대했다.

보병 부대에서도 사용한 소형 모델. 손잡이는 합성수지로 만들어졌다.

절단기의 날은 톱니 모양과 일반형 두 종류가 부착되어 있다.

■영국군

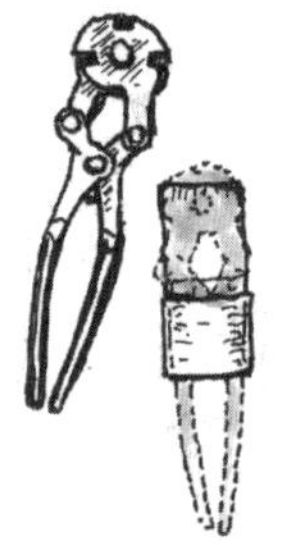

소형 철조망 절단기와 휴대용 케이스. 절단기(Cutter) 부분은 굵기가 다른 철선을 자를 수 있도록 3종류의 날이 붙어 있었다.

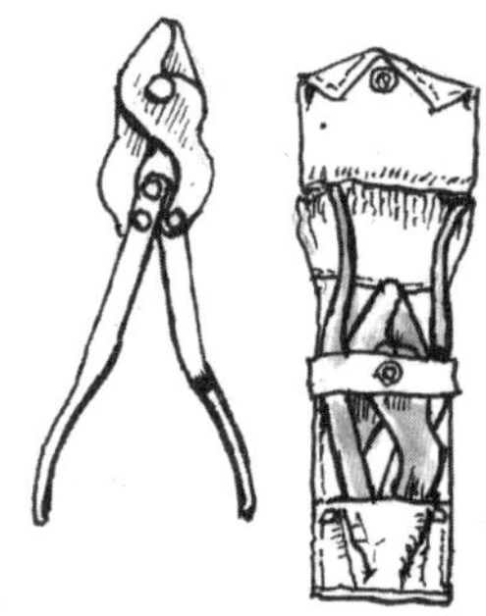

접이식 철조망 절단기와 휴대용 케이스. 휴대 편의성을 위해 손잡이는 접이식으로 되어 있었다.

■일본군

[철선협(鉄線鋏, 철조망 절단 가위)]
그림은 보병 분대가 사용한 경(輕)철선협이다. 자루는 분해하여 휴대 주머니에 넣었다. 이 외에도 공병대에서 사용한 중형과 대형 모델이 있었다.

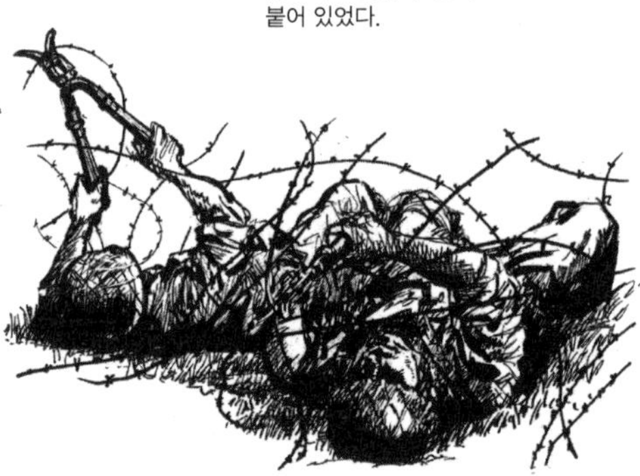

철조망을 절단하는 일본군 병사. 포복 전진 또는 돌격하여 철조망에 접근, 철선협으로 절단해 나갔다.

참호 통로로 나아가는 일본군 병사. 보병이 통과할 수 있도록 공병은 철조망 아래에 받침판을 대어 지지했다.

파괴통을 이용하여 지지대와 함께 유자철선을 폭파하는 방법은 각국에서 시행되었다.

철조망

철조망은 1차 대전의 참호전에서 진지 방어용 장애물로 본격적으로 사용되기 시작했다. 그 후 야전 진지뿐만 아니라 시가전 등에도 대응할 수 있도록 다양한 설치 방법이 고안되었다.

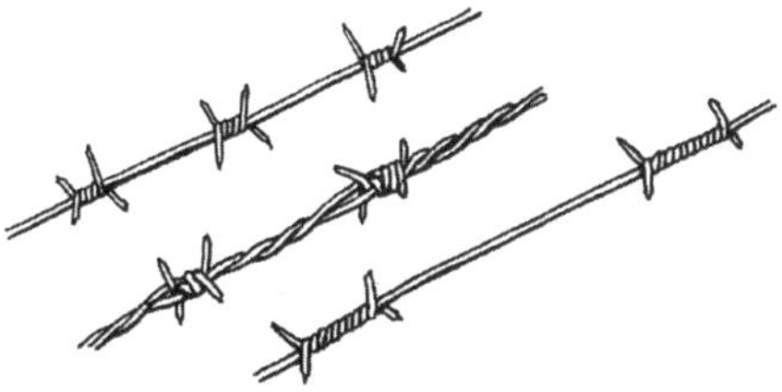

《유자철선(Barbed Wire)》

유자철선은 미국에서 탄생했는데, 원래는 소를 비롯한 가축의 방목지의 구획을 나누기 위해 발명된 것이었다.

지붕형 철조망은 가장 일반적인 설치 방식으로 주로 진지 앞에 구축했다. 기본적인 항목(杭木, 말뚝) 간격은 보폭으로 측정하여 「6보 3보형」과 「4보 2보형」이 있었다.

《지붕형 철조망》

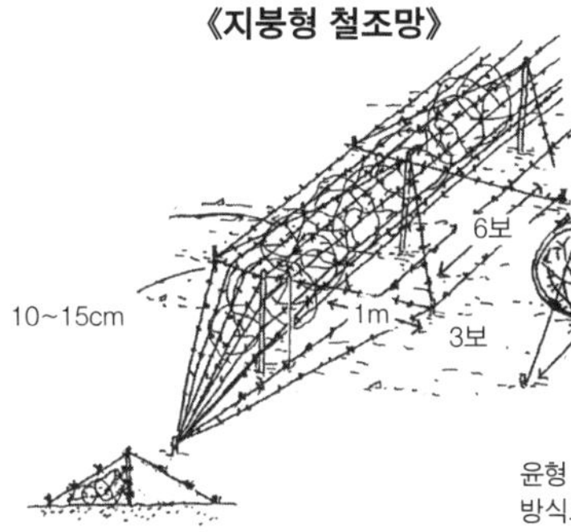

지붕형의 단면

《윤형 철조망》

윤형 철조망의 각종 변형

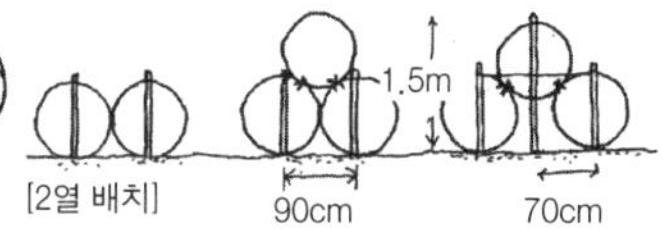

[2단 배치]
저지력를 높이기 위해 위에 1열을 추가하는 구축법.

윤형 철조망은 비교적 쉽게 구축할 수 있는 방식으로, 신속히 철조망을 전개해야 할 경우나 장애물과 장애물 사이를 보완하는 용도로 사용되었다.

《그물형(Net Type)》

2중으로 설치한 울타리형 철조망안에 다시 유자철선을 사선으로 설치하는 방법.

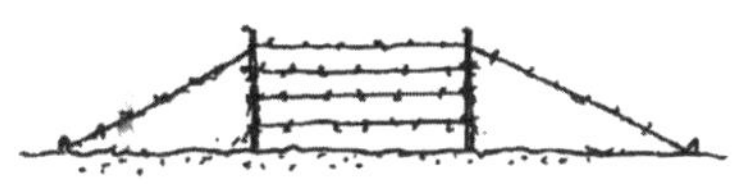

그물형 철조망을 보강하기 위해 지붕형처럼 사선으로 유자철선을 전개시키기도 했다.

《울타리형》

가장 기본이 되는 설치 방식으로, 상황에 맞춰 보강하여 '지붕형'으로 설치했다.

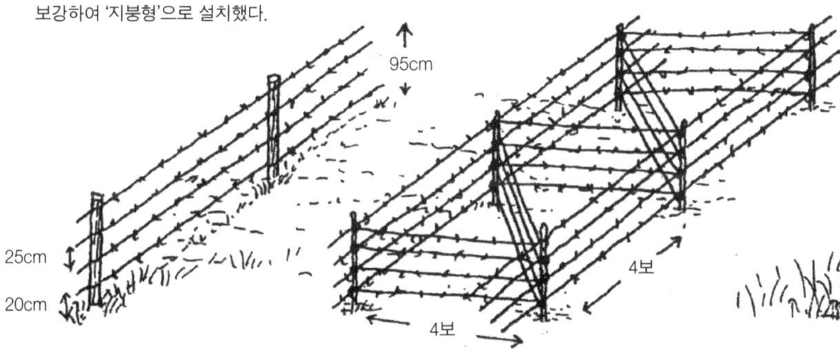

《저항 철조망(Tanglefoot)》

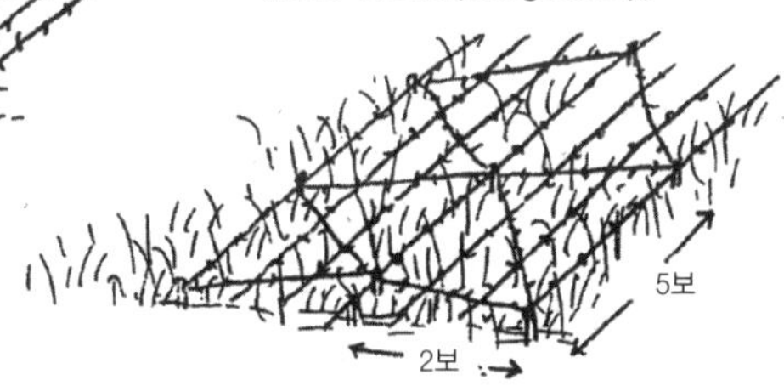

철조망을 발목 높이로 설치하여 보병과 전차를 분리하는 것을 목적으로 했다. 철조망이 눈에 띄지 않도록 되도록 풀이 무성한 장소에 설치하는 일이 많았다.

《삼각대형 이동식 철조망》

동결지나 적설지, 지면이 암석이나 진흙으로 되어 있어 항목을 박을 수 없는 장소에 설치했다.

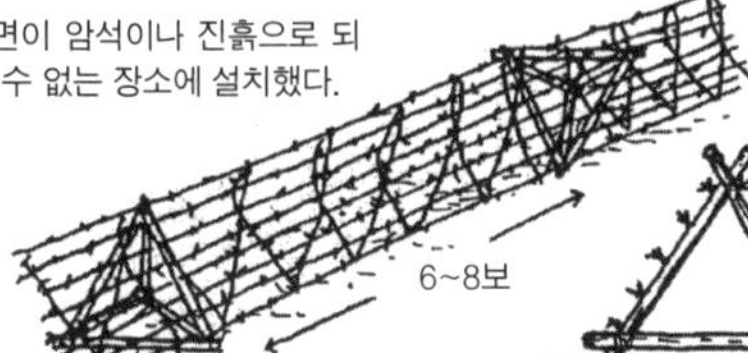

[삼각 지지대의 단면]

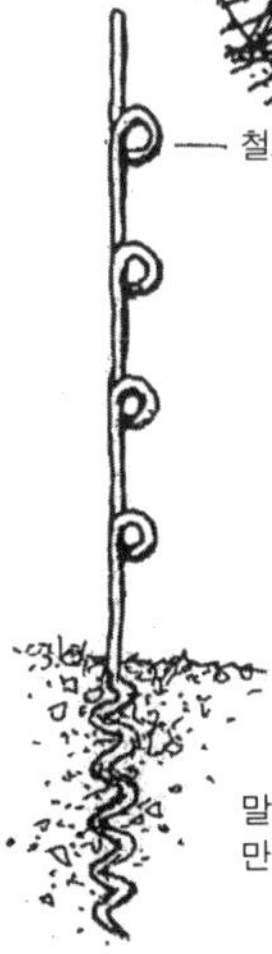

말뚝을 박기 쉽도록 항목 대신 만들어진 나사형 철봉.

전차가 통과할 때 파손을 줄이기 위해 피아노선 등 탄력 있는 철선을 사용하기도 했다.

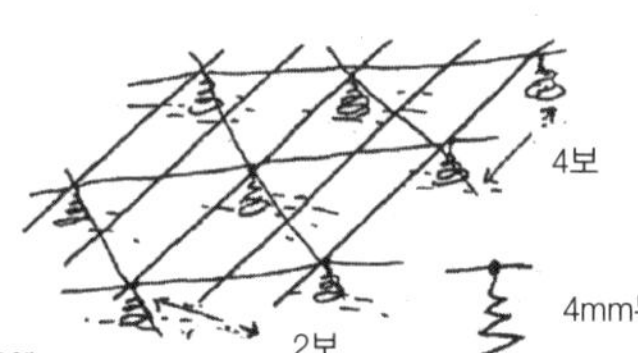

《유자철선의 종류》

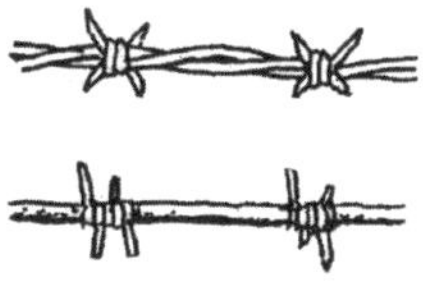

《바리케이드형》

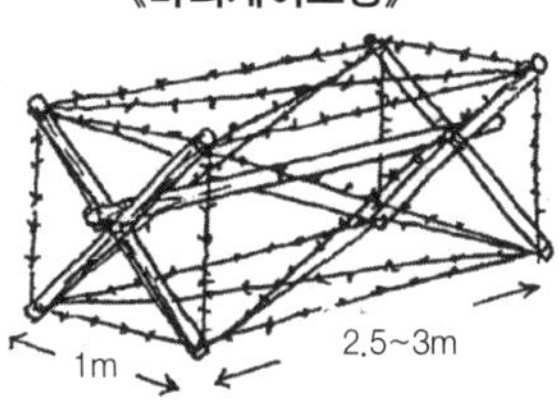

운반과 설치가 용이하여, 장애물의 통로나 파괴된 틈을 폐쇄하는 데 사용했다.

《체코 고슴도치(Czech hedgehog)형》

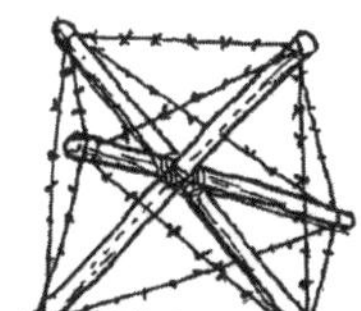

진지나 건물의 벽 등이 파괴되어 생긴 구멍을 막기 위해 설치했다. 높이는 약 1m.

망원 조준경의 레티클 패턴

망원 조준경을 들여다보면 보이는 레티클은 흔히 조준선이나 십자선, 헤어라인 등으로도 불리는데, 레티클은 목표를 조준하는 것뿐만 아니라, 목표까지의 거리 측정이나 탄착 수정 등에도 필요하며, 그 디자인에 따라 스코프 기능의 우열이 갈리기도 했다.

일본군

97식의 조준선은 T자형이다. 수직선이 0에서 1500m까지의 거리를 나타내며, 100m 단위로 눈금이 들어갔다. 수평선은 0을 중심으로 좌우 20까지의 눈금이 5밀(mil) 단위로 들어갔다.

《97식 저격 안경》

2.5배율에 조준선은 고정되어 있으며, 상하좌우 조절(영점 조절) 기능은 장비되어 있지 않았다.

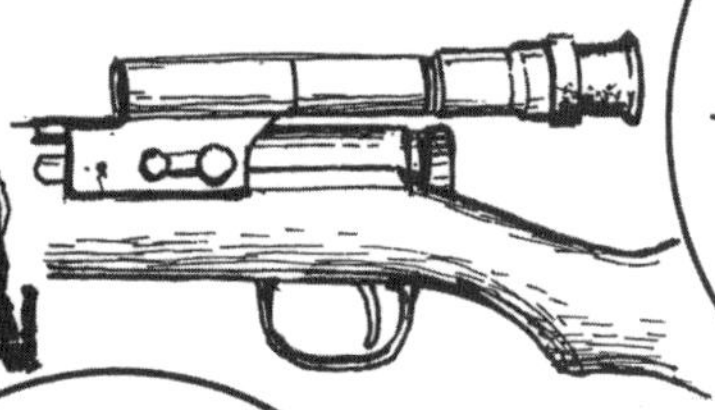

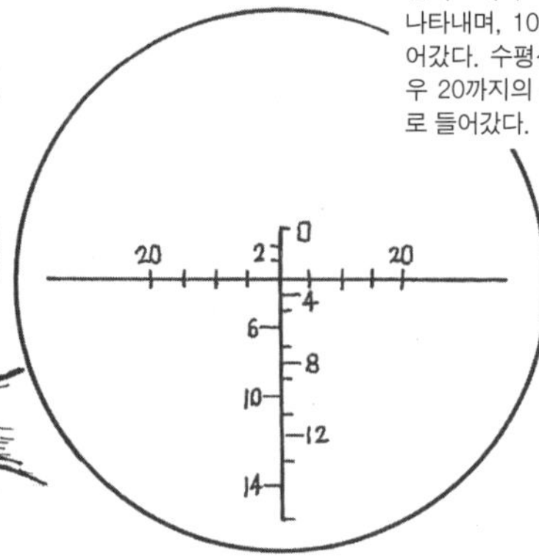

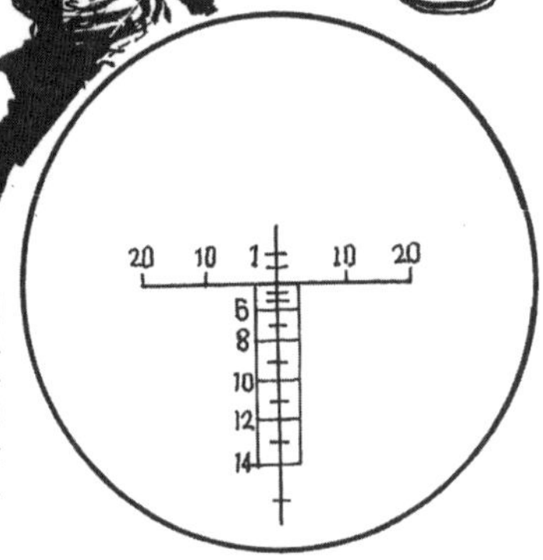

《99식 저격 안경》

99식 저격 안경은 4배율로 제작되었으며, 1940년(쇼와 15년)에 제식화되었다.

99식에서는 조준선의 수직선 좌우에 선이 추가되었으나, 97식과 기본적으로 동일하며 1500m 거리까지 대응하고 있다. 97식과 마찬가지로 조절 기능은 가지고 있지 않다.

《기관총용 안경 조준구》

원거리(2,500m)에서 적의 화점(기관총 진지 등)을 중기관총으로 공격하기 위해, 92식 중기관총에는 잠망경형 조준경이 채용되었다.

《94식 안경 조준구》

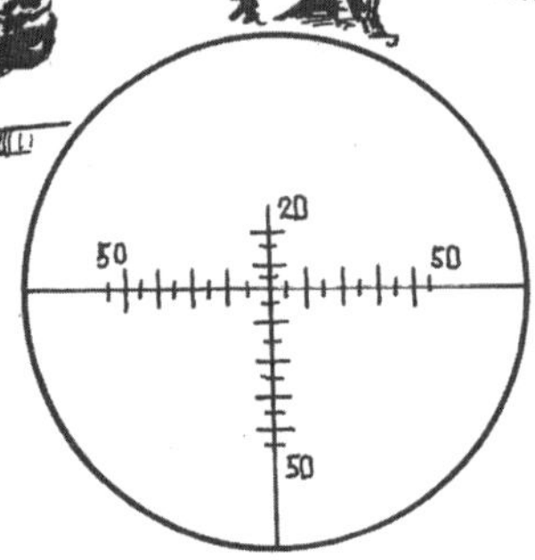

보다 정확한 원거리 사격이 가능하도록, 조준선에는 눈금과 숫자가 추가되어 있었다.

《93식 안경 조준구》

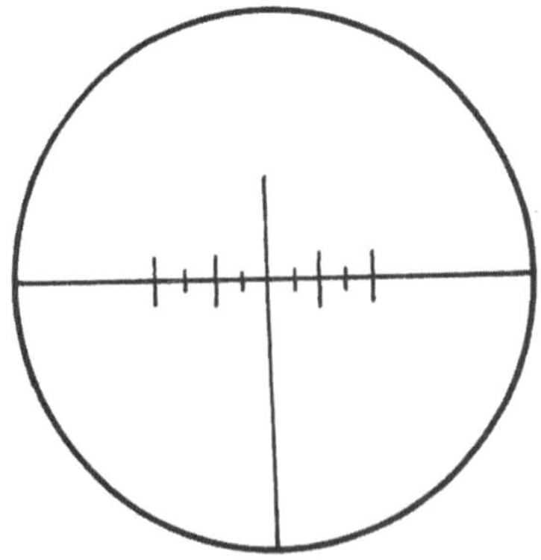

잠망경형 5배율 망원 조준경으로, 수평선에만 눈금이 들어갔다.

독일군

독일군이 운용한 조준경, ZF 시리즈의 표준적인 조준선. 수평 · 수직선의 굵기가 동일하다.

저격을 중시했던 독일군은 대전 이전부터 발발 이후까지 여러 종의 조준경을 채용했는데, 조준경의 레티클은 'T'형이 주류였다.

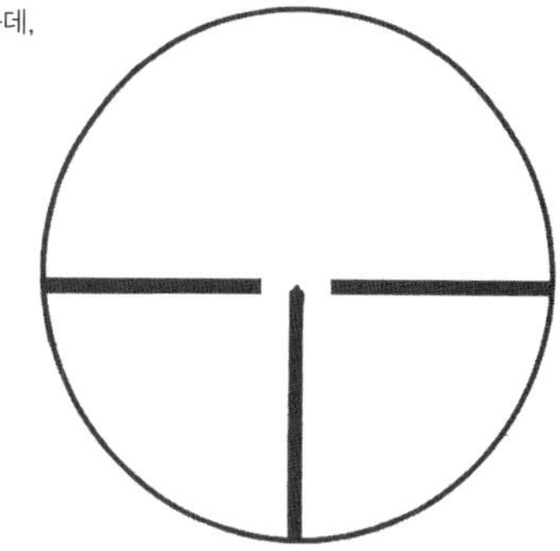

대전 후반에 채용된 ZF4 조준경은 원래 Gew43 반자동 소총용이었다. 그 후 독일군은 조준경의 표준화를 실시, 이 조준경은 FG42나 StG44 등에서도 운용되었다.

[레티클의 베리에이션]

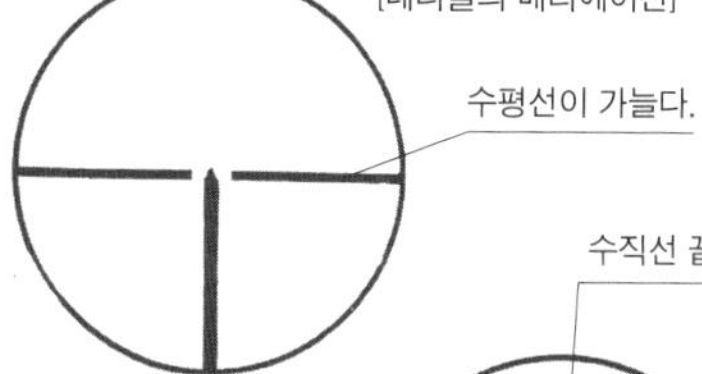

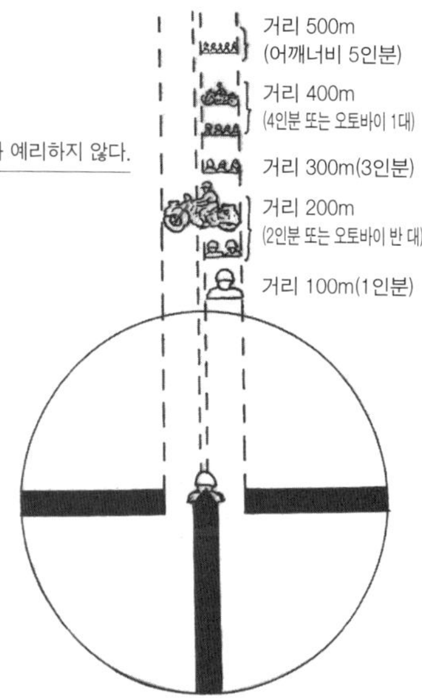

독일군식 레티클에 눈금은 없으나, 적병사의 어깨너비를 기준으로 대략적인 거리를 측정할 수 있었다.

소련군

모신나강 M1891/30에 탑재된 PU 망원 조준경. 배율은 3.5배.

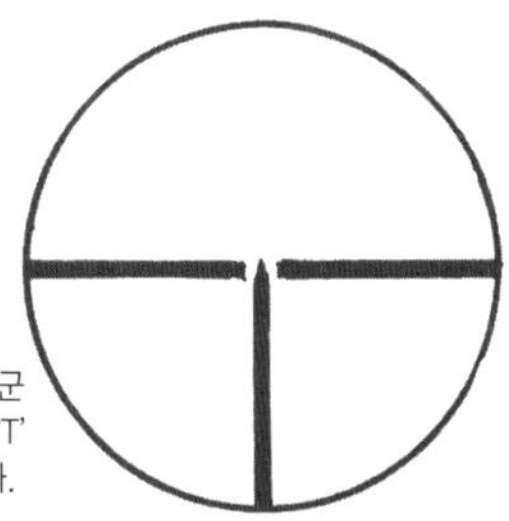

레티클은 독일군과 마찬가지로 'T' 자형을 사용했다.

미군

M1903A4 저격 소총용으로 채용된 M73B1. 배율은 2.5배.

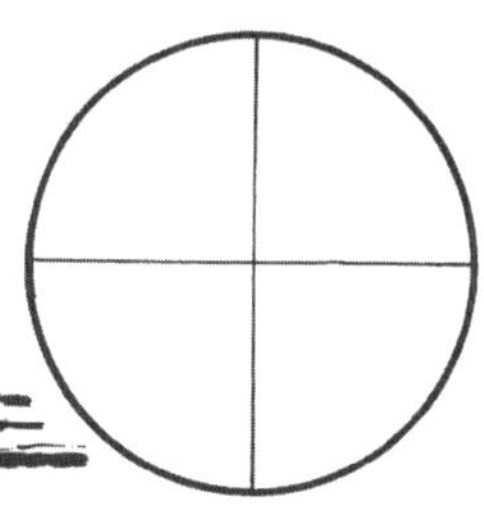

레티클은 십자형이며, 눈금은 따로 없었다.

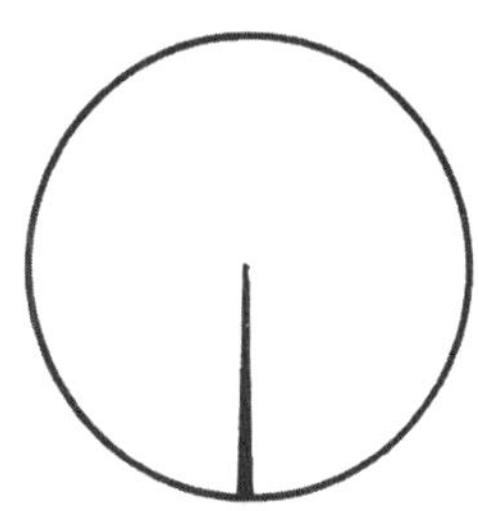

M82의 레티클은 수직선 1개뿐이다.

1944년 6월, M1 소총용 조준경으로 채용된 M82 조준경.

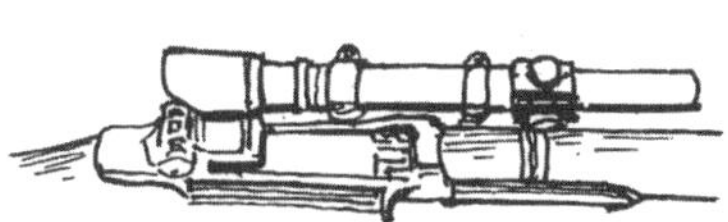

M84 조준경은 M82를 개량하여 1945년 4월에 채용되었다.

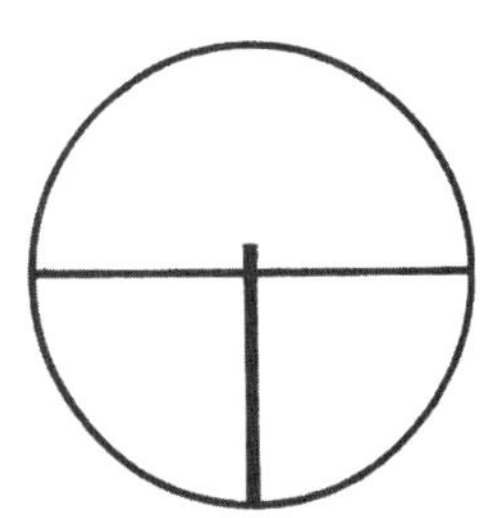

M84의 레티클. M82에서 좋지 못한 평가를 받았던 레티클을 개량, 'T' 자형으로 변경되었다. 하지만 배율은 M82와 동일한 2.5배로 타국보다 낮았다.

급탄 벨트용 장전 도구

벨트 급탄식 기관총용 탄약은 기본적으로 탄띠에 결합된 상태로 지급되었다. 하지만 일선에서는 탄약과 급탄띠가 따로 지급되거나, 이미 사용한 탄띠에 탄약을 재결합해야 하는 경우도 있었는데, 이러한 작업에 운용된 장비가 바로 장전기였다.

독일군의 탄띠 장전기

《구르트필러 41(Gurtfüller 41)》

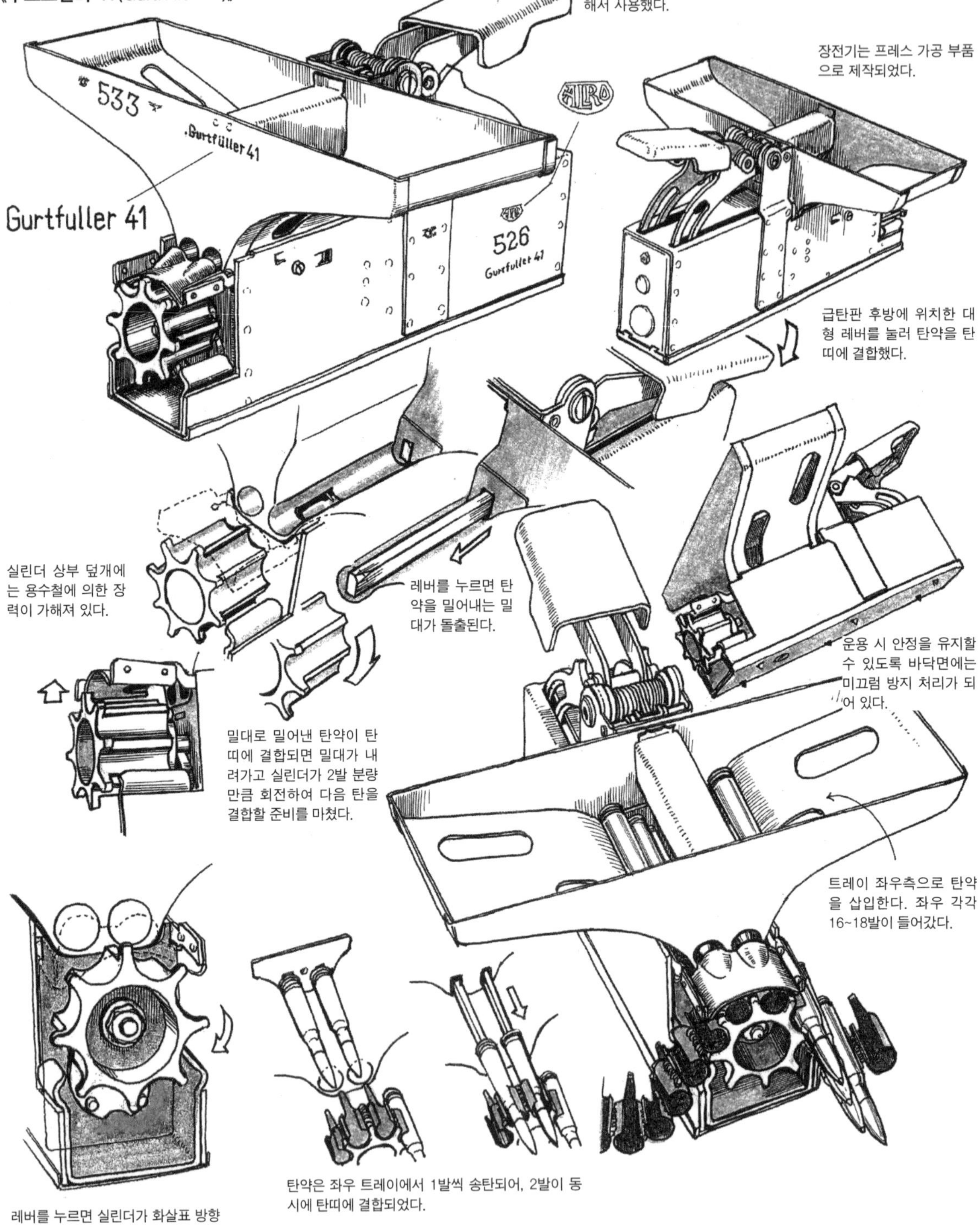

《구르트필러 34》

1934년에 독일군이 채용한 탄띠 장전기. 구르트필러 41보다 대형이어서, 사용 시에는 테이블에 고정했다.

MG34와 MG42에서 사용하던 탄띠는 금속제 비분리형으로 1줄에 50발이 결합되었다. 탄띠를 연장해야 할 경우, 각 탄띠의 양 끝단에 탄약을 끼워 넣어 연결했다.

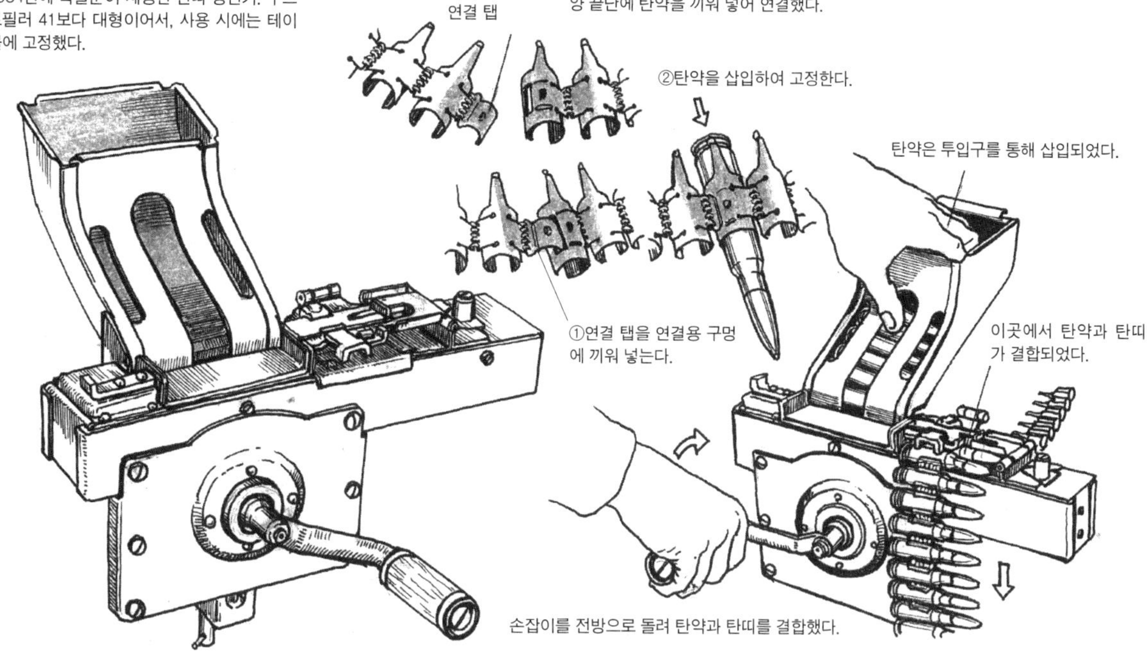

미군

《브라우닝 탄띠 장전기 Cal .30 셔틀형》

M1917, M1919 기관총의 포제 탄띠용 장전기.

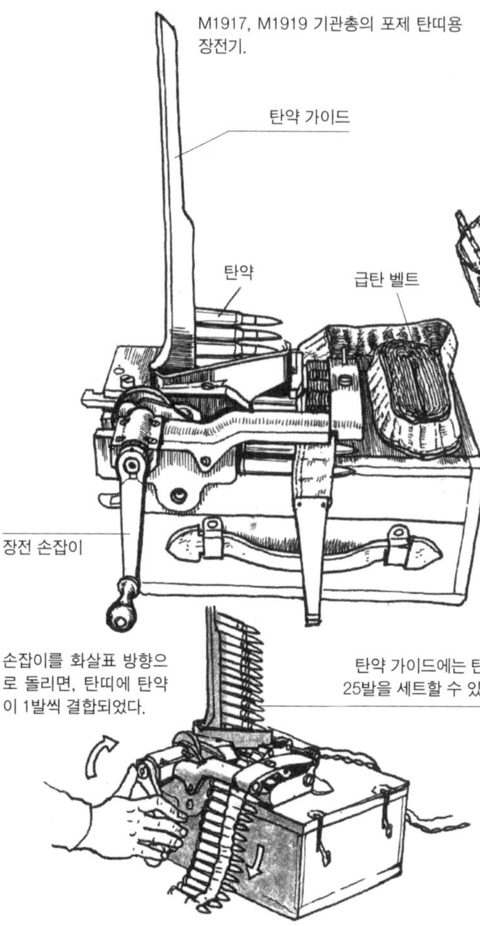

《구르트필러 16 (Gurtfüller 16)》

독일군의 MG08/15 중기관총에 사용되던 포제 탄띠용 장전기. 구르트필러 34나 41보다 훨씬 크고 무거웠다.

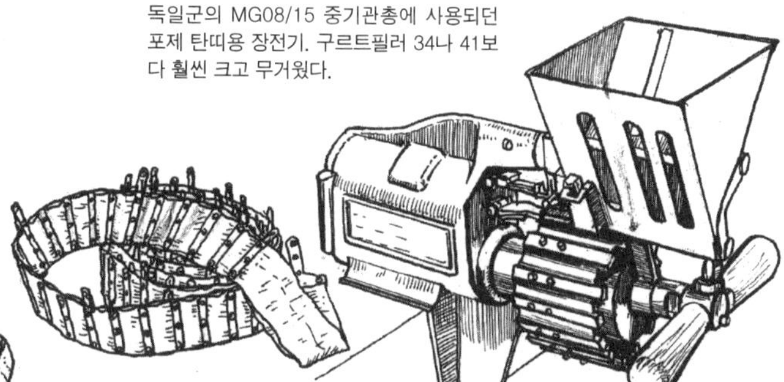

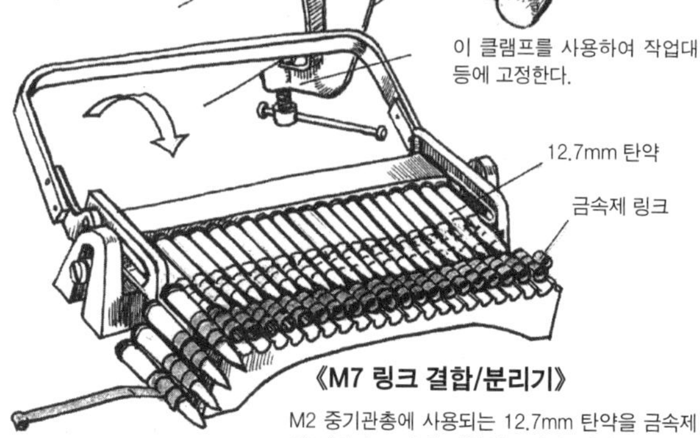

《M7 링크 결합/분리기》

M2 중기관총에 사용되는 12.7mm 탄약을 금속제 링크(탄띠 고리)에 결합하는 장비. 결합뿐만 아니라, 탄약에서 링크를 분리하는 작업도 가능했다.

《포제 급탄 벨트》

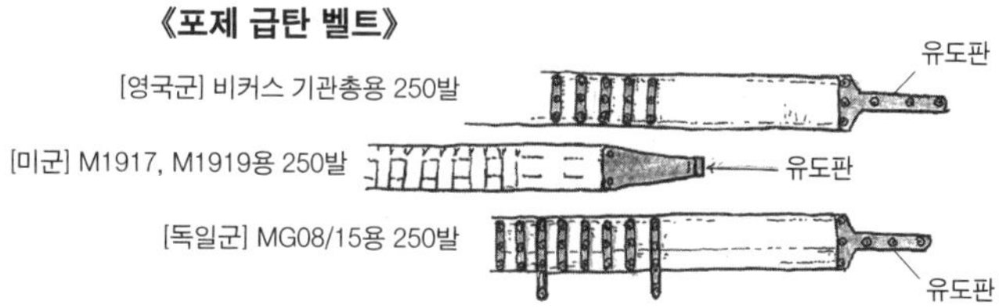

우에다 신의 제2차 세계대전 총기 도감

초판 1쇄 인쇄 2026년 1월 10일
초판 1쇄 발행 2026년 1월 15일

저자 : 우에다 신
번역 : 오광웅

펴낸이 : 이동섭
편집 : 이민규
디자인 : 조세연
영업 · 마케팅 : 조정훈
기획편집 : 송정환
e-BOOK : 홍인표, 김은혜, 정희철, 김미연, 황진영, 장화진
라이츠 : 서찬웅
관리 : 이윤미

㈜에이케이커뮤니케이션즈
등록 1996년 7월 9일(제302-1996-00026호)
주소 : 08513 서울특별시 금천구 디지털로 178, B동 1805호
TEL : 02-702-7963~5 FAX : 0303-3440-2024
http://www.amusementkorea.co.kr

ISBN 979-11-274-9878-8 03390